AF901857

Michael Bachner
Grégory Garloff
Micha Heilmann
Daniel Wall

Handbuch Betriebsvereinbarungen

Der erfolgreiche Betriebsrat

Michael Bachner
Grégory Garloff
Micha Heilmann
Daniel Wall

Handbuch Betriebsvereinbarungen

Rechtliche Grundlagen und Muster

5., überarbeitete Auflage

BUND
VERLAG

Bibliografische Information der Deutschen Nationalbibliothek
Die Deutsche Nationalbibliothek verzeichnet diese Publikation in der Deutschen Nationalbibliografie; detaillierte bibliografische Daten sind im Internet über *http://dnb.d-nb.de* abrufbar.

5., überarbeitete Auflage 2026
© Bund-Verlag GmbH, Emil-von-Behring-Straße 14,
60439 Frankfurt am Main, 2010

Umschlag: Neil McBeath, Stuttgart
Satz: Dörlemann Satz, Lemförde
Druck: Druckerei C. H. Beck, Bergerstr. 3, 86720 Nördlingen

ISBN 978-3-7663-7492-9

Das Werk einschließlich aller seiner Teile ist urheberrechtlich geschützt.
Jede Verwertung außerhalb der engen Grenzen des Urheberrechtsgesetzes ist ohne Zustimmung des Verlages unzulässig und strafbar.
Das gilt insbesondere für Vervielfältigungen, Übersetzungen, Mikroverfilmungen und die Speicherung und Verarbeitung in elektronischen Systemen.
Die Inhalte dürfen nicht zur Entwicklung, zum Training und/oder zur Anreicherung von KI-Anwendungen, insbesondere von generativen KI-Anwendungen verwendet werden. Dies umfasst auch jede Verwendung der digitalen Inhalte in KI-Anwendungen. Die Nutzung der Inhalte für Text- und Data-Mining im Sinne von § 44b UrhG ist ausdrücklich vorbehalten und damit verboten.

kontakt@bund-verlag.de
www.bund-verlag.de

Vorwort

Das vorliegende »Handbuch Betriebsvereinbarungen« soll für Betriebsräte und ihre Berater eine Arbeitshilfe für den betrieblichen Alltag bei der Erstellung von Betriebsvereinbarungen sein. Betriebsvereinbarungen sind die wichtigste Form, in der die Ergebnisse der Arbeit des Betriebsrats niedergelegt werden. Mit Betriebsvereinbarungen regeln Arbeitgeber und Betriebsrat unmittelbar die Arbeitsbedingungen der Beschäftigten.
Vor den umfangreichen Arbeitshilfen in Form von Musterbetriebsvereinbarungen werden im Handbuch zunächst die rechtlichen Grundlagen der Betriebsvereinbarung erläutert. Zudem enthält das Buch umfangreiche Hinweise dazu, wie eine Betriebsvereinbarung im Betrieb erarbeitet werden kann. Und schließlich: Betriebsvereinbarungen kommen nicht immer im Wege einvernehmlicher Verhandlungen zustande. Deshalb wird die Konfliktlösung zur Durchsetzung einer Betriebsvereinbarung über die Einigungsstelle dargestellt.
Das Handbuch erhebt nicht den Anspruch für alle denkbaren Situationen, Probleme und Themen Lösungen anzubieten. Dies hätte den Umfang gesprengt. Da die betriebliche Wirklichkeit so vielfältig wie das Leben selbst ist, müssen die vorgeschlagenen Musterbetriebsvereinbarungen jeweils an die Situation im konkreten Betrieb bzw. Unternehmen angepasst bzw. entsprechend ergänzt werden.
Die vorliegende 5. Auflage wurde in neuer veranwortlicher Herausgeberschaft von Herrn Rechtsanwalt Dr. Grégory Garloff und Herrn Rechtsanwalt Dr. Daniel Wall umfassend überarbeitet. Dabei war ihnen einerseits wichtig, die Kontinuität des Werkes zu wahren, und andererseits die aktuellen Entwicklungen in Praxis und Rechtsprechung zu berücksichtigen. Daher enthält diese Auflage zahlreiche weitere Musterbetriebsvereinbarungen, die vielfach unmittelbar aus der Beratungspraxis der Autoren stammen.
Unser besonderer Dank gilt Herrn Rechtsanwalt Dr. Michael Bachner und Herrn Rechtsanwalt Micha Heilmann, die über viele Jahre und Auflagen dieses Handbuch geprägt, weiterentwickelt und als anerkanntes Praxishandbuch etabliert haben.

Die Autoren sind für Fragen, kritische Anmerkungen und Hinweise sowie Ergänzungsvorschläge dankbar.

Frankfurt am Main, Hamburg, im Juni 2026

Dr. Grégory Garloff
(*mail@rechtsanwalt-garloff.de*)

Dr. Daniel Wall
(*kanzlei@ra-wall.de*)

Inhaltsverzeichnis

Die Leitsatzsammlung steht Ihnen in Bund-Online zur Verfügung. Informationen zur Registrierung finden Sie auf der Innenseite des vorderen Buchdeckels.

Abkürzungsverzeichnis

Abs.	Absatz
Abt.	Abteilung
abzgl.	abzüglich
ACD	Automatic Call Distribution
AEntG	Arbeitnehmerentsendegesetz
AG	Aktiengesellschaft
AGB	Allgemeine Geschäftsbedingungen
AGG	Allgemeines Gleichbehandlungsgesetz
AiB	Arbeitsrecht im Betrieb (Zeitschrift)
AOK	Allgemeine Ortskrankenkasse
ArbGG	Arbeitsgerichtsgesetz
ArbnErfG	Arbeitnehmer-Erfindergesetz
ArbSchG	Arbeitsschutzgesetz
Art.	Artikel
ASiG	Arbeitssicherheitsgesetz
AT	außertariflich
AuA	Arbeit und Arbeitsrecht (Zeitschrift)
Aufl.	Auflage
AÜG	Arbeitnehmerüberlassungsgesetz
AV	Arbeitsverhältnis
BAG	Bundesarbeitsgericht
BB	Betriebs-Berater (Zeitschrift)
BDSG	Bundesdatenschutzgesetz
beE	betriebsorganisatorisch eigenständige Einheiten
BEEG	Bundeselterngeld- und -elternzeitgesetz
betr.	betreffend
BetrVG	Betriebsverfassungsgesetz
BGB	Bürgerliches Gesetzbuch
BildscharbV	Bildschirmarbeitsverordnung
BPersVG	Bundespersonalvertretungsgesetz

BR	Betriebsrat
bspw.	beispielsweise
BSI	Bundesamt für Sicherheit in der Informationstechnik
BV	Betriebsvereinbarung
BVG	Besonderes Verhandlungsgremium
bzgl.	bezüglich
bzw.	beziehungsweise
ca.	circa
CTI	Computer Telephony Integration
DB	Der Betrieb (Zeitschrift)
dB (A)	Dezibel Filterkurve A
DGB	Deutscher Gewerkschaftsbund
d. h.	das heißt
DIN	Deutsches Institut für Normung
DKW	Däubler/Klebe/Wedde (Hrsg.)
DKWF	Däubler/Klebe/Wedde – Formularbuch: Arbeitshilfen für den Betriebsrat
DSB	Datenschutzbeauftragter
DSGVO	Datenschutzgrundverordnung
DSK	Datenschutzkonferenz
DV	Datenverarbeitung
EBR	Europäischer Betriebsrat
EBRG	Europäisches Betriebsräte-Gesetz
EBVO	Verordnung zur Erstellung einer Entgeltbescheinigung
EDV	Elektronische Datenverarbeitung
EGB	Europäischer Gewerkschaftsbund
Einls.	Einleitungssatz
EN	Europäische Norm
etc.	et cetera
EU	Europäische Union
EWR	Europäischer Wirtschaftsraum
EVA	Erfassung und Verarbeitung der Arbeitszeit
evtl.	eventuell
FamPflZG	Familienpflegezeitgesetz
ff.	folgende

Fitting	Kommentar zum Betriebsverfassungsgesetz von Engels, Schmidt, Trebinger, Linsenmeier
Fk.	Führungskraft
gem.	gemäß
GBR	Gesamtbetriebsrat
GBV	Gesamtbetriebsvereinbarung
ggf.	gegebenenfalls
GK	Gemeinschaftskommentar
GL	Geschäftsleitung
GmbH	Gesellschaft mit beschränkter Haftung
GuV	Gewinn- und Verlustrechnung
HGB	Handelsgesetzbuch
HR	Human Resources
IA	Innovationsausschuss
IAB	Institut für Arbeitsmarkt- und Berufsforschung
IB	Innovationsbeauftragter
i. d. R.	in der Regel
i. F.	im Folgenden
IKS	Informations- und Kommunikationssystem
inkl.	inklusiv
IP	Internet-Protokoll
ISO	International Standard Organisation
IT	Informationstechnologie
JAV	Jugend- und Auszubildendenvertretung
KBR	Konzernbetriebsrat
KI	Künstliche Intelligenz
KI-VO	Gesetz über künstliche Intelligenz (Verordnung (EU) 2024/1689)
KSchG	Kündigungsschutzgesetz
KVP	Kontinuierlicher Verbesserungsprozess
KuG	Kurzarbeitergeld
LAG	Landesarbeitsgericht
MA	Mitarbeiter
MAG	Mitarbeitergespräch

max.	maximal
MTV	Manteltarifvertrag
NL	Niederlassung
Nr.	Nummer
Nrn.	Nummern
NZA	Neue Zeitschrift für Arbeitsrecht
o. Ä.	oder Ähnlichem
o. g.	oben genannt
PaKo	Paritätische Kommission
PEM	Personelle Einzelmaßnahme
PEQ	Personalentwicklung und Qualifizierung
PflegeZG	Pflegezeitgesetz
PIN	Personal Identity Number
PL	Personalleiter
PPS	Produktionsplanungs- und Steuerungssystem?
Rel.	Release X 6.12 BV SAP
Rh.-Pf.	Rheinland-Pfalz
Rn.	Randnummer(n)
s.	siehe
S.	Seite(n)
SchwBeSchG	Schwerbeschädigtengesetz
SE	Societas Europaea (Sozietät nach Europäischem Recht)
SGB III	Drittes Sozialgesetzbuch – Arbeitsförderung
SGB V	Fünftes Sozialgesetzbuch – Gesetzliche Krankenversicherung
sog.	sogenannt(e)
Std.	Stunde
st. Rspr.	ständige Rechtsprechung
SUIM	Solutions for User Identity Management
TK	Telekommunikation
TVG	Tarifvertragsgesetz
TVÖD	Tarifvertrag Öffentlicher Dienst
TzBfG	Teilzeit- und Befristungsgesetz
u. a.	unter anderem
u. Ä.	und Ähnlich(e, es)

UMS	Unified Messaging System
UrhG	Urheberrechtsgesetz
usw.	und so weiter
u. U.	unter Umständen
vgl.	vergleiche
z. B.	zum Beispiel
z.Hd.	zu Händen
Ziff.	Ziffer
ZPO	Zivilprozessordnung
ZV	Zielvereinbarung

Literaturverzeichnis

Bachner/Gerhardt, Betriebsübergang, Basiskommentar zu § 613a BGB mit den Folgen für die Mitbestimmung, 5. Aufl., Bund-Verlag, 2026

Däubler/Klebe/Wedde, Arbeitshilfen für den Betriebsrat – Formularbuch, 6. Aufl., Bund-Verlag, 2026

Däubler/Klebe/Wedde, Betriebsverfassungsgesetz – Kommentar für die Praxis, 20. Aufl., Bund-Verlag, 2026

Fitting, Betriebsverfassungsgesetz: BetrVG mit Wahlordnung, 33. Aufl., Vahlen, 2026

Laßmann/Overbeck/Rupp/Teppich, Handbuch für die Einigungsstelle. Ein praktischer Ratgeber, 6. Aufl., Bund-Verlag, 2021

Deinert/Wenckebach/Zwanziger, Arbeitsrecht, Handbuch für die Praxis, 11. Aufl., Bund-Verlag, 2023

Wiese/Kreutz/Oetker/Raab/Weber/Franzen/Gutzeit/Jacobs/Schubert, Gemeinschaftskommentar zum Betriebsverfassungsgesetz: GK-BetrVG, 12. Aufl., Luchterhand, 2021

A. Grundlagen

1. Die Betriebsvereinbarung

1.1 Begriff

1 Das Betriebsverfassungsgesetz kennt verschiedene Arten der Übereinkunft zwischen Arbeitgeber und Betriebsrat. Die wichtigste Form ist die Betriebsvereinbarung (§ 77 BetrVG). Daneben gibt es die »Regelungsabsprache« (s. Rn. 98), die im Gesetz nicht geregelt ist. Es handelt sich bei der Betriebsvereinbarung um einen privatrechtlichen kollektiven Normenvertrag (BAG 28.7.2020 – 1 ABR 4/19; juris; Fitting, § 77 Rn. 13 m.w.N.). Sie hat normative Wirkung (§ 77 Abs. 4 Satz 1 BetrVG, vgl. Rn. 67), d.h. sie gestaltet das Arbeitsverhältnis des Arbeitnehmers, ohne dass es weiterer Vereinbarungen etwa zwischen Arbeitnehmer und Arbeitgeber bedürfte.

1.2 Parteien der Betriebsvereinbarung

2 Parteien der Betriebsvereinbarung sind der **Arbeitgeber** und der **Betriebsrat** bzw. bei Gesamt- oder Konzernbetriebsvereinbarungen der Gesamt- bzw. Konzernbetriebsrat. Auf Arbeitnehmerseite darf nur der Betriebsrat (bzw. GBR oder KBR) eine Betriebsvereinbarung abschließen. Die Jugend- und Auszubildendenvertretung oder der Wirtschaftsausschuss können keine Betriebsvereinbarungen abschließen. Auch der Betriebsausschuss, dem Aufgaben zur selbstständigen Vertretung übertragen wurden, darf keine Betriebsvereinbarungen abschließen (§ 27 Abs. 2 Satz 2 BetrVG). Gleiches gilt für sonstige Ausschüsse des Betriebsrats (§ 28 Abs. 1 Satz 2 BetrVG).

3 In der Praxis gibt es sog. **dreiseitige Vereinbarungen**, die von **Betriebsrat**, **Arbeitgeber** und **Gewerkschaft** unterzeichnet sind. Dies wird insbesondere im Rahmen sog. Standortsicherungsvereinbarungen praktiziert. Solche dreiseitigen Vereinbarungen sind zwar grundsätzlich zulässig. Im Hinblick auf die Unterschiede zwischen Betriebsvereinbarungen und Tarifverträgen, etwa im Falle eines Betriebsübergangs, muss bei dreiseitigen Vereinbarungen aber zweifelsfrei

zu erkennen sein, welche Teile der Vereinbarung Tarifvertrag und welche Teile Betriebsvereinbarung sein sollen. Dies ist ein Gebot der **Rechtsquellenklarheit**. Andernfalls ist die Vereinbarung unwirksam (BAG 15.4.2008 – 1 AZR 86/07, Betriebsratswissen digital, NZA 08, 1074). Es empfiehlt sich daher nicht, dreiseitige Vereinbarungen zu schließen. Es sollten jeweils getrennte, eindeutig als Tarifvertrag oder Betriebsvereinbarung gekennzeichnete Vereinbarungen abgeschlossen werden. Der Tarifvertrag bzw. die Betriebsvereinbarung darf dann auch nur von den jeweils zuständigen Parteien – Gewerkschaft oder Betriebsrat – unterzeichnet werden. Eine Mitunterzeichnung z. B. einer Betriebsvereinbarung durch eine Gewerkschaft führt automatisch zur Frage, ob eine Betriebsvereinbarung oder ein Tarifvertrag vorliegt. Das Gebot der Rechtsquellenklarheit gilt auch, wenn z. B. ein Konzernbetriebsrat und ein oder mehrere Gesamtbetriebsräte bzw. Einzelbetriebsräte eine Betriebsvereinbarung oder einen Sozialplan abschließen. Es muss sich eindeutig ergeben, welcher Betriebsrat welche Teile der Vereinbarung im Rahmen seiner Zuständigkeiten abgeschlossen hat. Ist dies nicht der Fall, ist die Vereinbarung unwirksam (BAG 29.9.2017 – 1 AZR 717/15; BAG 30.1.2019 – 5 AZR 450/17).

4 Nach **§ 28a BetrVG** kann der Betriebsrat in Betrieben mit mehr als 100 Arbeitnehmern beschließen, dass bestimmte Aufgaben an **Arbeitsgruppen** (vgl. zum Begriff DKW-*Wedde*, § 28a Rn. 14) von Arbeitnehmern übertragen werden. Diese müssen keine Betriebsratsmitglieder sein. Erforderlich ist der Beschluss des gesamten Betriebsrats. Eine Übertragung durch den Betriebsausschuss ist nicht zulässig, da es sich um eine grundlegende Entscheidung handelt, die dem gesamten Betriebsrat vorbehalten ist (LAG Hessen 24.9.2009 – 9 TaBV 69/09, Betriebsratswissen digital). Ob der Betriebsrat Aufgaben überträgt, ist allein seine Entscheidung. Weder haben Arbeitsgruppen Anspruch hierauf, noch kann die Übertragung erzwungen werden. Diese Arbeitsgruppen können unter bestimmten Voraussetzungen Vereinbarungen schließen, die die Wirkung einer Betriebsvereinbarung haben (§ 28a Abs. 2 BetrVG). Voraussetzung für die Übertragung ist, dass der Betriebsrat vor Übertragung eine (freiwillige) **Rahmenvereinbarung** mit dem Arbeitgeber abschließt, in der die Einzelheiten und der Umfang der Übertragung geregelt werden. Dazu gehören auch formale Anforderungen an von der Arbeitsgruppe abzuschließende Vereinbarungen, wie Schriftform, Kündigungsmöglichkeiten sowie die Festlegung von Regeln für Entscheidungsprozesse innerhalb der Arbeitsgruppe. Derartige Vereinbarungen sind nur zulässig im Rahmen der Aufgaben, die der Gruppe übertragen wurden. Wenn z. B. der Betriebsrat einer Arbeitsgruppe die Aufgabe übertragen hat, Beginn und Ende der Arbeitszeit in der Woche von Montag bis Freitag zu regeln, kann die Gruppe keine Regelungen zu evtl. Samstagsarbeit schließen. Außerdem bedürfen diese Vereinbarungen einer Abstimmung in der Arbeitsgruppe, die die Vereinbarung mit Mehrheit annehmen muss. Auch dürfen derartige Vereinbarungen, ebenso

wie Betriebsvereinbarungen nicht gegen höherrangiges Recht wie etwa Tarifverträge oder Gesetze verstoßen.

Einigt sich die Gruppe nicht mit dem Arbeitgeber, fällt das Beteiligungsrecht an den Betriebsrat. Die Einigungsstelle können diese Arbeitsgruppen nicht anrufen. Der Betriebsrat kann ihnen aber die Aufgabe übertragen, die Einigungsstelle zu begleiten und sich mit Vorschlägen der Einigungsstelle auseinanderzusetzen (BAG 20.8.2014 – 7ABR 64/12). 5

Auf die oben beschriebenen Arbeitsgruppenvereinbarungen finden die Regelungen des § 77 BetrVG Anwendung, sodass die Vorschriften über Schriftform, Nachwirkung usw. auch für diese Vereinbarungen zu beachten sind.

1.3 Arten von Betriebsvereinbarungen

1.3.1 Erzwingbare und freiwillige Betriebsvereinbarungen

Die wichtigste Unterscheidung ist die zwischen **erzwingbaren** und **freiwilligen** Betriebsvereinbarungen. Als erzwingbar werden alle Betriebsvereinbarungen bezeichnet, bei denen eine Partei – Arbeitgeber oder Betriebsrat – bei Nichteinigung über ein Thema die Einigungsstelle anrufen und die Einigung zwischen Betriebsrat und Arbeitgeber durch einen Spruch der Einigungsstelle ersetzt werden kann. Im Gesetz sind diese Vereinbarungen erkennbar an der Formulierung »... kommt eine Einigung nicht zustande, so entscheidet die Einigungsstelle (z. B. § 87 Abs. 2 BetrVG)«. 6

Gegenstände erzwingbarer Regelungen 7

Gegenstand	Norm
Berücksichtigung von betrieblichen Belangen bei der Schulung von BR-Mitgliedern	§ 37 Abs. 6 und 7 BetrVG
Berücksichtigung betrieblicher Belange bei der Freistellung	§ 38 Abs. 2 BetrVG
Zeit und Ort der Sprechstunden des Betriebsrats	§ 39 Abs. 1 BetrVG
Verkleinerung des Gesamtbetriebsrats	§ 47 Abs. 6 BetrVG
Verkleinerung des Konzernbetriebsrats	§ 55 Abs. 4 BetrVG
Schulungs- und Bildungsveranstaltungen für JAV-Mitglieder	§ 65 Abs. 1 BetrVG
Ort und Zeit von Sprechstunden der JAV	§ 69 BetrVG
Verkleinerung der Gesamt- Jugend- und Auszubildendenvertretung	§ 72 Abs. 5 BetrVG

Gegenstand	Norm
Verkleinerung der Konzern- Jugend- und Auszubildendenvertretung	§§ 73a Abs. 4; 72 Abs. 5 BetrVG
Entscheidung über Beschwerden einzelner Arbeitnehmer	§ 85 Abs. 2 BetrVG
Mitbestimmung bei Ordnung des Betriebs, Arbeitszeit, Sozialeinrichtungen usw.	§ 87 Abs. 1 Nr. 1 bis 14 BetrVG
Ausgleichsmaßnahmen bei der Änderung der Arbeitsumgebung bzw. von Arbeitsabläufen entgegen den gesicherten arbeitswissenschaftlichen Erkenntnissen	§ 91 Satz 2 BetrVG
Personalfragebögen; persönliche Angaben in Standard-Arbeitsverträgen und allgemeine Beurteilungsgrundsätze	§ 94 Abs. 1 und 2 BetrVG
Richtlinien über die personelle Auswahl bei Einstellungen, Versetzungen, Umgruppierungen und Kündigungen	§ 95 Abs. 1 und 2 BetrVG
Maßnahmen der betrieblichen Berufsbildung bei Anpassungsqualifizierung	§ 97 Abs. 2 BetrVG
Durchführung betrieblicher Bildungsmaßnahmen; Auswahl der Teilnehmer	§ 98 Abs. 1, 3 und 4 BetrVG
Nicht oder nicht rechtzeitige Auskunftserteilung im Wirtschaftsausschuss	§ 109 BetrVG
Sozialplan	§ 112 Abs. 4 BetrVG
Arbeitsplatz und Unterkunft für Mitglieder des Seebetriebsrats	§ 116 Abs. 3 BetrVG

8 **Freiwillige Betriebsvereinbarungen** sind solche, bei denen bei Nichteinigung keine zwangsweise Einigung über die Einigungsstelle herbeigeführt werden kann. Allerdings können sich Arbeitgeber und Betriebsrat freiwillig auf ein Einigungsstellenverfahren einigen (§ 76 Abs. 6 BetrVG). Voraussetzung ist, dass beide Seiten die Einigungsstelle anrufen und mit ihrem Tätigwerden einverstanden sind. Die Einigung zwischen Arbeitgeber und Betriebsrat wird bei der freiwilligen Einigungsstelle aber nur dann ersetzt, wenn sich beide Seiten entweder vorher ihrem Spruch unterwerfen oder ihn im Nachhinein akzeptieren. Nach § 88 BetrVG können durch eine solche freiwillige Betriebsvereinbarung insbesondere

- zusätzliche Maßnahmen zur Verhütung von Arbeitsunfällen und Gesundheitsschädigungen,

- Maßnahmen des betrieblichen Umweltschutzes,
- die Einrichtung von Sozialeinrichtungen, deren Wirkungsbereich auf den Betrieb, das Unternehmen oder den Konzern beschränkt ist,
- Maßnahmen zur Förderung der Vermögensbildung,
- Maßnahmen zur Integration ausländischer Arbeitnehmer sowie zur Bekämpfung von Rassismus und Fremdenfeindlichkeit im Betrieb,
- Maßnahmen zur Eingliederung schwerbehinderter Menschen

geregelt werden.

Für Vereinbarungen über den Berufsbildungsbedarf nach § 96 Abs. 1 BetrVG sieht das Gesetz vor, dass die Einigungsstelle angerufen werden, aber nicht entscheiden kann. (§ 96 Abs. 1a BetrVG).

Die Aufzählung im Gesetz ist **nicht abschließend**. Daher können auch über 9 weitere Themen (z. B. Kündigungsfristen, Personalplanung) freiwillige Betriebsvereinbarungen abgeschlossen werden.

Beispiel:
Eine Betriebsvereinbarung bestimmt, dass der Arbeitgeber für die Dauer eines Rechtsstreits über bestimmte Forderungen auf die Einhaltung etwaiger arbeitsvertraglicher Ausschlussfristen verzichtet. Da freiwillige Betriebsvereinbarungen Regelungen über den Inhalt, den Abschluss und die Beendigung von Arbeitsverhältnissen treffen können, kann auch vereinbart werden, dass Ausschlussfristen vorübergehend nicht zur Anwendung kommen sollen und Fristen aus bestehenden Ausschlussklauseln insoweit von den Arbeitnehmern nicht eingehalten werden müssen (BAG 14.12.2022 – 10 AZR 531/20).

Aber auch bei freiwilligen Betriebsvereinbarungen ist der Tarifvorrang (vgl. Rn. 59 ff.) zu beachten. Sie dürfen nicht gegen zwingende Gesetze oder die in § 75 BetrVG niedergelegten Grundsätze verstoßen (vgl. Rn. 61 f.). Die Regelungen des § 77 BetrVG zu Abschluss, Schriftform und Kündigung gelten für alle Betriebsvereinbarungen gleichermaßen.

Daneben sieht das Betriebsverfassungsgesetz in einer Reihe von Fällen für die 10 Betriebsratsorganisation eine mögliche Regelung durch Betriebsvereinbarungen vor. Diese sind ebenfalls nicht erzwingbar.

Abweichende Regelungen über Betriebsratsstruktur	§ 3 Abs. 2 BetrVG
Verlängerung des Übergangsmandats	§ 21a Abs. 1 BetrVG
Rahmenvereinbarung zur Übertragung von Aufgaben des Betriebsrats an eine Arbeitsgruppe	§ 28a Abs. 1 BetrVG

Andere Regelungen über Freistellungen von Betriebsräten	§ 38 Abs. 1 BetrVG
Abweichende Regelungen über die Anzahl der Mitglieder des Gesamtbetriebsrats	§ 47 Abs. 4 BetrVG
Abweichende Regelungen über die Anzahl der Mitglieder des Konzernbetriebsrats	§ 55 Abs. 4 BetrVG
Abweichende Regelung über die Anzahl der Mitglieder der Gesamt-Jugend- und Auszubildendenvertretung	§ 72 Abs. 4 BetrVG
Einrichtung einer ständigen Einigungsstelle	§ 76 Abs. 1 BetrVG
Vergütungsordnung für Einigungsstelle	§ 76a Abs. 5 BetrVG
Regelung der Einzelheiten des Beschwerdeverfahrens	§ 86 BetrVG
Kündigungen nur nach Zustimmung des Betriebsrats	§ 102 Abs. 6 BetrVG

1.3.2 Betriebsvereinbarungen mit Mischcharakter

11 In der Praxis sind häufig Betriebsvereinbarungen zu finden, deren Inhalte z.T. der erzwingbaren Mitbestimmung unterliegen und z.T. freiwilligen Charakter haben.

12 So sind freiwillige soziale Leistungen nicht erzwingbar, z.B. eine Treueprämie oder Jubiläumszahlungen. Fragen der Dienstkleidung z.B. unterliegen der erzwingbaren Mitbestimmung des Betriebsrats. Werden in einer Betriebsvereinbarung über die »Betriebsordnung« sowohl Treueprämien, Jubiläumszahlungen wie auch Fragen der Dienstkleidung geregelt, wirken im Falle einer Kündigung die Regelungen über die Dienstkleidung nach, die Bestimmungen über die Jubiläumszahlungen nicht (Einzelheiten s. Rn. 90f. Nachwirkung).

1.3.3 Protokollnotizen

13 Häufig werden Betriebsvereinbarungen zum Zeitpunkt des Abschlusses oder während ihrer Laufzeit Protokollnotizen beigefügt. Zum Teil geschieht dies, um Dinge, die auch in der Betriebsvereinbarung geregelt werden könnten, nicht dort aufzunehmen, quasi um sie weniger »sichtbar« zu machen. Zum Teil werden Protokollnotizen später beigefügt, um Auslegungsfragen, die im Laufe der Zeit entstanden sind, zu klären. Welchen Rechtscharakter solche Protokollnotizen haben, muss durch Auslegung geklärt werden. Sie können wie eine Betriebs-

vereinbarung normativen Charakter haben. Um hier Unklarheiten zu vermeiden, empfiehlt es sich, in der Protokollnotiz klarzustellen, was damit gewollt ist. Sollen in der Protokollnotiz Ansprüche geregelt werden, sollte dies besser in einer Ergänzung der Betriebsvereinbarung geregelt werden. Die Betriebsparteien können jederzeit bestehende Betriebsvereinbarungen – unabhängig von Kündigungsfristen – einvernehmlich ändern bzw. ergänzen.

1.4 Zustandekommen

Betriebsvereinbarungen sind – so § 77 Abs. 2 BetrVG – gemeinsam von Arbeitgeber und Betriebsrat zu beschließen und schriftlich niederzulegen. Hierfür sind übereinstimmende Willenserklärungen des Arbeitgebers und des Betriebsrats (bzw. GBR oder KBR) erforderlich. Auf Betriebsratsseite ist vor Abschluss einer Betriebsvereinbarung ein ordnungsgemäßer Beschluss (§ 33 BetrVG) herbeizuführen. Nach diesem Beschluss unterzeichnet der Vorsitzende für den Betriebsrat die Betriebsvereinbarung. 14

Unterzeichnet der BR-Vorsitzende eine Betriebsvereinbarung ohne vorherigen ordnungsgemäßen Beschluss, ist die Vereinbarung unwirksam (BAG 8.2.2022 – 1 AZR 233/21, vgl. zu Einzelheiten Rn. 25). Der Abschluss einer Betriebsvereinbarung kann nicht von einer Zustimmung der betroffenen Arbeitnehmer:innen abhängig gemacht werden (BAG 28.7.2020 – 1 ABR 4/19). 15

Auf Seiten des Arbeitgebers muss das Gesellschaftsorgan, das zur Vertretung berufen ist (z.B. GmbH – Geschäftsführung; Aktiengesellschaft – Vorstand; Verein – Vorstand; Einzelunternehmer – Inhaber) die Betriebsvereinbarung unterzeichnen. Diese Organe bzw. Personen können die Befugnis aber auch delegieren, z.B. auf die Leitung der Personalabteilung. 16

1.5 Formvorschriften

1.5.1 Schriftformerfordernis

Die Formvorschriften für die Betriebsvereinbarung dienen der Rechtssicherheit und Klarheit. Eine Betriebsvereinbarung ist zwingend schriftlich niederzulegen (§ 77 Abs. 2 BetrVG). Sie ist von beiden Seiten zu unterzeichnen. Unterzeichnet wird sie von den jeweils vertretungsberechtigten Personen auf Seiten des Arbeitgebers und auf Seiten des Betriebsrats (Betriebsratsvorsitzender). Die **Unterschriften** müssen sich auf der Originalurkunde am Ende unterhalb des Textes befinden (§ 126 Abs. 2 BGB). Aus den Unterschriften muss sich zweifelsfrei die Identität der Unterschreibenden ergeben. Auf die gute Lesbarkeit der Unterschrift kommt es dabei nicht an. Die Betriebsvereinbarung muss nicht zwingend zusammengeheftet werden. Allerdings muss sich aus der Nummerierung, der Seitenzahl usw. zweifelsfrei ergeben, dass es sich um einen einheitlichen Text 17 handelt. Gleiches gilt für Anlagen. In der Praxis hat sich bewährt, auch die einzelnen Seiten der Betriebsvereinbarung durch Namenskürzel (Paraphe) abzuzeichnen. Es empfiehlt sich, kein Risiko einzugehen, sondern die Betriebsvereinbarung samt Anlagen zu heften.

18 Der Austausch von Urkunden, die jeweils nur von einer Seite unterzeichnet sind, reicht nicht aus. Sowohl Arbeitgeber als auch Betriebsrat sollten jeweils ein eigenes, mit beiden Unterschriften versehenes Original vorliegen haben. Der Betriebsrat sollte ein entsprechendes **Archiv der Betriebsvereinbarungen** führen. Er kann sich nicht darauf verlassen, dass die Betriebsvereinbarungen beim Arbeitgeber schon richtig aufbewahrt werden. In der Praxis ist es schon häufiger vorgekommen, dass insbesondere nach Übernahmen und Fusionen eine neue Personalabteilung nicht mehr über alle Betriebsvereinbarungen verfügt.

19 Betriebsvereinbarungen, die auf dem **Spruch einer Einigungsstelle** beruhen, sind nicht von den Parteien zu unterzeichnen. In diesem Fall ersetzt das Protokoll der Einigungsstelle und die Unterschrift des Einigungsstellenvorsitzenden die Unterschriften.

20 Wird die Schriftform nicht eingehalten, ist die Betriebsvereinbarung nichtig (§ 125 BGB, vgl. Fitting, § 77 Rn. 21). In diesem Fall kann u. U. die nichtige Betriebsvereinbarung umgedeutet werden in eine Gesamtzusage (vgl. zu Einzelheiten Rn. 30).

21 Betriebsvereinbarungen können auch in **elektronischer Form** geschlossen werden. Dies sieht § 77 Abs. 2 BetrVG ausdrücklich vor. Dabei müssen die Parteien – abweichend von § 126a Abs. 2 BGB dasselbe Dokument elektronisch signieren. Damit soll für betroffene Arbeitnehmer:innen weiterhin erkennbar sein, dass Arbeitgeber und Betriebsrat einen gleichlautenden Text unterzeichnet haben. Nach § 126a BGB kann die vom Gesetz vorgeschriebene Schriftform durch eine qualifizierte elektronische Signatur ersetzt werden Für diese gelten besondere Formvorschriften des Signaturgesetzes. Dies setzt voraus, dass sowohl Betriebsrat als auch Arbeitgeber über eine qualifizierte elektronische Signatur verfügen.

1.5.2 Bekanntmachung

22 Nach § 77 Abs. 2 Satz 3 BetrVG hat der Arbeitgeber die Betriebsvereinbarung an geeigneter Stelle im Betrieb **auszulegen**. Auslegen meint, dass Arbeitnehmer leicht die Chance haben, sich über die Inhalte zu informieren. Es empfiehlt sich auch, alle Betriebsvereinbarungen – geschützt gegen Veränderungen – als pdf-Dokument in ein etwa vorhandenes **Intranet** zu stellen. In kleineren Betrieben oder Unternehmen kann auch daran gedacht werden, dass eine neue Betriebsvereinbarung an alle Arbeitnehmer per E-Mail gesandt wird. Legt der Arbeitgeber die Betriebsvereinbarung nicht aus, kann der Betriebsrat sie z. B. durch

Aushang am **Schwarzen Brett** bekanntmachen. Die Bekanntmachung hat unverzüglich nach Abschluss der Betriebsvereinbarung zu erfolgen.

Die Pflicht, die Betriebsvereinbarung auszulegen, ist keine Wirksamkeitsvoraussetzung für eine Betriebsvereinbarung (DKW-*Berg,* § 77 Rn. 74). Wird eine Betriebsvereinbarung nicht bekanntgemacht, kann ein Arbeitnehmer aber auf Einsicht in die Betriebsvereinbarung klagen (LAG Nürnberg 9.12.2004 – 5 Sa 328/04, Betriebsratswissen digital, NZA-RR 05, 377). Versäumen Arbeitnehmer Antragsfristen, weil Betriebsvereinbarungen, in denen sie niedergelegt sind, nicht bekannt gemacht wurden, beginnen diese erst dann zu laufen, wenn der Arbeitnehmer hiervon Kenntnis erlangt hat (BAG 27.3.1984 – 1 AZR 603/82). 23

Auch Betriebsvereinbarungen, die auf einem Spruch einer Einigungsstelle beruhen, müssen im Betrieb bekannt gemacht werden. 24

1.6 Rechtsmängel

1.6.1 Nichtigkeit

Eine Betriebsvereinbarung, der **kein ordnungsgemäßer Beschluss** des Betriebsrats zugrunde liegt (§ 33 BetrVG) ist schwebend unwirksam (§ 177 BGB), auch wenn der BR-Vorsitzende die Vereinbarung schon unterzeichnet hat (DKW-*Wedde,* § 26 Rn. 22; BAG 8.2.2022 – 1 AZR 233/21). Der Mangel kann durch eine nachträgliche Genehmigung, die durch ordnungsgemäßen Beschluss des Betriebsrats erfolgt, geheilt werden (BAG 10.10.2007 – 7 ABR 51/06, Betriebsratswissen digital, AiB 2008, 418). Ein Schweigen des Betriebsrats genügt nicht. Da die Arbeitnehmer wissen müssen, ob sie aus einer Betriebsvereinbarung Ansprüche ableiten können oder nicht, muss der Betriebsrat für den Fall, dass der Vorsitzende seine Kompetenzen überschritten hat, rasch entscheiden, ob er die Betriebsvereinbarung genehmigt oder nicht. 25

Wird eine Betriebsvereinbarung vom nicht zuständigen Gremium (z.B. nicht zuständiger GBR anstelle des zuständigen BR; vgl. Rn. 104ff.) abgeschlossen, ist die Vereinbarung ebenfalls schwebend unwirksam. Auch in diesem Fall kann das zuständige Gremium durch Beschluss den Mangel rückwirkend heilen. 26

Weitere Nichtigkeitsgründe sind: 27

- Verstoß gegen zwingendes höherrangiges Recht, Verfassung, Gesetz z.B. Ausschluss von Teilzeitbeschäftigten von Jubiläumszahlungen, die an die Betriebszugehörigkeit gekoppelt sind. Dies würde gegen § 2 Abs. 1 TzBfG verstoßen.
- Verstoß gegen Tarifvertrag (vgl. Rn. 65); z.B. Abschluss einer Betriebsvereinbarung, die die 40-Stunden-Woche vorsieht, während der Tarifvertrag nur 38,5 Stunden festlegt.
- Betriebsvereinbarung durch Spruch der Einigungsstelle außerhalb deren Zuständigkeit (vgl. Rn. 138).

28 Eine rechtsunwirksame Betriebsvereinbarung erzeugt keine Wirkungen. Aus ihr können Arbeitnehmer keine Ansprüche herleiten. Legt z. B. eine Betriebsvereinbarung eine Jubiläumszahlung in Höhe eines Monatsentgelts nach 15 Jahren Betriebszugehörigkeit fest, haben AN, wenn diese Regelung z. B. wegen Verstoß gegen das Schriftformerfordernis unwirksam ist, keinen Anspruch auf die Zahlung.

29 Die Unwirksamkeit einzelner Teile einer Betriebsvereinbarung hat nicht automatisch die Unwirksamkeit der gesamten Betriebsvereinbarung zur Folge (§ 139 BGB). Wenn die nicht unwirksamen »Rest«-Teile eine sinnvolle, in sich geschlossene Regelung enthalten, bleiben sie in Kraft (**Teilunwirksamkeit**, BAG 23.1.2018 – 1 AZR 65/17). Die verbleibenden Teile müssen aber normative, also zwingend geltende Regelungen enthalten. Wenn dies nicht der Fall ist, ist die gesamte Betriebsvereinbarung unwirksam (BAG 17.8.2021 – 1 AZR 175/20; 21.1.2003 – 1 ABR 9/02, Betriebsratswissen digital, NZA 03, 1097).

Beispiel:
Ein Betriebsrat gesteht in dringenden Eilfällen dem Arbeitgeber das Recht zu, Überstunden ohne vorherige Mitbestimmung im Einzelfall anzuordnen. Dafür erhalten die betroffenen Arbeitnehmer einen Zeitausgleich. Dieser ist aber wegen Verstoßes gegen den Tarifvertrag unwirksam. Die Betriebsvereinbarung enthält hier nur noch eine nicht normative Regelung im Verhältnis Betriebsrat und Arbeitgeber (Verzicht auf Mitbestimmung). Diese Regelungen sind ebenfalls unwirksam, da – so das BAG – nicht angenommen werden könne, dass der Betriebsrat bei Kenntnis der Nichtigkeit der Zeitgutschrift dem Arbeitgeber so weit entgegengekommen wäre (BAG 21.1.2003 – 1 ABR 9/02).

30 Eine nichtige Betriebsvereinbarung kann nur unter besonderen Umständen in eine andere Regelung umgedeutet werden. In Betracht kommt die **Umdeutung** (§ 140 BGB) z. B. in eine vertragliche Einheitsregelung (Gesamtzusage). Dies aber nur, wenn Umstände vorliegen, aus denen sich entnehmen lässt, der Arbeitgeber habe sich in jedem Fall – quasi unabhängig von der Betriebsvereinbarung – verpflichten wollen (BAG 23.1.2018 – 1 AZR 65/17). In der Regel wird sich aber ein Arbeitgeber nicht unabhängig von der Betriebsvereinbarung verpflichten wollen, sondern nur die Ansprüche aus der Betriebsvereinbarung erfüllen wollen. Dann kommt eine Umdeutung nicht in Betracht. Leistet der Arbeitgeber aber in Kenntnis der Unwirksamkeit, kommt eine Umdeutung in Betracht (Fitting, § 77 Rn. 106).

31 Erbringt der Arbeitgeber Leistungen in Kenntnis der Unwirksamkeit der Betriebsvereinbarungen, können diese für die Vergangenheit nicht zurückgefordert werden (Fitting, § 77 Rn. 106, 107).

1.6.2 Störung der Geschäftsgrundlage

Eine Störung der Geschäftsgrundlage (§ 313 BGB) kann dazu führen, dass die Betriebsvereinbarung angepasst werden muss. Haben sich die Umstände, die Geschäftsgrundlage der Betriebsvereinbarung waren, nach Abschluss derselben schwerwiegend verändert und hätten die Parteien die Betriebsvereinbarung nicht oder nicht mit dem vereinbarten Inhalt geschlossen, kann eine Vertragspartei von der anderen die Anpassung des Vertrags verlangen. 32

Geschäftsgrundlage sind dabei die bei Abschluss der Betriebsvereinbarung gemeinsam bestehenden Vorstellungen der Parteien oder die Vorstellungen einer Partei, die der anderen Seite erkennbar waren und nicht beanstandet wurden, und der Wille zum Abschluss der Betriebsvereinbarung, der auf diesen Vorstellungen aufbaut (BAG 8.10.2009 – 2 AZR 235/08, Betriebsratswissen digital, DB 2010, 509).

Die Störung der Geschäftsgrundlage führt nicht zur automatischen Beendigung einer Betriebsvereinbarung. Sie muss dann durch eine Vereinbarung der Betriebsparteien angepasst werden oder, wenn diese sich nicht einigen, durch die Einigungsstelle (BAG 29.4.2004 – 1 AZR 445/03; 10.8.1994 – 10 ABR 61/93, juris, Betriebsratswissen digital, NZA 95, 314). 33

Denn eine Betriebsvereinbarung kann jederzeit gekündigt werden im Rahmen der gesetzlichen bzw. vereinbarten Kündigungsfristen. In der Praxis berufen sich Arbeitgeber zumeist bei Sozialplänen bzw. Vereinbarungen über die betriebliche Altersversorgung auf eine Störung der Geschäftsgrundlage.

1.6.3 Anfechtung

Die Betriebsvereinbarung kommt durch übereinstimmende Willenserklärungen zustande. Daher wäre es nach zivilrechtlichen Regelungen möglich, die Abgabe dieser Willenserklärungen wegen Irrtum, arglistiger Täuschung oder Drohung mit einem rechtswidrigen Übel (§§ 119, 123 BGB) anzufechten. Eine solche Anfechtung führt dazu, dass das Rechtsgeschäft von Anfang an nichtig ist (§ 142 BGB). Da Betriebsvereinbarungen jedoch Normen enthalten, ist jedenfalls die Anfechtung des normativen Teils der Betriebsvereinbarung mit Wirkung für die Vergangenheit ausgeschlossen (BAG 15.12.1961, DB 1962, 306; vgl. DKW-*Berg*, § 77 Rn. 112). 34

Beruht die Betriebsvereinbarung auf einem Spruch der Einigungsstelle, kann dieser nach § 76 Abs. 5 BetrVG angefochten werden. Die Überprüfung des Spruchs der Einigungsstelle durch das Arbeitsgericht berührt bis zum rechtskräftigen Abschluss des Verfahrens dessen vorläufige Wirksamkeit nicht. Er ist vom Arbeitgeber umzusetzen (DKW-*Berg*, § 76 Rn. 150; Fitting § 76 Rn. 164 jeweils m. w. N.). Das gilt auch für Sozialpläne. Ist darin eine Abfindung geregelt, bleibt sie zu dem im Sozialplan festgelegten Zeitpunkt fällig – auch wenn der 35

Einigungsstellenspruch gerichtlich angefochten ist (BAG 28. 1. 2025 – 1 AZR 73/24).

1.7 Auslegung

36 Da Betriebsvereinbarungen Normen enthalten, sind sie – ebenso wie Tarifverträge – nach den für Gesetze angewandten Regeln auszulegen. Ist der Inhalt einer Regelung unklar, ist zunächst vom **Wortlaut** auszugehen. Insbesondere bei unbestimmtem Wortsinn ist der wirkliche **Wille der Betriebsparteien** und der von ihnen beabsichtigte **Zweck** zu berücksichtigen, sofern und soweit sie im Text ihren Niederschlag gefunden haben. Abzustellen ist ferner auf den **Gesamtzusammenhang** und die **Systematik** der Regelungen. Im Zweifel gebührt derjenigen Auslegung der Vorzug, die zu einem sachgerechten, zweckorientierten, praktisch brauchbaren und gesetzeskonformen Verständnis der Bestimmung führt (BAG 14. 3. 2012 – 7 AZR 147/11, ständige Rspr.).

37 Die Auslegung von Betriebsvereinbarungen findet zwar erst später vor Gericht statt. Es ist aber sinnvoll, schon bei der Verhandlung und beim späteren Abfassen der Regelungen sorgfältig vorzugehen (zur Sprache in einer Betriebsvereinbarung vgl. Rn. 165 ff. und 177). Wichtige Fragen sind: Was möchten wir regeln? Wie ist das, was wir aufschreiben, am Ende zu verstehen?

Beispiel 1:
Wenn eine Betriebsvereinbarung Ansprüche an die »Betriebszugehörigkeit« knüpft, dann zählen Zeiten bei einem anderen Arbeitgeber, auch wenn er Franchisenehmer des jetzigen Arbeitgebers war, nicht bei der Berechnung der Ansprüche mit. Denn im allgemeinen Sprachgebrauch setzt die Betriebszugehörigkeit die Beschäftigung bei dem Arbeitgeber voraus, dem gegenüber Ansprüche geltend gemacht werden (Beispiel nach BAG 13. 7. 2007 – 1 ABR 262/06). Sollen Zeiten bei anderen Arbeitgebern zur Betriebszugehörigkeit dazu gezählt werden, muss dies ausdrücklich in der Betriebsvereinbarung geregelt werden.

Beispiel 2:
Eine Betriebsvereinbarung bestimmt, das Überstunden »vom Sollkonto abgezogen werden oder in das Lebensarbeitszeitkonto eingebracht werden können«. Die passive Formulierung spricht für eine einseitige Verrechnungsmöglichkeit des Arbeitgebers (Beispiel nach BAG 4. 12. 2024 – 5 AZR 277/23).

38 Bei der Benutzung von Begriffen, die in der **Rechtssprache** einen feststehenden Inhalt haben, gehen die Gerichte davon aus, dass die Betriebsparteien diese auch in diesem Sinne benutzen, wenn sie nicht ausdrücklich etwas anderes vereinbart haben (BAG 26. 9. 2017 – 1 AZR 717/15). In der Praxis empfiehlt es sich, die Regelung so einfach wie möglich zu gestalten und Rechtsbegriffe nur zu ver-

wenden, wenn klar ist, was damit bezweckt werden soll. Umgekehrt können umgangssprachliche Formulierungen zu Problemen führen.

Beispiel:
Eine Konzernbetriebsvereinbarung regelt einen Erfolgsbonus, der an die Geschäftsziele der »Dr. O.-Gruppe« gekoppelt sein soll. Rechtlich gibt es nur die Begriffe »Betrieb«, »Unternehmen« und »Konzern«. Das kann zum Problem werden, wenn die Parteien den Bonus eigentlich an das Ergebnis bestimmter Tochterunternehmen knüpfen wollten (Beispiel nach BAG 13.10.2021 – 10 AZR 729/19).

1.8 Geltungsbereich; Laufzeit

In Betriebsvereinbarungen ist der Geltungsbereich, das heißt die Frage, wo und auf wen die Betriebsvereinbarung Anwendung finden soll, zu klären. Dabei wird zwischen persönlichem, räumlichem und fachlichem Geltungsbereich unterschieden. **39**

1.8.1 Persönlich

Eine Betriebsvereinbarung gilt grundsätzlich für alle **Arbeitnehmer** eines Betriebes sowie die **Heimarbeiter**, die in der Hauptsache für den Betrieb arbeiten. Die Bestimmungen einer Betriebsvereinbarung gelten, wenn sie in den Betrieb oder Betriebsteil tatsächlich **eingegliedert** sind, für den die Betriebsvereinbarung abgeschlossen wurde. **40**

Bei bestimmten Tätigkeiten (z. B. im Außendienst oder in sog. Matrixstrukturen) ist diese Eingliederung schwierig zu bestimmen. Die Eingliederung erfordert nicht, dass der Arbeitnehmer seine Arbeiten auf dem Betriebsgelände oder innerhalb der Betriebsräume verrichtet. Ein arbeitstechnischer Zweck kann auch in mehreren Betrieben verfolgt werden. Ist dies der Fall und verrichtet der Arbeitnehmer seine Tätigkeiten in einem dieser Betriebe, spricht das grundsätzlich für seine Eingliederung in diesen Betrieb und gegen die Eingliederung in einen der anderen Betriebe, in denen der gleiche arbeitstechnische Zweck verfolgt wird (BAG 13.10.2021 – 10 AZR 729/19). Selbst wenn das fachliche Weisungsrecht durch einen Vorgesetzten aus einem anderen Betrieb ausgeübt wird, führt das nicht zur Ausgliederung des Arbeitnehmers aus seinem bisherigen Beschäftigungsbetrieb (BAG 26.5.2021 – 7 ABR 17/20). Es ist auch möglich, in mehrere Betriebsorganisationen eingegliedert zu sein (BAG 22.5.2025 – 7 ABR 28/24).

Vorübergehend ins Ausland entsandte Arbeitnehmer bleiben vom persönlichen Geltungsbereich erfasst. Der Betriebsrat behält weiterhin seine Mitbestimmungsrechte. Für diese Fälle kann er z. B. eine Betriebsvereinbarung über Auslandszulagen für entsandte Arbeitnehmer auf Grundlage des § 87 Abs. 1 Nr. 10 BetrVG verlangen (BAG 30.1.1990 – 1 ABR 2/89, Betriebsratswissen digital,

NZA 90, 1090). Wird z. B. eine Arbeitnehmerin aus einem in Bremen liegenden Forschungszentrum regelmäßig zu Werken ins Ausland entsandt, um dort Test vorzunehmen, hat sie weiterhin ihren Arbeitsplatz in Bremen.

Für Arbeitnehmer, die zum Zeitpunkt des Abschlusses der Betriebsvereinbarung **aus dem Betrieb tatsächlich ausgeschieden** sind, gelten Betriebsvereinbarungen nicht (BAG 12. 10. 2004 – 3 AZR 557/03, Betriebsratswissen digital, NZA 05, 580). Neue Betriebsvereinbarungen erfassen sie nicht mehr, weil sie nicht mehr vom Betriebsrat vertreten werden. Jedoch können ausgeschiedene Arbeitnehmer in einigen Bereichen auch nach dem Ausscheiden in besonderer Weise weiterhin von Betriebsvereinbarungen betroffen sein, z. B. bei den Themen Werkswohnungen, Sozialplanregelungen oder betrieblicher Altersvorsorge.

41 Ob Arbeitnehmer unter einen Tarifvertrag fallen oder **Mitglied einer Gewerkschaft** sind, ist für die Anwendung einer Betriebsvereinbarung unerheblich. Ebenso ist das Einkommen, das ein Arbeitnehmer erzielt, unerheblich. Betriebsvereinbarungen gelten auch für geringfügig Beschäftigte, sog. **Minijobber**. Eine Betriebsvereinbarung gilt damit grundsätzlich auch für sog. außertarifliche Angestellte (**AT-Angestellte**), die nicht vom Geltungsbereich der jeweiligen Tarifverträge erfasst sind.

42 Für **Leiharbeitnehmer** können Betriebsvereinbarungen des Entleiherbetriebs Anwendung finden. Immer dann, wenn aus dem Einsatz und der Art der Eingliederung der Leiharbeitnehmer im Entleiherbetrieb und der Entscheidungsbefugnis des Entleihers, das Mitbestimmungsrecht dem BR des Entleihers zusteht, ist dies der Fall. (BAG 7. 6. 2014 – 1 ABR 25/14, juris, vgl. BAG 28. 7. 2020 – 1 ABR 45/18, juris; DKW-*Klebe,* § 87 Rn. 9 m. w. N.; vgl. Fitting § 87 Rn. 11 m. w. N.). Haben Leiharbeitnehmer Zugang zu den IT-Systemen des Entleiherbetriebs und müssen sie mit diesen arbeiten, können für die Leiharbeitnehmer keine anderen Regelungen gelten wie für die Arbeitnehmer des Entleiherbetriebs. Gleiches gilt, wenn Leiharbeitnehmer Zugang zur Kantine haben. Das Mitbestimmungsrecht über Sozialeinrichtungen, das auch die Öffnungszeiten erfasst, schließt dann auch die Benutzung durch Leiharbeitnehmer ein.

43 Die Betriebsparteien können den Geltungsbereich jedoch auf bestimmte Arbeitnehmergruppen einschränken, z. B. auf außertarifliche Angestellte (AT-Angestellte) oder Auszubildende. Für leitende Angestellte (§ 5 Abs. 3 BetrVG) sowie die in § 5 Abs. 2 genannten Personen (Organmitglieder usw.) finden Betriebsvereinbarungen keine Anwendung, da sie keine Arbeitnehmer im Sinne des Betriebsverfassungsgesetzes sind.

44 Eine Betriebsvereinbarung gilt auch für Arbeitnehmer, die erst nach dem Abschluss in den Betrieb eintreten.

1.8.2 Räumlich

Der räumliche Geltungsbereich einer Betriebsvereinbarung ist begrenzt auf den **Betrieb**, dessen Betriebsrat ihn abgeschlossen hat. Ein örtlicher Betriebsrat kann eine für seinen Betrieb abgeschlossene Betriebsvereinbarung nicht auf andere (betriebsratslose) Betriebe erweitern. Anders ist es beim Gesamt- und Konzernbetriebsrat, s. Rn. 46. 45

Gesamtbetriebsvereinbarungen und **Konzernbetriebsvereinbarungen** gelten in allen Betrieben eines Unternehmens bzw. Konzerns – auch in betriebsratslosen Betrieben (§ 50 Abs. 1 Satz 1 und § 58 Abs. 1 Satz 1 BetrVG). Diese **Erweiterung auf betriebsratslose Betriebe** funktioniert aber nur, wenn der GBR oder KBR im Rahmen seiner eigenen originären Zuständigkeit tätig geworden ist (§ 50 bzw. § 58 BetrVG; siehe Rn. 107) – und nicht auf Grundlage von Übertragungsbeschlüssen (§§ 50 Abs. 2; 58 Abs. 2 BetrVG) der örtlichen Betriebs- bzw. Gesamtbetriebsräte (Fitting, § 50 Rn. 32; § 58 Rn. 30). Ansonsten können für betriebsratslose Betriebe keine Betriebsvereinbarungen geschlossen werden. 46

Auch der räumliche Geltungsbereich von Konzern-/Gesamt- und örtlichen Betriebsvereinbarungen kann durch das zuständige Gremium eingeschränkt werden, z. B. auf bestimmte Betriebsteile (»Gebäude A«) oder Regionen (»Region Nord«, »Bundesland NRW«). 46a

Betriebsvereinbarungen können aber nur auf dem Gebiet der Bundesrepublik Deutschland gelten (Geltung des Betriebsverfassungsgesetzes). Daher ist es nicht möglich, **ausländische Betriebe** oder Niederlassungen in den räumlichen Geltungsbereich einer deutschen Konzern-/Gesamt- oder örtlichen Betriebsvereinbarung aufzunehmen. Umgekehrt können sie aber inländische Betriebe eines ausländischen Unternehmens erfassen – selbst wenn der Betrieb aus dem Ausland gesteuert wird (DKW-*Trümner*, § 1 Rn. 24, 25; Fitting, § 1 Rn. 12 ff.).

1.8.3 Fachlich

Im fachlichen Geltungsbereich kann die Anwendung auf bestimmte Arbeitnehmergruppen oder Abteilungen beschränkt werden, z. B. Rufbereitschaft, Verkauf, Außendienst, Produktion usw. In der Praxis überschneidet sich der fachliche Geltungsbereich häufig mit dem persönlichen Geltungsbereich. 47

1.8.4 Inkrafttreten

Eine Betriebsvereinbarung tritt mit Unterzeichnung oder zum in der Vereinbarung festgelegten Zeitpunkt in Kraft. Sie kann grundsätzlich auch **rückwirkend** in Kraft gesetzt werden. Jedoch gibt es hierfür Grenzen. Da sie Normen enthält, gilt grundsätzlich ein Rückwirkungsverbot (BAG 23.1.2008 – 1 AZR 988/06, Betriebsratswissen digital, NZA 08, 709; vgl. BAG 15.12.2020 – 1 AZR 499/18; vgl. auch BVerfG 11.12.2024 – 1 BvR 1109/21 und 1422/23 [Tarifverträge]). 48

In jedem Fall unzulässig ist die sog. **echte Rückwirkung**, mit der in bereits abgeschlossene Vorgänge eingegriffen werden würde.

> **Beispiel:**
> Eine Betriebsvereinbarung regelt ein Weihnachtsgeld für 2025. Die Auszahlung erfolgt am 30. November. Im Folgejahr schließen Arbeitgeber und Betriebsrat eine neue Betriebsvereinbarung. Darin wird festgelegt, dass das Weihnachtsgeld aus 2025 rückwirkend gekürzt wird. Beschäftigte sollen nun einen Teil des Weihnachtsgeldes zurückzahlen. Das ist nicht zulässig. Eine solche rückwirkende Kürzung ist unwirksam.

49 Unter bestimmten Voraussetzungen ist eine sog. **unechte Rückwirkung** zulässig. Sie liegt vor, wenn eine neue Betriebsvereinbarung auf noch nicht abgeschlossene Sachverhalte und Rechte einwirkt. Es ist dann in engen Grenzen sogar zulässig, die betroffenen Rechte nachträglich zu entwerten (BAG 23.1.2008 – 1 AZR 988/06, Betriebsratswissen digital, NZA 08, 709). Voraussetzung ist, dass die Grundsätze von **Vertrauensschutz** und **Verhältnismäßigkeit** gewahrt werden.

> **Beispiel:**
> Ein Sozialplan sieht eine Abfindung vor. Die Höhe hängt vom »individuellen Bruttogehalt« ab. Eine Arbeitnehmerin scheidet im Rahmen des Sozialplanes aus dem Betrieb aus. Nach dem Ende ihres Arbeitsverhältnisses vereinbaren die Betriebsparteien in einer Anlage zum Sozialplan (Protokollnotiz), welche Entgeltbestandteile zum »individuellen Bruttogehalt« zählen und schließen das Entgelt für Überstunden aus. Nach dieser neuen Regelung zählen Überstunden also nicht mehr zum Bruttogehalt.

50 Das BAG war der Auffassung, dass keine unzulässige Rückwirkung vorliege – obwohl der Anspruch auf Abfindung mit dem Ende des Arbeitsverhältnisses schon entstanden war. Es sei sachgerecht gewesen, den Begriff durch eine Protokollnotiz zu klären (BAG 2.10.2007 – 1 AZR 815/06, NZA-RR 08, 242; Beispiel gekürzt).

51 Eine Betriebsvereinbarung, die **rückwirkend in Kraft gesetzt wird** und für die Arbeitnehmer nur Besserstellungen enthält, also günstiger ist, ist rechtlich ohne Weiteres zulässig (DKW-*Berg*, § 77 Rn. 87).

> **Beispiel:**
> Durch Betriebsvereinbarung wird eine Kältezulage pro Stunde geregelt. Die Betriebsvereinbarung ist zum 31.5.2023 gekündigt worden. Nach Verhandlungen zwischen Betriebsrat und Arbeitgeber soll die Kältezulage von 25% auf 30% pro Stunde steigen. Die Verhandlungen haben sich länger hingezogen als gedacht. Die

Vereinbarung wird am 1.8.2023 unterzeichnet und wird rückwirkend zum 1.6.2023 in Kraft gesetzt. Dies ist zulässig. Die Arbeitnehmer, die die Kältezulage erhalten, haben Anspruch auf Nachzahlung der 5 % Differenz für die Monate Juni und Juli.

Da Betriebsvereinbarungen Normen enthalten, ist die rückwirkende Inkraftsetzung aber nur eingeschränkt zulässig. Die Grundsätze des Vertrauensschutzes und der Verhältnismäßigkeit müssen gewahrt bleiben. Arbeitnehmer können darauf vertrauen, dass (für sie günstige) Regelungen zu einem bestimmten Zeitpunkt auch gelten. **52**

Sind Arbeitnehmer **aus dem Betrieb ausgeschieden**, aber noch in besonderer Weise betroffen (z. B. bei Werkswohnungen, Sozialplanregelungen, betrieblicher Altersvorsorge; s. o. Rn. 40), kann durch eine Änderung nicht zu ihrem Nachteil in ihre Rechte eingegriffen werden (BAG 12.10.2004 – 3 AZR 557/03, Betriebsratswissen digital; zur Kritik an dieser Rechtsprechung s. DKW-*Berg*, § 77 Rn. 80 m. w. N.). Es ist sinnvoll, diese Beschäftigtengruppen bei Änderungen bestehender Betriebsvereinbarungen »mitzudenken«. **53**

Nicht besetzt. **54**

1.8.5 Laufzeit

In einer Betriebsvereinbarung ist zu klären, wie lange sie gelten soll (sog. Laufzeit). Nach dem BetrVG sind Betriebsvereinbarungen grundsätzlich unbefristet. Sofern nichts anderes vereinbart ist, können sie mit einer Frist von **drei Monaten gekündigt** werden, § 77 Abs. 5 BetrVG (s. Rn. 74). Den Betriebsparteien steht es frei, andere Kündigungsfristen zu vereinbaren oder auch Betriebsvereinbarungen zeitlich zu befristen. **55**

Betriebsratswahlen haben keinen Einfluss auf die Laufzeit von Betriebsvereinbarungen. Eine vom alten Betriebsrat abgeschlossene Betriebsvereinbarung gilt auch nach der Neuwahl des Gremiums unverändert fort. **56**

Das gilt grundsätzlich auch für sog. **Struktur-Betriebsvereinbarungen** nach § 3 Abs. 2 BetrVG. Wird ein Betriebsrat auf Grundlage einer solchen Vereinbarung gewählt und die Vereinbarung gekündigt, endet die Amtszeit des Betriebsrats in der Regel nicht vorzeitig. Nach zutreffender Auffassung bleibt der Betriebsrat bis zum Ende seiner Amtszeit im Amt (DKW-*Trümner*, § 3 Rn. 234, Fitting, § 3 Rn. 84). Die Amtszeit endet auch nicht, wenn über die Wirksamkeit der Vereinbarung vor Gericht gestritten wird. Eine Verkennung des Betriebsbegriffs in der Vereinbarung (z. B. falsche Zuordnung von Filialen zu einem Betrieb) macht die Betriebsratswahl in der Regel nicht nichtig, sondern nur anfechtbar (BAG 25.10.2023 – 7 ABR 25/22). Eine rückwirkende Vereinbarung (s. Rn. 48) nach § 3 Abs. 2 BetrVG ist aber nicht möglich (zu Tarifverträgen s. LAG München 20.2.2024 – 7 TaBV 27/23, LAG BaWü 19.3.2024 – 15 TaBV 2/23).

57 Betriebsvereinbarungen können auch **zweckbefristet** werden, z. B. eine Vereinbarung über Urlaubsplanung wird für das Urlaubsjahr 2026 abgeschlossen. Diese gilt dann nur bis zum 31. 12. 2026.

58 Der Betriebsrat sollte sich vor Vereinbarungen über die Laufzeit genau überlegen, welche Laufzeiten den Interessen der AN entsprechen. Bei Vereinbarungen über gute – freiwillige Sozialleistungen – ist eine lange Kündigungsfrist für die Arbeitnehmer günstig, da der Arbeitgeber dann auch in Falle einer Kündigung der Betriebsvereinbarung die freiwilligen sozialen Leistungen nicht so schnell entfallen lassen kann.

2. Verhältnis der Betriebsvereinbarung zu anderen Rechtsnormen

2.1 Die Betriebsvereinbarung zwischen Tarif- und Betriebsautonomie

59 Das Verhältnis zwischen Betriebsvereinbarung (Betriebsautonomie) und Tarifvertrag (Tarifautonomie) ist Gegenstand vielfältiger Auseinandersetzungen sowohl in der betrieblichen Praxis wie auch in der Rechtsprechung. Unbeschadet der Meinungsunterschiede in Einzelfragen gilt aber jedenfalls der Grundsatz, dass die **Tarifautonomie durch kollektive betriebliche Regelungen nicht beeinträchtigt** oder gar **ausgehöhlt** werden darf. Diesem Zweck dienen § 77 Abs. 3 BetrVG (vgl. hierzu Rn. 61 ff.) und § 87 Abs. 1 Einls. BetrVG.

60 Dennoch sind in der Praxis betriebliche Regelungsinstrumente (Betriebsvereinbarung, Regelungsabsprache) gegenüber der tariflichen Regulierung deutlich im Vormarsch, teilweise in Ergänzung von Tarifverträgen, zunehmend aber auch ersetzend. So wird häufig der Ruf nach einer den Tarifvorrang beseitigenden **Öffnungsklausel** laut, teilweise verstärken sich Tendenzen, durch tarifwidrige Betriebsvereinbarungen oder informelle Absprachen der Betriebsparteien und den Einsatz verschiedener individualrechtlicher Regelungsinstrumente (Vereinbarungen) bestehende **Tarifverträge zu unterlaufen** (vgl. zum Ganzen DKW-*Berg*, § 77 Rn. 126 ff.). Diese Tendenzen lassen außer Acht, dass die Betriebsvereinbarung nicht als ein »Ersatz-Tarifvertrag« für nicht organisierte Arbeitnehmer oder als »Zusatz-Tarifvertrag« wirken darf. Daher **gilt im Verhältnis zwischen Tarifvertrag und Betriebsvereinbarung** auch **nicht das Günstigkeitsprinzip.** Eine tarifliche Regelung verdrängt jede Regelung in einer Betriebsvereinbarung über denselben Gegenstand, soweit nicht der Tarifvertrag selbst eine entsprechende Öffnungsklausel enthält. Ist eine tarifliche Öffnungsklausel vorhanden,

ist ihr durch Auslegung zu entnehmen, wie weit Betriebsvereinbarungen von der tariflichen Regelung abweichen dürfen.

2.2 Tarifvorbehalt nach § 77 Abs. 3 BetrVG

Nach § 77 Abs. 3 BetrVG können alle Arbeitsbedingungen, die durch Tarifvertrag geregelt sind oder üblicherweise geregelt werden, nicht Gegenstand einer Betriebsvereinbarung sein, wenn nicht ein Tarifvertrag den Abschluss ergänzender Betriebsvereinbarungen ausdrücklich zulässt (**Tarifvorbehalt**). »Arbeitsentgelte« werden dabei nur als typische Tarifregelungen erwähnt, es gibt keinen Unterschied zu allen anderen Arbeitsbedingungen. In **Betrieben mit Tarifpluralität** verdrängt jeder Tarifvertrag in seinem Geltungsbereich betriebliche Regelungen, auch Minderheitentarifverträge nach § 4a TVG (BAG 25.1.2023 – 4 ABR 4/22, NZA 2023, 979). Die Reichweite des Tarifvorbehalts setzt sich somit aus der Summe dieser tariflichen Geltungsbereiche und Regelungen zusammen (nunmehr auch DKW-*Berg* § 77 Rn. 145; NK-GA/*Schwarze,* § 77 Rn. 22). Überschneidet sich ein Gegenstand mit dem Tarifvorrang aus § 87 Abs. 1 Einls. BetrVG, dazu Rn. 65, dann gilt der Tarifvorbehalt nicht (sog. **Vorrangtheorie** des BAG, Fitting, § 77 Rn. 194). Wenn eine BV nur abstrakt generelle Vergütungsregelungen enthält, ist sie nur am Tarifvorrang, § 87 Abs. 1 Einls. BetrVG, zu messen. Nur dann, wenn sie zusätzlich Regelungen zur konkreten Vergütungshöhe enthält, sind diese Regelungen (nur) am Tarifvorbehalt zu messen (grdl. BAG 3.12.1991 – GS 2/90, BAGE 69, 134; die Literatur vertritt dagegen überwiegend eine Zwei-Schranken-Theorie und wendet Tarifvorbehalt und Tarifvorrang nebeneinander an, teils beschränkt auf materielle Arbeitsbedingungen, NK-GA/*Schwarze,* § 77 Rn. 22). 61

Sobald ein Tarifvertrag abgeschlossen ist und nicht erst seinem mit Inkrafttreten, löst er den Tarifvorbehalt aus; dies auch rückwirkend für alle zuvor abgeschlossenen Betriebsvereinbarungen zeitlich uneingeschränkt. Erfasst sind Firmen- ebenso wie Verbandstarifverträge; Inhaltsnormen ebenso wie **Betriebsnormen** i.S.d. § 3 Abs. 2 TVG. Stets ist die Summe der tariflichen Geltungsbereiche entscheidend. In **Gemeinschaftsbetrieben** kommt es dadurch öfter zu einer partiellen Geltung des Tarifvorbehalts. Für **AT-Angestellte** gilt typischerweise kein Tarifvorbehalt. Eine Tarifbindung des Arbeitgebers oder eines Arbeitnehmers ist nicht erforderlich (BAG 25.1.2023 – 4 ABR 4/22, NZA 2023, 979), besteht eine beidseitige normative Bindung, löst in einem tarifpluralen Betrieb nur dieser Tarifvertrag den Tarifvorbehalt aus (NK-GA/*Schwarze,* § 77 Rn. 22). Arbeitsvertragliche **Inbezugnahmeklauseln**, gleich in welcher Gestalt, können den Tarifvorbehalt nicht auslösen. 62

Ein Tarifvertrag »gilt« nur dann, wenn und soweit er eine eigene Sachregelung enthält (BAG 29.10.2002 – 1 AZR 573/01, NZA 2003, 393). Ein Tarifvertrag zur

Grundvergütung sperrt deswegen keine Zulagen-BV; übertarifliche Leistungen in einer BV müssen, um nicht am Tarifvorbehalt zu messen zu sein, eine andere Anknüpfung enthalten als der Tarifvertrag, z. B. Erschwernis-, Schmutz- oder Funktionszulagen, Gratifikationen für besondere Anlässe oder Zulagen für besondere Beauftragungen. Eine tarifliche Rahmenregelung ist keine eigene abschließende Sachregelung und löst deswegen nur hinsichtlich des tariflichen Rahmens den Tarifvorbehalt aus. Eine tarifliche **Negativregelung** (»Zur Kurzarbeit treffen die Parteien keine Regelung.« oder »Die Lage der Arbeitszeit ist per Arbeitsvertrag zu regeln.«) sind keine eigenen Sachregelungen. Fehlt es an einer tariflichen Regelung (sog. **Nichtregelung**), ist nicht auf einen einzelnen Regelungsaspekt, sondern auf eine Sachgruppe abzustellen.

Ein Tarifvertrag gilt nicht mehr, wenn er nur noch **nachwirkt** (§ 4 Abs. 5 TVG), doch wird hierbei zumeist eine Tarifüblichkeit anzunehmen sein. Ohne Tarifüblichkeit kann während der Nachwirkung der Tarifvertrag jederzeit durch eine andere Abmachung, also auch durch eine Betriebsvereinbarung, ersetzt werden.

63 Von **Tarifüblichkeit** kann dann gesprochen werden, wenn für den räumlichen, betrieblichen und fachlichen Tätigkeitsbereich des Betriebs Tarifverträge über die jeweiligen Arbeitsbedingungen abgeschlossen zu werden pflegen (DKW-*Berg,* § 77 Rn. 147). Dabei genügt es, dass zuvor eine tarifliche Regelung nicht nur von sehr kurzer Dauer bestand und beide Tarifparteien einen Neuabschluss anstreben. Soll sich dabei der Geltungsbereich oder Regelungsgegenstand ändern, ist allein die Schnittmenge aus der früheren und der avisierten tariflichen Regelung für die Tarifüblichkeit maßgeblich (NK-GA/*Schwarze,* § 77 Rn. 26).

64 Der Tarifvorbehalt gilt **nicht nur für förmliche Betriebsvereinbarungen**, sondern **auch für formlose** Regelungsabreden (anders BAG 20.4.1999 – 1 ABR 72/98). Es kann – betrachtet man den Zweck der Sperrwirkung in § 77 Abs. 3 BetrVG – keinen Unterschied machen, in welcher Form den Verbänden Konkurrenz gemacht wird. Das gilt auch für Arbeitsvertragsbedingungen per **AGB**, **Gesamtzusagen** und sog. betriebliche Einheitsregelungen, wenn Arbeitnehmern nach Absprache mit dem Betriebsrat bzw. auch auf dessen Empfehlung hin individualvertragliche Regelungen angeboten werden, mit denen tarifliche Regelungen umgangen werden sollen. Die Mitwirkung des Betriebsrats am Zustandekommen tarifwidriger vertraglicher Einheitsregelungen durch Abschluss einer Regelungsabrede oder ausdrücklicher Befürwortung bzw. Billigung des tarifwidrigen Handelns des Arbeitgebers verleiht solchen Regelungen ein besonderes Gefährdungspotenzial im Hinblick auf die durch § 77 Abs. 3 BetrVG geschützte Tarifautonomie (DKW-*Berg,* § 77 Rn. 160).

Gemäß der ausdrücklichen Regelung in § 112 Abs. 1 Satz 4 BetrVG werden auch **Sozialpläne** von der Sperrwirkung des § 77 Abs. 3 BetrVG nicht erfasst.

2.3 Tarifvorrang gem. § 87 Abs. 1 BetrVG

Von der Sperrwirkung des § 77 Abs. 3 BetrVG nicht erfasst werden Betriebsvereinbarungen, die im Rahmen der zwingenden Mitbestimmung gem. § 87 BetrVG abgeschlossen werden (sog. **Vorrangtheorie**, Rn. 62). Der Tarifvorrang in § 87 Abs. 1 Einls. BetrVG greift nur dann, wenn eine entsprechende tarifliche Regelung **für den Arbeitgeber normativ**, also kraft Verbandsmitgliedschaft, Allgemeinverbindlichkeit oder firmentariflich Anwendung findet. Bloße **Tarifüblichkeit entfaltet** keine Sperrwirkung, der Tarifvertrag muss aktuell gelten und zwingende Wirkung entfalten. Daran fehlt es bei Tarifverträgen in **Nachwirkung** und nach § 613a Abs. 1 Satz 2 BGB **inkorporierten Tarifverträgen**. Das Arbeitsverhältnis muss in den Geltungsbereich des Tarifvertrags fallen. 65

Finden im Betrieb mehrere Tarifverträge mit sich überschneidendem Geltungsbereich Anwendung, entfaltet jeder Tarifvertrag eine eigene Sperrwirkung, nicht nur der **Mehrheitstarifvertrag**, vgl. Rn. 62; Anderes gilt für betriebliche und betriebsverfassungsrechtliche Tarifnormen (z. B. betriebliche Rentensysteme, Beschäftigungssicherungsvereinbarungen oder Strukturtarifverträge).

Durch eine **arbeitsvertragliche Inbezugnahme** auf einen Tarifvertrag wird der Tarifvorrang des § 87 Abs. 1 Einls. BetrVG nicht ausgelöst.

Inhaltlich reicht der Tarifvorrang in § 87 Abs. 1 Einls. BetrVG nur soweit, wie der Tarifvertrag eine positive und abschließende Regelung enthält, bei tariflichen Rahmenregelungen dürfen Betriebspartner die Konkretisierung vornehmen.

Die Regelungssperre in § 87 Abs. 1 Einls. BetrVG führt zur Nichtigkeit gegen sie verstoßender Betriebsvereinbarungen oder Regelungsabreden. Eine Einigungsstelle ist insoweit unzuständig.

2.4 Tarifliche Öffnungsklauseln

Zu einer Sperrwirkung des Tarifvertrags kommt es dann nicht, wenn der Tarifvertrag den Abschluss ergänzender Betriebsvereinbarungen ausdrücklich zulässt (**tarifliche Öffnungsklausel**). Eine Betriebsvereinbarung kann von den Tarifvertragsparteien durch eine Tariföffnungsklausel auch **nachträglich genehmigt** und in den Grenzen des Vertrauensschutzes mit **Rückwirkung** versehen werden (vgl. auch DKW-*Berg*, § 77 Rn. 150). Ist eine tarifliche Regelung **nicht abschließend**, kann die Regelungslücke »beredt« sein, d. h. eine **konkludente Öffnungsklausel** darstellen: Gegenüber verbessernden betrieblichen Regelungen wird dies im Wege der Auslegung eher anzunehmen sein als gegenüber verschlechternden, wenn auch das **Günstigkeitsprinzip keine Anwendung** findet. 66

2.5 Unmittelbare und zwingende Wirkung der Betriebsvereinbarung, § 77 Abs. 4 BetrVG

67 Nach § 77 Abs. 4 Satz 1 BetrVG hat die **Betriebsvereinbarung unmittelbare Wirkung:** Sie wirkt wie ein Gesetz ohne Kenntnis und Willen der Arbeitsvertragsparteien auf das Arbeitsverhältnis ein. Einer Übernahme, Anerkennung oder Inbezugnahme der BV bedarf es nicht, ebenso wenig kommt es insoweit auf eine »Betriebsvereinbarungsoffenheit« des Arbeitsvertrags an.

68 Daneben wird die Betriebsvereinbarung gegenüber den Arbeitsvertragsparteien **zwingend**. Das bedeutet, per Arbeitsvertrag kann nicht von einer BV abgewichen werden, soweit nicht die BV eine ausdrückliche oder konkludente Öffnungsklausel enthält. Die zwingende Wirkung gilt für **Inhaltsnormen** (Regelungen, die Inhalt des Arbeitsvertrags konturieren, z. B. nach § 87 Abs. 1 Nr. 2, 3, 4, 10 BetrVG mitbestimmungspflichtige Regelungen zu Arbeitszeit, Überstunden, Kurzarbeit, Urlaub, Akkorde, Zulagen oder Prämien), **Beendigungsnormen** (Regelungen über Altersgrenzen) und Ordnungsnormen (Regelungen, die das Verhalten der Arbeitnehmer betreffen, z. B. § 87 Abs. 1 Nr. 1 BetrVG).

69 Die zwingende Wirkung der BV allein verbietet noch keine günstigeren arbeitsvertraglichen Regelungen. Das **Günstigkeitsprinzip** findet im Verhältnis BV und AV **praktisch keine Anwendung**, weil Arbeitsverträge in der Regel »**betriebsvereinbarungsoffen**« sind. Das bedeutet, dass ihnen durch Auslegung zu entnehmen ist, dass jede betriebsverfassungsrechtliche Regelung jede arbeitsvertragliche Regelung verdrängen und sich dabei jeder **Günstigkeitsbetrachtung entziehen soll**. Das kann **ausdrücklich** der Fall sein, wenn eine arbeitsvertragliche Klausel nach dem Muster aufgenommen wird: »*Das hier Vereinbarte gilt nur dann und soweit keine kollektivrechtliche Regelung besteht.*« oder »*Stets gilt, dass Betriebsvereinbarungen Vorrang haben.*« Das BAG geht immer dann von einer **konkludent** vereinbarten »**Betriebsvereinbarungsoffenheit**« aus, wenn der Regelungsgegenstand individualvertraglich – wie fast immer – per AGB (LAG Rh.-Pf. 8. 8. 2024 – 5 SLa 87/24) vereinbart wurde oder wie stets bei Gesamtzusagen (BAG 24. 1. 2024 – 10 AZR 33/23, NZA 2024 562) und Betrieblichen Übungen einen kollektiven Bezug hat (BAG 30. 1. 2019 – 5 AZR 450/17, AuR 2019, 388).

70 Ob zum Zeitpunkt des Abschlusses des Arbeitsvertrags ein Betriebsrat bereits existierte oder in welcher **zeitlichen Reihenfolge** AV und BV abgeschlossen werden, ist irrelevant. Endet eine BV, die eine arbeitsvertragliche AGB-Klausel (betriebsvereinbarungsoffene AV-Klausel) verdrängte, **lebt die AGB-Klausel** wieder auf. Dies gilt unabhängig davon, ob die verdrängte AGB-Klausel günstiger oder ungünstiger als die BV-Regelung war.

71 Nur im Bereich der sehr seltenen echten arbeitsvertraglichen Individualvereinbarung, die keine AGB ist, beansprucht das Günstigkeitsprinzip weiterhin **partiell Geltung**. Im **Regelungsbereich der echten Mitbestimmung** (v. a. § 87

Abs. 1 BetrVG) ist jede **Günstigkeitsbetrachtung ebenfalls ausgeschlossen.** Wird z. B. eine BV zu Kurzarbeit oder Überstunden vereinbart, wird jede arbeitsvertragliche Regelung, gleich ob per AGB oder als Individualvereinbarung abgeschlossen, verdrängt, der Arbeitnehmer muss sich folglich Kurzarbeit und Überstunden nach den Regelungen der Betriebsvereinbarung anordnen lassen. Nur im Bereich der Individualvereinbarung ist die Wirkung einer Betriebsvereinbarung vergleichbar der eines Tarifvertrags (§ 4 Abs. 1 TVG). Hier ist nach dem Sachgruppenprinzip anhand eines objektiven Beurteilungsmaßstabs ein individueller Günstigkeitsvergleich anzustellen. Danach können nur jeweils inhaltliche gleichwertige Leistungen verglichen werden, also Arbeitszeit mit Arbeitszeit, Entgelt mit Entgelt usw.

Das BAG hat – allerdings nur in engen Grenzen – die **Ablösung einer betrieb- 72
lichen Übung** durch eine sog. **umstrukturierende Betriebsvereinbarung** zugelassen. Eine solche Ablösung – z. B. von Sozialleistungen – ist nach der Rechtsprechung des BAG denkbar, wenn die aus der entsprechenden Betriebsvereinbarung resultierenden Ansprüche der Arbeitnehmer bei kollektiver Betrachtung für die Belegschaft insgesamt nicht ungünstiger sind, wenn also der Wegfall der betrieblichen Übung durch andere Leistungen ausgeglichen wird (sog. **Kollektiver Günstigkeitsvergleich** (vgl. BAG 19.2.2008 – 3 AZR 61/06, Betriebsratswissen digital, NZA-RR 08, 597). Gegenstand der Entscheidung des BAG war die Ablösung von Leistungen anlässlich des 10-jährigen Dienstjubiläums durch bislang nicht erbrachte Leistungen anlässlich von späteren Dienstjubiläen. Wenn – so das BAG – die geplanten Aufwendungen des Arbeitgebers für die Sozialleistung insgesamt konstant bleiben oder erweitert werden sollen, steht das Günstigkeitsprinzip einer Neuregelung nicht entgegen, selbst wenn einzelne Arbeitnehmer dadurch schlechter gestellt werden. Letztendlich erfordert diese Rechtsprechung eine Gesamtvolumenbetrachtung nach dem Vorher-Nachher-Prinzip.

2.6 Verzicht auf Rechte aus einer Betriebsvereinbarung

Aus der unmittelbaren und zwingenden Wirkung einer Betriebsvereinbarung 73
nach § 77 Abs. 4 Satz 1 BetrVG folgt, das ein **Verzicht auf Rechte (Ansprüche),** die den Arbeitnehmern durch die Betriebsvereinbarung eingeräumt worden sind, nur mit **Zustimmung des Betriebsrats** zulässig ist. Das ist auch ausdrücklich in § 77 Abs. 4 Satz 2 BetrVG geregelt. Hintergrund ist, dass der Arbeitgeber nicht durch einzelvertragliche Vereinbarungen mit den Arbeitnehmern die Regelungen einer Betriebsvereinbarung umgehen bzw. unterlaufen können soll. Deshalb ist z. B. auch eine vom Arbeitnehmer unterzeichnete **Ausgleichsquittung,** in der er im Zusammenhang mit der Beendigung eines Arbeitsver-

hältnisses auf Rechte aus der Betriebsvereinbarung verzichtet, grundsätzlich unwirksam (DKW-*Berg*, § 77 Rn. 89).

3. Beendigung der Betriebsvereinbarung

3.1 Kündigung

74 Eine Betriebsvereinbarung kann zunächst durch Kündigung enden. Das ist der Hauptfall des Ablaufs einer Betriebsvereinbarung. Enthält die Betriebsvereinbarung selbst keine Vorschriften über **Kündigungsfristen,** kann sowohl der Arbeitgeber als auch der Betriebsrat die Betriebsvereinbarung mit einer Frist von drei Monaten kündigen (§ 77 Abs. 5 BetrVG). Die Kündigung durch den Betriebsrat setzt eine **Beschlussfassung** des Gremiums nach § 33 BetrVG voraus. Im Übrigen ist die Kündigung **formfrei** und damit mündlich möglich, auch ein schriftliches Beschlussprotokoll ist keine Wirksamkeitsvoraussetzung.

75 Die Kündigung ist, sofern nichts anderes vereinbart worden ist, ohne weitere Voraussetzungen zulässig. Insbesondere bedarf die Kündigung der Betriebsvereinbarung regelmäßig keines sachlichen Grundes. Der **Ausschluss der Kündbarkeit der Betriebsvereinbarung** kann allerdings nach § 77 Abs. 5 BetrVG vereinbart werden. Die **Kündigung** lediglich **eines Teils der Betriebsvereinbarung** ist nur möglich, wenn dies ausdrücklich vereinbart ist oder wenn sich die Kündigung auf einen selbstständigen abgrenzbaren Teilkomplex der Betriebsvereinbarung bezieht. Letzteres ist eine Frage der Auslegung.

76 Eine Betriebsvereinbarung kann auch **fristlos aus wichtigem Grund** gekündigt werden, wenn Tatsachen vorliegen, aufgrund derer dem Kündigenden die Bindung an die Betriebsvereinbarung selbst bis zum Ablauf der Kündigungsfrist nicht zugemutet werden kann (DKW-*Berg*, § 77 Rn. 112). Derjenige der sich auf den wichtigen Grund beruft, muss diesen im Streitfall vor Gericht auch darlegen und beweisen. Diese Fälle sind in der Praxis äußerst selten, sie kommen allenfalls bei ordentlich unkündbaren Betriebsvereinbarungen vor.

77 Der **Spruch der Einigungsstelle** – z. B. über eine betriebliche Arbeitszeitregelung – hat die Wirkung einer Betriebsvereinbarung. Es kann keine längere Kündigungsfrist zum Gegenstand eines Spruchs gemacht werden. Auch solche Betriebsvereinbarungen können gekündigt werden, sofern sie keine feste Laufzeit haben, wie z. B. der Sozialplan, der regelmäßig für eine bestimmte Betriebsänderung gilt.

3.2 Fristablauf und Zweckerreichung

Eine Betriebsvereinbarung endet mit **Ablauf der Zeit** oder mit **Erreichung des Zwecks,** für die sie abgeschlossen wurde. Wird mit einer Betriebsvereinbarung z. B. Kurzarbeit eingeführt, endet die Betriebsvereinbarung mit Beendigung des zwischen den Parteien vereinbarten Kurzarbeitszeitraums. Manchmal wird für die Betriebsvereinbarung eine Erprobungsphase vereinbart. Dann endet die Betriebsvereinbarung grundsätzlich mit Erreichen des Endes des Erprobungszeitraums. Eine Betriebsvereinbarung zur Durchführung von Betriebsurlaub endet gleichfalls mit Ablauf des vereinbarten Zeitraums. Im Falle eines Interessenausgleichs (endet die Vereinbarung mit Durchführung der Betriebsänderung, also mit Erreichung des Zwecks des Interessenausgleichs. Der Sozialplan endet mangels anderer Vereinbarung, wenn sämtliche Nachteile, die aus der Betriebsänderung entstanden sind, ausgeglichen sind. 78

3.3 Ablösende Betriebsvereinbarung und Aufhebungsvereinbarung

Die Aufhebung einer Betriebsvereinbarung kann auch durch eine neue Betriebsvereinbarung erfolgen. Es gilt der **Grundsatz**, dass eine **neue Betriebsvereinbarung eine früher abgeschlossene Betriebsvereinbarung zu demselben Regelungsgegenstand ablöst** (das ist ein allgemeiner ungeschriebener Rechtsgrundsatz: Lex posterior derogat legi priori). Außerdem können Arbeitgeber und Betriebsrat eine Betriebsvereinbarung auch jederzeit ausdrücklich durch Abschluss einer nachfolgenden Betriebsvereinbarung ablösen. Meist erfolgt dies in den Schlussbestimmungen oder in der Präambel einer Betriebsvereinbarung und sollte aus Gründen der Rechtssicherheit möglichst auch geschehen. 79

Eine Betriebsvereinbarung kann auch durch eine eigens zu diesem Zweck abgeschlossene Vereinbarung der Betriebsparteien aufgehoben werden. Dieser **Aufhebungsvertrag** bedarf jedoch der Schriftform gem. § 77 Abs. 2 BetrVG (vgl. DKW-*Berg*, § 77 Rn. 93). Damit endet zugleich die zwingende und unmittelbare Wirkung der Betriebsvereinbarung. Die Ablösung oder Beendigung einer Betriebsvereinbarung durch eine formlose **Regelungsabrede** ist schon aus Gründen der Rechtsklarheit und Rechtssicherheit nicht möglich. 80

3.4 Beendigung durch Tarifvertrag

Die Geltung einer Betriebsvereinbarung kann auch durch Tarifvertrag beendet werden. In der Regel ist dies dann der Fall, wenn die Tarifvertragsparteien erstmals einen bislang nur betrieblich geregelten Bereich kodifizieren. Dann gelten auch hier der Tarifvorbehalt des § 77 Abs. 3 und der Tarifvorrang des § 87 Abs. 1 Einls. BetrVG. Durch sie entfalten wegen der Sperrwirkung des Tarifvertrags Be- 81 triebsvereinbarungen zu dem nunmehr tariflich geregelten Gegenstand so lange keine Rechtswirkung, wie der Tarifvertrag gilt.

3.5 Unwirksamkeit einer Betriebsvereinbarung

82 Eine Betriebsvereinbarung kann **unwirksam** sein, z. B. weil die **Schriftform gem. § 77 Abs. 2 BetrVG** nicht eingehalten wurde. Auch jeder Verfahrensfehler, der zur Unwirksamkeit des Betriebsratsbeschlusses führt, begründet die Unwirksamkeit einer BV. Eine Betriebsvereinbarung, die der **unzuständige Betriebsrat** abgeschlossen hat, ist ebenfalls unwirksam (vgl. hierzu Rn. 104 ff.).

83 Sind lediglich **einzelne Bestimmungen** einer Betriebsvereinbarung **nichtig,** ist zu entscheiden, ob die ganze Vereinbarung unwirksam ist oder nur Teilnichtigkeit vorliegt, weil die wirksamen Teile der Betriebsvereinbarung selbstständig »lebensfähig« sind. Dies ist dann der Fall, wenn der wirksame Teil der Betriebsvereinbarung auch ohne die nichtigen Regelungen eine sinnvolle und in sich geschlossene Regelung enthält. Die Einzelheiten sind im Wege einer oft schwierigen Auslegung zu klären.

84 Ist die Frage, ob eine Betriebsvereinbarung wirksam oder unwirksam ist, Gegenstand eines Beschlussverfahrens, stellt das Gericht die Unwirksamkeit der Betriebsvereinbarung »ex nunc«, d. h. von Anfang an und damit rückwirkend fest. Im Urteilsverfahren entfaltet ein Nichtigkeitsverdikt zwischen den Parteien des Prozesses Rechtswirkungen, die BV an sich bleibt trotz eines Urteils wirksam und anwendbar. Andere Richter können abweichend urteilen.

3.6 Beendigung der Betriebsvereinbarung durch betriebliche Umstrukturierungsmaßnahmen

85 Die Betriebsvereinbarung endet mit der endgültigen **Stilllegung des Betriebs,** mit Ausnahme des Sozialplans und sonstiger Betriebsvereinbarungen, die im Zusammenhang mit der Betriebsstilllegung abgeschlossen wurden (BAG 24. 3. 1981 – 1 AZR 805/78, AP Nr. 12 zu § 112 BetrVG 1972; DKW-*Berg,* § 77 Rn. 94 ff.) oder unabhängig vom Untergang des Betriebs die Arbeitsbedingungen gestalten sollen (z. B. betriebliche Altersversorgung).

86 Wenn Betriebe/Betriebsteile abgespalten werden, entsteht i. d. R. ein Übergangsmandat nach § 21a BetrVG. Hier ist zu unterscheiden:

1. Ein Betrieb wird so aufgespalten, dass zwei neue betriebsorganisatorisch selbstständige Betriebe entstehen. Der Ursprungsbetrieb geht unter. Die Betriebsvereinbarung gilt in jedem Betrieb als Betriebsvereinbarung weiter.
2. Ein Betriebsteil wird derart abgespalten, dass der Ursprungsbetrieb unter Wahrung seiner Identität als Betrieb erhalten bleibt. Der abgespaltene Betriebsteil wird als eigenständiger Betrieb fortgeführt. Auch hier gilt die Be-

triebsvereinbarung in dem abgespaltenen Betriebsteil als Betriebsvereinbarung ebenso weiter, wie im Ursprungsbetrieb.

3. Ein Betriebsteil wird derart abgespalten, dass der Ursprungsbetrieb unter Wahrung seiner Identität als Betrieb erhalten bleibt. Der abgespaltene Betriebsteil wird in einen betriebsratslosen Betrieb eingegliedert. Hier gilt die Betriebsvereinbarung aus dem abgebenden Betrieb nur dann in dem aufnehmenden Betrieb weiter, wenn der abgespaltene Betriebsteil in dem aufnehmenden Betrieb eine eigenständige organisatorische Teileinheit bildet und nicht als Folge der Eingliederung untergeht.
4. Ein Betriebsteil wird derart abgespalten, dass der Ursprungsbetrieb unter Wahrung seiner Identität als Betrieb erhalten bleibt. Der abgespaltene Betriebsteil wird mit einem anderen Betrieb zu einem neuen Betrieb zusammengelegt. Hier gelten die Ausführungen unter (3) entsprechend.
5. Ein Betriebsteil wird derart abgespalten, dass der Ursprungsbetrieb unter Wahrung seiner Identität als Betrieb erhalten bleibt. Der abgespaltene Betriebsteil wird mit einem anderen – ebenfalls abgespaltenen – Betriebsteil zu einem neuen Betrieb zusammengelegt. Hier gelten ebenfalls die Ausführungen unter (3) entsprechend.
6. Mehrere Betriebe eines oder mehrerer Unternehmen werden zu einem neuen Betrieb zusammengelegt, während die beteiligten Ursprungsbetriebe untergehen. In dieser Fallsituation kommt es darauf an, ob auch die Organisationsstrukturen der zusammengelegten Betriebe völlig verschwinden, dann enden grundsätzlich auch die Betriebsvereinbarungen. Bleiben demgegenüber die Organisationsstrukturen der zusammengelegten Betriebe als Teilstrukturen des neuen Betriebs erhalten, gelten auch die Betriebsvereinbarungen in den jeweiligen Einheiten weiter.
7. Ein Betrieb wird in einen anderen, betriebsratslosen Betrieb mit der Folge eingegliedert, dass der aufnehmende Betrieb unter Wahrung seiner Identität überlebt, während der eingegliederte Betrieb untergeht. Hier gelten die Ausführungen unter (6) entsprechend.

Nach Beendigung des Übergangsmandats tritt der **neu gewählte Betriebsrat** in die Betriebsvereinbarung als Vertragspartner ein.

3.7 Betriebsübergang und Betriebsvereinbarung

Das BAG geht im Falle eines Betriebsinhaberwechsels nicht – wie vielfach von **87**
Betriebsratsmitgliedern angenommen – davon aus, dass Betriebsvereinbarungen immer Bestandteil des Arbeitsvertrags werden. Vielmehr betont das BAG auch hier den Grundsatz der kollektivrechtlichen Fortgeltung der Betriebsvereinbarung; d. h. dass die Betriebsvereinbarung nach dem Betriebsübergang als Betriebsvereinbarung fort gilt. Das ergibt sich nach der Rechtsprechung des BAG

vor allem daraus, dass § 613a Abs. 1 Satz 2 BGB lediglich eine sog. Auffangnorm ist und dann nicht zur Anwendung kommt, wenn die Betriebsvereinbarung nicht ohnehin aus anderen Gründen weiter gilt. Leider steht das so nicht ausdrücklich im Gesetz und ergibt sich deshalb nur aus der Rechtsprechung des BAG (vgl. bereits BAG 18.9.2002 – 1 ABR 54/01, Betriebsratswissen digital, DB 03, 1281). Dennoch ist bei der Frage der Fortgeltung der Betriebsvereinbarung nach Betriebsübergang vieles umstritten, sodass an dieser Stelle nur die allgemeinen Grundsätze dargestellt werden (zu den Einzelheiten vgl. Bachner/Gerhardt, Basiskommentar, § 613a BGB, S. 112 ff.).

88 Beim **rechtsgeschäftlichen oder umwandlungsbedingten Betriebsinhaberwechsel**, der nicht mit einem Verlust der **bisherigen Betriebsidentität** verbunden ist, weil der Betrieb in seinen wesentlichen Teilen übertragen wird, gelten die Betriebsvereinbarungen uneingeschränkt fort (vgl. DKW-*Berg*, § 77 Rn. 100 ff.). Im Übrigen kann auch hier in Anwendung der bereits oben (Rn. 86) dargestellten Fallgruppen differenziert werden:

1. Ein Betrieb eines Unternehmens wird so aufgespalten, dass zwei neue betriebsorganisatorisch selbstständige Betriebe in unterschiedlichen Unternehmen entstehen. Der Ursprungsbetrieb geht unter. Die Betriebsvereinbarung gilt auch hier in jedem Betrieb als Betriebsvereinbarung weiter.
2. Ein Betriebsteil wird derart auf ein anderes Unternehmen abgespalten, dass der Ursprungsbetrieb unter Wahrung seiner Identität als Betrieb erhalten bleibt. Der abgespaltene Betriebsteil wird als eigenständiger Betrieb im aufnehmenden Unternehmen fortgeführt. Auch hier gilt die Betriebsvereinbarung in dem aufnehmenden Unternehmen für den abgespaltenen Betriebsteil als Betriebsvereinbarung weiter. Ausnahme: Dort besteht eine Gesamt- oder (selten) eine Konzernbetriebsvereinbarung zu demselben Regelungsgegenstand; diese lösen dann nach § 613a Abs. 1 Satz 3 BGB die alte Betriebsvereinbarung ab.
3. Ein Betriebsteil wird derart abgespalten, dass der Ursprungsbetrieb unter Wahrung seiner Identität als Betrieb erhalten bleibt. Der abgespaltene Betriebsteil wird bei dem aufnehmenden Unternehmen in einen betriebsratslosen Betrieb eingegliedert. Hier gilt die Betriebsvereinbarung aus dem abgebenden Betrieb nur dann in dem aufnehmenden Betrieb als Betriebsvereinbarung weiter, wenn der abgespaltene Betriebsteil in dem aufnehmenden Betrieb eine eigenständige organisatorische Teileinheit bildet und nicht als Folge der Eingliederung untergeht.
4. Ein Betriebsteil wird derart abgespalten, dass der Ursprungsbetrieb unter Wahrung seiner Identität als Betrieb erhalten bleibt. Der abgespaltene Betriebsteil wird bei dem aufnehmenden Unternehmen mit einem anderen Betrieb zu einem neuen Betrieb zusammengelegt. Hier gelten die Ausführungen unter (3) entsprechend. Besteht allerdings in dem Betrieb des aufnehmenden

Unternehmens eine Betriebsvereinbarung zu demselben Regelungsgegenstand, wird diese in der Regel nach § 613a Abs. 1 Satz 3 BGB abgelöst. Gleiches gilt für etwaige Gesamt- und Konzernbetriebsvereinbarungen.

5. Ein Betriebsteil wird derart abgespalten, dass der Ursprungsbetrieb unter Wahrung seiner Identität als Betrieb erhalten bleibt. Der abgespaltene Betriebsteil wird bei dem aufnehmenden Unternehmen mit einem anderen – ebenfalls abgespaltenen – Betriebsteil zu einem neuen Betrieb zusammengelegt. Hier gelten die Betriebsvereinbarungen als Betriebsvereinbarungen weiter, wenn die Betriebsteile auch nach der Zusammenlegung organisatorisch selbstständige Teileinheiten des neuen Betriebs bleiben, andernfalls werden sie Bestandteil des Arbeitsvertrags nach § 613a Abs. 1 Satz 2 BGB. Denkbar ist auch hier eine Ablösung durch Gesamt- oder Konzernbetriebsvereinbarung zu demselben Regelungsgegenstand.
6. Mehrere Betriebe eines oder mehrerer Unternehmen werden zu einem neuen Betrieb zusammengelegt, während die beteiligten Ursprungsbetriebe untergehen. Auch in dieser Fallsituation kommt es darauf an, ob auch die Organisationsstrukturen der zusammengelegten Betriebe völlig verschwinden – dann werden die Betriebsvereinbarungen als Bestandteile des Arbeitsvertrags fortgeführt, § 613a Abs. 1 Satz 2 BGB. Bleiben demgegenüber die Organisationsstrukturen der zusammengelegten Betriebe als Teilstrukturen des neuen Betriebs erhalten, gelten auch die Betriebsvereinbarungen kollektivrechtlich – also als Betriebsvereinbarungen – in den jeweiligen Einheiten weiter.
7. Ein Betrieb wird in einen anderen, betriebsratslosen Betrieb eines anderen Unternehmens mit der Folge eingegliedert, dass der aufnehmende Betrieb unter Wahrung seiner Identität überlebt, während der eingegliederte Betrieb untergeht. Hier gelten die Ausführungen unter (6) entsprechend.

3.8 Sonstiges

Die Betriebsvereinbarung endet nicht beim **Tod des Betriebsinhabers.** Auch durch das **Ende der Amtszeit,** erfolgreiche gerichtliche **Wahlanfechtung**, gerichtliche **Auflösung des Betriebs** oder andere Fälle einer **Neuwahl eines Betriebsrats** werden bestehende Betriebsvereinbarungen nicht berührt. Wenn auch sehr kurz, treten **betriebsratslose Zeiten** in Betrieben wg. des sehr unglücklichen § 21 Satz 1 BetrVG vor der Bekanntmachung von Wahlen sehr häufig und zumeist unbemerkt ein. In all diesen Fällen gelten Betriebsvereinbarungen unverändert weiter. Doch fehlt dem Arbeitgeber ein Verhandlungspartner. Aus diesem Grund billig das BAG dem Arbeitgeber ein **Sonderkündigungsrecht** zu: Er kann jede Betriebsvereinbarung ohne Nachwirkung mit der für sie geltenden Kündigungsfrist ohne Sachgrund und ohne Nachwirkung durch Einzelerklärungen **gegenüber den Arbeitnehmern kündigen** (DKW-*Berg*, § 77 Rn. 108). 89

3.9 Nachwirkung

90 Nach dem Ablauf von Betriebsvereinbarungen gelten ihre **erzwingbaren** (vgl. Rn. 6) **Regelungen** weiter, bis sie durch eine andere Abmachung ersetzt werden (§ 77 Abs. 6 BetrVG), sog. Nachwirkung der Normen einer BV.
Der zeitliche Wirkungszeitraum der Betriebsvereinbarung muss abgelaufen sein, d.h. wenn die BV **gekündigt** wurde, muss die Kündigungsfrist abgelaufen sein. Auch im Falle einer außerordentlichen Kündigung wirken die erzwingbaren Regelungen nach (BAG 10.8.1994 – 10 ABR 61/93, Betriebsratswissen digital, NZA 95, 480; DKW-*Berg*, § 77 Rn. 116). Wenn die BV befristet war, muss das zeitliche Ende der **Befristung** erreicht sein. Keine Nachwirkung entsteht, wenn die Betriebsvereinbarung einen abgeschlossenen, **zeitlich begrenzten Gegenstand** geregelt hat, z.B. die Saisonarbeit zu Ostern 2006 (vgl. BAG 28.4.2009 – 1 ABR 7/08, Betriebsratswissen digital, juris).

91 Die Nachwirkung hat den **Zweck**, regelungslose Zustände in mitbestimmungspflichtigen Angelegenheiten zu vermeiden.

> **Beispiel:**
> Eine Betriebsvereinbarung über Arbeitszeit legt die Schichtzeiten fest (zwingend mitbestimmt nach § 87 Abs. 1 Nr. 2 BetrVG). Ohne Nachwirkung wäre nicht klar, wie nach Ablauf der Kündigungsfrist gearbeitet werden muss. Gleichzeitig stellt die Nachwirkung sicher, dass der Arbeitgeber in mitbestimmungspflichtigen Angelegenheiten nicht einseitig ohne Beachtung der Mitbestimmungsrechte des Betriebsrats handeln kann. Der Arbeitgeber darf in dem vorgenannten Beispiel neue Schichtzeiten also nicht einseitig anordnen, nur weil er die BV zu Schichtzeiten gekündigt hat.

Die zwingenden Mitbestimmungsrechte sind durch die Nachwirkung nicht aufgehoben. Die nachwirkenden Regelungen verlieren nicht ihre Geltung, sie **wirken** allerdings **nicht mehr zwingend** (vgl. Rn. 67). Das bedeutet: Solange die Nachwirkung nicht durch eine ablösende Vereinbarung beendet ist, können Arbeitnehmer aus ihr Ansprüche geltend machen.

92 Betriebsvereinbarungen mit ausschließlich **freiwilligen Regelungsgegenständen** (s. Rn. 8) wirken generell nicht nach. Allerdings kann vereinbart werden, dass sie auch nachwirken sollen. Eine solche Vereinbarung muss ausdrücklich in der Betriebsvereinbarung stehen (BAG 23.10.2018 – 1 ABR 10/17).

> **Beispiel:**
> Eine Betriebsvereinbarung bestimmt, dass im Betrieb ein Umweltschutzausschuss gebildet wird, und legt seine Aufgaben und die Möglichkeit der Freistellung und Hinzuziehung von Sachverständigen fest (Maßnahme des betrieblichen Umwelt-

schutzes nach § 88 Nr. 1a BetrVG). Der Ausschuss existiert nach einer Kündigung der BV nur weiter, wenn die Nachwirkung ausdrücklich in der BV vereinbart wird.

In der Praxis enthalten Betriebsvereinbarungen meist **gemischte Regelungsgegenstände** (s. Rn. 11), die teils erzwingbare Inhalte, teils nicht freiwillige Inhalte haben. 93

Beispiel:
Eine Betriebsvereinbarung regelt einen Anspruch auf mobile Arbeit (zwingend mitbestimmt nach § 87 Abs. 1 Nr. 14 BetrVG ist nur die Ausgestaltung, nicht die Einführung), den damit verbundenen zeitlichen Umfang sowie Beginn und Ende der täglichen Arbeitszeit (zwingend mitbestimmt). Außerdem bestimmt die BV, unter welchen Voraussetzungen die mobilen Endgeräte auch privat genutzt werden dürfen (zwingend mitbestimmt) und dass die Privatnutzung auch während der Arbeitszeit erfolgen darf (nicht mitbestimmt nach BAG 17.10.2023 – 1 ABR 24/22).

Auch bei gemischten Regelungsgegenständen wirkt die BV im Ausgangspunkt nur nach, soweit erzwingbare Regelungsgegenstände betroffen sind (BAG 23.6.1992 – 1 ABR 9/92, Betriebsratswissen digital, NZA 93, 229 f.). Das setzt voraus, dass die Regelungen sich sinnvoll in einen nachwirkenden und nicht nachwirkenden Teil trennen lassen (»aus sich heraus handhabbare Regelungen«). Ist dies nicht der Fall, z. B. weil die Regelungen aufeinander Bezug nehmen, wirkt die Betriebsvereinbarung in Gänze nach (vgl. BAG 5.10.2010 – 1 ABR 20/09).
Der Betriebsrat sollte beim Abfassen der BV die Nachwirkung stets ausdrücklich regeln, z. B. mit der Formulierung, dass die Betriebsvereinbarung »vollumfänglich« oder »insgesamt« nachwirkt (vgl. Rn. 161).

Die Nachwirkung **endet** durch eine **»andere Abmachung«** (§ 77 Abs. 6 BetrVG). 94
Das kann eine neue Betriebsvereinbarung sein oder aber ein Tarifvertrag, der die Materie regelt und das Mitbestimmungsrecht des Betriebsrats gem. § 87 Abs. 1 BetrVG verdrängt.
Auch eine Vereinbarung in einem Arbeitsvertrag kann die Nachwirkung beenden, aber nur, soweit die Angelegenheit nicht der zwingenden Mitbestimmung unterliegt (BAG 10.11.2009 – 1 AZR 511/08, Betriebsratswissen digital, juris). Wenn die Betriebsparteien sich nicht auf eine neue Vereinbarung einigen, kann die Nachwirkung bezüglich zwingend mitbestimmter Regelungsmaterien daher nur durch die Anrufung der Einigungsstelle und den Spruch über eine neue Vereinbarung beendet werden.

Die Nachwirkung kann in der Betriebsvereinbarung **ausgeschlossen** werden 95
(BAG 18.2.2003 – 1 ABR 17/02, Betriebsratswissen digital, NZA 04, 336). Die Betriebsvereinbarung kann die Nachwirkung gänzlich ausschließen, sie kann aber auch den **Nachwirkungszeitraum gestalten**. So kann z. B. festgelegt wer-

den, dass eine Betriebsvereinbarung für einen bestimmten Zeitraum nachwirkt, den die Parteien für Verhandlungen über einen Neuabschluss einer BV nutzen wollen. Kommen sie nicht zu einer Einigung, kann die Geltung anderer, früherer Vereinbarungen angeordnet werden.
Es ist auch möglich, nur für bestimmte Regelungen die Nachwirkung zu vereinbaren oder auszuschließen.
Diese Dinge müssen in der Regel ausdrücklich in der Betriebsvereinbarung vereinbart sein. Der Ausschluss der Nachwirkung kann sich auch aus dem Inhalt der Betriebsvereinbarung ergeben. So ist z. B. eine Betriebsvereinbarung über den Urlaubsplan des Jahres 2026 in der Regel auf das Jahr 2026 befristet und wirkt nicht für das Jahr 2027 (s. o. Rn. 90).

96 Nachwirkende Betriebsvereinbarungen finden auch auf Arbeitsverhältnisse von neu eingestellten Arbeitnehmern Anwendung (DKW-*Berg,* § 77 Rn. 125).

97 *Nicht besetzt.*

4. Regelungsabreden

4.1 Rechtsnatur

98 Die Betriebsvereinbarung ist nicht die einzige Möglichkeit, Vereinbarungen zwischen Arbeitgeber und Betriebsrat abzuschließen. Das folgt schon aus dem Wortlaut des Gesetzes, denn in § 77 Abs. 1 und 2 BetrVG ist nicht nur von der Betriebsvereinbarung, sondern ganz allgemein von der »Vereinbarung« die Rede. Neben der formbedürftigen Betriebsvereinbarung gibt es die formlose Regelungsabrede, die **konkludent und mündlich** abgeschlossen werden kann. Synonyme für sie sind Regelungsabsprache, Betriebsabrede, Betriebsabsprache oder betriebliche Einigung. Regelungsabreden dienen zumeist einer Verfahrensvereinbarung zwischen den Betriebsparteien, z. B. im Umgang mit § 99 BetrVG, zur einvernehmlichen Einsetzung von Einigungsstellen oder um komplexere Verhandlungen von Betriebsvereinbarungen vorzubereiten oder vorher zu strukturieren. Zwar können Regelungsabreden auch dazu verwendet werden, Mitbestimmungsrechte auszuüben, doch sollte i. d. R. davon abgesehen werden.

4.2 Form

99 Die Regelungsabrede ist – im Unterschied zu der Betriebsvereinbarung – nicht an die Schriftform oder qualifizierte elektronische Signatur gebunden. Erforderlich ist aber eine **übereinstimmende Willenserklärung von Arbeitgeber und Betriebsrat**. Denkbar ist eine mündliche Einigung, die Einigung kann sich aber auch aus einem Schriftwechsel oder aus einem von Betriebsrat und Arbeitgeber unterzeichneten Dokument ergeben. Das heißt, die Regelungsabrede kann, muss aber nicht von beiden Seiten unterschrieben sein.

Der Abschluss einer Regelungsabrede setzt – wie auch die Betriebsvereinbarung – einen **ordnungsgemäß zustande gekommenen Beschluss des Betriebsrats** voraus. Aus diesem Grund ist die erforderliche Zustimmung des Betriebsrats zu einer Regelungsabrede durch »stillschweigendes« Einverständnis oder durch »widerspruchslose Hinnahme« des Betriebsrats grundsätzlich nicht möglich. 100

4.3 Rechtswirkung und Gegenstand von Regelungsabreden

Im Gegensatz zur Betriebsvereinbarung entfaltet die Regelungsabrede **keine normative**, die einzelnen Arbeitsverhältnisse unmittelbar gestaltende **Rechtswirkung**. Nach § 77 Abs. 4 BetrVG wirkt nur die Betriebsvereinbarung unmittelbar und zwingend. Die Regelungsabrede kann demgegenüber nur mittelbar auf die Rechtsstellung der Arbeitnehmer einwirken. Eine Regelungsabrede kann weder Ansprüche der Arbeitnehmer beschneiden (z. B. Kurzarbeit) noch sie begründen (z. B. Zulagen). Deswegen sollte sie nicht zur Ausübung von Mitbestimmungsrechten verwendet werden. Der Arbeitgeber ist aus § 77 Abs. 1 BetrVG verpflichtet, in einer Regelungsabrede vereinbarte Rechte von Arbeitnehmern individualrechtlich umzusetzen, z. B. indem er Änderungsangebote unterbreitet, eine betriebliche Übung oder eine Gesamtzusage begründet. Erweist sich eine Regelungsabrede z. B. zur Gewährung von Zulagen als unwirksam, kann eine auf ihre vermeintliche Wirksamkeit gezahlte Zulage des Arbeitgebers eine Gesamtzusage oder betriebliche Übung begründen. Dies kann ein strategischer Vorteil der Regelungsabrede gegenüber Betriebsvereinbarungen sein, bei denen diese Rechtsfolge nicht eintreten kann. 101

Deshalb werden in der Regelungsabrede zumeist nur **Rechtsbeziehungen zwischen Arbeitgeber und Betriebsrat** behandelt. Häufig werden in der Regelungsabrede strittige Fragen zwischen Arbeitgeber und Betriebsrat geklärt, so z. B. dass dem Betriebsrat ein bestimmtes Kostenbudget zur Verfügung steht, über das er ohne näheren Nachweis gegenüber dem Arbeitgeber verfügen kann. Ebenfalls ist denkbar, dass die dem Betriebsrat im Unterrichtungsverfahren nach § 99 BetrVG vorzulegenden Unterlagen in einer Regelungsabrede konkretisiert werden oder dass über zusätzliche Freistellungen des Betriebsrats eine entsprechende Absprache getroffen wird. In Eilfällen sollte auf eine Regelungsabrede verzichtet werden und stattdessen ein einfacher Betriebsratsbeschluss gefasst werden, so z. B. dann, wenn der Betriebsrat formlos der Durchführung der Mehrarbeit an einem bestimmten Tag unter der Bedingung zustimmt, dass nur solche Arbeitnehmer Mehrarbeit leisten, die sich freiwillig dazu bereit erklären. Ebenso wie bei der Betriebsvereinbarung kann der Betriebsrat auch die **Einhaltung der getroffe-** 102

nen Regelungsabrede in einem arbeitsgerichtlichen Beschlussverfahren durchsetzen. Dies gilt nicht nur inter partes, sondern auch dann, wenn der Arbeitgeber vereinbarte Ansprüche der Arbeitnehmer individualvertraglich nicht umsetzt. Will der Arbeitgeber in arbeitsvertragliche Positionen eingreifen (z. B. einseitig Überstunden anordnen, Kurzarbeit einführen, die arbeitsvertraglich vereinbarte Lage der Arbeitszeit verändern), so ist dies nur mit einer BV und nicht mit einer Regelungsabrede oder einem einfachen Beschluss des Betriebsrats möglich.

4.4 Beendigung und Nachwirkung der Regelungsabrede

103 Die Regelungsabrede endet unter den gleichen Voraussetzungen wie die Betriebsvereinbarung, also mit Ablauf der Zeit, für die sie eingegangen ist, durch Zweckerreichung, durch Aufhebungsvertrag oder durch Wegfall der Geschäftsgrundlage. Wenn nichts anderes vereinbart ist, kann eine Regelungsabrede in entsprechender Anwendung von § 77 Abs. 5 BetrVG mit einer **Frist von drei Monaten** ordentlich gekündigt werden. Anders als gekündigte Betriebsvereinbarungen wirken gekündigte Regelungsabreden nicht nach, auch nicht in mitbestimmungspflichtigen Angelegenheiten. § 77 Abs. 6 BetrVG kann nicht entsprechend angewandt werden (BAG 13. 8. 2019 – 1 ABR 10/18, AuR 20, 45). Eine Regelungsabrede kann jederzeit **durch eine Betriebsvereinbarung abgelöst werden,** nicht jedoch eine Betriebsvereinbarung durch eine Regelungsabrede. Besteht in einer **mitbestimmungspflichtigen Angelegenheit** lediglich eine Regelungsabrede, kann der Betriebsrat **jederzeit** über den Gegenstand und den Inhalt dieser Regelungsabrede den **Abschluss einer Betriebsvereinbarung** verlangen.

5. Zuständigkeitsverteilung zwischen Betriebsrat/ Gesamtbetriebsrat/Konzernbetriebsrat

5.1 Allgemeines

104 Eine wesentliche Voraussetzung für die Wirksamkeit einer Betriebsvereinbarung ist, dass das zuständige Gremium (lokaler Betriebsrat (BR), Gesamtbetriebsrat (GBR), Konzernbetriebsrat (KBR)) sie beschlossen und unterzeichnet hat. Nur der zuständige Betriebsrat kann wirksame Betriebsvereinbarungen abschließen. Die betriebsverfassungsrechtliche Kompetenzverteilung regeln die §§ 50 und 58 BetrVG. Dort wird unterschieden zwischen der originären (§ 50 Abs. 1 BetrVG, § 58 Abs. 1 BetrVG) und delegierten Zuständigkeit (§ 50 Abs. 2 BetrVG, § 58 Abs. 2 BetrVG).

In Sozialen Angelegenheiten besteht eine Vermutung, dass der **lokale Betriebsrat originär zuständig** ist. Der GBR ist nur dann zuständig, wenn der BR die Ausübung der Mitbestimmungsrechte delegiert oder ausnahmsweise eine originäre Zuständigkeit des GBR besteht. Das gilt entsprechend im Verhältnis des Konzernbetriebsrats zu den Betriebsräten/Gesamtbetriebsräten der Tochtergesellschaften. Der KBR kann nicht an den GBR und dieser nicht an den BR delegieren. 105

Die **gesetzliche Zuständigkeitsverteilung** zwischen Gesamt-/Konzernbetriebsrat und lokalem Betriebsrat **kann für soziale Angelegenheiten weder unmittelbar noch mittelbar durch Tarifvertrag geregelt werden** (BAG 9.12.2003 – 1 ABR 49/02, Betriebsratswissen digital, AP Nr. 27 zu § 50 BetrVG 1972). Im Übrigen sind solche tariflichen Zuständigkeitsverteilungen gestaltbar (BAG 19.6.2007 – 1 AZR 454/06). Der Gesamtbetriebsrat wird nicht schon dadurch zuständig, weil ein die mitbestimmungspflichtige Angelegenheit regelnder Tarifvertrag lediglich freiwillig ergänzende Betriebsvereinbarungen zulässt und der Arbeitgeber nur zum Abschluss einer unternehmensweiten Betriebsvereinbarung mit dem Gesamtbetriebsrat bereit ist. Auch ein Tarifvertrag kann keine von der gesetzlichen Zuständigkeitsverteilung abweichende Regelung treffen. 106

5.2 Originäre Zuständigkeit des Gesamtbetriebsrats

Der Gesamtbetriebsrat ist originär nur in überbetrieblichen Angelegenheiten zuständig. Es müssen also **mindestens zwei Betriebe betroffen** sein. 107

Zur Betroffenheit mindestens zweier Betriebe hinzukommen muss, dass die **Angelegenheit nicht auf lokaler Ebene geregelt werden kann**. Dabei setzt die fehlende Regelungsmöglichkeit durch den Betriebsrat keine objektive Unmöglichkeit voraus (BAG 23.9.1975 – 1 ABR 122/73, AP BetrVG 1972 § 50 Nr. 1; Fitting, § 50 Rn. 21). Die Vorschrift erfasst ebenso Fälle der subjektiven Unmöglichkeit einer Regelung auf lokaler Ebene. Subjektiv unmöglich ist z. B. für den lokalen Betriebsrat eine Regelung **freiwilliger Leistungen**, wenn der Arbeitgeber deren Zweck (mitbestimmungsfrei) so definiert hat, dass dieser Zweck nur mit einer überbetrieblichen Regelung erreicht werden kann. Im Übrigen reicht es **bei nicht freiwilligen Leistungen/Angelegenheiten** aus, dass eine zwingende sachliche Notwendigkeit für eine betriebsübergreifende Regelung besteht (BAG 11.12.2001 – 1 AZR 193/01, Betriebsratswissen digital, AP Nr. 22 zu § 50 BetrVG 1972; NZA 02, 688). Diese Notwendigkeit kann sich aus technischen oder rechtlichen Gründen ergeben (Fitting, § 50 Rn. 22). Für **Software**, die unternehmenseinheitlich administriert wird, z. B. **Microsoft 365** (BAG 8.3.2022 – 1 ABR 20/21), **SAP**, nimmt das BAG sehr niedrigschwellig eine originäre Zuständigkeit des GBR an. Das Erfordernis einer überbetrieblichen Regelung muss sich aus der Natur der Sache aufdrängen. Reine Zweckmäßig- 108 keitserwägungen bzw. das Koordinierungsinteresse oder Kosteninteresse des Arbeitgebers reichen nicht aus.

109 **Beispiele für eine originäre Zuständigkeit des Gesamtbetriebsrats sind:**
- Regelungsprobleme einer unternehmensweit geltenden betrieblichen Altersversorgung;
- Vereinbarung einer unternehmenseinheitlichen Gratifikationsordnung;
- Unternehmensweite Einführung und zentral mandatierte neue IT;
- Vereinbarung eines Interessenausgleichs und Sozialplans bei der Stilllegung aller Betriebe des Unternehmens; ansonsten ist in Bezug auf den Sozialplan im Regelfall der örtliche Betriebsrat zuständig.

5.3 Originäre Zuständigkeit des Konzernbetriebsrats

110 Wesentlich seltener als die originäre Zuständigkeit des GBR ist die des KBR. Die originäre Zuständigkeit des KBR gem. § 58 Abs. 1 BetrVG ist nach denselben Kriterien zu bestimmen wie diejenige des GBR nach § 50 Abs. 1 Satz 1 BetrVG (DKW/*Wenckebach*, § 58 Rn. 12). Der Konzernbetriebsrat ist nur zuständig, soweit die Angelegenheit die Betriebe mehrerer Konzernunternehmen betrifft und ein zwingendes Erfordernis für eine konzernweite Regelung besteht. Dies ist auch im Verhältnis von GBR und KBR bei subjektiver Unmöglichkeit der Fall. Sie liegt immer dann vor, wenn die Konzernleitung eine **freiwillige Leistung** nur auf Konzernebene zu regeln bereit ist. Die arbeitsrechtlichen Gleichbehandlungsgrundsätze begründen keine rechtliche Notwendigkeit einer unternehmensüberschreitenden, konzerneinheitlichen Regelung, ebenso wenig die Entscheidung der Konzernleitung, einen Gegenstand an sich zu ziehen. Ein zwingendes Erfordernis hat das BAG z. B. bei der Notwendigkeit eines den gesamten Konzern betreffenden Sanierungskonzepts mit einem auf den gesamten Konzern bezogenen Sozialplanvolumen bejaht, als es um die Abwendung einer drohenden Insolvenz für das Unternehmen ging (Fall Holzmann, BAG 11.12.2001 – 1 AZR 193/01, Betriebsratswissen digital). Im Übrigen ist eine originäre Zuständigkeit des Konzernbetriebsrats denkbar bei:
- Regelungsproblemen einer konzernweit geltenden betrieblichen Altersversorgung;
- Vereinbarung einer konzerneinheitlichen Jubiläumsordnung;
- Interessenausgleich über die Zusammenlegung zweier Betriebe unterschiedlicher Tochtergesellschaften desselben Konzerns;
- Entsendungen nach § 4 SGB IV oder »Workation«;
- Software, wenn der Personaleinsatz unternehmensübergreifend und konzernweit erfolgt;

- Code of Conduct/Compliance-Richtlinien u. ä., wenn diese durch eine ausländische Konzernobergesellschaft (weltweit) gesteuert werden (BAG 22.7.2008 - 1 ABR 40/07, NZA 2008, 1248).

5.4 Delegierte Zuständigkeit

Liegt eine originäre Zuständigkeit des GBR oder KBR nicht vor, hat der BR/GBR die Möglichkeit, die Ausübung seiner Mitbestimmungsrechte an den GBR/KBR nach §§ 50 Abs. 2, 58 Abs. 2 BetrVG **zu delegieren.** 111

Über die Delegation entscheidet der Betriebsrat **durch Beschluss**, der nach § 27 Abs. 2 BetrVG der absoluten Mehrheit der Stimmen und der Schriftform bedarf (Fitting, § 50 Rn. 63, 64). Es kann nicht stillschweigend delegiert werden, auch reicht nicht aus, dass der lokale Betriebsrat die Zuständigkeit des GBR in der Vergangenheit nicht beanstandet hat. Die Übertragung ist dem Vorsitzenden des GBR/KBR schriftlich mitzuteilen und wird mit Zugang der Mitteilung wirksam. Die Aufnahme des Übertragungsbeschlusses ins Protokoll der Betriebsratssitzung genügt nicht. Der Übertragungsbeschluss begründet im Außenverhältnis zum Arbeitgeber nach §§ 164 ff. BGB Vertretungsmacht. Auch dann, wenn der Auftrag dem Arbeitgeber durch den GBR oder BR mitgeteilt worden ist, muss er seinerseits wirksam sein. Mängel in der Beschlussfassung können nachträglich und rückwirkend geheilt werden (DKW-*Berg*, § 50 Rn. 139). 112

6. Durchführung und Durchsetzung von Vereinbarungen zwischen Arbeitgeber und Betriebsrat

6.1 Durchführungspflicht des Arbeitgebers und Ausnahmen

Grundsätzlich hat der Arbeitgeber die alleinige **betriebliche Leitungsmacht** inne. Deshalb ist er auch verpflichtet, die mit dem Betriebsrat getroffenen Vereinbarungen (Regelungsabreden und Betriebsvereinbarungen) oder von der Einigungsstelle getroffene Entscheidungen durchzuführen. Dies ergibt sich ausdrücklich aus § 77 Abs. 1 Satz 1 BetrVG. Die Verpflichtung, Betriebsvereinbarungen im Betrieb auszulegen (§ 77 Abs. 2 Satz 4 BetrVG) ist ein Element der Durchführungsverpflichtung aus Abs. 1. 113

Nach der gesetzlichen Regelung sind jedoch **abweichende Regelungen** zur Durchführung von Vereinbarungen ausdrücklich **zulässig.** In der Praxis ist es häufig so, dass der Betriebsrat für die Durchführung betrieblicher Sozialeinrich- 114 tungen zuständig ist. Hierzu zählen bspw. Betriebssportvereine, Kantinen, Betriebskindergärten etc.

115 Der **Arbeitgeber haftet** auch für etwaige Schadensersatzansprüche aus der Durchführung rechtswidriger Vereinbarungen bzw. aus der rechtswidrigen Umsetzung wirksamer Vereinbarungen. Eine Haftung des Betriebsrats kommt daneben nicht in Betracht, gleichgültig welche Vereinbarung er mit dem Arbeitgeber auch getroffen haben mag.

6.2 Durchsetzungsmöglichkeiten des Betriebsrats und des Arbeitnehmers

116 Der Arbeitgeber führt die mit dem Betriebsrat getroffenen Vereinbarungen nicht nur durch, er ist zu deren Durchführung auch verpflichtet. Hieraus folgt zunächst, dass der Betriebsrat vom Arbeitgeber in einem arbeitsgerichtlichen Beschlussverfahren verlangen kann, dass die Umsetzung der getroffenen Betriebsvereinbarungen, Regelungsabreden und sonstigen Vereinbarungen im Betrieb auch tatsächlich erfolgt (sog. **Durchführungsanspruch des Betriebsrats**). Ist z. B. in einer Betriebsvereinbarung ein Arbeitszeitrahmen von 7:00 Uhr bis 19:00 Uhr vereinbart, muss der Arbeitgeber dafür Sorge tragen, dass – vorbehaltlich einer abweichenden Regelung mit dem Betriebsrat im Einzelfall – nicht vor 7.00 Uhr bzw. nach 19.00 Uhr gearbeitet wird. Hierzu hat er die Arbeitnehmer durch geeignete Maßnahmen anzuhalten. Hat sich der Arbeitgeber in einer Betriebsvereinbarung dem Betriebsrat gegenüber zu einer bestimmten Art und Weise der Durchführung einer getroffenen Regelung verpflichtet, z. B. bei der Kontrolle der Einhaltung eines Alkoholverbots, darf er bei der Durchführung dieser Betriebsvereinbarung nicht einseitig von der mit dem Betriebsrat vereinbarten Art und Weise der Durchführung abweichen.

117 Darüber hinaus hat der Betriebsrat einen Anspruch gegen den Arbeitgeber, dass dieser sämtliche Maßnahmen unterlässt, die der mit dem Betriebsrat getroffenen Vereinbarung widersprechen (**Unterlassungsanspruch**, DKW-*Berg*, § 77 Rn. 10). Der Arbeitgeber darf also z. B. die Arbeitnehmer nicht anweisen und es auch nicht dulden, dass über den mit dem Betriebsrat vereinbarten Arbeitszeitrahmen hinaus (z. B. länger als bis 19:00 Uhr) gearbeitet wird. Wird in dem entsprechenden Betrieb über den vereinbarten Arbeitszeitrahmen hinaus gearbeitet, kann der Betriebsrat den Arbeitgeber in einem arbeitsgerichtlichen Beschlussverfahren auf Unterlassung in Anspruch nehmen. Dieser Anspruch kann vom Betriebsrat auch im Wege der **einstweiligen Verfügung** geltend gemacht werden. Auch ein Betriebsrat, der es für einen längeren Zeitraum hingenommen hat, dass der Arbeitgeber gegen eine Betriebsvereinbarung verstößt, kann die Unterlassung des betriebsvereinbarungswidrigen Verhaltens des Arbeitgebers arbeitsgerichtlich durchsetzen.

Im arbeitsgerichtlichen Beschlussverfahren kann der Betriebsrat außerdem die Geltung (Wirksamkeit und Anwendbarkeit) einer Vereinbarung wie auch Auslegungsfragen geltend machen. Solche streitigen Auslegungsfragen werden im arbeitsrechtlichen Beschlussverfahren mit Feststellungsanträgen geklärt. Solche Feststellungsanträge sind nur dann zulässig, wenn ein Leistungsantrag, gerichtet auf die Durchführung einer Betriebsvereinbarung oder Unterlassen eines betriebsvereinbarungswidrigen Verhaltens, ausscheidet. 118

Der Anspruch des Betriebsrats auf Unterlassung vereinbarungswidriger Maßnahmen des Arbeitgebers setzt nicht das **Vorliegen eines groben Verstoßes im Sinne des § 23 Abs. 3 BetrVG** voraus. Liegt allerdings ein grober Verstoß gem. § 23 Abs. 3 BetrVG vor, kann auch eine **im Betrieb vertretene Gewerkschaft** den Arbeitgeber auf die Einhaltung von Betriebsvereinbarungen in Anspruch nehmen. 119

Der Anspruch des Betriebsrats auf Durchführung einer Betriebsvereinbarung hat nicht die Befugnis des Betriebsrats zum Inhalt, vom Arbeitgeber aus eigenem Recht die **Erfüllung von Ansprüchen der einzelnen Arbeitnehmer aus dieser Betriebsvereinbarung** zu verlangen. Werden dem Arbeitnehmer durch die Betriebsvereinbarung Ansprüche eingeräumt, muss er diese im Wege der arbeitsgerichtlichen Individualklage geltend machen. Die Abgrenzung im Einzelfall zwischen Kollektivanspruch des Betriebsrats und Individualanspruch des Arbeitnehmers ist schwierig. Entscheidend ist hier ein gut gewählter Wortlaut der Betriebsvereinbarung.

Der Arbeitnehmer ist verpflichtet, den durch die Betriebsvereinbarung begründeten Pflichten nachzukommen. Der Verstoß gegen Verpflichtungen, die durch Betriebsvereinbarungen begründet sind (z. B. ein Rauchverbot), kann eine **Abmahnung**, ggf. auch eine **Kündigung** zur Folge haben. 120

6.3 Koppelungsgeschäfte

Wenn der Arbeitgeber möchte, dass beispielsweise eine flexiblere Arbeitszeit eingeführt werden soll, der Betriebsrat demgegenüber zusätzliche Sozialleistungen im Auge hat, ein beabsichtigtes Outsourcing-Vorhaben verhindern oder aber die Produktion am Standort halten möchte, dann stellt sich für den Betriebsrat die Frage, ob es zulässig ist, die **Forderung des Arbeitgebers** (neue Arbeitszeit) **mit einer Gegenforderung** (z. B. Rücknahme der Kündigung betrieblicher Sozialleistungen) **zu verknüpfen**. Mitunter schleichen sich dann nachhaltige Skrupel auf Seiten des Betriebsrats ein, zumal von Arbeitgeberseite schnell der Vorwurf des Rechtsmissbrauchs, gar der Erpressung im Raume steht. Was die Rechtsprechung zu solchen Lebenslagen meint, soll auf der Grundlage von zwei typischen Fällen im Folgenden kurz dargestellt werden (vgl. auch Bachner, AiB 2008, 210). 121

122 Zunächst soll in vorliegendem Zusammenhang das Augenmerk auf eine Entscheidung des **Hessischen Landesarbeitsgerichts** (LAG Hessen 13.10.2005 – 5/9 TaBV 51/05, Betriebsratswissen digital, AuA 2006, 304) gelenkt werden. Das Gericht führt seinen Leitsatz 3 wie folgt aus: »Der Betriebsrat darf seine Zustimmung zu der vom Arbeitgeber beantragten Maßnahme gem. § 87 Abs. 1 Nr. 3 BetrVG von Bedingungen abhängig machen, für deren Durchsetzung ihm kein Mitbestimmungsrecht zusteht, wenn diese Bedingungen einen sachlichen Bezug zum Zwecke des Mitbestimmungsrechts haben.«

123 Hintergrund der Entscheidung war die Frage, ob der Betriebsrat seine Zustimmung zu Überstunden davon abhängig machen durfte, dass der Arbeitgeber bestimmte befristete Arbeitsverträge verlängert. Das Hessische Landesarbeitsgericht hat dem Betriebsrat Recht gegeben. Der Betriebsrat – so das Gericht – durfte seine Zustimmung zu der beantragten Mehrarbeit davon abhängig machen, dass die Arbeitsverträge bestimmter Mitarbeiter verlängert werden. Zwar hat der Betriebsrat hinsichtlich der Einstellung oder Verlängerung von Arbeitsverträgen kein Mitbestimmungsrecht, er **kann** aber **seine Mitbestimmungsrechte bei Mehrarbeit mit Erwägungen verbinden, die mit dem Zweck und Inhalt des Mitbestimmungsrechts im Zusammenhang stehen**. Das ergibt sich aus der Verpflichtung der Einigungsstelle, bei ihrer Entscheidung die Belange des Betriebs und der Arbeitnehmer angemessen zu berücksichtigen. Fragen der Arbeitszeit und der Mehrarbeit stehen in untrennbarem Zusammenhang mit der Zahl vorhandener Arbeitnehmer. Eine sachgerechte Beurteilung der Berechtigung des Arbeitgeberwunsches nach vorübergehender Verlängerung der betriebsüblichen Arbeitszeit ist ohne Blick auf die personelle Ausstattung des Betriebs gar nicht möglich. Der Betriebsrat ist nicht gehindert, durch eine Betrachtung über den Tag hinaus dafür Sorge zu tragen, dass der Zweck des Mitbestimmungsrechts im Bereich des § 87 Abs. 1 Nr. 3 BetrVG erreicht werde, nämlich die Mitarbeiter vor Überforderung zu schützen. Der Zweck des Mitbestimmungsrechts bei Mehrarbeit, Arbeitnehmer vor Überbelastung zu schützen, rechtfertigt es daher, die Zustimmung zur Mehrarbeit mit Forderungen auf Aufstockung der vorhandenen Arbeitskraft zu verbinden.

124 Auch nach dem **BAG** sind **Koppelungsgeschäfte nicht verboten** (BAG 18.9.2007 – 3 AZR 639/06, Betriebsratswissen digital, NZA 08, 56–58). In diesem Falle allerdings mit umgekehrter Interessenlage, denn der Arbeitgeber erwartete eine Gegenleistung des Betriebsrats. Dort ging es um folgenden Fall:

125 Der Arbeitgeber betreibt Einrichtungshäuser an verschiedenen Standorten der Republik, u.a. ein Einrichtungshaus am Standort Köln, und leistet als betriebliche Altersversorgung monatliche Prämien auf eine Direktversicherung als Kapitallebensversicherung. In einer mit dem Gesamtbetriebsrat getroffenen **Gesamtbetriebsvereinbarung** (GBV) ist geregelt, dass die Arbeitsbedingungen einschließlich der Arbeitszeitregelungen in allen Einrichtungshäusern im We-

sentlichen gleich gestaltet werden sollen. Diese Gleichstellung soll in Ausübung des Mitbestimmungsrechts der örtlichen Betriebsräte und unter Beachtung der jeweils geltenden tariflichen Bestimmungen erfolgen. Die Geschäftsleitung des jeweiligen Einrichtungshauses wird sodann eine Gesamtzusage erteilen, die Prämien zur betrieblichen Altersversorgung für jeden Arbeitnehmer zu erhöhen, wenn diese GBV in den einzelnen Einrichtungshäusern durch Vereinbarung mit dem örtlichen Betriebsrat umgesetzt wird. In dem Kölner Betrieb kam es durch Spruch der Einigungsstelle zu einer Arbeitszeitregelung, die den Beschäftigten im Kölner Einrichtungshaus ein geringeres Maß an Flexibilität auferlegt als die Bestimmungen der GBV. Der Arbeitgeber erteilte daraufhin die in der GBV angekündigte Gesamtzusage zur Erhöhung der betrieblichen Altersversorgung für den Kölner Betrieb nicht.

Das BAG hat dem Arbeitgeber recht gegeben: Es ist – so das Gericht – nicht zu beanstanden, dass die Beklagte die **höheren Leistungen zur betrieblichen Altersversorgung nur denjenigen Arbeitnehmern gewährt, die die in der GBV** vorgesehene **höhere Flexibilität zeigen müssen**. Hierin liegt weder ein Verstoß gegen den Gleichbehandlungsgrundsatz (zulasten der Arbeitnehmer am Kölner Standort) noch stellt der Vorgang eine unzulässige Maßregelung der betroffenen Arbeitnehmer dar. 126

Mit dem Abstellen auf die Flexibilität des Arbeitseinsatzes als Grund für die Differenzierung verstößt die GBV auch nicht gegen verfassungsrechtliche oder sonstige übergeordnete Wertentscheidungen. Vor allem die Verknüpfung von Regelungen zur Arbeitszeit und Arbeitseinsatzplanung mit Leistungen der betrieblichen Altersversorgung ist nicht zu beanstanden. Regelungen zur flexibleren Gestaltung der Arbeitszeit ermöglichen einen kostengünstigeren Personaleinsatz und dienen damit den wirtschaftlichen Interessen des Arbeitgebers. Dieser kann als Gegenleistung das Arbeitsentgelt erhöhen, und zwar auch in der Weise, dass er zusätzliche Beiträge zur betrieblichen Altersversorgung leistet. Tritt der von dem Arbeitgeber beabsichtigte betriebswirtschaftliche Kosteneinsparungseffekt in einem Betrieb mangels Abschluss einer entsprechenden Betriebsvereinbarung zur Flexibilisierung der Arbeitszeit nicht ein, kann der Arbeitgeber demzufolge solche Betriebe von der Erhöhung angekündigter Gegenleistung (der betrieblichen Altersversorgung) ausnehmen. Die **Grenzen solcher Forderungen** sind dann erst **dort** zu suchen, **wo die »andere Seite« zu einem rechtswidrigen Verhalten veranlasst werden soll**, z. B. – so das BAG – zum Abschluss einer tarifwidrigen oder gesetzwidrigen – Betriebsvereinbarung. 127

Bemerkenswert an der bundesarbeitsgerichtlichen Entscheidung ist auch, dass es augenscheinlich die Grenzen für die Verknüpfung von Leistung und Gegenleistung weiter zieht, als es das Hessische Landesarbeitsgericht getan hat. Während das Landesarbeitsgericht verlangt, dass die von dem Betriebsrat geforderte Gegenleistung des Arbeitgebers mit dem Zweck und Inhalt des Mitbestimmungs- 128 rechts im Zusammenhang steht, **lässt es das BAG ausreichen, dass ein lediglich wirtschaftlicher Zusammenhang zwischen Geben und Nehmen besteht**. Auch das kann für die Praxis durchaus Bedeutung erlangen.

129 Aus dem Vorstehenden lässt sich das Folgende schließen: Auch Verhandlungen auf dem Boden der Betriebsverfassung sind ein Geben und Nehmen und was zum Gegenstand der Verhandlungen gemacht wird, entscheiden die Betriebsparteien im Rahmen ihrer Verhandlungstaktik selbst. Dabei kann es durchaus sinnvoll sein, gerade dort Bedingungen zu stellen, wo keine echten Mitbestimmungsrechte bestehen. Hier von Rechtsmissbrauch zu sprechen oder gar das Wort Erpressung in den Mund zu nehmen, ist gänzlich fehl am Platz. Wem möchte man es schon verwehren, die Gunst der Stunde zu nutzen? Andererseits: **Verhandlungen sind keine Einbahnstraße**! Das verdeutlichen gerade die beiden hier behandelten Entscheidungen. Nicht immer hat man selbst die besseren Karten auf der Hand und meistens – das gilt für Betriebsrat und Arbeitgeber allemal – sieht man sich zweimal im Leben. Wer vor diesem Hintergrund Verhandlungen führt und Forderungen formuliert, für den ist das Risiko geringer, bei der nächsten Verhandlungsrunde selbst einen »schwarzen Peter« ziehen zu müssen.

7. Die Einigungsstelle

7.1 Zweck, Bedeutung und Zuständigkeit

130 Die Einigungsstelle hat die Aufgabe, Meinungsverschiedenheiten zwischen Arbeitgeber und Betriebsrat (§ 76 Abs. 1 BetrVG) durch Einbeziehung eines neutralen Dritten, dem Vorsitzenden der Einigungsstelle, beizulegen. Die Meinungsverschiedenheit soll durch eine Regelung beigelegt werden, die die Interessen beider Seiten – also die des Betriebs bzw. des Unternehmens sowie der betroffenen Arbeitnehmer angemessen berücksichtigt (§ 76 Abs. 5 Satz 3 BetrVG). Die Einigungsstelle ist das wichtigste betriebsverfassungsrechtliche **Konfliktlösungsinstrument**, wenn die innerbetrieblichen Verhandlungen zwischen Arbeitgeber und Betriebsrat gescheitert sind.

131 Die Einigungsstelle hat für die Arbeit des Betriebsrats eine **herausragende Bedeutung**. Vielfach scheut der Arbeitgeber aus den unterschiedlichsten Gründen den Gang vor die Einigungsstelle. So mancher Betriebsrat hat schon die Erfahrung gemacht, dass schon die Ankündigung, im Nichteinigungsfalle die Einigungsstelle anrufen zu wollen, die Verhandlungsbereitschaft auf Seiten des Arbeitgebers deutlich erhöht. Denn Einigungsstellenverfahren sind für den Arbeitgeber nicht nur teuer (§ 76a BetrVG), sie sind u. U. auch langwierig und binden eine Menge »Arbeitskraft«. Außerdem untergraben sie – und das ist von

besonderer Bedeutung – in der betrieblichen Wahrnehmung seine Autorität, weil der Eindruck entstehen kann, dass er nicht mehr in der Lage ist, entstandene Konflikte selbst – also ohne Hinzuziehung Dritter – zu bewältigen und nicht mehr die Hoheit über betriebsorganisatorische Prozesse hat.

Grundsätzlich kann jede Meinungsverschiedenheit zwischen Arbeitgeber und Betriebsrat zum Gegenstand eines Einigungsstellenverfahrens gemacht werden, wenn beide Seiten dies wünschen (sog. freiwilliges Einigungsstellenverfahren, § 76 Abs. 6 BetrVG). Mit einer Angelegenheit befassen muss sich die Einigungsstelle jedoch nur in gesetzlich mitbestimmungspflichtigen Angelegenheiten (»echtes Mitbestimmungsrecht«). Der Gesetzgeber hat in diesen Fällen die entsprechenden Angelegenheiten ausdrücklich in das Einigungsstellenverfahren verwiesen (erzwingbares Einigungsstellenverfahren). Das Betriebsverfassungsgesetz beschreibt das echte Mitbestimmungsrecht stets mit demselben Wortlaut, vgl. § 87 Abs. 2 Satz 1 BetrVG: »**Kommt eine Einigung über eine Angelegenheit nach Absatz 1 nicht zustande, so entscheidet die Einigungsstelle.**« Nur wenn sich diese Formulierung im Gesetz findet, kann der Betriebsrat bei Scheitern der Verhandlungen auch gegen den Willen des Arbeitgebers das Tätigwerden der Einigungsstelle durchsetzen. Wenn sich der zweite Satz: »**Der Spruch der Einigungsstelle ersetzt die Einigung zwischen Arbeitgeber und Betriebsrat.**« anfügt, ist die Rede von einem erzwingbaren Mitbestimmungsrecht in welchem jede Seite die andere in der Einigungsstelle durch Mehrheitsbeschluss zu einer Einigung zwingen kann. Es gibt auch eine Zwischenstufe im BetrVG: Ein echtes, aber kein erzwingbares Mitbestimmungsrecht. Zu Maßnahmen der Berufsbildung kann der Betriebsrat – insoweit dem Interessenausgleichsverfahren nachgebildet – nach § 96 Abs. 1a BetrVG eine Einigungsstelle zwar anrufen (»echtes Mitbestimmungsrecht«), diese hat jedoch nur die Kompetenz, »eine Einigung zu versuchen«, es fehlt an der Erzwingbarkeit der Einigung durch einen Spruch. Ebenso verhält es sich mit dem Interessenausgleich: Auch hier ist die Einigungsstelle erzwingbar, nicht jedoch ihr Spruch zum Interessenausgleich. Zur Erzwingbarkeit des Interessenausgleichs sagt § 112 Abs. 3 Satz 2 BetrVG lapidar: »Die Einigungsstelle hat eine Einigung der Parteien zu versuchen.« 132

Um **erzwingbare Einigungsstellenangelegenheiten** handelt es sich in folgenden Fällen: 133

- Schulung für Betriebsratsmitglieder (Streit über zeitliche Lage), § 37 Abs. 6 und 7 BetrVG;
- Freistellung von Betriebsratsmitgliedern (Streit über sachliche Vertretbarkeit der Freistellung), § 38 Abs. 2 BetrVG;
- Sprechstunde des Betriebsrats (Streit über Zeit und Ort der Sprechstunde), § 39 Abs. 1 BetrVG;
- Herabsetzung der Zahl der Mitglieder des Gesamtbetriebsrats, § 47 Abs. 6 BetrVG;

- Herabsetzung der Zahl der Mitglieder des Konzernbetriebsrats, § 55 Abs. 4 BetrVG;
- Schulung für Mitglieder der Jugend- und Auszubildendenvertretung (Streit über zeitliche Lage), § 65 Abs. 1 BetrVG;
- Sprechstunde der Jugend- und Auszubildendenvertretung (Streit über Zeit und Ort der Sprechstunde), § 69 BetrVG;
- Herabsetzung der Zahl der Mitglieder der Gesamt-Jugend- und Auszubildendenvertretung, § 72 Abs. 6 BetrVG;
- Berechtigung der Beschwerde eines Arbeitnehmers, § 85 Abs. 2 BetrVG;
- Soziale Angelegenheiten, § 87 Abs. 2 BetrVG;
- Maßnahmen zur Abwendung, Milderung oder zum Ausgleich von besonderen Belastungen durch Änderungen der Arbeitsplätze, des Arbeitsablaufs oder der Arbeitsumgebung, § 91 BetrVG;
- Personalfragebogen, persönliche Angaben in Formulararbeitsverträgen, Beurteilungsgrundsätze, § 94 Abs. 1 und 2 BetrVG;
- Auswahlrichtlinien, § 95 Abs. 1 und 2 BetrVG;
- Einführung betrieblicher Berufsbildungsmaßnahmen, § 97 Abs. 2 BetrVG;
- Durchführung betrieblicher Berufsbildungsmaßnahmen und Auswahl von Teilnehmern, § 98 Abs. 1, 3 und 4 BetrVG;
- Auskunftserteilung in wirtschaftlichen Angelegenheiten, § 109 BetrVG;
- Aufstellung eines Sozialplans (ein Interessenausgleich ist nicht erzwingbar, vgl. § 112 Abs. 1 bis 4 BetrVG), § 112 Abs. 3 BetrVG;
- Fragen bzgl. Seebetriebsrat, § 116 Abs. 3 BetrVG;
- Bestellung und Abberufung der Betriebsärzte und Sicherheitsfachkräfte sowie Erweiterung und Beschränkung ihrer Aufgaben, § 9 Abs. 3 ASiG in Verbindung mit § 87 Abs. 1 Nr. 7 BetrVG.

7.2 Zusammensetzung und Errichtung

134 Die Einigungsstelle besteht aus **folgende Personen**:

- ein **Vorsitzender**, auf den sich Arbeitgeber und Betriebsrat einigen müssen. Kommt insoweit eine Einigung nicht zustande, entscheidet auf Antrag das **Arbeitsgericht** (§ 76 Abs. 2 BetrVG in Verbindung mit § 100 ArbGG);
- eine gleiche Anzahl von **Beisitzern auf jeder Seite**, die auf Arbeitnehmerseite vom Betriebsrat, auf Arbeitgeberseite durch den Arbeitgeber bestimmt werden. Kann über die Anzahl der Beisitzer keine Einigkeit zwischen Arbeitgeber und Betriebsrat erzielt werden, entscheidet auch hier auf Antrag das **Arbeitsgericht** (§ 76 Abs. 2 BetrVG in Verbindung mit § 100 ArbGG). Dieses setzt fast immer **zwei** fest, in komplexeren Angelegenheiten mal drei, in »einfachen« Gegenständen wie § 85 Abs. 2 BetrVG meist einen. Dies ist für den Betriebsrat oft unzureichend. Als Beisitzer kommen nicht nur betriebliche

Vertreter, sondern auch »externe« Personen (z. B. auf Betriebsratsseite ein Gewerkschaftssekretär oder ein Rechtsanwalt) in Betracht. Jede Seite bestellt »ihre« Beisitzer nach ihrem freien Ermessen und kann die Beisitzer der jeweils anderen Seite nur in Fällen des Missbrauchs ablehnen, auch nicht gerichtlich.

Die Einigungsstelle wird **bei Bedarf** (also bei Scheitern der Verhandlungen z. B. 135 über eine neue betriebliche Arbeitszeitregelung) gebildet. Die einvernehmliche Bildung einer Einigungsstelle als ständige Einrichtung ist ebenfalls zulässig (§ 76 Abs. 1 Satz 2 BetrVG), sie ist in der Praxis zu komplexeren Betriebsvereinbarungen der Regelfall. Die Einigungsstelle hat **unverzüglich**, also ohne schuldhaftes Zögern, tätig zu werden (§ 76 Abs. 3 Satz 1 BetrVG).

Das Einigungsstellenverfahren kann erst dann eingeleitet werden, wenn die **Verhandlungen** zwischen Arbeitgeber und Betriebsrat **gescheitert** sind. Das kann der Fall sein nach längeren intensiven Verhandlungsrunden. Es kann aber auch der Fall sein, wenn z. B. der Arbeitgeber eine Verhandlungsinitiative des Betriebsrats kurz und bündig ablehnt. Selbstverständlich gilt das auch dann, wenn der Betriebsrat Verhandlungen ablehnt.

Der Betriebsrat muss das **Scheitern** der Verhandlungen ordnungsgemäß be- 136 schließen. Es gelten die üblichen Voraussetzungen für einen ordnungsgemäßen Betriebsratsbeschluss nach § 33 BetrVG. Voraussetzung ist also jedenfalls, dass eine Einladung der Mitglieder des Betriebsrats und ggf. der Ersatzmitglieder erfolgt, dass die Angelegenheit in der Tagesordnung benannt wurde und dass Beschlussfähigkeit gegeben ist. Darüber hinaus muss der Betriebsrat beschließen,

- dass die Angelegenheit durch eine **Einigungsstelle entschieden** werden soll;
- dass eine bestimmte Person als **Einigungsstellenvorsitzender** tätig werden soll (vor der Beschlussfassung bei einem sachkundigen Rechtsanwalt oder bei der Gewerkschaft einen geeigneten Vorsitzenden erfragen und dessen Einverständnis mit der Tätigkeit als Einigungsstellenvorsitzender telefonisch oder schriftlich einholen);
- dass die **Zahl der Beisitzer** eine bestimmte Größenordnung haben soll, was von der Bedeutung oder Materie der jeweiligen Angelegenheit abhängt; zumeist zwei, s. o.;
- dass die jeweils konkret zu bezeichnenden Personen als Beisitzer auf Betriebsratsseite in der Einigungsstelle tätig werden sollen, wobei es sich auch um externe Personen (z. B. Rechtsanwälte, Gewerkschaftssekretäre, Betriebswirte, IT-Sachverständige etc.) handeln kann;
- ggf. dass ein Rechtsanwalt den Betriebsrat als **Verfahrensbevollmächtigter** vor der Einigungsstelle vertreten soll;
- ggf. dass ein Rechtsanwalt mit der **gerichtlichen Einsetzung der Einigungsstelle** bei Nichteinigung über den Vorsitzenden und/oder die Anzahl der Beisitzer beauftragt werden soll.

Der Beschlussinhalt muss dem Arbeitgeber **mitgeteilt** werden.

7.3 Verfahren vor der Einigungsstelle und Anfechtung eines Spruchs der Einigungsstelle

137 In der Einigungsstelle versucht der Vorsitzende zunächst mit den Betriebsparteien, eine **Kompromisslösung** zu erarbeiten. Einigen sich beide Seiten auf einen Kompromiss – z. B. eine Betriebsvereinbarung zu der streitigen Angelegenheit – ist das Verfahren vor der Einigungsstelle damit abgeschlossen. Dies ist in nahezu allen Einigungsstellen ihr Ergebnis.

Erst wenn sich die Betriebsparteien nicht auf einen Kompromiss einigen können, kommt es zu einem in der Praxis äußerst seltenen sog. **Spruch der Einigungsstelle**. Die Einigungsstelle fasst ihre **Beschlüsse mit Stimmenmehrheit**. Bei der Beschlussfassung hat sich der Vorsitzende zunächst der Stimme zu enthalten. Kommt in der ersten Abstimmung eine Mehrheit nicht zustande, findet nach weiterer Beratung eine zweite Abstimmung statt – nunmehr mit der Stimme des Vorsitzenden. Der Beschluss wird schriftlich niedergelegt, vom Vorsitzenden unterschrieben und dem Arbeitgeber und Betriebsrat zugeleitet (§ 76 Abs. 3 BetrVG).

138 Der Beschluss der Einigungsstelle kann von Arbeitgeber oder Betriebsrat durch Anrufung des **Arbeitsgerichts angefochten** werden. Soweit eine Überschreitung der »Grenzen des Ermessens« gerügt wird, muss der (schriftlich begründete) Antrag innerhalb einer Frist von zwei Wochen ab Zuleitung des Einigungsstellenspruchs beim Arbeitsgericht eingehen (§ 76 Abs. 5 Satz 4 BetrVG). Eine Bindung an diese Zwei-Wochen-Frist besteht nur dann, wenn ein Ermessensfehler der Einigungsstelle gerügt wird, nicht jedoch, wenn geltend gemacht wird, dass der Beschluss der Einigungsstelle gegen geltendes Recht verstößt, z. B. Gesetz, Tarifvertrag, Betriebsverfassungsgesetz, Allgemeines Gleichbehandlungsgesetz etc. Der häufigste Anfechtungsgrund ist die Überzeugung einer Seite, die Einigungsstelle habe einen Spruch gefasst, der auch mitbestimmungsfreie Aspekte beinhalte. Hier läge ein Überschreiten der Grenzen des erzwingbaren Mitbestimmungsrechts vor, der ganze Spruch kann dadurch unwirksam sein.

Häufiger als eine gerichtliche Anfechtung ist vor allem auf Seiten des Betriebsrats die Kündigung des Spruchs. Denn dieser ist mit der gesetzlichen Frist von drei Monaten wie jede BV kündbar. Der Spruch wirkt nach. Dennoch kann bereits zum Ablauf der Frist erneut eine gerichtliche Einsetzung der nächsten Einigungsstelle verfolgt werden. Deswegen ist ein Spruch sehr selten. Zur Durchsetzung von Betriebsänderungen greifen Arbeitgeber relativ häufig auf eine Spruchfassung zurück, weil die Einigungsstelle im Falle eines Spruchs § 112 Abs. 5 BetrVG beachten muss und hier nur einen begrenzten Gestaltungsspielraum zur Festsetzung von Abfindungsfaktoren hat.

Der **Arbeitgeber ist verpflichtet**, den (rechtmäßigen) Beschluss der Einigungsstelle **durchzuführen** (§ 77 Abs. 1 BetrVG). Unterlässt er dies, was leider auch vorkommt, hat der Betriebsrat die Möglichkeit, die Umsetzung des Einigungsstellenspruchs im Wege eines arbeitsgerichtlichen Beschlussverfahrens wie jede BV zu erzwingen. 139

7.4 Kosten der Einigungsstelle

Die **Kosten der Einigungsstelle** trägt immer der der Arbeitgeber (§ 76a BetrVG). Zu den Kosten zählt vor allem der Honoraranspruch des Vorsitzenden der Einigungsstelle sowie eines etwaigen außerbetrieblichen Beisitzers. Die Honoraransprüche der Beisitzer entstehen kraft Gesetzes, sodass eine ausdrückliche Honorarvereinbarung nicht notwendig (aber auch nicht unzulässig oder unüblich) ist. Der außerbetriebliche Beisitzer hat Anspruch auf 7/10 des Honorars des Vorsitzenden. Dieser teilt sein Honorar auf Anfrage dem BR mit. 140

7.5 Beispiel: Einführung einer Betriebsvereinbarung zur gleitenden Arbeitszeit

Der Betriebsrat verlangt vom Arbeitgeber den Abschluss einer Betriebsvereinbarung zur Gleitzeit. Trotz monatelanger Verhandlungen kommt eine Einigung mit dem Arbeitgeber nicht zustande. Der Betriebsrat möchte die Angelegenheit durch die Einigungsstelle klären lassen. Folgende Beschlüsse sind zu fassen bzw. folgende Schritte sind einzuhalten: 141

1. Schritt: Beschluss des Betriebsrats:

1. Es wird festgestellt, dass die innerbetrieblichen Verhandlungen mit dem Arbeitgeber in der Angelegenheit Betriebsvereinbarung zur Gleitzeit gescheitert sind (eine Begründung ist im Beschluss nicht erforderlich!).
2. Die Angelegenheit soll deshalb durch die Einigungsstelle entschieden werden.
3. Als Vorsitzender der Einigungsstelle soll tätig werden: Name, Funktion/Tätigkeit (z. B. Vorsitzender Richter am Hessischen LAG), Anschrift, Telefonnummer.
4. Die Zahl der Beisitzer soll auf jeder Seite »drei« betragen.
5. Als Beisitzer auf Betriebsratsseite sollen tätig werden:
   - Werner M., Vorsitzender des Betriebsrats;
   - Carmen M., Vorsitzende des Arbeitszeitausschusses des Betriebsrats;
   - Andreas S., Gewerkschaftssekretär.
6. Als Verfahrensbevollmächtigter des Betriebsrats vor der Einigungsstelle wird Frau Rechtsanwältin Martina G. beauftragt.
7. Frau Rechtsanwältin Martina G. wird schon heute mit der gerichtlichen Einsetzung der Einigungsstelle beauftragt, falls der Arbeitgeber nicht bis spätestens 15. März

sein Einverständnis mit der Person des Vorsitzenden der Einigungsstelle und der Anzahl der Beisitzer nach den Ziff. 3 und 4 erklärt.

2. Schritt: Information des Arbeitgebers
Der Beschluss des Betriebsrats ist dem Arbeitgeber schriftlich mitzuteilen. Diese Mitteilung sollte mit der Aufforderung verbunden werden, innerhalb einer Frist von (z.B.) zwei Wochen mitzuteilen, ob Einvernehmen mit dem Vorschlag des Betriebsrats zur Person des Einigungsstellenvorsitzenden und der Zahl der Beisitzer besteht. Zugleich sollte der Arbeitgeber darauf hingewiesen werden, dass der Betriebsrat das Verfahren nach § 100 ArbGG zur Einsetzung der Einigungsstelle betreiben wird und mit der Durchführung des Verfahrens Herr/Frau Rechtsanwalt/Rechtsanwältin Martina G. beauftragt hat, falls der Arbeitgeber sein Einvernehmen nicht erklärt.

3. Schritt: Einsetzung der Einigungsstelle
Ist der Arbeitgeber mit dem Vorschlag des Betriebsrats zu dem Einigungsstellenvorsitzenden und der Anzahl der Beisitzer einverstanden, wird der Einigungsstellenvorsitzende z.B. vom Betriebsrat entsprechend informiert (schriftlich) und gebeten, den weiteren Ablauf des Verfahrens zu übernehmen. Diese Information ist regelmäßig verbunden mit einer Unterrichtung über den Sachstand.
Lehnt der Arbeitgeber die Vorschläge des Betriebsrats ab oder reagiert er innerhalb der gesetzten Frist nicht, beantragt der Betriebsrat beim Arbeitsgericht die Bestellung eines Einigungsstellenvorsitzenden sowie die Benennung der Zahl der Beisitzer durch einen geeigneten Rechtsanwalt. Das Gericht ist aber an die Vorschläge des Betriebsrats nicht gebunden. Es kann auch eine Person als Einigungsstellenvorsitzenden bestellen, die weder vom Betriebsrat noch vom Arbeitgeber vorgeschlagen wurde. Auch hinsichtlich der Zahl der Beisitzer ist das Gericht frei.

4. Schritt: Ablauf des Einigungsstellenverfahrens
Ist der Einigungsstellenvorsitzende einvernehmlich (oder gerichtlich) bestellt, wird er Herr des Verfahrens und bestimmt dessen weiteren Ablauf. Das heißt, er setzt die Termine für die Verhandlungen fest, selbstverständlich nach Absprache mit den beteiligten Parteien; er fordert die Parteien auf, ihre Vorstellungen darzulegen etc. Nach § 76 Abs. 3 Satz 1 BetrVG muss der Einigungsstellenvorsitzende unverzüglich tätig werden. Das Gesetz sieht jedoch keine Mindest- oder Höchstdauer für das Einigungsstellenverfahren vor; manche Verfahren dauern mehrere Monate.
Auf der Grundlage der unterschiedlichen Vorstellungen/Konzepte der Parteien finden in der Einigungsstelle die Beratungen mit dem Ziel statt, eine einvernehmliche Lösung herbeizuführen. Um eine solche Lösung wird sich der Vorsitzende der Einigungsstelle in erster Linie bemühen – in der Regel nach gemeinsamen und getrennten Gesprächen mit jeder Seite. Das hat im Übrigen für den Vorsitzenden auch den Vorteil, dass die Einigungsstelle keinen Spruch fällen muss. Damit besteht keine Gefahr, dass eine Partei den Spruch der Einigungsstelle, der ja nur mit der Stimme des Vorsitzenden zustande kommen kann, anficht und ggf. arbeitsgerichtlich die Unwirksamkeit des Spruches festgestellt wird, was zwangsläufig (auch) auf den Vorsitzenden zurückfallen

muss. Außerdem wird der Vorsitzende es vermeiden wollen, mit einem Spruch den Unmut der »unterlegenen« Seite auf sich zu ziehen.

Ist der Sachverhalt als solcher strittig, kann die Einigungsstelle zur Klärung der Sachlage Zeugen vernehmen oder aber anderweitig Beweis erheben. Sind besondere Fachfragen zu klären, kann die Einigungsstelle auch beschließen, ein Sachverständigengutachten einzuholen oder aber Sachverständige anzuhören. Häufig ist dies jedoch nicht der Fall.
Nach Ende der Beratung findet, wenn eine einvernehmliche Lösung der strittigen Angelegenheit nicht erzielt werden kann, eine Abstimmung in der Regel über einen Lösungsvorschlag des Vorsitzenden statt. Für diese Abstimmung ist folgendes Verfahren vorgesehen (§ 76 Abs. 3 BetrVG):

- Erste Abstimmung: Der Vorsitzende enthält sich der Stimme. Kommt ein Mehrheitsbeschluss zustande, ist damit die strittige Angelegenheit entschieden. Eine solche Situation ist sehr selten, weil in der Regel jede Seite geschlossen abstimmt, sodass die erste Abstimmung normalerweise zu einer Pattsituation führt.
- Führt die erste Abstimmung zu einem Patt, findet zunächst noch einmal eine weitere Beratung statt. Hieran schließt sich dann die zweite Abstimmung an, mit der die Angelegenheit entschieden wird. An dieser nimmt auch der Vorsitzende der Einigungsstelle teil. Diese zweite Abstimmung nennt man den Spruch der Einigungsstelle.

Bei der Beschlussfassung steht der Einigungsstelle ein Ermessensspielraum zu (§ 76 Abs. 5 Satz 3 BetrVG: »billiges Ermessen«). Ihr Ermessen ist aber insoweit eingeschränkt, als sie sowohl die Belange des Betriebs als auch der betroffenen Arbeitnehmer angemessen zu berücksichtigen hat (siehe auch z. B. § 112 Abs. 5 BetrVG).
Der Beschluss der Einigungsstelle wird vom Vorsitzenden schriftlich niedergelegt und unterschrieben. Der Vorsitzende muss den Spruch der Einigungsstelle nicht begründen, dies ist aber zweckmäßig und dient letztendlich vor allem auch der Transparenz des Verfahrens. Immerhin soll doch auch klar werden, warum die Einigungsstelle wie entschieden hat. Der Einigungsstellenspruch ist beiden Parteien – Arbeitgeber und Betriebsrat – zuzustellen.

142 7.6 Schaubild: Ablaufschema Einigungsstellenverfahren[1]

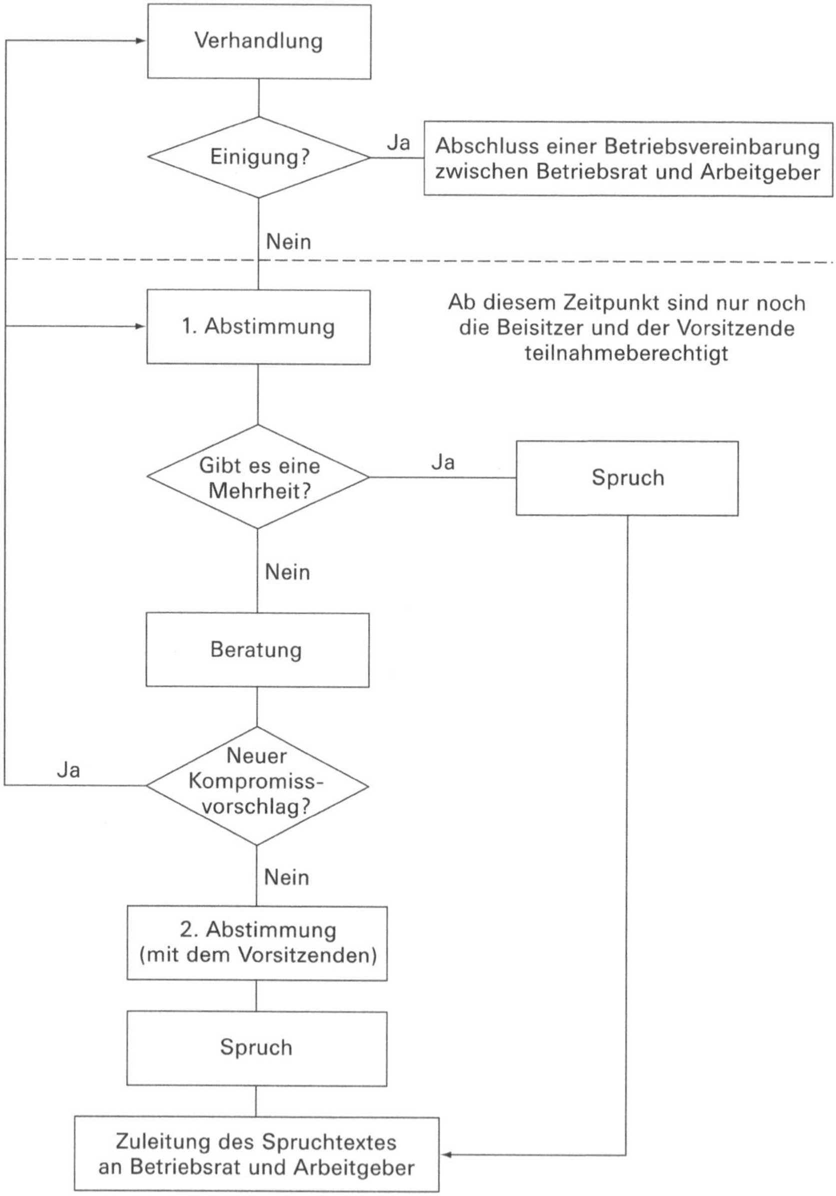

1 Quelle: Laßmann u. a., Handbuch Einigungsstelle, 6. Aufl., Bund-Verlag, S. 160.

7.7 Checklisten Einigungsstelle

Checkliste: Was ist zu tun, wenn der Arbeitgeber die Einigungsstelle anruft?[2]

1. Überprüfen, ob die Voraussetzungen zur Anrufung der Einigungsstelle gegeben sind: **143**
   - Ist die Einigungsstelle zuständig?
   - Sind die Verhandlungen gescheitert?
   - Hat die zuständige Betriebs-, Unternehmens- oder Konzernleitung die Einigungsstelle angerufen und wurde die zuständige Ebene der Betriebsverfassung aufgerufen (BR/GBR/KBR)?
2. Gegebenenfalls neue Verhandlungen in der strittigen Angelegenheit anbieten.
3. Belegschaft über den Verhandlungsstand, die Anrufung der Einigungsstelle durch den Arbeitgeber und die sich abzeichnenden Konflikte informieren.
4. Von der Gewerkschaft, anderen Betriebsräten oder Rechtsanwälten Informationen über die für den Einigungsstellenvorsitz vorgeschlagene Person einholen.
5. Wenn der vorgeschlagene Einigungsstellenvorsitzende nicht akzeptabel ist,
   - Gründe gegen den Arbeitgeber-Kandidaten sammeln,
   - Informationen über geeignete Gegenkandidaten einholen,
   - dem Arbeitgeber einen Gegenvorschlag für den Einigungsstellenvorsitz machen.
6. Überprüfen, ob die vorgeschlagene Beisitzerzahl dem Problem und den Bedürfnissen des Betriebsrats angemessen ist. Grundsatz: Je komplizierter die Materie und je mehr Beschäftigte betroffen sind, desto höher sollte die Beisitzerzahl sein. Gegebenenfalls höhere Beisitzerzahl vorschlagen.
7. Verhandlungen mit dem Arbeitgeber über die Einigungsstellenbildung führen.
8. Notfalls selbst mit Hilfe der Gewerkschaft oder eines Rechtsanwalts das Arbeitsgericht zur Einsetzung der Einigungsstelle anrufen.

Checkliste: Vorbereitung der Einigungsstelle[3]

1. Bildung einer Vorbereitungsgruppe, bestehend aus den BR-Beisitzern und BR-Mitgliedern, die an den bisherigen Verhandlungen beteiligt waren. **144**
2. Aufgabenkatalog, Aufgabenverteilung und Zeitplan für die Vorbereitungsphase festlegen, hierbei die externen Beisitzer beteiligen.
3. Spätestens jetzt die Belegschaft über die Einschaltung der Einigungsstelle und die Ziele des Betriebsrats informieren.
4. Unterlagen zur Vorbereitung der Einigungsstellenverhandlung zusammenstellen; fehlende Unterlage vom Arbeitgeber anfordern.
5. Sachdarstellung für den Vorsitzenden erarbeiten. Dies beinhaltet:
   - Kurzdarstellung des Unternehmens/Betriebes,
   - Darstellung des bisherigen Verhandlungsablaufs und der noch offenen Konfliktpunkte,

---

2 Quelle: Laßmann u. a., Handbuch Einigungsstelle, 6. Aufl., Bund-Verlag, S. 115.
3 Quelle: Laßmann u. a., Handbuch Einigungsstelle, 6. Aufl., Bund-Verlag, S. 132.

- Anträge für die Einigungsstelle, dieser besteht i.d.R. aus einem BV-Entwurf,
- Begründung der Anträge.

6. Vorbereitung der Sitzung(en):
   - Wer soll neben den Beisitzern auf BR-Seite teilnehmen (Prozessbevollmächtigte, Vortragende usw.)?
   - Arbeits- und Rollenverteilung für den voraussichtlichen Sitzungsverlauf zwischen den Teilnehmern festlegen.
   - Verhandlungstaktik und -stil absprechen.
   - Verfahrensvorschläge entwickeln.
   - Über mögliche Kompromisslinien und Koppelungsgeschäfte nachdenken.

Checkliste: Die Einigungsstellensitzung[4]

145

1. Eigene Verfahrensvorschläge einbringen (Sitzungsunterbrechung, Vertagung, getrennte Sitzungen, Hinzuziehung von Auskunftspersonen oder Sachverständigen usw.).
2. Eigenen Verhandlungsstil kontrollieren (Hart in der Sache, verbindlich im Ton).
3. Zeitrahmen für die Sitzung(en) festlegen.
4. Honorarfrage und Kostenübernahme ansprechen.
5. Eigene Notizen über Verhandlungsverkauf und -ergebnisse machen.
6. Bei Streit über die Zuständigkeit die Position des Vorsitzenden in getrennter Beratung in Erfahrung bringen. Gegebenenfalls auf Ausklammerung der Zuständigkeitsfrage drängen, um erst mal eine einvernehmliche Lösung des Konflikts zu versuchen.
7. Auswirkungen der vorgesehenen Maßnahme auf die Beschäftigten darlegen; Argumentation der Arbeitgeberseite widerlegen.
8. Position des Vorsitzenden zur anstehenden Regelungsfrage in getrennten Beratungen ausloten.
9. Kompromissbereitschaft in kleinen Schritten signalisieren; dabei unverzichtbare Positionen des BR verdeutlichen.
10. Anfechtungsdrohung der Arbeitgeberseite nicht überbewerten.
11. Vor dem Eingehen auf Kompromissangebote bzw. dem Einbringen eigener Kompromissangebote Rückkoppelung unter den BR-Beisitzern und mit dem BR herstellen.
12. Auf geschlossenes und konsistentes Abstimmungsverhalten der BR-Beisitzer achten.
13. Gegebenenfalls um eine schriftliche Begründung des Spruches durch den Vorsitzenden bitten.

---

4 Quelle: Laßmann u. a., Handbuch Einigungsstelle, 6. Aufl., Bund-Verlag, S. 162.

Checkliste: Umsetzung der Einigungsstellenergebnisse[5]

1. Belegschaft über den Ausgang des Einigungsstellenverfahrens informieren (Fakten, Erläuterungen, Begründungen, Wertungen). 146
2. Überwachung der Einhaltung der getroffenen Regelungen durch
   - Auswertung von Unterlagen,
   - Stichproben,
   - Betriebsbegehungen,
   - Gespräche mit Beschäftigten.
3. Wenn sich der Arbeitgeber nicht an die getroffenen Regelungen hält,
   - Verstöße dokumentieren und AG abmahnen,
   - nach juristischem Rat gegebenenfalls Arbeitsgericht einschalten.
4. Stimmung in der Belegschaft über die Wirkung des Einigungsstellenergebnisses ermitteln.
5. Bei negativer Beurteilung der Einigungsstellenergebnisse oder ihrer Umsetzung durch BR und Belegschaft Erfolgsaussichten für eine verbesserte Regelung abschätzen.
6. Gegebenenfalls Kündigung des Einigungsstellenergebnisses. (Kündigungstermine und -fristen der Vereinbarung bzw. Dreimonatsfrist nach § 77 Abs. 5 BetrVG beachten!)

5 Quelle: Laßmann u. a., Handbuch Einigungsstelle, 6. Aufl., Bund-Verlag, S. 181.

B. Erstellen einer Betriebsvereinbarung: die einzelnen Bestandteile

1. Überschrift

147 Aus der Überschrift sollte es sich deutlich ergeben, um welchen Gegenstand es sich handelt. Dies erleichtert den Lesern die Orientierung. Unter einer nur nummerierten Betriebsvereinbarung, z. B. »3/2026«, kann sich niemand etwas vorstellen.

> **Beispiele:**
> Betriebsvereinbarung zur Regelung der Schichtzeiten
> Betriebsvereinbarung zur Einführung von Kurzarbeit
> Betriebsvereinbarung zur Regelung der gleitenden Arbeitszeit
> Betriebsvereinbarung betriebliche Altersvorsorge
> Betriebsvereinbarung Urlaubsplan 2026

148 Zusätzlich können die Betriebsvereinbarungen mit fortlaufenden Nummern versehen werden, z. B. »Betriebsvereinbarung zur Regelung der Schichtzeiten 1/2026«.
Die präzise Bezeichnung erleichtert das Auffinden der Vereinbarungen. Im Falle einer Kündigung sollte die Überschrift bzw. die fortlaufende Nummer angegeben werden. Damit ist eindeutig bestimmt, welche Betriebsvereinbarung gekündigt werden soll.

2. Vertragsparteien

149 Die Vertragsparteien müssen genau bezeichnet werden.

> **Beispiel Betriebsrat:**
> Zwischen Firmenbezeichnung-GmbH, vertreten durch die Geschäftsführung, diese vertreten durch die Geschäftsführerin Frau Name, Adresse Betrieb

und
dem Betriebsrat der Firmenbezeichnung-GmbH, Betrieb, vertreten durch Betriebsratsvorsitzenden Herrn Name, Adresse

Beispiel Gesamtbetriebsrat:
Zwischen der Firmenbezeichnung-GmbH, vertreten durch die Geschäftsführung, diese vertreten durch die Personalleiterin Frau Name, Adresse Betrieb
und
dem Gesamtbetriebsrat der Firmenbezeichnung-GmbH, vertreten durch die Gesamtbetriebsratsvorsitzende, Frau Name, Adresse Betrieb

Beispiel Konzernbetriebsrat:
Zwischen der Firmenbezeichnung GmbH, vertreten durch die Geschäftsführung, diese vertreten durch den Personalleiter, Herrn Name, Adresse Betrieb
und
dem Konzernbetriebsrat der Firmenbezeichnung GmbH, vertreten durch den Gesamtbetriebsratsvorsitzenden, Herrn Name, Adresse Betrieb

Lässt sich der Arbeitgeber bei den Verhandlungen durch einen Rechtsanwalt vertreten und soll dieser auch die Vereinbarung unterzeichnen, muss vorher nicht nur seine Vollmacht geprüft werden, sondern auch, ob sie zum Abschluss von Betriebsvereinbarungen ermächtigt.

3. Präambel

Häufig enthalten Betriebsvereinbarungen eine allgemeine **Einleitungsbestimmung (Präambel)**. Hier werden häufig die Ziele und Rahmenbedingungen einer Betriebsvereinbarung beschrieben. In der Regel kommt diesen Präambeln keine direkte zwingende Rechtswirkung zu. Allerdings sind sie bei Streitfragen für die Auslegung einer Betriebsvereinbarung von Bedeutung (BAG 19.12.2024 – 6 AZR 189/23; vgl. auch Rn. 36). Wenn es um Vereinbarungen geht, die von beiderseitigem Interesse sind, kann eine gemeinsame Zielbestimmung sowohl für die Auslegung als auch für die praktische Umsetzung helfen. Beide Seiten können sich auf die vereinbarten Prinzipien und Ziele beziehen. 150

Wenn z. B. eine Betriebsvereinbarung über flexible Arbeitszeiten in der Präambel festlegt, dass eines ihrer Ziele die Vereinbarkeit von Erwerbstätigkeit und Familie (§ 80 Abs. 1 Nr. 2b BetrVG) ist, kann bei der Frage der konkreten Einsatzplanung und der Berücksichtigung von Arbeitnehmern mit minderjährigen Kindern die Präambel bzw. die Berufung auf dieses Ziel in der Praxis hilfreich sein für zutreffende Entscheidungen. 151

152 Es sollte darauf geachtet werden, dass durch Präambeln bzw. Zielsetzungen der Betriebsrat nicht etwas akzeptiert, was er im Grunde genommen nicht will, oder dass er Verantwortung für Dinge übernimmt, die er nicht beeinflussen kann. Betriebsräte regeln häufig die Folgen unternehmerischen Handelns für die Beschäftigten. Der Einfluss auf die Entscheidungen selbst ist in vielen Fällen begrenzt (etwa Stilllegung oder Verlagerung von Produktionsstandorten). Wenn also z. B. ein Werk geschlossen wird, sollte der Betriebsrat nicht einer Präambel zustimmen, nach der beide Parteien die Schließung des Werkes aus Gründen der Wettbewerbsfähigkeit des Unternehmens für notwendig halten. In solchen Fällen können die unterschiedlichen Positionen auch in der Präambel deutlich gemacht werden, etwa durch folgende Formulierung:

> **Beispiel:**
> »Die Firmenbezeichnung-GmbH hält das Projekt Bezeichnung aus wirtschaftlichen Gründen für sinnvoll zur Verbesserung der Wettbewerbsfähigkeit.
> Der Betriebsrat teilt diese Auffassung nicht. Er ist der Auffassung, dass ....
> Im Bewusstsein dieser Auffassungsunterschiede schließen die Parteien unter Aufrechterhaltung ihrer Standpunkte folgende Betriebsvereinbarung: ....«

4. Geltungsbereich

153 Im Geltungsbereich wird festgelegt, auf wen und wo die Betriebsvereinbarung Anwendung finden soll (s. Rn. 40 ff.). Soll die Betriebsvereinbarung nicht für alle Arbeitnehmer:innen gelten, muss der Kreis im Geltungsbereich klar abgegrenzt werden. Dies vermeidet spätere Auseinandersetzungen über die Frage, ob jemand Ansprüche auf bestimmte Leistungen aus der Betriebsvereinbarung hat oder nicht.

4.1 Räumlicher Geltungsbereich

154
- »Diese Betriebsvereinbarung gilt für die Bundesrepublik Deutschland.«
- »Diese Betriebsvereinbarung gilt für das Land Nordrhein-Westfalen.«
- »Diese Betriebsvereinbarung gilt für das Gebiet der Stadt X oder Y.«

4.2 Persönlicher Geltungsbereich

155
- »Diese Betriebsvereinbarung gilt für die AT-Angestellten. AT-Angestellte sind Angestellte, die nicht von den im Betrieb geltenden Tarifverträgen erfasst

werden und deren Entgelt mind. 20 % oberhalb der höchsten tariflichen Vergütungsgruppe liegt.«
- »Diese Betriebsvereinbarung gilt für alle Arbeitnehmer:innen, die Rufbereitschaft leisten.«
- »Diese Betriebsvereinbarung gilt für alle Arbeitnehmer:innen der IT-Abteilung.«
- »Diese Betriebsvereinbarung gilt für alle Arbeitnehmer:innen im Call-Center.«
- »Diese Betriebsvereinbarung gilt für alle Arbeitnehmer:innen im Außendienst.«

4.3 Fachlicher Geltungsbereich

Im fachlichen Geltungsbereich wird eine funktionsbezogene Abgrenzung vorgenommen. **156**
- »Diese Betriebsvereinbarung gilt für den Außendienst.«
- »Diese Betriebsvereinbarung gilt für die Vertriebsfahrer.«
- »Diese Betriebsvereinbarung gilt für die Abteilung Flaschensortierung.«

5. Verfahrensfragen und Rechte der Parteien

- »Bei Verstößen gegen diese Betriebsvereinbarung hat der Betriebsrat das Recht, Unterlassung und/oder Beseitigung zu verlangen.« **157**

6. Schlussbestimmungen

In den Schlussbestimmungen wird häufig eine salvatorische Klausel eingefügt. **158** Dies soll sicherstellen, dass bei Unwirksamkeit von Teilen der Betriebsvereinbarung die übrigen Teile weitergelten, bzw. dass die Betriebsvereinbarung angepasst werden soll und die unwirksamen Teile durch eine neue Bestimmung ersetzt werden. Daneben wird oft eine Schriftformklausel vereinbart, die sicherstellt, dass Änderungen der Betriebsvereinbarung nur schriftlich erfolgen können. Das BAG hat bisher offengelassen, ob wegen des Normcharakters eine solche salvatorische Klausel wirksam vereinbart werden kann (BAG 18.9.2012 – 3 AZR 431/10 und BAG 13.8.2019 – 1 AZR 213/18).

- »Sollten einzelne Bestimmungen dieses Altersteilzeittarifvertrages lückenhaft oder unwirksam sein oder werden, so bleibt die Gültigkeit der übrigen Bestimmungen hiervon unberührt. Anstelle der fehlenden oder unwirksamen Bestimmungen soll sodann eine solche wirksame Regelung als vereinbart gelten, die der unwirksamen oder fehlenden nach dem Willen der Parteien am nächsten kommt.«
- »Mündliche Nebenabreden bestehen nicht. Änderungen bedürfen der Schriftform. Dies gilt auch für das Schriftformerfordernis.«

7. Kündigung

159 Im Gegensatz zum Abschluss muss die Kündigung einer Betriebsvereinbarung nach dem Gesetz nicht schriftlich erfolgen. Um Missverständnissen vorzubeugen, sollte in jede Betriebsvereinbarung eine Klausel aufgenommen werden, dass eine Kündigung nur wirksam ist, wenn sie schriftlich erfolgt.

- »Die Kündigung der Betriebsvereinbarung bedarf zu ihrer Wirksamkeit der Schriftform.«
- »Diese Betriebsvereinbarung kann mit einer Frist von 3 Monaten zum Monatsende/zum Ende eines Kalendervierteljahres/zum Ende eines Kalenderjahres gekündigt werden.«

160 Soll die Betriebsvereinbarung eine bestimmte Mindestlaufzeit haben, kann dies wie folgt formuliert werden:

- »Erstmals kann die Betriebsvereinbarung zum Datum gekündigt werden.«
- »Diese Betriebsvereinbarung ist befristet bis zum Datum.«
- »Diese Betriebsvereinbarung endet, ohne dass es einer Kündigung bedarf am Datum.«

8. Nachwirkung

161 Ohne weitere Bestimmung wirkt eine erzwingbare Betriebsvereinbarung nach, eine freiwillige nicht (vgl. Rn. 90 ff.). Insbesondere bei freiwilligen Betriebsvereinbarungen sollte allerdings je nach Interessenlage die Nachwirkung vereinbart werden. Gleiches kommt in Betracht, wenn die Betriebsvereinbarung auf einer tariflichen Öffnungsklausel beruht und diese befristet war, sodass ohne die Öffnungsklausel die Betriebsvereinbarung gegen den Tarifvertrag verstoßen würde und damit unwirksam werden würde. Soll die auf der Öffnungsklausel beruhen-

de Vereinbarung außer Kraft treten, wenn der Tarifvertrag beendet worden ist, sollte festgelegt werden, was dann Anwendung finden soll. Dies kann z. B. die Betriebsvereinbarung aus der Zeit vor der tariflichen Öffnungsklausel sein.

- »Diese Betriebsvereinbarung wirkt in Gänze nach.«
- »Diese Betriebsvereinbarung wirkt nicht nach.«
- »Die Regelungen in Ziff. dieser Betriebsvereinbarung wirken nach. Die übrigen Regelungen nicht.«
- »Diese Betriebsvereinbarung beruht auf der tariflichen Öffnungsklausel im Tarifvertrag über .... Wenn und soweit diese Öffnungsklausel außer Kraft tritt, tritt mit dem Außerkrafttreten der tariflichen Öffnungsklausel die Betriebsvereinbarung vom Datum wieder in Kraft.«

9. Erprobung

Manche Regelungen, z. B. ein neues Arbeitszeitmodell, müssen erst erprobt werden. Wird mit einem neuen Arbeitszeitmodell z. B. die gesundheitsschädliche Dauernachtschicht abgeschafft, trifft dies bei den Betroffenen – nicht nur wegen möglicher finanzieller Auswirkungen – auf Widerstand. Nach einer Erprobung können dann die Regelungen vor dem Hintergrund der gewonnenen Erfahrungen noch verfeinert werden. Gibt es aber keine Einigkeit über die aus der Erprobungsphase gewonnenen Erkenntnisse, muss klar sein, wie denn die Arbeitszeit geregelt ist. In solchen Fällen bietet sich an, die alte Betriebsvereinbarung, die vor der Erprobung z. B. die Arbeitszeit geregelt hat, wieder in Kraft zu setzen. 162

Soll im Falle der Beendigung einer Betriebsvereinbarung automatisch eine andere – in der Regel frühere – Betriebsvereinbarung wieder in Kraft treten, kann dies vereinbart werden. 163

- »Diese Betriebsvereinbarung dient der Erprobung des (neuen Arbeitszeitmodells) und ist befristet bis zum Datum. Sie wirkt nicht nach. Danach treten, sofern die Parteien nicht eine neue Betriebsvereinbarung abgeschlossen haben, die Regelungen der Betriebsvereinbarung über Arbeitszeit vom ... wieder in Kraft.«

C. Formulieren von Betriebsvereinbarungen

164 Viele Betriebsräte beklagen sich über die unverständliche Sprache in Gesetzen. Bei Betriebsvereinbarungen haben sie es selbst in der Hand, dafür zu sorgen, dass die Vereinbarung klar, präzise und verständlich ist. Dies ist nicht einfach.

1. Begriffe definieren

165 Für denselben Sachverhalt müssen dieselben Begriffe benutzt werden. Andernfalls führt dies zu Auslegungsschwierigkeiten, weil nicht klar ist, ob mit den anderen Worten auch etwas anderes gemeint ist.
Wenn z. B. in einer Betriebsvereinbarung über ein Bonus-System die Grundlage für die Berechnung der Boni angegeben werden soll, muss klar sein, worauf sich diese beziehen sollen. Wenn zur Berechnung ein Grundentgelt herangezogen wird, muss dieses definiert werden (Grundentgelt nach Arbeitsvertrag? Nach Tarifvertrag? Was gehört zum Grundentgelt?). Dieses so definierte Grundentgelt sollte dann auch immer als Grundentgelt bezeichnet werden und nicht einmal als Grundgehalt, einmal als Fixum oder Basisentgelt.

Beispiel:
In einem Sozialplan sollten die Abfindungen auf Basis des Grundgehalts zuzüglich aller bestehenden Zulagen« berechnet werden. Es kam zum Streit, ob auch die »vermögenswirksamen Leistungen« hierzu zählen. Das BAG (16.10.1991 – 5 AZR 69/91) hat dies verneint. Zulagen seien zusätzliche – aus welchem Grund auch immer gezahlte – Entgeltbestandteile (z. B. Staub- oder Schmutzzulagen). Vermögenswirksame Leistungen hätten einen anderen Zweck. Sie dienten der Vermögensbildung und seien daher bei der Berechnung der Sozialplanansprüche nicht zu berücksichtigen. Besser wäre es gewesen, alle Entgelte und sonstigen Leistungen, die bei der Berechnung der Abfindung berücksichtigt werden sollen, im Einzelnen aufzuführen.

Deshalb kann es sinnvoll sein, die in einer Betriebsvereinbarung verwendeten Begriffe zu definieren. Die Definitionen sollten am Anfang der Betriebsvereinbarung stehen, damit gleich zu Beginn die für das Verständnis der Betriebsvereinbarung notwendigen Begriffen klar sind.
Bei der Benutzung von Begriffen, die in der Rechtsprache einen feststehenden Inhalt haben, gehen die Gerichte davon aus, dass die Betriebsparteien ihn auch in diesem Sinne benutzen, wenn sie nicht ausdrücklich etwas anders vereinbart haben (BAG 13.10.2021 – 10 AZR 729/19, s. auch Rn. 38).
Unklarheiten sollten während der Verhandlungen geklärt werden. Die Hoffnung, durch unklare Formulierungen die andere Seite »über den Tisch« ziehen zu können, trügt in der Regel. Zudem erwartet die Belegschaft vom Betriebsrat, dass er klare handhabbare Vereinbarungen abschließt und wenn irgend möglich keine Rechtsstreite über die Inhalte der Vereinbarungen geführt werden müssen.

2. Beispiele für die Formulierung[1]

Eine Betriebsvereinbarung legt Regeln fest. Diese Regeln leiten sich im Wesentlichen von fünf Elementen ab, die wir nachfolgend anhand von Beispielen aus der betrieblichen Praxis vorstellen. 166

2.1 Gebote, die etwas vorschreiben

Beispiel: Betriebsvereinbarung zur Bildschirmarbeit 167
»Der Arbeitgeber stellt durch geeignete Maßnahmen sicher, dass alle Beschäftigten jährlich eine Augenuntersuchung vornehmen.«

Probleme:
- Der Arbeitgeber hat keine bestimmte Verpflichtung übernommen, sondern weiterhin alle Spielräume, selbst zu gestalten. Der Betriebsrat dagegen hat sein Mitbestimmungsrecht in dieser Frage verspielt.
- Die Vereinbarung ist überflüssig: Keine bestimmte Verpflichtung, kein Recht der Beschäftigten. Das ist nicht mehr, als das Gesetz ohnehin verlangt.
- Gut gemeint, schlecht gemacht: Der Betriebsrat wollte den Arbeitsschutz verwirklichen, hat aber wohl keine Idee gehabt, wie das in dieser Frage zu machen ist. Deshalb die Aufforderung an den Arbeitgeber: Mach' du es doch.

1 Quelle: Archiv Betriebliche Vereinbarung der Hans-Böckler-Stiftung, *www.boeckler.de/betriebsvereinbarungen*, RA Ingo Hamm, Christine Zumbeck. (Unter *www.boeckler.de/Veröffentlichungen/Betriebs-* und Dienstvereinbarungen können laufend Auswertungen von Betriebs- und Dienstvereinbarungen aus dem »Archiv Betriebliche Vereinbarungen« eingesehen und bestellt werden.)

Beispiel: Betriebsvereinbarung zur betrieblichen Ordnung
»Alle Beschäftigten müssen auf Verlangen bei Verlassen des Betriebs den Inhalt mitgeführter Taschen beim Werkschutz vorzeigen.«

Probleme:
- Hier ist zwar klar, wer was tun soll. Aber: Wieso ist es Unrecht, Taschen mit aus dem Betrieb zu nehmen?
- Betriebsrat und Arbeitgeber dürfen den Beschäftigten nicht wahllos Pflichten aufbrummen. Es schadet nichts, dazu zu sagen, dass niemand diese Kontrolle einfach über sich ergehen lassen muss.
- Die Definition ist unscharf: Soll der Arbeitgeber wirklich in alles reinschauen dürfen? Brustbeutel? Hosentaschen?

Beispiel: Betriebsvereinbarung zur Arbeitszeit
»Alle Mitarbeiter durchlaufen mindestens einmal innerhalb von zwölf Monaten die Nulllinie und führen so einen Zeitausgleich herbei. Die Nulllinie gilt auch dann als erreicht, wenn zum Ende des Ausgleichzeitraums 40 Plusstunden auf dem Konto verbleiben. Ist der Guthabenbestand noch höher, treffen Arbeitgeber und Betriebsrat eine gemeinsame Regelung, wie damit umzugehen ist.«

Probleme:
- Unpräzise: Es ist nicht klar, wer zu was verpflichtet ist. Soll der Arbeitgeber den Durchlauf gewährleisten? Werden Beschäftigte geteert und gefedert, wenn sie den Zeitausgleich nicht schaffen?
- Das Gebot wird durch die Definition wieder aufgehoben. Böse gefragt: Warum nicht gleich den Sockel von 40 Stunden zum Dauerzustand erklären? Das wäre ein schöner zinsloser Kredit für den Arbeitgeber ohne Fälligkeitsbestimmung.
- Wer soll sich denn an Gebote halten, wenn schon angekündigt wird, dass der Verstoß dagegen nicht so schlimm ist? Da kann man es auch gleich sein lassen.

2.2 Verbote, die etwas verbieten

168 **Beispiel: Betriebsvereinbarung zur Beschäftigungssicherung**
»Während der Laufzeit der Vereinbarung verzichtet der Arbeitgeber auf betriebsbedingte Kündigungen.«

Probleme:
- Scheint alles klar zu sein. Wirklich? Man muss nicht sehr böswillig sein, um unter einem Verzicht etwas anderes zu verstehen als unter einem Verbot.
- Was passiert, wenn sich der Arbeitgeber nicht daran hält? Besser ist es, die Folge direkt zu benennen, wenn sie zweifelhaft ist. In diesem Fall könnte es zum Beispiel sein, dass das Gericht im Streitfall lediglich einen Schadensersatz zuerkennt, oder – noch schlimmer – die Vereinbarung als rein politische Erklärung ohne rechtliche Bindung auslegt.

- Der Arbeitgeber kann natürlich versuchen, die Leute auf andere Weise loszuwerden. Für diese Fälle müsste die Vereinbarung ebenfalls etwas festlegen. Andererseits: Wer versucht, alle denkbaren Ventile zu verstopfen, wird mit dem Schreiben nie fertig.

Beispiel: Betriebsvereinbarung zur Telearbeit
»Wegen der Teilnahme an der alternierenden Telearbeit darf der/die Mitarbeiter/-in beim beruflichen Fortkommen und bei der Teilnahme an internen und externen Weiterbildungs- und Qualifizierungsmaßnahmen nicht benachteiligt werden.«

Probleme:
- Benachteiligung zu unterbinden ist immer gut. Es lohnt sich aber zu prüfen, ob es nicht schon eine entsprechende Regel in Gesetzen oder Tarifverträgen gibt. Das spart Arbeit.
- Eigentlich ist gar nichts klar: Kein Wort davon, wer zu was verpflichtet ist, was die Betroffenen bekommen können oder wie dieser Wunsch zu realisieren ist.
- Andersrum wäre es besser: Wenn man aus dem Verbot ein Recht machen würde, wäre klarer, wer was von wem bekommen kann.

Ein Tipp für viele Formulierungen: Häufig lohnt es sich, zu überprüfen, ob andere Regelungstypen sinnvoller sind.

Beispiel: Betriebsvereinbarung zum Mitarbeitergespräch
»Über die Information und Vorkommnisse, persönliche Daten und Gespräche ist absolutes Stillschweigen gegenüber Dritten zu bewahren, die nicht am Verfahren beteiligt sind.«

Probleme:
- Ein Verbot, das nicht eindeutig ist, denn bewahren ist nur eine Verpflichtung zum Handeln. In diesem Fall ist der Sinn zwar noch klar, manchmal geht er aber verloren oder wird zumindest zweifelhaft. Besser ist es, das Verbot auch als Verbot zu formulieren, selbst wenn das weniger elegant klingt.
- Was passiert bei einem Verstoß? Die Frage ist wichtig, lässt sie sich nicht ohne Weiteres beantworten, muss die Antwort in die Betriebsvereinbarung aufgenommen werden.
- Darüber reden darf man nicht. Aber schreiben vielleicht? Klingt albern, ist in manchen Fällen aber durchaus berechtigt. Er führt in der Regel zu klareren Formulierungen: »Die Weitergabe von Inhalten und Daten aus dem Gespräch ist verboten.«

2.3 Rechte, die Ansprüche festlegen

Beispiel: Betriebsvereinbarung zur Übernahme 169
»Auszubildende werden nach bestandener Abschlussprüfung mindestens für sechs Monate, mindestens jedoch bis zum Ende des laufenden Kalenderjahres in

ihrem ausgebildeten Beruf in ein Arbeitsverhältnis übernommen, soweit dem nicht personen-, verhaltens- oder betriebsbedingte Gründe entgegenstehen.«

Probleme:

- Werden die Auszubildenden wirklich übernommen? Besser wäre es, wenn in der Vereinbarung stünde, dass sie das Recht dazu haben.
- Was ist, wenn die Gründe entgegenstehen? Der Arbeitgeber muss gar nichts machen. Der Auszubildende dagegen muss vor Gericht ziehen und auf befristete Übernahme klagen. Wenn das Verfahren abgeschlossen ist, ist das halbe Jahr vorbei.
- Es geht auch anders: Wenn ich ein unbedingtes Recht haben will, dann mache ich dessen Umsetzung nicht von Handlungen abhängig, sondern schreibe deutlich: »Nach Abschluss der Ausbildung kommt automatisch auf Wunsch des ehemaligen Auszubildenden ein auf sechs Monate befristeter Arbeitsvertrag zu Stande.«

Beispiel: Betriebsvereinbarung zur elektronischen Datenverarbeitung
»Die für die Benutzer und den Server-Betrieb eingesetzte Software ist in der Abteilung »EDV« dokumentiert. Der Betriebsrat hat das Recht, diese Dokumentation einzusehen und sich erläutern zu lassen.«

Probleme:

- Erläutern klingt gut, aber von wem? Bevor der Betriebsrat ewig Klinken putzen muss, sollte die verantwortliche Person in die Betriebsvereinbarung aufgenommen werden.
- Die Vereinbarung ist überflüssig, denn nach § 80 Abs. 2 BetrVG muss der Arbeitgeber den Betriebsrat über alles, was für ihn wichtig ist, unterrichten und ihm Unterlagen, d. h. die Dokumentation vorlegen.
- Der Betriebsrat hat eigentlich sogar noch mehr Rechte, als die Vereinbarung vorgibt. Normalerweise muss der Arbeitgeber von sich aus informieren, hier nur noch auf Abfrage. Diese verkehrte Rollenverteilung ist nur dann sinnvoll, wenn der Arbeitgeber seiner Verpflichtung nicht nachkommt.

Beispiel: Betriebsvereinbarung zum Betrieblichen Vorschlagswesen
»Hat der Bewertungsausschuss eine einmalige Prämie festgesetzt, hat der Vorschlagende bis zum Ablauf des 2. Anwendungsjahres das Recht, bei wesentlich veränderten Umständen eine Nachbewertung zu verlangen. Gezahlte Prämien oder Abschläge können nicht zurückgefordert werden.«

Probleme:

- Etwas verlangen kann jeder, dafür müssen keine Befugnisse eingeräumt werden. Dasselbe gilt für Frage-, Vorschlags- und Beschwerderechte.

- Die Frage ist: Was wird durch das Verlangen ausgelöst? Nichts? Oder muss sich jemand noch mal mit dem Vorschlag befassen? Die Vorschrift macht nur Sinn, wenn entsprechende Folgen daran geknüpft sind.
- Und was ist nach zwei Jahren und zwei Tagen? Die Gerichte sind streng: Wenn eine zeitliche Grenze, ein Stichtag, eingeführt wird, gibt es keine praktische Möglichkeit mehr diese zu passieren. Wer davor steht, kommt eben nicht mehr in den Genuss der versprochenen Leistungen.

2.4 Erlaubnisse, die Ausnahmen von Verboten festlegen

Beispiel: Betriebsvereinbarung zur Kantinenbenutzung 170
»Für Gruppen besteht die Möglichkeit, nach vorheriger Rücksprache mit dem Personal der Kantine Geschirr und Gläser zu benutzen.«

Probleme:
- Womit soll man sonst essen? Wahrscheinlich ging es um die Kantinennutzung außerhalb der Pausenzeiten. Dann ergibt die Formulierung Sinn.
- Ein unscheinbarer Satz – mit viel Inhalt: Nur Gruppen, nicht aber Einzelpersonen haben die Erlaubnis. Sie setzt aber erst mal eine Absprache voraus und schließlich stehen nur Geschirr und Gläser zur Benutzung frei. Also nicht die vorhandenen Speisen und Getränke. So einfach kann Sprache sein.

Beispiel: Betriebsvereinbarung Altersteilzeit
»ArbeitnehmerInnen, die das 55. Lebensjahr vollendet haben und in den letzten fünf Jahren mindestens 1080 Kalendertage in einer versicherungspflichtigen Beschäftigung nach SGB III gestanden haben, können mit dem Arbeitgeber in Ergänzung ihres Arbeitsvertrages eine Teilzeitbeschäftigung nach Maßgabe des Altersteilzeitgesetzes und der nachfolgenden Bestimmungen vereinbaren.«

Probleme:
- Eigentlich ist diese Regelung keine Erlaubnis, sondern nur ein Ausschluss der anderen.
- Was macht der Arbeitgeber? Was er will – wenn er nicht an anderer Stelle ausdrücklich verpflichtet worden ist, auf den Wunsch einzugehen.
- Die Bestimmungen dürfen nur dann von der Betriebsvereinbarung abweichen, wenn sie besser sind. Die Betriebsvereinbarung ist die Untergrenze – beispielsweise für Zuzahlungen.

2.5 Definitionen, die etwas klarstellen

Beispiel: Betriebsvereinbarung zum Arbeitsschutz 171
»Der betriebliche Gesundheitsbericht ist die jährliche Bestandsaufnahme der Belastungs-, Gefährdungs- und Gesundheitssituation des Betriebes.«

Probleme:
- Auch wenn es komisch klingt, es muss erwähnt werden: Andernfalls kann der Arbeitgeber in den Gesundheitsbericht nur die Themen aufnehmen, die ihn selbst interessieren. Also: Wer den Arbeitgeber zum Handeln verpflichten will, sollte möglichst präzise beschreiben, was zu tun ist.
- Es muss auf jeden Fall an einer anderen Stelle der Vereinbarung festgehalten werden, dass der Bericht gemacht werden muss. Sonst ist die Definition überflüssig.

Beispiel: Betriebsvereinbarung zur Telearbeit
»Bei der alternierenden Telearbeit wird die bisher in den Räumlichkeiten des Arbeitgebers zu erbringende Arbeitsleistung teilweise in den häuslichen Bereich des Arbeitnehmers verlagert und ist dort zu erbringen. Bei der mobilen Telearbeit wird die im Rahmen der tariflichen/individuellen regelmäßigen Arbeitszeit zu erbringende Arbeitsleistung an wechselnden Einsatzstellen erbracht. Es kann auch ein Teil der Arbeitsleistung im Betrieb und/oder ggf. auch im häuslichen Bereich des Arbeitnehmers erbracht werden.«

Probleme:
- Reichlich komplizierte Begriffe. Die Kontrollfrage lautet: Wofür brauchen wir das? Wenn die Begriffe an anderer Stelle in der Vereinbarung benötigt werden, weil sich unterschiedliche Folgen an die beiden Typen von Telearbeit knüpfen, ist das sinnvoll. Manchmal sind solche Definitionen aber auch pure Eitelkeit und daher völlig überflüssig.
- Die Vereinbarung ist wichtig, weil der Sprachgebrauch erläutert wird. Sonst könnten Dritte – zum Beispiel Gerichte – auf die Idee kommen, dem Ganzen einen anderen Sinn zu geben.
- Die Betriebsparteien haben die Definitionsmacht über die Sprache. Sie sollten aber gängigen Begriffen wie etwa Schichtarbeit keinen neuen Inhalt verpassen. Das führt nur zu babylonischer Sprachverwirrung.

Beispiel: Arbeitszeit – Besser verhandeln statt schlecht formulieren
Unpräzise Formulierungen sind oft ein Zeichen dafür, dass die Verhandlungen mit dem Arbeitgeber zu keinem wirklichen Ergebnis geführt haben. Das Problem: So werden Rechte vorgegaukelt, die in Wirklichkeit nicht existieren. Häufig ist dies zum Beispiel bei Betriebsvereinbarungen zu Arbeitszeitkonten der Fall. Der Betriebsrat will einen verbindlichen Freizeitausgleich für Zeitguthaben, der Arbeitgeber will sich Spielräume offenhalten.
Das Ergebnis könnte sein: »Zeitguthaben kann nach Absprache mit den Vorgesetzten auch in ganzen Tagen für Freizeitausgleich Verwendung finden, wenn dem keine betrieblichen Gründe entgegenstehen.«
Das heißt aber nichts anderes als: »Ganze freie Tage gibt es nur, wenn keine Arbeit da ist.«

So formuliert es natürlich kein Betriebsrat, weil er sonst zugeben müsste, dass er sich nicht durchsetzen konnte.
Tipp: Wer von Anfang an klarer formuliert, erkennt auch besser, wo nachverhandelt werden muss.

Beispiel: Überstunden – Eine Vereinbarung ohne klare Regeln ist überflüssig
Klare Formulierungen machen auch deutlich, ob eine Betriebsvereinbarung überhaupt Sinn ergibt.
Zum Beispiel: »Überstunden sind grundsätzlich zu vermeiden, bedürfen der Anordnung durch eine Führungskraft und sind durch Freizeit auszugleichen, wenn nicht betriebliche Belange dem entgegenstehen.«
Ein Blick auf die einzelnen Bestandteile:

- »Überstunden sind grundsätzlich zu vermeiden«: ein ziemlich unverbindlicher Appell, wobei noch nicht einmal klar ist, wer hier an wen appelliert.
- »Überstunden bedürfen der Anordnung durch eine Führungskraft«: Was ist gemeint? Ohne Anordnung gibt es kein Geld? Ohne Anordnung gibt es keine Arbeitspflicht? Gesagt wird nichts.
- »Überstunden sind durch Freizeit auszugleichen«: Das wäre eine klare Regel! Aber leider steht dahinter: »… wenn nicht betriebliche Belange dem entgegenstehen«. Heißt im Klartext: Schauen wir mal, was kommt.

Fazit: Die Betriebsvereinbarung ist überflüssig.

D. Betriebsvereinbarungen und Öffentlichkeitsarbeit

1. Veröffentlichung von Betriebsvereinbarungen

172 Leider muss man immer wieder feststellen, dass **Betriebsvereinbarungen bei den Arbeitnehmern nicht bekannt** sind. Das liegt manchmal auch darin, dass die Betriebsvereinbarung nicht für jeden zugänglich veröffentlicht wurde. Hierzu trifft das Betriebsverfassungsgesetz in § 77 Abs. 2 Satz 4 BetrVG eine Regelung: »Der Arbeitgeber hat die Betriebsvereinbarungen an geeigneter Stelle im Betrieb auszulegen«. Das bedeutet, sie sind den Beschäftigten auf eine Weise zugänglich zu machen, dass sich alle Arbeitnehmer ohne besondere Umstände mit ihrem Inhalt vertraut machen können.

173 In der betrieblichen Praxis kommen dabei vor allem die nachfolgenden **Veröffentlichungsmöglichkeiten** in Frage:

- Aushang am schwarzen Brett des Betriebsrats,
- Aushang an den sonstigen Informationstafeln des Betriebs,
- Vorstellung in einer Betriebsversammlung und Aushändigung an die Mitarbeiter,
- Veröffentlichung im Intranet,
- Einstellen auf einem Sharepoint, auf den die ganze Belegschaft Zugriff hat,
- Zusendung an Arbeitnehmer mit ruhendem Arbeitsverhältnis (Elternzeit etc.).

Gerade in der zunehmenden Digitalisierung gibt es keine sachlichen Gründe mehr, Betriebsvereinbarungen mit Zugangshürden zu versehen.

174 Es sind sämtliche **Betriebsvereinbarungen dauerhaft bekanntzumachen**. Gilt eine Vielzahl von Betriebsvereinbarungen, was häufig vorkommt, dann stößt im analogen Raum diese Verpflichtung an ihre tatsächlichen Grenzen. Deshalb genügt es dort, wo keine Möglichkeit besteht, Betriebsvereinbarungen digital einsehbar zu hinterlegen, eine Übersicht aller bestehenden Betriebsvereinbarungen auszuhängen und dort anzugeben, wo die vollständigen Texte eingesehen werden können.

Heute ist flächendeckend die Publikation im Intranet/Sharepoint etc. üblich und nicht hinwegzudenken; diejenigen Arbeitnehmer, die keinen Zugriff auf das Intranet haben, sind anderweitig in Kenntnis zu setzen.

2. Klar verständliche Formulierungen

Betriebsvereinbarungen sollten möglichst so formuliert sein, dass sie von allen Arbeitnehmern verstanden werden. Nur dann können sie auch in Anspruch genommen und angewendet werden. Dass das nicht immer einfach ist und auch nicht immer durchgehalten werden kann, liegt daran, dass mit der Betriebsvereinbarung vielfach auch juristische Bewertungen vorgenommen und demzufolge auch feststehende juristische Fachbegriffe verwendet werden. Dann kann es sinnvoll sein, neben der Betriebsvereinbarung eine **Erläuterung der wesentlichen Inhalte zu veröffentlichen**, die auch mit dem Arbeitgeber abgestimmt sein kann. In letzterem Fall wird deutlich, dass die Betriebsparteien über die Inhalte der Betriebsvereinbarung einer Meinung sind. 175

Sind im Betrieb größere Gruppen von ausländischen Arbeitnehmern tätig, die der deutschen Sprache nicht mächtig sind, ist es erforderlich und sinnvoll, den Text der Betriebsvereinbarung oder zumindest die Erläuterung dazu in die wesentlichen Betriebssprachen zu übersetzen. Die Kosten dafür trägt der Arbeitgeber nach § 40 BetrVG. 176

3. Betriebsvereinbarungen: proaktiv im Betrieb darstellen

Es ist auch im Interesse des Betriebsrats, die erreichten **Betriebsvereinbarungen in der Betriebsöffentlichkeit proaktiv darzustellen**, vor allem dann, wenn dadurch neuartige Ansprüche der Arbeitnehmer geschaffen werden und sie in harten Verhandlungen auch gegen den Willen des Arbeitgebers durchgesetzt worden sind. Betriebsvereinbarungen sind kein Geschenk des Himmels. Oft genug versucht der Arbeitgeber, die Inhalte der Betriebsvereinbarungen im eigenen Interesse als selbstverständliche Wohltaten darzustellen. Dass dies nicht so ist, weiß jeder, der einmal im Betriebsrat tätig gewesen ist. Und dass müssen die Arbeitnehmer verstehen, damit klar wird, dass das Betriebsverfassungsgesetz eben auch ein Gesetz zu deren Nutzen ist. Das müssen auch die Wähler verstehen, denn die nächsten Betriebsratswahlen kommen ganz gewiss. Aber auch wenn die Inhalte nicht nur auf Zustimmung in der Belegschaft stoßen, ist es notwendig, dass der Betriebsrat kommuniziert, vor welchem Hintergrund er die Betriebsvereinbarung dennoch unterzeichnet hat. 177

Die Publikation der Betriebsvereinbarungen durch den Betriebsrat sollte stets parallel zu der des Arbeitgebers erfolgen und letztere nicht ersetzen. Auch dann, 178 wenn der Betriebsrat die Betriebsvereinbarungen publiziert, bleibt der Arbeitgeber hierzu verpflichtet.

4. Dokumentation von Betriebsvereinbarungen: immer den Durchblick behalten!

179 Insbesondere in größeren Betrieben oder Unternehmen, in denen es viele Betriebs- oder Gesamtbetriebsvereinbarungen gibt, ist es wichtig, den Überblick darüber zu behalten, was alles wann vereinbart wurde und wie lange die Vereinbarungen mindestens gelten.
Hier ist dringend zu empfehlen, eine Art »**Betriebsvereinbarungs-Register**« anzulegen. Auch Änderungshistorien haben sich bewährt.
Auch dieses **digitale Betriebsvereinbarungs-Register** darf und sollte der BR publizieren. Dies hat den Vorteil, dass Beschäftigte bei Bedarf direkt in die Texte Einblick nehmen können, wenn sie z. B. im firmeneigenen Intranet oder auf der Betriebsratsseite enthalten bzw. verlinkt sind. In einem digitalen Betriebsvereinbarungs-Register sollten die einzelnen Vereinbarungen nach Sachgebiet und Abschlussdatum per Klick sortiert und gefiltert werden können. Einer jeden größeren BV ist z. B. per **Lesezeichen mit Sprungmarke** im PDF-Dokument eine Inhaltsangabe der BV vorangestellt.

180 Daneben führt der BR eine eigene, nur **interne Dokumentation**. In dieser sind alle Unterlagen zur Beschlussfassung im BR abgelegt. Zusätzlich führt der BR einen Ordner in einem abschließbaren Schrank, der alle **beidseitig »wet-ink«** unterzeichneten Originale beinhaltet – selbst dann, wenn die BV 20 Jahre lang läuft. Nur bei **echter qualifizierter Signatur** (nicht Adobe Sign) kann darauf verzichtet werden.

181 Zusätzlich führt der BR eine elektronische Liste, am besten in einem Projektmanagement-Tool mit automatischer Erinnerung und bedingten Aufgaben, in der zeitig hinterlegt wird, wann welche Vereinbarung ausläuft (bei Zweckerreichung), wann frühestens mit welcher Frist zu welchem Termin gekündigt werden kann, wann Anschlussverhandlungen aufzunehmen sind, welche Evaluierungsrunden geplant sind, welche Einsichtsrechte der BR ausüben möchte und welche turnusgemäßen Reports die Arbeitgeberin zugesagt hat (Auszüge zu Berechtigungsprotokollen, Zeitkonten, Homeoffice-Quoten etc.).
Das alles hat nichts mit übertriebener Bürokratie zu tun, sondern ist eine ganz wesentliche Arbeitserleichterung für jeden effektiv arbeitenden Betriebsrat.

E. Checkliste Betriebsvereinbarung

1. Was möchte der Betriebsrat mit dem Abschluss der Betriebsvereinbarung (BV) erreichen? Welche Ziele werden verfolgt? Was soll konkret geregelt werden? 179

Das Wichtigste in Stichworten:

Gibt es bereits bestehende Betriebsvereinbarungen zu demselben oder einem vergleichbaren Regelungsgegenstand (im Betrieb, Unternehmen oder Konzern)?

Ja ☐ Nein ☐

Wenn ja: Beschaffen bis: Datum

Soll diese Betriebsvereinbarung ergänzt werden?

Ja ☐ Nein ☐

Wenn nein: Rücksprache mit dem Betriebsrat des anderen Betriebs/Unternehmens zur Feststellung der Hintergründe

2. Entspricht der Regelungsgegenstand der Betriebsvereinbarung einer Forderung des Arbeitgebers? Geht die Initiative zum Abschluss der Betriebsvereinbarung vom Arbeitgeber aus?

Ja ☐ Nein ☐

Wenn nein: Weiter mit Ziffer 3

Wenn ja:

Warum möchte der Arbeitgeber die Betriebsvereinbarung abschließen? Welche inhaltlichen/betriebspolitischen Ziele verfolgt der Arbeitgeber?

Wie sind die Arbeitnehmer durch die vom Arbeitgeber verfolgten Regelungsziele betroffen? Welche Vorteile/Nachteile würde der Abschluss der Betriebsvereinbarung für die Arbeitnehmer mit sich bringen?

____

____

____

____

Hat der Arbeitgeber schon einen schriftlichen Vorschlag einer Betriebsvereinbarung vorgelegt?

Ja ☐ Nein ☐

(Hinweis:
Hier muss der Betriebsrat entscheiden, ob er den Vorschlag des Arbeitgebers inhaltliche »nachbessert« oder ob er einen eigenständigen Regelungsvorschlag in die Verhandlungen einbringt! Der Betriebsrat muss auch entscheiden, ob der Arbeitgeber eine Betriebsvereinbarung zu dem Regelungsgegenstand erzwingen kann (sog. Erzwingbare Mitbestimmung, vgl. zu den Einzelheiten den Katalog der Beteiligungsrechte des Betriebsrats, Rn. 133) oder ob es sich lediglich um eine freiwillige Regelungsangelegenheit handelt, bei der der Arbeitgeber die Zustimmung des Betriebsrats braucht und nicht über die Einigungsstelle ersetzen lassen kann.)

Welche Arbeitnehmerinteressen sind aus Sicht des Betriebsrats beim Abschluss der Betriebsvereinbarung unverzichtbar?

____

____

____

____

Der Betriebsrat möchte den Abschluss einer Betriebsvereinbarung zu dem von dem Arbeitgeber gewünschten Regelungsgegenstand von einem Entgegenkommen des Arbeitgebers bei anderen Regelungsgegenständen abhängig machen (sog. Koppelungsgeschäfte, vgl. Rn. 121 ff.). Bei welchen Angelegenheiten erwartet der Betriebsrat ein Entgegenkommen? Sind Zugeständnisse des Arbeitgebers zu erwarten? Stehen Forderung und Gegenforderung in einem ausgewogenen Verhältnis zueinander?

____

____

____

____

3. Sollen mit der Betriebsvereinbarung die Interessen bestimmter Mitarbeitergruppen besonders geregelt werden?

Anzahl der Arbeitnehmer: ____________________

Gewerbliche ____________________

Angestellte ____________________

Berufsgruppen(n) ____________________

Sonstige Mitarbeitergruppen (z.B. Vertriebsmitarbeiter, Teilzeitbeschäftigte, schwerbehinderte Menschen, Auszubildende)?

Weshalb und wie sollen die Bedürfnisse dieser Mitarbeitergruppen besonders geregelt werden? Was ändert sich durch den Abschluss der Betriebsvereinbarung an den Arbeitsbedingungen dieser Mitarbeitergruppen (Vorher-/Nachherbetrachtung)?

4. Ist der Betriebsrat für die Regelung dieser Angelegenheit zuständig?

Ja ☐ Nein ☐

Wenn ja:

Will der Betriebsrat die Angelegenheit selbst verhandeln und abschließen?

Ja ☐ Nein ☐

Wenn der Betriebsrat nicht selbst für die Regelung der Angelegenheit zuständig ist, wer dann?

Gesamtbetriebsrat ☐ Konzernbetriebsrat ☐

Soll der Gesamt-/Konzernbetriebsrat mit der Regelung beauftragt werden? (vgl. zu den Einzelheiten Rn. 104 ff.)

Ja ☐ Nein ☐

Wenn ja: Soll der GBR/KBR die Angelegenheit nur für den BR verhandeln?

Ja ☐ Nein ☐

Soll der Gesamt-/Konzernbetriebsrat die Angelegenheit für den Betriebsrat nicht nur verhandeln, sondern auch abschließen?

Ja ☐ Nein ☐

5. Besteht hinsichtlich einzelner Regelungsgegenstände der Betriebsvereinbarung eine Regelungssperre nach § 77 Abs. 3 BetrVG?

Arbeitsentgelte und sonstige Arbeitsbedingungen, die durch Tarifvertrag geregelt sind oder üblicherweise geregelt werden, können in der Regel nicht Gegenstand einer Betriebsvereinbarung sein (zu den Einzelheiten vgl. Rn. 61 ff.). Existieren solche tarifvertraglichen Regelungen, die für den Betrieb gelten?

Ja ☐ Nein ☐

Wenn ja: Welche tarifvertraglichen Regelungen, die für den Betrieb gelten, bestehen zu den Regelungsgegenständen der Betriebsvereinbarung?

6. Besteht hinsichtlich einzelner Regelungsgegenstände der Betriebsvereinbarung eine Regelungssperre nach § 87 Abs. 1 BetrVG? Existieren sonstige betriebliche Regelungen zu den Inhalten der Betriebsvereinbarung?

In sozialen Angelegenheiten nach § 87 Abs. 1 BetrVG kann der Betriebsrat nur mitbestimmen, soweit eine gesetzliche oder tarifliche Regelung nicht besteht (zu den Einzelheiten vgl. Rn. 65 ff.).

Sind einzelne Regelungsgegenstände der Betriebsvereinbarung bereits gesetzlich geregelt?

Ja ☐ Nein ☐

Wenn ja: Welche gesetzlichen Regelungen, die für den Betrieb gelten, bestehen zu den Regelungsgegenständen der Betriebsvereinbarung?

____

____

____

____

Existieren tarifvertragliche Regelungen zu den Regelungsgegenständen der Betriebsvereinbarung, die für den Betrieb gelten?

Ja ☐ Nein ☐

Wenn ja: Welche tarifvertraglichen Regelungen, die für den Betrieb gelten, bestehen zu den Regelungsgegenständen der Betriebsvereinbarung?

____

____

____

____

Enthält der Tarifvertrag eine Öffnungsklausel (vgl. Rn. 66) für konkretisierende bzw. ergänzende betriebliche Regelungen?

Ja ☐ Nein ☐

(Hinweis:

Wenn nein, dann ist der Abschluss einer Betriebsvereinbarung zu dem jeweiligen Regelungsgegenstand ausgeschlossen. Existiert eine Öffnungsklausel, ist der Abschluss der Betriebsvereinbarung nur im Rahmen der tariflichen Öffnungsklausel möglich.)

7. Gibt es zu den Regelungsgegenständen der Betriebsvereinbarung andere betriebliche Regelungen außerhalb von Betriebsvereinbarungen?

Existiert eine Gesamtzusage (Rn. 71)?

Ja ☐ Nein ☐

Wenn ja, welchen Inhalt hat die Gesamtzusage?

____

____

____

____

Existiert eine betriebliche Einheitsregelung (Rn. 71)?

Ja ☐ Nein ☐

Wenn ja: Welchen Inhalt hat die betriebliche Einheitsregelung?

____

____

____

____

Existiert eine betriebliche Übung (Rn. 71)?
Ja ☐ Nein ☐
Wenn ja: Welchen Inhalt hat die betriebliche Übung?

____

____

____

____

(Hinweis:
Hier gilt das Günstigkeitsprinzip (vgl. Rn. 72) nur eingeschränkt!)
Bestehen für einzelne oder bestimmte Mitarbeitergruppen einzelvertragliche Regelungen/Zusagen?
Ja ☐ Nein ☐
Wenn ja, welchen Inhalt haben die einzelvertraglichen Regelungen?

____

____

____

____

(Hinweis:
Hier gilt das Günstigkeitsprinzip (vgl. Rn. 67) ohne Wenn und Aber!)

8. Sind die Regelungsinhalte der Betriebsvereinbarung mit den betroffenen Arbeitnehmern besprochen worden? Ist der Standpunkt des Betriebsrats mit den Arbeitnehmern diskutiert worden? Gab es hierzu Betriebsversammlungen, Abteilungsversammlungen, Umfragen? Ist die Gewerkschaft einbezogen?

____

____

____

____

9. Welche Informationen (Unterlagen, Gutachten, Literatur etc.) benötigt der Betriebsrat zur Vorbereitung der Verhandlungen?

____

____

____

____

10. Hat sich der Betriebsrat sachkundige beraten lassen oder an einer entsprechenden Schulung teilgenommen? Sollte der Betriebsrat einen Sachverständigen hinzuziehen?

____

____

____

____

11. Wer soll die Verhandlungskommission für die Vorbereitung und die Verhandlung der Betriebsvereinbarung bilden? Oder soll der Betriebsrat als Ganzes in diesem Zusammenhang tätig werden?

Welche Personen, Gremien oder Stellen müssen angesprochen und einbezogen werden? ☐ Wer?
Wirtschaftsausschuss ☐ Wer?
Gesamtbetriebsrat ☐ Wer?
Konzernbetriebsrat ☐ Wer?
Arbeitnehmervertretung im Aufsichtsrat ☐ Wer?
Geschäftsführer-Leitung/Vorstand ☐ Wer?
Gewerkschaft ☐ Wer?

12. Welchen Zeitplan gibt es für das weitere Vorgehen? Bis wann müssen welche Schritte unternommen, Aufträge erledigt oder Ergebnisse erreicht worden sein?

____

____

____

____

F. Mustervereinbarungen

1. Betriebsrätestruktur (§ 3 BetrVG)

1.1 Einleitung

Im Zentrum von § 3 BetrVG steht Absatz 1, der in zwar abgeschlossenem Katalog, in den einzelnen Fallgruppen aber teilweise generalklauselartig weitgefasst die Möglichkeiten zur kollektivvertraglichen Abweichung von der gesetzlichen »Normalstruktur« der betriebsverfassungsrechtlichen Organisationseinheiten beschreibt, in denen (bzw. für die) Repräsentationsorgane der Arbeitnehmer gebildet werden können oder zu bilden sind.

Unabdingbare Voraussetzung für eine Regelung durch Betriebsvereinbarung ist, dass für die entsprechenden Organisationseinheiten nicht bereits eine tarifvertragliche Regelung zur Interessenvertretung besteht und auch kein anderer Tarifvertrag für diese Einheiten Anwendung findet (z. B. ein Vergütungstarifvertrag). Unter dieser Voraussetzung sind Betriebsvereinbarungen zulässig nach Absatz 1 Nr. 1, 2, 3 und 4, nicht jedoch eine Betriebsvereinbarung nach Absatz 1 Nr. 3 (sog. »andere Arbeitnehmervertretungsstrukturen«).

Nach Absatz 1 Nr. 1a) kann die Bildung eines unternehmenseinheitlichen Betriebsrats vorgesehen werden, wenn das Unternehmen mehrere Betriebe hat. Dann entfällt die Vertretungsebene eines Gesamtbetriebsrats, denn der unternehmenseinheitliche, zentrale Betriebsrat hat sämtliche Rechte und Pflichten inne, die sonst zwischen örtlichem Betriebsrat und Gesamtbetriebsrat nach Maßgabe von § 50 BetrVG aufgeteilt sind. Absatz 1 Nr. 1b) lässt – gleichfalls bei Unternehmen mit mehreren Betrieben – auch eine weniger zentralistische Aufbauorganisation der Betriebsräte zu, indem etwa auf lokaler oder regionaler Ebene angesiedelte Filialen/Niederlassungen usw. zusammengefasst werden. Soweit hieraus mindestens zwei zusammengefasste Organisationseinheiten innerhalb des Unternehmens entstehen, bleibt es weiterhin bei der gesetzlichen Pflicht, einen Gesamtbetriebsrat zu bilden. Nach Absatz 1 Nr. 2 wird eine bereits in der tariflichen Praxis großer Konzerne vorfindbare Form der Vertretungsorganisation – sog. Spartenbetriebsräte – auf eine gesetzliche Basis gestellt. Bei den in

Absatz 1 Nr. 4 und Nr. 5 genannten zusätzlichen Gremien bzw. Vertretungen handelt es sich im Gegensatz zu Nr. 1–3 nicht um Mitbestimmungsorgane der Arbeitnehmer, sondern um »Hilfselemente« zur Optimierung der Betriebsratsarbeit: Nr. 4 dient der Kooperation von Betriebsrat/Gesamtbetriebsrat/Konzernbetriebsrat innerhalb von Arbeitsgemeinschaften. Nr. 5 lässt die Einrichtung zusätzlicher betriebsverfassungsrechtlicher Vertretungen zu.
§ 3 Abs. 5 enthält die wichtige Festlegung, dass die kollektivvertraglich gebildete betriebsverfassungsrechtliche Organisationseinheit in den Anwendungsfällen des Absatz 1 Nr. 1–3 als Betrieb im Sinne des Betriebsverfassungsgesetzes gilt. Somit ist bei Anwendung aller gesetzlichen Normen, die auf den »Betrieb« abstellen, der in der Betriebsvereinbarung definierte Repräsentationsbereich in Betracht zu ziehen.

1.2 Betriebsvereinbarungen[1]

1.2.1 Betriebsratsstruktur, § 3 Abs. 1 Nr. 1a) BetrVG

BV 1

Betriebsvereinbarung über die Betriebsratsstruktur **auf der Grundlage von § 3 Abs. 1 Nr. 1a) BetrVG**
zwischen
1. Firmenbezeichnung
   und
2. **Gewerkschaft** Bezeichnung

Präambel
Die Firmenbezeichnung ist ein Unternehmen mit Sitz in Ort. Es verfügt über Betriebsstätten in der gesamten Bundesrepublik Deutschland. An diesen Betriebsstätten werden vorwiegend weniger als 20 Arbeitnehmer beschäftigt, teilweise sind die Betriebsstätten nicht betriebsratsfähig. Das Unternehmen beschäftigt insgesamt derzeit ca. 220 Arbeitnehmer.
Durch diese Betriebsvereinbarung wird nach Überzeugung der vertragsschließenden Parteien die Bildung von Betriebsräten erleichtert und zugleich die sachgerechte Wahrnehmung der Interessen der Arbeitnehmer gefördert. Außerdem wird durch diese Betriebsvereinbarung der bundesweit zuständigen Leitungsebene des Unternehmens eine einheitliche Arbeitnehmervertretung gegenübergestellt. Die Betriebsvereinbarung dient so auch der Sicherstellung einer erfolgreichen Zusammenarbeit zwischen der Firmenbezeichnung, den Arbeitnehmervertretungen und der im Unternehmen zuständigen Gewerkschaft.

§ 1 Geltungsbereich
Räumlich: Bundesrepublik Deutschland

1 Quelle: Bachner, in: Däubler/Klebe/Wedde (Hrsg.), Arbeitshilfen für den Betriebsrat – Formularbuch, Bund-Verlag, 6. Auflage, 2026.

Fachlich: Für alle als Betriebe, Betriebsteile und Kleinstbetriebe anzusehenden Betriebsstätten der Firmenbezeichnung.

Persönlich: Für alle im räumlichen und fachlichen Geltungsbereich bei der Firmenbezeichnung beschäftigten Arbeitnehmer im Sinne des § 5 BetrVG, mit Ausnahme der leitenden Angestellten.

§ 2 Unternehmenseinheitlicher Betriebsrat

1. Sämtliche als Betriebe, Betriebsteile und Kleinstbetriebe anzusehenden Betriebsstätten der Firmenbezeichnung bilden einen einheitlichen Betrieb im Sinne des Betriebsverfassungsgesetzes. Alle unter den persönlichen Geltungsbereich dieser Betriebsvereinbarung fallenden Arbeitnehmer der Firmenbezeichnung wählen deshalb gemeinsam *einen* Betriebsrat, der zuständig ist für das gesamte Unternehmen.
2. Weitere Betriebsräte neben dem in Abs. 1 genannten Betriebsrat werden in der Firmenbezeichnung nicht gewählt.

§ 3 In-Kraft-Treten und Kündigung

Der Betriebsvereinbarung tritt mit seiner Unterzeichnung in Kraft.
Sie kann beiderseits mit einer Frist von einem Jahr zum Ende der regelmäßigen Amtszeit nach § 13 Abs. 1 BetrVG, erstmals zum Datum gekündigt werden. Die Kündigung muss durch einen eingeschriebenen Brief erfolgen.

1.2.2 Betriebsratsstruktur, § 3 Abs. 1 Nr. 1b) BetrVG

BV 2

Betriebsvereinbarung über die Betriebsratsstruktur **bei der** Firmenbezeichnung zwischen

1. Firmenbezeichnung
   und
2. **Gewerkschaft** Bezeichnung

§ 1 Geltungsbereich

Räumlich: Bundesrepublik Deutschland

Fachlich: Für alle als Betriebe und Betriebsteile bzw. Kleinstbetriebe anzusehenden Betriebsstätten der Firmenbezeichnung.

Persönlich: Für alle im räumlichen und fachlichen Geltungsbereich bei der Firmenbezeichnung beschäftigten Arbeitnehmer im Sinne des § 5 BetrVG.

§ 2 Zweck und Zielsetzung

Zur Gewährleistung eines erfolgreichen Zusammenwirkens zwischen den Arbeitnehmern, dem Arbeitgeber und der in den Betrieben vertretenen, vertragschließenden Gewerkschaft in Fragen der Betriebsverfassung sind sich die Parteien einig, nach § 3 BetrVG eine von den §§ 1, 4 BetrVG abweichende Regelung über die Zuordnung von Betrieben, Betriebsteilen und Kleinstbetrieben vorzunehmen. Die Errichtung von Betriebsräten wird dadurch erleichtert (§ 3 dieser Betriebsvereinbarung). Außerdem dient die durch diese Betriebsvereinbarung eingeführte, regional orientierte Betriebsratsstruktur der zweckmäßigeren Zusammenarbeit des Betriebsrats mit den Arbeitnehmern (§ 4 dieser Betriebsvereinbarung). Insgesamt bezweckt die vorliegende Betriebsvereinbarung die Effektivierung der Arbeitnehmervertretung, ihre Anpassung an die Entscheidungsstrukturen innerhalb der vertragschließenden Unternehmen sowie den Aufbau wirksamer Informations-, Kommunikations- und Mitbestimmungsstrukturen.

§ 3 Zuordnung von Betriebsstätten und Einleitung von Betriebsratswahlen

1. Die als Betriebe, Betriebsteile oder Kleinstbetriebe anzusehenden Betriebsstätten – vor allem die Niederlassungen und die diesen zugewiesenen Zweigstellen – des unter Ziff. 1 genannten Unternehmens werden abweichend von den §§ 1, 4 BetrVG den in Anlage 1 (Landkarte) aufgeführten fünf Regionen
   - Bayern/Baden-Württemberg
   - Hessen/Rheinland-Pfalz/Saarland
   - Nordrhein-Westfalen
   - Schleswig-Holstein/Hamburg/Niedersachsen
   - Sachsen/Thüringen/Sachsen-Anhalt/Berlin/Mecklenburg-Vorpommern
   - mit der Folge zugeordnet, dass die Arbeitnehmer aller Betriebe, Betriebsteile oder Kleinstbetriebe in ihrer Zusammenfassung gemeinsam für die jeweilige Region jeweils einen Betriebsrat wählen (im Folgenden: Regionalbetriebsrat). Die Zuständigkeit des Regionalbetriebsrats erstreckt sich auf sämtliche innerhalb einer Region gelegenen Betriebsstätten.
2. Betriebsratswahlen nach der in dieser Betriebsvereinbarung vorgesehenen Betriebsstruktur werden unmittelbar nach dessen In-Kraft-Treten eingeleitet.
3. Mit Konstituierung des Regionalbetriebsrats endet das Mandat etwaiger anderer in der jeweiligen Region gewählter Betriebsräte.

§ 4 In-Kraft-Treten und Kündigung

Die Betriebsvereinbarung kann beiderseits mit einer Frist von einem Jahr zum Ende der regelmäßigen Amtszeit nach § 13 Abs. 1 BetrVG, erstmals zum Datum gekündigt werden. Die Kündigung muss durch einen eingeschriebenen Brief erfolgen.
Bei grundlegenden Veränderungen der Unternehmensstruktur werden die Parteien in Verhandlungen eintreten, um die Betriebsvereinbarung an die neuen Gegebenheiten anzupassen.

1.2.3 Struktur der Betriebe und der Betriebsräte, § 3 Abs. 1 Nr. 2 BetrVG

BV 3 Betriebsvereinbarung auf der Grundlage von § 3 Abs. 1 Nr. 2 BetrVG **über die Struktur der Betriebe und der Betriebsräte**
zwischen

1. Firmenbezeichnung
   und
2. **Gewerkschaft** Bezeichnung

Präambel
Die Firmenbezeichnung hat das Geschäftsfeld mit Wirkung vom Datum neu organisiert. Wesentlicher Gegenstand der Neuorganisation war die Zuordnung der bisherigen operativen Einheiten zu den beiden Sparten Sparte 1 und Sparte 2.
Die Betriebsvereinbarung dient der Anpassung der Betriebsratsstrukturen an die neue Unternehmensstruktur und der Sicherstellung einer konstruktiven Zusammenarbeit zwischen der Firmenbezeichnung, ihren Betriebsratsgremien und der in ihr vertretenen Gewerkschaft.
Rechtsgrundlage der Betriebsvereinbarung ist § 3 Abs. 1 Nr. 2 BetrVG.

§ 1 Geltungsbereich, Begriffsbestimmungen
1. Als räumlicher Geltungsbereich dieser Betriebsvereinbarung wird das Gebiet der Bundesrepublik Deutschland festgelegt.
2. Als betrieblicher Geltungsbereich dieser Betriebsvereinbarung werden alle Betriebsstätten (Betriebe, Betriebsteile, Kleinstbetriebe) der Firmenbezeichnung festgelegt.
3. Diese Betriebsvereinbarung gilt für alle in seinem räumlichen und betrieblichen Geltungsbereich tätigen Arbeitnehmer im Sinne des § 5 Absatz 1 und 2 BetrVG.

§ 2 Bildung der Betriebsräte
Diese Betriebsvereinbarung schafft in Bezug auf die Sparten Sparte 1 und Sparte 2 eine von den §§ 1, 4 BetrVG abweichende Regelung über die Zuordnung von Betrieben, Betriebsteilen und Kleinstbetrieben. Die Zuordnung ergibt sich aus Anlage 1 zu dieser Betriebsvereinbarung.
Als Betriebe im Sinne dieser Betriebsvereinbarung gelten jeweils die räumliche und spartenorientierte Zusammenfassung derjenigen Betriebsstätten der Firmenbezeichnung, die in der Anlage 1 zu dieser Betriebsvereinbarung als Betrieb bezeichnet und den jeweiligen Sparten zugeordnet sind. Nur in den dort aufgeführten Einheiten können Betriebsräte gebildet werden. Das gilt auch dann, wenn dies wegen der spartenorientierten Trennung der betriebsverfassungsrechtlichen Arbeitnehmervertretung zur Bildung zweier Betriebsräte an einem Standort führt.
Die Wahl der Betriebsräte in den in Anlage 1 zu dieser Betriebsvereinbarung definierten Betrieben findet erstmals in der nächsten regelmäßigen Wahlperiode statt.

§ 3 Mitarbeiterversammlungen
Betriebsversammlungen finden für den Bereich eines Betriebs statt. In den Betriebsteilen und Kleinstbetrieben können nach rechtzeitiger Unterrichtung der örtlichen Geschäftsleitung in entsprechender Anwendung des § 42 Abs. 2 BetrVG Versammlungen der dort tätigen Mitarbeiter stattfinden.

§ 4 Jugend- und Auszubildendenvertretungen, Schwerbehindertenvertretungen
Die §§ 1 bis 3 dieser Betriebsvereinbarung gelten für die Jugend- und Auszubildendenvertretungen sowie die Schwerbehindertenvertretungen entsprechend.

BV 4

1.2.4 Aufbau der Betriebsräte, § 3 Abs. 1 Nr. 4 BetrVG

Betriebsvereinbarung über die Errichtung von Arbeitsgemeinschaften der Betriebsräte **der** Firmenbezeichnung
zwischen

1. **der** Firmenbezeichnung
2. **den Tochter- und Enkelgesellschaften der** Firmenbezeichnung
   und
3. **der Gewerkschaft** Bezeichnung

Präambel

Der Vorstand der Firmenbezeichnung betrachtet die konstruktive und vertrauensvolle Zusammenarbeit mit den gewählten Arbeitnehmervertretern in den diversen Geschäftsfeldern und mit der zuständigen Gewerkschaft als einen bedeutenden Faktor einer erfolgreichen Personal- und Unternehmensführung. Zweck dieser Vereinbarung ist die Schaffung einer für eine pragmatische Zusammenarbeit der Betriebsparteien angemessenen Interessenvertretungsstruktur der Arbeitnehmer. Hierzu bedarf es aus Sicht des Vorstands der Firmenbezeichnung, der bestehenden betrieblichen Arbeitnehmervertretungen und der Gewerkschaft wegen der stark dezentralen Leitungsstruktur einheitlicher Ansprechpartner auf Seiten der Arbeitnehmer, die unternehmens- und geschäftsfeldübergreifend tätig werden sollen.
Zwischen dem Vorstand der Firmenbezeichnung und dem Vorstand der Gewerkschaft wird aus diesen Gründen nachfolgende Betriebsvereinbarung geschlossen, die der bestehende Gesamtbetriebsrat der Firmenbezeichnung ausdrücklich befürwortet:

§ 1 Errichtung von Betriebsräten

In den Betrieben des Firmenbezeichnung-Konzerns werden Betriebsräte gewählt, sofern die betriebsverfassungsrechtlichen Voraussetzungen erfüllt sind. Nicht betriebsratsfähige Einheiten werden dem nächstgelegenen Betrieb zugeordnet.

§ 2 Arbeitsgemeinschaften der Betriebsräte in den Regionen

Der Firmenbezeichnung-Konzern ist in erster Linie regional gegliedert. Daneben bestehen Dienstleistungszentren, die gegenüber den Regionen eine Servicefunktion übernehmen, aber auch strategische Aufgaben erfüllen. Die Einzelheiten der regionalen Gliederung und der Dienstleistungsorganisation ergeben sich aus dem dieser Vereinbarung beigefügten Organigramm, welches Bestandteil dieser Vereinbarung ist.
Die Betriebsräte der innerhalb eines Regionalbereichs und den jeweils zugeordneten Dienstleistungszentren des Firmenbezeichnung-Konzerns tätigen Unternehmen bilden unternehmensübergreifend Arbeitsgemeinschaften der Betriebsräte in der Region (im Folgenden: die Arbeitsgemeinschaft).
In die Arbeitsgemeinschaft entsendet jeder Betriebsrat der innerhalb einer Region ansässigen Unternehmen eines seiner Mitglieder.

§ 3 Zuständigkeit und Geschäftsführung der Arbeitsgemeinschaften
Innerhalb der Arbeitsgemeinschaft werden Fragen und Problemstellungen von regionaler Bedeutung mit dem Ziel der Einigung erörtert. Findet eine Einigung statt, soll die Arbeitsgemeinschaft den entsendenden Betriebsräten entsprechende Beschlussfassungen empfehlen. Rechte und Pflichten der zuständigen Betriebsräte werden durch die Bildung und Tätigkeit der Arbeitsgemeinschaften nicht berührt.
Die Arbeitsgemeinschaft ist berechtigt, Ausschüsse zu bilden, deren Zuständigkeit sich auf bestimmte Geschäftsfelder innerhalb der Region bezieht, wenn von diesen Fragen mehr als ein Betrieb berührt ist.
Für die Geschäftsführung der Arbeitsgemeinschaft und seiner Ausschüsse gelten § 51 Abs. 1 und 6 BetrVG entsprechend.

§ 4 Sitzungen der Arbeitsgemeinschaft
Die Sitzungen der Arbeitsgemeinschaft finden nach Bedarf, mindestens jedoch einmal in jedem Kalendervierteljahr statt.
Auf Wunsch der Arbeitsgemeinschaft nehmen die regionalen Leitungsgremien der vertragsschließenden Unternehmen zu einzelnen Tagesordnungspunkten der Sitzungen der Arbeitsgemeinschaft teil.

§ 5 In-Kraft-Treten, Anpassungsklausel, Kündigung
Diese Betriebsvereinbarung wird mit ihrer Unterzeichnung verbindlich, jedoch erstmals mit Durchführung der regulären Betriebsratswahlen im Jahre ... angewendet.
Die Parteien verpflichten sich, im Falle wesentlicher Strukturänderungen und grundlegender Veränderungen der Arbeitnehmerzahl, aber auch vor Ausspruch einer Kündigung dieser Betriebsvereinbarung Verhandlungen über eine Anpassung der Betriebsvereinbarung aufzunehmen.
Die Betriebsvereinbarung kann erstmals mit Wirkung für die regelmäßigen Betriebsratswahlen im Jahr ... mit einer Kündigungsfrist von sechs Monaten zum Datum gekündigt werden.

1.2.5 Betriebsratsstruktur und Einrichtung von Zweigniederlassungssprechern, § 3 Abs. 1 Nr. 5 BetrVG

BV 5

Betriebsvereinbarung zur Betriebsratsstruktur und zur Einrichtung von Zweigniederlassungssprechern
zwischen
1. Firmenbezeichnung
   und
2. **Gewerkschaft** Bezeichnung

Präambel
Die Firmenbezeichnung wird zum Datum eine grundlegende Umstrukturierung ihrer Unternehmensstrukturen durchführen. Sowohl die rechtlich selbstständige Holding als auch die von ihr beherrschten fünf Einzelunternehmen werden umfassend mit dem Ziel der Errichtung von zwei Unternehmenssparten restrukturiert. Unter auflösender

Verschmelzung der Tochtergesellschaften auf die Firmenbezeichnung werden die derzeit bestehenden Niederlassungen dieser Tochtergesellschaften rechtlich dem herrschenden Unternehmen selbst sowie innerhalb des herrschenden Unternehmens organisatorisch den derzeit bestehenden beiden Sparten zugeordnet. Die Sparten werden im Hinblick auf das operative Geschäft als strategische Geschäftseinheit selbstständig geführt.
Außerdem werden entweder die Zweigniederlassungen in die Niederlassungen eingegliedert oder die Zweigniederlassungen bzw. die Niederlassungen in einer neuen Niederlassung zusammengefasst.
Ziel der Umstrukturierung sind die Einrichtung kurzer Entscheidungswege, die konsequente Umsetzung des Regionalitätsprinzips, die Erhöhung der Kundennähe und die Schaffung der Voraussetzungen für eine konsequente Spezialisierung im operativen Geschäft.

§ 1 Errichtung von Betriebsräten in den Niederlassungen und in der Hauptverwaltung

1. Sparte 1
   In der Sparte 1 sind Betriebsräte in den folgenden Niederlassungen zu errichten:
   - NL Ort
   - NL Ort
   - NL Ort
   - NL Ort
   - NL Ort
   - NL Ort
   - Die Zuordnung der Zweigniederlassungen zu den vorgenannten Niederlassungen ergibt sich aus Anlage 1 zu dieser Betriebsvereinbarung.
2. Sparte 2
   In der Sparte 2 sind Betriebsräte in den folgenden Niederlassungen zu errichten:
   - NL Ort
   - NL Ort
   - NL Ort
   - NL Ort
   - NL Ort
   - Die Zuordnung der Zweigniederlassungen zu den vorgenannten Niederlassungen ergibt sich aus Anlage 1 zu dieser Betriebsvereinbarung.
3. Für die Hauptverwaltung der Firmenbezeichnung wird ein spartenübergreifender Betriebsrat errichtet.
4. Die entsprechend der neuen Betriebsratsstruktur gebildeten Betriebsräte entsenden Vertreter in den Gesamtbetriebsrat nach Maßgabe des § 47 BetrVG.

§ 2 Zweigniederlassungssprecher

1. In denjenigen Zweigniederlassungen, die räumlich weit vom Sitz der Niederlassung entfernt und nicht durch ein Betriebsmitglied im Betriebsrat der Niederlassung vertreten sind, haben die Beschäftigten das Recht, nach demokratischen

Grundsätzen einen Zweigniederlassungssprecher zu wählen. Diejenigen Zweigniederlassungen, in denen die Arbeitnehmer dem Grunde nach berechtigt sind, einen Zweigniederlassungssprecher zu wählen, ergeben sich aus Anlage 1 zu dieser Betriebsvereinbarung.

2. Der Zweigniederlassungssprecher bildet das Bindeglied zwischen dem Betriebsrat der Niederlassung und den Arbeitnehmern der Zweigniederlassung und hat die Aufgabe, die Interessen der Beschäftigten der Zweigniederlassung in die Arbeit des Betriebsrats der Niederlassung einzubringen.
3. Zur Durchführung dieser Aufgabe ist der Zweigniederlassungssprecher vom Betriebsrat der Niederlassung rechtzeitig und umfassend unter Vorlage der erforderlichen Unterlagen zu unterrichten und zu dessen Sitzungen mit beratender Stimme hinzuzuziehen.
4. Der Zweigniederlassungssprecher hat mit Ausnahme des Stimmrechts in Betriebsratssitzungen sowie der Beteiligungsrechte in personellen und sozialen Angelegenheiten die Rechte und Pflichten eines Betriebsratsmitglieds.

§ 3 Errichtung eines Gesamtbetriebsrats

1. Mit dem Wegfall des Konzerntatbestandes in Folge der Verschmelzung der Tochtergesellschaften auf die Firmenbezeichnung entfallen auch die Voraussetzungen zur Bildung eines Konzernbetriebsrats. An die Stelle des Konzernbetriebsrats tritt der für die Firmenbezeichnung zu bildende Gesamtbetriebsrat.
2. Der Gesamtbetriebsrat hat die sich aus den §§ 47 ff. BetrVG und §§ 106 ff. BetrVG ergebenden Rechte und Pflichten.
3. Der Gesamtbetriebsrat bildet je einen Ausschuss für die Sparten (Spartenausschüsse). Die Anzahl der Ausschussmitglieder richtet sich nach der Anzahl der jeweils zu vertretenden Niederlassungen. Die Spartenausschussmitglieder sind aus den Mitgliedern des Gesamtbetriebsrats zu wählen.

§ 4 Schlussbestimmungen

2. Nachhaltigkeit im Betrieb

2.1 Einleitung

2.1.1 Energiesparen

Gegenwärtig stehen viele Betriebe vor der Herausforderung, explodierenden Energiekosten zu begegnen.

Die gegenwärtig verbreitetste betriebsorganisatorische Abhilfemaßnahme ist die Einführung von Desksharing Systemen und damit verbunden der Abbau vorzuhaltender (und zu heizender) Büroflächen.

> **Hinweis:**
> Desksharing als Mittel bleibt in dieser BV ausgeblendet, dies ist stattdessen in der BV »Desksharing« umfassend dargestellt.

Soweit der ökologische Aspekt im Mittelpunkt steht, wird die Zuständigkeit des Betriebsrats durch den betrieblichen Umweltschutz, § 89 BetrVG, darüber hinaus auch durch die § § 43 Abs. 2 Satz 3, 45 Satz 1, 74 Abs. 2 Satz 3, 80 Abs. 1 Nr. 9 und 106 Abs. 5a, Abs. 5b BetrVG begründet.
Hat die Energiesparmaßnahme Auswirkung auf Arbeitsabläufe oder die Arbeitsplatzgestaltung, begründet dies nach § 90 BetrVG ein Beratungsrecht.
Sollen im Betrieb nicht nur arbeitgeberseitige Energiesparmaßnahmen umgesetzt, sondern auch Mitarbeiter zur Befolgung energiesparenden Verhaltens angehalten werden, so löst dies als Ordnungsverhalten zusätzlich das Zustimmungsrecht aus § 87 Abs. 1 Nr. 1 BetrVG aus.

> **Hinweis:**
> Dafür müssen diese Verhaltenserwartungen nicht die Qualität einer rechtlichen Verbindlichkeit aufweisen.

2.1.2 Nachhaltigkeit

Die im Zusammenhang mit Nachhaltigkeit stehenden Themen lassen sich in die Felder »Soziales«, »Ökologie« und »Ökonomie« unterteilen. Die Zuständigkeit des Betriebsrats bezieht sich im Bereich **Ökologie** auf den betrieblichen Umweltschutz, § 89 BetrVG, darüber hinaus sind auch die §§ 43 Abs. 2 Satz 3, 45 Satz 1, 74 Abs. 2 Satz 3, 80 Abs. 1 Nr. 9 und 106 Abs. 5a, Abs. 5b BetrVG betroffen. Im Feld **Soziales** gehören Arbeits- und Gesundheitsschutz sowie Qualifizierung zu den Kernthemen des BetrVG. Dies sind vor allem die §§ 87 Abs. 1 Nr. 7, 90, 91 BetrVG sowie § 106 Abs. 3 Nr. 5b BetrVG für die Sorgfalt in Lieferketten ab dem 1.1.2023. Das Feld **Ökonomie** wird von den Mitbestimmungsrechten des Betriebsrats in wirtschaftlichen Angelegenheiten, vor allem den §§ 106, 109, 111 und 112 BetrVG, erfasst. Zusätzlich und stärker noch kann ein mitbestimmter Aufsichtsrat über seine Kontroll- und Überwachungsfunktionen über den Vorstand Einfluss auf das nachhaltige Wirtschaften des Unternehmens nehmen.
Felderübergreifend werden Nachhaltigkeitsvorgaben das **Ordnungsverhalten**, § 87 Abs. 1 Nr. 1 BetrVG, berühren und hierdurch der Zustimmung des Betriebsrats bedürfen. Dies ist immer dann der Fall, wenn nicht allein abstrakte Unternehmensziele, sondern wenigstens auch konkrete Verhaltenserwartungen formuliert werden. Diese müssen keine rechtliche Verbindlichkeit aufweisen. Soll im Unternehmen ein IT-gestütztes Tool, z.B. **»Diversity Monitoring«** etabliert werden, damit gezielte Maßnahmen (»affirmative action«) ergriffen werden können, so tritt das Mitbestimmungsrecht aus § 87 Abs. 1 Nr. 6 BetrVG hinzu.

Hinweis:
Dies können **Tools zum Erfassen von Diversity-Faktoren** wie Migrationshintergrund, Religion, Behinderung, soziale Herkunft, sexuelle Identität oder Alter der Mitarbeiter sein, soweit diese **freiwillig** Auskunft erteilen.

Das sehr komplexe und umfassende Thema der Nachhaltigkeit ist in einer Betriebsvereinbarung seinem Gegenstand nach auf **unterschiedlichen Ebenen** beschreibbar.

- Zum einen ist eine **Normierung** möglich. Dies meint Regelungen, die diejenigen inhaltlichen Verhaltensanforderungen beschreiben, mit welcher nachhaltiges Wirtschaften erreicht werden soll.
- Zum anderen sind **Implementierungen** üblich. Hierunter werden Prozessbeschreibungen und Verfahrensvereinbarungen gefasst, innerhalb derer das in einem konkreten betrieblichen Anlassfall vorzugswürdige nachhaltige Verhalten ermittelt wird.
- Des Weiteren sind **Institutionalisierungen** gestaltbar. Hierunter werden Vereinbarungen gefasst, mit denen Einrichtungen geschaffen oder Verantwortlichkeiten bestehenden Institutionen zugeschrieben werden, die ihrerseits auf nachhaltiges Wirtschaften achten und dieses gewährleisten sollen. Die Zuschreibung von Verantwortlichkeiten kann durch Einräumung gesellschaftsrechtlicher oder betriebsorganisatorischer Kompetenzen oder die Begründung von Pflichten, allen voran Berichtspflichten, statuiert werden.
- Abschließend sollten auch **evolutive Vereinbarungen** nicht fehlen. Dies sind solche Gegenstände, die die Verstetigung nachhaltigen Wirtschaftens vorsehen, wie die periodische oder anlassbezogene Evaluierung implementierter Prozesse, Fortschreibungs- und Fortentwicklungspflichten, Initiierungsrechte aus der Belegschaft oder des Betriebsrats sowie Konfliktlösungsmechanismen für Dissense methodischer oder prozessualer Natur, um anhand konkreter Einzelfälle Normierungen, Implementierungen und Institutionalisierungen weiterzuentwickeln und weiter auszudifferenzieren. Denn nachhaltiges Wirtschaften kann nicht durch eine einmalige unternehmerische Entscheidung eingeführt werden, es bleibt ein **steter und entwicklungsoffener Prozess**.

Der **rechtliche Rahmen** für nachhaltiges Wirtschaften in einem weiten Sinne ist sehr unübersichtlich, branchenspezifisch und fluide.

Hinweis:
Nachhaltigkeit wird in europäischen und internationalen Statuten und Rechtsquellen weitgehend synonym auch als CSR (Corporate Social Responsibility) und ESG (Environmental Social Governance) bezeichnet.

Zusätzlich zum Green Deal[2], der auf europäischer Ebene einen Rechtsrahmen für nachhaltiges Wirtschaften ausformte, werden gegenwärtig vor allem für eine »Nachhaltigkeitsberichterstattung« der Unternehmen mehrere Rechtsakte geplant. Nach heutigem Rechtsstand müssen in Deutschland ausschließlich große Kapitalgesellschaften, die Unternehmen von öffentlichem Interesse sind und im Jahresdurchschnitt mehr als 500 Arbeitnehmer beschäftigen, eine nichtfinanzielle Erklärung abgeben (vgl. dazu v. a. §§ 289b, 289c, 289d HGB; für den Konzernabschluss §§ 315b, 315c HGB). Neben der unmittelbar anwendbaren Taxonomie-VO[3] weitet vor allem die **CSRD**[4] die Verpflichtung aus und standardisiert zudem die Erstellung und Publikation der Nachhaltigkeitsberichte unionsweit. Die Richtlinie war bis zum 6. Juli 2024 in nationales Recht umzusetzen.[5] Unternehmen im Anwendungsbereich des § 289b HGB haben auch ohne Umsetzungsakt weitgehend auf die CSRD umgestellt. Sie unterlagen bereits der Pflicht zur nichtfinanziellen Erklärung. Bis zum Jahr 2028 ist eine gestaffelte Umsetzungspflicht für weitere Unternehmensgruppen vorgesehen. Die »nichtfinanzielle Erklärung« wird zukünftig durch den Nachhaltigkeitsbericht abgelöst (siehe hierzu § 289c HGB-RegE).

2.1.3 Jobrad

Immer mehr Arbeitgeber stellen ihren Mitarbeitern Fahrräder oder E-Bikes zur dienstlichen und privaten Nutzung – ein Dienstrad – zur Verfügung. Das Zweirad kann im Eigentum des Arbeitgebers stehen oder von ihm bloß geleast sein. Arbeitgeber steigern hierdurch ihre Attraktivität und bringen ihr Umweltbewusstsein zum Ausdruck. Arbeitnehmer können sich fit halten und Kosten sparen. Die Reisegeschwindigkeiten innerhalb von Städten sind denjenigen von Kraftfahrzeugen oft entweder überlegen oder gleichwertig.

Der Gesetzgeber hat in den letzten Jahren die einkommenssteuerliche Förderung von Diensträdern kontinuierlich ausgeweitet.

Die Gebrauchsüberlassung des Dienstrads für private Zwecke kann entweder im Wege einer **Entgeltumwandlung oder zusätzlich zum bisherigen Lohn** erfolgen

---

2 Mitteilung der europäischen Kommission v. 11. 12. 2019, Der europäische Grüne Deal, COM(2019) 640 final.

3 Verordnung (EU) 2020/852 Taxonomie-Verordnung.

4 Corporate Sustainability Reporting Directive – Richtlinie des Europäischen Parlaments und des Rates v. 14. 12. 2022 zur Änderung der Nachhaltigkeitsberichterstattung von Unternehmen.

5 Wie in zahlreichen anderen Staaten auch, ist die Umsetzung in Deutschland nicht fristgerecht erfolgt. Bis zum 6. 10. 2024 lag nur ein Kabinettsentwurf vor; die Umsetzung ist Gegenstand erheblicher politischer Kontroversen. Ihre Reichweite ist indes überschaubar, die CSRD enthält nicht viele Umsetzungsspielräume.

Die Reichweite des **Mitbestimmungsrechts des Betriebsrats** nach § 87 Abs. 1 Nr. 10 BetrVG hängt davon ab, ob der Arbeitgeber das Dienstrad als zusätzliche Leistung freiwillig oder im Wege einer Entgeltumwandlung zur Verfügung stellt. Im ersten Fall ist die Entscheidung des Arbeitgebers, ob Leistungen für ein Dienstrad bereitgestellt werden, der Mitbestimmung entzogen. Mitbestimmungspflichtig ist allein die nähere Ausgestaltung.
Im zweiten Fall muss der Arbeitgeber mit dem Betriebsrat auch eine Einigung darüber erzielen, ob Teile des Entgelts als Dienstrad umgewandelt werden. Hier ist sowohl das Ob als auch das Wie der Zurverfügungstellung nach § 87 Abs. 1 Nr. 10 BetrVG mitbestimmungspflichtig.
Daneben ist die Einführung eines Dienstrads zusätzlich als **Maßnahme des betrieblichen Umweltschutzes** beteiligungspflichtig (§ 89 Abs. 3 BetrVG). Denn hier stellt das Ziel, die betrieblichen CO-Emissionen zu reduzieren, einen hinreichenden betrieblichen Bezug dar. Allgemeine umweltpolitische Maßnahmen oder Themen sind nicht von § 89 BetrVG Abs. 3 erfasst. Begründet wird hier im Wesentlichen ein Informationsrecht des Betriebsrats über den Stand der arbeitgeberseitigen Planung. Daneben hat der Betriebsrat ein Überwachungsrecht und ein Unterstützungsrecht, über welche er Vorschläge einbringen und ausgestalten darf. Diese binden den Arbeitgeber aber nicht.

2.2 Betriebsvereinbarungen

2.2.1 Energiesparen

BV 6

Präambel

Die Betriebsparteien verfolgen übereinstimmend das Ziel, die Risiken aus gestiegenen und möglicherweise weiter steigenden Energiekosten sowie eine Energiemangellage für den Arbeitgeber zu verringern.
Die Betriebsparteien verfolgen dabei übereinstimmend das Ziel, die Kosten für Strom und Gas, z. B. für Heizung und Beleuchtung, in vertretbarem Rahmen auf ein Minimum zu senken.
Die Betriebsparteien sind sich darin einig, dass die gegenwärtige Energielage eher ein Regelungsanlass ist, dauerhaft und nachhaltig kostenbewusst Energie im Betrieb zu nutzen. Dennoch erfolgt die Einführung mit dem übereinstimmenden Ziel, Energiesparmodelle, soweit sie sich in der Zukunft bewähren und auf positives Mitarbeiter[6] -Feedback stoßen, auch über eine erste Erprobungsphase hinaus fortzuführen und kontinuierlich weiterzuentwickeln.
Diese Betriebsvereinbarung wird mit dem übereinstimmenden Ziel geschlossen, Entlastungen und Risikominimierungen durch Kostenexplosionen am Energiemarkt so-

6 Die Verwendung des generischen Maskulinums schließt Menschen aller geschlechtlichen Identitäten mit ein.

wohl für den Arbeitgeber als auch die Mitarbeiter in einen optimalen Einklang münden zu lassen.

§ 1 Geltungsbereich

1. Diese Betriebsvereinbarung gilt für alle im Betrieb tätigen Mitarbeiter.

> **Hinweis:**
> Im Falle einer Vereinbarung als Gesamtbetriebsvereinbarung ist die Unternehmensbezeichnung, im Falle einer Vereinbarung als Konzernbetriebsvereinbarung die Konzernbezeichnung, einzufügen. Dies setzt eine wirksame Delegation voraus, die originäre betriebsverfassungsrechtliche Zuständigkeit liegt beim lokalen Betriebsrat.

Variante

Diese Betriebsvereinbarung gilt für alle im Konzern tätigen Mitarbeiter.

1. Diese Betriebsvereinbarung gilt unmittelbar nicht für die leitenden Angestellten im Sinne des § 5 Abs. 3 BetrVG. Die Betriebsparteien sind sich darüber einig, dass der Zweck dieser Betriebsvereinbarung nur dann erreicht werden kann, wenn leitende Angestellte im gleichen Maße sich den Zielsetzungen dieser Betriebsvereinbarung verpflichten. Aus diesem Grunde verpflichtet sich der Arbeitgeber, mit leitenden Angestellten Vereinbarungen – gleich ob als Richtlinie oder als individualvertragliche Vereinbarung – zu schließen, durch die leitende Angestellte an die Einhaltung dieser Betriebsvereinbarung gebunden werden.

> **Hinweis:**
> Eine Betriebsvereinbarung kann von Rechts wegen keine Verbindlichkeit gegenüber leitenden Angestellten entfalten.

§ 2 Begriffsbestimmungen

1. Eine Arbeitsstätte im Sinne dieser Vereinbarung ist ein Arbeitsraum oder ein anderer Ort in einem Gebäude auf dem Gelände eines Betriebes.
2. Ein Arbeitsraum im Sinne dieser Vereinbarung ist ein Raum, in dem mindestens ein Arbeitsplatz dauerhaft eingerichtet ist.
3. Eine Gemeinschaftsfläche im Sinne dieser Vereinbarung ist jede Fläche, die nicht dem Aufenthalt von Personen dient, insbesondere ein Treppenhaus, ein Flur oder eine Eingangshalle sowie ein Lager- oder Technikraum. Nicht zu diesen Flächen zählen Teeküchen, Umkleideräume, Pausenräume, Kantinen, Vortragssäle, Konferenzräume, Warte- und Aufenthaltsräume.

§ 3 Grundsätze des Energiesparens

1. Die Betriebsparteien vereinbaren verbindlich und übereinstimmend die Anwendung der Verordnung zur Sicherung der Energieversorgung über kurzfristig wirksame Maßnahmen auf die unternehmerischen Arbeitsstätten und Arbeitsräume.

2. Die Betriebsparteien werden überall dort mobile Arbeit anbieten, wo dies betriebsorganisatorisch möglich und vertretbar ist.
3. Die Raumtemperatur in Büroräumen soll möglichst ohne aktive Heizungen durch passive solare Einstrahlung konstant gehalten werden.
4. Die Luftqualität soll vornehmlich durch geeignete Luftstromkonzepte und nur subsidiär durch aktive Lüftungen reguliert werden.
5. Der Arbeitgeber wird mit Hilfe eines Energiemanagements Energieeinsparpotenziale identifizieren. Hierzu werden Energieströme im Betrieb und die zugehörigen Energieträger erfasst und analysiert, darauf aufbauend dann Verbesserungsideen erarbeitet, auf Wirtschaftlichkeit bewertet und anschließend umgesetzt. Erforderlichenfalls erfolgt hierzu eine Anpassung oder Erweiterung dieser Betriebsvereinbarung.
6. Um auch langfristig eine Verbesserung einer effizienten und nachhaltigen Energienutzung zu erreichen, werden die Betriebsparteien diese Energiepolitik stetig fortentwickeln. Sie vereinbaren hierzu, sich Energieziele zu setzen, Aktionspläne zu schaffen, die Zielerreichung anhand von Leistungskennzahlen zu ermitteln und Mitarbeitern Anreize für effiziente Energienutzung zu bieten.

§ 4 Nachhaltige Heizenergiewirtschaft

1. Die Beheizung von Gemeinschaftsflächen und Funktionsräumen, die nicht dem Aufenthalt von Personen dienen, wird eingestellt. Ausgenommen sind Gemeinschaftsflächen und Funktionsräume, soweit deren Beheizung zum Schutz von dort installierter Technik oder von dort gelagerten Gegenständen und Stoffen erforderlich ist.
2. Die Beheizung von Arbeitsräumen wird auf 19 Grad Celsius begrenzt.
3. 19 Grad Celsius beträgt gleichzeitig die einzuhaltende minimale Raumtemperatur an jedem Arbeitsplatz. Hiermit vereinbaren die Betriebsparteien eine vorübergehende minimale Absenkung von der ASR 3.5[7] um 1 Grad Celsius.

Hinweis:
Die ASR 3.5 schreibt bei sitzender Tätigkeit und leichter Arbeitsschwere (typische Bürotätigkeiten) eine Mindesttemperatur in Arbeitsräumen von 20 Grad Celsius vor. Ob eine vorübergehende minimale Absenkung von 1 Grad Celsius gegenwärtig zulässig ist, ist nicht abschließend entschieden. Arbeitnehmern entsteht hierdurch kein Leistungsverweigerungsrecht. Dieses steht Beschäftigten erst dann zu, wenn aufgrund konkreter Anhaltspunkte der Gesundheitsschutz nicht mehr gewährleistet erscheint. Hierfür bedarf es einer erheblichen Herabsenkung. Stets sollte die vereinbarte konkrete Mindesttemperatur anhand der konkreten betrieblichen Umstände auf ein sinnvolles Maß festgelegt werden.

7 Technische Regeln für Arbeitsstätten, Raumtemperatur, Ausschuss für Arbeitsstätten, Nr. 3.5, *www.baua.de*, in der Fassung vom 12. Dezember 2022.

4. Der Arbeitgeber wird dafür Sorge tragen, dass in Arbeitsräumen keine Wärmeeinträge durch gebäudetechnische Systeme wie Heizungsanlagen, Heizenergie oder Energie durch raumlufttechnische Anlagen oder andere Heizgeräte erfolgen, infolge derer die in dieser Vereinbarung festgelegte Höchsttemperatur überstiegen wird.
5. In beheizten Räumen ist das dauerhafte Offenhalten von Türen und Eingangssystemen, bei deren Öffnung ein Verlust von Heizwärme auftritt, untersagt, sofern das Offenhalten nicht für die Funktion des Ein- oder Ausganges als Fluchtweg erforderlich ist.

§ 5 Trink- und Brauchwasser

1. Dezentrale Trinkwassererwärmungsanlagen, insbesondere Durchlauferhitzer oder dezentrale Warmwasserspeicher sind auszuschalten, wenn deren Betrieb überwiegend zum Händewaschen vorgesehen ist. Von einem Ausschalten der Geräte kann zeitlich befristet oder ganz abgesehen werden, wenn der Betrieb der Anlagen nach den allgemein anerkannten Regeln der Technik aus hygienischen Gründen erforderlich ist.
2. Die Warmwassertemperaturen sind in zentralen Trinkwassererwärmungsanlagen auf das Niveau zu beschränken, das nach den allgemein anerkannten Regeln der Technik erforderlich ist, um ein Gesundheitsrisiko durch Legionellen in der Trinkwasser-Installation zu vermeiden. Ausgenommen von der Pflicht zur Temperaturbeschränkung nach Satz 1 sind Trinkwassererwärmungsanlagen, bei denen der Betrieb von Duschen zu den gewöhnlichen betrieblichen Abläufen gehört.

§ 6 Beleuchtung

1. Die Beleuchtung von Gebäuden von außen mit Ausnahme von Sicherheits- und Notbeleuchtung wird eingestellt. Ausgenommen sind kurzzeitige veranstaltungsbezogene Beleuchtungen aus besonderem Anlass.
2. Eine dauerhafte Beleuchtung von Verkehrswegen und Arbeitsräumen erfolgt nur noch dort, wo die Beleuchtung zur Aufrechterhaltung der Verkehrssicherheit oder zur Abwehr anderer Gefahren erforderlich ist und nicht kurzfristig durch andere Maßnahmen ersetzt werden kann.
3. Der Arbeitgeber wird den Betrieb beleuchteter oder lichtemittierender Werbeanlagen von 22 Uhr bis 6 Uhr des Folgetages einstellen. Ausgenommen sind der Betrieb von Werbeanlagen während der üblichen Betriebszeiten. Satz 1 ist nicht anzuwenden, wenn die Beleuchtung zur Vermeidung von technischen Schäden, zur Aufrechterhaltung der Verkehrssicherheit oder zur Abwehr anderer Gefahren erforderlich ist und nicht kurzfristig durch andere Maßnahmen ersetzt werden kann.

§ 7 Energieeffizientes Verhalten der Mitarbeitenden

1. Mitarbeitende sind gehalten, Beleuchtungen, die nicht automatisch oder zeitgesteuert sind, bei Verlassen von Räumen auszuschalten.
2. Die Laufzeit von Anlagen und Maschinen ist auf das betrieblich notwendige Maß zu beschränken. Jeder Leerlauf ist zu vermeiden.

3. Mitarbeitende werden [in Ergänzung zur Betriebsvereinbarung Dienstreisen] im Winterhalbjahr Jahr Dienstreisen einer besonders strengen Erforderlichkeitskontrolle unterziehen.
4. Sofern dies möglich ist und nicht fachliche Gründe entgegen sprechen, sollen Meetings im Winterhalbjahr Jahr möglichst audiovisuell durchgeführt werden.
5. Jedem Mitarbeiter steht das Recht zu, bei arbeitsvertraglichen Weisungen, die gegen die in dieser Betriebsvereinbarung niedergelegten Grundsätze verstoßen, die Leistung zu verweigern. Der Mitarbeiter hat dies seinem Vorgesetzten zu begründen.
6. Kommt zwischen beiden keine Einigung zustande, so ist die betriebliche Schlichtungsstelle nach dieser Betriebsvereinbarung zuständig. Das Leistungsverweigerungsrecht des Mitarbeiters besteht nicht, soweit die betriebliche Schlichtungsstelle diesen oder einen identischen Fall bereits beschieden hat. In solchen unbegründeten Wiederholungsfällen sind Abmahnungen nach den allgemeinen Grundsätzen zulässig.

§ 8 Energiebilanz

1. Der Arbeitgeber wird während der Laufzeit dieser Betriebsvereinbarung quartalsweise eine Energiebilanz erstellen und betriebsüblich bekannt machen.
2. In dieser Energiebilanz wird der Energieverbrauch vor dieser Betriebsvereinbarung dem seit ihrem Inkrafttreten gegenübergestellt. Kommt es zu messbaren Energieeinsparungen, werden die effektivsten Methoden in der Bilanz ausgewiesen. Soweit messbare Energieeinsparungen nicht zu verzeichnen sind, enthält die Energiebilanz weitere Entwicklungsvorschläge.
3. Die Energiebilanz soll folgende acht Kriterien erfüllen: Sie soll universell, objektiv messbar, zwischen Unternehmen vergleichbar, für Interessenträger verständlich, öffentlich, extern auditiert, verpflichtend und an Rechtsfolgen geknüpft sein.

§ 9 Energiebeauftragter – Energy Chief Officer

1. Die Betriebsparteien haben sich auf die Bestellung eines betrieblichen Energiebeauftragten verständigt. Diese Aufgabe wird Herr/Frau … ausüben.
2. Zu den Aufgaben des Energiebeauftragten zählt es, den Arbeitgeber, den Betriebsrat und die Mitarbeiter in allen Angelegenheiten einer effizienten und nachhaltigen Energienutzung zu beraten.
3. Seine Aufgaben erfüllt der Energiebeauftragte, indem er eine Kontrollfunktion, eine Aufklärungsfunktion und eine Innovationsfunktion wahrnimmt.
4. Der Energiebeauftragte ist verpflichtet, das Unternehmen und den Betriebsrat auf rechtliche Vorgaben zur effizienten Energienutzung hinzuweisen, deren Erfüllung nicht als ohnehin gesichert gelten muss. Der Energiebeauftragte wirkt dabei auch auf überobligatorische Erfüllung effizienter und nachhaltiger Energienutzung hin.
5. Der Energiebeauftragte ist berechtigt, zu allen in dieser Betriebsvereinbarung niedergelegten Grundsätzen und Aspekten nachhaltigen Energiemanagements Umsetzungs- und Konkretisierungsvorschläge zu erarbeiten und zu unterbreiten.

6. Der Betriebsrat kann den Energiebeauftragten zu Fragen und Beratungen hinzuziehen. Insoweit gilt die zusätzliche Anwesenheit eines rechtlichen Beraters als erforderlich.

§ 10 Hinweise und Vorschläge von Mitarbeitern

1. Haben Mitarbeiter den Eindruck, die in dieser Betriebsvereinbarung niedergelegten Grundsätze und Methoden einer effizienten und nachhaltigen Energienutzung werden nicht hinreichend umgesetzt oder müssen in dieser Betriebsvereinbarung weiterentwickelt werden, so haben sie das Recht, bei den zuständigen Stellen des Betriebs darauf hinzuweisen. Gleiches gilt für Vorschläge von Mitarbeitern, über bestehende rechtliche Vorgaben hinaus effiziente Energienutzung auf weitere Bereiche zu erstrecken. Der Arbeitgeber muss zu diesen Hinweisen und Vorschlägen Gespräche mit dem Mitarbeiter führen. Mitarbeiter können zu hierauf bezogenen Gesprächen Mitglieder des Betriebsrates hinzuziehen. Der Arbeitgeber hat die Hinweise der Mitarbeiter unverzüglich textlich zu beantworten.
2. Dem Betriebsrat sind sämtliche Hinweise und Vorschläge der Mitarbeiter und ihre textliche Beantwortung durch den Arbeitgeber unverzüglich zuzuleiten.

§ 11 Betriebsverfassungsrechtliche Rechte

1. Zu Hinweisen und Vorschlägen von Mitarbeitern nach dieser Betriebsvereinbarung gilt § 85 BetrVG als vereinbart, § 85 Abs. 2 Satz 3 BetrVG findet keine Anwendung.

> **Hinweis:**
> Die Herausnahme von Gegenständen, denen ein Rechtsanspruch zugrunde liegt, bietet sich bei Hinweisen und Vorschlägen zu effizienter Energienutzung nicht an.

2. Hält der Betriebsrat eine Antwort des Arbeitgebers auf einen Hinweis oder einen Vorschlag eines Mitarbeiters nach dieser Betriebsvereinbarung für nicht hinreichend, so gilt das Verfahren nach § 85 BetrVG als vereinbart. Die Zuständigkeit der Einigungsstelle gilt für die Frage, ob die Antwort des Arbeitgebers unter dem geltenden Recht und darüber hinaus der wirtschaftlichen Zumutbarkeit als ausreichend betrachtet wird, als vereinbart. Der Spruch der Einigungsstelle ersetzt die Einigung zwischen Arbeitgeber und Betriebsrat. Weitergehende Umsetzungsvorschläge auf den Hinweis des Mitarbeiters kann die Einigungsstelle ausschließlich vorschlagen.

> **Hinweis:**
> Damit kann die Einigungsstelle einen Spruch darüber fällen, ob der Arbeitgeber einen im Hinweis aufgegriffenen Aspekt bereits hinreichend berücksichtigt hat. Konkrete Maßnahmen aus diesem Hinweis zulasten des Arbeitgebers kann die Einigungsstelle nicht verbindlich beschließen. Diese Differenzierung entspricht spiegelbildlich dem § 85 BetrVG.

3. Die Betriebsparteien verfolgen übereinstimmend den Wunsch, die in dieser Betriebsvereinbarung niedergelegten Grundsätze und vereinbarten Zielvorstellungen stetig fortzuentwickeln. Aus diesem Grunde räumen sich die Betriebsparteien gegenseitig ein Initiativrecht im Sinne der Rechtsprechung des Bundesarbeitsgerichts zu § 87 BetrVG ein. Zur Fortentwicklung der hier niedergelegten Grundsätze [**Variante**: und der Weiterentwicklung und Neuaufnahme der in dieser Betriebsvereinbarung genannten Projekte zur effizienten und nachhaltigen Energienutzung] gilt die Zuständigkeit der Einigungsstelle als vereinbart. Beide Seiten unterwerfen sich insoweit dem Spruch der Einigungsstelle.

Hinweis:
Dies gilt ausschließlich für die Fortentwicklung von Grundsätzen, nicht alle hieraus resultierenden und denkbaren Projekte und Maßnahmen.
Mit dieser Klausel wird ein Initiativrecht auch auf die Neueinführung von Projekten erstreckt. Hiermit/Dadurch/Damit wird lediglich die Verpflichtung zur Aufnahme von Projekten dem Initiativrecht unterworfen. Die konkrete Ausgestaltung der Projekte ist zwischen den Betriebsparteien einvernehmlich zu regeln. Ein Initiativrecht besteht hier nach allgemeinen Grundsätzen im Rahmen der höchstrichterlichen Rechtsprechung des Bundesarbeitsgerichts zu den einzelnen Ziffern des § 87 BetrVG.

Variante
Bei Zertifizierungsverfahren ist der Betriebsrat zu allen Vorgesprächen und Audits hinzuzuziehen, ihm steht ein Anwesenheitsrecht zu. Ein Verhandlungsgremium des Betriebsrats wird in die Korrespondenzen mit dem Zertifizierungsanbieter einbezogen.

Hinweis:
Dieses Recht besteht dem Grunde nach aus § 89 Abs. 2 Satz 2 BetrVG ohnehin. Der dem Betriebsrat lediglich vermittelte Gesprächsinhalt vermag in der Praxis nicht gleichermaßen Vertrauen zu fördern

§ 12 Anlagen

1. Zu dieser Betriebsvereinbarung vereinbaren die Betriebsparteien folgende Anlagen: Anlagen.

Hinweis:
In einer Anlage könnten z. B. Räume aufgelistet werden, die je nach Art der Nutzung unterschiedliche Raumtemperaturen aufweisen sollen. Diese Anlagen haben dann die Rechtsqualität einer Betriebsvereinbarung, ohne dass ein selbstständiger Verhandlungsprozess jeweils initiiert werden muss und ohne dass anlässlich des Austausches einer Anlage eine Betriebspartei die Gelegenheit nutzen kann, zugleich die gesamte Betriebsvereinbarung zur Disposition zu stellen.

2. Die in dieser Betriebsvereinbarung genannten Anlagen sind Bestandteil der Betriebsvereinbarung.

> **Hinweis:**
> Mit einer solchen Regelung werden die Anlagen zur Vermeidung von Meinungsverschiedenheiten dem gleichen Bestandsschutz wie die Betriebsvereinbarung selbst unterstellt; dies gilt insbesondere hinsichtlich einer Nachwirkung, soweit diese gewollt und vereinbart ist.

3. Die Anlagen sind nicht isoliert kündbar.

> **Hinweis:**
> Die isolierte Kündbarkeit von Anlagen bietet sich dann an, wenn diese eigene, abgeschlossene Regelungsgegenstände, in der Regel Ausnahmen von der Betriebsvereinbarung, enthalten und die Betriebsvereinbarung ohne die Anlage einen sinnvollen, von den Betriebsparteien gewollten Regelungsrest übrig behält.

4. Die Anlagen können einvernehmlich abgeändert werden, ohne dass dies einer Kündigung oder Abänderung der Betriebsvereinbarung im Übrigen bedarf.

> **Hinweis:**
> Dies gilt für einvernehmliche Änderungen an der Betriebsvereinbarung ohnehin, diese Regelung ist deswegen für Anlagen nur deklaratorisch.

5. Abweichungen von dieser Betriebsvereinbarung bedürfen im Übrigen stets des Einvernehmens beider Betriebsparteien.

§ 13 Auslegungsschwierigkeiten; betriebliche Schlichtungsstelle

1. Im Falle von Meinungsverschiedenheiten über die Auslegung und Durchführung der Betriebsvereinbarung werden die Betriebsparteien mit dem ernsthaften Willen einer Einigung verhandeln.
2. Zur einvernehmlichen Beilegung auch nach § 13 1. nicht behebbarer Meinungsverschiedenheiten über die Anwendung und Auslegung der Regelungen dieser Betriebsvereinbarung wird eine betriebliche Schlichtungsstelle eingerichtet. Die Zahl der Beisitzer auf Betriebsrats- und Arbeitgeberseite wird auf jeweils zwei festgesetzt. Die betriebliche Schlichtungsstelle entscheidet mehrheitlich.
3. Die Betriebsparteien können einvernehmlich einen Schlichter zur Moderation des Prozesses einsetzen. Hierdurch erwirbt die Schlichtungsstelle keine Spruchkompetenz.

> **Hinweis:**
> Aufgabe der Schlichtungsstelle bleibt auch unter der Moderation des neutralen Schlichters auf die Suche nach einer einvernehmlichen Lösung beschränkt. Alternativ kann auch eine ständige Einigungsstelle eingesetzt werden, die ihrerseits mit

Spruchkompetenz ausgestattet ist. In Ansehung der hier weitreichenden beidseitigen Fortschreibungsmöglichkeiten dieser Betriebsvereinbarung, die beiden Betriebsparteien ein Höchstmaß gegenseitigen Vertrauens abverlangen, scheint für weitergehende Konflikte eine Schlichtungsstelle ausreichend.

4. Kommt eine Mehrheit nicht zustande und erscheinen einer Seite alle Einigungsmöglichkeiten ausgeschöpft, so ist die Tätigkeit der betrieblichen Schlichtungsstelle beendet.

§ 14 Übergangsregelung
Mit dieser Betriebsvereinbarung werden die »Betriebsvereinbarungen ______« und »Betriebsvereinbarung ______« nicht abgelöst, sondern sie tritt ergänzend neben sie.
Variante
Mit dieser Betriebsvereinbarung wird die »Betriebsvereinbarung ______« vom Datum vollständig abgelöst.
Variante
Mit dieser Betriebsvereinbarung wird die »Betriebsvereinbarung ______« vom Datum teilweise abgelöst, sie gilt für die Abteilungen/die Standorte unverändert/mit folgenden Modifikationen fort.

§ 15 Laufzeit, Beendigung
1. Die Betriebsvereinbarung wird wirksam mit ihrer Unterzeichnung.
   Variante
   Die Betriebsvereinbarung tritt am Datum in Kraft. Bis zum Zeitpunkt ihres Inkrafttretens ist sie ordentlich unkündbar.
2. Die Betriebsvereinbarung läuft auf unbestimmte Zeit.
   Variante
   Die Betriebsvereinbarung endet, ohne dass es einer Kündigung bedarf, am 31. Juli Jahr.
3. Die Betriebsvereinbarung ist ordentlich kündbar mit einer Frist von sechs Monaten.
   Variante
   Die Betriebsvereinbarung ist ordentlich unkündbar.
4. Das Recht zur außerordentlichen fristlosen Kündigung aus wichtigem Grund bleibt unberührt.

§ 16 Nachwirkung
Die Betriebsvereinbarung wirkt im Falle ihrer Kündigung nicht nach.

Hinweis:
Vereinbaren die Betriebsparteien nichts Abweichendes zur Nachwirkung, tritt eine in der Regel nicht gewollte Rechtsfolge nach Ablauf der ordentlichen Kündigungsfrist ein: Alle Gegenstände, die einem erzwingbaren Mitbestimmungstatbestand unterliegen, wirken nach, alle übrigen nicht. Einem solchen Skelett an nachwirkenden Regelungen baut diese Vereinbarung vor.

Variante
Die Betriebsvereinbarung wirkt im Falle einer ordentlichen Kündigung hinsichtlich der folgenden Gegenstände nach: Gegenstände Im Übrigen tritt Nachwirkung ein.

§ 17 Salvatorische Klausel
Sollten einzelne Bestimmungen dieser Vereinbarung unwirksam sein oder werden, so bleiben die übrigen Bestimmungen hiervon unberührt. In diesem Fall verpflichten sich beide Seiten, für die ungültige Bestimmung eine neue, gültige Bestimmung zu vereinbaren, die dem Sinn der Früheren so weit wie möglich entspricht.

Ort, Datum, Unterschriften
Anlagen

BV 7

2.2.2 Nachhaltigkeit

Präambel
Die Betriebsparteien sind sich darin einig, dass der Betrieb/das Unternehmen/der Konzern auch Verantwortung für ethisches wirtschaftliches Handeln trägt. Dies setzt nachhaltiges Wirtschaften in ökologischen, sozialen und ökonomischen Feldern voraus.

> **Hinweis:**
> Nachhaltigkeit wird im internationalen Dialog weitgehend synonym auch als CSR (Corporate Social Responsibility) und ESG (Environmental Social Governance) bezeichnet.

Die Betriebsparteien einschließlich aller Mitarbeiter verstehen sich als eine solche Wertegemeinschaft.
Unternehmen sind bedeutende Akteure bei der Umsetzung der Entwicklungsziele, denn sie prägen durch ihr wirtschaftliches Handeln die Bedingungen in ihrem Herkunftsland und in ihren Produktionsländern. Das gilt auch für international agierende kleine und mittlere Unternehmen. Durch die Übernahme gesellschaftlicher Verantwortung können sie soziale und ökologische Innovation für eine nachhaltige Gestaltung unserer Welt vorantreiben.
Die UN-Resolution »Die Transformation unserer Welt: Agenda 2030 für nachhaltige Entwicklung« ist ein durch alle Mitgliedstaaten der UN geführter politischer Aktionsplan für die Umsetzung der 17 Ziele für nachhaltige Entwicklung (Sustainable Development Goals, SDGs) zur Herstellung, Verbesserung, Wahrung und zum zukünftigen Erhalt des Wohlstands innerhalb der planetaren Grenzen für alle derzeitigen und zukünftigen Menschen gleichermaßen. Sie setzt sich zum Ziel, die weltweiten bisherigen und zukünftigen Missstände systematisch abzuschaffen. Mit der Agenda 2030 haben sich alle UN-Staaten verpflichtet, die 17 SDGs bis zum Jahr 2030 umzusetzen. Das Unternehmen beteiligt sich an der Umsetzung dieser Ziele nach Kräften.

§ 1 Geltungsbereich

1. Diese Betriebsvereinbarung gilt für alle im Betrieb ... tätigen Mitarbeiter.

> **Hinweis:**
> Im Falle einer Vereinbarung als Gesamtbetriebsvereinbarung ist die Unternehmensbezeichnung, im Falle einer Vereinbarung als Konzernbetriebsvereinbarung die Konzernbezeichnung, einzufügen. Dies setzt eine wirksame Delegation voraus, die originäre betriebsverfassungsrechtliche Zuständigkeit liegt beim lokalen Betriebsrat.

Variante

Diese Betriebsvereinbarung gilt für alle im Konzern tätigen Mitarbeiter.

2. Diese Betriebsvereinbarung gilt nicht für die leitenden Angestellten im Sinne des § 5 Abs. 3 BetrVG. Die Betriebsparteien sind sich darüber einig, dass der Zweck dieser Betriebsvereinbarung nur dann erreicht werden kann, wenn leitende Angestellte im gleichen Maße sich den Zielsetzungen dieser Betriebsvereinbarung verpflichten. Aus diesem Grunde verpflichtet sich der Arbeitgeber, mit leitenden Angestellten Vereinbarungen, gleich ob als Richtlinie oder als individualvertragliche Vereinbarung, zu schließen, durch die leitende Angestellte an die Einhaltung dieser Betriebsvereinbarung gebunden werden.

> **Hinweis:**
> Eine Betriebsvereinbarung kann von Rechts wegen **keine Verbindlichkeit** gegenüber leitenden Angestellten entfalten.

§ 2 Grundsätze

Die Betriebsparteien vereinbaren verbindlich und übereinstimmend:

1. Ziel des Unternehmens/des Konzerns ist eine ethische Marktwirtschaft. Ethische Marktwirtschaft bedeutet, nicht nur die Vermehrung von Geldkapital zu verfolgen, sondern zu einem guten Leben für alle Menschen beizutragen.
2. Das Unternehmen setzt sich für die Menschenwürde, die Menschenrechte und die ökologische Verantwortung als Gemeinwohlwerte auch in der Wirtschaft ein.
3. Wie diese Werte im unternehmerischen Alltag gelebt werden können, zeigt die Gemeinwohl-Matrix [Anlage X]. Sie wird laufend weiterentwickelt und soll demokratisch entschieden werden.
4. Auch nachhaltig operierende Unternehmen streben Gewinne an. Diese Unternehmensgewinne dienen der Stärkung der Unternehmen sowie der Einkommenserzielung und der Alterssicherung der Unternehmer und der Mitarbeiter, nicht aber [Alternative: nur] der Vermögensvermehrung externer Stakeholder.

> **Hinweis:**
> Die Vermögensvermehrung zugunsten der Stakeholder dürfen jedenfalls **Aktiengesellschaften** nicht vollständig ausschließen. So gelangen die Unternehmer zu

Freiräumen für gemeinwohlorientiertes Wirtschaften, frei vom Druck zu größtmöglicher Kapitalrendite.

5. Die Betriebsparteien werden übereinstimmend und insbesondere an institutionelle Stakeholder die Erwartung richten, dass diese ihre Eigentumsrechte aktiv und verantwortungsvoll auf der Grundlage von transparenten, ethisch fundierten und die Nachhaltigkeit berücksichtigenden Grundsätzen ausüben. Dies umfasst insbesondere ein Bekenntnis zu den Nachhaltigkeitsgrundsätzen dieser Betriebsvereinbarung entlang der gesamten Wertschöpfungskette.
6. Die Betriebsparteien werden übereinstimmend dazu einladen, die Verwirklichung der hier vereinbarten Werte in Wirtschaft und Gesellschaft mitzugestalten. Alle Ideen für eine nachhaltige Wirtschaftsordnung sollen in demokratischen Prozessen entwickelt werden.
7. Das Unternehmen strebt eine breite gesellschaftliche Unterstützung für die in dieser Betriebsvereinbarung niedergelegten Grundsätze der Nachhaltigkeit bei seinen Mitarbeitern, am Markt, durch Kunden, Kooperationspartnern und Stakeholdern an. Mit der Begrenzung von Vermögensungleichheiten sollen die Chancen für die gleichberechtigte Teilhabe aller am wirtschaftlichen und politischen Leben steigen.
8. Zusätzlich streben die Betriebsparteien auf allen Ebenen eine politische Anerkennung für nachhaltige Unternehmensführung und eine ethische Marktwirtschaft an. Hierfür wirken sie nach Kräften auf öffentlichen Ausgleich und öffentliche Entlastungen für herausragendes ethisches Wirtschaften sowie steuerrechtliche Vorteile und Zugangserleichterungen bei Krediten und im internationalen Handel ein. Darüber hinaus werden sich die Betriebsparteien unmittelbar und mittelbar dafür einsetzen, dass nachhaltige Unternehmensgrundsätze bei der Vergabe öffentlicher und privater Aufträge eine angemessene Berücksichtigung finden.

§ 3 Nachhaltigkeitsbericht

1. Das Unternehmen wird einen jährlichen Nachhaltigkeitsbericht veröffentlichen.
2. Bestandteil dieses Berichts ist eine anhand der Nachhaltigkeits-Matrix erstellte Nachhaltigkeits-Bilanz.
3. Zusätzlich schildert der Nachhaltigkeitsbericht die Umsetzung der Nachhaltigkeitswerte.
4. Des Weiteren wird der Bericht zukünftiges, noch nicht ausgeschöpftes Entwicklungspotential aufzeigen und eine Bewertung vornehmen.
5. Der Nachhaltigkeitsbericht wird anhand einheitlicher EU-Berichtsstandards erstellt und publiziert.[8]
6. Der Nachhaltigkeitsbericht und die Nachhaltigkeitsbilanz werden durch die jeweils mandatierte Wirtschaftsprüfungsgesellschaft [oder andere Externe] überprüft.

---

8 Hierzu hat die European Financial Reporting Advisory Group (EFRAG) im Auftrag der EU-Kommission im ersten Schritt sektorübergreifende Standards (Set 1) erarbeitet und Ende November 2022 an die EU-Kommission übergeben. Am 31. Juli 2023 hat die EU-Kommission den Delegierten Rechtsakt zum Set 1 der ESRS veröffentlicht.

7. Der Nachhaltigkeitsbericht wird digital veröffentlicht. Er verbleibt mindestens 10 Jahre abrufbar und leicht auffindbar auf der Website des Unternehmens. Auf die Veröffentlichung wird die Arbeitgeberin Mitarbeiter und Öffentlichkeit in geeigneter Weise hinweisen.

§ 4 Nachhaltigkeitsbilanz

1. Der Beitrag des Unternehmens zur Nachhaltigkeit soll durch eine Nachhaltigkeitsbilanz gemessen werden. Nur so ist eine stete Verbesserung und Weiterentwicklung der Nachhaltigkeit zu erreichen. Mit der Nachhaltigkeitsbilanz wird der nichtfinanzielle unternehmerische Erfolg gemessen: Der Erfolg des ethischen Wirtschaftens und der Beitrag des Unternehmens zur Nachhaltigkeit. Inhaltlich werden in der Nachhaltigkeitsbilanz die wichtigsten Werte mit Bezug zu Tätigkeitsfeldern des Unternehmens, wie Menschenwürde, Solidarität, ökologische Nachhaltigkeit, soziale Gerechtigkeit und demokratische Mitbestimmung gemessen.
2. Die Nachhaltigkeitsbilanz soll folgende 8 Kriterien erfüllen: Sie soll universell, objektiv messbar, zwischen Unternehmen vergleichbar, für Interessenträger verständlich, öffentlich, extern auditiert, verpflichtend und an Rechtsfolgen geknüpft sein.[9]

   Variante

   Zur Erstellung der Nachhaltigkeitsbilanz ist die Anlage Nachhaltigkeitsbilanz zu verwenden.
3. Die Nachhaltigkeitsbilanz wird nach Auditierung digital veröffentlicht. Sie verbleibt mindestens 10 Jahre abrufbar und leicht auffindbar auf der Website des Unternehmens. Auf die Veröffentlichung wird der Arbeitgeber Mitarbeiter und Öffentlichkeit in geeigneter Weise hinweisen.

§ 5 Nachhaltigkeitsbeauftragter – Sustainability Chief Officer

1. Die zunehmenden rechtlichen Verpflichtungen zum nachhaltigen Wirtschaften in sehr unterschiedlicher Qualität und an verschiedenen Stellen legen es nahe, die Erfüllung dieser normierten betriebsorganisatorischen Pflichten und Verantwortlichkeiten auf Ebene der Unternehmensleitung in einer zentralen Funktion des Chief Sustainability Officer (CSO) zu garantieren.

> **Hinweis:**
> Die Implementierung eines **CSO** ist gegenwärtig unmittelbar noch **keine rechtliche Verpflichtung.** Die Anzahl der gesetzlichen Vorgaben gerät indes zunehmend unübersichtlicher, aus diesem Grunde werden CSO immer häufiger.

---

9 Am 31. Mai 2024 hat die EFRAG die ersten Umsetzungsleitlinien (Implementation Guidance, IG) zum ESRS sowie eine Excel-Liste mit allen zu berücksichtigenden Aspekten veröffentlicht. Abrufbar unter *www.efrag.org*, Leitlinien zur Wesentlichkeitsanalyse, Leitlinien zur Wertschöpfungskette, eine Excel-Liste mit ESRS-Datenpunkten nebst einer Erläuterung zur konkreten Handhabung.

2. Innerhalb der Geschäftsführung/Unternehmenslenkung/Betriebsleitung ist ein CSO zu berufen.
3. Zentrale Aufgabe des CSO ist es, das Unternehmen, den Betriebsrat und die Mitarbeiter in allen Angelegenheiten ethischen und nachhaltigen Wirtschaftens zu beraten, die für das Unternehmen bedeutsam sein können. Diese Aufgabe erfüllt der CSO, indem er eine Kontrollfunktion, eine Aufklärungsfunktion und eine Innovationsfunktion wahrnimmt.
4. Der CSO ist verpflichtet, das Unternehmen und den Betriebsrat auf rechtliche Vorgaben zum nachhaltigen Wirtschaften hinzuweisen, deren Erfüllung nicht als ohnehin gesichert gelten muss. Der CSO wirkt dabei auch auf über obligatorische Füllungen nachhaltigen Wirtschaftens hin.
5. Der CSO ist berechtigt, zu allen in dieser Betriebsvereinbarung niedergelegten Aspekten nachhaltigen Wirtschaftens Umsetzungs- und Konkretisierungsvorschläge zu erarbeiten und zu unterbreiten.
6. Der CSO erstellt einmal jährlich einen eigenen »Rechenschaftsbericht des Nachhaltigkeitsbeauftragten«. In diesem Bericht sind insbesondere diejenigen Gegenstände herauszustellen, die nach Ansicht des CSO trotz seiner Intervention noch nicht als hinreichend nachhaltig umgesetzt beschrieben werden müssen. Der Bericht dient der internen Verwendung. Er ist dem Betriebsrat unverzüglich zuzuleiten.
7. Der Betriebsrat kann den CSO zu Fragen und Beratungen hinzuziehen. Insoweit gilt die zusätzliche Anwesenheit eines rechtlichen Beraters als erforderlich.

Hinweis:
Die europarechtlichen Vorgaben zum CSR und ESG sind komplex und vielschichtig. Eine eigene rechtliche, insbesondere betriebsverfassungsrechtliche Würdigung zur Reichweite der Mitbestimmungsrechte wird dem Betriebsrat in der Regel unumgänglich erscheinen.

8. Der CSO muss keine natürliche Person sein. Es kann sich insoweit auch um eine Stabsstelle innerhalb des Unternehmens handeln. In diesem Fall ist die Stabsstelle mit hinreichenden finanziellen, organisatorischen und personellen Ressourcen auszustatten. Die hier dem CSO zugewiesenen Kompetenzen und Verpflichtungen treffen in diesem Fall den Leiter der Stabsstelle.
9. Das Kompetenzprofil des Aufsichtsrats soll auch Expertise zu den für das Unternehmen bedeutsamen Nachhaltigkeitsfragen umfassen.
10. Zur Rechnungslegung und Abschlussprüfung gehören auch die Nachhaltigkeitsberichterstattung und deren Prüfung. Der Vorsitzende des Prüfungsausschusses des Aufsichtsrats soll zumindest auf einem der beiden Gebiete entsprechend sachverständig sein.
11. Die Vergütungsstruktur des Vorstands ist auf eine nachhaltige und langfristige Entwicklung der Gesellschaft auszurichten.

§ 6 Beschaffung

1. Die bestehenden Beschaffungsmuster und Lieferketten sind so umzugestalten, dass sie zur Reduktion von Treibhausgasen und zur Einsparung von Ressourcen führen. Das Unternehmen strebt an, seinen ökologischen Fußabdruck bei der Beschaffung kontinuierlich zu verringern. Im Jahr 2030 soll das gesamte Beschaffungswesen CO2-neutral ausgestaltet sein.
2. Bei der Auswahl von Zulieferern sind nachhaltige Unternehmen zu bevorzugen.

§ 7 Produktion

1. Die gesamte Produktion ist möglichst emissionsarm auszugestalten.
2. Bis zum Jahr 2030 soll die Produktion CO2-neutral ausgestaltet sein.
3. Energielieferverträge sind bevorzugt und überall dort, wo dies wirtschaftlich nicht unvertretbar ist, mit solchen Dienstleistern abzuschließen, die ausschließlich oder überwiegend regenerative Energiequellen verwenden.

§ 8 Ökologische Nachhaltigkeit

> **Hinweis:**
> Hier erfolgt eine **Aufzählung potenzieller konkreter Programme** als Ideenbörse. Die benannten Programme müssen im Einzelnen z. B. durch eine separate Betriebsvereinbarung umgesetzt werden.

1. Das Unternehmen fördert jede Form eines emissionsneutralen Transports von Gütern und Personen auf dem Betriebsgelände und zu ihm hin.
2. Hierzu wird jeder Mitarbeiter ein Dienstrad/ein E-Bike/ein E-Scooter für dienstliche und private Zwecke vom Arbeitgeber subventioniert zur Verfügung gestellt bekommen.
3. Der Arbeitgeber finanziert jedem Mitarbeiter ein ÖPNV-Ticket.
4. Der Arbeitgeber finanziert jedem Mitarbeiter zu Hause eine Ladestation für ein E-Auto. Dies gilt unabhängig davon, ob dem Mitarbeiter ein Anspruch auf einen Dienstwagen zusteht.
5. Die Betriebsparteien werden überall dort mobile Arbeit anbieten, wo dies betriebsorganisatorisch möglich und vertretbar ist.
6. Sämtliche Prozesse des Unternehmens werden sukzessive digitalisiert, um Ressourcen zu sparen. Die Digitalisierungsprozesse werden dabei so umgesetzt, dass die hierdurch zusätzlich notwendig werdenden Energieressourcen geringer und weniger umweltbelastend sind als die zuvor benötigten Ressourcen. Hierzu wird ein geeignetes Monitoring entwickelt.
7. Die Betriebsparteien sind sich darin einig, dass die Bodenfläche des Betriebsgeländes sukzessive entsiegelt werden soll. Es sollen, soweit keine dringlichen Gründe entstehen, zukünftig nur noch wasserdurchlässige und begrünbare Bodenversiegelungen im Außenbereich verwendet werden.
8. Die Begrünung im Außenbereich soll zukünftig mit solchen Bepflanzungen durchgeführt werden, die an absehbare Klimaveränderungen angepasst sind.

9. Im Betrieb wird dort, wo dies nicht wirtschaftlich unvertretbar ist, ein zweites Wasserversorgungssystem eingerichtet, welches durch aufgefangenes Regenwasser auf dem Betriebsgelände gespeist wird. Dies soll vor allem für Wasserkühlungen und Spülwasser umgesetzt werden.
10. Soweit dies nicht wirtschaftlich unvertretbar ist, sollen die Dachflächen der Fabrikhalle/des Bürogebäudes mit Solaranlagen bestückt werden. Als Zielwert vereinbaren die Betriebsparteien für das Kalenderjahr … eine solare Jahresleistung von X kwh, für das Kalenderjahr … eine Jahresleistung von Y kwh.
11. Der Arbeitgeber erklärt, seine Energielieferanten daraufhin zu überprüfen, ob und dass sie ihrerseits Energie (v.a. Strom) ausschließlich aus regenerativen Quellen verwenden. Der Arbeitgeber wird seine Stromlieferverträge zukünftig nur noch mit solchen Lieferanten abschließen.
12. Das Unternehmen wird einen freiwilligen Abfallbeauftragten bestellen, der noch nicht ausgeschöpfte Ressourcen des Recyclings in betrieblichen Abläufen aufdecken und hierzu Vorschläge unterbreiten soll. Die Übernahme ist für Mitarbeiter freiwillig.
13. Es werden in der Mitarbeiterkantine täglich vegetarische Mahlzeiten in unterschiedlicher Varietät angeboten. Soweit fleischliche Mahlzeiten angeboten werden, sind ausschließlich Bio-Produkte zu verwenden.

> **Hinweis:**
> Hier können weitere **Tierwohllabels** etc. zur Voraussetzung gemacht werden.

14. Die Raumtemperatur in Büroräumen soll ohne Einbußen der Arbeits- und Luftqualität vornehmlich durch Verschattungselemente und geeignete Belüftungskonzepte und nur subsidiär durch Kühlgeräte reguliert werden.
15. Der Arbeitgeber wird eine Registrierung und Zertifizierung nach dem EMAS-Standard seines Umweltmanagements und seiner Umweltbetriebsprüfung erwirken. Hieran werden die Betriebsparteien und die Mitarbeiter nach Kräften mitwirken.

> **Hinweis:**
> Diese beruht auf der VO (EG) Nr. 1221/2009. Bei EMAS handelt es sich um ein **freiwilliges Instrument**. Wenn jedoch eine Organisation die Registrierung nach EMAS anstrebt, müssen die Anforderungen der Verordnung **verpflichtend** erfüllt werden.

Variante

Der Arbeitgeber wird eine Registrierung und Zertifizierung nach dem ISO-14001-Standard seines Umweltmanagementsystems erwirken. Hieran werden die Betriebsparteien und die Mitarbeiter nach Kräften mitwirken.

> **Hinweis:**
> Die ISO-14001 ist der Vorläufer der EMAS-VO mit größtenteils niedrigeren Schutzstandards. Diese beinhalten Normen zu verschiedenen Bereichen des **Umweltmanagements**, unter anderem zu Ökobilanzen, zu Umweltkennzahlen bzw. zur Um-

weltleistungsbewertung. Sie kann sowohl auf produzierende als auch auf dienstleistende Unternehmen angewendet werden. Die ISO-14001 werden derzeit überarbeitet und konkretisiert, die novellierte Norm soll im Jahr 2025 erscheinen.

§ 9 Soziale Nachhaltigkeit

1. Eine hohe Wertschätzung der Mitarbeiter und ihre langfristige und nachhaltige Förderung sind Werte des Unternehmens, die die marktwirtschaftliche Position des Unternehmens dauerhaft sichern können. Das ethisch verantwortliche und nachhaltige Wirtschaften des Unternehmens soll bei den Mitarbeitern auf Akzeptanz stoßen und sie sollen sich fair behandelt fühlen.
2. Das Unternehmen will mit seinen Mitarbeitern nicht nur eine Wertschöpfungsgemeinschaft, sondern auch eine Wertegemeinschaft bilden. Wirtschaftlicher Erfolg kann dann nur durch engagierte, motivierte und begeisterte Mitarbeiter verwirklicht werden. Zusätzlich wird eine geringe Fluktuationsquote angestrebt, die durch eine hohe Identifikation des Mitarbeiters mit dem ethischen und nachhaltigen Wirtschaften des Unternehmens erzielt werden soll.
3. Durch sein ethisches und nachhaltiges Wirtschaften will das Unternehmen auch ein attraktiver Arbeitgeber werden. Transparenz und Authentizität in seinem Handeln sollen das Vertrauen der Mitarbeiter in unternehmerische Entscheidungen wachsen lassen.
4. In jegliche Entscheidungen zur Mitarbeiterförderung sollen immer sowohl kurz-, mittel- und auch langfristige Ziele des Mitarbeiters und des Unternehmens Eingang finden.
5. Das Unternehmen fühlt sich auch im Rahmen seiner Lieferketten für einen fairen und sozialen Umgang mit Mitarbeitern verantwortlich. Aus diesem Grund wird das Unternehmen sich inhaltlich an den Anforderungen des Lieferkettensorgfaltspflichtengesetz auch dann orientieren, wenn es nicht in dessen betrieblichen Anwendungsbereich fällt.

Hinweis:
Das **Lieferkettensorgfaltspflichtengesetz** (LKSG) findet auf alle Betriebe i. S. d. BetrVG Anwendung, wenn das jeweilige Unternehmen oder die Konzernmutter in der Regel **mehr als 1000 Arbeitnehmer** beschäftigt. Auf die Rechtsform des Unternehmens kommt es nicht an. Das Unternehmen muss seine Hauptverwaltung, die Hauptniederlassung, den Verwaltungssitz oder seinen satzungsmäßigen Sitz im Inland haben. Ist der Betrieb lediglich eine inländische Zweigniederlassung eines ausländischen Unternehmens, so findet das LKSG auf diesen Betrieb keine Anwendung. Ohne Einfluss ist dabei, ob das Unternehmen nach inländischem Recht gegründet ist. Innerhalb eines Konzerns ist bei der Konzernmutter eine konzernweite Zählung aller Arbeitnehmer anzusetzen, bei Konzerntöchtern verbleibt es bei einer unternehmensbezogenen Zählung.

6. Die Betriebsparteien werden ein attraktives und umfassendes Onboarding, Jobtraining und Offboarding implementieren.

Hinweis:
An dieser Stelle kann auf **konkrete Betriebsvereinbarungen** verwiesen werden, soweit solche im Betrieb bereits bestehen, z.B. zu Auswahlrichtlinien, Talentförderung, Traineeprogramme, Anforderungen an Führungspersonen, Grundsätze der Mitarbeiterführung, 360°-Feedbacksysteme, Einstellungen und Eingruppierungen etc. Auch ein **respektvoller Umgang** in den Fällen, in denen Mitarbeiter das Unternehmen auf eigenen Wunsch verlassen, ist für nachhaltige Mitarbeiterführung, insbesondere die Zufriedenheit der verbliebenen Mitarbeiter und eine Rückkehroption des Ausgeschiedenen, von nicht zu unterschätzender Bedeutung.

7. Die Mitarbeiter haben/werden Betriebsvereinbarungen zu Mitarbeiter-Feedback entwickeln und vereinbaren, mit welchen nicht nur monetäre Anreize gesetzt werden sollen, sondern die auch vor allem einer qualitativen Persönlichkeitsentwicklung dienen sollen.
8. Die Betriebsparteien werden auf ein faires und transparentes Lohngefüge innerhalb aller Mitarbeitergruppen hinwirken.

Hinweis:
Die besondere Herausforderung für Betriebsparteien besteht darin, auch die Gehälter von leitenden Angestellten und des Managements in eine transparente und **als fair empfundene Entgeltstruktur** einzubeziehen. Durch die am 6.6.2023 in Kraft getretene, sog. Entgelttransparenz-Richtlinie RL (EU) 2023/970, die eigentlich bis zum 7.6.2026 in nationales Recht umgesetzt werden musste, soll u.a. mangelnder Transparenz der Entgeltsysteme und mangelnder Rechtssicherheit in Bezug auf den Begriff der gleichwertigen Arbeit entgegengewirkt werden. Dadurch sollen objektive und geschlechtsneutrale Kriterien zur Entgeltbewertung herangezogen werden.
Soweit **tarifliche Regelungen** bestehen, sind **betriebliche Entlohnungssysteme ausgeschlossen,** § 87 Abs. 1 Einls. BetrVG.

9. Die Betriebsparteien werden folgende Sozialeinrichtungen zugunsten von Mitarbeitern einrichten oder darauf hinwirken: subventionierte Kooperationsverträge mit Fitnessstudios und Gesundheitszentren, eine betriebliche Kinderbetreuung oder ein äquivalentes Angebot; Jobticket, Jobrad, betriebliche Altersvorsorge, Unterstützung bei der Pflege von Angehörigen, unkomplizierte Inanspruchnahme von Sabbaticals etc.; Implementierung flexibler Arbeitszeitmodelle, die sich auch nach den Bedürfnissen von Mitarbeitern richten; regelmäßige und anlassbezogene Teambuildingmaßnahmen; Befragungen von Mitarbeitern zur Wahrnehmung des nachhaltigen und ethischen Wirtschaftens des Unternehmens.
10. Der Arbeitgeber wird Möglichkeiten des Betriebssports subventionieren.
11. Innerhalb des Unternehmens soll Chancengleichheit unabhängig des Geschlechts, der Behinderung, der Herkunft, der sexuellen Identität und des Alters herrschen. Dies gilt gleichermaßen für alle Formen mittelbarer Diskriminierung. Hierzu werden die Betriebsparteien eine Antidiskriminierungsrichtlinie vereinbaren, auf die

Beseitigung bestehender Ungleichheiten in der Entlohnung wegen zuvor benannter Kriterien hinwirken; Karrierechancen für alle Personengruppen gleichermaßen öffnen und Diversität in allen unternehmerischen Belangen fördern.

12. Das soziale Engagement von Mitarbeitern wird vom Unternehmen gefördert.
13. Hierzu erhält jeder Mitarbeiter eine entgeltliche Freistellung für ein ehrenamtliches Engagement seiner Wahl in Höhe von 5 Stunden pro Monat. Das Engagement darf sich auf unternehmerische und betriebliche Projekte beziehen, doch es sind auch ehrenamtliche Engagements eigener Wahl des Mitarbeiters nicht ausgeschlossen. Die Einzelheiten werden die Betriebsparteien in einer Betriebsvereinbarung vereinbaren.
14. Jeder Mitarbeiter erhält in einer von den Betriebsparteien näher auszugestaltenden Betriebsvereinbarung das Recht, zweimal jährlich sein Zeitguthaben/Wertguthaben auf dem Arbeitszeitkonto einem anderen Mitarbeiter für dessen ehrenamtliches Engagement zu »spenden«.

Hinweis:
Vor allem nach der Flutkatastrophe im Ahrtal haben viele Unternehmen mit solchen »Zeitspenden« zugunsten vor Ort aktiver Mitarbeiter sehr gute Erfahrungen gemacht

15. Jeder Mitarbeiter erhält in einer von den Betriebsparteien näher auszugestaltenden Betriebsvereinbarung das Recht, zweimal jährlich sein Zeitguthaben/Wertguthaben einem Ehrensamtspool zu »spenden«. Aus diesem Ehrenamtspool erhalten Mitarbeiter entgeltliche Freistellungen für ihr soziales Engagement. Die Verteilung des Zeitguthabens erfolgt durch eine ausschließlich mit Mitarbeitern besetzte Ehrenamtskommission. Vertreter von HR nehmen beratend an den Sitzungen der Ehrenamtskommission teil.
16. Mitarbeiter, die im Rahmen dieser Ziffer unternehmerisch gefördertes ehrenamtliches Engagement übernehmen, erklären sich bereit, dass das Unternehmen in geeigneter und angemessener Form über Blogartikel, Social-Media-Beiträge und Texte auf der Website diese darstellt. Eine erforderliche Einwilligung im Einzelfall bei der Verarbeitung personenbezogener Daten bleibt hiervon unberührt.
17. Die Betriebsparteien richten eine Ideenbörse ein, in welcher Mitarbeiter weitere konkrete Vorschläge für Ressourcenschonung und nachhaltige Unternehmensprozesse einbringen können. Die Ideenbörse ist dabei so auszugestalten, dass Mitarbeiter über den Umgang ihrer Vorschläge transparent und zeitnah Feedback erhalten können.
18. Jedem Mitarbeiter steht das Recht zu, bei arbeitsvertraglichen Weisungen, die gegen die in dieser Betriebsvereinbarung niedergelegten Nachhaltigkeitsgrundsätze verstoßen, die Leistung zu verweigern. Der Mitarbeiter hat dies seinem Vorgesetzten zu begründen.
19. Kommt zwischen beiden keine Einigung zustande, so ist die betriebliche Schlichtungsstelle nach dieser Betriebsvereinbarung zuständig. Das Leistungsverweigerungsrecht des Mitarbeiters besteht nicht, soweit die betriebliche Schlichtungs-

stelle diesen oder einen identischen Fall bereits beschieden hat. In solchen unbegründeten Wiederholungsfällen sind Abmahnungen nach den allgemeinen Grundsätzen zulässig.

§ 10 Ökonomische Nachhaltigkeit

1. Die Betriebsparteien werden auf eine nachhaltige und transparente Vergütungsstruktur im Unternehmen/im Betrieb hinwirken.
2. Die Betriebsparteien strebenden übereinstimmend ein aktives Hinwirken auf den Abbau bestehender Gehaltsdifferenzen zwischen den Geschlechtern an.

> **Hinweis:**
> Durch die am 6.6.2023 in Kraft getretene, sog. Entgelttransparenz-Richtlinie RL (EU) 2023/970, die bis zum 7.6.2026 in nationales Recht umgesetzt werden sollte, soll u.a. mangelnder Transparenz der Entgeltsysteme und mangelnder Rechtssicherheit in Bezug auf den Begriff der gleichwertigen Arbeit entgegengewirkt werden. Dadurch sollen objektive und geschlechtsneutrale Kriterien zur Entgeltbewertung herangezogen werden.

3. Die Betriebsparteien streben eine langfristige Entgeltgerechtigkeit im Betrieb an. Dies setzt eine diskriminierungsfreie Personalentwicklung voraus, die an den Ressourcen der Mitarbeiter anknüpft.
4. Die Betriebsparteien werden übereinstimmend eine Tarifbindung für alle Mitarbeiter des Betriebes anstreben.
   Variante
   Die Betriebsparteien streben übereinstimmend wegen des Fehlens eines einschlägigen Tarifvertrags eine Tariforientierung für alle Mitarbeiter an. Dies kann auch den Abschluss eines Bauträgervertrags beinhalten.
5. Überstunden im Betrieb sollen vermieden werden.
6. Die Betriebsparteien werden geeignete Schutzvorkehrungen zugunsten von Mitarbeitern implementieren, die Arbeitszeiten am späten Abend nach 18:00 Uhr entweder verhindern oder vermindern sollen.
7. In der Ausgestaltung von Vertrauensarbeitszeit werden die Betriebsparteien zukünftig nicht auf die Erfassung der Arbeitszeit durch den Mitarbeiter, sondern lediglich auf die Vorlageverpflichtung der erfassten Arbeitszeit gegenüber dem jeweiligen Vorgesetzten hinwirken.
8. Die Betriebsparteien werden übereinstimmend und aktiv Teilzeitmodelle auch für Führungspositionen fördern.
9. Die Betriebsparteien werden ihre Betriebsvereinbarungen daraufhin überprüfen, ob diese die Vereinbarkeit von Familie und Beruf fördern.
10. Die Betriebsparteien werden ihre Betriebsvereinbarungen daraufhin überprüfen, ob und dass Flexibilisierungsmodelle der Arbeitszeit sich nicht ausschließlich an den betrieblichen Bedürfnissen des Betriebs orientieren. Den Bedürfnissen der Mitarbeiter nach zeitlicher Flexibilisierung soll zukünftig, soweit dies betriebsorganisatorisch möglich ist, ein Vorrang eingeräumt werden.

§ 11 Hinweise und Vorschläge von Mitarbeitern

1. Haben Mitarbeiter den Eindruck, rechtliche Vorgaben, europäisches Recht, nationale Gesetze, Tarifverträge oder Betriebsvereinbarungen zum nachhaltigen Wirtschaften werden nicht oder nicht hinreichend umgesetzt, so haben sie das Recht, bei den zuständigen Stellen des Betriebs darauf hinzuweisen. Gleiches gilt für Vorschläge von Mitarbeitern, über bestehende rechtliche Vorgaben hinaus, nachhaltiges Wirtschaften auf weitere Bereiche zu erstrecken. Der Arbeitgeber muss zu diesen Hinweisen und Vorschlägen Gespräche mit dem Mitarbeiter führen. Mitarbeiter können zu hierauf bezogenen Gesprächen Mitglieder des Betriebsrats hinzuziehen. Der Arbeitgeber hat die Hinweise der Mitarbeiter unverzüglich textlich zu beantworten.
2. Dem Betriebsrat sind sämtliche Hinweise und Vorschläge der Mitarbeiter und ihre textliche Beantwortung durch den Arbeitgeber unverzüglich zuzuleiten.

§ 12 Betriebsverfassungsrechtliche Rechte

1. Die Berufung und Abberufung des CSO bedarf der Zustimmung des Betriebsrats.
2. Zu Hinweisen und Vorschlägen von Mitarbeitern nach dieser Betriebsvereinbarung gilt § 85 BetrVG als vereinbart, § 85 Abs. 2 Satz 3 BetrVG findet keine Anwendung.

> **Hinweis:**
> Die **Herausnahme von Gegenständen**, denen ein Rechtsanspruch zugrunde liegt, bietet sich bei Hinweisen und Vorschlägen zu nachhaltigem Wirtschaften **nicht** an.

3. Hält der Betriebsrat eine Antwort des Arbeitgebers auf einen Hinweis oder einen Vorschlag eines Mitarbeiters nach dieser Betriebsvereinbarung für nicht hinreichend, so gilt das Verfahren nach § 85 BetrVG als vereinbart. Die Zuständigkeit der Einigungsstelle gilt für die Frage, ob die Antwort des Arbeitgebers unter dem geltenden Recht und darüber hinaus der wirtschaftlichen Zumutbarkeit als ausreichend betrachtet wird, als vereinbart. Der Spruch der Einigungsstelle ersetzt die Einigung zwischen Arbeitgeber und Betriebsrat. Weitergehende Umsetzungsvorschläge auf den Hinweis des Mitarbeiters kann die Einigungsstelle ausschließlich vorschlagen.

> **Hinweis:**
> Damit kann die Einigungsstelle einen Spruch darüber fällen, ob der Arbeitgeber einen im Hinweis aufgegriffenen Aspekt bereits hinreichend berücksichtigt hat. **Konkrete Maßnahmen** aus diesem Hinweis zulasten des Arbeitgebers kann die Einigungsstelle **nicht** verbindlich beschließen. Diese Differenzierung entspricht spiegelbildlich dem § 85 BetrVG.

4. Die Betriebsparteien verfolgen übereinstimmend den Wunsch, die in dieser Betriebsvereinbarung niedergelegten Grundsätze und vereinbarten Zielvorstellungen stetig fortzuentwickeln. Aus diesem Grunde räumen sich die Betriebsparteien gegenseitig ein Initiativrecht im Sinne der Rechtsprechung des Bundesarbeitsge-

richts zu § 87 BetrVG ein. Zur Fortentwicklung der hier niedergelegten Grundsätze [**Variante**: und der Weiterentwicklung und Neuaufnahme der in dieser Betriebsvereinbarung genannten Projekte zur Erfüllung der Nachhaltigkeitsgrundsätze] gilt die Zuständigkeit der Einigungsstelle als vereinbart. Beide Seiten unterwerfen sich insoweit dem Spruch der Einigungsstelle.

Hinweis:
Dies gilt ausschließlich für die **Fortentwicklung von Grundsätzen**, nicht alle hieraus resultierenden und denkbaren Projekte und Maßnahmen.
Variante: Mit dieser Klausel wird ein Initiativrecht auch auf die **Neueinführung von Projekten** erstreckt. Hiermit wird lediglich die **Verpflichtung zur Aufnahme** von Projekten dem Initiativrecht unterworfen. Die **konkrete Ausgestaltung** der Projekte ist zwischen den Betriebsparteien **einvernehmlich** zu regeln. Ein Initiativrecht besteht hier nach allgemeinen Grundsätzen im Rahmen der höchstrichterlichen Rechtsprechung des Bundesarbeitsgerichts zu den einzelnen Ziffern des § 87 BetrVG.

Variante
Bei Zertifizierungsverfahren ist der Betriebsrat zu allen Vorgesprächen und Audits hinzuzuziehen, ihm steht ein Anwesenheitsrecht zu. Ein Verhandlungsgremium des Betriebsrats wird in die Korrespondenzen mit dem Zertifizierungsanbieter einbezogen.

Hinweis:
Dieses Recht besteht dem Grunde nach aus § 89 Abs. 2 Satz 2 BetrVG ohnehin. Der dem Betriebsrat lediglich vermittelte Gesprächsinhalt vermag in der Praxis nicht gleichermaßen Vertrauen zu fördern.

§ 13 Anlagen

1. Zu dieser Betriebsvereinbarung vereinbaren die Betriebsparteien folgende Anlagen: ....

Hinweis:
In einer Anlage könnten z. B. nähere Anforderungen an die **Nachhaltigkeitsbilanz**, den Inhalt, die Form oder die Veröffentlichung des **Nachhaltigkeitsberichts** sowie **materielle Vorgaben des externen Prüfers** vereinbart werden. Den Betriebsparteien bleibt es frei, ob sie die **verbindliche Verwendung** dieser Anlagen vereinbaren. Wegen der komplexen Regelungsgegenstände kann dem Betriebsrat die Verbindlichkeit der Anlagen ein Verhandlungsanliegen sein. Diese Anlagen haben dann die Rechtsqualität einer Betriebsvereinbarung, ohne dass ein selbstständiger Verhandlungsprozess jeweils initiiert werden muss und ohne dass anlässlich des Austausches einer Anlage eine Betriebspartei die Gelegenheit nutzen kann, zugleich die gesamte Betriebsvereinbarung zur Disposition zu stellen.

2. Die in dieser Betriebsvereinbarung genannten Anlagen sind Bestandteil der Betriebsvereinbarung.

> **Hinweis:**
> Mit einer solchen Regelung werden die Anlagen zur Vermeidung von Meinungsverschiedenheiten dem **gleichen Bestandsschutz** wie die Betriebsvereinbarung selbst unterstellt; dies gilt insbesondere hinsichtlich einer Nachwirkung, soweit diese gewollt und vereinbart ist.

3. Die Anlagen sind nicht isoliert kündbar.

> **Hinweis:**
> Die isolierte Kündbarkeit von Anlagen bietet sich dann an, wenn diese eigene, abgeschlossene Regelungsgegenstände, in der Regel Ausnahmen von der Betriebsvereinbarung, enthalten und die Betriebsvereinbarung ohne die Anlage einen sinnvollen, von den Betriebsparteien gewollten Regelungsrest übrig behält.

4. Die Anlagen können einvernehmlich abgeändert werden, ohne dass dies einer Kündigung oder Abänderung der Betriebsvereinbarung im Übrigen bedarf.

> **Hinweis:**
> Dies gilt für einvernehmliche Änderungen an der Betriebsvereinbarung ohnehin, diese Regelung ist deswegen für Anlagen nur **deklaratorisch**.

5. Abweichungen von dieser Betriebsvereinbarung bedürfen im Übrigen stets des Einvernehmens beider Betriebsparteien.

§ 14 Auslegungsschwierigkeiten betriebliche Schlichtungsstelle

1. Im Falle von Meinungsverschiedenheiten über die Auslegung und Durchführung der Betriebsvereinbarung werden die Betriebsparteien mit dem ernsthaften Willen einer Einigung verhandeln.
2. Zur einvernehmlichen Beilegung auch nach Ziffer 1. nicht behebbarer Meinungsverschiedenheiten über die Anwendung und Auslegung der Regelungen dieser Betriebsvereinbarung wird eine betriebliche Schlichtungsstelle eingerichtet. Die Zahl der Beisitzer auf Betriebsrats- und Arbeitgeberseite wird auf jeweils 2 festgesetzt. Die betriebliche Schlichtungsstelle entscheidet mehrheitlich.
3. Die Betriebsparteien können einvernehmlich einen Schlichter zur Moderation des Prozesses einsetzen. Hierdurch erwirbt die Schlichtungsstelle keine Spruchkompetenz.

> **Hinweis:**
> Aufgabe der Schlichtungsstelle bleibt auch unter der Moderation des neutralen Schlichters auf die **Suche nach einer einvernehmlichen Lösung** beschränkt. Alternativ kann auch eine **ständige Einigungsstelle** eingesetzt werden, die ihrerseits

mit **Spruchkompetenz** ausgestattet ist. In Ansehung der hier weitreichenden beidseitigen Fortschreibungsmöglichkeiten dieser Betriebsvereinbarung, die beiden Betriebsparteien ein Höchstmaß gegenseitigen Vertrauens abverlangen, scheint für weitergehende Konflikte eine Schlichtungsstelle ausreichend.

4. Kommt eine Mehrheit nicht zustande und erscheinen einer Seite alle Einigungsmöglichkeiten ausgeschöpft, so ist die Tätigkeit der betrieblichen Schlichtungsstelle beendet.

§ 15 Übergangsregelung
Mit dieser Betriebsvereinbarung wird die »Betriebsvereinbarung ...« nicht abgelöst, sondern sie tritt ergänzend neben sie.
Variante
Mit dieser Betriebsvereinbarung wird die »Betriebsvereinbarung ...« vom ... vollständig abgelöst.
Variante
Mit dieser Betriebsvereinbarung wird die »Betriebsvereinbarung Beschäftigungssicherung« vom ... teilweise abgelöst, sie gilt für die Abteilungen/die Standorte ... unverändert/mit folgenden Modifikationen: ... fort.

§ 16 Laufzeit, Beendigung
1. Die Betriebsvereinbarung wird wirksam mit ihrer Unterzeichnung.
   Variante
   Die Betriebsvereinbarung tritt am Datum in Kraft. Bis zum Zeitpunkt ihres Inkrafttretens ist sie ordentlich unkündbar.
2. Die Betriebsvereinbarung läuft auf unbestimmte Zeit.
   Variante
   Die Betriebsvereinbarung endet, ohne dass es einer Kündigung bedarf, am ....
3. Die Betriebsvereinbarung ist ordentlich kündbar mit einer Frist von sechs Monaten.
   Variante
   Die Betriebsvereinbarung ist ordentlich unkündbar.
4. Das Recht zur außerordentlichen fristlosen Kündigung aus wichtigem Grund bleibt unberührt.

§ 17 Nachwirkung
Die Betriebsvereinbarung wirkt im Falle ihrer Kündigung nach.

Hinweis:
Vereinbaren die Betriebsparteien nichts Abweichendes zur Nachwirkung, tritt eine in der Regel **nicht gewollte Rechtsfolge** nach Ablauf der ordentlichen Kündigungsfrist ein: Alle Gegenstände, die einem erzwingbaren Mitbestimmungstatbestand unterliegen, wirken nach, alle übrigen nicht. Einem solchen Skelett an nachwirkenden Regelungen baut diese Vereinbarung vor.

Variante
Die Betriebsvereinbarung wirkt im Falle einer ordentlichen Kündigung hinsichtlich der folgenden Gegenstände nach: .... Im Übrigen tritt keine Nachwirkung ein.
Variante
Die Betriebsvereinbarung wirkt im Falle einer Kündigung nicht nach.

§ 18 Salvatorische Klausel
Sollten einzelne Bestimmungen dieser Vereinbarung unwirksam sein oder werden, so bleiben die übrigen Bestimmungen hiervon unberührt. In diesem Fall verpflichten sich beide Seiten, für die ungültige Bestimmung eine neue, gültige Bestimmung zu vereinbaren, die dem Sinn der Früheren so weit wie möglich entspricht.

Ort, Datum, Unterschriften
Anlagen

2.2.3 Jobrad

BV 8

Präambel
Die Betriebsparteien setzen sich nach Kräften dafür ein, dass das Unternehmen einen Beitrag zum Umweltschutz leistet. Als Maßnahme des betrieblichen Umweltschutzes stellt das Unternehmen dem Mitarbeiter ein Dienstrad zur Verfügung. Dies soll dem Mitarbeiter Anreiz sein, den Weg zur Arbeit nicht mit dem Kraftfahrzeug zurückzulegen.

> **Hinweis:**
> Werden Personenbezeichnungen aus Gründen der besseren Lesbarkeit lediglich in der männlichen oder weiblichen Form verwendet, so schließt dies die jeweils anderen Geschlechter mit ein.
> Als Dienstrad im Sinne dieser Betriebsvereinbarung kommen in Betracht: **Unmotorisierte Fahrräder** und Fahrräder mit Elektromotor, sog. »**E-Bikes**«, die eine elektrische Trethilfe **bis 25 km/h** und eine Dauernennleistung von max. 0,25 kW aufweisen (§ 1 Abs. 3 StVG). Eine selbständig beschleunigende Anfahr- oder Schiebehilfe muss sich ab 6 km/h ausschalten. Ab dieser Geschwindigkeit darf der Motor nur noch eine tretkraftverstärkende Funktion ausüben.
> Die Bezeichnung **Pedelec** ist ein Akronym für »Pedal Electric Cycle« und wird zu den Begriffen »E-Bike« oder Elektrofahrrad synonym verwandt, sie lässt keine Rückschlüsse auf die rechtliche Behandlung zu. Hier wird der Begriff nicht verwendet.
> E-Scooter können nicht als Dienstrad nach dieser Vereinbarung überlassen werden. Sie gelten als Kraftfahrzeuge im straßenverkehrsrechtlichen und einkommensteuerrechtlichen Sinne.

Variante
Mit dem Dienstrad sollen Mitarbeiter sowohl animiert werden, den Weg zur Arbeit nicht mit einem Kraftfahrzeug zurückzulegen, als auch zukünftig alle Dienstwege (in der Stadt) mit dem Dienstrad zurückzulegen.

> **Hinweis:**
> Sollen auch Dienstwege in einem nicht unerheblichen Maße mit dem Dienstrad zurückgelegt werden, so sollte diesen Umstand die BV unterstreichen, weil in diesem Fall das Dienstrad als **Arbeitsmittel** gilt. Hierdurch sind Mitarbeiter in einem etwas größeren Maße unfallversichert (z. B. bei Wartungsfahrten und -arbeiten, Abholungen etc.).

Mitarbeiter erhalten gleichzeitig die Gelegenheit, durch die Nutzung des Dienstrads einen wichtigen Beitrag für den Umweltschutz und ihre Gesundheit zu leisten.

§ 1 Geltungsbereich
Diese Betriebsvereinbarung gilt für alle im Betrieb … tätigen Mitarbeiter.

Variante zur Beschränkung auf einzelne Betriebe
Diese Betriebsvereinbarung gilt nur in den Standorten … und … des Unternehmens.

VARIANTE zur Beschränkung auf einzelne Bereiche
Diese Betriebsvereinbarung gilt nicht/nur für Beschäftigte in den Abteilungen … [Aufzählung].

§ 2 Dienstrad
1. Das Unternehmen wird mit dem [Anbieter Fahrrad-Leasing] (im Folgenden »Leasinggeber« genannt) einen Rahmenleasingvertrag zur Umsetzung dieser Betriebsvereinbarung abschließen.

> **Hinweis:**
> Die größte Verbreitung findet in der Praxis das Dienstrad als Leasingmodell. Hierbei schließt der Arbeitgeber mit einem Dritten einen **Rahmenleasingvertrag**. Das konkrete Rad kann sich dann der Arbeitnehmer aussuchen. Zwischen Arbeitgeber und Arbeitnehmer wird zusätzlich eine **Überlassungsvereinbarung** mit detaillierten Regelungen wie Wartung, Haftung, private Nutzung, Laufzeit und Rückgabe abgeschlossen. Diese Betriebsvereinbarung enthält an die abzuschließende Überlassungsvereinbarung dezidierte Vorgaben. Hierdurch kann der Arbeitgeber die Überlassungsvereinbarung selbst mitbestimmungsfrei abschließen. Enthält die Betriebsvereinbarung solche Vorgaben nicht, muss der Wille des Betriebsrats, zu diesem Gegenstand sein Mitbestimmungsrecht abschließend ausgeübt haben zu wollen, anderweitig unmissverständlich zum Ausdruck kommen.

Arbeitnehmer haben das Recht, mit dem Arbeitgeber eine Überlassungsvereinbarung »Dienstrad« zur Nutzung eines Dienstrads nach den Bestimmungen dieser Betriebsvereinbarung abzuschließen.
Der Mitarbeiter kann beim Leasinggeber ein Fahrrad oder E-Bike bis zu einem Kaufpreis in Höhe von maximal 6000 Euro brutto auswählen. Die Grenze des Kaufpreises umfasst dabei alle Ausstattungsmerkmale.

Variante: Arbeitgeber kauft das Dienstrad

Das Unternehmen stellt Mitarbeitern ein Dienstrad folgender Anbieter und Modelle zur Verfügung: Auflistung der vom Arbeitgeber gekauften Diensträder oder zu deren Ankauf er bereit ist.
Arbeitnehmer haben das Recht, mit dem Unternehmen einen Überlassungsvertrag zur dienstlichen und privaten Nutzung eines Dienstrads nach den Bestimmungen dieser Betriebsvereinbarung abzuschließen.

2. Das Dienstrad wird dem Mitarbeiter zur dienstlichen und privaten Nutzung überlassen.
3. Das Unternehmen schließt für jedes Dienstrad eine Vollkaskoversicherung ab, die Diebstahl und Schäden durch unbekannte Dritte abdeckt. Die Beiträge der Versicherung trägt das Unternehmen. Dies gilt auch für einen eventuell vereinbarten Eigenanteil im Schadensfall, soweit nicht die Haftung des Mitarbeiters nach dieser Betriebsvereinbarung begründet ist.

Hinweis:

Aus Praktikabilitätsgründen empfiehlt sich, dass der Arbeitgeber eine umfassende **Vollkaskoversicherung** abschließt und die Kosten hierfür trägt. Es ist jedoch auch möglich, die Kosten für den privat genutzten Anteil des Dienstrads dem Arbeitnehmer aufzuerlegen. Der Anteil zwischen dienstlicher und privater Nutzung ist in diesem Fall zu schätzen.
Entsteht ein Schaden, finden in dem Fall, dass dieser während einer dienstlich veranlassten Fahrt auftritt, die Grundsätze des BAG zum **innerbetrieblichen Schadensausgleich** Anwendung: Die Schadenstragung darf dem Arbeitnehmer nur in dem Fall auferlegt werden, dass ihm eine schuldhafte Pflichtverletzung konkret vorzuwerfen ist. Ist dies der Fall, darf bei mittlerer Fahrlässigkeit die Hälfte des Schadens dem Arbeitnehmer zur Tragung auferlegt werden, ab grober Fahrlässigkeit auch der volle Schaden, solange dieser nicht völlig außer Verhältnis zum Einkommen steht. Dafür, dass der Schaden während einer dienstlich veranlassten Fahrt aufgetreten ist, trägt der Arbeitnehmer die Beweislast; Fahrten von und zur Arbeit sind dabei keine dienstlich veranlassten Fahrten.
Ist der Schaden während einer dienstlich veranlassten Fahrt aufgetreten, ohne dass dem Arbeitnehmer wenigstens mittlere Fahrlässigkeit konkret vorgeworfen werden kann, darf der Arbeitnehmer in keiner Weise an der Schadenstragung beteiligt werden, auch nicht über den Selbstbehalt im Versicherungsvertrag.
Um diesen Schwierigkeiten in der Praxis zu entgehen, schlägt die Betriebsvereinbarung die **Tragung der Versicherungsbeiträge** durch den Arbeitgeber vor. Wollen die Betriebsparteien hiervon abweichen, müssen Sie die vorgenannte Differenzie-

rung übernehmen, höhere Haftungsgrade zulasten der Mitarbeiter oder eine fehlende Differenzierung führen zur **Unwirksamkeit** der Regelung.

§ 3 Laufzeit
Die Laufzeit der Überlassungsvereinbarung »Dienstrad« beträgt 36 Monate.
Optional:

§ 4 Ankaufoption
In der Überlassungsvereinbarung wird dem Mitarbeiter das Recht eingeräumt, das genutzte Dienstrad nach Ablauf der Überlassungszeit zu einem Preis in Höhe von [40 %] des Bruttolistenpreises zu erwerben.

§ 5 Verantwortung des Mitarbeiters
1. Der Mitarbeiter ist verpflichtet, bei der Nutzung des Dienstrads die eigenübliche Sorgfalt anzuwenden (§ 277 BGB).
2. Der Mitarbeiter ist verpflichtet, vor jeder Fahrt die Verkehrssicherheit des Dienstrads zu überprüfen. Ist diese nicht gewährleistet, ist die Nutzung des Dienstrads untersagt.
3. Der Mitarbeiter ist für die Einhaltung der einschlägigen verkehrsrechtlichen Vorschriften, insbesondere des Straßenverkehrsgesetzes (StVG), der Straßenverkehrsordnung (StVO) und der Straßenverkehrszulassungsordnung (StVZO) verantwortlich.
4. Der Mitarbeiter ist für die Durchführung von regelmäßigen fachmännischen Wartungen des Dienstrads verantwortlich. Die Kosten der Wartung zur Einhaltung der vom Hersteller empfohlenen Wartungsintervalle trägt das Unternehmen/der Mitarbeiter.

Hinweis:
Wenn das Dienstrad nicht als Arbeitsmittel ausgestattet ist (vgl. Fn. in der Präambel), sind diese Zeiten und Wege für den Arbeitnehmer **nicht unfallversichert**, es sei denn, der Arbeitgeber schreibt Intervalle zur Wartung und aufzusuchende Werkstätten verbindlich fest (LSG Baden-Württemberg 21.10.2021 – L 1 U 779/21, NZS 2022, 310). Zugleich gilt: Je enger die Vorgaben des Arbeitgebers hinsichtlich der Wartung ausgestaltet sind, desto eher ist die dafür aufgewendete Zeit vergütungspflichtige Arbeitszeit.

5. Der Mitarbeiter ist verpflichtet, das Dienstrad in zumutbarem Maße vor Diebstahl, Vandalismus und Schäden durch Dritte zu schützen.
6. Der Mitarbeiter haftet für Schäden, die auf einer vorsätzlichen oder grob fahrlässigen Verletzung seiner Sorgfaltspflicht beruhen.
7. Der Mitarbeiter ist nicht befugt, technische Veränderungen am Dienstrad vorzunehmen. Der Austausch einzelner der Abnutzung ausgesetzter Teile ist zulässig, wenn er gegen wenigstens gleichwertige Teile erfolgt oder der Mitarbeiter bei Rückgabe des Dienstrads dieses in seinen ursprünglichen Zustand versetzt.

§ 6 Mobilitätsgarantie

Im Rahmen eines versicherten Schadensfalls werden zur Aufrechterhaltung der Mobilität vom Unternehmen folgende Leistungen übernommen:

- Kosten für den Rücktransport (Dienstrad und Mitarbeiter) zum Ausgangsort bei Verlust der Betriebssicherheit bis zu 100 Euro.
- Kosten für ein Leihrad ab dem 2. Tag. Maximal 20 Euro pro Tag, maximal 100 Euro pro Schadenereignis.

Die Mobilitätsgarantie ist pro Mitarbeiter für alle Schadensereignisse auf 200 Euro pro Jahr begrenzt.

§ 7 Beendigung der Nutzung

1. Zum Zeitpunkt der Beendigung der Nutzungsvereinbarung wird der Mitarbeiter das Dienstrad beim Leasinggeber zurückgeben.
2. Eine vorzeitige Rückgabe durch den Mitarbeiter ist mit einer zweiwöchigen Ankündigungsfrist zum Monatsende möglich. Das Recht zur vorzeitigen Rückgabe setzt nicht das Ruhen der arbeitsvertraglichen Hauptleistungspflichten voraus.
3. Ruhen die arbeitsvertraglichen Hauptleistungspflichten mehr als einen Monat, etwa wegen Elternzeit, eines Sabbaticals oder nach Ablauf der Entgeltfortzahlung im Krankheitsfall, kann das Unternehmen mit einer Ankündigungsfrist von 2 Wochen zum Monatsende die Überlassungsvereinbarung kündigen.
4. Der Mitarbeiter verpflichtet sich daneben, das Dienstrad bei Beendigung des Arbeitsverhältnisses zurückzugeben. Über die Rückgabe stellt der Leasinggeber/das Unternehmen dem Mitarbeiter ein Übergabeprotokoll aus.

   Variante

   Die Rückgabe durch den Mitarbeiter hat an folgendem Ort stattzufinden: Fachhändler ... in ... Der Fachhändler wird dem Mitarbeiter und dem Unternehmen über die Rückgabe ein Übergabeprotokoll ausstellen.
5. Die Rückgabeverpflichtung entfällt, wenn der Mitarbeiter von seinem Ankaufsrecht nach § 4 dieser Betriebsvereinbarung Gebrauch macht.

§ 8 Kosten

Grundfall: Zusätzliche Leistung

Das Unternehmen stellt dem Mitarbeiter das Dienstrad zusätzlich zur Verfügung. Die Kosten des Leasingvertrags trägt das Unternehmen. Hiervon ausgenommen sind Einstandspflichten des Mitarbeiters nach § 5 dieser Betriebsvereinbarung.

Variante: Entgeltumwandlung

Der Mitarbeiter trägt die in der Überlassungsvereinbarung vereinbarte Leasingrate. Die Zahlung erfolgt im Wege der Gehaltsumwandlung über die monatliche Gehaltsabrechnung des Mitarbeiters.

> **Hinweis:**
> Immer mehr Tarifverträge schließen diesen Weg aus, weil sie zu überhöhten Marktpreisen für Kauf und Wartung von E-Bikes führen, die die sozialversicherungsrechtlichen Vorteile des Mitarbeiters vollständig auffressen.

Für volle Kalendermonate, in denen das Arbeitsverhältnis ruht und dem Mitarbeiter kein Lohnanspruch gegen den Arbeitgeber zusteht, trägt das Unternehmen die vereinbarte Leasingrate, solange es nicht von seinem Kündigungsrecht Gebrauch macht.

Hinweis:
Das ArbG Osnabrück entschied mit Urteil v. 5.11.2019 – 3 Ca 229/19, dass für **Zeiten des Ruhens des Arbeitsverhältnisses** der Arbeitnehmer **nicht** zur Zahlung der Leasingrate verpflichtet werden könne. In diesen Zeiten besteht kein Entgeltanspruch, der umgewandelt werden könnte. Weil nicht nur die Intransparenz der konkreten Klausel nach § 305c BGB, sondern zugleich eine unangemessene Benachteiligung nach § 307 BGB festgestellt wurde, handelt es sich insoweit um eine **grundsätzliche Wertentscheidung**. Höherrangige Gerichtsentscheidungen hierzu sind bislang nicht ergangen.

§ 9 Steuerliche und sozialversicherungsrechtliche Behandlung
Grundfall: Zusätzliche Leistung
Eine Verrechnung der Leasingkosten des Unternehmens mit Ansprüchen des Mitarbeiters gegenüber dem Unternehmen ist unzulässig. Das Unternehmen stellt die Voraussetzungen des § 8 Abs. 4 EStG sicher, das Dienstrad wird zusätzlich zu allen ohnehin geschuldeten Lohn- und Entgeltbestandteilen angeboten. Dennoch erhobene Beiträge zur Sozialversicherung und Abführungen zur Lohnsteuer sind vom Unternehmen zu tragen.

Hinweis:
Wird das Dienstrad als **zusätzliche Leistung zum geschuldeten Arbeitslohn** (§ 8 Abs. 4 Satz 1 EStG) bereitgestellt, ist das Dienstrad **einkommensteuer**- (§ 3 Nr. 37 EstG) **und sozialversicherungsfrei** (§ 1 Abs. 1 Nr. 1 SvEV), wenn die erstmalige Überlassung nach dem 31.12.2018 erfolgt.
Sind diese Voraussetzungen nach § 8 Abs. 4 Satz 1 EStG erfüllt, erfolgt die Leistung auch dann »zusätzlich«, wenn der Anspruch auf diese Leistung in einem Arbeitsvertrag, einem Ergänzungsvertrag zum Arbeitsvertrag, einer BV, einem TV oder einem Gesetz vereinbart oder begründet wird, § 8 Abs. 4 Satz 2 EStG. Die Leistung muss somit nicht im arbeitsvertraglichen Sinne »freiwillig« erfolgen. In einer **Betriebsvereinbarung einen Anspruch** zugunsten der Arbeitnehmer zu begründen, **steht** deswegen **dem Kriterium »zusätzlich« nicht entgegen**.
Der Arbeitgeber darf somit nicht parallel zu dem Abschluss dieser BV (oder einer arbeitsvertraglichen Vereinbarung) mit dem Arbeitnehmer vereinbaren, dass sich sein Arbeitslohn um den Wert der Gebrauchsüberlassung mindert.
Die Steuerbefreiung ist bis Ende 2030 befristet. Die hier vereinbarte Übernahme von Steuern und Beiträgen ist daher insbesondere für Zeiträume ab 2031 relevant. Nachforderungen von Sozialversicherungsbeiträgen (z.B. im Rahmen von Prüfungen) hat der Arbeitgeber ohnehin zu tragen, ein Einbehalt beim Arbeitnehmer ist nur sehr eingeschränkt möglich. Die insoweit gesetzlich zu tragenden Beiträge stellen keinen Arbeitslohn dar. Die vertragliche Verpflichtung zur Übernahme von

> Steuern und Beiträgen erstreckt sich daher ausdrücklich nur auf darüber hinausgehende Steuern und Beiträge. Es empfiehlt sich wegen des unwägbaren Fortbestands der einkommensteuerrechtlichen und sozialversicherungsrechtlichen Privilegierungsregelungen aufzunehmen, wie im Falle zukünftiger Änderungen mit den Kosten zu verfahren ist.

Dies gilt auch insoweit, wie auf Grundlage der Kostentragung nach § 9 Satz 2f. wiederum Lohnsteuer und Sozialversicherungsbeiträge anfallen.

Variante: Entgeltumwandlung

1. Anfallende steuerliche und sozialversicherungsrechtliche Beiträge behält das Unternehmen ein und führt diese ab. Zu versteuern und zu verbeitragen sind gegenwärtig 1 % eines Viertels der auf volle hundert Euro abgerundeten unverbindlichen Preisempfehlung des Herstellers/Importeurs/Großhändlers zum Zeitpunkt der Inbetriebnahme, zuzüglich Umsatzsteuer (Bruttolistenpreis). [Gilt für erstmalige Überlassung nach dem 1. 1. 2020].

> **Hinweis:**
> Wird das Dienstrad **nicht »zusätzlich«** zum geschuldeten Arbeitslohn angeboten, ist die Möglichkeit, es privat zu nutzen, sowohl **einkommensteuer- als auch sozialversicherungspflichtig**. Welche Gestalt die Entgeltumwandlung dabei hat, ist gleichgültig. Arbeitsvertraglich kann eine Entgeltumwandlung rechtstechnisch als teilweiser Gehaltsverzicht des Arbeitnehmers, eine Aufrechnungserlaubnis zugunsten des Arbeitgebers oder eine Auszahlungsmodalität vereinbart werden.
> Auch im Wege einer **Betriebsvereinbarung** kann die Entgeltumwandlung vereinbart werden, **soweit kein** auf den Betrieb anwendbarer **Tarifvertrag** das Entgelt regelt. Ein Tarifvertrag ist nur dann im Betrieb anwendbar, wenn der Arbeitgeber entweder den Firmentarifvertrag abgeschlossen hat oder Mitglied im vertragsschließenden Arbeitgeberverband ist (§ 87 Abs. 1 Einls. BetrVG).

2. Gegenwärtig muss für die Möglichkeit, die Fahrten zwischen Wohnung und erster Tätigkeitsstätte mit dem Dienstrad zurückzulegen, die 0,03 %-Regelung nicht angewandt werden. Für diese Möglichkeit fallen zulasten des Mitarbeiters weder Lohnsteuer noch Sozialversicherungsbeiträge an. Ändert sich die rechtliche Behandlung, trägt der Mitarbeiter anfallende Kosten. Das Unternehmen wird den Mitarbeiter in diesem Fall rechtzeitig auf die gesetzliche Änderung und sein Kündigungsrecht hinweisen.
3. Macht der Mitarbeiter von seinem Ankaufsrecht Gebrauch, trägt er für das vergünstigte Angebot die gesetzlich anfallende Einkommensteuer und die Beiträge zur Sozialversicherung in Höhe der jeweils gesetzlichen Regelungen. Gegenwärtig ist dies bei Unterschreiten des Listenkaufpreises von weniger als 40 % nach 36 Monaten der Fall.

§ 10 Schlussbestimmungen

1. Diese Betriebsvereinbarung tritt mit ihrer Unterzeichnung in Kraft.
2. Weitere Betriebsvereinbarungen bleiben von dieser Regelung unberührt.
3. Diese Betriebsvereinbarung kann mit einer Frist von 3 Monaten zum Jahresende gekündigt werden.
   Variante: Anpassung an 36-monatige Laufzeit des Leasingvertrags
   Diese Betriebsvereinbarung kann mit einer Frist von 6 Monaten zum Jahresende, frühestens jedoch zum 31.12.2026 gekündigt werden.
4. Diese Betriebsvereinbarung endet, ohne dass es einer Kündigung bedarf, am 30.6.2030.
5. Die Kündigung dieser Betriebsvereinbarung lässt den Bestand der auf ihrer Grundlage rechtmäßig abgeschlossenen Überlassungsvereinbarungen unberührt.
6. Eine Nachwirkung wird ausgeschlossen.
   Variante
   Die Betriebsvereinbarung wirkt im Falle ihrer Kündigung in Gänze nach.
7. Im Falle von Meinungsverschiedenheiten über die Auslegung und Durchführung der Betriebsvereinbarung werden die Betriebsparteien mit dem ernsthaften Willen einer Einigung verhandeln.
   Variante
   Die Betriebsparteien verpflichten sich, im Falle von Meinungsverschiedenheiten über die Auslegung und Anwendung dieser Betriebsvereinbarung, ihrer Anlagen oder der Überlassungsvereinbarung ein innerbetriebliches Schlichtungsverfahren durchzuführen. Auf Antrag einer Betriebspartei tritt die Schlichtungskommission zusammen. Die Schlichtungskommission besteht aus zwei Mitgliedern jeder Betriebspartei. Solange nicht eine Seite das Schlichtungsverfahren für gescheitert erklärt hat, kann die Einigungsstelle von keiner Seite angerufen werden.
8. Sollten einzelne Bestimmungen dieser Vereinbarung unwirksam sein oder werden, so bleiben die übrigen Bestimmungen hiervon unberührt. In diesem Fall verpflichten sich beide Seiten, für die ungültige Bestimmung eine neue, gültige Bestimmung zu vereinbaren, die dem Sinn der Früheren so weit wie möglich entspricht.
9. Zu dieser Betriebsvereinbarung vereinbaren die Betriebsparteien folgende Anlagen: …. Die in dieser Betriebsvereinbarung genannten Anlagen sind Bestandteil der Betriebsvereinbarung. Die Anlagen zu dieser Betriebsvereinbarung können einvernehmlich abgeändert werden, ohne dass dies einer Kündigung oder Abänderung der Betriebsvereinbarung im Übrigen bedarf. Sie sind nicht isoliert kündbar.

Ort, Datum, Unterschriften
Anlagen

3. Berufliche und finanzielle Entwicklung, Teilfreistellungen sowie Ersatzfreistellungen

3.1 Einleitung Entgeltschutz

Nach § 37 Abs. 4 BetrVG darf das Arbeitsentgelt von Mitgliedern des Betriebsrats einschließlich eines Zeitraums von einem Jahr nach Beendigung der Amtszeit nicht geringer bemessen werden als das Arbeitsentgelt vergleichbarer Arbeitnehmer mit betriebsüblicher beruflicher Entwicklung. Dies gilt auch für allgemeine Zuwendungen des Arbeitgebers. Nach § 78 Satz 2 BetrVG dürfen Mitglieder des Betriebsrats wegen ihrer Tätigkeit nicht benachteiligt oder begünstigt werden; dies gilt auch für ihre berufliche Entwicklung.
Durch diese Bestimmungen soll sichergestellt werden, dass Mitglieder des Betriebsrats weder in wirtschaftlicher noch in beruflicher Hinsicht gegenüber vergleichbaren Arbeitnehmern mit betriebsüblicher beruflicher Entwicklung Nachteile erleiden. Dabei ist nicht auf die hypothetische Gehaltsentwicklung des Betriebsratsmitglieds abzustellen, sondern auf die Gehaltsentwicklung vergleichbarer Arbeitnehmer.
Im Einzelnen ist hier vieles streitig und oftmals auch schwer nachweisbar. Deshalb werden im Sinne beidseitiger Rechtssicherheit freiwillige Betriebsvereinbarungen zu diesem Regelungskomplex abgeschlossen. Die Bereitschaft der Arbeitgeber hierzu hat etwas nachgelassen wegen einer verworrenen strafrechtlichen Behandlung einer vermeintlich zu hohen Betriebsratsvergütung. Üblich sind hierzu auch Regelungsabreden, nur kann diese dann nur der Betriebsrat und nicht das einzelne Mitglied durchsetzen.

3.2 Betriebsvereinbarungen

3.2.1 Wirtschaftliche und berufliche Absicherung der ehrenamtlichen Tätigkeit von Betriebsratsmitgliedern

Zwischen dem Unternehmen und dem Gesamtbetriebsrat wird auf der Grundlage des Betriebsverfassungsgesetzes (§ 37 Abs. 4 in Verbindung mit § 38 Abs. 3 BetrVG) nachfolgende Betriebsvereinbarung zur Entgeltentwicklung von Betriebsratsmitgliedern abgeschlossen. BV 9

§ 1 Geltungsbereich
Die Vereinbarung gilt für alle im Unternehmen beschäftigten und freigestellten Mitglieder der Betriebsräte, des GBR, des KBR und der Gesamt-Jugend- und -Auszubildendenvertretung.

I. Ständig freigestellte Betriebsratsmitglieder

§ 2 Entgeltzahlungen

Die freigestellten Betriebsratsmitglieder erhalten Lohn/Vergütung/Bezüge nach den Maßgaben des § 37 Abs. 4 in Verbindung mit § 38 Abs. 3 BetrVG.

§ 3 Benennung der Vergleichspersonen

(1) Für jedes freigestellte Betriebsratsmitglied sind drei Vergleichspersonen zu benennen, deren Gesamtjahresvergütung (einschließlich Leistungszulagen, Prämien, Provisionen etc.) als Maßstab für das an das freigestellte Betriebsratsmitglied weiterzuzahlende Entgelt dienen. In begründeten Ausnahmefällen kann davon abgewichen werden.
Sofern im eigenen Betrieb keine geeigneten Vergleichspersonen zur Verfügung stehen, können auch Arbeitnehmer anderer Betriebe als Vergleichspersonen benannt werden.
Maßgebender Zeitpunkt für die Ermittlung der Vergleichsperson ist der Zeitpunkt der erstmaligen Wahl in den Betriebsrat. Für nachgerückte Ersatzmitglieder gilt derjenige Zeitpunkt als maßgebend, in dem dieses Mitglied als ständiges Betriebsratsmitglied nachgerückt ist.
(2) Die Benennung der Vergleichspersonen erfolgt im Einvernehmen zwischen der Betriebsleitung und dem Betriebsrat sowie dem betroffenen freigestellten Betriebsratsmitglied.
Eine der Vergleichspersonen sollte derjenige Arbeitnehmer sein, der den Arbeitsplatz des freigestellten Betriebsratsmitglieds wahrnimmt. Weitere Vergleichspersonen sollten Beschäftigte sein, die zum Zeitpunkt vor der Freistellung unter vergleichbaren Voraussetzungen (z. B. Befähigung, Ausbildung, Leistung, gleiches Tarifgebiet, Arbeitszeit, Leistungsstufen) arbeiteten und der gleichen Beschäftigtengruppe angehörten wie das freigestellte Betriebsratsmitglied.
(3) Die benannten Vergleichspersonen sind in der Personalakte des freigestellten Betriebsratsmitglieds schriftlich niederzulegen. Die Voraussetzungen der Vergleichbarkeit sind fortlaufend zu prüfen.
(4) Bei einem Ausfall einer der drei Vergleichspersonen, z. B. infolge längerer Arbeitsunfähigkeit, Ausbildung, Umschulung, oder wenn unterstellt wird, dass das freigestellte Betriebsratsmitglied ohne seine Freistellung einen anderen Arbeitsplatz übernommen hätte, ist – ggf. nur vorübergehend – eine neue Vergleichsperson festzulegen.

§ 4 Beruflicher Werdegang während der Freistellung

(1) Entwickeln sich mindestens zwei der Vergleichspersonen beruflich weiter, wird diese Fortentwicklung auch für das freigestellte Betriebsratsmitglied unterstellt.
Entwickelt sich nur eine der Vergleichspersonen weiter, wird das Unternehmen prüfen, ob diese Weiterentwicklung auch für das freigestellte Betriebsratsmitglied angenommen werden kann. Bei der Fortentwicklung der Vergleichspersonen, die den Arbeitsplatz des freigestellten Betriebsratsmitglieds eingenommen hat, ist diese Fortentwicklung regelmäßig auch für das freigestellte Betriebsratsmitglied zu unterstellen. Der Betriebsrat ist vor der Entscheidung anzuhören.

(2) Ein freigestelltes Betriebsratsmitglied ist zu dem Zeitpunkt höherzugruppieren, zu dem ihm ohne die Freistellung bei üblicher beruflicher Entwicklung eine höher bewertete Tätigkeit nicht nur vorübergehend übertragen worden wäre.

§ 5 Bewerbung von Betriebsratsmitgliedern
(1) Bei Bewerbungen auf ausgeschriebene Stellen sind freigestellte Betriebsratsmitglieder auf deren Antrag in die Auswahl einzubeziehen. Die Entscheidung erfolgt allein aufgrund der Qualifikation.
Die Entscheidung des Unternehmens darf nicht von der Überlegung beeinflusst werden, dass der Bewerber weiterhin Betriebsratsmitglied ist und ggf. auch weiterhin freigestellt bleibt.
(2) Fällt die Auswahlentscheidung zugunsten des freigestellten Betriebsratsmitglieds aus, kann es entscheiden, ob es die Freistellung aufgibt und den Arbeitsplatz übernimmt oder nicht. In jedem Fall hat sich das freigestellte Betriebsratsmitglied schriftlich zu erklären. Eine Begründung der Entscheidung durch den Bewerber ist nicht erforderlich.
Entscheidet sich das freigestellte Betriebsratsmitglied nach positiver Auswahlentscheidung gegen die neue Stelle, ist § 4 Abs. 2 [dieser Betriebsvereinbarung] anzuwenden. Darüber hinaus werden entsprechend der Bewertung dieses Arbeitsplatzes andere Vergleichspersonen genannt.
Der Arbeitsplatz wird mit der Kraft besetzt, die in der Rangfolge als nächste aufgeführt ist.

§ 6 Beruflicher Werdegang nach der Freistellung
(1) Nach Beendigung der Freistellung gilt § 37 Abs. 5 bzw. § 38 Abs. 4 BetrVG.
(2) Das Unternehmen wird in angemessener Zeit nach Beendigung der Freistellung allen Betroffenen im gesetzlichen Rahmen die Möglichkeiten bieten, die erforderlichen Schulungen zu absolvieren, um eine angemessene berufliche Aufgabenstellung übernehmen zu können.

II. Nicht ständig freigestellte Betriebsratsmitglieder
§ 7 Entgeltzahlungen
Nicht ständig freigestellte Betriebsratsmitglieder erhalten Lohn/Vergütung/Bezüge nach Maßgabe des § 37 Abs. 4 BetrVG.
Im Übrigen gelten die vorstehenden Bestimmungen zur wirtschaftlichen und beruflichen Entwicklung ständig freigestellter Betriebsratsmitglieder entsprechend.

III. Schlussbestimmungen
§ 8 Konfliktregelung
(1) Streitigkeiten bei der Anwendung dieser Regelungen werden aufgrund eines Betriebsratsbeschlusses vor einer paritätisch besetzten Kommission mit dem ernsthaften Willen einer Einigung verhandelt. Die Kommission besteht aus drei Vertretern der Arbeitgeber und drei vom Gesamtbetriebsrat benannten Vertretern der Arbeitnehmer.

(2) Wird in der paritätischen Kommission keine Einigung erzielt, entscheidet eine Einigungsstelle abschließend. Diese besteht aus zwei Beisitzern je Seite. Den Vorsitz übernimmt …, im Verhinderungsfalle ….

§ 9 In-Kraft-Treten und Kündigung

(1) Die Vereinbarung tritt mit ihrer Unterzeichnung in Kraft und kann mit einer Frist von drei Monaten zum Ende eines Kalenderjahres schriftlich gekündigt werden.
(2) Die Vereinbarung wirkt nach.

Ort, Datum, Unterschriften

3.2.2 Vergütung von Betriebsratsmitgliedern

BV 10

Präambel

Diese Betriebsvereinbarung regelt das Verfahren zur Bestimmung der Entgeltentwicklung von Betriebsratsmitgliedern auf Grundlage des Betriebsverfassungsgesetzes. Mitglieder des Betriebsrats führen nach § 37 Abs. 1 (BetrVG) ihr Amt unentgeltlich als Ehrenamt. Sie dürfen weder begünstigt noch benachteiligt werden. Diese Betriebsvereinbarung regelt das Verfahren zur Festsetzung der Vergütung von Mitgliedern der Interessenvertretung der Mitbestimmung auf Grundlage des BetrVG. Ziel dieser Vereinbarung ist es, eine rechtssichere und rechtskonforme Vergütung von Betriebsratsmitgliedern, Schwerbehindertenvertrauenspersonen, Mitgliedern der Jugend- und Auszubildendenvertretung, sowie deren Ersatzmitglieder durch ein transparentes Verfahren sicherzustellen.

§ 1 Geltungsbereich

Diese Betriebsvereinbarung gilt für alle Betriebsratsmitglieder, Betriebsratsmitglieder, Schwerbehindertenvertrauenspersonen, Mitglieder der Jugend- und Auszubildendenvertretungen sowie deren Ersatzmitglieder im Vertretungsbereich des Betriebsrats der … (Betrieb/Unternehmen/Konzern).

§ 2 Vergleichsgruppe

Die freigestellten Betriebsratsmitglieder erhalten Lohn/Vergütung/Bezüge nach den Maßgaben des § 37 Abs. 4 in Verbindung mit § 38 Abs. 3 BetrVG.

(1) Festlegung

Gemäß § 37 Abs. 4 BetrVG darf das Arbeitsentgelt von Betriebsratsmitgliedern nicht geringer bemessen werden als das Arbeitsentgelt vergleichbarer Arbeitnehmer mit betriebsüblicher beruflicher Entwicklung.

Um dies zu gewährleisten, vereinbaren die Parteien das nachfolgende Verfahren zur Festlegung von Vergleichspersonen.

a) Vergleichsgruppenvereinbarung

Die Festlegung der jeweiligen Vergleichspersonen erfolgt einvernehmlich zwischen Arbeitgeber und Betriebsrat in einer separaten Vereinbarung in Textform (Anlage 1) für jedes Betriebsratsmitglied, spätestens acht Wochen nach Amtsübernahme, bzw. erstmals nach Abschluss dieser Betriebsvereinbarung.

b) Anzahl Vergleichspersonen

Zur Bildung der Vergleichsgruppe werden mindestens drei und maximal sieben Vergleichspersonen herangezogen. In Einzelfällen kann es gerechtfertigt sein, dass die Betriebsparteien einvernehmlich eine geringere oder höhere Zahl festlegen. Dies ist in Textform zu begründen.

c) Vorschlagsrecht

Dem jeweiligen Betriebsratsmitglied ein Vorschlagsrecht zu. Die Vorschläge sind bei der Einreichung zu begründen. Zu diesem Zweck haben Betriebsratsmitglieder ein Einsichts- und Auskunftsrecht über die Entgeltzusammensetzung sowie den beruflichen Werdegang der vorgeschlagenen Vergleichspersonen.

Vorschläge müssen innerhalb von vier Wochen nach Amtsübernahme bzw. nach Abschluss dieser Betriebsvereinbarung den Betriebsparteien zugehen.

d) Berücksichtigung der Vorschläge

Vorschläge sind bei der Festlegung der Vergleichsgruppe zu berücksichtigen, es sei denn es handelt sich um nicht vergleichbare Arbeitnehmer.

Bei Nicht – oder nur teilweiser Berücksichtigung von Vorschlägen, erfolgt durch den Arbeitgeber innerhalb von einer Woche eine Begründung in Textform gegenüber dem Betriebsrat und dem betroffenen Betriebsratsmitglied.

Das Betriebsratsmitglied hat Gelegenheit zur Stellungnahme an die Betriebsparteien innerhalb weiterer zwei Wochen, die bei der endgültigen Festlegung zu berücksichtigen ist.

Äußert sich der Arbeitgeber nicht in Textform innerhalb der vorgenannten Fristen, gilt seine Zustimmung zu den vorgeschlagenen Vergleichspersonen als erteilt. Das gilt entsprechend bei einer Neufestsetzung von Vergleichspersonen aus sachlichen Gründen.

(2) Vergleichbare Arbeitnehmer

Mit dem Betriebsratsmitglied vergleichbar sind Arbeitnehmer, die zum Zeitpunkt der Amtsübernahme

a) im selben Betrieb tätig sind,
b) in dieselbe Tätigkeitsgruppe eingruppiert sind, d. h. nach Maßgabe des einschlägigen Tarifvertrages, bzw. Betriebsvereinbarung dieselben Tätigkeitsmerkmale erfüllen (als Kriterien kommen insbesondere in Betracht: Entgeltgruppe, Höhe und Zusammensetzung des Leistungsentgelts, sonstige geldwerte Vorteile oder Leistungen),
c) in ähnlicher Weise fachlich und persönlich qualifiziert sind, d. h. insbesondere eine vergleichbare fachliche Ausbildung aufweisen (Kriterien können insbesondere sein: Ausbildungen, Fort- und Weiterbildungen, Studienabschlüsse, Berufserfahrung, Spezialkenntnisse) und
d) eine im Wesentlichen gleiche Tätigkeit ausüben (Kriterien können insbesondere sein: Tätigkeit, Handlungs- und Entscheidungsspielraum, Führungskompetenz, Personalverantwortung, Budgetverantwortung, Stellung und Bedeutung für den

Betrieb, Übernahme von gelegentlichen oder regelmäßigen Sonderaufgaben im Betrieb).

Fehlen im Betrieb Vergleichspersonen, können vergleichbare Arbeitnehmer eines anderen Betriebs des Unternehmens herangezogen werden. Fehlen sie auch dort, ist auf die betriebsübliche Entwicklung der nächsthöheren vergleichbaren Arbeitnehmergruppe im Betrieb bzw. Unternehmen abzustellen.

(3) Änderung und Neubestimmung der Vergleichsgruppe

Die Vergleichsgruppenbildung kann während der Amtszeit des Betriebsratsmitglieds tatsächlichen zu berücksichtigenden Änderungen unterliegen.

Eine Vergleichsperson muss ersetzt werden, wenn sie den Betrieb verlässt.

Fällt mehr als die Hälfte der Vergleichsgruppe weg, ist die ganze Vergleichsgruppe neu zu bestimmen.

Neue Vergleichsperson müssen bereits zum Zeitpunkt der erstmaligen Amtsübernahme vergleichbar gewesen sein.

Soweit der Arbeitgeber eine nachvollziehbare Eingruppierung mit dem Mitglied des Betriebsrats in Bezug auf eine konkrete Stelle vereinbart, ist eine darauf gerichtete Änderungsvereinbarung keine Benachteiligung oder Begünstigung. Bei einer solchen Stellenbesetzung können auch die durch und während der Amtstätigkeit erworbenen Kenntnisse, Fähigkeiten und Qualifikationen berücksichtigt werden, soweit sie für die jeweilige Stelle vergütungsrelevant sind.

Zum Zeitpunkt der arbeitsvertraglichen Änderung ist eine neue Vergleichsgruppe nach vorstehendem Verfahren zu bilden, d. h. alle bisherigen Vergleichspersonen sind auszuwechseln.

(4) Dokumentation

Jedes Betriebsratsmitglied ist durch den Arbeitgeber über die Zusammensetzung seine aktuelle Vergleichsgruppe (namentliche Nennung der Vergleichspersonen), sowie über etwaige Änderungen in Textform zu informieren.

§ 3 Entgelt

(1) Entgeltbegriff

Das Betriebsratsmitglied ist nach dem Entgeltausfallprinzip des § 37 Abs. 2 BetrVG so zu vergüten, als wenn es die Betriebsratstätigkeit nicht wahrgenommen hätte. Ihm ist das Entgelt zu gewähren, dass es ohne die Betriebsratstätigkeit erhalten hätte, inklusive aller allgemeinen Zuwendungen, Sachbezüge oder sonstigen Vergütungsbestandteile.

(2) Entgeltentwicklung

Das Entgelt des Betriebsratsmitglieds erhöht sich im gleichen Maße wie das Entgelt des Medians (Mittelwert) der Vergleichsgruppe.

Besteht die Vergleichsgruppe aus nur drei Personen, ist stattdessen auf die durchschnittliche Vergütungssteigerung der Gruppe abzustellen.

Die Entgeltentwicklung der Vergleichsgruppe wird einmal jährlich mit dem Entgelt des Betriebsratsmitglieds abgeglichen. Ist die Vergütungsentwicklung hinter der Entwicklung des Medians zurückgeblieben, wird diese mit Wirkung zum darauffolgenden Monat auch dem Betriebsratsmitglied gewährt.

Der Betriebsrat und das jeweilige Betriebsratsmitglied werden über das Ergebnis der Überprüfung in Textform informiert. Wurde aufgrund einer Anpassungsentscheidung nach dieser Betriebsvereinbarung eine höhere Vergütung als zuvor gewährt, kann diese nicht wieder rückgängig gemacht werden. Ausnahme hiervon ist die schriftliche Vereinbarung einer geringer dotierten Stelle.

§ 4 Hypothetische Karriere
Eine hypothetische Karriere ist anzunehmen, wenn es aufgrund tatsächlicher Indizien und Umstände hinreichend wahrscheinlich ist, dass das Betriebsratsmitglied ohne seine Amtstätigkeit die betreffende berufliche Entwicklung genommen hätte, auch wenn diese günstiger ist, als die Entwicklung in der vereinbarten Vergleichsgruppe.
Voraussetzung für einen Beförderungsanspruch ist, dass das Betriebsratsmitglied das Anforderungsprofil in Bezug auf eine konkrete unbesetzte Stelle mit höherer Vergütung im Betrieb oder Unternehmen

a) im Wesentlichen erfüllt, bzw. bei einer zumutbaren Qualifizierung erfüllen könnte (Während der Amtstätigkeit erworbene Kenntnisse, Fähigkeiten und Qualifikationen sowie eine angemessene Aufhol- bzw. Anlernzeit sind zu berücksichtigen),
b) sich nach den allgemein gültigen Vorschriften auf die konkrete unbesetzte Stelle bewirbt,
c) ein Vertragsangebot durch den Arbeitgeber erhält und dieses annimmt. Der Vertragsschluss ist niederzulegen und eine neue Vergleichsgruppe nach den o.g. Bestimmungen zu bilden. Im Fall einer Freistellung des Betriebsratsmitglieds besetzt der Arbeitgeber die Stelle mit einem anderen Bewerber (Doppelbesetzung).

Eine Ablehnung der Bewerbung hat der Arbeitgeber in Textform zu begründen.

§ 5 Streitigkeiten
Zur Vermeidung arbeitsgerichtlicher Verfahren richten die Parteien eine freiwillige Einigungsstelle nach § 76 Abs. 1 und 6 BetrVG ein. Die Einigungsstelle kann von jeder Partei einberufen werden um insbesondere Konflikte über das Verfahren zur Festlegung vergleichbarer Arbeitnehmer, das Entgelt und die hypothetische Karriere beizulegen.

§ 6 Schlussbestimmungen
Diese BV tritt mit Unterzeichnung in Kraft. und kann mit einer Frist von sechs Monaten zum Jahresende schriftlich gekündigt werden, erstmals zum __.__.20__.
Die Betriebsvereinbarung entfaltet im Falle ihrer Kündigung Nachwirkung.

Ort, Datum, Unterschriften

4. Bildung einer ständigen Einigungsstelle

4.1 Einleitung

Die betriebsverfassungsrechtliche Einigungsstelle hat als Organ der Betriebsverfassung die Aufgabe, Meinungsverschiedenheiten zwischen dem Arbeitgeber einerseits und dem Betriebsrat, dem Gesamtbetriebsrat oder dem Konzernbetriebsrat andererseits beizulegen. Die Einigungsstelle wird im Regelfall jeweils bei Bedarf gebildet. Voraussetzung für das Tätigwerden der Einigungsstelle im erzwingbaren Einigungsstellenverfahren ist ihre Zuständigkeit und das Scheitern der Verhandlungen zwischen den Betriebsparteien. Die Durchführung eines freiwilligen Einigungsstellenverfahrens setzt die einvernehmliche Anrufung der Einigungsstelle durch die Betriebsparteien voraus (Rn. 130 ff.). Ebenso freiwillig ist die Errichtung einer ständigen Einigungsstelle.

4.2 Betriebsvereinbarung Bildung einer ständigen Einigungsstelle

BV 11 Zwischen dem Unternehmen Firmenbezeichnung
vertreten durch den Geschäftsführer Name;
und dem Betriebsrat,
vertreten durch seine Vorsitzende Name
wird folgende **Betriebsvereinbarung** geschlossen:

1. In dem Unternehmen Firmenbezeichnung wird eine ständige Einigungsstelle gem. § 76 Abs. 1 Satz 2 BetrVG zur Beilegung von Meinungsverschiedenheiten zwischen Arbeitgeber und Betriebsrat gebildet. Die Einigungsstelle wird auf Antrag des Arbeitgebers oder des Betriebsrats in Angelegenheiten tätig, in denen der Spruch der Einigungsstelle die Einigung zwischen Arbeitgeber und Betriebsrat ersetzt.

Alternative:
Im Falle von Meinungsverschiedenheiten über die Auslegung und Durchführung der in der Anlage 1 aufgelisteten Betriebsvereinbarungen: [nur die Anlage muss bei Neuaufnahme einer Betriebsvereinbarung aktualisiert werden], vor allem über den Umfang von Einsichts- und Kontrollbefugnissen des Betriebsrates, werden die Betriebsparteien mit dem ernsthaften Willen einer Einigung verhandeln.
Zur einvernehmlichen Beilegung auch nach Satz 1 nicht behebbarer Meinungsverschiedenheiten über die Anwendung und Auslegung der Regelungen dieser Betriebsvereinbarungen wird eine ständige Einigungsstelle eingerichtet.
Alternative:
in den nachfolgend genannten mitbestimmungspflichtigen Angelegenheiten des Betriebsverfassungsgesetzes
a) …
b) …
c) …

2. Als Vorsitzende/r wird Frau/Herr Name Richter/in am Arbeitsgericht ... (Name und genaue Anschrift) bestimmt. Ist der/die Vorsitzende verhindert, nimmt Richter/in am Arbeitsgericht ... (Name und genaue Anschrift) die Vorsitzendenfunktion wahr.
3. Anträge auf Tätigwerden der Einigungsstelle sind an den/die Vorsitzende/n zu richten. Der Antrag ist textlich zu stellen und, ggf. unter Vorlage aussagekräftiger Unterlagen, zu begründen. Die andere Seite ist zugleich hierüber in Kenntnis zu setzen.
4. Die Einigungsstelle tritt innerhalb einer Frist von zwei Wochen nach Anrufung zusammen.
5. Jede Partei hat dem Vorsitzenden drei Beisitzer zu benennen.
6. Die Einigungsstelle kann Sachverständige heranziehen sowie sachkundige Personen anhören.
7. Sämtliche durch das Tätigwerden der Einigungsstelle entstehenden Kosten trägt das Unternehmen.
8. Im Übrigen gelten die gesetzlichen Bestimmungen.

Optional: Die Betriebsparteien erklären schon jetzt, sich dem Spruch der Einigungsstelle vollumfänglich zu unterwerfen.

9. Diese Betriebsvereinbarung tritt am Datum in Kraft. Sie kann mit einer Frist von drei Monaten zum Quartalsende beiderseitig gekündigt werden, erstmals jedoch zum Datum. Die Nachwirkung ist ausgeschlossen.

Ort, Datum, Unterschriften

5. Gleichbehandlung – Beseitigung der Diskriminierung

5.1 Einleitung

Zu den zentralen Aufgaben des Betriebsrats gemäß § 75 BetrVG gehört es,

»darüber zu wachen, dass alle im Betrieb tätigen Personen nach den Grundsätzen von Recht und Billigkeit behandelt werden, insbesondere, dass jede Benachteiligung von Personen aus Gründen ihrer Rasse oder wegen ihrer ethnischen Herkunft, ihrer Abstammung oder sonstigen Herkunft, ihrer Nationalität, ihrer Religion oder Weltanschauung, ihrer Behinderung, ihres Alters, ihrer politischen oder gewerkschaftlichen Betätigung oder Einstellung oder wegen ihres Geschlechts oder ihrer sexuellen Identität unterbleibt.«

Weiterhin gehört es zu den Aufgaben des Betriebsrats, sich insbesondere um die Integration ausländischer Arbeitnehmer:innen im Betrieb und um das Verständnis zwischen ihnen und der deutschen Belegschaft zu kümmern. Gleich-

zeitig gehört es zu den Aufgaben des Betriebsrats, Maßnahmen zur Bekämpfung von Rassismus und Fremdenfeindlichkeit im Betrieb zu beantragen (§ 80 Abs. 1 Nr. 7 BetrVG).
Der Kampf gegen Diskriminierung hat durch das Allgemeine Gleichbehandlungsgesetz (AGG) eine weitere rechtliche Grundlage erhalten. Insbesondere dieses ist bei der Gestaltung von Betriebsvereinbarungen gegen Diskriminierung zu beachten.
Diese Musterbetriebsvereinbarung enthält neben Regelungen zu den Benachteiligungsverboten des AGG auch Vorschriften zum Thema Mobbing. Da sich beide Bereiche zum Teil überschneiden, ist es sinnvoll, dies in einer Betriebsvereinbarung zu regeln, um Widersprüche und Überschneidungen zu vermeiden.
Allein durch eine Betriebsvereinbarung, die Diskriminierung verbietet, ändert sich nichts. Entscheidend ist es, auf Basis des in der Betriebsvereinbarung festgelegten Verfahrens die Aufmerksamkeit gegenüber Diskriminierungen aller Art im Betrieb zu erhöhen, Einstellungen zu ändern und schließlich Diskriminierungen zu beseitigen.

5.2 Betriebsvereinbarungen

5.2.1 Gleichstellung, Mobbing und Diskriminierung

BV 12

§ 1 Geltungsbereich
Diese Betriebsvereinbarung gilt für
1. **räumlich** …
2. **persönlich** … Leiharbeitnehmer:innen, Arbeitnehmer:innen von Werkvertragsfirmen und sonstige im Betrieb tätige Personen
3. **fachlich** …

§ 2 Ziele
Ziel dieser Betriebsvereinbarung ist es, sicherzustellen, dass ein für Arbeitnehmer:innen positives Arbeitsklima besteht, das von gegenseitigem Respekt geprägt ist. Arbeitgeber und Betriebsrat sind sich darüber einig, dass alle Arbeitnehmer:innen des Unternehmens sowie sonstige im Betrieb tätige Personen (Leiharbeitnehmer:innen, Arbeitnehmer:innen von Werkvertragsfirmen usw.) bzw. Dritte mit Respekt behandelt werden müssen. Benachteiligungen aus Gründen der »Rasse« oder wegen der ethnischen Herkunft, des Geschlechts, der Religion oder Weltanschauung, einer Behinderung, des Alters oder der sexuellen Identität haben zu unterbleiben.
Eine unterschiedliche Behandlung wegen der oben genannten Kriterien sind nur entsprechend der Regelungen im Allgemeinen Gleichbehandlungsgesetzt (AGG) zulässig.

Hinweis
Das AGG erlaubt eine unterschiedliche Behandlung, z. B. wegen Alters, in einem bestimmten Rahmen (vgl. §§ 8 ff. AGG). Der vom AGG gezogene Rahmen sollte auch in der Betriebsvereinbarung nicht verändert werden.

Weiteres Ziel dieser Betriebsvereinbarung ist es, Mobbing und/oder sexuelle Belästigung am Arbeitsplatz zu verhindern.

§ 3 Begriffsbestimmung Mobbing
Mobbing ist das systematische Anfeinden, Schikanieren oder Diskriminieren von Arbeitnehmer:innen untereinander, durch Vorgesetzte oder durch den Arbeitgeber. Maßgeblich für die Beurteilung, ob Mobbing im konkreten Einzelfall vorliegt, ist jeweils die Würdigung der Gesamtumstände.

§ 4 Begriffsbestimmung Sexuelle Belästigung
Sexuelle Belästigung am Arbeitsplatz ist jedes vorsätzliche, sexuell bestimmte Verhalten, das die Würde von Arbeitnehmer:innen am Arbeitsplatz verletzt. Dazu gehören:
- Sexuelle Handlungen und Verhaltensweisen, die nach den strafgesetzlichen Vorschriften unter Strafe gestellt sind,
- sowie sonstige sexuelle Handlungen und Aufforderungen zu diesen, sexuell bestimmte körperliche Berührungen, Bemerkungen sexuellen Inhalts sowie Zeigen und sichtbares Anbringen von pornografischen Darstellungen, die von den Betroffenen erkennbar abgelehnt werden.

Hinweis
Die Definition von sexueller Belästigung entspricht § 3 Abs. 4 AGG.

§ 5 Aufklärung und Prävention
Alle Arbeitnehmer:innen werden über ihre Rechte nach dem Allgemeinen Gleichbehandlungsgesetz, dieser Betriebsvereinbarung, dem Tarifvertrag … informiert.
Im Unternehmen wird eine Aufklärungskampagne über die Bedeutung und Erscheinungsformen unzulässiger Benachteiligungen, insbesondere von Mobbing, sexueller Belästigung am Arbeitsplatz und Ausländerfeindlichkeit durchgeführt.

Hinweis
Je nach Problemlage im Betrieb sollten hier die Themen erweitert werden, z. B. Rassismus und Ausländerfeindlichkeit (im AGG: »Rasse«, ethnische Herkunft und/oder Religion). Wichtig ist dabei, nicht alle Themen zugleich zu behandeln, sondern die Aufklärungskampagnen sorgfältig zu planen.

Alle Arbeitnehmer:innen werden in Mitarbeiter:innenversammlungen/Abteilungsversammlungen über die Bedeutung, Erscheinungsformen, Auswirkungen, Möglichkeiten der Abhilfe und Beratung sowie die Rechte nach dieser Betriebsvereinbarung, dem Tarifvertrag … und den gesetzlichen Vorschriften informiert.

Alle Vorgesetzten erhalten ein spezielles Training, in dem sie über Ursachen, Umfang, Abhilfemaßnahmen, Vorbeugung, Rechte bei unzulässigen Benachteiligungen, insbesondere beim Mobbing und sexueller Belästigung am Arbeitsplatz geschult werden.

§ 6 Kommission Mobbing/Sexuelle Belästigung; Beschwerdestelle
Zur Steuerung der Aufklärungskampagne, der Schulungen und zur Lösung von konkreten Konflikten im Zusammenhang mit Mobbing und/oder sexueller Belästigung am Arbeitsplatz wird eine gemeinsame Kommission gegründet.
Diese ist mit je zwei Vertretern der Betriebsparteien besetzt. Für jeweils ein Jahr stellt eine der Parteien den Vorsitzenden. Die Kommission entscheidet über Beschwerden nach dem AGG mit Mehrheit.
Der Betriebsrat erhält einmal im Quartal einen Bericht über die Arbeit der Kommission.
Die Beschwerden sind von der Beschwerdekommission unverzüglich zu bearbeiten. Binnen einer Woche hat der jeweilige Vorsitzende der Kommission nach Eingang einer Beschwerde eine Sitzung der Kommission einzuberufen. Sie sind vertraulich zu behandeln. Alle Beteiligten sind zur Vertraulichkeit verpflichtet. Das Opfer von Mobbing und/oder sexueller Belästigung ist nicht zur Verschwiegenheit verpflichtet.
Eine Gegenüberstellung des Opfers mit dem möglichen Täter ist nur mit ausdrücklicher Zustimmung des Opfers zulässig.
Die Kommission ist auch zuständig für Beschwerden über Benachteiligungen nach dem AGG.
Die Rechte des Betriebsrats nach dem Betriebsverfassungsgesetz bleiben unberührt; ebenso das Recht der Arbeitnehmer:innen, sich beim Betriebsrat zu beschweren gem. § 85 BetrVG.

> **Hinweis**
> Das AGG verpflichtet den Arbeitgeber in §§ 12 Abs. 5, 13 zur Einrichtung einer Beschwerdestelle. Auch eine gemeinsame Kommission kann diese Aufgaben übernehmen. Ist das nicht gewollt, muss in der Betriebsvereinbarung auf die vom Arbeitgeber einzurichtende Beschwerdestelle verwiesen werden. In diesem Fall muss sichergestellt werden, dass der Betriebsrat über die Beschwerden informiert wird.

§ 7 Leistungsverweigerungsrecht bei Belästigung oder sexueller Belästigung
Ergreift der Arbeitgeber keine oder offensichtlich ungeeignete Maßnahmen zur Unterbindung einer Belästigung oder sexuellen Belästigung am Arbeitsplatz, sind die betroffenen Arbeitnehmer:innen berechtigt, ihre Tätigkeit ohne Verlust des Arbeitsentgelts einzustellen, soweit dies zu ihrem Schutz erforderlich ist. § 273 BGB bleibt unberührt.

> **Hinweis**
> Der Text entspricht § 14 AGG, sollte aber auch in der Betriebsvereinbarung stehen, um die Arbeitnehmer:innen auf ihre Rechte hinzuweisen.

§ 8 Schutz von Beschwerdeführern

Arbeitnehmer:innen, die sich über eine Benachteiligung wegen der in § 2 genannten Kriterien, Mobbing und/oder sexuelle Belästigung beschwert haben und/oder ihre Rechte nach dieser Betriebsvereinbarung, tarifvertraglichen und/oder gesetzlichen Vorschriften ausgeübt haben, dürfen nicht benachteiligt werden. Gleiches gilt für Personen, die den Arbeitnehmer:innen bei seiner Beschwerde unterstützen oder als Zeugen aussagen.

> **Hinweis**
> Vergleiche im Hinblick auf sexuelle Belästigung das Maßregelungsverbot in § 16 AGG.

§ 9 Abhilfemaßnahmen, Sanktionen bei Mobbing und sexueller Belästigung

1. Jede sexuelle Belästigung stellt eine Verletzung der arbeitsvertraglichen Pflichten dar. Gleiches gilt für Mobbing am Arbeitsplatz.
2. Ist eine Beschwerde berechtigt, sind umgehend geeignete Maßnahmen zur Abhilfe zu ergreifen. Die Maßnahmen müssen erreichen, dass Mobbing und/oder die sexuelle Belästigung unterbleibt.
   Als Abhilfe kommen gegenüber dem/der Mobber:in bzw. dem/der sexuell Belästigenden folgende Maßnahmen in Betracht:
   - Persönliche Gespräche mit dem/der Mobber:in/Belästigenden
   - Verweis oder Verwarnung mit Zustimmung des Betriebsrats
   - Abmahnung
   - Umsetzung oder Versetzung
   - Ordentliche oder außerordentliche Kündigung
3. Dies gilt auch bei Verstößen gegen die übrigen in § 2 dieser Betriebsvereinbarung genannten Benachteiligungsverbote.

Die Rechte des Betriebsrats nach dem BetrVG bleiben unberührt.

Zur Konfliktlösung werden auf Wunsch der betrieblichen Beschwerdestelle externe, sachkundige Moderator:innen eingeschaltet.

§ 10 Beseitigung von Benachteiligungen

Arbeitgeber und Betriebsrat werden alle im Betrieb geltenden Regelungen (Arbeitsanweisungen, Musterarbeitsverträge, Betriebsvereinbarungen usw.) daraufhin überprüfen, ob sie Vorschriften bzw. Regelungen enthalten, die eine Benachteiligung von einzelnen Arbeitnehmer:innen oder Arbeitnehmer:innengruppen im Hinblick auf die in § 1 genannten Merkmale enthalten. Wird festgestellt, dass eine Regelung eine Benachteiligung nach den in § 1 genannten Vorschriften enthält, ohne dass diese unterschiedliche Behandlung nach den Vorschriften des AGG gerechtfertigt ist, verpflichten sie sich, diese Vorschriften so zu ändern, dass die Benachteiligung beseitigt wird. Dabei ist die Benachteiligung dadurch zu beseitigen, dass den bisher benachteiligten einzelnen Arbeitnehmer:innen oder Gruppen von Arbeitnehmern die Leistungen gewährt werden, die den nicht benachteiligten Arbeitnehmern oder Arbeitnehmergruppen gewährt wurden. Den Anspruch aus dieser Betriebsvereinbarung können die Benachteiligten individualrechtlich einklagen.

Hinweis
Wird eine Benachteiligung festgestellt, stellt sich in der betrieblichen Praxis, insbesondere bei materiellen Leistungen häufig die Frage, wie diese Benachteiligung zu beseitigen ist. Die vorstehende Bestimmung soll sicherstellen, dass durch die Beseitigung der Benachteiligung nicht Leistungen gekürzt werden. Wurde z. B. bisher einer bestimmten Arbeitnehmer:innengruppe eine Zulage von 100 Euro – AGG-widrig – gewährt und einer anderen Gruppe nicht, soll die Benachteiligung dadurch beseitigt werden, dass allen Arbeitnehmern die Zulage von 100 Euro zusteht.

§ 11 Schlussbestimmungen
1. Im Falle von nicht beilegbaren Streitigkeiten, die sich aus der Anwendung oder Auslegung der Betriebsvereinbarung ergeben, entscheidet eine Einigungsstelle nach § 76 BetrVG.
2. Sollten einzelne Punkte der Betriebsvereinbarung ungültig sein oder ihre Gültigkeit aufgrund neuer Gesetzgebung oder Rechtsprechung verlieren, so bleiben die übrigen Bestimmungen hiervon unberührt. In diesem Falle werden beide Seiten für die ungültig gewordenen Punkte der Betriebsvereinbarung eine neue, gültige Formulierung vereinbaren, die dem früheren Sinn soweit wie möglich entspricht.
3. Diese Betriebsvereinbarung ist mit einer Frist von … Monaten zum Schluss eines Kalenderjahres kündbar; erstmals zum Datum. Die Kündigung dieser Betriebsvereinbarung ist nur wirksam, wenn sie schriftlich erfolgt. Die Betriebsvereinbarung wirkt nach. Anlagen sind Bestandteil dieser Betriebsvereinbarung.

Ort, Datum, Unterschriften

BV 13

5.2.2 Partnerschaftliches Verhalten am Arbeitsplatz

Präambel
Eine Unternehmenskultur, die sich durch ein partnerschaftliches Verhalten am Arbeitsplatz auszeichnet, bildet die Basis für ein positives Betriebsklima. Die Parteien dieser Konzern-/Gesamt /Betriebsvereinbarung (KBV/GBV/BV) sind sich darüber einig, dass das Arbeitsklima von gegenseitiger Achtung und Toleranz geprägt sein soll. Benachteiligungen, Belästigungen und Übergriffe stellen eine erhebliche Beeinträchtigung und Verletzung der Menschenwürde dar und werden nicht geduldet. Alle Beschäftigte haben das Recht, ohne Belästigungen und Benachteiligungen ihrer Arbeit nachzugehen.

§ 1 Geltungsbereich
1. Diese Vereinbarung gilt persönlich für alle Arbeitnehmer:innen, für Auszubildende, Praktikant:innen und andere Personen, die zum Zwecke der Aus- und Fortbildung beschäftigt werden, sowie für Bewerber:innen und ausgeschiedene Beschäftigte.

2. Die Vereinbarung gilt örtlich für den Konzern … / das/die Unternehmen … / den Betrieb …, auch für alle Dienstreisen, Seminare, Veranstaltungen und Sitzungen, an denen Beschäftigte im Auftrag des Unternehmens außerhalb ihres Betriebes teilnehmen.
3. Die Vereinbarung gilt außerdem für unternehmensfremde Personen, die für oder im Auftrag des Unternehmens / eines Konzernunternehmens tätig sind. Die Arbeitgeberin ist verpflichtet, auch diese über die Inhalte der Betriebsvereinbarung zu belehren und deren Einhaltung durchzusetzen. Dies gilt insbesondere bei Fremdfirmen, die im Auftrag des Unternehmens / eines Konzernunternehmens im Betrieb tätig sind.
4. Diese Vereinbarung regelt zudem auch mögliche Maßnahmen gegenüber belästigenden Gästen, Kund:innen und Besucher:innen.

§ 2 Ziel

1. Ziel dieser Vereinbarung ist es, das partnerschaftliche Verhalten im Betrieb zu fördern und ein Arbeitsumfeld zu schaffen, in dem die Würde aller Beschäftigten stets gewahrt ist. Sie soll Beschäftigte und Führungskräfte für das Thema partnerschaftliches Verhalten sensibilisieren. Betroffene sollen ausdrücklich zur Beschwerde ermutigt werden. Belästigenden sollen die klaren Grenzen und die möglichen Folgen ihres Verhaltens deutlich gemacht werden.
2. Die Parteien dieser Vereinbarung verpflichten sich, jeder mittelbaren und unmittelbaren Benachteiligung, insbesondere sexualisierter Belästigung, Rassismus, Homophobie, Diskriminierung aufgrund des Geschlechts/des Alters oder einer Behinderung entschieden zu begegnen.
3. In Ergänzung der Bestimmungen des Allgemeinen Gleichbehandlungsgesetzes (AGG) soll diese Vereinbarung helfen, Fälle von Belästigung und Benachteiligung am Arbeitsplatz zu vermeiden und/oder gezielt aufzuklären und zu verfolgen. Die in dieser Vereinbarung skizzierten Abläufe und Strukturen erlauben eine für alle Beteiligten transparente, schnelle, faire und nachvollziehbare Lösung von Problemen.
4. Über diese Vereinbarung hinausgehende gesetzliche Benachteiligungsverbote, Gleichbehandlungsgebote und Mitbestimmungsrechte bleiben unberührt. Die Meldewege nach dem Hinweisgeberschutzgesetz treten neben die Instrumente in dieser Vereinbarung.

§ 3 Verbot von Belästigung und Benachteiligung

1. Belästigungen und Benachteiligungen aufgrund des Alters, einer Behinderung, der ethnischen Herkunft, aus rassistischen Gründen, wegen des Geschlechts, der Religion oder Weltanschauung oder der sexuellen Identität sind verboten. Dieses Verbot bezieht sich sowohl auf alle Beschäftigten und Führungskräfte als auch auf jede andere Person.
2. Belästigungen und/oder Benachteiligungen aufgrund eines der obenstehenden Merkmale stellen eine Verletzung der arbeitsvertraglichen Pflichten dar und werden entsprechend sanktioniert.

3. Jede einzelne Person ist verpflichtet, zu einem guten Arbeitsklima und der Einhaltung des Betriebsfriedens beizutragen. Dazu gehört es, einander stets mit Respekt zu begegnen und die gegenseitige Würde zu achten.
4. Das Benachteiligungsverbot gilt für alle Beschäftigungsverhältnisse und schließt auch den Bewerbungsprozess (einschließlich Stellenausschreibungen und Einstellungsverfahren), den beruflichen Aufstieg und den Zugang zu Aus- und Weiterbildungsmöglichkeiten ein.

§ 4 Begriffsbestimmungen

1. Unter Belästigung fallen alle diskriminierenden, verbalen, aber auch nonverbalen Äußerungen aufgrund der vorgenannten Merkmale.
2. Eine sexualisierte Belästigung ist ein unerwünschtes, sexuell bestimmtes Verhalten. Dazu gehören insbesondere unerwünschte sexuelle Handlungen und Aufforderungen zu diesen, sexuell bestimmte körperliche Berührungen, Bemerkungen sexuellen Inhalts sowie unerwünschtes Zeigen und sichtbares Anbringen von pornografischen Darstellungen, die bezwecken oder bewirken, dass die Würde der betreffenden Person verletzt wird, insbesondere wenn ein von Einschüchterungen, Anfeindungen, Erniedrigungen, Entwürdigungen oder Beleidigungen gekennzeichnetes Umfeld geschaffen wird (§ 3 Abs. 4 AGG).
3. Sexualisierte Belästigung ist unabhängig davon unzulässig, ob das entsprechende Verhalten von der betroffenen Person ausdrücklich oder impliziert abgelehnt wird. Geschlechtsspezifisch bestimmtes Verhalten ist eine sexualisierte Belästigung und damit unzulässig, wenn die betroffene Person dieses als unerwünscht empfindet. Maßgebend ist in jedem Fall das Empfinden der betroffenen Person und nicht die Intention.
4. Sexualisierte Belästigung kann sehr unterschiedliche Formen annehmen. Als Belästigung kommen insbesondere in Betracht:
   - das Mitbringen, Zeigen oder Anbringen von Darstellungen sexueller oder geschlechtsspezifischer Inhalte, Darstellungen oder Bilder, sowohl physisch als auch digital, z. B. in innerbetrieblichen Kommunikationskanälen, Messenger-Diensten, sozialen Medien oder dem Intranet;
   - Einladungen und Aufforderungen zu sexuellem oder geschlechtsspezifischem Verhalten, gleich in welcher Form;
   - sexuell oder geschlechtsspezifisch gefärbte Gesten oder Äußerungen (z. B. Anstarren, Hinterherpfeifen);
   - Verhalten oder Äußerungen (einschließlich Witzen), die sich hauptsächlich gegen ein Geschlecht oder gegen die sexuelle Orientierung richten;
   - das Versprechen beruflicher Vorteile oder das Drohen mit Nachteilen im Gegenzug für ein bestimmtes Verhalten;
   - Soweit von der betroffenen Person nicht ausdrücklich als erwünscht bezeichnet (nur ein »Ja« heißt »Ja«):
     - auf Einzelpersonen bezogene Bemerkungen über ihren Körper, sexuelle Aktivitäten oder das Intimleben;

- körperliche Übergriffe und Berührungen, insbesondere an Brust, Gesäß und im Genitalbereich.
- Diese Aufzählung dient der Konkretisierung. Sie ist nicht abschließend.

5. Eine unmittelbare Benachteiligung liegt vor, wenn eine Person wegen eines in § 3.1 genannten Grundes eine weniger günstige Behandlung als eine andere Person in einer vergleichbaren Situation erfährt, erfahren hat oder erfahren würde. Eine unmittelbare Benachteiligung wegen des Geschlechts liegt auch im Falle einer ungünstigeren Behandlung einer Frau wegen Schwangerschaft oder Mutterschaft vor.

§ 5 Präventive Maßnahmen

1. Die Verantwortung zur Vorbeugung von Belästigungen und Benachteiligungen obliegt allen Beschäftigten, in erster Linie den Führungskräften.
2. Zu den erforderlichen Maßnahmen zur Bekämpfung bzw. Vermeidung von Belästigung und Benachteiligung und zur Förderung eines partnerschaftlichen Umgangs am Arbeitsplatz gehören die umfassende Aufklärung der Beschäftigten zum Thema Belästigung und Benachteiligung. Dazu gehört es, alle Beschäftigten regelmäßig über ihre Rechte und Pflichten, die damit im Zusammenhang stehen, sowie über mögliche Konsequenzen sowie Inhalt und Ziele der vorliegenden Vereinbarung zu informieren. Dies kann beispielweise im Rahmen von Abteilungs- und/oder Betriebsversammlungen stattfinden. Hierzu verpflichten sich beide Parteien dieser Vereinbarung. Dazu gehört, dass die Vereinbarung nach Inkrafttreten im Rahmen einer Betriebsversammlung vorgestellt und erläutert wird.
3. Allen neuen Beschäftigten wird ein Exemplar dieser Vereinbarung sowie weiteres Informationsmaterial zu diesem Thema ausgehändigt. Die Auswahl der Broschüren erfolgt in Abstimmung der vertragschließenden Parteien.
4. Die Parteien vereinbaren darüber hinaus, Schulungen für alle Beschäftigten anzubieten. Alle Beschäftigten mit Personal-, Aus- oder Weiterbildungsverantwortung sind regelmäßig, aber mindestens einmal pro Kalenderjahr, zu schulen. Gleiches gilt für die Mitglieder der Beschwerdestelle. Sie sollen insbesondere in die Lage versetzt werden, Belästigungen und Benachteiligungen nach dem AGG zu definieren, Belästigungen und Benachteiligungen in ihrem Verantwortungsbereich zu erkennen, angemessene Präventionsmaßnahmen für ihren Bereich zu entwickeln, Beschwerden angemessen zu behandeln und mit Personen, die belästigt haben oder bei denen der Verdacht besteht, angemessen umzugehen.
5. Zur Prävention gehört auch die Verpflichtung aller Vorgesetzten, Anhaltspunkten für das Auftreten von Diskriminierungen und Benachteiligungen unmittelbar nachzugehen und auf die Verpflichtungen nach § 3 in dieser Vereinbarung hinzuweisen. Vorgesetzte sind verpflichtet, sich in ihrem Verantwortungsbereich aktiv für die Einhaltung der Vorschriften dieser Vereinbarung einzusetzen und Belästigungen und Benachteiligungen in ihrem Verantwortungsbereich zu unterbinden. Dies gilt auch hinsichtlich des Verhaltens von Kolleg:innen, Kund:innen und Gästen.

6. Das Unternehmen ergreift darüber hinaus Maßnahmen, um die Arbeitsumgebung so zu gestalten, dass Belästigungen vorgebeugt und erschwert und der Selbstschutz gegen Belästigungen erleichtert wird. Insbesondere werden folgende Grundsätze beachtet:
   - Verkehrswege werden so bemessen, dass zwei Personen ohne gegenseitige Berührung passieren können.
   - Arbeitsplätze sind grundsätzlich so gestaltet, dass die Beschäftigten nicht von hinten überrascht werden können.
   - Arbeitsplätze werden so ausgestaltet, dass Einblicke in die Intimsphäre nicht möglich sind (Sichtblenden u. ä.); freischwebende Treppen werden so umgestaltet, dass niemand von unten einer Person zwischen die Beine sehen kann.
   - Alle Betriebsbereiche werden, insbesondere nach Einbruch der Dunkelheit, ausreichend ausgeleuchtet. Dies gilt auch für Kellerräume und den Außenbereich.
   - Diese Aufzählung ist nicht abschließend.
7. Die Parteien treten gemeinsam mindestens einmal pro Kalenderjahr über die Umsetzung in den Austausch. Die Ergebnisse sind allen Beschäftigten zugänglich zu machen, beispielsweise im Rahmen einer Betriebsversammlung.

§ 6 Beratungsrecht

1. Personen, die sich belästigt oder benachteiligt fühlen, haben das Recht auf ein persönliches, vertraulich zu behandelndes Beratungsgespräch. Weiterführende Maßnahmen (z. B. das Beschwerdeverfahren nach dieser Vereinbarung) dürfen nur mit ihrem Einverständnis eingeleitet werden.
2. Ansprechpersonen für das Beratungsrecht sind:
   - die gewählten betrieblichen Interessenvertretungen;
   - die Gleichstellungsbeauftragte;
   - Mitglieder der Beschwerdestelle.
   - Darüber hinaus können sich Beschäftigte auch an Personen ihres persönlichen Vertrauens wenden.

§ 7 Beschwerdestelle

1. Die Arbeitgeberin ist nach § 13 des AGG verpflichtet, eine Beschwerdestelle einzurichten. Diese Beschwerdestelle muss öffentlich kommuniziert und allen Beschäftigten bekannt sein.
2. Die Mitglieder der Beschwerdestelle werden im Einvernehmen von Arbeitgeberin und Betriebsrat benannt. Über Zusammensetzung und Anzahl der Mitglieder wird einvernehmlich entschieden. Die Geschlechterverteilung im Betrieb ist zu beachten. Frauen und Männer müssen paritätisch vertreten sein, weitere im Betrieb vertretene Geschlechter sollen möglichst vertreten sein.
3. Die Mitglieder der Beschwerdestelle sind allen Beschäftigten bekannt zu machen. Alle Mitglieder der Beschwerdestelle sind zu Beginn ihrer Tätigkeit verpflichtend zu schulen, damit sie ihre Tätigkeit verantwortungsvoll und kompetent ausfüllen können.

§ 8 Beschwerderecht

1. Personen, die sich aufgrund eines der in § 3.1 genannten Merkmale belästigt oder benachteiligt fühlen (Betroffene), haben das Recht, sich dagegen zu wehren. Die vertragschließenden Parteien ermutigen betroffene Personen ausdrücklich, von ihrem Beschwerderecht Gebrauch zu machen.
2. Betroffene haben das Recht, sich bei folgenden Stellen zu beschweren:
   - der betrieblichen Beschwerdestelle;
   - den unmittelbaren Vorgesetzten;
   - der Personalabteilung/Geschäftsleitung;
   - den gewählten betrieblichen Interessenvertretungen;
   - der Gleichstellungsbeauftragten;
   - weiteren Vorgesetzten.
3. Jede Beschwerde wird ernst genommen. Beschuldigte müssen zur Entkräftung einer schlüssigen Beschwerde beitragen. Eine Benachteiligung durch Nichteinhaltung der betrieblichen Hierarchie darf Betroffenen nicht entstehen. Eine Hinzuziehung von Zeugen kann den Beschwerdeprozess erleichtern, gleiches gilt für eine schriftliche Dokumentation.
4. Betroffene können sich auch an außerbetriebliche Stellen wenden, ohne dass innerbetriebliche Beschwerdemöglichkeiten vorher ausgeschöpft werden müssen. Die Arbeitgeberin stellt sicher, dass Betroffene sich auf Kosten des Unternehmens bei einer geeigneten Stelle vertraulich über die Möglichkeiten einer Strafanzeige beraten lassen können. Die Mitglieder der Beschwerdestelle unterstützen auf Wunsch bei der Vermittlung weiterer externer Beratungsangebote.
5. Gewerkschaftsmitglieder haben die Möglichkeit, Rechtsberatung und Vertretung durch ihre Gewerkschaft in Anspruch zu nehmen.

§ 9 Ablauf des Beschwerdeverfahrens

1. Die genannten Stellen haben bei Inanspruchnahme die Aufgabe, unverzüglich, spätestens jedoch innerhalb von fünf Tagen nach Kenntnis des Vorfalls:
   - die Betroffenen zu beraten und zu unterstützen;
   - den Sachverhalt festzustellen und zu dokumentieren;
   - die Beschwerde an die für Personal zuständige Stelle weiterzuleiten;
   - auf Wunsch die oder den Betroffenen bei Gesprächen zu begleiten und zu beraten.
2. Wird eine Beschwerde an die zuständigen Stellen gerichtet, so werden nach Absprache zwischen Arbeitgeberin und Betriebsrat innerhalb von drei Tagen Interimsmaßnahmen ergriffen mit dem Ziel, dass die betroffene Person nicht mehr mit der Person, von der die behauptete Belästigung ausging, zusammenarbeiten muss. Falls erforderlich ist eine Versetzung des Beschwerdegegners ausdrücklich zulässig. Die Versetzung oder Freistellung der Beschwerde führenden Person ist nur zulässig, wenn sie es ausdrücklich verlangt oder dem ausdrücklich zustimmt.

§ 10 Einigungsstelle

Für den Fall, dass zwischen Betriebsrat und Arbeitgeberin Meinungsverschiedenheiten über die Berechtigung und Behandlung von Beschwerden auf Grundlage dieser Betriebsvereinbarung entstehen, wird eine ständige Einigungsstelle gebildet. Die paritätisch und im Einvernehmen von Arbeitgeberin und Betriebsrat besetzte Einigungsstelle entscheidet über die Interimsmaßnahmen und die Berechtigung der Beschwerde. Auf Wunsch der betroffenen Person kann der Vorsitz durch eine Person desselben Geschlechts geführt werden.

§ 11 Abhilfemaßnahmen und Sanktionen

1. Ist eine Beschwerde berechtigt, so ist die Arbeitgeberin verpflichtet, in Abstimmung mit dem Betriebsrat, Abhilfemaßnahmen zu ergreifen. Sie haben den Zweck, die Fortsetzung der Belästigung/Benachteiligung zu unterbinden und dürfen nicht zu Nachteilen für die Beschwerde führende Person führen. Sämtliche Beteiligungsrechte des Betriebsrates bleiben unberührt. Eine Versetzung oder Freistellung der betroffenen Person ist nur mit ihrem Einverständnis möglich.
2. Je nach Schwere werden folgende Maßnahmen ergriffen:
   - persönliches Gespräch unter Hinweis auf die Verpflichtungen aus dieser Vereinbarung;
   - schriftlicher Verweis;
   - schriftliche Abmahnung;
   - Versetzung;
   - fristgerechte Kündigung;
   - fristlose Kündigung.
   - Maßnahmen gegenüber nicht beschäftigten Personen:
   - mündliche und schriftliche Ermahnung;
   - schriftliche Abmahnung und Androhung der Kündigung des Auftrags;
   - Hausverbot gegenüber Dritten, von denen die Belästigung/Benachteiligung ausging;
   - Auflösung des Auftrags und/oder strafrechtliche Anzeige.
3. Vorgesetzte sind zudem verpflichtet, bei Belästigungen/Benachteiligungen, die von Gästen/ Kund:innen/weiteren Dritten ausgehen, diese umgehend aus dem Unternehmen zu verweisen. Dies gilt ausdrücklich auch für verbal geäußerte Belästigungen.
4. Ergreifen die verantwortlichen Stellen keine oder offensichtlich ungeeignete Maßnahmen zur Unterbindung einer Belästigung oder Benachteiligung am Arbeitsplatz, sind die betroffenen Beschäftigten berechtigt, ihre Tätigkeit ohne Verlust des Arbeitsentgelts einzustellen, soweit dies zu ihrem Schutz erforderlich ist (§ 14 AGG). Die verantwortlichen Stellen sind insoweit als Erfüllungsgehilfen des Unternehmens anzusehen. Die Inanspruchnahme von § 14 AGG ist der Arbeitgeberin gegenüber in Textform anzuzeigen. Es wird jedoch unbedingt dazu geraten, diesen Schritt nicht ohne Inanspruchnahme einer vorherigen Rechtsberatung zu gehen.

§ 12 Vertraulichkeit
Alle mit einem Fall von Benachteiligung oder Belästigung befassten Personen unterliegen der Schweigepflicht gegenüber Dritten, die nicht am Verfahren zu beteiligen sind, es sei denn, sie werden von der Beschwerde führenden Person ausdrücklich von der Schweigepflicht entbunden. Davon ausgenommen ist die Beschwerde führende Person. Die Beschwerde führende Person darf nicht zum Schweigen verpflichtet werden.

§ 13 Nachteilsschutz
Personen, die sich gegen Belästigung oder Benachteiligung entsprechend dieser Betriebsvereinbarung wehren oder Betroffene unterstützen, dürfen daraus zu keinem Zeitpunkt Nachteile entstehen. Sind bereits Nachteile entstanden, sind diese zu beseitigen. Zu Unrecht Beschuldigten dürfen keine Nachteile entstehen.

§ 14 Umsetzung der Betriebsvereinbarung und Bekanntmachung
Die Parteien verpflichten sich, regelmäßig über Inhalt und Ziele der vorliegenden Betriebsvereinbarung zu informieren. Dazu gehört, dass die Betriebsvereinbarung nach Inkrafttreten im Rahmen einer Betriebsversammlung vorgestellt und erläutert wird.

§ 15 Schlussbestimmungen
Diese Betriebsvereinbarung tritt mit Unterzeichnung in Kraft. Sie kann mit einer Frist von drei Monaten gekündigt werden und wirkt bis zum Abschluss einer neuen Betriebsvereinbarung nach.

Ort, Datum, Unterschriften
Anlagen

6. Führung von Personalakten

6.1 Einleitung

Zur Erfüllung zahlreicher Nachweis- und Dokumentationspflichten muss jeder Arbeitgeber Personalakten führen. Zunehmend geschieht dies ausschließlich digital. § 83 BetrVG verpflichtet den Arbeitgeber nicht, Personalakten anzulegen. Das Recht der Personalakte ist damit in § 83 BetrVG nur unvollständig geregelt. Deshalb werden immer wieder Betriebsvereinbarungen zur Führung von Personalkaten abgeschlossen, die jedoch nicht erzwingbar sind.

BV 14

6.2 Betriebsvereinbarung Einführung Digitale Personalakte

Präambel

Ziel der Betriebsvereinbarung ist es, die Vorteile eines digitalen Archivierungsverfahrens zu nutzen, dabei zugleich aber die Persönlichkeitsrechte der Arbeitnehmer:innen zu wahren.

§ 1 Geltungsbereich

1. Die Betriebsvereinbarung regelt in Ergänzung zur Rahmen-BV IT die Führung der digitalen Personalakte.
2. Diese Betriebsvereinbarung gilt persönlich für alle im Betrieb tätigen Mitarbeiter.
3. Dies sind zum einen alle Arbeitnehmer im Sinne des § 5 Abs. 1 BetrVG und zum anderen alle, deren personenbezogene Daten zum Zwecke der Entgeltabrechnung im Betrieb verarbeitet werden müssen.
4. Diese Betriebsvereinbarung gilt nicht für die leitenden Angestellten im Sinne des § 5 Abs. 3 BetrVG.
5. Gegenständlich gilt diese Betriebsvereinbarung für die Software XYZ im SaaS-Betrieb.
6. Die Arbeitgeberin trägt dafür Sorge, dass die in dieser Betriebsvereinbarung getroffenen Vereinbarungen im Rahmen von Dienstleistungen eines Dritten für die Arbeitgeberin eingehalten werden.

§ 2 Inhalte der Personalakte

1. Die digitale Personalakte umfasst alle Inhalte einer Personalakte. Die Akten werden personenbezogen geführt.
2. Alle zu einer Personalakte gehörenden Dokumente werden eingescannt und als Image im pdf-A-Format ausschließlich in der Personalabteilung abgelegt, sie sind damit inhaltlich nicht auswertbar. Es werden keine Video- oder Sprachsequenzen gespeichert.
3. Zum Zwecke des Betriebs der digitalen Personalakte wird die Archivierungssoftware Bezeichnung eingeführt, die direkt an SAP-HR angebunden ist. Der Zugriff zu und die Ablage von Personaldokumenten erfolgt ausschließlich über SAP-HR.

§ 3 Zugriffsrechte/Nutzung

1. Die Betriebsparteien sind sich darüber einig, dass für die Personalverwaltung eine digitale Personalakte erforderlich ist. Rechtsgrundlage der Datenverarbeitungen im Zusammenhang mit der Führung der Personalakte ist deswegen die DSGVO und nicht diese Betriebsvereinbarung.
2. Ausschließlich die Mitarbeiter der Personalabteilung haben Zugriff auf die digitale Personalakte im Rahmen des Berechtigungskonzepts von XYZ.
3. Das Berechtigungskonzept für den Zugriff auf die digitale Personalakte regelt abschließend die Art des Zugriffs der verschiedenen Personengruppen und hinsichtlich der Dokumentenarten, auf die diese Personen zugreifen können (siehe Anlage, die erläutert, welche Personen welche Berechtigungen haben).

4. Jede Verarbeitung und Auswertung personenbezogener Daten, die nicht unmittelbar der Erfüllung gesetzlicher Verpflichtungen dient, ist untersagt. Der Arbeitgeberin steht dabei auch das Recht zu, das System für Korrekturen von Gehaltsabrechnungen und für eventuelle Rückzahlungsansprüche zu nutzen.
5. Die Arbeitgeberin sichert zu, dass der Softwareanbieter das Vorhandensein anderer Auswertungsmöglichkeiten als abrechnungsrelevante Daten gemäß § 1 EBVO ausgeschlossen hat.
6. Nur die Mitarbeiter der Personalabteilung können die Archivierung von Dokumenten veranlassen. Sie können Daten der digitalen Personalakte lesen und bearbeiten.
7. Stets gilt dabei, dass jede Datenverarbeitung nur dann erfolgen darf, wenn die Grundsätze der Datenverarbeitung nach Art. 5 Datenschutz Grundverordnung (DSGVO) eingehalten werden. Dies setzt die Einhaltung der Zweckbindung, der Datenminimierung, der Datenrichtigkeit, der Speicherbegrenzung, der Integrität und Vertraulichkeit, der Rechenschaftspflicht, den Schutz personenbezogener Daten, Überwachungsmöglichkeiten, die Einhaltung von Auswertungsgrundsätzen und die Einbindung des Datenschutzbeauftragten voraus.
8. Jede Verarbeitung personenbezogener Daten außerhalb der Serverumgebung von XYZ ist untersagt, soweit nicht durch diese Betriebsvereinbarung geregelt. Dies schließt jeden Export von Daten, auch pseudonymisiert, soweit hier nicht ausdrücklich vereinbart, ein. Gesetzlich vorgeschriebene Datenübermittlungen sind hiervon ausgenommen.
9. Vorgesetzte können die Einsichtnahme in eine Personalakte eines ihnen zugeordneten Mitarbeiters bei der Personalabteilung beantragen.
10. Die Parteien sind sich darüber einig, dass das von der Arbeitgeberin vorgehaltene Löschkonzept die Löschfristen abschießend regelt. Die Arbeitgeberin hält die gesetzlichen Aufbewahrungsfrist ein. Die Löschung erfolgt tagesaktuell durch XYZ nach Freigabe durch die zuständige Mitarbeiterin/den zuständigen Mitarbeiter des Personalwesens. Dies betrifft auch Papierdaten.
11. Jeder konzernweite personenbezogene Datenaustausch ist ausgeschlossen, soweit in dieser Betriebsvereinbarung nicht geregelt.
12. Alle Zugriffe auf die Personalakte müssen protokolliert werden. Die Protokollierung der Zugriffe sowie einer jeden Einsichtnahme in ein solches Überwachungsprotokoll darf nicht vor Ablauf von 12 Monaten gelöscht werden.

§ 4 Rechte der Arbeitnehmer

1. Jeder Mitarbeiter hat das Recht auf Einsichtnahme in seine Personalakte. Er kann dabei ein Betriebsratsmitglied hinzuziehen. Schwerbehinderte Menschen haben das Recht, die Schwerbehindertenvertretung hinzuzuziehen.
2. Der Mitarbeiter kann die Personalakte während der Arbeitszeit einsehen, eine Freistellung durch den Vorgesetzten ist erforderlich.
3. Abmahnungen oder andere Inhalte, die Arbeitnehmer belasten, sind nach zwei Jahren aus der Personalakte zu entfernen. Über die Entfernung ist der Mitarbeiter zu informieren.

4. Jeder Einsatz eines KI-Systems im Sinne der VO 2024/1689 (KI-VO) ist im Rahmen dieser Betriebsvereinbarung strikt untersagt.
5. Kein Mitarbeiter wird einer maßgeblich auf einer automatisierten Verarbeitung – einschließlich Profiling – beruhenden Entscheidungsfindung mit einer rechtlichen oder ähnlichen Wirkung im Sinne des Art. 22 DSGVO unterworfen.
6. Der Arbeitgeber wird vor jedem Upgrade und Update die betroffenen Mitarbeiter der Personalabteilung in geeigneter Weise, sofern erforderlich, über die datensparsame Verwendung des IT-Systems und die genaue (neue) Form der Verarbeitung personenbezogener Daten durch das IT-System gemäß dieser Betriebsvereinbarung schulen.
7. Mitarbeiter werden in geeigneter Weise darüber informiert, in welchem Umfang ihre personenbezogenen Daten in der Personalakte verarbeitet werden.
8. Mitarbeiter, deren personenbezogene Daten in der Personalakte verarbeitet werden, haben Anspruch auf Auskunft, Einschränkung, Berichtigung, Löschung und Portierung im Sinne der DSGVO.
9. Hält der Mitarbeiter die Datenauskunft für ungenügend, steht ihm das Recht zu, Beschwerde beim Betriebsrat einzulegen. Der Betriebsrat hat Beschwerden entgegenzunehmen und, falls er sie für berechtigt erachtet, beim Arbeitgeber auf Abhilfe hinzuwirken. Die Zuständigkeit der Einigungsstelle nach § 85 Abs. 2 Satz 1 und 2 BetrVG gilt als vereinbart.

§ 5 Weitergabe an Dritte

Eine Weitergabe der Personaldaten an Dritte ist gem. Art. 6 DSGVO verboten.

§ 6 Kontrolle/Sicherheitskonzept

1. Es wird sichergestellt, dass die Daten nach dem aktuellen Stand der Technik abgesichert und der Zugriff Unbefugter ausgeschlossen ist.
2. Eine Verhaltens- oder Leistungskontrolle mittels der digitalen Personalakte ist unzulässig, es sei denn, diese Betriebsvereinbarung erlaubt diese ausdrücklich.
3. Zur Aufdeckung schwerer arbeitsvertraglicher Pflichtverletzungen, dies sind solche, die gleichzeitig eine Straftat darstellen, darf bei einem begründeten, auf Tatsachen beruhenden dokumentierten Verdacht die Arbeitgeberin unter Wahrung des Verhältnismäßigkeitsgrundsatzes nach Hinzuziehung des Betriebsrates eine weitere als hier vereinbarte personenbezogene Datenauswertung vornehmen. Das Protokoll über den Umfang der Untersuchung wird dem Betriebsrat nachträglich zur Verfügung gestellt.

§ 7 Rechte des Betriebsrats

1. Betriebsräte dürfen nur dann die digitale Personalakte einsehen, wenn der Arbeitnehmer zustimmt oder wenn ein bestimmter Zweck dies rechtfertigt.
2. Die Arbeitgeberin hat eine Schwellwertanalyse im Sinne des Art. 35 DSGVO mittels des Standard-Schutzmodells der DSK durchführt. Diese wird in der Personalabteilung vorgehalten. Der Betriebsrat wird über Änderungen unverzüglich informiert.

3. Der Betriebsrat hat die Befugnis, die Einhaltung des Berechtigungskonzeptes zu überprüfen. Hierfür erhält er auf Wunsch einmal jährlich, anlassbezogen auch öfter, ein Einsichtsrecht in die jeder Rolle zugewiesenen Berechtigungen.

Ort, Datum, Unterschriften

7. Soziale Angelegenheiten

7.1 Regelung von Abmahnungen[10]

BV 15

Hinweis: ergänzend wird auf die Betriebsvereinbarungen zu »Personelle Einzelmaßnahmen« verwiesen.

§ 1 Geltungsbereich
Diese Betriebsvereinbarung gilt für
1. räumlich …
2. persönlich …
3. fachlich …

§ 2 Abmahnungen
Abmahnungen bedürfen der Zustimmung des Betriebsrats. Jeder Arbeitnehmer/jede Arbeitnehmerin hat das Recht, eine Gegendarstellung abzugeben. Diese muss zur Personalakte genommen werden.

§ 3 Konfliktlösung
Stimmt der Betriebsrat einer Abmahnung nicht zu, kann der Arbeitgeber die ständige Einigungsstelle des Betriebs anrufen. Deren Entscheidung kann die Zustimmung des Betriebsrats ersetzen. Die Kosten trägt der Arbeitgeber.

§ 4 Personalakte
Abmahnungen sind zwei Jahre nach dem Ausspruch aus der Personalakte zu entfernen, sofern keine neue Abmahnung wegen eines ähnlichen oder gleichen Sachverhalts in dieser Zeit ausgesprochen worden ist.

§ 5 Schlussbestimmungen
1. Im Falle von nicht beilegbaren Streitigkeiten, die sich aus der Anwendung oder Auslegung der Betriebsvereinbarung ergeben, entscheidet eine Einigungsstelle nach § 76 BetrVG.

---

10 Quelle: Thomas Klebe/Micha Heilmann aus Däubler/Klebe/Wedde, Arbeitshilfen für den Betriebsrat, 6. Auflage 2026.

2. Sollten einzelne Punkte der Betriebsvereinbarung ungültig sein oder ihre Gültigkeit aufgrund neuer Gesetzgebung oder Rechtsprechung verlieren, so bleiben die übrigen Bestimmungen hiervon unberührt. In diesem Falle werden beide Seiten für die ungültig gewordenen Punkte der Betriebsvereinbarung eine neue, gültige Formulierung vereinbaren, die dem früheren Sinn soweit wie möglich entspricht.
3. Diese Betriebsvereinbarung ist mit einer Frist von … Monaten zum Schluss eines Kalenderjahres kündbar; erstmals zum Datum. Die Kündigung dieser Betriebsvereinbarung ist nur wirksam, wenn sie schriftlich erfolgt. Die Betriebsvereinbarung wirkt nach. Anlagen sind Bestandteil dieser Betriebsvereinbarung.

Ort, Datum, Unterschriften

BV 16

7.2 Betriebsvereinbarung[11] Hinweisgebersysteme (»Whistleblowing«)[12]

Präambel

Gemäß § 12 Abs. 1 Hinweisgeberschutzgesetz (HinSchG) haben Beschäftigungsgeber[13] dafür zu sorgen, dass bei ihnen mindestens eine Stelle für interne Meldungen eingerichtet ist und betrieben wird, an die sich Beschäftigte wenden können (interne Meldestelle). Diese Betriebsvereinbarung setzt diese Vorgaben um. Zweck dieser Betriebsvereinbarung ist die Schaffung eines Hinweisgebersystems, durch das einerseits Rechtsverstöße im Betrieb oder grobe betriebliche Missstände aufgedeckt werden können und das andererseits Hinweisgeber sowie alle Beschäftigten schützt.

§ 1 Geltungsbereich

Die Betriebsvereinbarung gilt

1. Räumlich: […]
2. Persönlich: für alle Arbeitnehmer[14] nach § 5 Abs. 1 Betriebsverfassungsgesetz (BetrVG) mit Ausnahme der leitenden Angestellten nach § 5 Abs. 3 BetrVG. Der Arbeitgeber verpflichtet die leitenden Angestellten durch verbindliche Anweisung dazu, die in dieser Betriebsvereinbarung vereinbarten Regelungen einzuhalten. Die Regelungen werden auch auf externe hinweisgebende Personen im Sinne des

---

11 Bearbeitet von Prof. Dr. Peter Wedde. Überarbeitet und angepasst gemäß den Regelungen des Hinweisgeberschutzgesetzes (HinSchG).

12 § 25 Abs. 1 Satz 4 Nr. 3 Kreditwesengesetz schreibt für Banken vor, dass diese ein Hinweisgebersystem haben müssen, um bestimmte Verstöße aufzudecken. Die Muster-BV bezieht sich hierauf nicht. Zur Berichtspflicht von größeren Kapitalgesellschaften zur Bekämpfung von Korruption und Bestechung s. § 289c HGB.

13 Die Pflicht gilt gem. § 12 Abs. 2 HinSchG für Beschäftigungsgeber (Anknüpfung an den Rechtsträger, vgl. § 3 Abs. 9 HinSchG) mit in der Regel mind. 50 Beschäftigten, außerdem (unabhängig von der Beschäftigtenzahl) für bestimmte Unternehmen des Kapitalmarkts.

14 Das HinSchG verwendet den – weiter gefassten – Begriff der Beschäftigten, vgl. § 3 Abs. 8 HinSchG.

HinSchG angewendet, soweit sie Informationen über Verstöße erlangt haben und diese an die interne Meldestelle melden.

3. Fachlich: Mit dieser Betriebsvereinbarung werden kollektivrechtliche Rahmenbedingungen geschaffen, um Verstöße gegen geltendes Recht sowie gegen gemeinsam vereinbarte betriebliche Regeln frühzeitig erkennen zu können. Die Vereinbarung soll zudem betriebliche Reaktionen auf erkannte Verstöße sowie betriebsinterne Lösungen frühzeitig ermöglichen. Die interne Meldestelle tritt neben bestehende Meldewege,[15] das betriebsverfassungsrechtliche Beschwerdewesen sowie die direkte Meldung bei Führungskräften oder beim Arbeitgeber.

§ 2 Begriffsbestimmung

1. Hinweisgeber oder Whistleblower sind Arbeitnehmer, die im Betrieb oder Unternehmen stattfindende Rechtsverstöße oder grobe Missstände melden, die ihnen bekannt sind. Zur Abgabe von Hinweisen ist darüber hinaus jede Person berechtigt, ob auch Geschäftspartner, Kunden oder Dritte.
2. Ein Hinweis ist jede Mitteilung an den Arbeitgeber, die interne Meldestelle oder an eine zuständige staatliche Stelle, durch die ein Hinweisgeber auf Rechtsverstöße oder grobe Missstände hinweist, von denen Hinweisgeber wissen.
3. Eine Benachteiligung von Hinweisgebern ist jedes Verhalten oder Handeln des Arbeitgebers und anderer Arbeitnehmer, durch das nach einem Hinweis die jeweiligen Hinweisgeber benachteiligt, sanktioniert, diskriminiert, schlechter gestellt oder herabgewürdigt werden, einschließlich jeder Verhaltensweise, die darauf zielt, vor weiteren Hinweisen abzuschrecken.
4. Ein Hinweis wird gutgläubig gegeben, wenn Hinweisgeber einen Grund zur Annahme haben, dass die von ihnen zu meldenden Tatsachen richtig sind und dass sie nach ihrer Überzeugung einen Umstand darstellen, der zu einem Schaden oder Nachteil für Betrieb oder Unternehmen führen kann.

§ 3 Zielsetzung

1. Arbeitgeber und Betriebsrat sehen sich der Praxis einer offenen internen Kommunikation und der Einhaltung hoher ethischer Standards verpflichtet. Hierzu gehört auch, dass die Begehung von Straftaten oder sonstiger Regelverstöße nicht geduldet wird.
2. Eines der Hauptziele dieser Betriebsvereinbarung ist der Schutz von Hinweisgebern vor Benachteiligungen. Arbeitgeber und Betriebsrat sind sich einig, dass Hinweise auf Rechtsverstöße oder grobe Missstände ausdrücklich erwünscht sind.

§ 4 Verfahren zum Hinweisgeben, Meldesystem

1. Arbeitnehmer sollen von ihnen erkannte Rechtsverstöße, grober Missstände sowie Verstöße gegen anwendbare Verhaltenskodizes oder Ethikrichtlinien melden.

---

15 Hier ist die BV anzupassen, zu erwähnen wären z. B. Betriebsvereinbarungen zur Verhinderung sexualisierter Belästigungen am Arbeitsplatz, über den Umgang und Hilfe für Suchtabhängige usw. Gegebenenfalls kann diese BV auch in ein Gesamtkonzept zur Einführung von Compliance-Systemen (s. BV 19 in diesem Buch) eingefügt werden.

Hierzu werden sie vom Arbeitgeber ausdrückliche ermutigt. Soweit Arbeitnehmer einen begründeten Anlass zur Annahme haben, dass der erkannte Sachverhalt eine schwere Straftat darstellt oder zu schweren Schäden für den Betrieb führen kann, besteht eine Hinweispflicht, es sei denn, dass sie sich hierdurch selbst belasten würden oder wenn aus Sicht von Hinweisgebern absehbar ist, dass entsprechende Mitteilungen zu Nachteilen für sie führen können.

2. Hinweise sollten eine möglichst vollständige Schilderung der beobachteten Sachverhalte beinhalten und durch geeignete Unterlagen untermauert werden, soweit Arbeitnehmer hierüber verfügen und befugt sind, diese weiterzugeben. Hinweise sind aber auch ohne beigefügte Unterlagen zu bearbeiten, wenn der mitgeteilte Sachverhalt plausibel ist.
3. Adressaten der Hinweise sind:
   - die **interne betriebliche Meldestelle** *[ggf. auf gesonderte namentliche Nennung verweisen/bei Externen ggf. zufügen: Die Fa. … unterstützt den Arbeitgeber bei der Einrichtung und dem Betrieb des Hinweisgebersystems und nimmt die Aufgaben gemäß § 13 HinSchG wahr. Hierzu stellt die Fa. … ein Beraterteam als Ombudspersonen zur Seite, welche die Anforderungen an die notwendige Fachkunde und Unabhängigkeit im Sinne des § 15 HinSchG erfüllen. Die Fa. ist an die Wahrung der Vertraulichkeit gemäß § 8 HinSchG gebunden.]*[16];
   - darüber hinaus sind Hinweisgebende jederzeit berechtigt, Hinweise direkt an die jeweiligen Vorgesetzten oder andere sachlich zuständige Personen, den Betriebsrat oder direkt an die Geschäftsführung zu richten.
4. Folgende **Meldekanäle**[17] werden zur Annahme der Meldungen von hinweisgebenden Personen in mündlicher oder in Textform eingerichtet:
   - E-Mail-Postfach
   - Kontaktformular für die Website
   - Telefonhotline
   - Persönliche Zusammenkunft in den Räumlichkeiten der Meldestelle
5. Hinweisgeber sind aufgefordert, Hinweise unter ihrem Namen einzureichen, um Rückfragen mit dem Ziel der Aufklärung des Sachverhalts zu ermöglichen. Sind sie hierzu nicht bereit, insbesondere weil sie persönliche Benachteiligungen nicht ausschließen können, können Hinweise auch anonym erfolgen.
6. Nach Erhalt von Hinweisen sind die jeweiligen Empfänger bezüglich der Person der Hinweisgeber zur **Vertraulichkeit** verpflichtet, es sei denn, diese sind mit der Nennung ihres Namens ausdrücklich einverstanden. Keine Pflicht zur Vertraulichkeit besteht, wenn sich Hinweise auf strafrechtliche Offizialdelikte beziehen, für die es eine Anzeigepflicht gibt und wenn nach einer Anzeige entsprechende Nachfragen der Strafermittlungs- oder Strafverfolgungsbehörden erfolgen.
7. Hinweisgebern ist der Eingang eines Hinweises durch die jeweiligen Adressaten in Textform zu bestätigen.

---

16 Die interne Meldestelle i. S. d. § 12 HinSchG kann auch durch Externe, z. B. eine Rechtsanwaltskanzlei, betrieben werden.

17 Zu den Voraussetzungen im Einzelnen vgl. § 16 HinSchG.

8. Innerhalb von drei Monaten[18] nach der Bestätigung des Eingangs der Meldung oder, wenn der Eingang nicht bestätigt wurde, spätestens drei Monate und sieben Tage nach Eingang der Meldung, gibt die interne Meldestelle der hinweisgebenden Person eine Rückmeldung über geplante sowie bereits ergriffener Folgemaßnahmen sowie die Gründe für diese. Eine Rückmeldung darf nur insoweit erfolgen, als dadurch interne Nachforschungen oder Ermittlungen nicht berührt und die Rechte der Personen, die Gegenstand einer Meldung sind oder die in der Meldung genannt werden, nicht beeinträchtigt werden.

§ 5 Schutz des Hinweisgebers[19]

1. Jede Benachteiligung von Hinweisgebern, die im Zusammenhang mit ihrem Hinweis stehen, ist verboten und stellt im arbeitsrechtlichen Kontext eine schwere arbeitsrechtliche Pflichtverletzung der Person dar, die für die Benachteiligung verantwortlich ist. Gegen hinweisgebende Personen gerichtete Repressalien sind verboten. Das gilt auch für die Androhung und den Versuch, Repressalien auszuüben.
2. Der Arbeitgeber muss sicherstellen, dass gutgläubig (vgl. § 2 Abs. 4) handelnde Hinweisgeber nach einem Hinweis insbesondere vor Benachteiligungen oder vor jeder Art von negativen Auswirkungen seitens des Arbeitgebers, anderer Arbeitnehmer, leitender Angestellter oder Dritter umfassend geschützt werden. Er ist insoweit nicht nur für eigenes Tun oder Unterlassen verantwortlich, sondern auch für das der von ihm beschäftigten oder beauftragten Personen.
3. Teilen Hinweisgeber mit einem Hinweis vorsätzlich Unwahrheiten, unzutreffende oder nur durch Gerüchte begründete Sachverhalte mit, kann dies auch zu arbeitsrechtlichen Konsequenzen führen.

§ 6 Schutz beschuldigter Personen

1. Werden durch Hinweise andere Personen beschuldigt, werden diese hierüber unverzüglich in Textform benachrichtigt. Dabei sind ihnen die im Hinweis enthaltenen Vorwürfe mitzuteilen. Auf diese Benachrichtigung kann nur dann temporär verzichtet werden, wenn hierdurch die weitere Sachverhaltsermittlung gefährdet wird. In diesem Fall ist die Benachrichtigung unverzüglich nachzuholen, sobald die Gefährdung nicht mehr gegeben ist. Mitteilungen an beschuldigte Personen dürfen keinen Hinweis zur Identität von Hinweisgebers enthalten bzw. Informationen, die Rückschlüsse auf Hinweisgeber ermöglichen.
2. Die Benachrichtigung beschuldigter Personen enthält die datenschutzrechtlich vorgeschriebenen Informationen, etwa zur Rechtsgrundlage der Verarbeitung, zu ihren Zwecken und zu den Rechten der betroffenen Personen.
3. Beschuldigten Personen steht es frei, sich an den für sie zuständigen Betriebsrat oder an den Datenschutzbeauftragten zu wenden.

---

18 Vgl. § 17 HinSchG.

19 Vgl. hierzu auch § 36 HinSchG.

4. Wird vom Arbeitgeber festgestellt, dass mit einem Hinweis vorsätzlich Unwahrheiten sowie unzutreffende oder nur durch Gerüchte begründete Sachverhalte mitgeteilt wurden, werden beschuldigte Personen hierüber informiert.

§ 7 Unzulässiges Verhalten

1. Es ist bezogen auf Hinweise nach dieser Betriebsvereinbarung unzulässig, diese ohne Grund oder wider besseres Wissen zu geben.
2. Ein unzulässiges Vorgehen im Sinne der im vorstehenden Absatz genannten Vorgaben kann vom Arbeitgeber mit arbeitsrechtlichen Maßnahmen belegt werden. Das Verfahren hierzu ist im Einvernehmen mit dem Betriebsrat festzulegen. In besonders schweren Fällen kommen arbeitsrechtliche Maßnahmen, bis hin zur Kündigung des Arbeitsverhältnisses, in Betracht.

§ 8 Verfahren zur Sachverhaltsklärung nach Mitteilungen

1. Geht eine Meldung ein, unternimmt die **interne Meldestelle** folgende Schritte:
   - Eingangsbestätigung an die hinweisgebende Person spätestens nach sieben Tagen
   - Information des Arbeitgebers über den Eingang einer Meldung
   - Prüfung, ob der gemeldete Verstoß in den sachlichen Anwendungsbereich des § 2 HinSchG fällt
   - Prüfung der Stichhaltigkeit der eingegangenen Meldung
   - Erforderlichenfalls weitere Informationsersuche bei der hinweisgebenden Person
   - Beratung mit dem Arbeitgeber und Empfehlung angemessener Folgemaßnahmen nach § 18 HinSchG
   - Kommunikation mit der hinweisgebenden Person vom Eingang der Meldung bis zum Abschluss des Verfahrens
2. Der Arbeitgeber leitet nach Erhalt einer Mitteilung unverzüglich ein Verfahren zur Klärung des ihm bekannt gewordenen Sachverhalts ein. In diesem Rahmen können Rückfragen an die jeweiligen Hinweisgeber erfolgen. Dabei ist die erforderliche Vertraulichkeit auch dadurch sicherzustellen, dass der Kreis der Personen, denen Namen von Hinweisgebern bekannt sind, auf das mögliche Minimum reduziert bleibt.
3. Der Betriebsrat wird über das Verfahren sowie seinen Fortgang zeitnah informiert, soweit dem nicht die Rechte der Mitteilungsgeber oder der beschuldigten Personen entgegenstehen. Unter diesem Vorbehalt kann der Betriebsrat ein Mitglied benennen, dass an Untersuchungsmaßnahmen und einschlägigen Gesprächen teilnehmen kann. Der Betriebsart ist nicht zur Mitwirkung an Ermittlungshandlungen verpflichtet.

§ 9 Folgemaßnahmen

1. Kommen zu einer Meldung offensichtlich keine Folgemaßnahmen in Betracht (insbesondere bei Nichtanwendbarkeit des HinSchG), wird das Verfahren eingestellt.
2. Folgemaßnahmen können gemäß § 18 HinSchG insbesondere sein:

- interne Untersuchung und Kontaktierung der involvierten Personen (auch Zeugen usw.)
- Verweis der hinweisgebenden Person auf andere zuständige Stellen,
- Abschluss des Verfahrens aus Mangel an Beweisen oder aus anderen Gründen
- Abgabe des Verfahrens zwecks weiterer Untersuchungen an eine bei dem Beschäftigungsgeber oder bei der jeweiligen Organisationseinheit für interne Ermittlungen zuständige Arbeitseinheit oder eine zuständige Behörde.

§ 10 Rechte des Betriebsrats

1. Der Betriebsrat wird vom Arbeitgeber vierteljährlich oder auf Anforderung über eingegangene Hinweise und die hieraufhin erfolgten Aktivitäten und Maßnahmen informiert.
2. Besteht bezüglich einer arbeitsrechtlichen Maßnahme gegen Hinweisgeber der Verdacht, dass diese eine Benachteiligung wegen eines Hinweises beinhaltet, ist dies ein Verstoß gegen diese Betriebsvereinbarung, die der Betriebsrat insbesondere in einem Widerspruch gelten machen kann.
3. Seine Rechte nach dem BetrVG bleiben im Übrigen unbenommen.

§ 11 Geheimhaltung und Datenschutz

1. Die Meldestellen haben gemäß § 8 HinSchG die Vertraulichkeit der Identität der folgenden Personen zu wahren:
   - der hinweisgebenden Person, sofern die gemeldeten Informationen Verstöße betreffen, die in den Anwendungsbereich des HinSchG fallen, oder die hinweisgebende Person zum Zeitpunkt der Meldung hinreichenden Grund zu der Annahme hatte, dass dies der Fall sei,
   - der Personen, die Gegenstand einer Meldung sind, und
   - der sonstigen in der Meldung genannten Personen.
2. Die Identität der genannten Personen darf ausschließlich den Personen, die für die Entgegennahme von Meldungen oder für das Ergreifen von Folgemaßnahmen zuständig sind, sowie den sie bei der Erfüllung dieser Aufgaben unterstützenden Personen bekannt werden.
3. Das Gebot der Vertraulichkeit der Identität gilt unabhängig davon, ob die Meldestelle für die eingehende Meldung zuständig ist.
4. Die Meldekanäle sind so zu gestalten, dass nur die für die Entgegennahme und Bearbeitung der Meldungen zuständigen sowie die sie bei der Erfüllung dieser Aufgaben unterstützenden Personen Zugriff auf die eingehenden Meldungen haben.
5. Diese Betriebsvereinbarung ist keine datenschutzrechtliche Grundlage für die Verarbeitung von personenbezogenen Mitarbeiterdaten im Sinne von § 26 Abs. 4 Bundesdatenschutzgesetz.

§ 12 Schlussbestimmungen

Diese Betriebsvereinbarung kann mit der gesetzlichen Frist von drei Monaten gekündigt werden. Nach einer Kündigung wirkt sie insgesamt nach.

Ort, Datum, Unterschriften

BV 17

7.3 Qualitätsmanagement

§ 1 Präambel

Das Qualitätsmanagement ist ein wichtiger Bestandteil der Unternehmenskultur. Durch das Qualitätsmanagementsystem soll mehrere Ziele gleichzeitig sichergestellt werden. Hierzu gehört, dass:

- die Wettbewerbsfähigkeit des Unternehmens Unternehmensbezeichnung (= Unternehmen) erhalten und ausgebaut wird,
- die Zusammenarbeit aller Mitarbeiter kontinuierlich verbessert wird,
- die Qualitätsanforderungen transparent gemacht werden,
- das Qualitätsbewusstsein geweckt und gesteigert wird und
- Qualität als wesentlicher Erfolgsfaktor auf allen Ebenen und Bereichen anerkannt wird.

§ 2 Räumlicher, persönlicher und sachlicher Geltungsbereich

Diese Betriebsvereinbarung gilt für alle Betriebe und Arbeitsprozesse des Unternehmens. Sie gilt persönlich für alle Mitarbeiterinnen und Mitarbeiter des Unternehmens.

§ 3 Einbindung aller Mitarbeiter

Alle Mitarbeiterinnen und Mitarbeiter erhalten ein Exemplar des Qualitätsmanagement-Handbuchs und werden dazu aufgefordert, an dem Qualitätsmanagement und dessen Weiterentwicklung aktiv mitzuwirken. Bei Maßnahmen des Qualitätsmanagements werden sie rechtzeitig einbezogen und informiert.
Zur Vertiefung des Qualitätsmanagements finden in allen Abteilungen des Unternehmens zweimal jährlich zweitägige Workshops statt. Zeitpunkt und Inhalt der Workshops werden mit dem örtlichen Betriebsrat abgestimmt.

§ 4 Schulungen zum Qualitätsmanagement

Jede Mitarbeiterin und jeder Mitarbeiter **muss an einer vom Qualitätsmanagementbeauftragten durchgeführten Grundschulung über das Qualitätsmanagementsystem und kann an weiteren Informationsveranstaltungen über das Qualitätsmanagement teilnehmen. Im Rahmen der Grundschulung soll jedem Mitarbeiter ein Überblick über**

- die Zielsetzung des Qualitätsmanagements,
- die Systematik und Inhalte des Qualitätsmanagement-Handbuchs,
- die Qualitätsaudits,
- die Qualitätsanforderungen an die Mitarbeiter und
- die Beteiligung der Mitarbeiter und der Betriebsräte im Rahmen des Qualitätsmanagementsystems gegeben werden.

Mitarbeiterinnen und Mitarbeiter, deren Arbeitsbereich das Qualitätsmanagement besonders betrifft, nehmen zusätzlich zur Grundschulung noch an einer speziellen Schulung zum Qualitätsmanagement teil.
Zeitpunkt und Inhalt der Schulungsmaßnahmen werden mit dem örtlichen Betriebsrat abgestimmt.

§ 5 Qualitätsmanagementbeauftragter
Der Qualitätsmanagementbeauftragte ist verantwortlich für die Umsetzung des Qualitätsmanagements. Er wird im Einvernehmen mit dem Betriebsrat bestellt und hat die im Qualitätsmanagement-Handbuch festgelegten Aufgaben.
Der Qualitätsmanagementbeauftragte unterstützt sowohl die Geschäftsleitung als auch den Betriebsrat und die Mitarbeiterinnen und Mitarbeiter in allen Angelegenheiten des Qualitätsmanagements.
Der Qualitätsmanagementbeauftragte kann nur außerordentlich gekündigt werden.

§ 6 Arbeitsgruppe Qualitätsmanagement
Es wird ein gemeinsamer Ausschuss Qualitätsmanagement eingerichtet. Der Ausschuss setzt sich aus drei Vertretern des Arbeitgebers und drei Vertretern des Betriebsrats zusammen. Der Qualitätsmanagementbeauftragte nimmt in beratender Funktion an den Ausschusssitzungen teil. Der Ausschuss tagt mindestens 1-mal pro Kalenderquartal und hat insbesondere die folgenden Aufgaben:
- Informationsaustausch zum Stand des Qualitätsmanagements im Betrieb,
- Unterstützung des Qualitätsmanagementbeauftragten,
- Vorbereitung des Qualitätsaudits und
- Weiterentwicklung des Qualitätsmanagements.

§ 7 Beteiligung des Betriebsrats
Der Betriebsrat erhält jeweils eine aktuelle Fassung des Qualitätsmanagement-Handbuchs und wird unbeschadet seiner Mitarbeit im Ausschuss Qualitätsmanagement über alle Änderungen des Qualitätsmanagements rechtzeitig informiert. Soweit Maßnahmen des Qualitätsmanagements der Beteiligung des Betriebsrats bedürfen, wird dieser unter Berücksichtigung seiner Beteiligungsrechte rechtzeitig vorher beteiligt. Der Betriebsrat kann beim Qualitätsmanagementbeauftragten Vorschläge zur Änderung, Weiterentwicklung und Verbesserung des Qualitätsmanagementsystems machen.

§ 8 Qualitätsaudits
Die Einhaltung und Wirksamkeit des Qualitätsmanagementsystems wird in regelmäßigen Abständen stichprobenartig im Rahmen von internen Qualitätsaudits durch einen internen Auditor überprüft. Die Qualitätsaudits erfolgen unter Einhaltung der geltenden Datenschutzbestimmungen und dürfen nicht dazu dienen, darüber hinaus Leistung und Verhalten der Mitarbeiterinnen und Mitarbeiter zu kontrollieren. Der Auditor wird im Einvernehmen mit dem Betriebsrat bestellt, darf nicht Mitglied des Ausschusses Qualitätsmanagement sein und muss über die für seine Aufgabe relevanten Kenntnisse und Fähigkeiten verfügen. Der Auditor erstellt nach den im Qualitätsmanagement-Handbuch festgelegten Modalitäten einen Auditplan, dokumentiert die Auditergebnisse und erarbeitet Handlungsempfehlungen für die Verbesserung des Qualitätsmanagements. Diese werden im Ausschuss Qualitätsmanagement beraten.

§ 9 Schlussbestimmungen
Diese Betriebsvereinbarung tritt am Datum in Kraft und kann von beiden Seiten mit einer Frist von 3 Monaten zum Ende eines Kalenderjahres gekündigt werden. Die Betriebsvereinbarung wirkt nach Ablauf der Kündigungsfrist nach.

Ort, Datum, Unterschriften

BV 18

7.4 Gesamtbetriebsvereinbarung »Implementierung eines Verfahrens zur Einführung von global geltenden Unternehmensrichtlinien«

Präambel
Die Einhaltung der geltenden Gesetze und Regelungen stellen unverzichtbare Voraussetzung für einen ordnungsgemäßen Geschäftsbetrieb dar. Als Unternehmen der X-Branche und als Teil des Z-Konzerns muss das Unternehmen Unternehmensbezeichnung (= Unternehmen) nicht nur auf die Einhaltung geltender Gesetze und Regelungen achten, sondern auch aufsichtsrechtlichen Anforderungen genügen. Hieraus resultierend sind auch global geltende Unternehmensrichtlinien zu beachten. Insbesondere muss das Unternehmen ein wirksames Governance System einrichten. Teile dieses Governance Systems sind schriftlich festgelegte Leitlinien sowie ein internes Kontrollsystem.
Die Einführung der Unternehmensrichtlinien sowie Länderanleitungen (nachfolgend zusammen »**Richtlinien**« genannt) stellen die Grundlage des geforderten Governance Systems dar.

§ 1 Geltungs- und Anwendungsbereich

1. **Sachlicher Geltungsbereich**
   Diese GBV gilt für die Behandlung der Richtlinien, die in der **Anlage 1** aufgeführt sind. Die Unternehmensrichtlinien enthalten Vorgaben zur Einrichtung der Mindeststandards des Unternehmens und den damit verbundenen Aufgaben und Verantwortungsbereichen der Mitarbeiter.
   Länderanleitungen sind landesspezifische Konkretisierungen der Unternehmensrichtlinien.
2. **Persönlicher Geltungsbereich**
   Diese GBV gilt für alle Mitarbeiter mit Ausnahme der leitenden Angestellten nach § 5 Abs. 3 Betriebsverfassungsgesetz (BetrVG).
   Das Unternehmen wird die leitenden Angestellten durch Weisung oder die Vereinbarung von Richtlinien nach dem Sprecherausschussgesetz verpflichten, die in den Richtlinien enthaltenen Regelungen ebenfalls einzuhalten.
3. **Räumlicher Geltungsbereich**
   Diese GBV gilt für alle Betriebe des Unternehmens in Deutschland.

§ 2 Verzeichnis der geltenden Richtlinien

1. **Anlagen 1** und **2** verzeichnen die gegenwärtig in deutscher Sprache vorliegenden und zur Einführung vorgesehenen Unternehmensrichtlinien sowie die entsprechenden Länderanleitungen. Das Unternehmen ist berechtigt, die Anlagen nach Ankündigung und in Abstimmung mit dem GBR zu ändern, insbesondere neue Richtlinien oder Länderanleitungen dort aufzunehmen. In diesem Fall werden die Anlagen aktualisiert.
2. Die Parteien sind sich darüber einig, dass die in **Anlage 1** genannten Richtlinien mit dem Abschluss dieser GBV verbindlich und unbefristet für die Mitarbeiter eingeführt werden.
3. Die Parteien sind sich weiterhin darüber einig, dass die in **Anlage 2** genannten Richtlinien Gegenstand weiterer Beratungen zwischen den Parteien sind und daher noch nicht mit Abschluss dieser GBV eingeführt werden.
4. Für die Einführung neuer sowie die Änderung bestehender Richtlinien und Länderanleitungen findet das in § 3 geregelte Verfahren Anwendung.

§ 3 Einführung bereits bestehender Richtlinien

1. Die Parteien sind sich einig darüber, dass einzelne der in **Anlage 1** aufgeführten Unternehmensrichtlinien und der Länderanleitungen oder Teile hiervon mitbestimmungspflichtig gemäß § 87 Abs. 1 BetrVG (insbesondere nach dessen Nr. 1) sein können.
2. Der GBR hat nach eingehender Beratung seine Zustimmung zu den in **Anlage 1** aufgeführten Richtlinien erteilt, die, nach seiner Bewertung, mitbestimmungspflichtig sind, sodass alle in **Anlage 1** aufgeführten Richtlinien sofort verbindlich und unbefristet eingeführt werden können (vgl. § 2, 2.).
3. Die Vereinbarung zur Einführung einer bestimmten Unternehmensrichtlinie beinhaltet ausdrücklich nicht die Zustimmung zu weiteren Unternehmensrichtlinien, auf die in einzelnen Unternehmensrichtlinien verwiesen wird.
4. Eine Vereinbarung über die Einführung einer Richtlinie beinhaltet ausdrücklich nicht die Zustimmung des GBR zu etwaigen Überwachungsmaßnahmen seitens des Arbeitgebers. Ggf. ist hierfür eine gesonderte Vereinbarung zwischen den Parteien zu treffen.

   Die Verwendung von Daten im Zusammenhang mit personellen Einzelmaßnahmen, die unter Verstoß gegen die in diesem Absatz genannten Rechte des Betriebsrats gewonnen wurden, ist unzulässig. Hieraus resultierende arbeitsrechtliche Maßnahmen sind unwirksam.
5. Hinsichtlich der in **Anlage 2** genannten Richtlinien werden die Parteien zügig mit dem Ziel, diese Richtlinien so schnell als möglich, spätestens jedoch mit Wirkung zum Datum, verbindlich und unbefristet einzuführen, in entsprechender Anwendung der in § 7 enthaltenen Vorgaben verhandeln.

Die Erfahrungen in der Umsetzung dieser GBV werden in den Verhandlungen über die Einführung der in **Anlage 2** genannten Richtlinien berücksichtigt werden.

§ 4 Sprache

1. Die geltenden Richtlinien wird das Unternehmen grundsätzlich in deutscher Sprache zur Verfügung stellen.
2. Ausnahmen hiervon sind nach Vereinbarung zwischen den Parteien möglich.

§ 5 Information und Schulung

1. Die in **Anlage 1** aufgeführten Richtlinien gelten mit der Veröffentlichung dieser GBV per E-Mail an die Mitarbeiter als eingeführt. In der E-Mail wird darauf hingewiesen, wo diese Richtlinien eingesehen werden können. Bei Fragen können sich die Mitarbeiter an die Compliance- bzw. die Rechtsabteilung oder ihren Vorgesetzten wenden.
2. Zu ausgewählten Richtlinien und/oder Themen werden (in der Regel online) Schulungen stattfinden. Der GBR wird so frühzeitig wie möglich über die vorgesehenen Schulungsmaßnahmen informiert und erhält zu diesen Schulungen die erforderlichen Unterlagen. Die Beteiligungsrechte nach den §§ 98 ff BetrVG werden eingehalten.
3. Wird der Mitarbeiter am Ende einer Schulung aufgefordert, eine Teilnahmeerklärung abzugeben, so ist mit der Abgabe der Erklärung keine Einschränkung bestehender günstigerer arbeitsvertraglicher Rechte und Pflichten verbunden.

§ 6 Disziplinarische und arbeitsrechtliche Konsequenzen

In den Richtlinien standardisiert enthaltene Hinweise auf disziplinarische oder arbeitsrechtliche Maßnahmen können nur unter Einhaltung der Voraussetzungen des deutschen Rechts zum Tragen kommen.

§ 7 Verhandlung neuer und Änderung bestehender Richtlinien

1. Sobald das Unternehmen beabsichtigt, eine neue Richtlinie einzuführen oder eine bestehende Richtlinie zu ändern, wird der Gesamtbetriebsrat hiervon unverzüglich unter Vorlage der neuen bzw. der geänderten Richtlinie und unter schriftlicher Angabe der Gründe unterrichtet.
2. Der Gesamtbetriebsrat wird das Unternehmen binnen einer Frist von einem Monat nach vollständiger Unterrichtung schriftlich per E-Mail darüber unterrichten, ob aus seiner Sicht durch die Einführung/Änderung von Richtlinien Mitbestimmungsrechte berührt sind.
3. Äußert sich der Gesamtbetriebsrat binnen der in § 7, 2. genannten Frist nicht, so wird die Anlage 1 und/oder die Anlage 2 entsprechend aktualisiert. § 3, 3. und § 3, 4. finden entsprechende Anwendung.
4. Macht der Gesamtbetriebsrat binnen der in § 7, 2. genannten Frist schriftlich ein Mitbestimmungsrecht geltend, so finden die im BetrVG geregelten Mitbestimmungsverfahren Anwendung.

§ 8 Schlussbestimmungen

1. Diese GBV tritt mit Unterzeichnung in Kraft.

2. Zweifel und Unklarheiten bei der Auslegung der Richtlinien gehen zulasten des Arbeitgebers. Ist eine Regel mehrdeutig, so gilt die für den Arbeitnehmer günstigere Auslegung. Widersprechen sich einzelne Regeln inhaltlich, so findet die für den Arbeitnehmer günstigere Regel Anwendung.
3. Diese GBV wird von den Parteien in einer bilingualen Fassung unterzeichnet. Im Falle von Unterschieden zwischen der englischen und der deutschen Fassung hat die deutsche Fassung Vorrang.
4. Diese GBV kann mit einer Frist von 3 Monaten zum Monatsende gekündigt werden. Im Falle der Kündigung wirkt die Gesamtbetriebsvereinbarung einschließlich ihrer Anlagen bis zum Abschluss einer neuen Vereinbarung nach.

Ort, Datum, Unterschriften

7.5 Gesamtbetriebsvereinbarung Einführung von Compliance-Systemen[20]

BV 19

Präambel

Der gute Ruf des Unternehmens hängt auch von einem gesetzeskonformen Verhalten der Mitarbeiter ab. Die Einhaltung einschlägiger gesetzlicher Vorgaben muss den betrieblichen Umgang miteinander genauso prägen wie den Umgang mit Kunden und Geschäftspartnern. Geschäftsführung, Führungskräfte und Vorgesetzte müssen die Beachtung gesetzlicher Vorgaben vorleben (»Tone-from-the-top«). Dies gilt insbesondere bezogen auf die Vermeidung von Korruption.

In diesem Sinne zielt diese Gesamtbetriebsvereinbarung zum Compliance-Management-System (CMS) darauf ab, Korruption und andere gesetzeswidrige Verhaltensweisen von Anfang an zu verhindern. Gleichermaßen soll sie auch den Schutz und die Rechte der Mitarbeiter gewährleisten.

§ 1 Geltungsbereich

1. Die Gesamtbetriebsvereinbarung gilt persönlich für alle Arbeitnehmer (im Folgenden auch »Mitarbeiter« genannt) im Unternehmen einschließlich der Leiharbeitnehmer mit Ausnahme der leitenden Angestellten gemäß § 5 Abs. 3 BetrVG. Der Arbeitgeber verpflichtet die leitenden Angestellten durch verbindliche Anweisung dazu, die in dieser Gesamtbetriebsvereinbarung vereinbarten Compliance-Regelungen einzuhalten.
2. Sachlich gilt die Gesamtbetriebsvereinbarung für alle Betriebe des Unternehmens.

§ 2 Begriffsbestimmungen

1. Der Begriff »Compliance-Management« bezeichnet in dieser Gesamtbetriebsvereinbarung alle Maßnahmen, durch die ein gesetzeskonformes Verhalten des Unternehmens, seiner Leitungsorgane, seiner leitenden Mitarbeiter und seiner Mitarbeiter sowie die Einhaltung aller anwendbaren Vereinbarungen und ein-

20 Bearbeitet von Prof. Dr. Peter Wedde.

schlägigen Anweisungen sichergestellt werden sollen. Die Einhaltung von Compliance-Maßnahmen soll Regelverstöße vermeiden, die dem Ansehen des Arbeitgebers oder der Mitarbeiter schaden können.

2. »Compliance-Beauftragter« ist eine vom Arbeitgeber gemäß § 9 dieser Gesamtbetriebsvereinbarung mit der Wahrnehmung dieser Aufgabe beauftragte und befugte Personen. Namen und Kontaktdaten des Compliance-Beauftragten teilt der Arbeitgeber allen Mitarbeitern in geeigneter Form mit, insbesondere durch Bekanntgabe auf betrieblichen Intranetseiten.

§ 3 Zweck und Zielsetzung des »Compliance-Management«/Information der Mitarbeiter

1. Auf das Unternehmen des Arbeitgebers sowie auf die dort tätigen Mitarbeiter kommt eine Reihe zwingender Rechtsvorschriften zur Anwendung. Hierzu gehören neben einzuhaltenden Regelungen aus wettbewerbs-, urheber- und strafrechtlichen Gesetzen insbesondere auch datenschutzrechtliche und kollektivrechtliche Vorschriften. Die Einhaltung dieses normativen Rahmens soll durch ein »Compliance-Management« erfolgen.
2. Bestandteil des »Compliance-Managements« sind auch die dieser Gesamtbetriebsvereinbarung als Anlagen beigefügten Regelungen
   - Code of Conduct (Anlage 1),
   - Compliance Policy (Anlage 2) und
   - Gesamtbetriebsvereinbarung Whistleblowing (Anlage 3).
   - Diese drei Anlagen sind keine eigenständigen Rechtsgrundlagen für die Durchführung arbeitsrechtlicher Maßnahmen gegen Mitarbeiter.
3. Der Arbeitgeber ist im Rahmen des »Compliance-Managements« verpflichtet, allen betroffenen Mitarbeitern die zwingend zu beachtenden Gesetze, Vorschriften und individualrechtlichen Vereinbarungen bekannt zu machen. Die Bekanntmachung muss in geeigneter Form geschehen, für alle Mitarbeiter verständlich sein und Möglichkeiten beinhalten, offene Themen und Fragen unmittelbar und verbindlich mit dem Arbeitgeber klären zu können.
4. Mitarbeiter sollen durch das »Compliance Management« angehalten werden, die für ihr Arbeitsumfeld einschlägigen und zwingend geltenden Gesetze und Vorschriften zu beachten. Hinzu können ergänzende individualrechtlich vereinbarte Verpflichtungen kommen.
5. Ein weiterer Bestandteil des »Compliance-Managements« können einschlägige Richtlinien sein. Diese Richtlinien haben ausschließlich die Funktion, den Mitarbeitern die auf ihre jeweiligen Tätigkeiten zwingend anzuwendenden Rechtsvorschriften zu erläutern.
6. Richtlinien zum Thema »Compliance-Management«, die ohne Durchführung der gesetzlichen Mitbestimmung nach dem BetrVG zustande kommen oder im Unternehmen veröffentlicht werden, sind kein Bestandteil des »Compliance Management«. Sie sind zudem keine Grundlage oder Rechtfertigung für interne Untersuchungen bzw. für arbeitsrechtliche Maßnahmen zulasten von Mitarbeitern. Entsprechendes gilt, wenn diese Gesamtbetriebsvereinbarungen oder ihre Anlagen

vom Arbeitgeber ohne Durchführung der gesetzlichen Mitbestimmung einseitig ergänzt oder geändert werden.

7. Der Arbeitgeber stellt sicher, dass mitbestimmungspflichtige Compliance-Regelungen wie etwa solche zum Ordnungsverhalten im Betrieb (§ 87 Abs. 1 Nr. 1 BetrVG) nicht Gegenstand individueller arbeitsvertraglicher Vereinbarungen mit Mitarbeitern werden, es sei denn, dass diese Gesamtbetriebsvereinbarung oder eine andere einschlägige kollektivrechtliche Regelung dies vorsieht.

§ 4 Geschenke und sonstige Vergünstigungen

Geschenke, Gefälligkeiten oder sonstige Vergünstigungen bis zu einem Wert von **30 Euro**[21] dürfen von Mitarbeitern an andere Personen nur gewährt oder von diesen angenommen werden, wenn sich diese Gewährung oder Annahme im Rahmen üblicher geschäftlicher Gepflogenheiten bewegt und wenn es sich hierbei offenkundig nicht um den Versuch einer Bestechung oder einer Korruption handelt. Nachvollziehbare Fehleinschätzungen eines Wertes gehen nicht zulasten der Mitarbeiter. Im Zweifel entscheidet der dann von den Mitarbeitern einzuschaltende Compliance-Beauftragte.

1. Die Gewährung oder Annahme von Geschenken, Gefälligkeiten oder sonstige Vergünstigungen mit einem erkennbaren Wert von mehr als **30 Euro** ist unzulässig und soll unterbleiben. Lässt sich die Annahme aus geschäftlichen Gründen in besonderen Fällen nicht vermeiden, muss hierüber zeitnah eine Meldung an Compliance-Beauftragte des Unternehmens erfolgen. Dieser entscheidet nach der Meldung unverzüglich über das weitere Vorgehen bzw. über die Verwendung von Sachgeschenken. Auf seine Anforderung sind Sachgegenstände dem Arbeitgeber zu übergeben.
2. Vor der Annahme von Einladungen zu kostspieligen Geschäftsessen, Kundenveranstaltungen, Freizeitereignissen oder Ähnlichem, ist die schriftliche Zustimmung des Compliance-Beauftragten oder eines zuständigen Vorgesetzten erforderlich. Das Zustimmungserfordernis besteht regelmäßig dann, wenn der Geldwert der Einladung offenkundig mehr als **30 Euro** beträgt. Wird eine Zustimmung erteilt, können Mitarbeiter davon ausgehen, dass ihre Teilnahme rechtskonform ist und unternehmensinternen Compliance-Vorgaben entspricht.
3. Gelegentliche Einladungen zu einfachen Geschäftsessen oder Ähnlichem unterhalb einer Wertschwelle von ca. **30 Euro** sind im Rahmen des Üblichen gestattet. Bestehen Zweifel an der Üblichkeit, sollen Mitarbeiter entsprechend Abs. 3 eine Zustimmung einholen.
4. Wird eine Zustimmung in den vorstehenden Fällen nicht erteilt, muss die Annahme von Geschenken, Gefälligkeiten oder sonstige Vergünstigungen sowie die Wahrnehmung von Einladungen unterbleiben. Bereits erhaltene Sachgegenstände werden vom Arbeitgeber unter Hinweis auf einschlägige Compliance-Vorgaben an die Versender zurück übermittelt.

---

21 Es gibt keine gesetzliche Wertgrenze für Geschenke. Möglich ist es auch, sich an der steuerrechtlichen Bestimmung des § 4 Abs. 5 Nr. 1 Satz 1 EStG (50 Euro) zu orientieren. Kann ein Geschenk als Bestechung gewertet werden, ist der Wert unerheblich.

§ 5 Geschäfte mit persönlich nahestehenden Personen

1. Sind Mitarbeiter für die Anbahnung oder Durchführung von Geschäftsbeziehungen des Unternehmens oder für die Vergabe oder Abwicklung von Aufträgen verantwortlich und sind die Geschäftspartner ihnen persönlich nahestehende Personen, ist dieser Sachverhalt dem zuständigen Vorgesetzten oder dem Compliance-Beauftragten anzuzeigen.
2. Persönlich nahestehende Personen gemäß Abs. 1 sind Ehepartner, eigene Geschwister, nichteheliche Lebenspartner und deren Geschwister sowie Verwandte oder Verschwägerte in gerader Linie.

§ 6 Private Geschäfte/Nebentätigkeit

1. Über private Geschäfte mit Kunden, Lieferanten oder Geschäftspartnern, mit denen sie persönlich im Rahmen ihrer vertraglichen Arbeitsaufgaben für das Unternehmen zusammenarbeiten, müssen Mitarbeiter ihre Vorgesetzen oder den Compliance-Beauftragten informieren. Der informierten Person obliegt dann die Prüfung, ob die den Mitarbeitern gewährten Konditionen eine Vergünstigung enthalten, die nur aufgrund der Geschäftsbeziehung zum Unternehmen gewährt wird. Ist dies der Fall, gilt § 3 dieser Gesamtbetriebsvereinbarung entsprechend.
2. Vorgesetzte und der Compliance-Beauftragte sind außerhalb der von ihnen durchzuführenden Compliance-Prüfung zu striktem Stillschweigen über die privaten Geschäfte von Mitarbeitern verpflichtet.
3. Keine Anzeigepflicht besteht, wenn Kunden oder Lieferanten keine Kenntnis von der anderweitig bestehenden beruflichen Zusammenarbeit haben. Haben Mitarbeiter in diesen Fällen bezüglich der Anzeigepflicht Zweifel, können sie sich an einen Compliance-Beauftragten wenden, der eine abschließende Entscheidung bezüglich des Bestehens einer Informationspflicht trifft.
4. Die Ausübung von Nebentätigkeiten müssen Mitarbeiter ihren Vorgesetzten anzeigen und von diesen genehmigen lassen. Aus Compliance-Gründen darf die Ausübung von Nebentätigkeiten den Mitarbeitern nur verwehrt werden, wenn offenkundig ein Konflikt zu den Interessen des Arbeitgebers besteht. Die Gründe sind den Mitarbeitern unverzüglich schriftlich mitzuteilen.

§ 7 Unzulässiges Verhalten

1. Mitarbeitern ist es ohne jede Ausnahme untersagt, für den Arbeitgeber oder in seinem Namen oder Auftrag die aktive oder passive Bestechung anderer Personen zu versuchen oder durchzuführen. Gleichermaßen untersagt ist es, entsprechende Anweisungen oder Vorgaben an andere Mitarbeiter oder an Dritte zu erteilen.
2. Werden Mitarbeiter innerhalb des Betriebs oder Unternehmens angewiesen, aktive oder passive Bestechungen zu versuchen oder durchzuführen, müssen sie dies unverzüglich einem Compliance-Beauftragten mitteilen.

§ 8 Korruptionsbekämpfung

1. Alle Mitarbeiter werden vom Arbeitgeber regelmäßig auf notwendige Maßnahmen und Regelungen zur Korruptionsbekämpfung hingewiesen.

2. Der Begriff »Korruption« beschreibt in diesem Zusammenhang jede missbräuchliche Ausnutzung dienstlicher oder betrieblicher Funktionen oder Befugnisse von Mitarbeitern mit dem Ziel, für den Arbeitgeber, für einen Dritten oder für sich selbst finanzielle oder persönliche Vorteile zu erlangen.
3. Mitarbeiter sollen dem Compliance-Beauftragten jedes Verhalten von Personen innerhalb des Unternehmens oder im Rahmen der von ihnen durchgeführten oder verantworteten Geschäftsbeziehungen mitteilen, dass aus ihrer Sicht auf das Vorliegen von Korruption hinweist. Bezogen auf Mitarbeiter, die derartige Hinweise geben, ist der Compliance-Beauftragte zur strikten Vertraulichkeit verpflichtet, soweit ihm dies rechtlich möglich ist. Diese Verpflichtung zur Vertraulichkeit muss Bestandteil seines Arbeitsvertrags bzw. eines anderen als Grundlage für diese Tätigkeit abgeschlossenen Vertrags sein.
4. Mitarbeitern, die dem Compliance-Beauftragten Mitteilungen zu einem Korruptionsverdacht machen, garantiert der Arbeitgeber einen absoluten Schutz vor Nachteilen oder Sanktionen, der insbesondere den Schutz vor arbeitsrechtlichen Nachteilen beinhaltet. Dieser Schutz besteht auch, wenn sich ein Korruptionsverdacht nicht bewahrheitet.
5. Besteht der Verdacht, dass arbeitsrechtliche Maßnahmen gegen Mitarbeiter, die korruptes Verhalten angezeigt haben, aus einem Verstoß gegen die Regeln dieser Betriebsvereinbarung resultieren, so sind diese Maßnahmen auf Verlangen des betroffenen Mitarbeiters oder des zuständigen Betriebsrats unverzüglich zurückzunehmen.
6. Mitarbeitern, gegen die ein Korruptionsverdacht besteht, werden hierüber vom Arbeitgeber unverzüglich informiert, sofern hierdurch die Aufklärung des Verdachts nicht vereitelt wird. Liegt die Gefahr einer solchen Vereitelung vor, erfolgt die Information unverzüglich nach Aufklärung des Sachverhalts bzw. nach Ausräumung des Korruptionsverdachts. Informationen, die Rückschlüsse auf anzeigende Mitarbeiter geben, dürfen nicht mitgeteilt werden, soweit sich dies rechtlich ausschließen lässt.

§ 9 Compliance-Beauftragter

1. Der Arbeitgeber benennt einen Compliance-Beauftragten, der insbesondere die in dieser Gesamtbetriebsvereinbarung vereinbarten Aufgaben wahrnimmt. Auf die zu benennende Person verständigen sich Arbeitgeber und Gesamtbetriebsrat einvernehmlich. Gleiches gilt für die Ernennung von Stellvertretern.
2. Dem Compliance-Beauftragten obliegt im Bereich des »Compliance-Managements« weiterhin die Beratung, Unterstützung und das Monitoring der Tätigkeiten der Fachabteilungen. Er tritt bezüglich der von diesen durchzuführenden Compliance-Aufgaben nicht an deren Stelle.
3. Der Compliance-Beauftragte hat eine objektive Bearbeitung aller an ihn gerichteten Anliegen zu gewährleisten.
4. Leitet sich für den Compliance-Beauftragten aus ihm vorliegenden Informationen oder Mittelungen ein Verdacht darauf ab, dass im Unternehmen ein Verstoß gegen die in dieser Gesamtbetriebsvereinbarung geregelten Compliance-Vorgaben vor-

liegt, informiert er hierüber unverzüglich sowohl den Arbeitgeber als auch den zuständigen Betriebsrat.

5. Der Compliance-Beauftragte ist im Rahmen seiner Tätigkeit stets zur strikten Vertraulichkeit verpflichtet. Insbesondere darf er Informationen zur Identität von Mitarbeitern, die sich an ihn gewandt haben bzw. die ihm Hinweise oder Informationen geben, nur dann an den Arbeitgeber und den zuständigen Betriebsrat weitergeben, wenn ihm hierfür eine ausdrückliche schriftliche Einwilligung dieser Personen vorliegt.
6. Der Compliance-Beauftragte ist durch eine vertragliche Vereinbarung ebenso wie die nach Art. 37 Abs. 1 EU-Datenschutzschutzgrundverordnung (DSGVO) vor rechtlichen oder tatsächlichen Nachteilen zu schützen, die ihm aus der ordnungsgemäßen Wahrnehmung seiner Aufgaben erwachsen können.

§ 10 Datenschutz

1. Die Durchführung von Maßnahmen des »Compliance-Managements« ist aus datenschutzrechtlicher Sicht nur zulässig, wenn es für die erforderliche Verarbeitung personenbezogener Daten der Mitarbeiter eine eindeutige und klare datenschutzrechtliche Grundlage gibt. Fehlt dieser Erlaubnistatbestand, ist die Verarbeitung von personenbezogenen Mitarbeiterdaten unzulässig. Weiterhin ist vom Arbeitgeber als dem nach Art. 4 Nr. 7 DSGVO Verantwortlichen die Einhaltung der in Art. 5 Abs. 1 DSGVO enthaltenen Grundsätze sicherzustellen.
2. Diese Gesamtbetriebsvereinbarung ist keine datenschutzrechtliche Grundlage für die Verarbeitung von personenbezogenen Mitarbeiterdaten im Sinne von § 26 Abs. 4 Bundesdatenschutzgesetz (BDSG).
3. Datenschutzrechtlich zulässige Verarbeitungen von personenbezogenen Mitarbeiterdaten für Compliance-Maßnahmen und -Kontrollen dürfen ausschließlich in dem Rahmen erfolgen, den diese Gesamtbetriebsvereinbarung mit § 11 eröffnet.

§ 11 Compliance-Kontrollen

1. Compliance-Kontrollen sind rechtliche zulässige Untersuchungen des Arbeitgebers, die mit dem Zweck erfolgen, einen durch zu dokumentierende Anhaltspunkte begründeten Verdacht auf das Vorliegen eines Compliance-Verstoßes auszuräumen oder zu bestätigen. Die Durchführung anlassloser oder präventiver Kontrollmaßnahmen aller Art ist immer unzulässig.
2. Compliance-Kontrollen sind entsprechend der Regeln in § 26 Abs. 1 Satz 2 BDSG zulässig, wenn vom Arbeitgeber zu dokumentierende tatsächliche Anhaltspunkte den Verdacht begründen, dass Mitarbeiter im Rahmen ihres Arbeitsverhältnisses einen strafbaren Compliance-Verstoß begangen haben. Weiterhin muss die Verarbeitung personenbezogener Daten für die Aufdeckung des Verdachts erforderlich sein und es dürfen keine überwiegenden schutzwürdigen Interessen der betroffenen Mitarbeiter am Ausschluss der Verarbeitung bestehen, insbesondere eine Unverhältnismäßigkeit von Ausmaß und Anlass der Kontrollen. Über das genaue Kontrollverfahren ist vorab Einvernehmen mit dem zuständigen Betriebsrat herzustellen, der von Anfang an über die vorliegenden Informationen und das Verfahren

zu informieren ist. Bis zur Herstellung des Einvernehmens darf der Arbeitgeber relevante Daten sichern, aber nicht einsehen. Betroffene Mitarbeiter sind so früh wie möglich über die entsprechenden Untersuchungen zu informieren, soweit hierdurch nicht das Untersuchungsziel vereitelt wird.

3. Arbeitgeber und Betriebsrat können Verfahren vereinbaren, bei denen anhand geeigneter Datenverarbeitungen stichprobenartig geprüft wird, ob es Compliance-Verstöße gibt. Bestandteil dieser Vereinbarung ist auch eine Regelung über die einzusetzende Software. Derartige Verfahren müssen so ausgestaltet sein, dass die Stichproben zunächst anonym oder pseudonym durchgeführt werden. Kommt es hierbei zu eindeutigen Hinweisen, kann zwischen Arbeitgeber und Betriebsrat eine personenbezogene Wiederholung der Stichproben vereinbart werden. Das weitere Verfahren ist dann entsprechend der Regelung in Abs. 2 durchzuführen.
4. Alle durchgeführten Compliance-Maßnahmen sind vom Arbeitgeber revisionssicher zu dokumentieren, um bei Bedarf die Rechtmäßigkeit des Verfahrens gegenüber unternehmensinternen Kontrollinstanzen und gegenüber den Datenschutz-Aufsichtsbehörden darstellen zu können. Dies gilt insbesondere für Verdächtigungen gegenüber einzelnen Mitarbeitern, die mitarbeiterbezogene Auswertungen nach sich ziehen. Dem zuständigen Betriebsrat ist die Dokumentation auf Verlangen zur Verfügung zu stellen. Dabei werden personenbezogene Daten von verdächtigen Mitarbeitern pseudonymisiert.
5. Der Gesamtbetriebsrat (sowie ein ggf. lokal zuständiger Betriebsrat) kann verlangen, dass die Rechtmäßigkeit durchgeführter Compliance-Maßnahmen unter seiner Beteiligung festgestellt wird. Lässt sich der Nachweis der Rechtmäßigkeit dabei nicht erbringen, werden individualrechtliche Maßnahmen, die hierauf basieren, vom Arbeitgeber unverzüglich wieder zurückgenommen. Die betroffenen Mitarbeiter sind hierüber zu informieren. Ihnen stehen die in § 6 Abs. 5 genannten Rechte zu.

§ 12 Schutz und Rechte der Mitarbeiter

1. Mitarbeiter, die den Arbeitgeber oder den Compliance-Beauftragten über Compliance-Verstöße informieren, die aus ihrer Sicht bestehen können, dürfen wegen dieser Aktivität nicht benachteiligt oder arbeitsrechtlich sanktioniert werden. Gleiches gilt für Mitteilungen bezüglich der Anweisung zur Durchführung von Bestechungen oder Korruptionsversuchen.
2. Legen Mitarbeiter begründet dar, dass eine solche Benachteiligung oder Sanktion erfolgt ist, obliegt dem Arbeitgeber der Nachweis, dass dies nicht der Fall ist. Kann dieser Nachweis nicht erbracht werden, sind die betroffenen Mitarbeiter so zu stellen wie vor der Information über einen möglichen Compliance-Verstoß.

§ 13 Sicherung der Mitbestimmung

1. Der Gesamtbetriebsrat erhält einmal jährlich sowie auf sein Verlangen auch außerhalb dieser Zeit vom Arbeitgeber einen aktuellen schriftlichen Bericht über die Tätigkeit der Compliance-Organisation und des Compliance-Beauftragten. Der Bericht muss insbesondere die Zahl der Untersuchungen zu möglichen Verstößen

sowie die Untersuchungsergebnisse benennen. Auf Verlangen wird dem Gesamtbetriebsrat der Bericht vom Arbeitgeber und/oder vom Compliance-Beauftragten erläutert.
2. Das Unternehmen wird Maßnahmen, die Regelungsgegenstände dieser Gesamtbetriebsvereinbarung betreffen, erst nach Zustimmung des Gesamtbetriebsrats verkünden und durchführen.
3. Verfahren, Zuständigkeiten und Tätigkeiten des Compliance-Beauftragten, der Compliance-Organisation und des »Compliance-Managements« lassen die gesetzlichen Rechte des Gesamtbetriebsrats und der zuständigen Betriebsräte unberührt.

§ 14 Schlussbestimmungen
1. Diese Gesamtbetriebsvereinbarung tritt zum … in Kraft und kann mit der gesetzlichen Frist von drei Monaten gekündigt werden. Die Kündigung bedarf der Schriftform. Im Fall einer Kündigung wirkt die Gesamtbetriebsvereinbarung insgesamt nach.
2. Alle vorstehend genannten Anlagen sind Bestandteile dieser Gesamtbetriebsvereinbarung. Sie sind jeweils vollständig und abschließend. Die Anlagen können im Einvernehmen der Parteien unabhängig von der Gesamtbetriebsvereinbarung ergänzt oder geändert werden.

Ort, Datum, Unterschriften

Anlagen:
Anlage 1: Code of Conduct
Anlage 2: Compliance Policy
Anlage 3: Gesamtbetriebsvereinbarung Whistleblowing vom …

8. Flexible Arbeitszeit

8.1 Einleitung

Flexible Arbeitszeitmodelle beinhalten die verschiedensten arbeitsrechtlichen Vereinbarungen über Lage und Dauer der Arbeitszeit. Das meint Vereinbarungen über eine wöchentliche, monatliche oder sogar jährliche Arbeitszeit. Gemeinsam haben alle diese Modelle, dass sie sich vom traditionellen Arbeitszeitmodell mit einer festen werktäglich vereinbarten Arbeitszeit unterscheiden.
Arbeitnehmern bringen flexible Arbeitszeitmodelle die Möglichkeit, Beruf und Privatleben besser miteinander zu vereinbaren. Arbeitgeber erhalten so die Möglichkeit, die Arbeitszeiten optimal an die betrieblichen Erfordernisse anzupassen.

Die Vorgaben bzw. der Rahmen des jeweils im Betrieb anzuwendenden Tarifvertrages sind zu beachten.

8.2 Betriebsvereinbarung über Flexible Arbeitszeit

BV 20

1 Präambel

Im Betrieb findet der Tarifvertrag ... Anwendung. Diese Betriebsvereinbarung setzt dessen Vorgaben entsprechend der Öffnungsklausel in § ... des Tarifvertrages um.

Oder:

Der Arbeitgeber gehört nicht dem Arbeitgeberverband an und ist auch anderweitig nicht als Tarifpartei anzusehen. Die Anlehnungen an die tariflichen Bestimmungen erfolgen nur in den Fällen, in denen ein Verweis auf die Bestimmungen des Tarifvertrages für ... vorliegt.

2 Geltungsbereich

Die Regelungen zur Arbeitszeit gelten

1. Räumlich: [...]
2. Persönlich: für alle Mitarbeiterinnen und Mitarbeiter (nachfolgend »Mitarbeiter«), die in einem Arbeitsverhältnis mit dem Arbeitgeber stehen. Ausgenommen sind leitende Angestellte im Sinne von § 5 Abs. 3 BetrVG.
3. Fachlich: [...]

3 Allgemeines

3.1 Flexible Arbeitszeitregelung

Mit dieser flexiblen Arbeitszeitregelung soll dem Interesse des Arbeitgebers nach kunden- und bedarfsorientierten Arbeitszeiten Rechnung getragen und der Freiraum der individuellen Arbeitszeitgestaltung für Mitarbeiter erhöht werden. Zum Vorteil für die Mitarbeiter und den Arbeitgeber können geschäftliche Erfordernisse und private Interessen durch die flexible Arbeitszeitgestaltung besser abgestimmt werden. Die nachfolgenden Regelungen fördern damit auch die Vereinbarkeit von Beruf und Familie.

3.2 Begriffsdefinitionen

3.2.1 Sollarbeitszeit

Die **tägliche** Sollarbeitszeit für Vollzeitmitarbeiter beträgt ohne Pausen 1/5 der arbeitsvertraglich vereinbarten regelmäßigen wöchentlichen Sollarbeitszeit. Für Teilzeitbeschäftigte gilt die jeweils vertraglich geregelte Sollarbeitszeit.

Die tägliche Sollarbeitszeit dient als Orientierungshilfe sowie als rechnerische Grundlage des Arbeitszeitkontos (Ziffer 3.5 dieser Betriebsvereinbarung) und der Anrechnung ganztägiger Abwesenheiten (z. B. Urlaub, Krankheit).

3.2.2 Höchstarbeitszeit

Die arbeitstägliche Arbeitszeit von Montag bis Freitag darf acht Stunden nicht überschreiten. Sie kann auf bis zu zehn Stunden nur verlängert werden, wenn innerhalb von sechs Kalendermonaten oder innerhalb von 24 Wochen im Durchschnitt acht Stunden werktäglich nicht überschritten werden (§ 3 ArbZG) und unter Beachtung der Mitbestimmungsrechte des Betriebsrates sowie der Regeln dieser Betriebsvereinbarung.

3.2.3 Gleitzeit und Mehrarbeit

Gleitzeit ist die Arbeitszeit, die angefallen ist zwischen der täglichen Sollarbeitszeit und der tatsächlich geleisteten Arbeitszeit, ohne Mehrarbeit zu sein. Als Gleitzeit gelten die Abweichungen von – ... Stunden bzw. + ... Stunden zur Sollarbeitszeit. Gleitzeitsalden sind nicht zuschlagspflichtig. Die Ermittlung der Gleitzeitsalden erfolgt fortlaufend. Für den Fall, dass die Betriebsparteien ein Langzeitkonto (Ziffer 8 dieser Betriebsvereinbarung) vereinbaren, gilt ein maximaler Saldo von + ... Stunden.
Mehrarbeit ist die Arbeitszeit, die über dem geleisteten Gleitzeitsaldo von ... Stunden liegt. Unabhängig vom Gleitzeitsaldo liegt Mehrarbeit immer dann vor, wenn Mitarbeiter zwischen 20:00 Uhr und 6.00 Uhr sowie an Samstagen, Sonntagen oder Feiertagen arbeiten. Gleiches gilt für Arbeitszeiten im Rahmen der Rufbereitschaft. Angeordnete Arbeitszeit ist immer Mehrarbeit, sofern sie nicht innerhalb der täglichen Sollarbeitszeit liegt; die Regelungen zur Freizeitnahme bleiben unberührt. Die vorstehenden Regelungen gelten ebenfalls für Teilzeitbeschäftigte, sofern hierdurch die für Vollzeitmitarbeiter entsprechend geltende Sollarbeitszeit im Verhältnis zu ihrer vereinbarten Arbeitszeit überschritten wird.

3.2.4 Pausen

Die Mindestdauer der täglichen Pausenzeit richtet sich nach den gesetzlichen Vorschriften zur Arbeitszeit. Danach ist Arbeit durch Ruhepausen von mindestens 30 Minuten bei einer Arbeitszeit von mehr als sechs bis zu neun Stunden und 45 Minuten bei einer Arbeitszeit von mehr als neun Stunden insgesamt zu unterbrechen. Die Ruhepausen können in Zeitabschnitte von jeweils mindestens 15 Minuten aufgeteilt werden. Länger als sechs Stunden hintereinander dürfen Arbeitnehmer nicht ohne Ruhepause beschäftigt werden.
Die Pause kann unter Berücksichtigung der gesetzlichen Bestimmungen gestaltet werden. Die Pausen zählen nicht zur Arbeitszeit.
Alle Pausen sind zu erfassen. Dabei werden unter Pausen die Zeiträume verstanden, die dem Mitarbeiter ausschließlich und ungestört zur freien Verfügung stehen. Dazu gehören z. B. Zeiten im Betriebsrestaurant, außer Haus oder in Pausenräumen und sonstige private Arbeitsunterbrechungen.

3.2.5 Abwesenheiten/Ersatzzeiten

Ersatzzeiten sind nachfolgende Abwesenheitszeiten, die wie Arbeitszeit gewertet werden und im Arbeitszeitkonto des Mitarbeiters berücksichtigt werden.

3.2.5.1 Dienstreisen, Dienstgänge, externe Seminare

Bei Dienstreisen oder Dienstgängen sowie externen Seminaren bis zu einem Tag wird unabhängig vom Arbeitszeitrahmen die Zeit der tatsächlichen Abwesenheit

(einschließlich der Reisezeit) auf die Arbeitszeit bis max. 10 Stunden angerechnet. Entsprechendes gilt bei mehrtägigen Dienstreisen oder Seminaren für den An- und Abreisetag. Die dazwischen liegenden Reisetage/Seminartage werden mit der tatsächlichen Arbeitszeit bis maximal 10 Stunden, mindestens jedoch mit der täglichen Sollarbeitszeit für Vollzeitkräfte berücksichtigt – unabhängig von der individuellen, aufgrund der Beschäftigungsquote vereinbarten täglichen Sollarbeitszeit.
Fällt die notwendige Reisezeit einer Dienstreise/eines externen Seminars in die Nachtzeit, auf einen Samstag, Sonntag oder einen gesetzlichen Feiertag, wird in jedem Fall die Reisezeit auf die Arbeitszeit angerechnet. Ein weiterer Ausgleich im Sinne des vorstehenden Absatzes findet nur dann statt, wenn der Antritt der Reise in zumutbarer Weise nur in der Nachtzeit, an einem Samstag, Sonntag oder einem gesetzlichen Feiertag erfolgen konnte. Dies ist insbesondere dann der Fall, wenn eine Übernachtung angemessen erscheint. Der Ausgleich der Reisezeit nach diesem Absatz erfolgt ohne Zuschläge. Maßgeblich für das Vorliegen eines gesetzlichen Feiertages sind die Verhältnisse am ständigen Dienstort. Dieser Absatz gilt entsprechend für Teilzeitkräfte, die die Reise an ihrem freien Arbeitstag antreten.

3.2.5.2 Sonstige Abwesenheiten/Abwesenheitszeiten

Ganztägige entgeltfortzahlungspflichtige Abwesenheitszeiten (Krankheit, Urlaub, gesetzliche Arbeitsbefreiungen nach § 616 BGB, etc.) werden mit der jeweiligen täglichen Sollarbeitszeit berücksichtigt.
Weiterhin werden als Ersatzzeiten die tatsächlichen Abwesenheiten bis maximal zur täglichen Sollarbeitszeit angerechnet, sofern unter Berücksichtigung der tatsächlichen Arbeitszeit die tägliche Sollarbeitszeit nicht erreicht wird, u. a. bei:

- Vorladungen bei Behörden,
- Vorladungen bei Gerichten,
- Arbeitsunterbrechungen bzw. vorzeitiger Beendigung der Arbeitszeit aufgrund einer akuten Erkrankung,
- Teilnahme von gewerkschaftlichen Tarifkommissionsmitgliedern an Tarifverhandlungen (inkl. Vor- und Nachbesprechungen).

3.3 Lage der Arbeitszeit

3.3.1 Lage der Arbeitszeit bei Tarifmitarbeitern

Die Lage der Arbeitszeit richtet sich nach den Bestimmungen des Tarifvertrags ... (z. B. fünf Tage / Woche).

3.3.2 Lage der Arbeitszeit bei außertariflich angestellten Mitarbeitern[22]

Außertarifliche Mitarbeiter im Sinne der nachfolgenden Regelungen sind Mitarbeiter, deren Festgehalt inklusive Zulage das jeweils höchste Tarifgehalt auf Jahresbasis (ohne Sonderabschlussvergütung) um mindestens 25 % überschreitet. Außertarifliche Mitarbeiter im Sinne der nachfolgenden Regelungen sind ferner Mitarbeiter, die im

---

22 Sofern ein Tarifvertrag den Geltungsbereich für AT-Beschäftigte definiert, sind die Vorgaben des Tarifvertrags zwingend zu beachten.

Zeitpunkt des Abschlusses dieser Betriebsvereinbarung eine Vergütung oberhalb der Tarifgruppe ... des Tarifvertrags für ... erzielen.
Ausgenommen von vorstehendem Absatz sind allerdings Mitarbeiter, die unter Ziffer 5 dieser Betriebsvereinbarung (Vertrauensarbeitszeit) fallen.
Die Lage der wöchentlichen Sollarbeitszeit soll unter Berücksichtigung der persönlichen Bedürfnisse des Mitarbeiters an die betriebsnotwendigen Erfordernisse angepasst sein. Dies bedeutet, dass die Wochenarbeitszeit für außertarifliche Mitarbeiter an fünf Arbeitstagen Montag bis Freitag zu erbringen ist. Darüber hinaus kann der Mitarbeiter die wöchentliche Arbeitszeit auch an höchstens vier Samstagen im Quartal freiwillig erbringen, sofern der Betriebsrat der Samstagsarbeit zugestimmt hat. Eine Anordnung von Samstagsarbeit durch den Arbeitgeber bedarf ebenfalls der Zustimmung des Betriebsrats.

3.3.3 Arbeitszeitrahmen

Der Arbeitszeitrahmen beinhaltet die Zeitspanne, in der die individuelle Arbeitszeit zu erbringen ist. Es gilt ein täglicher Arbeitszeitrahmen von 7.00 Uhr (frühester Arbeitsbeginn) bis 20.00 Uhr (spätmöglichstes Arbeitsende). Gesellschaftliche Kundentermine (z. B. Veranstaltungen, Kundenevents und Einladungen) können über den Arbeitszeitrahmen hinaus andauern und stattfinden, sind aber Arbeitszeit.
Dies bedeutet nicht, dass für Organisationseinheiten eine auf den gesamten Arbeitszeitrahmen bezogene Anwesenheitspflicht besteht. Führungskräfte und Mitarbeiter sind jedoch gehalten, ihren jeweiligen Arbeitsbereich im Rahmen interner und externer Notwendigkeiten quantitativ und qualitativ ausreichend besetzt zu halten. Hierzu stimmen sich Mitarbeiter und Vorgesetzte untereinander ab. Hierbei sind die persönlichen Belange des Mitarbeiters, insbesondere auch bezüglich Chancengleichheit von Frauen und Männern, und eine Verbesserung der Vereinbarkeit von Beruf und Familie zu berücksichtigen.

3.3.4 Kernarbeitszeit

Eine Kernarbeitszeit ist nicht vorgesehen.

3.3.5 Rufbereitschaft

Zur Aufrechterhaltung unternehmenskritischer Prozesse und bei akuter Problem- und Schadensbehebung kann neben der täglichen Arbeitszeit die Notwendigkeit einer Rufbereitschaft bestehen. Der Mitarbeiter, den der Arbeitgeber für die Rufbereitschaft eingeteilt hat, muss in dieser Zeit telefonisch erreichbar und grundsätzlich arbeitsfähig (ggf. auch im Betrieb) sein, um die notwendigen Tätigkeiten ohne schuldhaftes Zögern erledigen zu können. Er muss sicherstellen, dass er spätestens 30 Minuten nach Information über den erforderlichen Einsatz mit den Arbeiten remote beginnen kann. Ist ein Einsatz im Betrieb selbst erforderlich, so hat der Mitarbeiter diesen unverzüglich aufzusuchen.
Der Mitarbeiter entscheidet anhand betrieblicher Interessen selbst, wo er die Arbeit durchführt (Remote-Zugriff oder im Betrieb). Der Mitarbeiter hat bei der Wahl seines

Aufenthalts während der Rufbereitschaft sicher zu stellen, dass eine eventuell notwendige Anwesenheit im Betrieb gewährleistet ist.
Ein Ausgleich für die Rufbereitschaft erfolgt in Form einer Pauschale. Diese beträgt bei einer Rufbereitschaft an Sonn- und Feiertagen ... Euro pro Stunde und an Werktagen (Montag bis Samstag) ... Euro brutto pro Stunde. Kein Anspruch auf den Ausgleich besteht, wenn der Mitarbeiter im Bedarfsfall nicht erreichbar ist.
Sollte der Mitarbeiter während der Rufbereitschaft für den Arbeitgeber tätig werden, so wird die dann erbrachte Zeit als Mehrarbeit erfasst und zusätzlich zur Pauschale vergütet. Die Arbeitszeit beginnt mit dem Anruf.
Nach einem Arbeitseinsatz beginnt die gesetzliche Ruhezeit zu laufen. Kann der betroffene Mitarbeiter aufgrund der gesetzlichen Ruhezeiten an einem Folgetag nicht mindestens sechs Stunden bis zum Ende des Arbeitszeitrahmens arbeiten, so entfällt die Arbeitsverpflichtung und es wird die gesamte tägliche Sollarbeitszeit dem Arbeitszeitkonto gutgeschrieben. In allen anderen Fällen ist der Arbeitnehmer verpflichtet, die bis zum Ende des Arbeitszeitrahmens noch mögliche Zeit zu arbeiten; eine etwaige Differenz zur täglichen Sollarbeitszeit wird dem Arbeitszeitkonto gutgeschrieben. Davon unberührt bleibt die Möglichkeit einer Freizeitnahme.
Mitarbeiter, die für die Rufbereitschaft herangezogen werden können, erhalten ein Notebook, mit dem auf das Firmennetz des Arbeitgebers remote zugegriffen werden kann. Sie erhalten außerdem ein Mobiltelefon. Anfallende Betriebskosten trägt der Arbeitgeber.
Wegen eines Arbeitseinsatzes während der Rufbereitschaft entstehende zusätzliche, erforderliche Fahrtkosten werden erstattet. In begründeten Ausnahmefällen werden notwendige Fahrten mittels eines Taxis erstattet.
Die Dauer einer Rufbereitschaft für einen einzelnen Mitarbeiter kann einzelne Tage, längstens jedoch eine Woche (von Mo. 20.00 Uhr bis Mo. 6.00 Uhr) betragen.
Der Arbeitgeber stellt in Quartalsplänen sicher, dass pro Mitarbeiter nicht mehr als eine Rufbereitschaft innerhalb von vier Wochen anfällt. Es wird weiter sichergestellt, dass nicht mehr als sechs Rufbereitschaften pro Halbjahr und Mitarbeiter anfallen. In diesem Rahmen können Mitarbeiter auch Rufbereitschaften untereinander tauschen. Abweichungen von diesen Grundsätzen bedürfen der Zustimmung des Betriebsrats.

3.4 Arbeitszeitkonto[23], Freizeitnahme und Mehrarbeit

Die Mitarbeiter nach Ziffer 3.3.1. und Ziffer 3.3.2. dieser Betriebsvereinbarung nehmen gemäß Ziffer 4 dieser Betriebsvereinbarung an der Zeiterfassung über ein elektronisches Zweitwirtschaftssystem teil. Für diese Mitarbeiter wird ein Arbeitszeitkonto geführt. In diesem Arbeitszeitkonto werden die unterschiedlichen Zeiten (Gleitzeit und Mehrarbeit) mit unterschiedlichen Merkmalen/Parametern versehen. Die Mitarbeiter erhalten jeweils per Monatsultimo und zum 15. eines Monats über die unmittelbare Führungskraft einen Zeitkontoauszug.

23 Siehe hierzu auch Muster-BV 33 »Elektronische Zeiterfassung« in diesem Buch.

3.4.1 Arbeitszeitkonto und Freizeitnahme

Im Rahmen der flexiblen Arbeitszeitgestaltung kann der Mitarbeiter unter Berücksichtigung des Arbeitsanfalls und etwaiger saisonaler Schwankungen die jeweilige Sollarbeitszeit nach Ziffer. 3.2.1 dieser Betriebsvereinbarung über- bzw. unterschreiten und hierdurch gleichermaßen Pluszeiten (Zeitguthaben) und Minuszeiten (Zeitschuld) bilden.
Ein Zeitguthaben auf dem Arbeitszeitkonto soll die Höchstgrenze von + ... (bzw. + ... bei Einführung eines Langzeitkontos) Stunden, eine Zeitschuld die Höchstgrenze von – ... Stunden nicht überschreiten.[24]
Der Arbeitgeber stellt durch geeignete Maßnahmen sicher, dass die vorstehenden Grenzen nicht überschritten werden. Hierzu kann auch gehören, dass der Mitarbeiter von seiner Arbeitsverpflichtung freigestellt wird, dies auch bereits dann, wenn 80 % der Obergrenze des Arbeitszeitkontos erreicht sind.
Soweit dennoch eine Überschreitung der Höchstgrenze des Arbeitszeitkontos aus Sicht des Arbeitgebers erforderlich ist, bedarf dies der Zustimmung des Betriebsrats.
Minuszeiten, die den o.g. bezeichneten Rahmen übersteigen, sind während des laufenden Monats auszugleichen. Eine nicht ausgeglichene Zeitschuld über den höchstzulässigen Rahmen hinaus ist unzulässig, es sei denn, die zuständige Führungskraft genehmigt die Übertragung der Überschreitung in den nächsten Ausgleichszeitraum.
Die Verpflichtung, tarifliche bzw. einzelvertraglich vereinbarte Sollarbeitszeit zu erbringen, bleibt hiervon unberührt.
Alle Mitarbeiter disponieren ihr Arbeitszeitkonto im Rahmen der Bestimmungen dieser Betriebsvereinbarung eigenverantwortlich. Freizeitnahme bedarf der Abstimmung unter den betreffenden Mitarbeitern der Organisationseinheit und der Führungskraft.
Voraussetzung für die Freizeitnahme ist jeweils, dass die Funktionsfähigkeit der jeweiligen Organisationseinheit gewährleistet ist.
Vollzeit- wie auch Teilzeitkräfte sind auch berechtigt, ganze freie Tage in Anspruch zu nehmen. Dies gilt auch dann, wenn der Mitarbeiter noch über Urlaubsansprüche verfügt.
Der Mitarbeiter hat ganztägige arbeitsfreie Zeiten spätestens zwei Wochen vor dem beabsichtigten Termin nach Maßgabe des geltenden Urlaubsbeantragungsverfahrens bei der entsprechenden Führungskraft zu beantragen und bedarf deren Genehmigung. Im Einvernehmen mit der Führungskraft kann der Freizeitausgleich auch ohne Einhaltung der vorgenannten Fristen erfolgen. Freizeitausgleich kann auch im Zusammenhang mit Urlaub genommen werden.
Für die Genehmigung von ganztägigem Freizeitausgleich gelten die Grundsätze des BUrlG entsprechend.

3.4.2 Mehrarbeitszeit

Die als Mehrarbeitszeit erkannten Zeiten i.S. dieser Betriebsvereinbarung – soweit ausdrücklich vorgesehen einschließlich der Zuschläge – werden erfasst und sind als solche gekennzeichnet. Diese Zeiten werden auf Wunsch des Mitarbeiters entweder

24 Tarifverträge enthalten hier häufig Rahmenvorgaben. Soweit ein solcher Tarifvertrag Anwendung findet, sind dessen Vorgaben zwingend zu beachten.

zur Auszahlung gebracht oder in Freizeit ausgeglichen; für die Berechnung der Zuschläge gilt § 5. ... des Tarifvertrages ... Für die Freizeitnahme gilt Ziffer 3.5.1 dieser Betriebsvereinbarung entsprechend.

3.4.3 Sonderzahlungen

Gleitzeit- und Mehrarbeitszeitstunden, jeweils Stand 31. 12. eines Kalenderjahres, können als Sonderzahlung zusammen mit den Tantiemezahlungen, ausgezahlt werden. Sie werden Teil der Tantiemezahlungen und sind im Umfang der Sonderzahlung erdient und verbindlich. Der Wert einer Stunde auf dem Gleitzeitkonto errechnet sich wie folgt: Jahresgrundgehalt/12/(wöchentliche Sollarbeitszeit x 4,3).
Als Jahresgrundgehalt gilt das zum Zeitpunkt der Erbringung der Arbeitsleistung geltende Jahresgrundgehalt ohne variable Gehaltsbestandteile. Bei Mehrarbeitsstunden werden die tariflichen Mehrarbeitszuschläge hinzugerechnet.
Die Entscheidung, wie viele Stunden als verbindliche Sonderzahlung ausgezahlt werden sollen, trifft der Mitarbeiter im Dezember eines Kalenderjahres; es sind jedoch alle Mehrarbeitsstunden sowie die Gleitzeit bis auf einen Rest von maximal ... Stunden abzubauen.

3.4.4 Saldenliste

Die unmittelbaren Führungskräfte erhalten regelmäßig eine Saldenliste der Mitarbeiter, die an der Zeiterfassung teilnehmen, um zu gewährleisten,

- dass die Kontroll- und Fürsorgepflichten in Bezug auf die Steuerung und Koordinierung der Arbeitszeiten wahrgenommen werden können,
- die Grenzen des Zumutbaren (Fürsorgepflicht) beachtet werden und
- der Ausgleich des Arbeitszeitkontos einvernehmlich mit dem Mitarbeiter herbeigeführt wird.

3.5 Anordnung und Genehmigung von Mehrarbeit

Mehrarbeit ist durch entsprechende Personal- und Arbeitsplanung so weit wie irgend möglich zu vermeiden.
Sofern die betrieblichen Belange es erfordern, kann Mehrarbeit angeordnet werden. Die Anordnung von Mehrarbeit ist im Vorfeld der Maßnahme beim Betriebsrat zu beantragen und kann nur nach seiner Zustimmung umgesetzt werden. Mehrarbeit ist in dem Arbeitszeitkonto als Mehrarbeitszeit kenntlich zu machen.
In Notfällen bedarf die Mehrarbeit nicht der Zustimmung des Betriebsrats. Tritt ein Notfall im Sinne der jeweils gültigen Fassung des internen Notfallkonzepts des Arbeitgebers ein oder droht eine vergleichbare Situation, die es zur Gewährleistung der Geschäftsfortführung unverzüglich und unmittelbar abzuwenden gilt, darf der jeweilige Entscheidungsträger im Einzelfall die Mitarbeiter der betroffenen Abteilung/des betroffenen Betriebsbereichs über die Arbeitszeit hinaus zu Mehrarbeit verpflichten. Unter Notfall ist ein plötzlich eintretendes Ereignis zu verstehen, das sofortige Abwehr- und Gegenmaßnahmen notwendig macht, um erhebliche Schäden oder die erhebliche Beeinträchtigung der Geschäftsfortführung abzuwenden.

Der Betriebsrat ist über das Vorliegen eines Notfalls schriftlich unter Angabe der Gründe im Nachhinein unverzüglich zu unterrichten.

4 Elektronische Zeiterfassung

Alle Mitarbeiter erfassen Beginn und Ende der Arbeitszeit sowie die Pausen elektronisch.
Die auf das Arbeitszeitkonto anzurechnenden Arbeits- und Ersatzzeiten, die nicht über eine »Kommt-Geht-Buchung« erfasst wurden, werden entsprechend des tatsächlichen Beginns bzw. Endes der Arbeits- oder Ersatzzeit nach Maßgabe der einschlägigen Regelungen dieser Betriebsvereinbarung korrigiert. Die fehlenden Zeitdaten sind unaufgefordert der Abteilung Innendienst, allgemeine Verwaltung zu melden. Dies gilt insbesondere bei vergessener oder defekter Zeiterfassungskarte, Dienstreisen, Dienstgängen und sonstigen anzurechnenden Ersatzzeiten im Sinne der Ziffer 3.3.5. dieser Betriebsvereinbarung.
Zeiterfassungsgeräte befinden sich derzeit an den bekannten Eingängen zum Betriebsgebäude in der Z-Straße sowie am Eingang der Kantine der Firma.
Der Betriebsrat erhält elektronischen Lesezugriff auf das Zeiterfassungssystem und die darin enthaltenen Mitarbeiterzeitdaten sowie alle programmierten und abrufbaren Auswertungsmöglichkeiten des elektronischen Systems.

5 Vertrauensarbeitszeit

5.1 Mitarbeiter/Mitarbeitergruppen

Abteilungs- und Gruppenleiter, Kundenbetreuer oberster Ebene und Mitarbeiter der Abteilung Marketing/Akquisition können im Rahmen der gesetzlichen Regelungen die Lage ihrer Sollarbeitszeit einschließlich der Freizeitnahme in eigener Verantwortung und in Abstimmung mit der Führungskraft und den Kolleginnen und Kollegen im Team selbst bestimmen, wobei die Betriebsbereitschaft zu gewährleisten ist und die betrieblichen Notwendigkeiten und Belange strengstens zu beachten sind.
Die Bestimmungen des ArbZG und dieser Betriebsvereinbarung gelten auch für diesen Personenkreis. Ebenfalls findet Ziffer 3.3.2 dieser Betriebsvereinbarung entsprechende Anwendung.

5.2 Lage der Arbeitszeit bei Vertrauensarbeitszeit

5.2.1 Wochenarbeitszeit

Die unter Ziffer 5.1 dieser Betriebsvereinbarung aufgeführten Mitarbeiter steuern ihre Wochenarbeitszeit eigenverantwortlich unter Beachtung der gesetzlichen Bestimmungen des Arbeitszeitgesetzes in der Zeit von Montag bis Freitag. Es ist darauf zu achten, dass sich die Arbeitszeit an den tatsächlichen Erfordernissen orientiert und die arbeitsintensiveren Phasen grundsätzlich wieder ausgeglichen werden.

5.2.2 Arbeitszeitrahmen

Der Arbeitszeitrahmen beinhaltet die Zeitspanne, in der die individuelle Arbeitszeit zu erbringen ist.

Für die in Ziffer 5.1 dieser Betriebsvereinbarung aufgeführten Mitarbeiter gilt ein täglicher Arbeitszeitrahmen von 6.00 Uhr (frühester Arbeitsbeginn) bis 23.00 Uhr (spätmöglichstes Arbeitsende).

6 Beendigung des Arbeitsverhältnisses; Tätigkeitsunterbrechung

Im Falle der Beendigung des Arbeitsverhältnisses ist das Zeitkonto bis zum Ausscheiden auszugleichen. Eine verbleibende Zeitschuld verfällt und ist vom Mitarbeiter nicht zurückzuerstatten. Ein verbleibendes Zeitguthaben wird mit Beendigung des Arbeitsverhältnisses über die Gehaltsabrechnung vergütet, soweit aus betrieblichen oder in der Person des Mitarbeiters liegenden Gründen (i.S.d. § 7 Abs. 3 Satz 2 BUrlG) das Guthaben vor dem Ausscheiden nicht ausgeglichen werden konnte.

Bei Tätigkeitsunterbrechungen wird eine vorhandene Zeitschuld, ein vorhandenes Zeitguthaben eingefroren, bis der Mitarbeiter wieder zurückkehrt. Endet das Arbeitsverhältnis im Laufe einer Unterbrechung, wird wie unter Abs. 1 verfahren.

7 Einschränkungen der flexiblen Arbeitszeit; Verstöße

Das Recht der Mitarbeiter, ihre individuelle Arbeitszeit im Rahmen der flexiblen Arbeitszeitregelung selbst zu gestalten, kann für einzelne Mitarbeiter oder bestimmte Mitarbeitergruppen aus betrieblichen Gründen ausnahmsweise und nach Zustimmung des Betriebsrats eingeschränkt werden. Dazu ist im Einzelfall eine ausdrücklich personen- oder organisationsbezogene Anweisung der zuständigen Führungskraft in Absprache mit der Geschäftsführung und die Zustimmung durch den Betriebsrat erforderlich, die möglichst mit entsprechendem zeitlichem Vorlauf gegeben werden soll.

8 Schlussbestimmungen

Streitigkeiten über Inhalt, Auslegung und Durchführung der Regelungen dieser Betriebsvereinbarung werden die Parteien nach Möglichkeit in beiderseitigem Einvernehmen beilegen. Ist ein Einvernehmen nicht erzielbar, so entscheidet auf Antrag einer Partei die Einigungsstelle.

Diese Betriebsvereinbarung tritt zum Datum in Kraft. Die Betriebsvereinbarung gilt auf unbestimmte Zeit und kann mit einer Frist von drei Monaten zum Monatsende gekündigt werden, erstmals jedoch zum Datum. Die Regelungen dieser Betriebsvereinbarung gelten solange fort, bis eine neue Betriebsvereinbarung in Kraft tritt.

Ort, Datum, Unterschriften

9. Gleitende Arbeitszeit

9.1 Einleitung

Bei gleitender Arbeitszeit kann entweder die tägliche Arbeitszeit feststehen und damit der Arbeitnehmer nur Beginn und Ende innerhalb einer vorgegebenen Zeitspanne selbst wählen oder aber er kann auch innerhalb eines Rahmens die Dauer seiner täglichen Arbeitszeit bestimmen.
In der Praxis enthalten viele Betriebsvereinbarungen zu Gleitzeit Regelungen, nach denen ein Arbeitszeitguthaben verfällt, wenn es nicht innerhalb einer bestimmten Zeit ausgeglichen worden ist. Da während dieser Zeit Arbeit tatsächlich geleistet worden ist, kommt dies im Ergebnis einer Entgeltkürzung gleich. Die folgende Musterbetriebsvereinbarung folgt nicht diesem Weg. Sie sieht keinen Verfall vor.
Hinweis: Zur Arbeitszeiterfassung siehe auch die Betriebsvereinbarung »Elektronische Arbeitszeiterfassung«, Nr. 33.

BV 21

9.2 Betriebsvereinbarung Gleitende Arbeitszeit

Vorbemerkung
Aus Gründen der besseren Lesbarkeit wurde die männliche Sprachform bei der Formulierung dieser Betriebsvereinbarung gewählt. Betriebsrat und Firma versichern, dass sie alle Arbeitnehmerinnen und Arbeitnehmer und andere Personen diskriminierungsfrei und gleichberechtigt behandeln werden.

§ 1 Geltungsbereich
Diese Betriebsvereinbarung gilt für
1. räumlich ...
2. persönlich ...
3. fachlich ...

§ 2 Rahmenarbeitszeit; Kernarbeitszeit
Arbeitnehmer können ihren Arbeitszeitbeginn an den Tagen Montag bis Freitag zwischen 6.00 und 9.00 Uhr und das Arbeitszeitende zwischen 15.30 und 18.00 Uhr selbst bestimmen. In der Kernzeit von 9.00 Uhr und 15.30 Uhr besteht Anwesenheitspflicht. Die Arbeitnehmer haben bei der Wahl ihres Arbeitszeitbeginns und des Arbeitszeitendes betriebliche Notwendigkeiten zu berücksichtigen.

§ 3 Arbeitszeiterfassung
Die Arbeitszeit wird mittels Stempelkarten/Arbeitszeiterfassungssystem ... erfasst. Die gesetzlichen/tarifvertraglichen/betrieblichen Pausen nach der Betriebsvereinbarung vom ... werden von der Arbeitszeit abgezogen. Im Übrigen gelten die Bestimmungen der Betriebsvereinbarung über Arbeitszeiterfassung vom ...

Zeiten notwendiger Abwesenheit während der Kernarbeitszeit werden wie geleistete Arbeitszeit behandelt und erfasst. Hierzu zählen:

- Teilnahme an Sitzungen als ehrenamtlicher Richter oder Schöffe
- Teilnahme an Tarifkommissionssitzungen
- Notwendige Arztbesuche
- ...

§ 4 Arbeitszeitausgleich und Übertragungszeitraum
Arbeitszeitguthaben können auch in Form von ganzen oder halben Tagen mit Zustimmung des Vorgesetzten ausgeglichen werden.
Im Jahresdurchschnitt eines Kalenderjahres muss die durchschnittliche tarifliche Arbeitszeit von ... erreicht werden. Zeitguthaben von bis zu ... Stunden können in das neue Kalenderjahr/den neuen Ausgleichszeitraum (wenn der Abrechnungszeitraum vom Kalenderjahr abweicht) übertragen werden. Zeitschulden von bis zu ... können in das neue Kalenderjahr/den neuen Ausgleichszeitraum übertragen werden.
Eine Auszahlung von Arbeitszeitguthaben in Geld ist nur bei Ende des Arbeitsverhältnisses zulässig. Zeitschulden können nur am Ende des Arbeitsverhältnisses in Geld mit der letzten Abrechnung verrechnet werden. Im Falle einer betriebsbedingten Kündigung verfallen Zeitschulden.

Hinweis
Ein Guthaben kann auch auf ein Lebensarbeitszeitkonto oder ein Sabbaticalkonto übertragen werden. Dabei ist darauf zu achten, dass die Guthaben und damit die tatsächliche Arbeitszeitbelastung während des Jahres des Ausgleichszeitraumes nicht mit dem notwendigen Gesundheitsschutz der Arbeitnehmer kollidiert. Ebenso ist auch eine Umwandlung von Arbeitszeitguthaben in zusätzliche Einzahlungen in Tarifrentensysteme möglich, sofern diese dies vorsehen.

Soll für Teilzeitbeschäftigte auch die gleitende Arbeitszeit gelten, sind die Bestimmungen entsprechend anzupassen im Hinblick auf die Dauer der Arbeitszeit und die Rahmenarbeitszeit.

§ 5 Mehrarbeit
Leisten Arbeitnehmer auf Anweisung des Arbeitgebers oder dessen Vertreter bzw. mit dessen Duldung Arbeit außerhalb des Gleitzeitrahmens von Montag bis Freitag von 6.00 Uhr bis 18.00 Uhr, ist diese Arbeitszeit Mehrarbeit und mit dem tariflichen Zuschlag von .../mit ... zu vergüten. Die Arbeitnehmer können wählen, ob sie das Entgelt für die Mehrarbeit inkl. Zuschläge ausbezahlt haben möchten oder Freizeitausgleich in Anspruch nehmen.
Für Arbeit an Samstagen, Sonntagen sowie gesetzlichen Feiertagen werden die tariflichen Zuschläge zusätzlich gezahlt.

§ 6 Steuerung
Betriebsrat und Arbeitgeber bilden eine paritätisch besetzte Kommission, die dafür Sorge zu tragen hat, dass die tariflichen, gesetzlichen und in dieser Betriebsvereinbarung enthaltenen Regelungen eingehalten werden. Sie hat insbesondere dafür Sorge zu tragen, dass auf den Gleitzeitkonten nur Zeitschulden/Zeitguthaben bestehen, die den Grenzen dieser Betriebsvereinbarung entsprechen.
Der Betriebsrat erhält monatlich eine Aufstellung über alle Gleitzeitguthaben/-schulden von mehr als ... Stunden. Betragen die Guthaben/Schulden mehr als ... Stunden, haben Vorgesetzte und Mitarbeiter Maßnahmen für den Abbau der Zeitguthaben/-schulden zu beraten und zu ergreifen. Der Arbeitgeber ist verantwortlich für die Umsetzung der Maßnahmen.

§ 7 Schlussbestimmungen
Im Falle von nicht beilegbaren Streitigkeiten, die sich aus der Anwendung oder Auslegung der Betriebsvereinbarung ergeben, entscheidet eine Einigungsstelle nach § 76 BetrVG.
Sollten einzelne Punkte der Betriebsvereinbarung ungültig sein oder ihre Gültigkeit aufgrund neuer Gesetzgebung oder Rechtsprechung verlieren, so bleiben die übrigen Bestimmungen hiervon unberührt. In diesem Falle werden beide Seiten für die ungültig gewordenen Punkte der Betriebsvereinbarung eine neue, gültige Formulierung vereinbaren, die dem früheren Sinn soweit wie möglich entspricht.
Diese Betriebsvereinbarung ist mit einer Frist von ... Monaten zum Schluss eines Kalenderjahres kündbar; erstmals zum Datum. Die Kündigung dieser Betriebsvereinbarung ist nur wirksam, wenn sie schriftlich erfolgt. Die Betriebsvereinbarung wirkt nach. Anlagen sind Bestandteil dieser Betriebsvereinbarung.

Ort, Datum, Unterschriften

10. Vertrauensarbeitszeit

10.1 Einleitung

Vertrauensarbeitszeit ist eine besondere Form der Arbeitszeitflexibilisierung. Die Mitarbeiter können die Lage ihrer Arbeitszeit frei und eigenverantwortlich bestimmen, Beginn und Ende der täglichen Arbeitszeit werden nicht festgelegt. Die Mitarbeiter können selbst entscheiden, wann, wie und in welcher Zeit sie die ihnen übertragenden Aufgaben erledigen.

10.2 Betriebsvereinbarung Vertrauensarbeitszeit

BV 22

§ 1 Präambel

Ziel dieser Betriebsvereinbarung ist es, die Möglichkeiten zur individuellen Gestaltung der Arbeitszeit zu gewährleisten. Dies setzt einen verantwortungsvollen Umgang mit den geschaffenen Freiräumen durch die Arbeitnehmerinnen und Arbeitnehmer (im Folgenden: Mitarbeiter) voraus. Die persönlichen Arbeitszeitwünsche sind dabei mit den betrieblichen Erfordernissen in Einklang zu bringen. Hierfür legt diese Betriebsvereinbarung die Grundlagen und Prozesse fest.
Die Betriebsparteien sind sich darüber einig, dass zur Einhaltung der vertraglich vereinbarten Arbeitszeit des Mitarbeiters sichergestellt werden muss, dass ausreichend die Möglichkeit besteht, Ausgleichszeiten in Anspruch zu nehmen. Dies gilt auch für Teilzeitkräfte.
Gesetzliche Regelungen, insbesondere das Arbeitszeitgesetz sowie die gesetzlichen Regelungen zur Arbeitszeit an Sonn- und Feiertagen, sind einzuhalten.

§ 2 Geltungsbereich

Diese Betriebsvereinbarung gilt

a) Räumlich
   […]
b) Persönlich
   für Arbeitnehmer der Firma von § 5 BetrVG mit Ausnahme der leitenden Angestellten i.S. von § 5 Abs. 3 BetrVG.
c) Fachlich
   Für Beschäftigte des Außendienstes/in mobiler Arbeit/für Beschäftigte, mit denen eine Vertrauensarbeitszeit vereinbart wurde.[25]

§ 3 Arbeitszeit

Es gilt Vertrauensarbeitszeit. Die Mitarbeiter bestimmen die Lage ihre Arbeitszeit unter Berücksichtigung der betrieblichen Erfordernisse nach eigenem Ermessen (Arbeitszeitsouveränität). Sie können hierbei Beginn und Ende der Arbeitszeit, Lage und Dauer der Pausen sowie anderer Arbeitsunterbrechungen eigenverantwortlich festlegen.
In Bereichen, in denen es aus betrieblichen Gründen erforderlich ist (wie z.B. Sekretariate, Call-Center, Empfang etc.), werden zur Gewährleistung der Servicezeiten, der Servicequalität oder zur Regelung einer Mindestbesetzung zwischen den Führungskräften und den Mitarbeitern der jeweiligen Bereiche Besetzungsabsprachen getroffen. Die personelle Umsetzung regeln die betroffenen Mitarbeiter untereinander in eigener Verantwortung.
Die regelmäßige Arbeitszeit richtet sich nach den einzelvertraglichen Absprachen. Das sind bei Vollzeitkräften in der Regel 38,5 Std./Woche. Sie ist von Montag bis Freitag zu leisten. Ausnahmsweise Arbeitsleistung an Samstagen ist beim Betriebsrat zu beantragen und bedarf der Zustimmung.

---

25 Streichen, je nachdem, ob im gesamten Betrieb für sämtliche Beschäftigte Vertrauensarbeitszeit gelten soll oder nicht.

Die Verteilung der vertraglich vereinbarten Arbeitszeit von Teilzeitkräften auf die Wochentage richtet sich nach der jeweils getroffenen einzelvertraglichen Regelung. Angeordnete Arbeitsleistung an Samstagen ist beim Betriebsrat zu beantragen.

§ 4 Gesetzliche Begriffsdefinitionen und Regelungen

Im Folgenden sind wesentliche arbeitszeitgesetzliche Regelungen (Stand: Inkrafttreten dieser Betriebsvereinbarung) zusammengefasst:
Arbeitszeit ist die Zeit vom Beginn bis zum Ende der Arbeit ohne die Ruhepausen.
Die **werktägliche Arbeitszeit** der Arbeitnehmer darf acht Stunden nicht überschreiten. Sie kann auf bis zu zehn Stunden nur verlängert werden, wenn innerhalb von sechs Kalendermonaten oder innerhalb von 24 Wochen im Durchschnitt acht Stunden werktäglich nicht überschritten werden.
Die Arbeit ist durch im Voraus feststehende **Ruhepausen** von mindestens 30 Minuten bei einer Arbeitszeit von mehr als sechs bis zu neun Stunden und 45 Minuten bei einer Arbeitszeit von mehr als neun Stunden insgesamt zu unterbrechen. Die Ruhepausen können in Zeitabschnitte von jeweils mindestens 15 Minuten aufgeteilt werden. Länger als sechs Stunden hintereinander dürfen Arbeitnehmer nicht ohne Ruhepause beschäftigt werden.
Die Arbeitnehmer müssen nach Beendigung der täglichen Arbeitszeit eine ununterbrochene **Ruhezeit** von mindestens elf Stunden haben.
Nachtzeit ist die Zeit von 23 Uhr bis 6 Uhr. **Nachtarbeit** ist jede Arbeit, die mehr als zwei Stunden der Nachtzeit umfasst.
Arbeitnehmer dürfen an **Sonn- und gesetzlichen Feiertagen** von 0 –24 Uhr grundsätzlich nicht beschäftigt werden. Mindestens 15 Sonntage im Jahr müssen beschäftigungsfrei bleiben. Werden Arbeitnehmer an einem Sonntag beschäftigt, müssen sie einen Ersatzruhetag haben, der innerhalb eines den Beschäftigungstag einschließenden Zeitraums von zwei Wochen zu gewähren ist. Werden Arbeitnehmer an einem auf einen Werktag fallenden Feiertag beschäftigt, müssen sie einen Ersatzruhetag haben, der innerhalb eines den Beschäftigungstag einschließenden Zeitraums von acht Wochen zu gewähren ist.

§ 5 Arbeitsfreie Zeiten

Der Mitarbeiter ist berechtigt, arbeitsfreie Zeiten unter Berücksichtigung der betrieblichen Erfordernisse in Anspruch zu nehmen. Dies gilt auch für Teilzeitkräfte.
Vollzeit- wie auch Teilzeitkräfte sind berechtigt, ganze freie Tage in Anspruch zu nehmen. Dies setzt voraus, dass die vertraglich geschuldete Arbeitszeit vor- oder nachgearbeitet wird.
Der Mitarbeiter hat ganztägige arbeitsfreie Zeiten spätestens zwei Wochen vor dem beabsichtigten Termin anzukündigen. Ist die Zustimmung nicht spätestens eine Woche vor dem Termin verweigert worden, so gilt die Zustimmung als erteilt. Im Einvernehmen mit der Führungskraft kann der Freizeitausgleich auch ohne Einhaltung der vorgenannten Fristen erfolgen.
Lehnt die Führungskraft den Freizeitausgleich ab, so hat sie dies zu begründen und mit dem Mitarbeiter innerhalb von zwei weiteren Wochen nach der Ablehnung einen Aus-

weichtermin abzustimmen. Die Führungskraft darf maximal zwei von dem Mitarbeiter in der Abstimmung vorgeschlagene Ausweichtermine ablehnen.

§ 6 Arbeitszeiterfassung
Alle Mitarbeiter sind verpflichtet, ihre Arbeitszeiten in einem Arbeitszeittool arbeitstäglich zu erfassen. Alle Mitarbeiter sind berechtigt, ihre arbeitsfreien Zeiten nach § 5 im Arbeitszeittool zu dokumentieren. Die zutreffende Erfassung gehört zu den arbeitsvertraglichen Pflichten.
Reisezeiten gelten unabhängig von dem genutzten Verkehrsmittel als Arbeitszeiten i. S. dieser Betriebsvereinbarung, soweit der Mitarbeiter während der Reisezeit eine Arbeitsleistung erbringt. Für die Bonifizierung der Mitarbeiter gelten die jeweils einschlägigen Betriebsvereinbarungen.

§ 7 Informationsrechte
Mitarbeiter und Führungskraft können jederzeit Einsicht in die im Arbeitszeittool elektronisch erfassten Aufzeichnungen nehmen. Eine manuelle Korrektur ist nicht zulässig. Dies ist technisch sicherzustellen.
Zwei vom Betriebsrat zu benennende Betriebsratsmitglieder haben im Arbeitszeittool Zugriff auf die erfassten Daten der Mitarbeiter. Die Einsichtnahme erfolgt im Betriebsratsbüro am PC des jeweiligen Betriebsratsmitgliedes.
Die erfassten Daten sind zwei Jahre lang aufzubewahren.

§ 8 Gemeinsame Beratungen
Auf Wunsch einer der beiden Betriebsparteien werden die Aufzeichnungen aus dem Arbeitszeittool gemeinsam beraten.

§ 9 Einführung und Schulung
Nach Abschluss dieser Betriebsvereinbarung werden alle Führungskräfte im Hinblick auf die Vertrauensarbeitszeit sowie die gesetzlichen und betrieblichen Regelungen geschult. Das entsprechende Schulungskonzept wird unter Beachtung seiner Mitbestimmungsrechte mit dem Betriebsrat abgestimmt.
Die Mitarbeiter werden in angemessener Weise unterrichtet.

§ 10 Schlussbestimmungen
Diese Betriebsvereinbarung tritt mit Unterzeichnung in Kraft.
Sie kann mit einer Frist von drei Monaten zum Ende eines Kalenderjahres gekündigt werden, erstmals jedoch zum Datum.
Sollten einzelne Bestimmungen dieser Betriebsvereinbarung ganz oder teilweise nichtig sein oder unwirksam werden, wird dadurch die Wirksamkeit der Vereinbarung im Übrigen nicht berührt. Die unwirksame Bestimmung wird in diesem Fall durch eine Regelung ersetzt, die dem von den Parteien Gewollten möglichst nahekommt.

Ort, Datum, Unterschriften

11. Variable Arbeitszeit – Bandbreitenmodell

11.1 Einleitung

Die variable Arbeitszeit im Bandbreitenmodell legt für die wöchentliche Dauer der Arbeitszeit Bandbreiten fest. Damit kann die Arbeitszeit innerhalb der Woche saisonalen Erfordernissen bzw. Auftragsschwankungen angepasst werden. Die tarifliche wöchentliche Arbeitszeit soll/muss dann innerhalb eines Ausgleichszeitraums – meist des Kalenderjahres – im Durchschnitt erreicht werden. In der Regel enthalten Tarifverträge hierfür Vorgaben, die bei Abfassung der Betriebsvereinbarung zu berücksichtigen sind.

BV 23

11.2 Betriebsvereinbarung über Variable Arbeitszeit – Bandbreitenmodell

Vorbemerkung
Aus Gründen der besseren Lesbarkeit wurde die männliche Sprachform bei der Formulierung dieser Betriebsvereinbarung gewählt. Betriebsrat und Firma versichern, dass sie alle Arbeitnehmerinnen und Arbeitnehmer und andere Personen diskriminierungsfrei und gleichberechtigt behandeln werden.

§ 1 Geltungsbereich
Diese Betriebsvereinbarung gilt
1. räumlich ...
2. persönlich ...
3. fachlich ...

§ 2 Grundlagen
Die regelmäßige tarifliche wöchentliche Arbeitszeit von Vollzeitarbeitnehmern beträgt nach dem MTV ... ausschließlich der Pausen ... Stunden und wird in der Regel auf die Tage Montag bis Freitag verteilt. Abweichungen sind gem. MTV durch Betriebsvereinbarung zulässig. Die wöchentliche Arbeitszeit kann nach dem MTV durch freiwillige Betriebsvereinbarung auf 0 bis 45 Stunden festgelegt werden.
Im Durchschnitt von drei Monaten/sechs Monaten/zwölf Monaten eines Kalenderjahres ist dabei die regelmäßige tarifliche wöchentliche Arbeitszeit von 38 Stunden zu erreichen. Eine Übertragung von Arbeitszeitguthaben bzw. -defiziten ist nur bis zu ... Stunden zulässig.

§ 3 Arbeitszeitkonto
Für jeden Arbeitnehmer wird ein Arbeitszeitkonto eingeführt. Im Arbeitszeitkonto werden alle Differenzen zwischen der tariflichen und der betrieblich festgelegten Arbeitszeit erfasst.

Arbeitszeitguthaben, die sich aus der Differenz zwischen der tariflichen und der betrieblich vereinbarten Arbeitszeit ergeben, entstehen an Tagen mit tatsächlicher Arbeitsleistung, d. h. nicht bei Urlaub, Krankheit und sonstigen arbeitsfreien Tagen mit oder ohne Entgeltfortzahlung (z. B. Urlaub, Kur, Krankheit, Erfüllung öffentlicher Pflichten, Teilnahme an Tarifkommissionssitzungen usw.).

§ 4 Arbeitszeitausgleich

Der Arbeitszeitausgleich kann durch bezahlte Freistellung an einzelnen Tagen oder durch einen oder mehrere Freizeitblöcke (Blockfreizeit) erfolgen. Dabei sind die persönlichen Belange der betroffenen Arbeitnehmer im Rahmen der betrieblichen Erfordernisse zu berücksichtigen.

Freistellungen (Arbeitszeitausgleich) sowie sonstige arbeitsfreie Tage werden mit Wochenarbeitszeit 7,5 Stunden pro Tag bewertet. Kein Abzug vom Arbeitszeitkonto erfolgt bei Erkrankung des Arbeitnehmers an einem freien Tag oder während eines Freizeitblocks. Gleiches gilt für Feiertage und Zeiten einer Kur, die in diesem Zeitraum liegen.

Die Abgeltung eines nicht in Anspruch genommenen Zeitguthabens ist nur zulässig bei Beendigung des Arbeitsverhältnisses, wenn die Inanspruchnahme nicht mehr möglich ist sowie beim Tod des betroffenen Arbeitnehmers. In diesem Fall steht den Erben ein entsprechender Geldanspruch in Höhe der dann jeweils gültigen Vergütung zu.

Arbeitszeitdefizite verfallen bei Ende des Arbeitsverhältnisses.

oder

Arbeitszeitdefizite, die auf Veranlassung des Mitarbeiters entstanden sind, werden wie unbezahlte Freizeit behandelt. Arbeitszeitdefizite, die betrieblich veranlasst waren, verfallen bei Ende des Arbeitsverhältnisses.

> **Hinweis**
> Sollen bei Arbeitszeitdefiziten nach Grund der Entstehung differenziert werden, muss dies im Arbeitszeiterfassungssystem möglich sein.

§ 5 Entgelt

Unabhängig von der jeweiligen betrieblichen Wochenarbeitszeit wird in jedem Monat das tarifliche bzw. einzelvertraglich vereinbarte Monatsentgelt gleichbleibend gezahlt.

Mehrarbeitsvergütungen und Zuschläge werden entsprechend der jeweils geltenden tariflichen Bestimmung gezahlt.

> **Hinweis**
> Was Mehrarbeit ist, wird in Tarifverträgen sehr unterschiedlich definiert. Zur Klarstellung können in den Betriebsvereinbarungen die Bestimmungen aufgenommen werden und die Anwendung im Arbeitszeitmodell klargestellt werden.

Mehrarbeit ist die über die tariflich bzw. betrieblich festgelegte regelmäßige tägliche/wöchentliche/monatliche/jährliche Arbeitszeit hinausgehende Arbeitszeit.

§ 6 Arbeitszeit

Hinweis
Die Regelungen zu Arbeitszeitkonten müssen ergänzt werden um die konkreten Regelungen z. B. zu Schichtsystemen, die z. B. festlegen, wann welche Arbeitszeit zu leisten ist. Dabei können in Schichtsystemen Schichtpläne für hohe, normale und geringe Auslastungen (z. B. 15, 18 oder 21 Schichten pro Woche, wenn Sonntagsarbeit zulässig ist) im Voraus vereinbart werden. Dann muss festgelegt werden, wann und unter welchen Voraussetzungen der Wechsel zwischen den Systemen erfolgt.

§ 7 Schlussbestimmungen

1. Im Falle von nicht beilegbaren Streitigkeiten, die sich aus der Anwendung oder Auslegung der Betriebsvereinbarung ergeben, entscheidet eine Einigungsstelle nach § 76 BetrVG.
2. Sollten einzelne Punkte der Betriebsvereinbarung ungültig sein oder ihre Gültigkeit aufgrund neuer Gesetzgebung oder Rechtsprechung verlieren, so bleiben die übrigen Bestimmungen hiervon unberührt. In diesem Falle werden beide Seiten für die ungültig gewordenen Punkte der Betriebsvereinbarung eine neue, gültige Formulierung vereinbaren, die dem früheren Sinn soweit wie möglich entspricht.
3. Diese Betriebsvereinbarung ist mit einer Frist von ... Monaten zum Schluss eines Kalenderjahres kündbar; erstmals zum Datum. Die Kündigung dieser Betriebsvereinbarung ist nur wirksam, wenn sie schriftlich erfolgt. Die Betriebsvereinbarung wirkt nach. Anlagen sind Bestandteil dieser Betriebsvereinbarung.

Ort, Datum, Unterschriften

12. Rufbereitschaft

12.1 Einleitung

Rufbereitschaft ist vom Bereitschaftsdienst zu unterscheiden. Bei letzterem ist der Arbeitnehmer im Betrieb anwesend, arbeitet aber nicht durchgängig die ganze Zeit. Bei der Rufbereitschaft steht der Arbeitnehmer außerhalb des Betriebes für evtl. Arbeitseinsätze auf Abruf bereit.
Neben Fragen der Erreichbarkeit und der zusätzlichen Vergütung, so diese nicht schon im Tarifvertrag geregelt ist, müssen insbesondere Fragen der Arbeitszeit geregelt werden. Nach einem Arbeitseinsatz während der Rufbereitschaft sind die Ruhezeiten gem. § 5 ArbZG einzuhalten. Fällt dadurch am Folgetag die Arbeit

aus, kann ein Arbeitszeitdefizit entstehen. Ohne besondere Regelungen in der Betriebsvereinbarung wären Arbeitnehmer, die Rufbereitschaft leisten, finanziell benachteiligt. Beispiel: Die normale Schicht, in der ein Arbeitnehmer arbeitet, beginnt um 6.00 Uhr und endet um 14.00 Uhr. Während der Rufbereitschaft leistet der Arbeitnehmer von 1.00 Uhr bis 3.30 Uhr Arbeit. Die notwendige Ruhezeit schließt aus, dass er in der Frühschicht arbeitet. Fällt die Frühschicht für ihn aus, entsteht ein Arbeitszeitdefizit.
Nach neuerer Rechtsprechung ist eine Rufbereitschaft unter Umständen als »vollwertige« Arbeitszeit zu werten. Das gilt, wenn die Rufbereitschaft zu so großen Einschränkungen führt, dass die Möglichkeit der betroffenen Beschäftigten, ihre Zeit frei zu gestalten und ihren eigenen Interessen zu widmen, objektiv gesehen ganz erheblich beeinträchtigt wird (z. B. wenn die Arbeitnehmer:innen binnen 8 Minuten im Betrieb sein müssen, wenn sie gerufen werden). Es kann also sein, dass die gesamte Zeit der Rufbereitschaft und nicht nur die Einsatzzeit Arbeitszeit ist. Der EuGH legt alle konkreten Umstände des Einzelfalles zugrunde. Dies muss der Betriebsrat vorher prüfen. Über die Vergütung der Arbeitszeit ist damit noch nichts gesagt.

12.2 Betriebsvereinbarung Rufbereitschaft

BV 24

Vorbemerkung
Aus Gründen der besseren Lesbarkeit wurde die männliche Sprachform bei der Formulierung dieser Betriebsvereinbarung gewählt. Betriebsrat und Firma versichern, dass sie alle Arbeitnehmerinnen und Arbeitnehmer und andere Personen diskriminierungsfrei und gleichberechtigt behandeln werden.

§ 1 Geltungsbereich
Diese Betriebsvereinbarung gilt für
1. räumlich …
2. persönlich …
3. fachlich …

§ 2 Begriffsbestimmung
Rufbereitschaft ist die Zeit, in der ein Arbeitnehmer außerhalb seiner normalen täglichen Arbeitszeit außerhalb des Betriebs für mögliche Arbeitseinsätze erreichbar sein muss.

§ 3 Ankündigung und Dauer der Rufbereitschaft
Der Rufbereitschaftsplan wird jeweils für das Kalenderjahr *oder* einen Kalendermonat im Voraus erstellt.
Er ist den Arbeitnehmern vor Beginn des Kalenderjahres, spätestens am 15. 12. des Vorjahres bekanntzugeben.

oder
Er ist den von der Rufbereitschaft betroffenen Abreitnehmern jeweils eine Woche vor Beginn des Kalendermonats bekanntzugeben.
Arbeitnehmer können für die Einteilung zum Rufdienst Wünsche äußern. Den Wünschen von Arbeitnehmern mit minderjährigen Kindern und/oder pflegebedürftigen Angehörigen ist dabei der Vorrang einzuräumen.
Die in der Anlage 1 aufgezählten Arbeitnehmer werden jeweils für einen Tag/eine Woche/ein Wochenende zur Rufbereitschaft eingeteilt. Sie sind verpflichtet, in der Rufbereitschaft telefonisch oder über andere im Betrieb gebräuchliche Medien, z.B. Pieper, jederzeit erreichbar zu sein.
Die Rufbereitschaft beginnt täglich um ... Uhr und endet um ... Uhr.
Arbeitnehmer dürfen nicht länger als ... Wochen hintereinander zur Rufbereitschaft eingeteilt werden.
Der zur Rufbereitschaft eingeteilte Arbeitnehmer hat sicherzustellen, dass er nach der Benachrichtigung über einen notwendigen Einsatz innerhalb von ... Minuten im Betrieb ist. Er hat seine telefonische Erreichbarkeit über Festnetzanschluss und Mobiltelefon sicherzustellen.

§ 4 Vergütung

Arbeitseinsätze während der Rufbereitschaft werden mit allen Zuschlägen und Zulagen gem. Tarifvertrag ... vergütet.
Der Arbeitnehmer hat das Recht, anstelle der Bezahlung Freizeitausgleich zu nehmen.
Für die Rufbereitschaft wird pro Tag oder pro Monat zusätzlich eine Pauschale von ... Euro gezahlt.
Verfügen Arbeitnehmer, die zur Rufbereitschaft eingeteilt sind, nicht über ein Mobiltelefon, wird ihnen für die Dauer der Rufbereitschaft kostenlos ein Mobiltelefon zur Verfügung gestellt.
Für die Fahrten zum Betrieb im Rahmen eines Arbeitseinsatzes während der Rufbereitschaft erhält der Arbeitnehmer pauschal monatlich eine Zulage von ... Euro. Diese Zulage wird unabhängig von der Anzahl der Rufbereitschaftsdienste pro Kalendermonat gezahlt.
oder
Die Fahrten zum Betrieb im Rahmen eines Arbeitseinsatzes während der Rufbereitschaft werden pro Kilometer mit ... Euro vergütet. Die Vergütung ist unabhängig von der Art des Beförderungsmittels.

§ 5 Arbeitszeit und Ruhezeit

Nach einem Arbeitseinsatz während der Ruhezeit ist die normale Ruhezeit gem. § 5 ArbZG einzuhalten. Die hierdurch evtl. ausfallende Arbeitszeit am Tag der Rufbereitschaft bzw. am folgenden Arbeitstag wird wie Arbeitszeit gewertet und bezahlt. Sie wird auf Arbeitszeitkonten nicht abgezogen.

§ 6 Schlussbestimmungen

1. Im Falle von nicht beilegbaren Streitigkeiten, die sich aus der Anwendung oder Auslegung der Betriebsvereinbarung ergeben, entscheidet eine Einigungsstelle nach § 76 BetrVG.
2. Sollten einzelne Punkte der Betriebsvereinbarung ungültig sein oder ihre Gültigkeit aufgrund neuer Gesetzgebung oder Rechtsprechung verlieren, so bleiben die übrigen Bestimmungen hiervon unberührt. In diesem Falle werden beide Seiten für die ungültig gewordenen Punkte der Betriebsvereinbarung eine neue, gültige Formulierung vereinbaren, die dem früheren Sinn soweit wie möglich entspricht.
3. Diese Betriebsvereinbarung ist mit einer Frist von ... Monaten zum Schluss eines Kalenderjahres kündbar; erstmals zum Datum. Die Kündigung dieser Betriebsvereinbarung ist nur wirksam, wenn sie schriftlich erfolgt. Die Betriebsvereinbarung wirkt nach. Anlagen sind Bestandteil dieser Betriebsvereinbarung.

Ort, Datum, Unterschriften

13. Umkleidezeiten als Arbeitszeit

13.1 Einleitung

Umkleide- und Wegezeiten für das Anlegen von Dienst- und Arbeitskleidung zählen zur Arbeitszeit, wenn das Umkleiden im Betrieb vom Arbeitgeber angeordnet wird bzw. dort z. B. aufgrund von Hygienevorschriften erfolgen muss (BAG 25.4.2018 – 5 AZR 245/17; 6.9.2017 – 5 AZR 382/16; 19.9.2012 – 5 AZR 678/11; vgl. auch Beschluss v. 10.11.2009 – 1 ABR 54/08 zur Frage der Mitbestimmung des Betriebsrats). Aber auch, wenn der Arbeitgeber das Tragen einer bestimmten Dienstkleidung vorschreibt und diese zuhause angezogen werden kann, hat der Betriebsrat mitzubestimmen, da es sich dabei um eine Frage des Beginns und Endes der Arbeitszeit handelt. Aus der Tatsache, dass es sich bei der Umkleidezeit um Arbeitszeit handelt, folgt nicht automatisch, dass diese auch wie die übliche Arbeitszeit im Betrieb vergütet werden muss (BAG 21.7.2021 – 5 AZR 572/20). Tarifliche Regeln bzw. Grenzen sind bei Abschluss einer Betriebsvereinbarung zu beachten.
Eine gesetzliche Regelung, die für eine passende Formulierung herangezogen werden kann, ist der seit dem 1.1.2021 für Betriebe der Fleischwirtschaft geltende § 6 Abs. 2 GSA-Fleisch. Die Norm enthält Bestimmungen zu Umkleidezeiten, Rüstzeiten und Waschzeiten.

BV 25

13.2 Betriebsvereinbarung Umkleidezeiten

§ 1 Geltungsbereich

1. Räumlicher Geltungsbereich

Diese Betriebsvereinbarung gilt für alle Betriebe und/oder Betriebsteile der Bezeichnung XY in der Bundesrepublik Deutschland.

2. Persönlicher Geltungsbereich

Diese Betriebsvereinbarung gilt für alle Arbeitnehmer:innen sowie Auszubildende. Ausgenommen sind leitende Angestellte gem. § 5 Abs. 3 BetrVG.

3. Sachlicher Geltungsbereich

Diese Betriebsvereinbarung gilt auch für den Einsatz von Leiharbeitnehmer:innen im Betrieb.

§ 2 Beginn und Ende der Arbeitszeit

1. Beginn

Die Arbeitszeit beginnt mit Betreten des Betriebs/dem Betreten des Arbeitsbereichs. Die tägliche Arbeitszeit umfasst auch Zeiten, die der Arbeitnehmer/die Arbeitnehmerin für Vor- und Nachbereitungshandlungen im Betrieb benötigt, soweit diese fremdnützig sind und nicht zugleich der Befriedigung eines eigenen Bedürfnisses des Arbeitnehmers/der Arbeitnehmerin dienen. Zeiten für Vor- und Nachbereitungshandlungen sind insbesondere Zeiten, die der Arbeitnehmer/die Arbeitnehmerin jeweils einschließlich der hierfür erforderlichen innerbetrieblichen Wegezeiten benötigt für

- das Auf- und Abrüsten von Arbeitsmitteln einschließlich der Entgegennahme und des Abgebens der Arbeitsmittel (Rüstzeiten),
- das An- oder Ablegen der Arbeitskleidung einschließlich der Entgegennahme und des Abgebens der Arbeitskleidung (Umkleidezeiten), wenn das Tragen einer bestimmten Arbeitskleidung vom Arbeitgeber angeordnet wird oder gesetzlich vorgeschrieben ist und das Umkleiden im Betrieb erfolgt, und
- das Waschen vor Beginn oder nach Beendigung der Arbeit (Waschzeiten), wenn das Waschen aus hygienischen oder gesundheitlichen Gründen notwendig ist.

Die hierfür notwendige Zeit einschließlich der Zeit für das Zurücklegen der innerbetrieblichen Wege zu den Umkleideräumen und zurück ist vergütungspflichtige Arbeitszeit.

2. Ende

Die Arbeitszeit endet nach dem Umkleiden und dem Weg zum ... (z.B. Tor/Zeiterfassungsgerät am Eingang ...).

> **Hinweis**
> Entweder muss die notwendige Zeit für das Umkleiden in jedem Einzelfall ermittelt werden oder die dafür notwendige Zeit wird pauschaliert und dann jedem Arbeitnehmer bzw. jeder Arbeitnehmerin vergütet oder auf dem Arbeitszeitkonto gut-

geschrieben werden. Wird die Umkleidezeit pauschaliert, kann die Berechnung der Arbeitszeit auch am Arbeitsplatz beginnen.

§ 3 Pauschalierung[26]
Bei Arbeitnehmer:innen, die sich auf Anweisung des Arbeitgebers und/oder aufgrund von Hygienebestimmungen des Arbeitgebers und/oder gesetzlichen Bestimmungen vor Beginn der Arbeit im Betrieb umzuziehen haben, beginnt die zu vergütende Arbeitszeit mit der Aufnahme der Arbeit am Arbeitsplatz, also nach dem Umziehen.
oder
Arbeitnehmer:innen, die auf Veranlassung des Arbeitgebers bereits zu Hause Dienstkleidung anziehen und in dieser zur Arbeit erscheinen müssen, erhalten die hierfür notwendige Arbeitszeit pauschal mit ... Euro vergütet. Anstelle der Vergütung kann der oder die Arbeitnehmer:in eine Gutschrift in Höhe von ... Stunden auf das Arbeitszeitkonto erhalten.
und/oder
Diese Umziehzeiten werden nach Wunsch des Arbeitnehmers oder der Arbeitnehmerin wahlweise pauschal pro Jahr mit ... Euro brutto vergütet oder mit ... Arbeitstagen bezahlter Freistellung bezahlt bzw. berechnet. Die Vergütung erfolgt mit Abrechnung für den Monat ...; die Gutschrift auf dem Arbeitszeitkonto erfolgt am Ende des Monats .... Bei Beginn oder Ende des Arbeitsverhältnisses während des Kalenderjahres erfolgt jeweils eine anteilige Berechnung und Zahlung.

§ 4 Streitigkeiten
Kommt es im Zusammenhang mit dieser Betriebsvereinbarung zu Streitigkeiten, entscheidet eine aus je zwei Mitgliedern der Betriebsparteien bestehende paritätische Kommission. Kommt es in der paritätischen Kommission zu keiner Einigung, entscheidet eine Einigungsstelle nach § 76 Abs. 6 BetrVG verbindlich.

§ 5 Schlussbestimmungen
Die Betriebsvereinbarung kann mit einer Frist von ... Monaten/zum Kalenderhalbjahr/zum Jahresschluss, erstmals zum Datum gekündigt werden.
Sie wirkt nach bis zum Abschluss einer neuen Betriebsvereinbarung.

Ort, Datum, Unterschriften

26 Da es sich um vergütungspflichtige Arbeitszeit handelt, darf die Pauschalierung in keinem Fall dazu führen, dass die für Umkleide- und Wegezeiten aufgewandte Arbeitszeit nicht mindestens mit dem gesetzlichen Mindestlohn oder einem Branchenmindestlohn nach dem AEntG vergütet wird.

14. Kurzarbeit

14.1 Einleitung

Kurzarbeit ist eines der wichtigsten Instrumente zur Abfederung der Folgen allgemeiner Wirtschaftskrisen wie auch von Krisen in einzelnen Unternehmen. Da sich die gesetzlichen Bedingungen für den Bezug von Kurzarbeitergeld (s. §§ 95 bis 106 SGB III) rasch ändern können, sollte vor Abschluss der Betriebsvereinbarung überprüft werden, ob und inwieweit sich die Bedingungen für den Bezug von Kurzarbeitergeld geändert haben.
Die Höhe des Kurzarbeitergeldes (67 % des pauschalierten Nettoentgeltes für Arbeitnehmer mit Kindern bzw. 60 % für alle Übrigen, § 105 SGB III) wird in der Regel aufgestockt. Viele Tarifverträge enthalten hierzu (siehe z. B. Tarifverträge der IGM) detaillierte Regelungen. Diese sind beim Abschluss der Betriebsvereinbarung zu beachten.
Auch befristet Beschäftigte können Kurzarbeitergeld erhalten; dies gilt auch, wenn während der Kurzarbeit das Arbeitsverhältnis verlängert wird.

14.2 Betriebsvereinbarung Kurzarbeit und Kurzarbeitergeld

BV 26

Präambel
Aufgrund der aktuell anhaltenden weltweiten postpandemischen Krisensituation in Verbindung mit kriegsbedingten Unterbrechungen der weltweiten Lieferketten ist es in zahlreichen Betrieben der [......] zu einem erheblichen Auftragseinbruch gekommen, der unmittelbar Auswirkung auf den Beschäftigungsbedarf im Betrieb haben kann.
Die Parteien sind sich darüber einig, dass mit einer Erholung der Auftragssituation in den nächsten Monaten zu rechnen ist. Deswegen wird mit der nachfolgenden Vereinbarung vorübergehend Kurzarbeit eingeführt, um auf den mit dem Auftragseinbruch verbundenen erheblichen Arbeitsausfall zu reagieren. Ziel ist es, betriebsbedingte Kündigungen zu vermeiden und den wirtschaftlichen Schaden für den Betrieb zu minimieren.

§ 1 Geltungsbereich
Diese Betriebsvereinbarung gilt
1. räumlich für den Betrieb des Arbeitgebers in [......] / die Abteilung [......] des Betriebes in [......]
2. persönlich für alle Arbeitnehmer des Betriebs im Sinne des § 5 Abs. 1 BetrVG mit Ausnahme der nachfolgenden Personengruppen:
   a) Leitende Angestellte im Sinne des § 5 Abs. 3 BetrVG; zwischen Parteien besteht Einvernehmen, dass es der betrieblichen Fairness entspricht, auch leitende Angestellte in entsprechendem Umfang bei Reduzierung ihres Gehalts kurzarbeiten zu lassen

b) Geringfügig Beschäftigte
c) Praktikanten
d) FSJler/FÖJler
e) Auszubildende
f) Ausbildende, soweit sie Auszubildende betreuen
g) Werkstudenten
h) Altersteilzeitler
i) werdende Mütter für die Zeit von Beschäftigungsverboten
j) Arbeitnehmer in Elternzeit und dann, wenn bei ihnen der Bezug von Kurzarbeitergeld in den Bemessungszeitraum des Elterngeldes nach § 2 BEEG fallen wird
k) vollständig oder teilweise freigestellte Betriebsratsmitglieder
l) vollständig oder teilweise freigestellte Schwerbehindertenvertretungen
m) Arbeitnehmer, sobald feststeht, dass ihr Arbeitsverhältnis in der Zeit der Kurzarbeit endet
n) Arbeitnehmer, bei denen die persönlichen Voraussetzungen für den Bezug von Kurzarbeitergeld i. S. d. § 98 Abs. 3 und Abs. 4 SGB III nicht vorliegen.
o) Beschäftigte, die aufgrund der Einführung von Kurzarbeit Grundsicherung beanspruchen könnten.

Die Betriebsvereinbarung findet keine Anwendung auf Arbeitnehmer in dem Zeitraum, für den ihnen Erholungsurlaub bewilligt wurde.
Vom Anwendungsbereich dieser Betriebsvereinbarung sind diejenigen Arbeitnehmer ausgenommen, deren Arbeitsverhältnis aufgrund arbeitgeberseitiger Kündigung während der Kurzarbeit endet.
Weitere Ausnahmen sind zwischen dem Arbeitgeber und dem Betriebsrat vor der Einführung der abteilungsbezogenen Kurzarbeit zu erörtern und ggfs. zu vereinbaren.
Nicht Gegenstand dieser Betriebsvereinbarung sind Regelungen über Arbeitsbereitschaften, Bereitschaftsdienste und Rufbereitschaften; hierüber werden die Betriebsparteien bei Bedarf gesonderte Vereinbarungen abschließen.

§ 2 Einführung der Kurzarbeit

1. Kurzarbeit wird betriebsweit/abteilungsbezogen in [......] eingeführt.
2. Die Einführung von Kurzarbeit in einzelnen (Betriebs-) Abteilungen bedarf der vorherigen Zustimmung des Betriebsrats.
3. Die von Kurzarbeit betroffenen Mitarbeiter der Abteilungen mit Kurzarbeit sind in der Anlage 1 zu dieser Betriebsvereinbarung aufgeführt.
4. Vor dem Beginn der Zeit der Kurzarbeit in den einzelnen Abteilungen ist arbeitgeberseitig sicherzustellen, dass etwaiger Resturlaub aus dem Vorjahr genommen wird und Arbeitszeitguthaben auf den Arbeitszeitkonten in Anspruch genommen werden, sofern eine Inanspruchnahme von Zeitguthaben nicht aufgrund § 96 Abs. 4 Satz 3 SGB III unterbleiben darf.
5. Soweit Erholungsurlaub in der Zeit der Kurzarbeit bereits beantragt und gewährt wurde, ist dieser Urlaub in Anspruch zu nehmen.
6. Für einen während der Kurzarbeit entstehenden Urlaubsanspruch wird die Zeit der Kurzarbeit so behandelt, als würde nicht kurzgearbeitet werden.

7. Während der Kurzarbeit wird der Arbeitgeber keine Aufgaben und Leistungen, die üblicherweise im Unternehmen selbst durch eigene Arbeitnehmer erledigt werden, an dritte Unternehmen über Werkverträge oder Arbeitnehmerüberlassung vergeben.

§ 3 Umfang und Lage der Kurzarbeit
Beginn und voraussichtliches Ende der Kurzarbeit, der Umfang der Arbeitszeitreduzierung und die Verteilung der Arbeitszeit auf die einzelnen Wochentage werden mit vorheriger Zustimmung des Betriebsrats abteilungsbezogen festgelegt und in der Anlage 1 ausgewiesen.
Die Zeit der Teilnahme an Betriebsversammlungen, einschließlich der erforderlichen Wegezeit, sowie die Teilnahme an Wahlversammlungen im Sinne des § 44 Abs. 1 BetrVG unterbrechen für die entsprechende Dauer die Kurzarbeit. Es besteht ein ungekürzter Lohnanspruch.

§ 4 Anzeige, Beantragung und Auszahlung von Kurzarbeitergeld
1. Der Arbeitgeber zeigt unverzüglich nach Abschluss dieser Betriebsvereinbarung, in jedem Fall noch im selben Monat der Einführung von Kurzarbeit, bei der Agentur für Arbeit den erheblichen Arbeitsausfall gem. § 99 SGB III an. Der Betriebsrat wird dem Arbeitgeber eine Stellungnahme zur Verfügung stellen, in der dargestellt wird, dass der Arbeitsausfall unvermeidbar ist, weil alle zumutbaren Möglichkeiten, den Arbeitsausfall zu vermeiden, insbesondere Abwicklung von Resturlaub, Betriebsurlaub, Reduzierung von Arbeitszeitkonten etc., ausgeschöpft sind.
2. Der Arbeitgeber stellt bei der zuständigen Agentur für Arbeit den Leistungsantrag auf Gewährung von Kurzarbeitergeld für die nach dieser Betriebsvereinbarung von Kurzarbeit betroffenen Arbeitnehmer.
3. Der Arbeitgeber wird das Kurzarbeitergeld errechnen und mit dem gewöhnlichen Gehaltslauf an die Arbeitnehmer auszahlen.
4. Die Zustimmung des Betriebsrats zur Einführung von Kurzarbeit erfolgt unter der auflösenden Bedingung, dass von der zuständigen Bundesagentur die Gewährung von Kurzarbeitergeld bewilligt und Kurzarbeitergeld auch gezahlt wird.
5. Sollte die Agentur für Arbeit die Gewährung von Kurzarbeitergeld verweigern, schuldet der Arbeitgeber den Arbeitnehmern die Vergütung, die sie ohne Verkürzung der Arbeitszeit erhalten hätten.
6. Der Arbeitgeber wird Ansprüche der Arbeitnehmer auf Entgeltfortzahlung wegen Krankheit oder Feiertagen nach dem Entgeltfortzahlungsgesetz sowie sonstige Sonderzuwendungen und Einmalzahlungen, wie z. B. Urlaubsgeld und Weihnachtsgeld, nicht wegen der Kurzarbeit kürzen.
7. Der Arbeitgeber wird zwei Mitglieder des Betriebsrats zu Gesprächen mit der Bundesagentur für Arbeit über die Einführung von Kurzarbeit hinzuziehen.
8. Der Betriebsrat wird vom Arbeitgeber wöchentlich über die Entwicklung der Auftrags- und Absatzlage anhand von Unterlagen unterrichtet.

§ 5 Aufstockung des Kurzarbeitergelds

1. Um die für die Arbeitnehmer finanziell nachteiligen Auswirkungen der Kurzarbeit abzumildern, stockt der Arbeitgeber das Kurzarbeitergeld für die Arbeitnehmer mit einem Zuschuss zum Monatsentgelt und zum Kurzarbeitergeld auf.
2. Das Kurzarbeitergeld wird auf 90 %, bzw. 97 % für diejenigen, die die Voraussetzungen, des § 105 Nr. 1 SGB III erfüllen, der Nettoentgeltdifferenz im Sinne der §§ 105, 106 SGB III aufgestockt.

Variante:

Das Kurzarbeitergeld wird auf 90 % der Nettoentgeltdifferenz im Sinne der §§ 105, 106 SGB III aufgestockt. Die Aufstockung beträgt bei Arbeitnehmern, die beim Arbeitslosengeld die Voraussetzungen für den erhöhten Leistungssatz erfüllen würden, folglich 13 % und im Übrigen 20 % der pauschalierten Entgeltdifferenz gemäß § 106 Abs. 1 Satz 1 SGB III. Der Zuschuss zum Kurzarbeitergeld wird zusammen mit dem Kurzarbeitergeld ausgezahlt.

§ 6 Sonstige Vergütungs- oder Leistungsansprüche

1. Während der Kurzarbeit wird die Höhe der folgenden Vergütungsbestandteile und finanziellen Leistungen so berechnet, als würde nicht kurzgearbeitet:
   a) Urlaubsgeld und Urlaubsentgelt
   b) Entgelt für gesetzliche Feiertage
   c) Entgeltfortzahlung im Krankheitsfall
   d) Vermögenswirksame Leistungen
   e) Weihnachtsgeld
   f) Sonstige Jahressonderzuwendungen, wie Boni und Leistungsprämien
   g) Beiträge zur betrieblichen und tariflichen Altersvorsorge
2. Soweit es sich bei den unter a) bis g) genannten Leistungen um Jahresleistungen handelt, erwerben Arbeitnehmer in jedem Monat, in dem Kurzarbeit anfällt, Anspruch auf 1/12 der Leistung als Vorschussleistung.
3. Soweit nach Beendigung der Kurzarbeit die Höhe der Leistungen von Zeiträumen abhängt, in denen Kurzarbeit geleistet wurde, werden die Leistungen berechnet, als wäre nicht kurzgearbeitet worden.
4. Für eventuell vereinbarte Gehaltsumwandlungen für Sachbezüge gilt während der Kurzarbeit eine Reduktion des Betrags auf 80 % als vereinbart.
5. Bei Kurzarbeit Null von voraussichtlich länger als einem Kalendermonat steht Arbeitnehmer und Arbeitgeber das Recht zur Sonderkündigung einer Überlassungsvereinbarung mit Gehaltsumwandlung mit einer Frist von zwei Wochen zu.

§ 7 Überstunden

Für Arbeitnehmer, die in Kurzarbeit beschäftigt werden, dürfen Überstunden nur in dringenden Ausnahmefällen angeordnet werden. Die Anordnung bedarf in jedem Einzelfall der Zustimmung des Betriebsrats. Die Mitbestimmungsrechte des Betriebsrats gemäß § 87 BetrVG bleiben im Übrigen unberührt.

§ 8 Betriebsbedingte Kündigungen

1. Die Einführung der Kurzarbeit dient der Beschäftigungssicherung. Während der Laufzeit dieser Betriebsvereinbarung sind daher betriebsbedingte Kündigungen für diejenigen Mitarbeiter, die in den Geltungsbereich dieser Betriebsvereinbarung fallen, ausgeschlossen.
2. Nach Beendigung der Kurzarbeit werden betriebsbedingte Kündigungen für die Dauer von 12 Monaten nur mit Zustimmung des Betriebsrats gemäß § 102 Abs. 6 BetrVG ausgesprochen.
3. Die Parteien sind sich darüber einig, dass die Solvenz des Arbeitgebers keine Geschäftsgrundlage des Verzichts des Arbeitgebers auf betriebsbedingte Kündigungen i. S. d. § 313 BGB ist.

§ 9 Qualifizierungsmaßnahmen

1. Die Betriebsparteien werden gemeinsam und kurzfristig prüfen, ob und ggfs. in welchem Umfang und welcher Art Qualifikationen für von der Kurzarbeit betroffene Mitarbeiter sinnvoll sind.
2. Auf dieser Grundlage werden die Betriebsparteien einen Schulungsplan erarbeiten und gemeinsam abstimmen.
3. Die Kosten der Schulungsmaßnahmen trägt der Arbeitgeber, sofern und soweit öffentliche Stellen hierzu keinen Beitrag leisten.

§ 10 Veränderung der Kurzarbeit

1. Sollten sich Änderungen gegenüber den Kurzarbeitsplanungen ergeben, hat der Arbeitgeber den Betriebsrat unverzüglich zu unterrichten. Dann kann diese Betriebsvereinbarung den tatsächlichen Bedürfnissen angepasst werden.

> **Hinweis:**
> Dieser Satz unterstreicht, dass alle Vereinbarungen über Kurzarbeit immer die Rechtsnatur einer Betriebsvereinbarung haben müssen. Andernfalls entfalten sie für Arbeitnehmer keine arbeitsvertragliche Wirkung.

2. Sollte sich die Auftragslage verbessern, kann die Kurzarbeit kurzzeitig mit Zustimmung des Betriebsrats beendet werden. Der Betriebsrat ist unverzüglich über eine Besserung der Auftragslage in Kenntnis zu setzen.

§ 11 Anlagen

1. Die in dieser Betriebsvereinbarung genannten Anlagen sind Bestandteil der Betriebsvereinbarung.
2. Die Anlagen können einvernehmlich abgeändert werden, ohne dass dies einer Kündigung oder Abänderung der Betriebsvereinbarung im Übrigen bedarf.

§ 12 Schlichtung von Meinungsverschiedenheiten

1. Im Falle von Meinungsverschiedenheiten über die Auslegung und Durchführung der Betriebsvereinbarung, über die abteilungsbezogene Einführung und Aus-

gestaltung der Kurzarbeit oder die Durchführung von Qualifikationsmaßnahmen einschließlich des Schulungsplanes werden die Betriebsparteien mit dem ernsthaften Willen einer Einigung verhandeln.
2. Kann eine Einigung nicht erzielt werden, entscheidet auf Antrag einer der Parteien die Einigungsstelle. Die Einigungsstelle ist besetzt mit jeweils drei Beisitzern auf jeder Seite. Zu Vorsitzenden der Einigungsstelle haben die Betriebsparteien sich auf die nachfolgenden Personen verständigt:
3. Die Vorsitzenden sollen rollierend tätig werden. Ist ein Vorsitzender verhindert, so wird der in der Reihenfolge nächstgenannte Vorsitzende um Übernahme des Amtes gebeten.

§ 13 Schlussbestimmungen
1. Die Betriebsvereinbarung wird wirksam mit ihrer Unterzeichnung.
2. Die Betriebsvereinbarung endet mit Beendigung der letzten abteilungsbezogenen Kurzarbeit im Geltungsbereich dieser Betriebsvereinbarung. Eine ordentliche Kündigung ist ausgeschlossen. Im Falle einer außerordentlichen Kündigung entfaltet die Betriebsvereinbarung keine Nachwirkungen.
3. Soweit Betriebsvereinbarungen, insbesondere betriebliche Arbeitszeitregelungen, den Bestimmungen dieser Betriebsvereinbarung entgegenstehen, werden sie für die Dauer insoweit und für die Dauer der Kurzarbeit außer Kraft gesetzt.
4. Sollten einzelne Bestimmungen dieser Vereinbarung unwirksam sein oder werden, so bleiben die übrigen Bestimmungen hiervon unberührt. In diesem Fall verpflichten sich beide Seiten, für die ungültige Bestimmung eine neue, gültige Bestimmung zu vereinbaren, die dem Sinn der Früheren so weit wie möglich entspricht.

Ort, Datum, Unterschriften

Anlagen

15. Eltern- und Familienzeit

15.1 Einleitung

Die gesetzlichen Möglichkeiten, aus privaten Gründen die Arbeitszeit dauerhaft oder vorübergehend zu reduzieren, wurden in den letzten Jahren stetig erweitert. Die gesetzlichen Gründe sind vielfältig, die Anspruchsgrundlagen sind nur unzureichend aufeinander abgestimmt, die Voraussetzungen sind uneinheitlich. Mit einer Betriebsvereinbarung wie hier vorgeschlagen, vereinheitlichen die Betriebsparteien den gesetzlichen Flickenteppich hinsichtlich der Voraussetzungen und harmonisieren die Rechtsfolgen.

Das Familienpflegezeitgesetz (FamPflZG) ermöglicht es Mitarbeitern, bis zu zwei Jahre in Teilzeit (mind. 15 Wochenstunden) zu arbeiten, um einen nahen Angehörigen zu pflegen (Familienpflegezeit). Sozialversicherungsrechtliche Schwierigkeiten stellen sich nicht, weil eine Teilzeit ausgeübt werden muss. Während der Corona-Pandemie bestehen zudem Erleichterungen, § 2b FamPflZG. Die unentgeltliche Freistellung wird durch ein staatliches Darlehen abgefedert, § 3 FamPflZG.

Nach dem Pflegezeitgesetz haben Mitarbeiter die Möglichkeit, in kurzzeitigen Pflegenotfällen bis zu zehn Tage von der Arbeit fernzubleiben und zur Pflege eines Angehörigen für die Dauer von sechs Monaten die Arbeitszeit zu reduzieren oder auszusetzen. Erfolgt eine vollständige Freistellung zur Pflege eines Angehörigen nach diesem Gesetz, so verliert der Mitarbeiter seine Sozialversicherung. Hier klafft eine erhebliche Schutzlücke, wenn nur die gesetzlichen Regelungen angewandt werden. Gleiches gilt für die Möglichkeit der palliativen Begleitung (§ 3 Abs. 6 PflegeZG).

Das Bundeselterngeld- und -elternzeitgesetz (BEEG) enthält Regelungen zur Bezugsberechtigung von Elterngeld (sozialversicherungsrechtliche Leistung) und Inanspruchnahme von Elternzeit (arbeitsvertragsrechtliche Regelungen). Das BEEG enthält wiederum eigene Voraussetzungen für die Reduzierung oder Aussetzung der Arbeitszeit. Auch diese Regelungen werden mit dieser Betriebsvereinbarung harmonisiert, die Ansprüche aus dem BEEG hinsichtlich der Elternzeit (§§ 15 ff. BEEG) werden für die Personalverwaltung etwas verschlankt.

Die betrieblichen Voraussetzungen wurden in dieser Betriebsvereinbarung überwiegend vernachlässigt, weil in betriebsrätevertretenen Betrieben die – sehr uneinheitlichen – Schwellenwerte ohnehin fast immer überschritten werden. Häufigster Schwellenwert ist derjenige mit 15 Arbeitnehmern pro Unternehmen.

Das Mitbestimmungsrecht des Betriebsrats bei der Festlegung der betrieblichen Arbeitszeit fußt auf zwei Mitbestimmungstatbeständen. Nach § 87 Abs. 1 Nr. 2 BetrVG hat der Betriebsrat über Beginn und Ende der täglichen Arbeitszeit einschließlich der Pausen sowie Verteilung der Arbeitszeit auf die einzelnen Wochentage mitzubestimmen. Nach dieser Ziffer ist das Volumen der geschuldeten Arbeitszeit mitbestimmungsfrei, allein die Verteilung auf die Stunden, Tage oder Wochen ist mitbestimmungspflichtig.

Zusätzlich hat der Betriebsrat nach § 87 Abs. 1 Nr. 3 BetrVG bei der vorübergehenden Verkürzung oder Verlängerung der betriebsüblichen Arbeitszeit mitzubestimmen. Vorübergehende Veränderungen der Arbeitszeit sind auch hinsichtlich ihres Volumens mitbestimmungspflichtig: Hier ist auch die Entscheidung, wie viele Überstunden angeordnet werden dürfen, mitbestimmungspflichtig, nicht nur deren zeitliche Lage.

Immer dann, wenn die Verringerung der Arbeitszeit von einer Entscheidung des Arbeitgebers abhängt, unterliegt diese Entscheidung der erzwingbaren Mit-

bestimmung des Betriebsrats nach § 87 Abs. 1 Nr. 2 und Nr. 3 BetrVG. Für die lediglich anzeigepflichtigen Verhinderungsgründe (§ 3 Abs. 6 PflegeZG) besteht keine Mitbestimmungspflicht, soweit der Arbeitgeber hier seinerseits keine Entscheidungen treffen kann.
Mit dieser Betriebsvereinbarung erreicht der Arbeitgeber ein schlankes Bewilligungsverfahren, ohne in jedem Einzelfall die Zustimmung des Betriebsrats einholen zu müssen. Aus diesem Grund bietet sich an, auch dann Betriebsvereinbarungen über die Ausgestaltung der Teilzeittätigkeit zu vereinbaren, wenn gesetzlich ohnehin bestehende Ansprüche nicht oder nur marginal erweitert werden sollen.
Das Bestehen eines Mitbestimmungsrechts des Betriebsrats nach § 87 Abs. 1 BetrVG erfordert zwar einen »kollektiven Tatbestand«, doch setzt dies weder eine Vielzahl noch eine Mehrzahl an Fällen voraus. Ein kollektiver Tatbestand ist dann erfüllt, wenn betriebliche Belange der Belegschaft berührt werden. Dies ist bereits dann der Fall, wenn mit der Verringerung der Arbeitszeit zugunsten des Antragstellers die Frage aufgeworfen ist, wer im Team oder im Betrieb die liegenbleibende Arbeit übernimmt (ständige Rspr. BAG 16.3.2004 – 9 AZR 323/03, NZA 2004, 1047).
In allen Fällen besteht das Mitbestimmungsrecht hinsichtlich des Volumens der Arbeitszeit und seiner zeitlichen Lage nur innerhalb der gesetzlichen und tariflichen Grenzen.
Annexfragen, ob die Arbeitszeit entgeltlich oder unentgeltlich erfolgt, sind nach beiden Ziffern mitbestimmungsfrei.

15.2 Betriebsvereinbarungen

15.2.1 Umsetzung des Pflegezeitgesetzes und begleitende Maßnahmen zur Unterstützung der Mitarbeiter (Gesamtbetriebsvereinbarung)

BV 27

Präambel
Die Firmenbezeichnung-AG und der Gesamtbetriebsrat sind sich einig, dass eine an Gleichstellung und Chancengleichheit orientierte Personalpolitik auch Mitverantwortung für die Familie der Mitarbeiter übernimmt. Identifikation mit dem Unternehmen, Leistungsfähigkeit, Motivation und Gesundheit wachsen, wenn die besonderen Bedürfnisse der Beschäftigten mit Familienpflichten Berücksichtigung in einer familienbewussten Personalpolitik finden.

§ 1 Zielsetzung
Mit dieser Betriebsvereinbarung wollen die Firmenbezeichnung-AG und der Gesamtbetriebsrat den Beschäftigten der Firmenbezeichnung-AG die Möglichkeit eröffnen,

pflegebedürftige nahe Angehörige in häuslicher Umgebung zu pflegen und damit die Vereinbarkeit von Beruf und familiärer Pflege zu verbessern.

§ 2 Geltungsbereich
Diese Betriebsvereinbarung gilt für alle Beschäftigten der Firmenbezeichnung-AG mit Ausnahme der leitenden Angestellten im Sinne von § 5 Abs. 3 BetrVG.

§ 3 Freistellung bei kurzzeitiger Arbeitsverhinderung (10 Tage) und gesetzlicher Pflegezeit (6 Monate)
Hinsichtlich der Durchführung der unbezahlten Freistellungen gelten §§ 2 bis 4 PflegeZG sowie die Begriffsbestimmungen gem. § 7 PflegeZG wie folgt:

Kurzzeitige Arbeitsverhinderung (§ 2 PflegeZG):
(1) Beschäftigte haben das Recht, bis zu zehn Arbeitstage der Arbeit fernzubleiben, wenn dies erforderlich ist, um für einen pflegebedürftigen nahen Angehörigen in einer akut aufgetretenen Pflegesituation eine bedarfsgerechte Pflege zu organisieren oder eine pflegerische Versorgung in dieser Zeit sicherzustellen.
(2) Beschäftigte sind verpflichtet, dem Arbeitgeber ihre Verhinderung an der Arbeitsleistung und deren voraussichtliche Dauer unverzüglich mitzuteilen. Dem Arbeitgeber ist auf Verlangen eine ärztliche Bescheinigung über die Pflegebedürftigkeit des nahen Angehörigen und die Erforderlichkeit der in Absatz 1 genannten Maßnahmen vorzulegen.
(3) Der Arbeitgeber ist zur Fortzahlung der Vergütung nur verpflichtet, soweit sich eine solche Verpflichtung aus anderen gesetzlichen Vorschriften oder aufgrund einer Vereinbarung ergibt. Ein Anspruch der Beschäftigten auf Zahlung von Pflegeunterstützungsgeld richtet sich nach § 44a Abs. 3 des Elften Buches Sozialgesetzbuch.

Pflegezeit (§ 3 PflegeZG):
(1) Beschäftigte sind von der Arbeitsleistung vollständig oder teilweise freizustellen, wenn sie einen pflegebedürftigen nahen Angehörigen in häuslicher Umgebung pflegen (Pflegezeit).
(2) Die Beschäftigten haben die Pflegebedürftigkeit des nahen Angehörigen durch Vorlage einer Bescheinigung der Pflegekasse oder des Medizinischen Dienstes der Krankenversicherung nachzuweisen. Bei in der privaten Pflege-Pflichtversicherung versicherten Pflegebedürftigen ist ein entsprechender Nachweis zu erbringen.
(3) Wer Pflegezeit beanspruchen will, muss dies dem Arbeitgeber spätestens zehn Arbeitstage vor Beginn schriftlich ankündigen und gleichzeitig erklären, für welchen Zeitraum und in welchem Umfang die Freistellung von der Arbeitsleistung in Anspruch genommen werden soll. Wenn nur teilweise Freistellung in Anspruch genommen wird, ist auch die gewünschte Verteilung der Arbeitszeit anzugeben. Enthält die Ankündigung keine eindeutige Festlegung, ob die oder der Beschäftigte Pflegezeit oder Familienpflegezeit nach § 2 des Familienpflegezeitgesetzes in Anspruch nehmen will, und liegen die Voraussetzungen beider Freistellungsansprüche vor, gilt die Erklärung als Ankündigung von Pflegezeit. Beansprucht die oder der Beschäftigte nach der

Pflegezeit Familienpflegezeit oder eine Freistellung nach § 2 Abs. 5 des Familienpflegezeitgesetzes zur Pflege oder Betreuung desselben pflegebedürftigen Angehörigen, muss sich die Familienpflegezeit oder die Freistellung nach § 2 Abs. 5 des Familienpflegezeitgesetzes unmittelbar an die Pflegezeit anschließen. In diesem Fall soll die oder der Beschäftigte möglichst frühzeitig erklären, ob sie oder er Familienpflegezeit oder eine Freistellung nach § 2 Abs. 5 des Familienpflegezeitgesetzes in Anspruch nehmen wird; abweichend von § 2a Abs. 1 Satz 1 des Familienpflegezeitgesetzes muss die Ankündigung spätestens drei Monate vor Beginn der Familienpflegezeit erfolgen. Wird Pflegezeit nach einer Familienpflegezeit oder einer Freistellung nach § 2 Abs. 5 des Familienpflegezeitgesetzes in Anspruch genommen, ist die Pflegezeit in unmittelbarem Anschluss an die Familienpflegezeit oder die Freistellung nach § 2 Abs. 5 des Familienpflegezeitgesetzes zu beanspruchen und abweichend von Satz 1 dem Arbeitgeber spätestens acht Wochen vor Beginn der Pflegezeit schriftlich anzukündigen.
(4) Wenn nur teilweise Freistellung in Anspruch genommen wird, haben Arbeitgeber und Beschäftigte über die Verringerung und die Verteilung der Arbeitszeit eine schriftliche Vereinbarung zu treffen. Hierbei hat der Arbeitgeber den Wünschen der Beschäftigten zu entsprechen, es sei denn, dass dringende betriebliche Belange entgegenstehen.
(5) Die zuständige Arbeitnehmervertretung wird über den Antrag und die Zustimmung der Firmenbezeichnung-AG informiert und auf Wunsch des Mitarbeiters beratend einbezogen.

Dauer der Pflegezeit (§ 4 PflegeZG):
(1) Die Pflegezeit nach § 3 beträgt für jeden pflegebedürftigen nahen Angehörigen längstens sechs Monate (Höchstdauer). Für einen kürzeren Zeitraum in Anspruch genommene Pflegezeit kann bis zur Höchstdauer verlängert werden, wenn der Arbeitgeber zustimmt. Eine Verlängerung bis zur Höchstdauer kann verlangt werden, wenn ein vorgesehener Wechsel in der Person des Pflegenden aus einem wichtigen Grund nicht erfolgen kann. Die Pflegezeit wird auf Berufsbildungszeiten nicht angerechnet.
(2) Ist der nahe Angehörige nicht mehr pflegebedürftig oder die häusliche Pflege des nahen Angehörigen unmöglich oder unzumutbar, endet die Pflegezeit vier Wochen nach Eintritt der veränderten Umstände. Der Arbeitgeber ist über die veränderten Umstände unverzüglich zu unterrichten. Im Übrigen kann die Pflegezeit nur vorzeitig beendet werden, wenn der Arbeitgeber zustimmt.

Begriffsbestimmungen (§ 7 PflegeZG):
(1) Beschäftigte sind
1. Arbeitnehmerinnen und Arbeitnehmer,
2. die zu ihrer Berufsbildung Beschäftigten,
3. Personen, die wegen ihrer wirtschaftlichen Unselbstständigkeit als arbeitnehmerähnliche Personen anzusehen sind; zu diesen gehören auch die in Heimarbeit Beschäftigten und die ihnen Gleichgestellten.

(2) Arbeitgeber im Sinne dieses Gesetzes sind natürliche und juristische Personen sowie rechtsfähige Personengesellschaften, die Personen nach Absatz 1 beschäftigen.

Für die arbeitnehmerähnlichen Personen, insbesondere für die in Heimarbeit Beschäftigten und die ihnen Gleichgestellten, tritt an die Stelle des Arbeitgebers der Auftraggeber oder Zwischenmeister.

(3) Nahe Angehörige sind

1. Großeltern, Eltern, Schwiegereltern, Stiefeltern,
2. Ehegatten, Lebenspartner, Partner einer eheähnlichen oder lebenspartnerschaftsähnlichen Gemeinschaft, Geschwister, Ehegatten der Geschwister und Geschwister der Ehegatten, Lebenspartner der Geschwister und Geschwister der Lebenspartner,
3. Kinder, Adoptiv- oder Pflegekinder, Adoptiv- oder Pflegekinder des Ehegatten oder Lebenspartners, Schwiegerkinder und Enkelkinder.

(4) Pflegebedürftig sind Personen, die die Voraussetzungen nach den §§ 14 und 15 des Elften Buches Sozialgesetzbuch erfüllen. Pflegebedürftig im Sinne von § 2 sind auch Personen, die die Voraussetzungen nach den §§ 14 und 15 des Elften Buches Sozialgesetzbuch voraussichtlich erfüllen.

Die unbezahlte Freistellungsphase (Pflegezeit) wird auf die Betriebszugehörigkeit angerechnet.

§ 4 Betriebliche Altersversorgung

Der Mitarbeiter wird während der gesetzlichen Pflegezeit in der betrieblichen Altersversorgung weiterversichert. Die Firmenbezeichnung-AG trägt für die gesetzliche Pflegezeit die Arbeitgeber und Arbeitnehmeranteile.

§ 5 Bezahlte Freistellung

Neben der unbezahlten Freistellung hat der betroffene Mitarbeiter die Möglichkeit, bis zu fünf Tage bezahlten Urlaub in Anspruch zu nehmen.

§ 6 Zeitlich befristetes Arbeiten von zu Hause aus

Für den Fall, dass die Tätigkeit des jeweiligen Mitarbeiters eine Erledigung der Arbeitsaufgaben ohne Beeinträchtigung des Betriebsablaufs oder des Kontakts zum Betrieb ganz oder teilweise während der teilweisen Freistellung gem. § 3 Abs. 4 PflegeZG zu Hause zulässt, ist dem Mitarbeiter ein Telearbeitsplatz zur Verfügung zu stellen.

Die Beteiligungsrechte der Arbeitnehmervertretungen sind zu beachten.

§ 7 Beendigung der Pflegezeit; Betriebszugehörigkeit

(1) Nach der Pflegezeit ist dem Mitarbeiter mindestens ein gleichwertiger Arbeitsplatz anzubieten, sofern der alte Arbeitsplatz nicht entsprechend § 6 PflegeZG befristet zur Vertretung besetzt wurde.

(2) Alle Pflegezeiten des Mitarbeiters werden in vollem Umfang zu Zeiten der Betriebszugehörigkeit gerechnet. Dies gilt für alle Arten von Leistungen und Ansprüchen.

§ 8 Individuelle Förderungsmöglichkeiten

a) Bereitstellung von Leistungen des Familienpakets

Die Firmenbezeichnung-AG soll den Mitarbeitern das Leistungspaket des Familienservices anbieten, das z. B.

- Vermittlung von Laienpflegekräften, Seniorbetreuer und Haushaltshilfen sowie die Unterstützung bei der Suche und Auswahl von Pflegeanbietern,
- Krisenberatung bei Konflikten und Überlastungssituationen sowie eine Home-Care-Helpline (täglich)

umfasst.

b) Schulungsangebote

Die Firmenbezeichnung-AG soll Mitarbeitern die Möglichkeit geben, sich im Rahmen von Schulungsangeboten zu informieren und einen Erfahrungsaustausch mit anderen Betroffenen zu pflegen, um Sicherheit im Umgang mit den pflegebedürftigen Angehörigen zu erlangen.
Die Firmenbezeichnung-AG bezuschusst diese Maßnahmen entsprechend der jeweils gültigen unternehmensinternen Bestimmungen.

§ 9 Kündigungsschutz

Es gelten die Regelungen gem. § 5 PflegeZG wie folgt:

Kündigungsschutz (§ 5 PflegeZG):

(1) Der Arbeitgeber darf das Beschäftigungsverhältnis von der Ankündigung bis zur Beendigung der kurzzeitigen Arbeitsverhinderung nach § 2 oder der Pflegezeit nach § 3 nicht kündigen.
(2) In besonderen Fällen kann eine Kündigung von der für den Arbeitsschutz zuständigen obersten Landesbehörde oder der von ihr bestimmten Stelle ausnahmsweise für zulässig erklärt werden.

§ 10 Schlussbestimmungen

Diese Betriebsvereinbarung tritt mit Wirkung vom Datum in Kraft und kann von beiden Seiten unter Einhaltung einer Kündigungsfrist von sechs Monaten zum Jahresende gekündigt werden und wirkt nicht nach.

Ort, Datum, Unterschriften

15.2.2 Eltern- und Familienzeit

BV 28

Präambel

Mit dieser Betriebsvereinbarung wollen Arbeitgeber und Betriebsrat gemeinsam Rahmenbedingungen bereitstellen, um die Vereinbarkeit von Beruf und Familie zu erhöhen, die Inanspruchnahme von Elternzeit und Zeit für die Familie zu erleichtern und die Vereinbarkeit von beruflichen und privaten Interessen zu verbessern. Mitarbeiter[27] sollen die Möglichkeit erhalten, auch in Zeiten familiärer Inanspruchnahme in das Kollegium und den Arbeitsprozess eingebunden zu bleiben oder zeitnah zurückkehren. Betriebliches Knowhow soll auf diesem Wege erhalten bleiben und betriebliche Abläufe sollen so wenig wie möglich beeinträchtigt werden.

§ 1 Geltungsbereich

1. Diese Betriebsvereinbarung gilt für alle im Betrieb ... tätigen Mitarbeiter.
   Variante
   Diese Betriebsvereinbarung gilt für alle Mitarbeiter, die nicht an den Tarifvertrag ... gebunden sind.

> **Hinweis:**
> Die unterschiedliche Behandlung von Mitarbeitern hinsichtlich ihrer Tarifgebundenheit ist theoretisch möglich, im Personalmanagement jedoch sehr umständlich und deswegen selten. Auf eventuell vorrangig geltende Teilzeitregelungen in Tarifverträgen ist ohnehin stets zu achten.

2. Diese Betriebsvereinbarung gilt nicht für die leitenden Angestellten im Sinne des § 5 Abs. 3 BetrVG.
3. Diese Betriebsvereinbarung gilt auch für Mitarbeiter, die bereits in Teilzeit tätig sind (Teilzeitkräfte). Für sie gilt der jeweilige Stundenumfang, soweit nicht anders angegeben, pro-rata-temporis.
4. Diese Betriebsvereinbarung verdrängt bestehende Gesetze zur Flexibilisierung der Arbeitszeit nicht, sondern erweitert sie oder konkretisiert sie

> **Hinweis:**
> Zwar können Betriebsvereinbarungen ohnehin Gesetze nur in sehr engen Grenzen verdrängen. Dies ist dann möglich, wenn die gesetzliche Regelung »betriebsvereinbarungsoffen« ist. Dies ist am Wortlaut des Gesetzes zumeist nicht zu erkennen, dies ist der gesetzlichen Regelung durch Auslegung zu entnehmen. Doch auch soweit Gesetze nicht verdrängt werden, können diese durch Betriebsvereinbarungen konkretisiert werden und Rechte können erweitert werden. Eine solche Klarstellung hilft Zweifelsfragen in der Auslegung im Verhältnis von Betriebsvereinbarungen und Gesetzen zu vermeiden.

§ 2 Antragstellung

1. Der Antrag auf Verringerung/Aussetzung der Arbeitszeit nach dieser Betriebsvereinbarung ist drei Monate vor dem gewünschten Beginn der Verringerung textlich zu stellen. Es gilt der Zugang beim Arbeitgeber als Stichtag.

---

27 Werden Personenbezeichnungen aus Gründen der besseren Lesbarkeit lediglich in der männlichen oder weiblichen Form verwendet, so schließt dies Menschen aller geschlechtlicher Identitäten mit ein.

2. Der Antrag muss den Umfang der begehrten Verringerung und die zeitliche Lage der Arbeitszeit während der Verringerung konkret benennen.
3. Der Arbeitgeber wird den Antrag auf Verringerung nur dann ablehnen, wenn der Gewährung dringende betriebliche Gründe entgegenstehen
4. Bevor der Arbeitgeber den Antrag ablehnt, muss er dem Mitarbeiter die Gründe für seine Ablehnung erläutern und mit ihm den Versuch einer Einigung unternehmen. Der Mitarbeiter kann ein Mitglied des Betriebsrates zu diesem Einigungsversuch hinzuziehen. Weitergehende Beteiligungsrechte des Betriebsrates bleiben unberührt, s. § 7.
5. Wird der form- und fristgerecht gestellte Antrag auf Verringerung nicht acht Wochen vor dem gewünschten Beginn vom Arbeitgeber begründet abgelehnt, so gilt der Antrag als genehmigt.
6. Ist der Antrag hinsichtlich der Festlegung der zeitlichen Lage der Arbeitszeit uneindeutig oder fehlt eine solche Festlegung, wird der Arbeitgeber vor einer Ablehnung auf eine Klarstellung des Mitarbeiters hinwirken. Erst wenn diese nicht gelingt, darf er den Antrag ablehnen.
7. Eine Änderung des Antrags nach dieser Betriebsvereinbarung ist ab dem Zugang beim Arbeitgeber unwiderruflich.
8. Nachträgliche Änderungen des Antrags sind jederzeit innerhalb der Fristen dieser Betriebsvereinbarung möglich. Dies gilt sowohl für die Veränderung der Lage der Arbeitszeit, eine weitergehende Verringerung oder Reduzierung auf Null ebenso wie eine gegenüber dem ursprünglichen Antrag weniger weit reichende Verringerung der Arbeitszeit.

Hinweis:
Mit dieser Regelung können Mitarbeiter flexibel auf nachträgliche Änderungen ihrer Lebensplanung reagieren. Der Arbeitgeber hat dabei stets die Möglichkeit, wegen dringender betrieblicher Gründe den Antrag abzulehnen. Solche dringenden betrieblichen Gründe werden umso eher anzunehmen sein, je öfter ein Mitarbeiter seine Teilzeitplanung ändert.

9. Mitarbeiter haben das Recht, sich über die sozialversicherungsrechtlichen und arbeitsrechtlichen Folgen ihres Antrags auf Arbeitszeitreduzierung von der Personalabteilung und dem Betriebsrat beraten zu lassen.

§ 3 Familienzeit

1. Jeder Mitarbeiter kann vorübergehend seine Arbeitszeit verringern, um familiäre Aufgaben zu übernehmen (Familienzeit).
2. Der Arbeitgeber prüft die Gründe für die Verringerung nicht.

Hinweis:
Zwar ist grundsätzlich möglich, die Anlässe, aus denen Familienzeit beansprucht werden kann, konkret zu begrenzen. Doch ist die Prüfung der privaten Lebensumstände des Arbeitnehmers in aller Regel dem Arbeitgeber rechtlich kaum möglich

und tatsächlich mit erheblichen atmosphärischen Belastungen verbunden, sodass sich ein Verzicht eher anbietet. Die hier dargestellte Familienzeit entspricht zudem ungefähr dem neuen Anspruch auf Brückenteilzeit, § 9a TzBfG. Der Arbeitgeber gewährt mit dieser Familienzeit deswegen ohnehin wenig, wozu er nicht ohnehin verpflichtet wäre.

3. Für die Antragstellung gilt § 2.
4. Die Mindestarbeitszeit während der Familienzeit beträgt 15 Wochenstunden.

Hinweis:
Auch eine geringere Mindestarbeitszeit kann vereinbart werden. Diese kann jedoch dazu führen, dass das Beschäftigungsverhältnis nicht mehr sozialversicherungspflichtig wird, sondern z. B. eine geringfügige Beschäftigung (sog. Minijob). In diesem Fall geht der Sozialversicherungsschutz verloren. Auch dann, wenn die Verpflichtung zur Arbeitsleistung länger als einen Monat unentgeltlich ausgesetzt wird, geht Sozialversicherungsschutz verloren, § 7 Abs. 3 Satz 1 SGB IV. Freistellungen nach § 3 PflegeZG werden vom Gesetz ausdrücklich vom Fortbestand der Sozialversicherung ausgenommen § 7 Abs. 3 Satz 1 SGB IV.

5. Die Mindestarbeitszeit kann für drei Kalendermonate auch durch den Abbau von Wertguthaben im Sinne des § 7b SGB IV erfüllt werden.

Hinweis:
Besteht während der Familienzeit keine Arbeitsverpflichtung, wird aber Guthaben aus einer Wertguthabenvereinbarung abgebaut, so kann auch für Zeiträume länger als einen Monat (max. 3) ohne eine entgeltliche Arbeitsverpflichtung ein sozialversicherungspflichtiges Beschäftigungsverhältnis aufrechterhalten werden (§ 7 Abs. 1a Satz 2 SGB IV).

6. Nimmt der Mitarbeiter Familienzeit zur Pflege (Familienpflegezeit) eines nahen Angehörigen in häuslicher Umgebung in Anspruch (§ 3 PflegeZG), verkürzt sich die Frist nach § 2.1 für die Antragstellung auf zehn Tage, die Zustimmungsfiktion nach § 2.5 tritt drei Tage vor dem begehrten Beginn ein. Der Arbeitgeber kann hier den Antrag ablehnen, ohne zwingende vorherige Beteiligung des Betriebsrates oder einen Einigungsversuch mit dem Mitarbeiter. Beides ist unverzüglich nachzuholen. Der Grund für die beantragte Freistellung ist in diesem Fall durch Vorlage einer Bescheinigung der Pflegekasse oder des Medizinischen Dienstes der Krankenversicherung dem Arbeitgeber nachzuweisen.
7. Mitarbeiter haben zusätzlich das Recht, bis zu zehn Arbeitstage der Arbeit unentgeltlich fernzubleiben, wenn dies erforderlich ist, um für einen pflegebedürftigen nahen Angehörigen in einer akut aufgetretenen Pflegesituation eine bedarfsgerechte Pflege zu organisieren oder eine pflegerische Versorgung in dieser Zeit sicherzustellen (akute Familienpflegezeit). Dem Arbeitgeber ist diese Verhinderung und deren voraussichtliche Dauer unverzüglich mitzuteilen. Auf Verlangen ist eine

ärztliche Bescheinigung über die Pflegebedürftigkeit des nahen Angehörigen und die Erforderlichkeit der Pflege vorzulegen. Ein Anspruch des Mitarbeiters auf Zahlung von Pflegeunterstützungsgeld richtet sich nach § 44a Abs. 3 SGB XI.

Hinweis:
Dieser Anspruch entspricht inhaltlich § 2 PflegeZG. Die Aufnahme in der Betriebsvereinbarung dient erstens der Transparenz und der Bekanntheit dieses Anspruchs, in der Praxis wird er kaum in Anspruch genommen, und zweitens der Einbeziehung dieser Mitarbeiter in die allgemeinen Diskriminierungsverbote und Förderungsgebote dieser Betriebsvereinbarung.

8. Nimmt der Mitarbeiter die Familienzeit zur Begleitung eines nahen Angehörigen, der an einer Erkrankung leidet, die progredient verläuft und bereits ein weit fortgeschrittenes Stadium erreicht hat, bei der eine Heilung ausgeschlossen und eine palliativmedizinische Behandlung notwendig ist und die lediglich eine begrenzte Lebenserwartung von Wochen oder wenigen Monaten erwarten lässt (palliative Familienzeit), so soll der Mitarbeiter dies dem Arbeitgeber zehn Tage vor dem gewünschten Beginn anzeigen. Die Voraussetzungen sind dem Arbeitgeber auf Verlangen glaubhaft zu machen. Die Freistellung erfolgt unentgeltlich. Der Arbeitgeber und der Betriebsrat werden den Mitarbeiter zu etwaigen sozialversicherungsrechtlichen und arbeitsrechtlichen Fragen beraten.

§ 4 Elternzeit
1. Jeder Mitarbeiter kann vorübergehend seine Arbeitszeit auf Null reduzieren, um seine Zeit für die Erziehung und Pflege seiner Kinder zu nutzen (Elternzeit).
2. Elternzeit kann für ein eigenes Kind, ein in seinem Haushalt lebendes Kind, welches sich bei ihm in Vollzeitpflege nach § 33 SGB VIII oder in Adoptionspflege nach § 1744 BGB befindet, oder welches das Kind eines Ehegatten oder Lebenspartners des Mitarbeiters ist, beansprucht werden. Gleiches gilt für die Kinder von Verwandten bis zum dritten Grade und ihre Ehegatten und Lebenspartner, sofern die Eltern des Kindes wegen Todes, einer schweren Krankheit oder Schwerbehinderung ihr Kind nicht selbst betreuen können.

Hinweis:
Der Anspruchsumfang ist § 1 BEEG nachgebildet, ohne die dortigen Abgrenzungsschwierigkeiten zu übernehmen.

3. Der Anspruch auf Elternzeit besteht ab dem Kalendermonat der Geburt des Kindes bis zum Kalendermonat, in welchem das Kind das achte Lebensjahr vollendet.

Hinweis:
Anders als das BEEG stellt diese Betriebsvereinbarung bei der Gewährung nicht auf »Lebensmonate« des Kindes, sondern Kalendermonate ab. Dies ist für die Personalverwaltung erheblich einfacher zu handhaben.

4. Bei mehreren Kindern besteht der Anspruch für jedes Kind und auch dann, wenn sich die Zeiträume überschneiden.
5. Der Anspruch auf Elternzeit ist von einer Erwerbstätigkeit oder anderen Verfügbarkeit des anderen Elternteils unabhängig.

Hinweis:
Mit dieser Regelung wird vereinbart, dass ein Arbeitnehmer auch dann Elternzeit nehmen kann, wenn der andere Elternteil zur Verfügung stünde.

6. Während der Elternzeit darf der Mitarbeiter auch bei anderen Arbeitgebern oder eine selbstständige Tätigkeit nur im Umfang von bis zu 20 Wochenstunden ausüben.

Hinweis:
Diese Grenze ist enger als die des BEEG, weil sie hier allein für die Elternzeit und nicht die Elternteilzeit gilt.

7. Der Antrag auf Elternzeit soll mindestens zwei zusammenhängende Kalendermonate umfassen.

Hinweis:
Das vollständige Aussetzen der Arbeitszeit für einen einzigen Kalendermonat wird hierdurch nicht möglich.

8. Der Antrag auf Elternzeit kann auch nicht zusammenhängende Zeiträume (Unterbrechungszeiträume) umfassen.
9. Der Unterbrechungszeitraum zwischen zwei Monaten mit Elternzeit muss zwei Kalendermonate betragen.

Hinweis:
Hierdurch wird verhindert, dass der Mitarbeiter für einen einzigen Kalendermonat (mit einer vollen Arbeitszeit) zurückkehrt.

10. Monate mit Elternteilzeit sind keine Unterbrechungszeiträume.

Hinweis:
Hierdurch wird ein »probeweises« Zurückkehren zur vollen Arbeitszeit dem Mitarbeiter erleichtert. Erweist sich volle Arbeitszeit ihm als viel, so kann er auf Elternteilzeit zurückgreifen.

11. Abweichend von § 2.1 gilt als Frist für die Antragstellung innerhalb der ersten drei Lebensjahre des Kindes sieben Wochen, die Zustimmungsfiktion nach § 2.4 tritt in diesem Fall vier Wochen vor dem beantragten Zeitraum ein.

12. Während der Elternzeit bleibt der Sozialversicherungsschutz des Mitarbeiters aufrechterhalten.

> **Hinweis:**
> Diese Regelung ist deklaratorisch. Solange der in dieser Betriebsvereinbarung normierte Anspruch auf Elternzeit sich im Rahmen des BEEG gewährt, besteht der Sozialversicherungsschutz fort, § 192 SGB V. In dem Umfang, in dem eine Betriebsvereinbarung Elternzeit in erheblich größerem Maße gewährt, kann für diese Zeiträume die Geltung des § 192 SGB V nicht vereinbart werden. In diesem Fall erlischt nach einem Monat der Sozialversicherungsschutz (gilt nicht für Elternteilzeit).

13. Für die Antragstellung gilt § 2 dieser Betriebsvereinbarung.
14. Die Inanspruchnahme der Elternzeit erfolgt unentgeltlich, soweit nicht etwas anderes vereinbart wird (z. B. der Abbau eines Wertguthabens). Die Inanspruchnahme der Elternzeit ist auch unabhängig davon, ob die Mitarbeiter für diese Zeit Elterngeld oder eine andere Ersatzleistung zusteht.

> **Hinweis:**
> Elterngeld und Elternzeit sind auch nach dem BEEG zwei unabhängig nebeneinander bestehende Regelungssysteme. Das BEEG ist so ausgestaltet, dass während der Zeit der (arbeitsvertraglichen) Inanspruchnahme von Elternzeit dem Mitarbeiter stets ein (sozialversicherungsrechtlicher) Anspruch auf Elterngeld zusteht. Doch bedingen sich beide Systeme in beide Richtungen nicht.

§ 5 Elternteilzeit

1. Jeder Mitarbeiter kann vorübergehend seine Arbeitszeit reduzieren, um seine Zeit für die Erziehung und Pflege seiner Kinder zu nutzen (Elternteilzeit).
2. Für den Kreis der Anspruchsberechtigten, die Inanspruchnahme und den Umfang des Anspruchs gelten die Regelungen zur Elternzeit entsprechend, soweit hier nichts anderes geregelt ist.
3. Der Mindestarbeitsumfang während der Elternteilzeit beträgt 15 Wochenstunden, der Höchstarbeitsumfang beträgt 32 Wochenstunden.

> **Hinweis:**
> Dieser Korridor ist an das BEEG angelehnt, er ist nicht zwingend und kann auch anderweitig vereinbart werden. Der Korridor verhindert zu geringe Arbeitszeitreduzierungen und zu geringe verbliebene Arbeitsanteil.

§ 6 Allgemeine Regelungen

1. Soweit der Arbeitgeber Zeiten der Betriebszugehörigkeit berechnet oder berücksichtigt, gelten Zeiten mit einer Reduzierung der Arbeitszeit nach dieser Betriebsvereinbarung oder ihrer Aussetzung als Zeiten der Betriebszugehörigkeit.

2. Mitarbeiter, die ihre Arbeitszeit nach dieser Betriebsvereinbarung ausgesetzt oder verringert haben, werden bei Vertretungen Arbeitszeitaufstockungen bevorzugt berücksichtigt.
3. Mitarbeitern steht es frei, im Antrag die während der Zeit der Verringerung festzulegende Lage der Arbeitszeit frei zu legen. Die Lage der Arbeitszeit kann so bestimmt werden, dass an allen Arbeitstagen verkürzt oder nur an einigen Tagen in der Woche gearbeitet wird oder sich die Wochen mit und ohne Arbeitsleistung abwechseln. Es gelten insoweit die zu den §§ 8 und 9a TzBfG entwickelten Grundsätze entsprechend.
4. Mitarbeiter werden während der Verringerung ihrer Arbeitszeit nach dieser Betriebsvereinbarung in alle betrieblichen und überbetrieblichen Weiterbildungsprogramme ebenso wie andere Mitarbeiter einbezogen.
5. In die jährliche Seminarplanung sind diese Mitarbeiter nach individueller Abstimmung einzubeziehen. Externe arbeitsplatzspezifische und berufsfördernde Weiterbildungsmaßnahmen (z.B. EDV- und Sprachkurse), die die Mitarbeiter vom Arbeitgeber bereits bewilligt wurden, dürfen auch während der Zeit der Verringerung der Arbeitszeit nach dieser Betriebsvereinbarung fortgeführt werden.
6. Soweit eine Förderung von Bildungsmaßnahme durch den Arbeitgeber stattfindet, wird sie für Mitarbeiter, die ihre Arbeitszeit nach dieser Betriebsvereinbarung reduziert haben, nicht geschmälert.
7. Auf Rückzahlungsverpflichtungen übernommener Kosten haben Reduktionen der Arbeitszeit nach dieser Betriebsvereinbarung keinen Einfluss.

§ 7 Beteiligung des Betriebsrats

1. Stimmt der Arbeitgeber einem Antrag auf Verringerung der Arbeitszeit nach dieser Betriebsvereinbarung zu, so wird er den Betriebsrat hierüber unverzüglich nach seiner Zustimmung unterrichten.
2. Will der Arbeitgeber einen Antrag auf Verringerung der Arbeitszeit nach dieser Betriebsvereinbarung ablehnen, so informiert er hierüber den Betriebsrat so rechtzeitig, dass bis zur Zustimmungsfiktion noch zwei Wochen Beratungszeit verbleiben.
3. Arbeitgeber und Betriebsrat haben die Aufgabe, gemeinsam eine Einigung zu versuchen. Hierzu sollen wechselseitige Vorschläge unterbreitet werden, die auch vom ursprünglichen Antrag abweichen können. Der betroffene Mitarbeiter ist zu beteiligen.
4. Abweichungen vom ursprünglich durch den Mitarbeiter gestellten Antrag bedürfen auch dann seiner Zustimmung, wenn der Betriebsrat zugestimmt hat.
5. Der Mitarbeiter ist nicht verpflichtet, einen zwischen Arbeitgeber und Betriebsrat konsentierten Vorschlag anzunehmen. Im Ablehnungsfall steht dem Mitarbeiter der Rechtsweg offen.

Hinweis:
Wenn der Mitarbeiter ein anderes Ergebnis wünscht, als Betriebsrat und Arbeitgeber übereinstimmend bevorzugen, so wäre die Zuständigkeit der Einigungs-

stelle insoweit wenig zweckdienlich. In diesen Fällen muss der Mitarbeiter seinen Anspruch gerichtlich einklagen.

6. Abweichungen von dieser Betriebsvereinbarung bedürfen stets des Einvernehmens beider Betriebsparteien.
7. Der Betriebsrat ist berechtigt, von einzelnen Mitarbeitern ihre Aufzeichnungen der Arbeitszeit einzusehen. Die Einsichtnahme erfolgt allein zu dem Zweck zu überprüfen, ob die Ansprüche aus dieser Betriebsvereinbarung und die gesetzlichen Arbeitszeiten eingehalten werden.

Hinweis:
Auf das Recht zu dieser Einsichtnahme kann der Betriebsrat nicht wirksam verzichten. Es bietet sich deswegen die Abbedingung nicht an. Der Umfang des Auskunftsanspruchs kann jedoch in dem Maße einvernehmlich eingeschränkt werden, wie im Betrieb geltende Rahmenregelungen zur Vertrauensarbeitszeit die Einhaltung der gesetzlichen Ruhezeiten und Ruhepausen strukturell sichern, so: LAG Köln, Beschluss vom 6.9.2010 – 5 TaBV 14/10.

8. Soweit nach dieser Betriebsvereinbarung eine Anzeige des Mitarbeiters gegenüber dem Arbeitgeber für die Verringerung der Arbeitszeit genügt, so wird der Arbeitgeber diese Anzeige unverzüglich an den Betriebsrat weiterleiten.
9. Im Übrigen gilt im Rahmen des in dieser Betriebsvereinbarung Vereinbarten das Mitbestimmungsrecht des Betriebsrates als umfassend ausgeübt.

Hinweis:
Der Betriebsrat kann auf seine Mitbestimmungsrechte nicht verzichten, auch nicht in einer Betriebsvereinbarung. Betriebsparteien können vereinbaren, dass im Rahmen eines fest vereinbarten Verfahrens das Beteiligungsrecht des Betriebsrates mit einer reduzierten Beteiligungsform (z.B. Information statt Zustimmung) als ausgeübt gilt. Dies ist nur so lange zulässig, wie der konkrete Anwendungsfall eng umschrieben ist. Eine globale Herabstufung der Mitbestimmungsrechte ist auch in einer Betriebsvereinbarung unwirksam.

§ 8 Anlagen
1. Zu dieser Betriebsvereinbarung vereinbaren die Betriebsparteien folgende Anlagen: ....

Hinweis:
In einer Anlage könnten z.B. eine Vorlage zur Beantragung von Elternzeit, Elternteilzeit oder Familienzeit aufgenommen werden.

2. Die in dieser Betriebsvereinbarung genannten Anlagen sind Bestandteil der Betriebsvereinbarung.

Hinweis:
Mit einer solchen Regelung werden die Anlagen zur Vermeidung von Meinungsverschiedenheiten dem gleichen Bestandsschutz wie die Betriebsvereinbarung selbst unterstellt; dies gilt insbesondere hinsichtlich einer Nachwirkung, soweit diese gewollt und vereinbart ist.

3. Die Anlagen sind nicht isoliert kündbar.

Hinweis:
Die isolierte Kündbarkeit von Anlagen bietet sich dann an, wenn diese eigene, abgeschlossene Regelungsgegenstände, in der Regel Ausnahmen von der Betriebsvereinbarung, enthalten und die Betriebsvereinbarung ohne die Anlage einen sinnvollen, von den Betriebsparteien gewollten, Regelungsrest übrig behält. Dies ist bei den hier formulierten Anlagen nicht der Fall.

4. Die Anlagen können einvernehmlich abgeändert werden, ohne dass dies einer Kündigung oder Abänderung der Betriebsvereinbarung im Übrigen bedarf.

Hinweis:
Dies gilt für einvernehmliche Änderungen an der Betriebsvereinbarung ohnehin, diese Regelung ist deswegen für Anlagen nur deklaratorisch.

§ 9 Auslegungsschwierigkeiten und ständige Einigungsstelle

1. Im Falle von Meinungsverschiedenheiten über die Auslegung und Durchführung der Betriebsvereinbarung, oder über das Vorliegen von einem Antrag auf Arbeitszeitverringerung nach dieser Betriebsvereinbarung entgegenstehender dringender betrieblicher Gründe ... werden die Betriebsparteien mit dem ernsthaften Willen einer Einigung verhandeln.
2. Zur einvernehmlichen Beilegung auch nach § 9.1 nicht behebbarer Meinungsverschiedenheiten wird eine ständige Einigungsstelle eingerichtet. Die Zahl der Beisitzer auf Betriebsrats- und Arbeitgeberseite wird auf jeweils zwei festgesetzt. Als Vorsitzender einigen sich die Parteien auf .... Sofern der Vorsitzende verhindert ist, wird er durch ... vertreten.
   Variante
   Für Meinungsverschiedenheiten über das Vorliegen von einem Antrag auf Arbeitszeitverringerung dieser Betriebsvereinbarung entgegenstehender dringender betrieblicher Gründe gilt die Zuständigkeit der Einigungsstelle nur in den Fällen als vereinbart, in denen das Arbeitsverhältnis des Mitarbeiters zum Zeitpunkt der Antragstellung sechs Monate im Unternehmen ununterbrochen bestand und der Betrieb in der Regel mehr als 15 Arbeitnehmer beschäftigt.

Hinweis:
Diese Voraussetzung ist in Betrieben mit Betriebsrat nahezu immer erfüllt. Mit dieser Regelung werden diejenigen Mitarbeiter privilegiert, deren Arbeitsverhältnis länger als sechs Monate bestand. Für sie kann sich der Betriebsrat im Wege einer Einigungsstelle für sachgemäße und betriebsnahe Lösungen gemeinsam mit dem Arbeitgeber einsetzen. Die anderen Mitarbeiter bleiben auf den Klageweg verwiesen. Hier hat der Arbeitgeber aus diesem Grund eine rein faktisch erheblich größere Einschätzungsprärogative über das Vorliegen entgegenstehender dringender betrieblicher Gründe.

3. Jede Betriebspartei kann im Streitfall die Einigungsstelle anrufen, indem sie hierüber die jeweils andere Betriebspartei unterrichtet und den Vorsitzenden fernmündlich, per Telefax oder E-Mail auffordert, die Einigungsstelle einzuberufen.
4. Die Betriebsparteien erklären schon jetzt, sich dem Spruch der Einigungsstelle vollumfänglich zu unterwerfen.
5. Auf das Verfahren vor der Einigungsstelle finden die gesetzlichen Bestimmungen Anwendung.

§ 10 Übergangsregelung
Mit dieser Betriebsvereinbarung wird die »Betriebsvereinbarung Teilzeit« vom ... vollständig abgelöst.
Variante
Mit dieser Betriebsvereinbarung wird die »Betriebsvereinbarung Elternzeit« vom ... teilweise abgelöst, sie gilt für die Abteilungen/die Standorte ... unverändert/ mit folgenden Modifikationen:... fort.

§ 11 Laufzeit, Beendigung
1. Die Betriebsvereinbarung wird wirksam mit ihrer Unterzeichnung.
   Variante
   Die Betriebsvereinbarung tritt am ... in Kraft. Bis zum Zeitpunkt ihres Inkrafttretens ist sie ordentlich unkündbar.
2. Die Betriebsvereinbarung läuft auf unbestimmte Zeit.
   Variante
   Die Betriebsvereinbarung endet, ohne dass es einer Kündigung bedarf, am 31.12.20XX.
3. Die Betriebsvereinbarung ist ordentlich kündbar mit einer Frist von sechs Monaten.
   Variante
   Die Betriebsvereinbarung ist ordentlich unkündbar.
4. Das Recht zur außerordentlichen fristlosen Kündigung aus wichtigem Grund bleibt unberührt.

§ 12 Nachwirkung
Die Betriebsvereinbarung wirkt im Falle ihrer Kündigung nach.

Hinweis:
Vereinbaren die Betriebsparteien nichts Abweichendes zur Nachwirkung, tritt eine in der Regel nicht gewollte Rechtsfolge nach Ablauf der ordentlichen Kündigungsfrist ein: Alle Gegenstände, die einem erzwingbaren Mitbestimmungstatbestand unterliegen, wirken nach, alle übrigen nicht. Einem solchen Skelett an nachwirkenden Regelungen baut diese Vereinbarung vor.

Variante
Die Betriebsvereinbarung wirkt im Falle einer ordentlichen Kündigung hinsichtlich der folgenden Gegenstände nach: .... Im Übrigen tritt keine Nachwirkung ein.
Variante
Die Betriebsvereinbarung wirkt im Falle einer Kündigung nicht nach.

§ 13 Salvatorische Klausel
Sollten einzelne Bestimmungen dieser Vereinbarung unwirksam sein oder werden, so bleiben die übrigen Bestimmungen hiervon unberührt. In diesem Fall verpflichten sich beide Seiten, für die ungültige Bestimmung eine neue, gültige Bestimmung zu vereinbaren, die dem Sinn der Früheren so weit wie möglich entspricht. Auch für diesen Fall gilt die Zuständigkeit der ständigen Einigungsstelle nach § 9 als vereinbart.

Ort, Datum, Unterschriften
Anlagen

16. Urlaubsgewährung, Urlaubsgrundsätze, Urlaubsplanung

16.1 Einleitung

Da regelmäßig die Urlaubswünsche von Arbeitnehmern mit denen anderer kollidieren, müssen die Grundsätze, nach denen diese Konflikte entschieden werden sollen, geregelt werden. Um Streitigkeiten über die Gewährung von Urlaub relativ rasch zu lösen, empfiehlt sich die Einrichtung einer ständigen Einigungsstelle.
Der Urlaub verfällt nach dem BUrlG am 31. 3. des Folgejahres, auch wenn der Arbeitnehmer krank war und ihn deshalb weder im Urlaubsjahr noch im Übertragungszeitraum in Anspruch nehmen konnte. Der EuGH (v. 20. 1. 2009 – C-350/06 Schulz-Hoff) hat entschieden, dass diese Praxis zumindest für den gesetzlichen Urlaubsanspruch nicht EU-konform war. Allerdings hat der EuGH die Festlegung eines Übertragungszeitraumes von 15 Monaten, nach denen der Urlaub verfällt, für zulässig angesehen (EuGH 22. 11. 2011 – C-214/10, betriebsratswissen online).

Hinzugekommen ist die Rechtsprechung des EuGH, dass ein Urlaub auch dann nicht verfallen kann, wenn die Arbeitnehmenden nicht auf den möglichen Verfall hingewiesen wurden (EuGH 22.9.2022 – C-518/20 und C-727/20 sowie C-120/21).
Der EuGH und ihm folgend das BAG haben dies nur für den gesetzlichen Urlaubsanspruch entschieden. Damit können für den gesetzlichen und den tariflichen Urlaub unterschiedliche Abgeltungsvorschriften/Verfallsregelungen gelten. Dies führt zu erhöhtem bürokratischen Aufwand und macht die Regelungen für Arbeitnehmer undurchsichtig. Daher enthält die Betriebsvereinbarung Vorschriften, nach denen der Urlaub einheitlich nach den gesetzlichen Regelungen behandelt wird. In jedem Fall ist zu prüfen, ob und inwieweit die anwendbaren Tarifverträge Vorschriften hierzu enthalten.

16.2 Betriebsvereinbarungen

16.2.1 Urlaubsgrundsätze

BV 29

§ 1 Geltungsbereich
Diese Betriebsvereinbarung gilt für
1. räumlich …
2. persönlich …
3. fachlich …

§ 2 Urlaubsplan
Bis zum … wird für das Folgejahr ein Urlaubsplan erstellt. Die Beschäftigten haben ihre Urlaubswünsche bis zum … in den Urlaubsplan einzutragen.
Wird den Urlaubswünschen nicht binnen drei Wochen nach dem … seitens des Arbeitgebers widersprochen, gilt der Urlaub als genehmigt. Der Arbeitgeber hat dem Arbeitnehmer/der Arbeitnehmerin den Widerspruch gegen einen Urlaubswunsch schriftlich mitzuteilen. Die Genehmigung kann nur widerrufen werden, wenn nach Genehmigung des Urlaubs außerordentliche dringende, unvorhergesehene betriebliche Bedürfnisse der Gewährung des Urlaubs entgegenstehen. Widerruft der Arbeitgeber die Urlaubsgewährung, hat er Kosten, die den Beschäftigten durch den Widerruf entstehen (z.B. Stornogebühren, Ausfallkosten etc.) den Beschäftigten zu erstatten.

§ 3 Grundsätze für die Urlaubsgewährung
Um den Erholungszwecks des Urlaubs zu gewährleisten, sind mindestens drei Wochen zusammenhängend zu gewähren.

§ 4 Konfliktlösung
Bei der Gewährung von Urlaub sind die betrieblichen Belange und die Urlaubswünsche der einzelnen Arbeitnehmer zu berücksichtigen. Urlaubswünschen einzelner Arbeitnehmer oder Arbeitnehmerinnen kann nur dann nicht entsprochen werden, wenn

ihrer Gewährung dringende betriebliche Belange oder Urlaubswünsche anderer Arbeitnehmer, deren Wünsche Vorrang haben, entgegenstehen.
Bei der Gewährung von Urlaub während der Schulferien haben Beschäftigte mit schulpflichtigen Kindern Vorrang.
oder
Es kann Beschäftigten mit schulpflichtigen Kindern Teilurlaub gewährt werden mit dem Ziel, dass alle Beschäftigten mit schulpflichtigen Kindern einen Anteil ihres Urlaubs während der Schulferien erhalten. Kann einem Arbeitnehmer/einer Arbeitnehmerin mit schulpflichtigen Kindern während der Schulferien kein Urlaub gewährt werden, hat der Urlaubswunsch dieses Arbeitnehmers/dieser Arbeitnehmerin im folgenden Kalenderjahr Vorrang.
Beschäftigte, deren Ehegatte ebenfalls berufstätig ist, soll Urlaub so gewährt werden, dass sie gemeinsam mit dem Ehegatten in Urlaub gehen können.
Sofern Beschäftigte aus gesundheitlichen Gründen Urlaub während einer bestimmten Jahreszeit beantragen, soll dem im Rahmen der betrieblichen Möglichkeiten entsprochen werden.
Können sich Arbeitgeber und Beschäftigte nicht über die zeitliche Lage des Urlaubs einigen, ist zunächst der Betriebsrat hinzuzuziehen. Kommt auch nach Hinzuziehung des Betriebsrats keine Einigung zustande, entscheidet die Einigungsstelle.

§ 5 Übertragung von Urlaub, Abgeltung
Für die Übertragung von Urlaub auf das Folgejahr und die Abgeltung von Urlaubsansprüchen bei Ende des Arbeitsverhältnisses gelten für alle Urlaubsansprüche die gesetzlichen Vorschriften, gleich auf welchem Rechtsgrund (Gesetz, Tarifvertrag, Betriebsvereinbarung, Arbeitsvertrag) der Urlaub beruht.
Der Urlaubsanspruch für ein Kalenderjahr verfällt, wenn er nicht binnen 15 Monaten nach Ablauf des Kalenderjahres genommen wird.

§ 6 Schlussbestimmungen
1. Sollten einzelne Punkte der Betriebsvereinbarung ungültig sein oder ihre Gültigkeit aufgrund neuer Gesetzgebung oder Rechtsprechung verlieren, so bleiben die übrigen Bestimmungen hiervon unberührt. In diesem Falle werden beide Seiten für die ungültig gewordenen Punkte der Betriebsvereinbarung eine neue, gültige Formulierung vereinbaren, die dem früheren Sinn soweit wie möglich entspricht.
2. Im Falle von nicht beilegbaren Streitigkeiten, die sich aus der Anwendung oder Auslegung der Betriebsvereinbarung ergeben, entscheidet eine Einigungsstelle nach § 76 BetrVG.
3. Diese Betriebsvereinbarung ist mit einer Frist von … Monaten zum Schluss eines Kalenderjahres kündbar; erstmals zum Datum. Die Kündigung dieser Betriebsvereinbarung ist nur wirksam, wenn sie schriftlich erfolgt. Die Betriebsvereinbarung wirkt nach. Anlagen sind Bestandteil dieser Betriebsvereinbarung.

Ort, Datum, Unterschriften

16.2.2 Betriebsurlaub

BV 30

§ 1 Geltungsbereich
Diese Betriebsvereinbarung gilt für
1. räumlich ...
2. persönlich ...
3. fachlich ...

§ 2 Zeitpunkt
Für jeweils drei Wochen im Kalenderjahr ist Betriebsurlaub. Der Zeitpunkt wird jeweils im ... des Vorjahres zwischen Betriebsrat und Unternehmen festgelegt und im Betrieb bekannt gegeben. Der Betriebsurlaub muss in den großen Schulferien liegen.
oder
In der Zeit zwischen Weihnachten und Neujahr, d.h. vom ... bis ... ruht der Betrieb. Den Beschäftigten wird Urlaub vom Arbeitgeber gewährt.

§ 3 Weiterer Urlaub
Die nicht den Zeitraum des Betriebsurlaubs betreffenden Urlaubsansprüche der Beschäftigten sind nach der Betriebsvereinbarung »Urlaubsgrundsätze« zu gewähren. Die weiteren Urlaubsansprüche können auch im Zusammenhang mit dem Betriebsurlaub genommen werden.

§ 4 Nicht ausreichender Urlaubsanspruch
Sofern Beschäftigte zum Beginn des Betriebsurlaubs noch keinen oder keinen ausreichenden Urlaubsanspruch erworben hat, hat der Arbeitgeber diesen eine Beschäftigungsmöglichkeit – auch auf einem anderen zumutbaren Arbeitsplatz – während des Betriebsurlaubs anzubieten. Eine Entgeltminderung wegen Beschäftigung auf einem anderen Arbeitsplatz ist ausgeschlossen.
Ist eine Beschäftigung während des Betriebsurlaubs nicht möglich, werden die Beschäftigten unter Fortzahlung des Entgelts ohne Anrechnung auf künftige Urlaubsansprüche von der Arbeit freigestellt.
oder
Sofern Beschäftigte zu Beginn des Betriebsurlaubs noch keinen oder keinen ausreichenden Urlaubsanspruch erworben hat, nimmt der Arbeitnehmer am Betriebsurlaub unter Anrechnung auf im Kalenderjahr entstehende Urlaubsansprüche teil. Das Entgelt ist während der Teilnahme am Betriebsurlaub nach den Regelungen über das Urlaubsentgelt fortzuzahlen. Eine Anrechnung auf Urlaubsansprüche im folgenden Kalenderjahr ist nicht zulässig.
oder
Haben Beschäftigte nicht mehr genügend Urlaubsanspruch, können sie für diese Zeit auch ihr Arbeitszeitkonto in Anspruch nehmen.

Hinweis
Der Betriebsurlaub (auch Betriebsferien genannt) sollte nicht den gesamten Urlaubsanspruch – in der Regel sechs Wochen – umfassen. Er sollte in den großen Ferien liegen. Sofern Beschäftigte noch keinen oder keinen ausreichenden Urlaubsanspruch haben, muss eine Regelung für sie getroffen werden. Variante 1 ist dabei die für die Beschäftigten günstigere Variante, da Urlaubsansprüche bestehen bleiben und in den meisten Fällen während des Betriebsurlaubs keine Beschäftigungsmöglichkeit vorhanden sein wird.
Eine Anrechnung auf Urlaubsansprüche im folgenden Kalenderjahr ist nicht zulässig, da dies den Zweck des Urlaubs gefährden würde.
Entschieden werden muss auch, ob im Zusammenhang mit den Betriebsferien weiterer Urlaub genommen werden darf. Dies ist nicht nur für Arbeitsmigranten und Arbeitsmigrantinnen wichtig und sollte klar geregelt werden.

§ 5 Gleichlauf von gesetzlichen und anderen Urlaubsansprüchen

Für die Übertragung von Urlaub auf das Folgejahr und die Abgeltung von Urlaubsansprüchen bei Ende des Arbeitsverhältnisses gelten für alle Urlaubsansprüche die gesetzlichen Vorschriften, gleich auf welchem Rechtsgrund (Gesetz, Tarifvertrag, Betriebsvereinbarung, Arbeitsvertrag) der Urlaub beruht.

§ 6 Schlussbestimmungen

1. Sollten einzelne Punkte der Betriebsvereinbarung ungültig sein oder ihre Gültigkeit aufgrund neuer Gesetzgebung oder Rechtsprechung verlieren, so bleiben die übrigen Bestimmungen hiervon unberührt. In diesem Falle werden beide Seiten für die ungültig gewordenen Punkte der Betriebsvereinbarung eine neue, gültige Formulierung vereinbaren, die dem früheren Sinn soweit wie möglich entspricht.
2. Im Falle von nicht beilegbaren Streitigkeiten, die sich aus der Anwendung oder Auslegung der Betriebsvereinbarung ergeben, entscheidet eine Einigungsstelle nach § 76 BetrVG.
3. Diese Betriebsvereinbarung ist mit einer Frist von ... Monaten zum Schluss eines Kalenderjahres kündbar; erstmals zum Datum. Die Kündigung dieser Betriebsvereinbarung ist nur wirksam, wenn sie schriftlich erfolgt. Die Betriebsvereinbarung wirkt nach. Anlagen sind Bestandteil dieser Betriebsvereinbarung.

Ort, Datum, Unterschriften

17. Technische Einrichtungen

17.1 Einleitung

17.1.1 Technische Einrichtungen

Das hier einschlägige Mitbestimmungsrecht nach § 87 Abs. 1 Nr. 6 BetrVG wurde geschaffen, da technische Kontrolleinrichtungen stark in den persönlichen Bereich der Arbeitnehmer eingreifen. Es dient dem Persönlichkeitsschutz der Arbeitnehmer. Der Betriebsrat soll mit Hilfe des Mitbestimmungsrechts zugunsten der potenziell in ihrer Persönlichkeitssphäre betroffenen Arbeitnehmer eine präventive Schutzfunktion wahrnehmen.

Im Fokus des Mitbestimmungsrechts stehen in erster Linie DV-gestützte Anwendungen. Dabei geht es vor allem um Personaldatenverarbeitung jeder Art, gleich wie das System benannt ist (Betriebsdatenerfassung, Personalinformationssystem, Telefondatenerfassung, biometrische Zugangskontrolle usw.), und die damit zusammenhängenden besonderen Probleme.

Im Folgenden werden einige typische Anwendungsfälle in Form einer Mustervereinbarung geregelt.

17.1.2 Elektronische Zeiterfassung

Kaum noch Betriebe führen papierne Arbeitszeitlisten. Auf die minutiöse Erfassung der Arbeitszeit wird entweder ganz verzichtet (Vertrauensarbeitszeit) oder elektronische Formen der Zeiterfassung werden eingeführt.

Während die Lage der Arbeitszeit allein nach § 87 Abs. 1 Nr. 2 BetrVG mitbestimmungspflichtig ist, tritt in dem Fall, dass der Arbeitgeber für die Zeiterfassung ein elektronisches Zeiterfassungssystem verwendet, dass Mitbestimmungsrecht nach § 87 Abs. 1 Nr. 6 BetrVG hinzu.

Gegenwärtig ist der Arbeitgeber lediglich zur Erfassung von Überstunden gesetzlich verpflichtet, § 16 Abs. 2 Satz 1 ArbZG. Die Erfassung der Grundarbeitszeit ist bislang nicht vorgeschrieben. Der EuGH[28] hat zwar deutlich unterstrichen, dass Art. 6 RL 2003/88/EG die Mitgliedstaaten dahingehend bindet, Arbeitgeber zu verpflichten, ein objektives, verlässliches und zugängliches System der Zeiterfassung zu führen, mehr noch, die Auslegung einer nationalen Vorschrift, die eine solche Verpflichtung nicht begründet, sei unionswidrig. Dennoch wird überwiegend angenommen, dass eine unmittelbare Verpflichtung der Arbeitgeber zur Erfassung der gesamten Arbeitszeit eines Arbeitnehmers erst nach Umsetzung der Auslegung des EuGH in nationales Recht begründet wird. Weil es indes nur eine Frage der Zeit ist, bis das Urteil des EuGH in nationales Recht umgesetzt ist, empfiehlt sich frühzeitig die Einführung eines elektronischen Zeiterfassungs-

28 EuGH 14.5.2019 – C-55/18 (Federación de Servicios de Comisiones Obreras [CCOO] / Deutsche Bank SAE), NZA 2019, 683.

systems, welches auch die Grundarbeitszeit erfasst. Das Mitbestimmungsrecht des Betriebsrates umfasst auch ein Initiativrecht, die Einführung eines elektronischen Zeiterfassungssystems zu fordern.
Datenschutzrechtlich muss die Betriebsvereinbarung zulässige Verarbeitungszwecke der erfassten Arbeitszeit sowie Zugriffsrechte und Löschroutinen ausgestalten.

17.1.3 Microsoft 365

Seit der Einführung von Microsoft Viva als umfangreiche Sammlung an Personalmanagement-Tools und weiteren Änderungen im Zuge der Umbenennung von Office 365 in Microsoft 365 hat Microsoft ein komplexes technisches System geschaffen. Die cloudbasierten Module von Microsoft 365 laufen stets im Hintergrund mit, erfassen Daten und stellen sie in anderen Anwendungen aufbereitet zur Verfügung.
Datenschutzrechtlich hat Microsoft damit eine kaum noch zu bändigende »Datenkrake« geschaffen. Dennoch erfreut sich das Programm-Bundle steigender Beliebtheit. Ein Grund ist der mit dem Anstieg von Homeoffice verbundene verbreiterte Einsatz von MS Teams. Viva hat diesen Effekt noch gesteigert. Die enge Integration in die MS-Anwendung macht das Arbeiten vor allem in Gruppen bequemer, verdeutlicht gleichzeitig indes die datenschutzrechtliche Herausforderung.
Es war unter den Landesdatenschutzbeauftragten umstritten, ob Office 365 datenschutzkonform eingeführt werden konnte. Nach jüngsten Änderungen an den von Microsoft gestellten allgemeinen Geschäftsbedingungen steht eine erneute Prüfung für Microsoft 365 noch aus.
Das zentrale Mitbestimmungsrecht des Betriebsrats bei der Einführung von Microsoft 365 im Betrieb resultiert aus § 87 Abs. 1 Nr. 6 BetrVG. Hiernach bedarf der Arbeitgeber bei Maßnahmen der Zustimmung des Betriebsrats, die dazu geeignet sind das Verhalten der Arbeitnehmer zu überwachen. Weil der Zweck dieses Mitbestimmungsrechts darin gesehen wird, das allgemeine Persönlichkeitsrecht des Arbeitnehmers vor einem übermäßigen Überwachungsdruck zu schützen, wird diesem Mitbestimmungsrecht nahezu das gesamte Datenschutzrecht unterstellt. Das Mitbestimmungsrecht wird ausgelöst, sobald bei einer technischen Einrichtung in irgendeiner Form eine automatisierte Datenverarbeitung mit Personenbezug vorliegt.
Wenn Microsoft 365 unternehmensweit einheitlich genutzt werden soll, so liegt die betriebsverfassungsrechtliche originäre Zuständigkeit beim Gesamtbetriebsrat (BAG 8.3.2022 – 1 ABR 20/21). Dies gilt allerdings nur in der 1-Tenant-Lösung. Für eine konzernweite Nutzung fehlt es an der datenschutzrechtlichen Erforderlichkeit, es würden alle Nutzerdaten aller Mitarbeiter konzernweit ausgetauscht werden. Deswegen ist hier eine konzernweite 1-Tenant-Lösung un-

zulässig. Daneben bedarf eine konzernweit vereinheitlichte Einführung der Delegationsbeschlüsse aller Gesamtbetriebsräte, damit der Konzernbetriebsrat die Betriebsvereinbarung Microsoft 365 rechtswirksam unterzeichnen kann. In den Grenzen des § 87 Abs. 1 Nr. 6 BetrVG steht dem Betriebsrat auch ein Initiativrecht zu, die Einführung eines IT-Tools zu fordern.[29]
Die Herausforderung, eine wirksame Betriebsvereinbarung zur Einführung und Nutzung von Microsoft 365 zu formulieren, ist deswegen nahezu identisch mit der Herausforderung, seine Einführung und seinen Umgang datenschutzkonform zu formulieren.

17.1.4 Shared Desk

Welchem Mitbestimmungsrecht die Einführung eines Shared Desk-Konzeptes unterfällt, hängt von bestehenden Regelungen zu mobilem Arbeiten und der konkreten Ausgestaltung des Shared Desk-Konzeptes ab. Weil im Regelfall ohnehin Mitbestimmungsrechte nach § 87 Abs. 1 Nr. 1 BetrVG (Ordnungsverhalten) und Nr. 6 (Einführung einer technischen Einrichtung) erfüllt sind, bedarf die Einführung eines Shared Desk-Konzeptes zumeist der Zustimmung des Betriebsrates. Das Bestehen weiterer Beratungs- und Mitwirkungsrechte (Änderung der Betriebsorganisation und des Arbeitsplatzes (§ 90 BetrVG), Betriebsänderung (§ 111 BetrVG), Versetzung (§§ 95 Abs. 3, 99 BetrVG) fällt daneben nicht ins Gewicht. Eine umfassende Vereinbarung zum Shared Desk-Konzept ist deswegen vorzugswürdig zu einer nach dem jeweiligen Mitbestimmungsrecht differenzierenden Regelung.
Nicht übersehen darf die die Notwendigkeit, Shared Desk-Konzepte vor allem in ihrer Einführungsphase auf psychische Belastungswirkungen hin zu untersuchen. Diese können vor allem aus der Unsicherheit, ob ein betrieblicher Arbeitsplatz zur Verfügung steht, die Unwissenheit darüber, mit welchen Kollegen die Arbeitsfläche geteilt werden muss und der Unvertrautheit mit dem Fehlen eines fest zugeordneten Arbeitsplatzes resultieren. Solche psychischen Belastungswirkungen zu untersuchen ist Bestandteil des Gesundheitsschutzes. Dies gilt im gleichen Maße wie für die physischen Anforderungen an eine gesunde Arbeitsatmosphäre am Shared Desk. Zu Maßnahmen des Gesundheitsschutzes besteht ein umfassendes Mitbestimmungsrechte Betriebsrates aus § 87 Abs. 1 Nr. 7 BetrVG.

---

29 Ob dieses Initiativrecht so weit reicht, in bestimmtes IT-Tool zu erzwingen, ist gegenwärtig noch unentschieden. Zuletzt offen gelassen von: BAG 13.9.2022 – 1 ABR 22/21, weil das BAG hier das auf die Einführung einer elektronischen Zeiterfassung gerichtete Initiativrecht wegen einer diesbezüglichen gesetzlichen Verpflichtung des Arbeitgebers aus § 3 Abs. 2 ArbSchG abgelehnt hat.

17.1.5 Bring your own device (BYOD)

»Bring your own device« (BYOD) ist ein Sammelbegriff für Verfahrensvereinbarungen, mit denen Mitarbeiter private Geräte entweder ausschließlich in dienstliche IT-Infrastruktur mit hineinnehmen dürfen (z. B. in das interne W-LAN, innerhalb dessen die dienstliche IT-Infrastruktur verletzlicher ist) oder (häufiger) das »Einbringen« privater Geräte in die betriebliche Struktur. Hier werden dienstliche Applikationen (Apps) zu dienstlichen Zwecken auf privaten Endgeräten des Mitarbeiters installiert. Behält die Arbeitgeberin (wie fast immer) einen Remote-Zugriff auf die dienstlich installierten Apps auf dem privaten Smartphone, so ist auch die Entscheidung darüber, ob BYOD eingeführt werden soll, nach § 87 Abs. 1 Nr. 6 BetrVG zustimmungspflichtig.

In anderen Fällen entscheidet die Arbeitgeberin mitbestimmungsfrei darüber, ob ein BYOD-System eingeführt werden soll. Hat sie diese Frage bejaht, sind alle Umgangsfragen, »wie« das private Endgeräte eingebracht wird, als Ordnungsverhalten nach § 87 Abs. 1 Nr. 1 BetrVG umfassend zustimmungspflichtig.

Davon bleibt unberührt, dass die Betriebspartner stets zusätzlich die Einwilligung des Mitarbeiters benötigen. Die fehlende Einwilligung des Mitarbeiters, auf seinem privaten Smartphone dienstliche Apps zu installieren, kann eine Betriebsvereinbarung weder datenschutzrechtlich noch individualarbeitsrechtlich legalisieren.

17.1.6 Videoüberwachung

Der Einsatz von Videoüberwachung im Betrieb kann aus verschiedenen Gründen notwendig sein. Es können Sachbeschädigungen oder Diebstähle von unbekannten Dritten oder Mitarbeitern begangen worden sein. Die Intensität zulässiger Überwachung ist davon abhängig, ob der Überwachung ein konkreter Anlass zugrunde liegt.

Das Mitbestimmungsrecht des Betriebsrats nach § 87 Abs. 1 Nr. 6 BetrVG besteht, sobald nicht ausschließlich technische Vorgänge gefilmt werden, sondern es jedenfalls nicht ausgeschlossen ist, dass auch Mitarbeiter, gleich ob zufällig, ungewollt oder vorhersehbar, vom Bildausschnitt erfasst werden können.

Ist eine Videokamera nicht funktionsfähig oder handelt es sich bloß um eine Kameraattrappe, erhebt sie keine Daten und fällt deshalb auch nicht in die Anwendungsbereiche der DSGVO und des BDSG. Ist dem Arbeitnehmer jedoch nicht bekannt, dass es sich um eine Attrappe oder eine defekte Kamera handelt, übt sie für den Arbeitnehmer den gleichen Überwachungsdruck aus wie eine funktionsfähige Kamera. Aus diesem Grund unterliegen auch Kameraattrappen der Mitbestimmung des Betriebsrats nach § 87 Abs. 1 Nr. 6 BetrVG.

Grundsätzlich hat die Videoüberwachung offen zu erfolgen. Eine versteckte, für die Mitarbeiter nicht erkennbare Videoüberwachung stellt einen besonders intensiven Eingriff in das allgemeine Persönlichkeitsrecht dar. Sie bedarf besonderer Rechtfertigung.

17.2 Betriebsvereinbarungen

17.2.1. Rahmenbetriebsvereinbarung zu IT-Systemen

BV 31

17.2.2. Rahmenbetriebsvereinbarung zu KI-Systemen

BV 32

> **Hinweis:**
> Die Rahmenbetriebsvereinbarungen zu IT- und KI-Systemen steht Ihnen in Bund-Online zur Verfügung. Informationen zur Registrierung finden Sie auf der vorderen Umschlaginnenseite.

17.2.3 Elektronische Zeiterfassung

BV 33

Präambel
Die Betriebsparteien sind sich darüber einig, dass Arbeitszeit der Mitarbeiter[30] zu ihrem Schutz erfasst werden soll.

§ 1 Geltungsbereich
Diese Betriebsvereinbarung gilt für alle im Betrieb ... tätigen Mitarbeiter.

> **Hinweis:**
> Zumeist wird die Einführung eines elektronischen Zeiterfassungssystems unternehmens- oder konzernweit vereinbart. Die Zuständigkeit verbleibt jedoch stets beim örtlichen Betriebsrat. Um mit dem Gesamtbetriebsrat oder dem Konzernbetriebsrat eine Vereinbarung abzuschließen, müssen die zuständigen Gremien Delegationsbeschlüsse fassen. Dies ist nur für rein rahmenrechtliche Vereinbarungen nicht erforderlich.

Variante (zur Beschränkung auf einzelne Betriebe)
Diese Betriebsvereinbarung gilt nur für die Abteilungen ...
Diese Betriebsvereinbarung gilt nicht für die leitenden Angestellten im Sinne des § 5 Abs. 3 BetrVG.
Variante (zur Beschränkung auf einzelne Berufsgruppen)
Diese Betriebsvereinbarung gilt nur für die Mitarbeiter der Verwaltung.
Diese Betriebsvereinbarung gilt nicht für Außendienstmitarbeiter.
Variante (zur partiellen Ausgestaltung von Vertrauensarbeitszeit im Betrieb)
Diese Betriebsvereinbarung gilt nur für diejenigen Mitarbeiter, die nicht in den Geltungsbereich einer Betriebsvereinbarung mit Vertrauensarbeitszeit fallen.

---

30 Werden Personenbezeichnungen aus Gründen der besseren Lesbarkeit lediglich in der männlichen oder weiblichen Form verwendet, so schließt dies Menschen aller geschlechtlicher Identitäten mit ein.

Variante (zur Einbeziehung leitender Angestellter)
Die Arbeitgeberin wird zum Schutze der leitenden Angestellten mit dem Sprecherausschuss eine Richtlinie mit unmittelbarer und zwingender Wirkung vereinbaren, in welcher die Parteien die wesentlichen Grundsätze dieser Betriebsvereinbarung nachzeichnen.

> **Hinweis:**
> Die Einbeziehung leitender Angestellter dient nicht ihrer Gängelung, sondern antwortet auf den Befund, dass vor allem diese Gruppe von Mitarbeitern dazu neigt, entgrenzt zur arbeiten. Doch kann eine Betriebsvereinbarung nicht für leitende Angestellte abgeschlossen werden. Auch eine Regelungsabrede wäre insoweit unwirksam. Eine Richtlinie ist das Gestaltungselement gegenüber leitenden Angestellten § 28 Sprecherausschussgesetz), ähnlich der Betriebsvereinbarung. Die unmittelbare und zwingende Wirkung eine Richtlinie ist anders als in einer Betriebsvereinbarung fakultativ. Sie muss ausdrücklich vereinbart werden.

Variante
Die Arbeitgeberin wird zum Schutze der leitenden Angestellten mit Ihnen Individualvereinbarungen abschließen, in welchen die wesentlichen Grundsätze dieser Betriebsvereinbarung nachzeichnen. So weit, wie ihr Weisungsrecht reicht, wird die Arbeitgeberin dieses nutzen, um gegenüber leitenden Angestellten die Grundsätze dieser Betriebsvereinbarung umzusetzen.

> **Hinweis:**
> Sofern kein Sprecherausschuss besteht, kommt regelungstechnisch allein die arbeitsvertragliche Ebene zur Herbeiführung einer Rechtswirkung in Betracht.

§ 2 Datenverarbeitung des elektronischen Zeiterfassungssystems

1. Die Betriebsparteien sind sich darüber einig, dass die Einführung eines elektronischen Zeiterfassungssystems zur Durchführung der Arbeitsverhältnisse erforderlich ist. Rechtsgrundlage der Datenverarbeitungen ist deswegen § 26 Abs. 1 BDSG und nicht diese Betriebsvereinbarung.
2. Die Verarbeitung von Daten im Rahmen des Zeiterfassungssystems dient allein folgenden Zwecken:
   - Erfassung der Anwesenheitszeit
   - Erfassung von Abwesenheitszeiten aufgrund von Urlaub, Arbeitsunfähigkeit, Zeitausgleich, und kurzfristiger Arbeitsverhinderung
   - Durchführen der Lohnabrechnung aufgrund der Anwesenheitszeit
   - Erfüllen der arbeitgeberseitigen Verpflichtungen aus Vorschriften des ArbZG, eventuell einschlägiger Tarifverträge und Betriebsvereinbarungen
   - Führen eines Urlaubskontos
   - Abrechnen aller Lohnersatzleistungen, z. B. Entgeltfortzahlungsgesetz
   - Gesundheitsschutz des Mitarbeiters vor zeitlich entgrenzter Arbeit

- Information des Mitarbeiters über seine tägliche, wöchentliche und monatliche Arbeitszeit
- Führen eines Arbeitszeitkontos, soweit anderweitig vereinbart
- Projektauswertungen hinsichtlich benötigter Zeiten durchzuführen

3. Stets gilt dabei, dass jede Datenverarbeitung nur dann erfolgen darf, wenn die Grundsätze der Datenverarbeitung nach Art. 5 Datenschutz-Grundverordnung (DSGVO) eingehalten werden. Dies setzt die Einhaltung der Zweckbindung, der Datenminimierung, der Datenrichtigkeit, der Speicherbegrenzung, der Integrität und Vertraulichkeit, der Rechenschaftspflicht, den Schutz personenbezogener Daten, Überwachungsmöglichkeiten, die Einhaltung von Auswertungsgrundsätzen und die Einbindung des Datenschutzbeauftragten voraus.
4. Die Arbeitgeberin hat geprüft, ob die Einführung eines elektronischen Zeiterfassungssystems eine datenschutzrechtliche Folgenabschätzung (DSFA) im Sinne des Art. 35 DSGVO mittels des Standard-Schutzmodells der DSK notwendig macht. Gegenwärtig ist dies nach übereinstimmender Überzeugung der Betriebsparteien nicht der Fall.

Hinweis:
Eine DSFA ist notwendig, wenn entweder ein Kriterium der Positivliste erfüllt ist, die Schwellwertanalyse positiv ausfällt oder die allgemeinen Kriterien des Art. 35 DSGVO erfüllt sind. Der Einsatz von Microsoft 365 an sich fällt noch nicht unter die Fallgruppen der Positivliste der Datenschutzkommission (DSK). Die Schwellwertanalyse wird in aller Regel die Verpflichtung, für Microsoft 365 eine DSFA durchzuführen, zu Tage fördern. Denn es kommt z.B. bei der Verwendung von MS Outlook oder MS Teams in der Regel zu Datenverarbeitungen in einem großen Umfang (Kriterium 5 der Schwellwertanalyse), und zwar der Daten von Mitarbeitern, externen Partnern und Gästen. In Microsoft 365 werden E-Mail-Adressen und Nutzungsdaten, aber auch Inhaltsdaten wie versendete Dateien, Metadaten (z.B. Kontaktverläufe, Zugriffsrechte) in erheblichem Umfang und über einen langen Zeitraum verarbeitet. Zusätzlich sehen Arbeitnehmer als besonders schutzwürdige betroffene Personen (Kriterium 7 der Schwellwertanalyse), da sie in einem besonderen Abhängigkeitsverhältnis zu ihrem Arbeitgeber stehen. Bereits wegen dieser beiden Prüfkriterien ist beim Einsatz von Microsoft 365 in der Regel eine DSFA erforderlich.

Variante (bei Bestehen einer Verpflichtung zur DSFA)
Die Arbeitgeberin hat für die die Einführung eines elektronischen Zeiterfassungssystems eine datenschutzrechtliche Folgenabschätzung (DSFA) im Sinne des Art. 35 DSGVO mittels des Standard-Schutzmodells der DSK durchgeführt. Diese ist als Anlage 1 Bestandteil dieser Betriebsvereinbarung.

Hinweis:
Eine DSFA ist notwendig, wenn entweder ein Kriterium der Positivliste erfüllt ist, die Schwellwertanalyse positiv ausfällt oder die allgemeinen Kriterien des

Art. 35 DSGVO erfüllt sind. Der Einsatz eines elektronischen Zeiterfassungssystems an sich fällt noch nicht unter die Fallgruppen der Positivliste der Datenschutzkommission (DSK). Ob die Schwellwertanalyse die Verpflichtung, für ein elektronisches Zeiterfassungssystem eine DSFA durchzuführen, zu Tage fördern, hängt von der unternehmensinternen Vernetzung und dem Automatisierungsgrad des eingesetzten Tools ab. Sobald Datenverarbeitungen in einem großen Umfang (Kriterium 5 der Schwellwertanalyse) in erheblichem Umfang und über einen langen Zeitraum verarbeitet werden, ist dies der Fall. Denn Arbeitnehmer gelten als besonders schutzwürdige betroffene Personen (Kriterium 7 der Schwellwertanalyse), da sie in einem besonderen Abhängigkeitsverhältnis zu ihrem Arbeitgeber stehen. Bereits wegen dieser beiden Prüfkriterien ist beim Einsatz eines elektronischen Zeiterfassungssystems in der Regel eine DSFA erforderlich.

Variante (zur Nachträglichen Durchführung einer DSFA)
Die Parteien sind sich darüber einig, dass die Einführung des elektronischen Zeiterfassungssystems des Herstellers ... mit der Modulbezeichnung ... aufgrund der Art, des Umfangs, der Umstände und der Zwecke der Verarbeitung voraussichtlich ein hohes Risiko für die Rechte und Freiheiten der Mitarbeiter zur Folge hat. Die Arbeitgeberin wird deswegen eine datenschutzrechtliche Folgenabschätzung nach Art. 35 DSGVO durchführen.

Hinweis:
Die erst nachträgliche Durchführung einer DSFA wird nur in Ausnahmefällen zu empfehlen sein. Der Verhandlungswiderstand des Betriebsrates zu zahlreichen Punkten wird geringer sein, wenn eine solide DSFA vorliegt. Zudem müssen so im Rahmen der Verhandlungsprozesse nicht Folgeabwägungen mehrfach diskutiert werden.

5. Die von der Arbeitgeberin im Rahmen der datenschutzrechtlichen Folgenabschätzung verwandte Zusammensetzung aus Hardware und Software sowie getroffener Einstellungen im Programm begrenzen verbindlich die Reichweite und die Form der Nutzung des elektronischen Zeiterfassungssystems im Rahmen dieser Betriebsvereinbarung.
6. Das in der Anlage befindliche Verarbeitungsverzeichnis ist hinsichtlich der verarbeiteten Daten, der Verarbeitungszwecke und der Berechtigungen abschließend. Anlage 2 – Verarbeitungsverzeichnis Zeiterfassungssystem.
7. Sämtliche vom System verarbeiteten personenbezogenen Daten werden ausschließlich auf Servern der Arbeitgeberin gespeichert und verarbeitet.
   Variante
   Sämtliche vom System verarbeiteten personenbezogenen Daten werden ausschließlich auf Servern des Anbieters ..., die ausschließlich innerhalb der Europäischen Union stehen, gespeichert und verarbeitet.
8. Die Arbeitgeberin wird alle zumutbaren technischen, organisatorischen Maßnahmen ergreifen, um den Schutz der personenbezogenen Daten sicherzustellen.

§ 3 Nutzung des elektronischen Zeiterfassungssystems

1. Die Arbeitgeberin wird an folgenden Stellen im Betrieb ein Erfassungsterminal aufstellen und unterhalten: ...

Hinweis:
Hier werden alle Orte im Betrieb genannt, an denen Mitarbeiter üblicherweise das Betriebsgelände betreten und verlassen. Das Aufstellen zu weniger Terminals führt in der Praxis zu einem erheblichen manuellen Nachbearbeitungsaufwand für die Personalabteilung.

2. Jeder Mitarbeiter erhält einen Transponder, mit welchem die An- und Abmeldung am Terminal möglich ist. Der Transponder verbleibt im Eigentum der Arbeitgeberin. Auf Verlangen ist er ihr jederzeit herauszugeben, spätestens bei Beendigung des Arbeitsverhältnisses oder dem Ausscheiden aus dem Geltungsbereich dieser Betriebsvereinbarung hat dies unaufgefordert zu geschehen. Ein Verlust oder eine Beschädigung des Transponders ist der Arbeitgeberin unverzüglich zu melden.
3. Auf dem Transponder ist nur eine Mitarbeiteridentifikationsnummer gespeichert. Beim An- bzw. Abmeldevorgang werden folgende Daten verarbeitet: Die Mitarbeiteridentifikationsnummer wird übertragen, Datum, Uhrzeit werden systemseitig erfasst, der Grund der Eingabe am Terminal wird aufgrund der Eingabe des Mitarbeiters (Anmeldung, Abmeldung, Beginn oder Ende Dienstreise, Beginn oder Ende Dienstweg, Urlaub, Abwesenheit aufgrund von Arbeitsunfähigkeit, wegen Betriebsratsarbeit oder aus anderen Gründen) gespeichert.
4. Die Zusammenführung von Mitarbeiteridentifikationsnummer und Klarnamen erfolgt durch das Zeiterfassungssystem erst im Rahmen der individuellen Zuordnung der erfassten Zeit. Das Zeiterfassungssystem speichert die erfassten Zeiten mittels der Mitarbeiteridentifikationsnummer.
5. Jeder Mitarbeiter ist verpflichtet, bei jedem Betreten und Verlassen des Betriebsgeländes sich am Terminal an- bzw. abzumelden.
6. Für Ruhepausen, insbesondere jeder Raucherpause, hat der Mitarbeiter sich abzumelden.
   Variante
   Für Ruhepausen muss der Mitarbeiter sich nur dann abmelden, wenn diese den gesetzlichen[31] Umfang überschreiten. Dem Mitarbeiter wird arbeitstäglich die vorgeschriebene gesetzliche[32] Ruhepause von der erfassten Arbeitszeit systemseitig abgezogen.
7. Die Weitergabe des Transponders an Dritte stellt eine Pflichtverletzung dar. Die Benutzung des elektronischen Zeiterfassungssystems mit einem fremden Transponder stellt eine grobe Pflichtverletzung dar.

31 Oder tarifvertraglichen oder in einer Betriebsvereinbarung vereinbarten Umfang, sofern einschlägig.
32 Oder tarifvertraglichen oder in einer Betriebsvereinbarung vereinbarten Umfang, sofern einschlägig.

8. Abwesenheit aufgrund von Urlaub ist vor dem Beginn mit der bewilligten Dauer das System einzutragen.
9. Abwesenheit aufgrund von Arbeitsunfähigkeit ist nach Rückkehr in den Betrieb unverzüglich in das System nachzutragen.
10. Abwesenheit aus anderen Gründen ist sofern möglich vor der Abwesenheit, spätestens jedoch nach Rückkehr in den Betrieb unverzüglich einzugeben.
11. Abwesenheit wegen Betriebsratsarbeit ist, sofern der Betrieb hierfür verlassen werden muss, vor der Aufnahme der Betriebsratsarbeit und nach Rückkehr unverzüglich einzutragen.

§ 4 Manuelle Korrekturen der Arbeitszeiterfassung

1. Grundsätzlich sind manuelle Korrekturen der elektronischen Zeiterfassung auf ein Minimum zu begrenzen. Sofern möglich, ist stets die Verwendung des Zeiterfassungssystems vorzuziehen.
2. Bei Verlust des Transponders oder Ausfall des Terminals ist eine Zeiterfassungskarte auszufüllen und unverzüglich nach Wiederinbetriebnahme des Terminals oder Wiedererlangung des Transponders in der Zeiterfassung nachzutragen.
3. Mitarbeiter werden darauf hingewiesen, dass vorsätzlich oder grob fahrlässig falsch eingegebene manuelle Korrekturen eine grobe aber vertragliche Pflichtverletzung darstellen können.
4. Manuelle Korrekturen der Arbeitszeiterfassung müssen im selben Kalendermonat durchgeführt werden. Spätere Korrekturen sind nur mit Genehmigung der Personalabteilung möglich.

§ 5 Übersicht der Arbeitszeit

1. Jeder Mitarbeiter erhält zum dritten Arbeitstag eines Monats per E-Mail eine Übersicht der für ihn erfassten Arbeitszeit des Vormonats gegenüber seinen Soll-Zeiten. Zusätzlich erhält diese Übersicht das Stundensaldo zu Beginn und zum Ende des vorangegangenen Monats.
2. Jeder Mitarbeiter ist verpflichtet, seine monatliche Stundenübersicht unverzüglich auf Richtigkeit zu überprüfen.
3. Jeder Teamleiter erhält eine akkumulierte monatliche Stundenübersicht der Mitarbeiter seines Teams.

   Variante

   Jeder Mitarbeiter ist verpflichtet, seine monatliche Stundenübersicht unverzüglich auf Richtigkeit zu überprüfen und seinem Teamleiter zur Genehmigung vorzulegen.
4. Auf Antrag erhält ein Mitarbeiter Auskunft über alle unter seiner Mitarbeiteridentifikationsnummer gespeicherten personenbezogenen Daten. Der schriftliche oder elektronische Antrag ist innerhalb von vier Wochen durch die Arbeitgeberin zu erfüllen oder schriftlich oder elektronisch abzulehnen.
5. Kommt eine einvernehmliche Einigung zwischen Mitarbeiter und Arbeitgeberin über die zutreffende Erfassung der tatsächlichen Arbeitszeit oder über die Frage, ob der Auskunftsanspruch nach § 5.4 ordnungsgemäß erfüllt worden ist, nicht

zustande, kann der Mitarbeiter sich mit einer Beschwerde an den Betriebsrat wenden.

6. Die Abzeichnung der Stundenübersicht durch den Vorgesetzten bestätigt gleichzeitig die betriebliche Erforderlichkeit eventuell angefallener Mehrarbeit zugunsten des Mitarbeiters.

§ 6 Berechtigungskonzept

1. Zugriff auf im Zeiterfassungssystem gespeicherte personenbezogene Daten hat jeder Mitarbeiter der Lohnabrechnung innerhalb seines Zuständigkeitsbereichs, ein von der Arbeitgeberin zu benennender Administrator, der Datenschutzbeauftragte sowie der Betriebsrat nach untenstehender näherer Ausgestaltung.
2. Benötigt ein Teamleiter zum Beispiel bei projektbezogenen Tätigkeiten eine häufigere als monatliche Stundenübersicht, bedarf dies der Vereinbarung mit den Betriebsparteien.
3. Das Zeiterfassungssystem ist so einzurichten und zu betreiben, dass jeder Zugriff auf personenbezogene Daten im System unauslöschlich protokolliert ist.
4. Jeder Zugriff auf personenbezogene Daten ist allein zu einem in dieser Betriebsvereinbarung vereinbarten Zweck zulässig.

§ 7 Löschroutinen

1. Das Zeiterfassungssystem ist so einzurichten, dass im System gespeicherte Daten der Zeiterfassung sechs Monate nach Ablauf des erfassten Monats gelöscht werden.
   Variante (für Arbeitszeitmodelle mit einem Jahresarbeitszeitkonto)
   Das Zeiterfassungssystem ist so einzurichten, dass im System erfasste Arbeitszeit sechs Monate nach Ablauf des jeweiligen Kalendermonats gelöscht wird.
2. Im System gespeicherte Zugriffsprotokolle auf personenbezogene Daten dürfen erst nach zwölf Monaten gelöscht werden.
3. Vom System erfasste Arbeitszeit eines Mitarbeiters ist dann von der Löschroutine auszunehmen, wenn über eine schriftliche Geltendmachung unrichtige Einträge eines Mitarbeiters noch nicht entschieden worden ist oder ein Rechtsstreit anhängig ist. In diesen Fällen sind die Daten, wenn ein Rechtsstreit nicht anhängig wird, spätestens sechs Monate nach der schriftlichen Geltendmachung des Mitarbeiters, oder sechs Monate nach rechtskräftigem Abschluss des Rechtsstreits, zu löschen.
4. Die Arbeitgeberin ist berechtigt, vom System erfasste Arbeitszeiten eines Mitarbeiters ausnahmsweise dann von der Löschroutine auszunehmen, wenn sie einen Rechtsstreit gegen den Mitarbeiter vorbereitet, der Straftaten oder schwere arbeitsvertragliche Pflichtverletzungen im Zusammenhang mit der Arbeitszeiterfassung zum Gegenstand hat. Der Betriebsrat ist hiervon zu unterrichten. Solange ein Rechtsstreit nicht anhängig wird, sind die erfassten Arbeitszeiten spätestens zwölf Monate nach Ablauf des jeweiligen Kalendermonats zu löschen. Kommt es zu einem Rechtsstreit, sind die Daten sechs Monate nach dessen rechtskräftigem Abschluss zu löschen.

§ 8 Schulungsanspruch

1. Die Arbeitgeberin wird vor dem Einsatz des elektronischen Zeiterfassungssystems alle Mitarbeiter im Umgang mit den Terminals in geeigneter Weise schulen.
2. Die Arbeitgeberin wird Mitarbeiter der Personalabteilung speziell in einer datensparsamen Verwendung des Zeiterfassungssystems und der Lohnabrechnung schulen.

§ 9 Reports

1. Soweit in dieser Betriebsvereinbarung oder durch die Betriebsparteien nicht ausdrücklich etwas anderes vereinbart ist, dürfen alle Auswertungen, auf Team-, Abteilungs-, Betriebs- und Unternehmensebene ausschließlich anonymisiert erstellt werden.
2. Auswertungen auf Team- und Abteilungsebene dürfen nicht für Rankings herangezogen und verwendet werden.

§ 10 Leistungs- und Verhaltenskontrolle

1. Die Arbeitgeberin darf ausschließlich vom Mitarbeiter selbst eingegebene Daten im Rahmen vereinbarter Zwecke zur Leistungs- und Verhaltenskontrolle verwenden.
2. Von dem Zeiterfassungssystem generierte personenbezogene Daten dürfen nicht zur Leistungs- und Verhaltenskontrolle verwendet werden.
3. Verstöße der Arbeitgeberin gegen § 2.2 und § 10 dieser Betriebsvereinbarung begründen ein Widerspruchsrecht zu verhaltensbedingten Kündigungen nach § 102 Abs. 3 BetrVG und führen zur Unverhältnismäßigkeit einer darauf gestützten Abmahnung.

Hinweis:
Echte Beweisverwertungsverbote infolge datenschutzrechtlicher Verstöße lassen sich in Betriebsvereinbarungen nicht wirksam begründen. Fordert der Betriebsrat diese dennoch, wären solche Klauseln für die Arbeitgeberin rechtlich milder als die hier vorgeschlagenen. Der Widerspruch zu verhaltensbedingten Kündigungen nach § 102 Abs. 3 BetrVG lässt die Wirksamkeit der Kündigung unberührt, er begründet lediglich einen Weiterbeschäftigungsanspruch des Mitarbeiters während des erstinstanzlichen Kündigungsschutzprozesses.

§ 11 Mitbestimmungsrechte des Betriebsrates

1. Hinsichtlich Einführung und Nutzung des elektronischen Zeiterfassungssystems im Rahmen des hier Vereinbarten hat der Betriebsrat sein Mitbestimmungsrecht ausgeübt.
2. Abweichungen von dieser Betriebsvereinbarung bedürfen stets des Einvernehmens beider Betriebsparteien.
3. Die Arbeitgeberin übersendet dem Betriebsrat quartalsweise eine anonymisierte Aufstellung der erfassten Arbeitszeit einschließlich der Stundensaldi eines jeden Mitarbeiters.

4. Der Betriebsrat erhält auf Verlangen einmal jährlich Einsicht in eine nicht anonymisierte Aufstellung. Dieses Einsichtsrecht kann die Arbeitgeberin auf drei Mitglieder des Betriebsrates beschränken. Während der Einsicht wird die Arbeitgeberin dem Betriebsrat für Rückfragen den Leiter der Personalabteilung oder eine ebenso informierte Stellvertretung für Rückfragen zur Verfügung stellen.
5. Der Betriebsrat wird über erforderliche Aktualisierungen der DSFA und des Verarbeitungsverzeichnisses informiert.

Hinweis:
Die Reichweite seines Mitbestimmungsrechts richtet sich danach, ob die Anlagen jeweils einvernehmlich Bestandteile der Betriebsvereinbarung sind oder von der Arbeitgeberin einseitig verändert werden können. Beides ist rechtlich darstellbar. Die einseitige Änderungsbefugnis verschafft der Arbeitgeberin mehr Handlungsfreiheit, die lediglich einvernehmliche Änderungsmöglichkeit schafft im Verhandlungsprozess mehr Vertrauen.

6. Der Betriebsrat erhält auf Verlangen einmal jährlich, anlassbezogen auch öfter, Einsicht in das nicht anonymisierte Zugriffsprotokoll des Zeiterfassungssystems nach dem in § 11.4 näher beschriebenen Verfahren.
7. Wenn die Arbeitgeberin in der Verarbeitung von Beschäftigtendaten Auftragsverarbeiter nach Art. 28 DSGVO einsetzte, werden dem Betriebsrat zuvor alle mit dem Auftragsverarbeiter abgeschlossenen Verträge zur Einsicht vorgelegt.
8. Dem Betriebsrat steht das Recht zu, den betrieblichen Datenschutzbeauftragten bei Beratungsbedarf hinzuzuziehen. Er kann nach § 80 Abs. 3 BetrVG auch externe Berater in erforderlichem Umfang hinzuziehen.

Hinweis:
Diese Zusage wird eine Arbeitgeberin nur dann erteilen können, wenn ein Vertrauensverhältnis in die Zusammenarbeit mit dem Betriebsrat besteht. Andernfalls sollte die Arbeitgeberin hier eine entweder quantitative Begrenzung (jährliche Stundendeputat) oder eine qualitative Runde (konkrete Anlässe) festschreiben.

9. Der Betriebsrat wird über festgestellte unzulässige Datenverarbeitungen im elektronischen Zeiterfassungssystem sowie über nach Art. 33 und 34 DSGVO meldepflichtige Ereignisse von der Arbeitgeberin informiert.
10. Für die Behandlung von in dieser Betriebsvereinbarung vereinbarten Beschwerden gilt das Verfahren nach § 85 Abs. 2 BetrVG als vereinbart.

§ 12 Anlagen

1. Zu dieser Betriebsvereinbarung vereinbaren die Betriebsparteien folgende Anlagen: ....
2. Die in dieser Betriebsvereinbarung genannten Anlagen sind Bestandteil der Betriebsvereinbarung.
3. Die Anlagen sind nicht isoliert kündbar.

4. Die Anlagen können einvernehmlich abgeändert werden, ohne dass dies einer Kündigung oder Abänderung der Betriebsvereinbarung im Übrigen bedarf. Dies gilt nicht, soweit diese Betriebsvereinbarung zu einzelnen Anlagen abweichendes regelt.

§ 13 Auslegungsschwierigkeiten und Ständige Einigungsstelle

1. Im Falle von Meinungsverschiedenheiten über die Auslegung und Durchführung der Betriebsvereinbarung, über den Umfang von Einsichts- und Kontrollbefugnissen des Betriebsrates, über in diese Betriebsvereinbarung vereinbarte Beschwerderechte der Mitarbeiter oder über ... werden die Betriebsparteien mit dem ernsthaften Willen einer Einigung verhandeln.
2. Zur einvernehmlichen Beilegung auch nach § 13.1 nicht behebbarer Meinungsverschiedenheiten über die Anwendung und Auslegung der Regelungen dieser Betriebsvereinbarung wird eine ständige Einigungsstelle eingerichtet. Die Zahl der Beisitzer auf Betriebsrats- und Arbeitgeberseite wird auf jeweils zwei festgesetzt. Die Betriebsparteien verpflichten sich, im Rahmen der ständigen Einigungsstelle auf beiden Seiten nur jeweils eine konzernfremde Person hinzuzuziehen. Als Vorsitzender einigen sich die Parteien auf .... Sofern der Vorsitzende verhindert ist, wird er durch ... vertreten.
3. Jede Betriebspartei kann im Streitfall die Einigungsstelle anrufen, indem sie hierüber die jeweils andere Betriebspartei unterrichtet und den Vorsitzenden fernmündlich, per Telefax oder E-Mail auffordert, die Einigungsstelle einzuberufen.
4. Die Betriebsparteien erklären schon jetzt, sich dem Spruch der Einigungsstelle vollumfänglich zu unterwerfen.
5. Auf das Verfahren vor der Einigungsstelle finden die gesetzlichen Bestimmungen Anwendung.

§ 14 Übergangsregelung

Mit dieser Betriebsvereinbarung wird die »Betriebsvereinbarung Zeiterfassung« vom ... vollständig abgelöst.

Variante

Mit dieser Betriebsvereinbarung wird die »Betriebsvereinbarung Zeiterfassung« vom ... teilweise abgelöst, sie gilt für die Abteilungen/die Standorte ... unverändert/mit folgenden Modifikationen: ... fort.

§ 15 Laufzeit, Beendigung

1. Die Betriebsvereinbarung wird wirksam mit ihrer Unterzeichnung.

   Variante

   Die Betriebsvereinbarung tritt am ... in Kraft. Bis zum Zeitpunkt ihres Inkrafttretens ist sie ordentlich unkündbar.
2. Die Betriebsvereinbarung läuft auf unbestimmte Zeit.

   Variante

   Die Betriebsvereinbarung endet, ohne dass es einer Kündigung bedarf, am ....
3. Die Betriebsvereinbarung ist ordentlich kündbar mit einer Frist von sechs Monaten.

Variante
Die Betriebsvereinbarung ist ordentlich unkündbar.

4. Das Recht zur außerordentlichen fristlosen Kündigung aus wichtigem Grund bleibt unberührt.

§ 16 Nachwirkung
Die Betriebsvereinbarung wirkt im Falle ihrer Kündigung in Gänze nach.

> **Hinweis:**
> Vereinbaren die Betriebsparteien nichts Abweichendes zur Nachwirkung, tritt eine in der Regel nicht gewollte Rechtsfolge nach Ablauf der ordentlichen Kündigungsfrist ein: Alle Gegenstände, die einem erzwingbaren Mitbestimmungstatbestand unterliegen, wirken nach, alle übrigen nicht. Einem solchen Skelett an nachwirkenden Regelungen baut diese Vereinbarung vor.

Variante
Die Betriebsvereinbarung wirkt im Falle einer ordentlichen Kündigung hinsichtlich der folgenden Gegenstände nach: …. Im Übrigen tritt keine Nachwirkung ein.
Variante
Die Betriebsvereinbarung wirkt im Falle einer Kündigung nicht nach.

§ 17 Salvatorische Klausel
Sollten einzelne Bestimmungen dieser Vereinbarung unwirksam sein oder werden, so bleiben die übrigen Bestimmungen hiervon unberührt. In diesem Fall verpflichten sich beide Seiten, für die ungültige Bestimmung eine neue, gültige Bestimmung zu vereinbaren, die dem Sinn der Früheren so weit wie möglich entspricht. Auch für diesen Fall gilt die Zuständigkeit der ständigen Einigungsstelle nach § 13 als vereinbart.

Ort, Datum, Unterschriften
Anlagen

17.2.4 Betriebsvereinbarung zur elektronischen Arbeitsunfähigkeitsbescheinigung (eAU) und Umgang mit Verdachtsfällen

BV 34

Präambel
Seit dem 1.1.2023 gilt für gesetzlich Versicherte gem. § 5 Abs. 1a EFZG nur noch ein elektronisches Meldeverfahren. Diese Betriebsvereinbarung beschreibt das Abrufverfahren dieser elektronischen Meldungen in organisatorischer und technischer Hinsicht sowie die Arbeitsweise mit Infoniqa One. Zusätzlich ist in dieser Betriebsvereinbarung vereinbart, wie der Arbeitgeber sowie Betriebsrat und Schwerbehindertenvertretung mit den Anzeigepflichten des § 5 Abs. 1 EFZG sowie Fällen, in denen Zweifel an einer Arbeitsunfähigkeit bestehen, umgehen.

§ 1 Geltungsbereich

1. Diese Betriebsvereinbarung gilt persönlich für alle im Betrieb tätigen Mitarbeiter. Dies sind zum einen alle Arbeitnehmer im Sinne des § 5 Abs. 1 BetrVG und zum anderen alle, deren personenbezogene Daten zum Zwecke der Entgeltfortzahlung im Krankheitsfall im Betrieb verarbeitet werden müssen. Diese Betriebsvereinbarung gilt nicht für die leitenden Angestellten im Sinne des § 5 Abs. 3 BetrVG.
2. Gegenständlich gilt diese Betriebsvereinbarung für das Modul Infoniqa One im SaaS-Betrieb. Soweit im Betrieb weitere mitbestimmungspflichtige Module von Infoniqa eingesetzt werden sollen, bedarf es hierzu einer gesonderten Vereinbarung.
3. Die Arbeitgeberin trägt dafür Sorge, dass die in dieser Betriebsvereinbarung getroffenen Vereinbarungen im Rahmen von Dienstleistungen eines Dritten für die Arbeitgeberin eingehalten werden.
4. Im Zweifel finden tarifliche Regelungen stets vorrangig Anwendung und sollen durch diese Betriebsvereinbarung nur ausgestaltet werden, soweit dies zulässig ist.

§ 2 Grundsätze der Datenverarbeitung

1. Die Betriebsparteien sind sich darüber einig, dass der Abruf von eAU mittels einer eigenständigen Software grundsätzlich zur Durchführung der Arbeitsverhältnisse erforderlich ist. Rechtsgrundlage der Datenverarbeitungen im Zusammenhang mit dem Abruf von eAU ist deswegen § 26 Abs. 1 BDSG und nicht diese Betriebsvereinbarung.
2. Jede Verarbeitung personenbezogener Daten darf ausschließlich zur Erfüllung gesetzlicher Verpflichtungen erfolgen.
3. Jede Auswertung, die nicht unmittelbar der Erfüllung gesetzlicher Verpflichtungen dient, ist untersagt.
4. Die Arbeitgeberin hat andere als der Erfüllung gesetzlicher Verpflichtung dienende technisch nicht auszuschließende automatisierte Auswertungen in der Anlage X abschließend aufgezählt. Deren Verwendung wird zwischen den Betriebsparteien ausgeschlossen. Die Arbeitgeberin sichert zu, dass der Softwareanbieter das Vorhandensein anderer Auswertungsmöglichkeiten ausgeschlossen hat.
5. Stets gilt dabei, dass jede Datenverarbeitung nur dann erfolgen darf, wenn die Grundsätze der Datenverarbeitung nach Art. 5 Datenschutz Grundverordnung (DSGVO) eingehalten werden. Dies setzt die Einhaltung der Zweckbindung, der Datenminimierung, der Datenrichtigkeit, der Speicherbegrenzung, der Integrität und Vertraulichkeit, der Rechenschaftspflicht, den Schutz personenbezogener Daten, Überwachungsmöglichkeiten, die Einhaltung von Auswertungsgrundsätzen und die Einbindung des Datenschutzbeauftragten voraus.
6. Die Parteien sind sich darüber einig, dass die Einführung einer elektronischen Personalverwaltung aufgrund der Art, des Umfangs, der Umstände und der Zwecke der Verarbeitung möglicherweise ein hohes Risiko für die Rechte und Freiheiten der Mitarbeiter zur Folge haben kann. Die Arbeitgeberin wird eine datenschutzrechtliche Folgenabschätzung (DSFA) im Sinne des Art. 35 DSGVO mittels des Stan-

dard-Schutzmodells der DSK durchführen. Diese werden die Betriebsparteien als Grundlage einer »Betriebsvereinbarung elektronische Personalakte« heranziehen und dort als Anlage 1 zum Bestandteil dieser Betriebsvereinbarung nehmen.

7. Die Arbeitgeberin wird ein Verarbeitungsverzeichnis erstellen, in welchem sie die verarbeiteten Daten und alle potenziellen Verarbeitungszwecke beschreibt.
8. Die von der Arbeitgeberin im Rahmen des Verfahrensverzeichnisses zu Infoniqua One System verwandten Module begrenzen verbindlich die Reichweite und die Form der Nutzung.
9. Jede Verarbeitung personenbezogener Daten außerhalb der Serverumgebung von Infoniqa ist untersagt. Dies schließt jeden Export von Daten, auch pseudonymisiert, soweit hier nicht ausdrücklich vereinbart, ein.
10. Die technischen Maßnahmen des Datenschutzes können innerhalb von Infoniqa allein vom Anbieter getroffen werden. Der Arbeitgeber wird deswegen alle seinem Einfluss zugänglichen organisatorischen Maßnahmen ergreifen, den Schutz personenbezogener Daten im IT-System sicherzustellen.
11. Das von der Arbeitgeberin vorgelegte Löschkonzept ist als Anlage 3 Bestandteil dieser Betriebsvereinbarung.
12. Die Verarbeitung personenbezogener Daten im Zusammenhang mit Infoniqa One darf ausschließlich zu den nachfolgenden Zwecken verarbeitet werden:
    - die eAU im gesetzlichen Umfang abzurufen,
    - den Zeitraum für den Entgeltfortzahlungsanspruch des Mitarbeiters zu bestimmen,
    - den Urlaubsanspruch des Mitarbeiters zu berechnen,
    - Erstattungsanträge nach dem Aufwendungsausgleichsgesetz zu stellen sowie
    - die Voraussetzungen des § 167 Abs. 2 SGB IX zu prüfen.

§ 3 Berechtigungskonzept

1. Zugriff auf personenbezogene Daten haben abschließend die in der Anlage 2 – Berechtigungskonzept – genannten Mitarbeiter in dem in dieser Betriebsvereinbarung sowie der Anlage 2 vereinbarten Umfang.
2. Die Arbeitgeberin darf weder sich noch Dritten Zugriff auf personenbezogene Daten von Mitarbeitern des Betriebs verschaffen.
3. Jeder konzernweite Datenaustausch ist technisch ausgeschlossen.
4. In Infoniqa One bereitgehaltene Möglichkeiten, ein Überwachungsprotokoll über die Einsichtnahme in personenbezogene Daten anzufertigen, sind im Berechtigungskonzept zu beschreiben. Sie sind, sofern technisch möglich, zu aktivieren.
5. Die Protokollierung einer jeden Einsichtnahme in ein solches Überwachungsprotokoll darf nicht vor Ablauf von 12 Monaten gelöscht werden.
6. Es ist unzulässig, Auszüge aus dem Überwachungsprotokoll einzusehen, zu speichern oder anderweitig zu verarbeiten, soweit das Berechtigungskonzept des Steckbriefs oder diese Betriebsvereinbarung dies nicht ausdrücklich zulässt.
7. Die Arbeitgeberin versichert, sich beim Anbieter davon vergewissert zu haben, dass personenbezogene Daten aus Infoniqa One nicht über Schnittstellen in andere (ERP) Systeme fließen, insbesondere nicht nach AS. 400. Die Arbeitgeberin

sichert zu, vor dem Einsatz jedweder Schnittstellen von und zu Infoniqa One mit dem Betriebsrat eine Einigung zu erzielen oder diese in der Einigungsstelle ersetzen zu lassen.

§ 4 Künstliche Intelligenz

1. Jeder Einsatz eines KI-Systems im Sinne der VO 2024/1689 (KI-VO) ist im Rahmen dieser Betriebsvereinbarung strikt untersagt.
2. Kein Mitarbeiter wird einer maßgeblich auf einer automatisierten Verarbeitung – einschließlich Profiling – beruhenden Entscheidungsfindung mit einer rechtlichen oder ähnlichen Wirkung im Sinne des Art. 22 DSGVO unterworfen.

§ 5 Schulungsanspruch

1. Der Arbeitgeber wird vor jedem Upgrade und Update betroffene Mitarbeiter in geeigneter Weise, sofern erforderlich, über die datensparsame Verwendung des IT-Systems und die genaue (neue) Form der Verarbeitung personenbezogener Daten durch das IT-System schulen.
2. Die Qualifizierungsmaßnahmen nach Abs. 1 müssen über die für die Bedienung erforderlichen Kenntnisse hinaus einen Einblick in die Funktionsweise des Systems geben und seine Bedeutung innerhalb der Arbeitsabläufe und bezogen auf den jeweiligen Arbeitsplatz deutlich machen. Auch ist neben den Bestimmungen des Datenschutzes über die Vereinbarungen in dieser Betriebsvereinbarung zu schulen.
3. Der Schulungsumfang ist dem Anlass angemessen zu wählen.
4. Erforderlichenfalls sind Wiederholungsschulungen möglich. Ein Vertreter des Betriebsrats hat die Möglichkeit, an den einzelnen Schulungen/Einweisungen teilzunehmen.

§ 6 Updates

1. Infoniqa One wird mit dem technischen Stand, wie er am Tag der Vereinbarung besteht, eingeführt.
2. Die Parteien sind sich darüber einig, dass Updates der Software keine Neueinführung bzw. Anschaffung der Software darstellen, solange Infoniqa One nicht durch den Arbeitgeber verändert werden kann und der Einsatz von Infoniqa One nach den in dieser Betriebsvereinbarung geregelten Grundsätzen erfolgt.
3. Vor diesem Hintergrund können durch den Anbieter von Infoniqa One veranlasste reine Service- und Sicherheitsupdates sowie Updates, die der Behebung von Fehlern dienen, ohne Information des Betriebsrats durchgeführt werden.
4. Stellt der Anbieter von Infoniqa One neue Module bereit oder erweitert er den Umfang verarbeiteter personenbezogener Daten, verpflichten sich beide Parteien, diese Vereinbarung unter Heranziehung der hier vereinbarten Grundsätze einvernehmlich anzupassen. Kommt eine Einigung darüber nicht zustande, ob die Voraussetzungen dieser Ziffer erfüllt sind, gilt die Zuständigkeit der Einigungsstelle nach § 12 als begründet. Beide Parteien unterwerfen sich insoweit dem Spruch der Einigungsstelle.

5. Der Arbeitgeber wird den Betriebsrat über neue Funktionalitäten, die geeignet sein könnten, die Voraussetzungen des § 6 Ziff. 4 zu erfüllen, unverzüglich unterrichten.

§ 7 Transparenzpflichten gegenüber Mitarbeitern

1. Mitarbeiter werden in geeigneter Weise darüber informiert, in welchem Umfang ihre personenbezogenen Daten von Infoniqa One verarbeitet werden.
2. Mitarbeiter, deren personenbezogene Daten von Infoniqa One verarbeitet werden, haben Anspruch auf Auskunft, Einschränkung, Berichtigung, Löschung und Portierung.
3. Hält der Mitarbeiter die Datenauskunft für ungenügend, steht ihm das Recht zu, Beschwerde beim Betriebsrat einzulegen. Der Betriebsrat hat Beschwerden entgegenzunehmen und, falls er sie für berechtigt erachtet, beim Arbeitgeber auf Abhilfe hinzuwirken. Die Zuständigkeit der Einigungsstelle im Verfahren nach § 85 Abs. 2 Satz 1 und Satz 2 BetrVG gilt als vereinbart.
4. Die Arbeitgeberin wird Verstöße der für sie Handelnden, insbesondere durch Mitarbeiter im Personalwesen und Führungskräfte, gegen diese Betriebsvereinbarung in geeigneter und effektiver Weise sanktionieren.
5. Entstehen einem Mitarbeiter Schäden durch eine unberechtigte Verarbeitung personenbezogener Daten im Rahmen einer Arbeitsunfähigkeit, so sind diese durch die Arbeitgeberin rückgängig zu machen, dies schließt auch eine Beseitigung deren Folgen ein, soweit ein von der Arbeitgeberin geschaffener rechtswidriger Zustand fortbesteht.
6. Entsteht einem Mitarbeiter ein Schaden durch einen Verstoß der Arbeitgeberin gegen diese Betriebsvereinbarung, verpflichtet sie sich, dem Mitarbeiter diesen Schaden zu ersetzen. Auf ein fehlendes Verschulden wird sie sich nicht berufen.
7. Gleiches gilt, wenn durch einen Verstoß der Arbeitgeberin gegen diese Betriebsvereinbarung ein rechtswidriger Zustand entsteht. Hier verpflichtet sich die Arbeitgeberin, diesen Zustand und die aus diesem rechtswidrigen Zustand erwachsenden Mitarbeiter belastende Folgen zu beseitigen.
8. Verstößt die Arbeitgeberin gegen diese Betriebsvereinbarung, steht dem Betriebsrat das Recht zu, einen eingeschränkten Weiterbetrieb von Infoniqa One zu verlangen, bis eine Einigung erreicht wurde. Die Arbeitgeberin verpflichtet sich, die Forderung des Betriebsrats unverzüglich umzusetzen.

§ 8 Leistungs- und Verhaltenskontrolle

1. Eine Verhaltens- oder Leistungskontrolle durch Infoniqa One ist unzulässig, es sei denn, diese Betriebsvereinbarung erlaubt diese ausdrücklich.
2. Zur Aufdeckung schwerer arbeitsvertraglicher Pflichtverletzungen – dies sind solche, die gleichzeitig eine Straftat darstellen – darf bei einem begründeten, auf Tatsachen beruhenden dokumentierten Verdacht die Arbeitgeberin unter Wahrung des Verhältnismäßigkeitsgrundsatzes und vorheriger Zustimmung des Betriebsrates eine weitere als hier vereinbarte personenbezogene Datenauswertung vornehmen.

3. Verstöße der Arbeitgeberin gegen Vereinbarungen in dieser Betriebsvereinbarung begründen ein Widerspruchsrecht zu verhaltensbedingten Kündigungen nach § 102 Abs. 3 BetrVG, führen zur Unverhältnismäßigkeit einer darauf gestützten Abmahnung und begründen ein Beschwerderecht für die Mitarbeiter nach den §§ 84, 85 BetrVG.

§ 9 Mitbestimmungsrechte des Betriebsrates

1. Hinsichtlich Einführung und Nutzung von Infoniqa One im Rahmen des hier Vereinbarten hat der Betriebsrat seine Mitbestimmungsrechte ausgeübt, gleich aus welchem Mitbestimmungstatbestand.
2. Abweichungen von dieser Betriebsvereinbarung bedürfen stets des Einvernehmens beider Betriebsparteien.
3. Der Betriebsrat erhält sechsmonatlich ein aktualisiertes Berechtigungskonzept.
4. Der Betriebsrat wird über erforderliche Aktualisierungen der Schwellwertanalyse und des Verarbeitungsverzeichnisses informiert.
5. Der Betriebsrat hat die Befugnis, die Einhaltung des Berechtigungskonzeptes zu überprüfen. Hierfür erhält er auf Wunsch einmal jährlich, anlassbezogen auch öfter, ein Einsichtsrecht in die jeder Rolle zugewiesenen Berechtigungen. Die Arbeitgeberin wird dem Betriebsrat entweder eine eigene Einsichtsrolle zur Verfügung stellen oder mit dem Anbieter ein Verfahren vereinbaren, nach welchen dem Betriebsrat die Befugnis zusteht, unmittelbar über diesen die Überprüfung durchzuführen.
6. Dem Betriebsrat steht nicht die Befugnis zu, Kopien von personenbezogenen Daten anzufertigen.
7. Wenn die Arbeitgeberin in der Verarbeitung Auftragsverarbeiter nach Art. 28 DSGVO einsetzt, werden dem Betriebsrat zuvor alle mit dem Auftragsverarbeiter abgeschlossenen Verträge zur Einsicht vorgelegt.
8. Dem Betriebsrat steht das Recht zu, den betrieblichen Datenschutzbeauftragten bei Beratungsbedarf hinzuzuziehen. Er kann nach § 80 Abs. 3 BetrVG auch externe Berater in erforderlichem Umfang hinzuziehen.
9. Dem Betriebsrat steht das Recht zu, bei Zweifeln an der Rechtmäßigkeit einer Datenverarbeitung der Arbeitgeberin die vorläufige Beschränkung der Datenverarbeitung zu fordern, bis eine einvernehmliche, notfalls gerichtliche Klärung herbeigeführt ist.
10. Der Betriebsrat wird über nach Art. 33 und 34 DSGVO meldepflichtige Ereignisse von der Arbeitgeberin informiert.

§ 10 Krankmeldung eines Mitarbeiters

1. Wird ein Mitarbeiter arbeitsunfähig krank, so teilt er dies telefonisch seinem Vorgesetzten unverzüglich mit. Die Meldung soll sich zuvörderst an den Vorgesetzten richten, ist dieser nicht erreichbar, kann die Anzeige der Arbeitsunfähigkeit alternativ auch an die Personalabteilung erfolgen, während der Bürozeiten möglichst telefonisch und außerhalb der Bürozeiten auch per E-Mail.

2. Der Mitarbeiter hat dabei auch die voraussichtliche Dauer seiner Erkrankung mitzuteilen, soweit sie für ihn abschätzbar ist.
3. Weitere Angaben zum Krankheitsgrund braucht der Mitarbeiter nicht zu tätigen. Vorgesetzten, Mitarbeitern der Personalabteilung, der Geschäftsführung und anderen Vertretern der Arbeitgeberin ist es untersagt, nach anderen Krankheitsursachen zu fragen oder den Mitarbeiter zu ergänzenden Angaben aufzufordern.
4. Dauert die Arbeitsunfähigkeit länger als drei Kalendertage, so sind gesetzlich Versicherte verpflichtet, das Bestehen einer Arbeitsunfähigkeit sowie deren voraussichtliche Dauer ärztlich feststellen zu lassen.
5. Andere Mitarbeiter haben weiterhin eine ärztliche Bescheinigung nach § 5 Abs. 1 EFZG vorzulegen.
6. Soweit Ärzte nach Abs. 4 eine Bestätigung über die Arbeitsunfähigkeit dem Mitarbeiter aushändigen, besteht keine Verpflichtung, diese dem Arbeitgeber im Original oder Kopie zu übergeben.
7. Der Arbeitgeberin ist es untersagt, die Vorlage dieser ärztlichen Bestätigung vom Mitarbeiter zu fordern.
8. Kein Mitarbeiter darf aufgefordert werden, seine Arbeitsunfähigkeit in Excel-Listen einzutragen. Vorgesetzten ist jedwede Notation von Arbeitsunfähigkeiten in Excel-Listen oder anderweitig außerhalb einer mit dem Betriebsrat vereinbarten Form strikt untersagt. Die Arbeitgeberin wird ihre Führungskräfte über die Empfindlichkeit solcher Datenschutzverstöße in geeigneter Weise aufklären.
9. Die Arbeitgeberin darf nur bei einem konkreten, auf Tatsachen begründeten Verdacht einer nur vorgetäuschten Arbeitsunfähigkeit mit Zustimmung Betriebsrats einen Mitarbeiter zu ergänzenden Angaben zu den Umständen seiner Erkrankung auffordern. Störungen im Abruf der eAU begründen grundsätzlich keinen hinreichenden Verdacht. Die Betriebsparteien sind sich darüber einig, dass die Arbeitgeberin zuvor stets alle gesetzlichen Mittel zur Ermittlung der tatsächlichen Arbeitsunfähigkeit, insbesondere nach § 275 SGB V, ausgeschöpft haben muss.

§ 11 Anlagen

1. Zu dieser Betriebsvereinbarung vereinbaren die Betriebsparteien folgende Anlagen: ....
2. Die in dieser Betriebsvereinbarung genannten Anlagen sind Bestandteil der Betriebsvereinbarung.
3. Die Anlagen sind nicht isoliert kündbar.
4. Die Anlagen können einvernehmlich abgeändert werden, ohne dass dies einer Kündigung oder Abänderung der Betriebsvereinbarung im Übrigen bedarf. Dies gilt nicht, soweit diese Betriebsvereinbarung zu einzelnen Anlagen abweichendes regelt.

§ 12 Auslegungsschwierigkeiten und Ständige Einigungsstelle

1. Im Falle von Meinungsverschiedenheiten über die Auslegung und Durchführung der Betriebsvereinbarung, über den Umfang von Einsichts- und Kontrollbefugnissen des Betriebsrates, über in diese Betriebsvereinbarung vereinbarte Be-

schwerderechte der Mitarbeiter oder über den Umgang mit Verdachtsfällen zu vorgetäuschten Arbeitsunfähigkeiten werden die Betriebsparteien mit dem ernsthaften Willen einer Einigung verhandeln.
2. Zur einvernehmlichen Beilegung auch nach § 12.1 nicht behebbarer Meinungsverschiedenheiten über die Anwendung und Auslegung der Regelungen dieser Betriebsvereinbarung wird eine ständige Einigungsstelle eingerichtet. Die Zahl der Beisitzer auf Betriebsrats- und Arbeitgeberseite wird auf jeweils drei festgesetzt. Die Betriebsparteien verpflichten sich, im Rahmen der ständigen Einigungsstelle auf beiden Seiten nur jeweils eine konzernfremde Person hinzuzuziehen. Als Vorsitzende einigen sich die Parteien auf .... Sofern der Vorsitzende verhindert ist, wird sie vertreten durch ....
3. Jede Betriebspartei kann im Streitfall die Einigungsstelle anrufen, indem sie hierüber die jeweils andere Betriebspartei unterrichtet und den Vorsitzenden fernmündlich, per Telefax oder E-Mail auffordert, die Einigungsstelle einzuberufen.
4. Die Betriebsparteien erklären schon jetzt, sich dem Spruch der Einigungsstelle vollumfänglich zu unterwerfen.
5. Auf das Verfahren vor der Einigungsstelle finden die gesetzlichen Bestimmungen Anwendung.

§ 13 Laufzeit, Beendigung

1. Die Betriebsvereinbarung wird wirksam mit ihrer Unterzeichnung.
2. Die Betriebsvereinbarung läuft auf unbestimmte Zeit.
3. Die Betriebsvereinbarung ist ordentlich kündbar mit einer Frist von sechs Monaten.
4. Das Recht zur außerordentlichen fristlosen Kündigung aus wichtigem Grund bleibt unberührt.

§ 14 Nachwirkung

Die Betriebsvereinbarung wirkt im Falle ihrer Kündigung in Gänze nach.

§ 15 Salvatorische Klausel

Sollten einzelne Bestimmungen dieser Vereinbarung unwirksam sein oder werden, so bleiben die übrigen Bestimmungen hiervon unberührt. In diesem Fall verpflichten sich beide Seiten, für die ungültige Bestimmung eine neue, gültige Bestimmung zu vereinbaren, die dem Sinn der Früheren so weit wie möglich entspricht. Auch für diesen Fall gilt die Zuständigkeit der ständigen Einigungsstelle nach § 12 als vereinbart.

Ort, Datum, Unterschriften
Anlagen

17.2.5 Microsoft 365

BV 35

Präambel

Mit dieser Betriebsvereinbarung verfolgen die Betriebsparteien das Ziel, eine datenschutzkonforme Implementierung von Microsoft 365 E3 in die betrieblichen Strukturen zu vereinbaren. Ziel ist es dabei, von der Software bereitgestellte Prozessoptimierungen mit berechtigten Schutzinteressen der Mitarbeiter[33] an ihrem allgemeinen Persönlichkeitsrecht und vor einem ständigem Überwachungsdruck zu vereinbaren.

> **Hinweis:**
> Hier ist der bezogene Plan einzufügen. Der Programmumfang variiert zwischen den einzelnen Plänen erheblich. In der Praxis kommen fast immer Misch-Pakete vor, einzelne E5 Lizenzen sind fast immer enthalten, weil Unternehmen Power Apps nutzen wollen.

§ 1 Geltungsbereich

1. Diese Betriebsvereinbarung gilt für alle im Betrieb ... tätigen Mitarbeiter.
   Variante (zur Beschränkung auf einzelne Bereiche)
   Diese Betriebsvereinbarung gilt nur für die Mitarbeiter in den Abteilungen ....
2. Diese Betriebsvereinbarung gilt nicht für die leitenden Angestellten im Sinne des § 5 Abs. 3 BetrVG.
3. Zwischen den Parteien besteht Einvernehmen, dass die Umsetzung dieser Betriebsvereinbarung es unabdingbar macht, dass die Arbeitgeberin leitende Angestellte und Mitarbeiter im Konzern, sofern diese mit der Verarbeitung personenbezogener Daten nach dieser Betriebsvereinbarung betraut werden, verbindlich und lückenlos an die Einhaltung des in dieser Betriebsvereinbarung Vereinbarten rechtlich bindet.
4. Die Arbeitgeberin trägt weiterhin dafür Sorge, dass das in dieser Betriebsvereinbarung Vereinbarte auch im Rahmen von Dienstleistungen eines Dritten für die Arbeitgeberin eingehalten wird.
5. Diese Betriebsvereinbarung regelt nur die Verwendung der vereinbarten Komponenten auf dienstlichen Geräten. Die Installation und Verwendung auf dienstlich genutzten privaten Geräten (Bring your own device – BYOD), bedarf stets einer eigenen (BYOD)-Vereinbarung.

§ 2 Grundsätze der Datenverarbeitung

1. Die Betriebsparteien sind sich darüber einig, dass die Einführung von Microsoft 365 grundsätzlich zur Durchführung der Arbeitsverhältnisse erforderlich ist. Rechtsgrundlage der Datenverarbeitungen im Rahmen von Microsoft 365 ist des-

33 Werden Personenbezeichnungen aus Gründen der besseren Lesbarkeit lediglich in der männlichen oder weiblichen Form verwendet, so schließt dies Menschen aller geschlechtlicher Identitäten mit ein.

wegen Art. 6 Absatz 1 Unterabsatz 1 Buchstabe b DSGVO in Verbindung mit § 26 Absatz 1 Satz 1 BDSG[34] und nicht diese Betriebsvereinbarung.

Hinweis:
Eine Klarstellung hierüber ist wichtig, weil seit der Einführung der DSGVO ein juristischer Streit darüber besteht, ob und in welchem Umfang Tarifverträge und Betriebsvereinbarungen von Schutzvorgaben der DSGVO und des BDSG Abweichungen oder bloß Konkretisierungen enthalten dürfen.

2. Daten dürfen nur für den Zweck verarbeitet werden, für den sie ursprünglich erhoben wurden.[35]
   Daten dürfen ausnahmsweise dann zu einem anderen Zweck verarbeitet werden, als sie ursprünglich erhoben wurden, wenn dies zur Aufdeckung von Straftaten im Rahmen dieser BV oder aufgrund einer gesetzlichen Verpflichtung erforderlich ist.
3. Stets gilt dabei, dass jede Datenverarbeitung im Rahmen von Microsoft 365 nur dann erfolgen darf, wenn die Grundsätze der Datenverarbeitung nach Art. 5 DSGVO eingehalten werden. Dies setzt die Einhaltung der Zweckbindung, der Datenminimierung, der Datenrichtigkeit, der Speicherbegrenzung, der Integrität und Vertraulichkeit, der Rechenschaftspflicht, den Schutz personenbezogener Daten, Überwachungsmöglichkeiten, die Einhaltung von Auswertungsgrundsätzen und die Einbindung des Datenschutzbeauftragten voraus.
4. Die Parteien sind sich darüber einig, dass die Einführung von Microsoft 365 aufgrund der Art, des Umfangs, der Umstände und der Zwecke der Verarbeitung voraussichtlich ein hohes Risiko für die Rechte und Freiheiten der Mitarbeiter zur Folge hat. Der Arbeitgeber hat deswegen eine datenschutzrechtliche Folgenabschätzung (DSFA) im Sinne des Art. 35 DSGVO mittels des Standard-Schutzmodells der DSK durchgeführt. Diese ist als Anlage 1 Bestandteil dieser Betriebsvereinbarung.

Hinweis:
Eine gute Alternative – unter weiteren anderen: PIA – *https://www.datenschutz-praxis.de/grundlagen/datenschutz-folgenabschaetzung-pia-software-cnil/*

---

34 § 26 BDSG ist im Sommer 2023 weitgehend bedeutungslos geworden, gegenwärtig ist unklar, ob die Norm rechtlich überhaupt noch angewendet werden kann und nicht ohnehin unionswidrig ist. In diese Richtung: EuGH (1. Kammer) 30.3.2023 – C-34/21, NJW 2023, 1639.

35 Nach neuer Rechtsprechung des BAG kann eine Regelung in einer Betriebsvereinbarung über die Unzulässigkeit der Datennutzung nicht zu einem Beweisverwertungsverbot führen (BAG 29.6.2023 – 2 AZR 296/22, Rn. 53). Der Arbeitgeber darf die Daten in den Prozess einführen und das Gericht ist zur Berücksichtigung im Rahmen der Beweisaufnahme verpflichtet. Ein Beweisverwertungsverbot aufgrund einer Abwägung zwischen dem Interesse des Arbeitnehmers auf Datenschutz und informationelle Selbstbestimmung gegenüber dem wirtschaftlichen Interesse des Arbeitgebers bleibt davon unberührt. Dies gilt auch für einen möglichen Anspruch auf Schadensersatz im Fall des Überwiegens des Interesses des Arbeitnehmers.

Eine DSFA ist notwendig, wenn entweder ein Kriterium der Positivliste erfüllt ist, die Schwellwertanalyse positiv ausfällt oder die allgemeinen Kriterien des Art. 35 DSGVO erfüllt sind. Der Einsatz von Microsoft 365 an sich fällt noch nicht unter die Fallgruppen der Positivliste der Datenschutzkommission (DSK). Die **Schwellwertanalyse** wird in aller Regel die Verpflichtung, für Microsoft 365 eine DSFA durchzuführen, feststellen. Denn es kommt z.B. bei der Verwendung von MS Outlook oder MS Teams in der Regel zu **Datenverarbeitungen in einem großen Umfang** (Kriterium 5 der Schwellwertanalyse), und zwar der Daten von Mitarbeitern, externen Partnern und Gästen. In Microsoft 365 werden E-Mail-Adressen und Nutzungsdaten, aber auch Inhaltsdaten wie versendete Dateien, Metadaten (z.B. Kontaktverläufe, Zugriffsrechte) in erheblichem Umfang und über einen langen Zeitraum verarbeitet. Zusätzlich sind Arbeitnehmer **besonders schutzwürdige betroffene Personen** (Kriterium 7 der Schwellwertanalyse), da sie in einem besonderen Abhängigkeitsverhältnis zu ihrem Arbeitgeber stehen. Bereits wegen dieser beiden Prüfkriterien ist beim Einsatz von Microsoft 365 in der Regel eine DSFA erforderlich.

Variante (zur nachträglichen Durchführung einer DSFA)
Die Parteien sind sich darüber einig, dass die Einführung von Microsoft 365 aufgrund der Art, des Umfangs, der Umstände und der Zwecke der Verarbeitung voraussichtlich ein hohes Risiko für die Rechte und Freiheiten der Mitarbeiter zur Folge hat. Der Arbeitgeber wird deswegen eine datenschutzrechtliche Folgenabschätzung nach Art. 35 DSGVO durchführen.

Hinweis:
Die erst nachträgliche Durchführung einer DSFA wird nur in **Ausnahmefällen** zu empfehlen sein. Der Verhandlungsgegenstand des Betriebsrats zu zahlreichen Punkten wird geringer sein, wenn eine solide DSFA vorliegt. Zudem müssen so im Rahmen der Verhandlungsprozesse nicht Folgeabwägungen mehrfach diskutiert werden.

5. Die von dem Arbeitgeber im Rahmen der datenschutzrechtlichen Folgenabschätzung verwandten Module, abgeschlossene Lizenzvereinbarungen und getroffene Einstellungen im Programm begrenzen verbindlich die Reichweite und die Form der Nutzung von Microsoft 365 im Rahmen dieser Betriebsvereinbarung.
6. Das in der Anlage 2 befindliche Verarbeitungsverzeichnis ist hinsichtlich der verarbeiteten Daten in den unterschiedlichen Modulen, der Verarbeitungszwecke und der Berechtigungen abschließend.
   Variante (zum nachträglichen Aufstellen eines Verarbeitungsverzeichnisses)
   Die Arbeitgeberin wird ein Verarbeitungsverzeichnis erstellen, in welchem sie die verarbeiteten Daten in den unterschiedlichen Modulen und die jeweiligen Verarbeitungszwecke beschreibt. Das Verarbeitungsverzeichnis wird als Anlage 2 zu dieser Betriebsvereinbarung geführt. Die Anlage kann vom Arbeitgeber bei Änderungen in tatsächlicher und rechtlicher Hinsicht angepasst werden.

Hinweis:
Diese erst nachträgliche Durchführung des Verarbeitungsverzeichnisses wird nur in **Ausnahmefällen** zu empfehlen sein. In der Regel wird der Arbeitgeber im Rahmen einer DSFA ohnehin detaillierte Verarbeitungsverzeichnisse aufzustellen haben.

§ 3 Verwendete Module

1. Im Betrieb/im Unternehmen/im Konzern werden allein die in der Anlage 3 abschließend aufgezählten Module von Microsoft 365 eingesetzt.
2. Der Einsatz weiterer Module bedarf der einvernehmlichen Aufnahme des Moduls in die Anlage. Dies gilt auch für systemseitige Bereitstellung neuer Module durch Microsoft.
3. Diese Betriebsvereinbarung regelt nur die Verwendung der vereinbarten Module auf den Dienst-Laptops der Mitarbeiter. Die Installation und Verwendung auf dienstlichen Smartphones und dienstlich genutzten privaten Geräten (Bring your own device – BYOD), bedarf einer eigenen (BYOD)-Vereinbarung.

Hinweis:
Dies ist bereits deswegen erforderlich, weil für die Installation auf iOS oder Android andere Pläne verwendet werden und damit ein andere Programmumfang vorgehalten wird als auf Windows-Systemen.

§ 4 Berechtigungskonzept

1. Zugriff auf personenbezogene Daten der in der Anlage 3 gelisteten Module ist allein im Rahmen des Berechtigungskonzepts zulässig.
2. Das Berechtigungskonzept ist als Anlage 4 Bestandteil dieser Betriebsvereinbarung.
3. Der Arbeitgeber wird jede nachträgliche Zuweisung des Rechts, im Microsoft 365 Compliance Center das Überwachungsprotokoll[36] einsehen zu können, dem Betriebsrat mitteilen, sofern die Änderung aufgrund der Rolle nicht allein einvernehmlich möglich ist.

Hinweis:
Das Überwachungsprotokoll von Microsoft 365 protokolliert jede **Benutzer- und Verwaltungsaktivität.** Das Microsoft Compliance-Center ist das zentrale Administrations-Tool für den Zugriff auf die modulübergreifende Protokollierung. Ob das

36 Das Überwachungsprotokoll von Microsoft 365 protokolliert jede Benutzer- und Verwaltungsaktivität. Das Microsoft Compliance-Center ist das zentrale Administrations-Tool für den Zugriff auf die modulübergreifende Protokollierung. Ob das Überwachungsprotokoll standardmäßig aktiviert ist, hängt von der verwendeten Lizenz ab. Auch der Umfang der Benutzereinträge, die darin grundsätzlich sehr umfangreich gespeichert werden, variiert je nach Lizenz. Gleiches gilt für die vor eingestellte Speicherfristen. In den Enterprise Versionen sind sehr umfangreiche Modifikationen möglich, welche Benutzeraktivitäten gespeichert werden sollen. Mit dem Betriebsrat können Details der zu wählenden Einstellungen vereinbart werden.

Überwachungsprotokoll standardmäßig aktiviert ist, hängt von der verwendeten **Lizenz** ab. Auch der Umfang der Benutzereinträge, die darin grundsätzlich sehr umfangreich gespeichert werden, variiert je nach Lizenz. Gleiches gilt für die vor eingestellte Speicherfristen. In den Enterprise Versionen sind sehr umfangreiche Modifikationen möglich, welche Benutzeraktivitäten gespeichert werden sollen. Mit dem Betriebsrat können **Details der zu wählenden Einstellungen** vereinbart werden.

4. Die Protokollierung einer jeden Einsichtnahme in das Überwachungsprotokoll darf nicht vor Ablauf von 12 Monaten gelöscht werden.
   Variante
   Das Überwachungsprotokoll von Microsoft 365 muss aktiviert/deaktiviert werden und bleiben.

Hinweis:
Dies hängt vom Vertrauensverhältnis zwischen Betriebsrat und Geschäftsleitung ab. Besteht es, ist zu empfehlen, das Überwachungsprotokoll zu aktivieren, um missbräuchliches Verhalten leichter aufdecken zu können. Besteht es nicht, kann das Überwachungsprotokoll selbst missbraucht werden, dann wird eine Deaktivierung bevorzugt.
Die Überwachungsprotokollierung ist trotz zahlreicher Beanstandungen durch Datenschutzbeauftragte standardmäßig aktiviert. Wenn die Überwachung in der Microsoft Purview-Complianceportal aktiviert ist, werden alle Benutzer- und Administratoraktivitäten im Überwachungsprotokoll aufgezeichnet und für mindestens 90 Tage, je nach den Benutzern zugewiesenen Lizenzen auch bis zu einem Jahr, gespeichert. Die Überwachungsprotokollierung muss durch den globalen Administrator manuell deaktiviert werden.

5. Es ist unzulässig, Auszüge aus dem Überwachungsprotokoll zu speichern oder anderweitig zu verarbeiten, soweit diese Betriebsvereinbarung dies nicht ausdrücklich zulässt.

§ 5 Datenschutz

1. Die technischen Maßnahmen des Datenschutzes im System können allein von Microsoft getroffen werden. Der Arbeitgeber wird deswegen alle seinem Einfluss zugänglichen organisatorischen Maßnahmen ergreifen, um den Schutz personenbezogener Daten sicherzustellen.
2. Der Arbeitgeber wird von der Möglichkeit Gebrauch machen zu vereinbaren, dass allein Rechenzentren innerhalb der EU Verwendung finden. Die Betriebsparteien sind sich dabei darüber im Klaren, dass dies den Zugriff Externer außerhalb der EU nicht vollständig ausschließen kann. Es verbleibt die Möglichkeit unter anderem auch des Zugriffs durch US-amerikanische Aufsichtsbehörden. Zukünftig sich bietende organisatorische Beschränkungsmöglichkeiten des Datenabflusses aus der EU wird der Arbeitgeber ergreifen.

3. In der Nutzung der Module von Microsoft 365 dürfen dabei nur folgende Einstellungen Verwendung finden:
   - Die Übermittlung von Daten im Rahmen des Customer Experience Improvement Program (CEIP) und des Microsoft Dynamics NAV Server wird deaktiviert.
   - Die Anwendung Connected Experiences wird deaktiviert.
   - »Ausgeblendete Benutzer-, Gruppen- und Websitenamen in allen Berichten anzeigen« bleiben eingeschaltet.
   - Die LinkedIn-Integration von Mitarbeiterkonten wird deaktiviert.
   - Workplace Analytics /Viva Insights wird deaktiviert.
   - In den activity reports werden Nutzerdaten ausgeblendet.

Hinweis:
Das CEIP ist ein eine Anwendung von Microsoft zur Verbesserung der Nutzerfreundlichkeit. Zu diesem Zweck werden automatisch Informationen über die Nutzung der Software und Softwarekomponenten sowie von Geräten übersendet. Dazu gehören zum Beispiel Art und Anzahl auftretender Fehler oder die Geschwindigkeit der Microsoft-Dienste. Microsoft empfängt diese Daten nicht anonymisiert, sondern lediglich pseudonymisiert. Diese Aussage ist nicht überprüfbar, deswegen sollte die Übermittlung deaktiviert werden.
Die Anwendung Connected Experiences analysiert die Inhalte des Nutzers, um »**Designempfehlungen, Bearbeitungsvorschläge, Datenerkenntnisse** und ähnliche Funktionen bereitzustellen«. Es handelt sich hierbei um die Verarbeitung von Inhaltsdaten. Deswegen sollte diese Anwendung deaktiviert werden. Nachteil ist indes, dass **einige Module**, wie 3D-Karten, die Einbettung von Onlinebildern und -videos und der Übersetzer **nicht mehr nutzbar sind**.
Die Funktion »Ausgeblendete Benutzer-, Gruppen- und Websitenamen in allen Berichten anzeigen« ist standardmäßig aktiviert, sie darf dann nicht deaktiviert werden. Die Bezeichnung ist missverständlich. Im aktivierten Zustand zeigen die folgenden Microsoft 365-Berichte anonyme Benutzernamen anstelle der tatsächlichen Benutzernamen an: E-Mail-Aktivität, Postfachaktivität, OneDrive-Dateien, SharePoint-Aktivität, SharePoint-Webseitenverwendung, Microsoft Teams-Aktivität, Yammer-Aktivität, Aktive Benutzer in Microsoft 365-Diensten und -Apps, Gruppenaktivität. Statistische Auswertungen, die ausschließlich pseudonyme Bezeichnungen verwenden, können so von den Administratoren weitergegeben werden.
Inzwischen ist Workplace Analytics teils nur separat käuflich, teils nicht mehr erhältlich und vollständig in Viva aufgegangen.
Viva Insights stellt **Analysewerkzeuge für die Auswertung des Arbeitsverhaltens** durch die Zusammenführung von Informationen aus E-Mail-Konten, Dokumenten und Kalendern wie die Dauer von Besprechungen, Anzahl von Terminen oder Intensität der E-Mail-Interaktion zur Verfügung.
Bei den activity reports werden Berichte darüber erstellt, welcher Mitarbeiter welche Dienste wie häufig nutzt.

§ 6 Schulungsanspruch

1. Der Arbeitgeber wird vor dem Einsatz neuer Module von Microsoft 365 betroffene Mitarbeiter in geeigneter Weise über die datensparsame Verwendung des Moduls und die genaue Form der Verarbeitung personenbezogener Daten durch die die einzelnen Module von Microsoft 365 schulen. Der Schulungsumfang ist dem Anlass angemessen zu wählen, er umfasst mindestens drei Zeitstunden jährlich.
2. Die Qualifizierungsmaßnahmen nach Abs. 1 müssen über die für die Bedienung erforderlichen Kenntnisse hinaus einen Einblick in die Funktionsweise des Systems geben und seine Bedeutung innerhalb der Arbeitsabläufe und bezogen auf den jeweiligen Arbeitsplatz deutlich machen. Auch ist neben den Bestimmungen des Datenschutzes über die Vereinbarungen in dieser Betriebsvereinbarung zu schulen.
3. Der Arbeitgeber wird Vorgesetzte im Umgang mit dem Datenschutz, insbesondere der Datensparsamkeit hinsichtlich verarbeiteter Beschäftigtendaten in geeigneter Weise schulen. Der Schulungsumfang beträgt mindestens zweijährig sechs Zeitstunden.
   Variante
   Erforderlichenfalls sind Wiederholungsschulungen möglich. Ein Vertreter des Betriebsrats hat die Mög-lichkeit, an den einzelnen Schulungen/Einweisungen teilzunehmen. Die Schulungen/Einweisungen finden ausschließlich während der regulären Arbeitszeit statt. Die erforderlichen Kosten trägt die Arbeitgeberin.
   Variante
   Über den konkreten Schulungsbedarf im Rahmen der Einführung und Änderung von IT-Systemen haben die Betriebsparteien ein Kommunikations- und Schulungskonzept vereinbart, Anlage Schulungskonzept. Dieses Konzept ist zwischen den Betriebsparteien quartalsweise zu evaluieren und fortzuentwickeln.
4. Der Arbeitgeber wird insbesondere alle Mitarbeiter, die mit vertraulichen Unternehmensdaten operieren, in besonderer Weise zur Konfiguration »Sicherheitsisolierung« eines Arbeitsteams in Microsoft 365 schulen.
5. Die Verwendung von Power-Apps (Power Automate, PowerApps, Power BI) und der Zuteilung von Lizenzen an Mitarbeiter zu deren Nutzung darf erst erfolgen, nachdem sich die Betriebsparteien auf einen im Einzelfall erforderlichen Schulungsumfang und -durchführung hinsichtlich datenschutz- und betriebsverfassungsrechtlicher Themen geeinigt haben. Kommt eine Einigung nicht zustande, so gilt die Zuständigkeit der Einigungsstelle nach § 12 als begründet.

§ 7 Aktualisierungen von Microsoft 365

1. Die Software wird mit dem technischen Stand, wie er am Tag des Inkrafttretens dieser Betriebsvereinbarung besteht, eingeführt. Die Parteien sind sich darüber einig, dass Updates der Software keine Neueinführung bzw. Anschaffung der Software darstellen, solange die enthaltenen Module nicht durch den Arbeitgeber verändert werden und der Betrieb von Microsoft 365 nach den in dieser Betriebsvereinbarung geregelten Grundsätzen erfolgt. Vor diesem Hintergrund werden durch

Microsoft veranlasste Service- und Sicherheitsupdates sowie Updates, die der Behebung von Fehlern dienen, ohne Information des Betriebsrats durchgeführt.

2. Stellt Microsoft neue Module bereit oder erweitert den Umfang verarbeiteter personenbezogener Daten erheblich, verpflichten sich beide Parteien, einvernehmliche Vereinbarungen unter Heranziehung der hier vereinbarten Grundsätze zu treffen. Kommt eine Einigung darüber nicht zustande, ob die Voraussetzungen dieser Ziffer erfüllt sind, gilt die Zuständigkeit der Einigungsstelle nach § 12 als begründet. Beide Parteien unterwerfen sich insoweit dem Spruch der Einigungsstelle.
3. Der Arbeitgeber wird den Betriebsrat über neue Funktionalitäten, die geeignet sein könnten, die Voraussetzungen des § 7 Ziff. 2 zu erfüllen, unverzüglich unterrichten.
4. Soweit Microsoft die Möglichkeit eröffnet, eine neue Funktion in sogenannten Release-Zyklen (Ringen) zu veröffentlichen und dort ausgewählte Benutzer die neuen Funktion vorab erhalten, bevor sie allgemein verfügbar sind (General Availability, Ring 4), erhält der Betriebsrat auf Wunsch Benutzerkonten in diesen »Targeted Release« (Ring 3) zur Verfügung gestellt, damit er sich frühzeitig ein Bild von den anstehenden Änderungen machen kann. Aufgrund der unterschiedlichen Datenschutzbestimmungen dürfen diese Benutzerkonten ausschließlich zu Testzwecken, und nicht für die tägliche Arbeit genutzt werden.

§ 8 Betroffenenrechte

1. Mitarbeiter, deren personenbezogene Daten im Rahmen von Microsoft 365 verarbeitet werden, haben Anspruch auf Auskunft, Einschränkung, Berichtigung, Löschung und Portierung.
2. Der Arbeitgeber erfüllt die Betroffenenrechte, wenn er die in der Anlage 5 benannten Verfahren unter den dort genannten Voraussetzungen einhält.
3. Die Arbeitgeberin wird Verstöße durch ihre Vertreter, insbesondere durch Führungskräfte, gegen diese Betriebsvereinbarung in geeigneter und effektiver Weise sanktionieren.

   Variante

   Entstehen einem Mitarbeiter Schäden durch eine unberechtigte Leistungs- oder Verhaltenskontrolle, so sind diese durch die Arbeitsgeberin rückgängig zu machen und auszugleichen, dies schließt auch eine Beseitigung deren Folgen ein, soweit ein von der Arbeitgeberin geschaffener rechtswidriger Zustand fortbesteht.

   Variante

   Entsteht einem Mitarbeiter ein Schaden durch einen Verstoß der Arbeitgeberin gegen diese Betriebsvereinbarung, verpflichtet sie sich, dem Mitarbeiter diesen Schaden zu ersetzen. Auf ein fehlendes Verschulden wird sie sich nicht berufen.

   Variante

   Die nicht hinreichende Schulung von Mitarbeitern stellt einen solchen Verstoß dar.
4. Mitarbeiter haben Anspruch darauf, dass die Arbeitgeberin die Löschung ihrer personenbezogenen Daten auch bei Dritten erwirkt, soweit Dritte diese Daten unter Verstoß gegen datenschutzrechtliche Normen, diese Betriebsvereinbarung oder

der aufgrund dieser Betriebsvereinbarung abgeschlossenen Steckbriefe erlangt haben.[37] Gleiches gilt, wenn durch einen Verstoß der Arbeitgeberin ein rechtswidriger Zustand entsteht. Hier verpflichtet sich die Arbeitgeberin, diesen Zustand und die aus diesem rechtswidrigen Zustand erwachsenden Mitarbeiter belastende Folgen zu beseitigen.

5. Verstößt die Arbeitgeberin gegen diese Betriebsvereinbarung, steht dem Betriebsrat das Recht zu, einen eingeschränkten Weiterbetrieb des IT-Systems – im Wiederholungsfall auch die sofortige Abschaltung – zu verlangen, bis eine Einigung erreicht wurde. Die Arbeitgeberin verpflichtet sich, die Forderung des Betriebsrats unverzüglich umzusetzen.

§ 9 Leistungs- und Verhaltenskontrolle[38]

1. Der Arbeitgeber darf ausschließlich vom Mitarbeiter selbst eingegebene Inhaltsdaten im Rahmen vereinbarter Zwecke zur Leistungs- und Verhaltenskontrolle verwenden.

> **Hinweis:**
> Bei Daten, die der Mitarbeiter selbst eingibt, ist der Mitarbeiter bei der Verwendung von IT-Systemen nicht schutzwürdiger als schriebe er einen Brief.

2. Von den Modulen erstellte und in den Modulen generierte personenbezogene Daten dürfen nicht zur Leistungskontrolle verwendet werden. Eine Verhaltenskontrolle bleibt zulässig.

> **Hinweis:**
> Diese Klausel erfüllt zwei Zwecke: Erstens begründet sie ein (wirksames) Beweiserhebungsverbot (jedoch kein Beweisverwertungsverbot) und zweitens stellt sie in ihrer Partizipation an der unmittelbaren und zwingenden Wirkung über § 77 Abs. 4 Satz 1 BetrVG eine arbeitsrechtliche Prozessvereinbarung über die Nichtverwendung hierin genannter Beweismittel dar. Verstößt der Arbeitgeber hiergegen, kann dies zugunsten des Mitarbeiters Schadensersatzansprüche auslösen. Dies gilt

---

37 Nach einer Entscheidung des BAG, 23.3.2021 – 1 ABR 31/19, NZA 2021, 959, besteht ein solcher Anspruch auf Folgenbeseitigung dem Gesetz nach nicht, sondern nur als sog. Sekundäranspruch, der an weitere Voraussetzungen geknüpft ist.

38 Nach neuer Rechtsprechung des BAG kann eine Regelung in einer Betriebsvereinbarung über die Unzulässigkeit der Datennutzung nicht zu einem Beweisverwertungsverbot führen (BAG 29.6.2023 – 2 AZR 296/22, Rn. 53). Der Arbeitgeber darf die Daten in den Prozess einführen und das Gericht ist zur Berücksichtigung im Rahmen der Beweisaufnahme verpflichtet. Ein Beweisverwertungsverbot aufgrund einer Abwägung zwischen dem Interesse des Arbeitnehmers auf Datenschutz und informationelle Selbstbestimmung gegenüber dem wirtschaftlichen Interesse des Arbeitgebers bleibt davon unberührt. Dies gilt auch für einen möglichen Anspruch auf Schadensersatz im Fall des Überwiegens des Interesses des Arbeitnehmers.

indes nur für arbeitsgerichtliche Urteilsverfahren, nicht für strafrechtliche Verfahren oder das arbeitsgerichtliche Beschlussverfahren.

3. Die in einigen Modulen vorfindliche Verfügbarkeitsanzeige eines Mitarbeiters darf weder zum Zwecke der Zeiterfassung noch der Kontrolle verwendet werden, ob Arbeitszeiten, Ruhepausen und Ruhezeiten eingehalten werden. Die Betriebsparteien sind sich darin einig, dass solche Verfügbarkeitsanzeigen bereits keine Aussage über das tatsächliche Arbeitsverhalten eines Mitarbeiters aussagen können.
4. Zur Aufdeckung schwerer arbeitsvertraglicher Pflichtverletzungen, dies sind solche, die gleichzeitig eine Straftat darstellen, darf der Arbeitgeber bei einem begründeten, auf Tatsachen beruhenden dokumentierten Verdacht unter Wahrung des Verhältnismäßigkeitsgrundsatzes und vorheriger Information des Betriebsrats Kontrollmaßnahmen initiieren und weitere als anderweitig vereinbarte personenbezogene Datenauswertungen vornehmen. Dem Betriebsrat wird ein vollständiges Protokoll der eingesehenen Nutzerdaten einschließlich der Übersicht, welche Personen Einsicht genommen haben, zur Verfügung gestellt.

§ 10 Mitbestimmungsrechte des Betriebsrats

1. Hinsichtlich Einführung und Nutzung der Module von Microsoft 365 im Rahmen des hier Vereinbarten hat der Betriebsrat sein Mitbestimmungsrecht ausgeübt.
2. Abweichungen von dieser Betriebsvereinbarung bedürfen stets des Einvernehmens beider Betriebsparteien.
3. Der Betriebsrat erhält alle 6 Monate ein aktualisiertes Berechtigungskonzept. Zur einseitigen Änderung des Berechtigungskonzeptes ist der Arbeitgeber allein hinsichtlich der Übertragung von Aufgaben, die ausgeschiedene Mitarbeiter ausgeübt haben, befugt. Alle weiteren Änderungen bedürfen des Einvernehmens der Betriebsparteien.
4. Der Betriebsrat erhält einen eigenen Zugriff auf das Microsoft 365 Nachrichtencenter, in dem Microsoft alle anstehenden Änderungen und Updates für Microsoft 365 rechtzeitig veröffentlicht.

Hinweis:
Zur weiteren Information steht außerdem die Microsoft 365 Roadmap unter *https://aka.ms/roadmap* zur Verfügung.

5. Der Betriebsrat wird über erforderliche Aktualisierungen der DSFA und des Verarbeitungsverzeichnisses informiert.

Hinweis:
Die Reichweite seines Mitbestimmungsrechts richtet sich danach, ob die Anlagen jeweils einvernehmlich Bestandteile der Betriebsvereinbarung sind oder von dem Arbeitgeber einseitig verändert werden können. Die einseitige Änderungsbefugnis verschafft dem Arbeitgeber mehr Handlungsfreiheit, die lediglich **einvernehmliche Änderungsmöglichkeit** schafft im Verhandlungsprozess mehr Vertrauen.

6. Der Betriebsrat hat die Befugnis, die Einhaltung des Berechtigungskonzeptes zu überprüfen. Hierfür erhält er auf Wunsch einmal jährlich, anlassbezogen auch öfter, ein Einsichtsrecht in die jeder Rolle zugewiesenen Berechtigungen. Der Arbeitgeber wird ihm hierfür den Globalen Administrator bzw. von ihm beauftragte, informierte und eingewiesene Mitarbeiter als Ansprechpartner zur Verfügung stellen. Ein Einsichtsrecht in personenbezogene Daten ist damit nicht verbunden.

Hinweis:
Auch der Betriebsrat ist an die gesetzlichen Grundsätze der Datenverarbeitung gebunden. Soweit dies nicht für eine betriebsverfassungsrechtliche Aufgabenerfüllung erforderlich ist, darf ihm ein Einblick in personenbezogene Daten nicht gewährt werden.

Variante (für technisch sehr versierte Betriebsräte oder Mitglieder im IT-Ausschuss)
Der Betriebsrat hat die Befugnis, die Einhaltung des Berechtigungskonzeptes zu überprüfen. Hierfür erhält er das Recht, jederzeit in alle Programme, Dateien und Auswertungen Einblick zu nehmen und von den Anwendern sowie Systemverantwortlichen Auskünfte einzuholen. Er kann auch jederzeit die Unterlagen zu den Systemkonfigurationen einsehen. Dem Betriebsrat wird hierzu ein Benutzer »BR-Audit« angelegt, der die folgenden Berechtigungen erhält: im Azure Active Directory: Nachrichtencenter-Leseberechtigter, Nachrichtencenter-Datenschutzleser, Sicherheitsleseberechtigter; im Microsoft 365-Admin-Center: Globaler Leser. Die Nutzung dieses Benutzerkontos ist zu protokollieren, soweit dies nicht umfassend geschieht, vom Betriebsrat zu dokumentieren.

7. Der Betriebsrat hat die Befugnis, die Einhaltung des Verarbeitungsverzeichnisses zu überprüfen. Hierfür hat der Betriebsrat das Recht, einmal jährlich einen von ihm gewählten Ausschnitt des Datenverarbeitungsvorgangs einzusehen. Der Arbeitgeber darf die Einsicht auf 3 Delegierte des Gremiums/auf die Mitglieder des IT-Ausschusses beschränken. Das Einsichtsrecht umfasst auch den Einblick in gespeicherte personenbezogene Daten. Das Einsichtsrecht umfasst nicht, Datenbestände zugesandt zu erhalten. Für die Dauer der Einsicht stellt der Arbeitgeber dem Betriebsrat auf dessen Wunsch einen informierten Ansprechpartner der Rolle Compliance-Datenadministrator zur Verfügung.
8. Wenn der Arbeitgeber in der Verarbeitung von Beschäftigtendaten in Microsoft 365 Auftragsverarbeiter nach Art. 28 DSGVO einsetzt, werden dem Betriebsrat zuvor alle mit dem Auftragsverarbeiter abgeschlossenen Verträge zur Einsicht vorgelegt.
9. Dem Betriebsrat steht das Recht zu, den betrieblichen Datenschutzbeauftragten beim Beratungsbedarf hinzuzuziehen. Er kann nach § 80 Abs. 3 BetrVG auch externe Berater in erforderlichem Umfang hinzuziehen.

Hinweis:
Diese Zusage wird ein Arbeitgeber nur dann erteilen können, wenn ein Vertrauensverhältnis in die Zusammenarbeit mit dem Betriebsrat besteht. Andernfalls sollte

der Arbeitgeber hier eine entweder quantitative Begrenzung (jährliche Stundendeputat) oder eine qualitative Hürde (konkrete Anlässe) festschreiben. Für Großunternehmen und Konzernbetriebsräte sind solche Vereinbarungen eine Selbstverständlichkeit.

10. Dem Betriebsrat steht das Recht zu, bei Zweifeln an der Rechtmäßigkeit einer Datenverarbeitung von dem Arbeitgeber die vorläufige Beschränkung der Datenverarbeitung zu fordern, bis eine einvernehmliche, notfalls gerichtliche Klärung herbeigeführt ist.
11. Der Betriebsrat wird über festgestellte unzulässige Datenverarbeitungen in Microsoft 365 sowie über nach Art. 33 und 34 DSGVO meldepflichtige Ereignisse von dem Arbeitgeber informiert.
12. Der Betriebsrat erhält für kollaborative gremieninterne sowie seine vertrauliche Kommunikation mit Mitarbeitern zur Arbeit mit Microsoft 365 eine vertrauliche Team-Struktur sowie eine separate und hinreichende Sicherheitsisolierung sowie einen vollständig Ende-zu-Ende verschlüsselten Datei- und Kommunikationsaustausch vom Arbeitgeber zur Verfügung gestellt. Der Zugriff auf diese Systeme mittels nicht über das Sicherheitssystem verwalteter Endgeräte wird vom Arbeitgeber technisch verhindert.

§ 11 Anlagen

1. Zu dieser Betriebsvereinbarung vereinbaren die Betriebsparteien folgende Anlagen:
   - Anlage 1 – Datenschutzrechtliche Folgenabschätzung zur Betriebsvereinbarung Microsoft 365
   - Anlage 2 – Verarbeitungsverzeichnis zur Betriebsvereinbarung Microsoft 365
   - Anlage 3 – Module zur Betriebsvereinbarung Microsoft 365
   - Anlage 4 – Berechtigungskonzept zur Betriebsvereinbarung Microsoft 365
   - Anlage 5 – Betroffenenrechte zur Betriebsvereinbarung Microsoft 365
2. Die genannten Anlagen sind Bestandteil der Betriebsvereinbarung.
3. Die Anlagen sind nicht isoliert kündbar.
4. Die Anlagen können einvernehmlich abgeändert werden, ohne dass dies einer Kündigung oder Abänderung der Betriebsvereinbarung im Übrigen bedarf. Dies gilt nicht, soweit diese Betriebsvereinbarung zu einzelnen Anlagen Abweichendes regelt.

§ 12 Auslegungsschwierigkeiten und ständige Einigungsstelle

1. Im Falle von Meinungsverschiedenheiten über die Auslegung und Durchführung der Betriebsvereinbarung, über den Umfang von Einsichts- und Kontrollbefugnissen des Betriebsrats, über in dieser Betriebsvereinbarung vereinbarte Beschwerderechte der Mitarbeiter oder über ... werden die Betriebsparteien mit dem ernsthaften Willen einer Einigung verhandeln.
2. Zur einvernehmlichen Beilegung auch nach § 12 Ziff. 1 nicht behebbarer Meinungsverschiedenheiten über die Anwendung und Auslegung der Regelungen

dieser Betriebsvereinbarung wird eine ständige Einigungsstelle eingerichtet. Die Zahl der Beisitzer auf Betriebsrats- und Arbeitgeberseite wird auf jeweils drei festgesetzt. Als Vorsitzender einigen sich die Parteien auf .... Sofern der Vorsitzende verhindert ist, wird er durch ... vertreten.

3. Jede Betriebspartei kann im Streitfall die Einigungsstelle anrufen, indem sie hierüber die jeweils andere Betriebspartei unterrichtet und den Vorsitzenden fernmündlich, per Telefax oder E-Mail auffordert, die Einigungsstelle einzuberufen.
4. Die Betriebsparteien erklären schon jetzt, sich dem Spruch der Einigungsstelle vollumfänglich zu unterwerfen.
5. Auf das Verfahren vor der Einigungsstelle finden die gesetzlichen Bestimmungen Anwendung.

§ 13 Übergangsregelung

Mit dieser Betriebsvereinbarung wird die »Betriebsvereinbarung ...« vom ... vollständig abgelöst.

Variante

Mit dieser Betriebsvereinbarung wird die »Betriebsvereinbarung ...« vom ... teilweise abgelöst, sie gilt für die Abteilungen/die Standorte ... unverändert/ mit folgenden Modifikationen: ... fort.

§ 14 Laufzeit, Beendigung

1. Die Betriebsvereinbarung wird wirksam mit ihrer Unterzeichnung.
   Variante
   Die Betriebsvereinbarung tritt am ... in Kraft. Bis zum Zeitpunkt ihres Inkrafttretens ist sie ordentlich unkündbar.
2. Die Betriebsvereinbarung läuft auf unbestimmte Zeit.
   Variante
   Die Betriebsvereinbarung endet, ohne dass es einer Kündigung bedarf, am ....
3. Die Betriebsvereinbarung ist ordentlich kündbar mit einer Frist von 6 Monaten.
   Variante
   Die Betriebsvereinbarung ist ordentlich unkündbar.
4. Das Recht zur außerordentlichen fristlosen Kündigung aus wichtigem Grund bleibt unberührt.

§ 15 Nachwirkung

Die Betriebsvereinbarung wirkt im Falle ihrer Kündigung in Gänze nach.

> **Hinweis:**
> Vereinbaren die Betriebsparteien nichts Abweichendes zur Nachwirkung, tritt eine in der Regel nicht gewollte Rechtsfolge nach Ablauf der ordentlichen Kündigungsfrist ein: Alle Gegenstände, die einem erzwingbaren Mitbestimmungstatbestand unterliegen, wirken nach, alle übrigen nicht. Einem solchen Skelett an nachwirkenden Regelungen baut diese Vereinbarung vor.

Variante
Die Betriebsvereinbarung wirkt im Falle einer ordentlichen Kündigung hinsichtlich der folgenden Gegenstände nach: .... Im Übrigen tritt keine Nachwirkung ein.

§ 16 Salvatorische Klausel
Sollten einzelne Bestimmungen dieser Vereinbarung unwirksam sein oder werden, so bleiben die übrigen Bestimmungen hiervon unberührt. In diesem Fall verpflichten sich beide Seiten, für die ungültige Bestimmung eine neue, gültige Bestimmung zu vereinbaren, die dem Sinn der Früheren so weit wie möglich entspricht. Auch für diesen Fall gilt die Zuständigkeit der ständigen Einigungsstelle nach § 12 als vereinbart.

Ort, Datum, Unterschriften
Anlagen:
Anlage 1 – Datenschutzrechtliche Folgenabschätzung zur Betriebsvereinbarung Microsoft 365
Anlage 2 – Verarbeitungsverzeichnis zur Betriebsvereinbarung Microsoft 365
Anlage 3 – Module zur Betriebsvereinbarung Microsoft 365
Anlage 4 – Berechtigungskonzept zur Betriebsvereinbarung Microsoft 365
Anlage 5 – Betroffenenrechte zur Betriebsvereinbarung Microsoft 365

> **Hinweis:**
> Die Anlagen zur Betriebsvereinbarung zu Microsoft 365 stehen Ihnen in Bund-Online zur Verfügung. Informationen zur Registrierung finden Sie auf der vorderen Umschlaginnenseite.

17.2.6 Betriebsvereinbarung Shared Desk

BV 36

Präambel
Die Betriebsparteien verfolgen übereinstimmend das Ziel, das Interesse der Mitarbeiter und des Arbeitgebers an mobiler Arbeit bestmöglich gemeinsam zu verwirklichen. Dies bedeutet, dass mobile Arbeit als verstetigte Arbeitsform im Betrieb dauerhaft Bestand haben soll. Zukünftig wird deswegen nicht mehr einem jeden Mitarbeiter ein fester Arbeitsplatz im Betrieb zur Verfügung stehen.

§ 1 Geltungsbereich
1. Diese Betriebsvereinbarung gilt für alle Mitarbeiter im Geltungsbereich der Betriebsvereinbarung mobiler Arbeit in ihrer jeweils geltenden Fassung.

> **Hinweis:**
> Mit einem solchen Verweis muss hier kein eigener Geltungsbereich definiert werden, dies dient nicht nur der Arbeitserleichterung, sondern vermeidet zudem Verwerfungen und Unklarheiten.

2. Diese Betriebsvereinbarung gilt für alle im Betrieb ... tätigen Mitarbeiter[39].

Hinweis:
Im Falle einer Vereinbarung als Gesamtbetriebsvereinbarung ist die Unternehmensbezeichnung, im Falle einer Vereinbarung als Konzernbetriebsvereinbarung ist die Konzernbezeichnung einzufügen. Dies setzt eine wirksame Delegation voraus, die originäre betriebsverfassungsrechtliche Zuständigkeit liegt beim lokalen Betriebsrat.

Variante
Diese Betriebsvereinbarung gilt für alle im Konzern tätigen Mitarbeiter.
Variante (sukzessive Einführung)
Diese Betriebsvereinbarung gilt für die Mitarbeiter in den in der Anlage Standortliste genannten Betrieben.
Variante (personal begrenze Einführung)
Diese Betriebsvereinbarung gilt für alle Mitarbeiter im Geltungsbereich der Betriebsvereinbarung mobile Arbeit, die Anspruch auf mobile Arbeit im Tätigkeitsumfang von zeitlich über 50 Prozent haben. Dabei ist gleichgültig, ob dieser Anspruch unmittelbar aus der Betriebsvereinbarung herrührt oder im Rahmen des betriebsverfassungsrechtlich Vereinbarten auf einer individualvertraglichen Vereinbarung beruht.

3. Diese Betriebsvereinbarung gilt nicht für die leitenden Angestellten im Sinne des § 5 Abs. 3 BetrVG. Doch sind sich die Betriebsparteien darin einig, dass auch sie am Shared Desk-System in gleicher Weise teilnehmen sollen. Der Arbeitgeber wird durch eigene und geeignete Vereinbarungen und Anweisungen gegenüber leitenden Angestellten ein dieser Betriebsvereinbarung nachempfundenes Shared-Desk-System für leitende Angestellte einführen.

§ 2 Begriffsdefinition

1. Shared Desk meint das ressourcenorientierte und nicht länger personenorientierte zur Verfügung stehen von betrieblichen Arbeitsplätzen.
2. Shared Desk berührt nicht den Ort der Arbeitsverpflichtung. Insoweit bleiben arbeitsvertragliche und kollektivrechtliche Vereinbarungen und Regelungen unberührt.

§ 3 Buchung eines Shared Desk

1. Mitarbeitern im Geltungsbereich dieser Betriebsvereinbarung steht kein Anspruch mehr auf einen fest eingerichteten dauerhaft unveränderlichen Arbeitsplatz im Betrieb zur Verfügung.
2. In Betrieben im Geltungsbereich dieser Betriebsvereinbarung stehen zukünftig weniger Bildschirmarbeitsplätze, als Mitarbeiter Betrieb tätig sind, zur Verfügung.

---

39 Die Verwendung des generischen Maskulinums schließt Menschen aller geschlechtlichen Identitäten mit ein.

3. Möchte oder soll der Mitarbeiter im Betrieb arbeiten, so bucht er über die Software »Shared-Desk« rechtzeitig einen betrieblichen Arbeitsplatz.
4. Hierzu sucht er sich im Rahmen der verfügbaren Kapazitäten den für seine Arbeit optimalen Arbeitsplatz aus.
5. Steht dem Mitarbeiter im Betrieb kein Work Space oder Think Space für die gewünschte Zeit zur Verfügung, so kann die Anweisung, im Betrieb zu arbeiten nur für die Dauer von Konferenzen o.ä. erteilt werden.
6. Die Buchung von Flying Spaces ist stets freiwillig.
   Variante
   Mitarbeiter sind nicht verpflichtet, Flying Tables zu nutzen, wenn ihre voraussichtliche Arbeitszeit im Betrieb zwei Stunden überschreitet.
7. Die Buchung von Shared Desk ist über die Software für periodische Zeiträume im Voraus von drei Monaten möglich.

§ 4 Ausstattung von Mitarbeitern

Mitarbeiter, im Geltungsbereich dieser Betriebsvereinbarung enthalten folgende IT-Ausstattung: Laptop, Handy, Tastatur und Maus.

Variante

Die Ausstattung von Mitarbeitern im Geltungsbereich dieser Betriebsvereinbarung gliedert sich nach seiner Einteilung in einer der drei folgenden Kategorien: Call-Center, Business-Agent, Creative. Die Einteilung wird vom Arbeitgeber anhand der arbeitsvertraglichen Anforderungen an die IT-Ausstattung vorgenommen.

§ 5 Einrichtung eines Shared Desk

1. Im Betrieb stehen drei Kategorien an Arbeitsplätzen zur Verfügung.
2. Flying Tables: Hierbei handelt es sich um Stehpulte, die mit einem Netzwerkanschluss und einer Stromversorgung versehen sind. An den Flying Tables stehen für die Abwechslung zwischen Sitzen und Stehen Sitzbälle o.ä. zur Verfügung. Die Flying Tables sind höhenverstellbar zwischen einer Höhe von 100 cm und 140 cm. Flying Tables befinden sich im Betrieb nicht in unmittelbarer Nähe zu Gemeinschaftsräumen.
3. Work Spaces: Hierbei handelt es sich Schreibtische, die mit zwei 27«-Monitoren, Tastatur, Maus, einem Netzwerkanschluss, die ihrerseits an einer USB-Dockingstation angeschlossen sind, einer Stromversorgung, einem Bürostuhl und einem Ablageschrank ausgestattet sind. Sided Desks sind höhenverstellbare Schreibtische zwischen 70 cm und 110 cm und eine Arbeitsfläche von mindestens 120 x 60 cm. Der Bürostuhl ist für dauerhafte Bürotätigkeit geeignet und zugelassen.
4. Think Spaces: Hierbei handelt es sich um Arbeitsplätze in der Ausstattung von Workspaces, von denen höchstens zwei sich in einem abschließbaren Raum befinden, der ruhiges und konzentriertes Arbeiten ermöglicht. Mindestens 10 % der Arbeitsplätze werden als Think Spaces vorgehalten.
5. In der unmittelbaren Nähe eines jeden Arbeitsplatzes stehen abschließbare Behältnisse oder Schränke für persönliche Gegenstände des Mitarbeiters während seiner Arbeitszeit zur Verfügung.

6. Der Arbeitgeber wird darauf achten, dass alle Shared Spaces barrierefrei zugänglich sind und von allen Mitarbeitern mit Handicaps genutzt werden können. Die betriebliche Schwerbehindertenvertretung ist in die Planungen der Einrichtung rechtzeitig und umfassend einzubeziehen.

§ 6 Verlassen eines Arbeitsplatzes

1. Zum Ende der gebuchten Arbeitszeit, spätestens am Ende des Arbeitstages, müssen alle vom Mitarbeiter mitgebrachten Gegenstände, gleich ob persönlicher oder privater Natur, wieder mitgenommen werden. Am Arbeitsplatz darf vom Mitarbeiter kein persönlicher privater oder betrieblicher Gegenstand zurückbleiben.
2. Der Mitarbeiter entleert auch die im Betrieb aufgestellten abschließbaren Behältnisse nach Verlassen des Arbeitsplatzes an jedem Arbeitstag.
3. Im Betrieb stehen zentrale Aufbewahrungsmöglichkeiten in der Anzahl der Mitarbeiter des Betriebes zur Verfügung. Diese sind so beschaffen, dass der Dienstlaptop und die weitere dem Mitarbeiter zugewiesene IT-Ausstattung darin aufbewahrt werden kann. Diese Aufbewahrungsmöglichkeiten können auch längere Zeit belegt werden.
4. Der Mitarbeiter bucht sich im System am Arbeitsplatz bei Beendigung seiner Tätigkeit aus.
5. Auch dann, wenn ein Arbeitsplatz früher als gebucht verlassen wird, ist das vorzeitige Ausbuchen in der Software erforderlich, damit der Arbeitsplatz anderen Mitarbeitern zur Verfügung steht.

§ 7 Software-Shared-Desk

1. Die Buchung von Shared Desk ist ausschließlich über die Software-Shared-Desk möglich.

> **Hinweis:**
> Dies ist eine fiktive Bezeichnung, jede Ähnlichkeit zu einer tatsächlich bestehenden Software ist Zufall. Es bestehen am Markt sehr unterschiedliche Softwaresysteme, die für sehr unterschiedliche Plattformen konzipiert sind. Sehr häufig verwenden Unternehmen entweder selbst geschriebene Tools oder solche, die mit ihrer jeweiligen Personalsoftware optimal verzahnt sind.

2. Für die Nutzung dieser Software gilt die Rahmen-BV-IT in ihrer jeweils gültigen Fassung. Die Betriebsparteien werden hierzu einen ergänzenden Steckbrief vor Inbetriebnahme der Software vereinbaren.
3. Die Zeit des Einbuchens zählt nicht als vergütungspflichtige Arbeitszeit.
4. Die Zeit des Ausbuchens ist vergütungspflichtige Arbeitszeit.
5. Jede Verhaltens- und Leistungskontrolle ist mit in der Software verarbeiteten Daten untersagt.
6. Insbesondere sind sich die Betriebsparteien darüber einig, dass die in der Software Shared-Desk erfassten Daten nicht umfänglich die vergütungspflichtige Arbeits-

zeit oder die Arbeitszeit im Sinne des Arbeitsschutzgesetzes erfassen sollen und können.

7. Vorgesetzte haben allein auf Ebene eines Teams die Möglichkeit, eine anonymisierte Auswertung der in der Shared Desk-Software verarbeiteten Daten zu erhalten.
8. Dieses Recht eines jeden Vorgesetzten ist auf seinen Bereich begrenzt.
9. Ist die Auswertungseinheit (Team) kleiner als fünf Personen, so ist eine anonymisierte Auswertung allein auf der nächstgrößeren betrieblichen Umsetzungseinheit zulässig.

§ 8 Rechte des Betriebsrates

1. Durch den Abschluss dieser Betriebsvereinbarung hat der Betriebsrat seine Mitbestimmungsrechte hinsichtlich einer Änderung der Betriebsorganisation, einer potentiellen Betriebsänderung, hinsichtlich potentieller mitbestimmungspflichtiger Versetzungen und hinsichtlich berührter sozialer Angelegenheiten, insbesondere hinsichtlich des Einsatzes der benannten Software, des Verhaltens im Betrieb sowie der gesundheitsschutzrechtlichen Prüfung des Shared Desk-Konzeptes ausgeübt.
2. Die Zustimmung gilt allein im Rahmen des hier Vereinbarten als erteilt und die Mitbestimmung allein insoweit als ausgeübt.

> **Hinweis:**
> Mit diesem Satz wird sichergestellt, dass diese weitreichenden Erklärungen des Betriebsrates nicht als ein rechtsunwirksamer Verzicht des Betriebsrates auf die Ausübung seiner Mitbestimmungsrechte gerichtlich ausgelegt werden.

3. Der Betriebsrat erhält vierteljährlich eine Auswertung der Nutzung des Shared Desk, aufgeschlüsselt nach Abteilungen, dem individuellen Umfang mobiler Arbeit und der Desk-Form in anonymisierter Form.

§ 9 Anlagen

1. Zu dieser Betriebsvereinbarung vereinbaren die Betriebsparteien folgende Anlagen: Standort, Abteilungen, IT-Ausstattung etc..

> **Hinweis:**
> In einer Anlage könnten z. B. im Falle einer KBV die Liste der an Shared-Desk teilnehmenden Standorte, im Falle einer lokalen BV die Liste der teilnehmenden Abteilungen aufgenommen werden oder generell auch Einzelheiten der persönlichen oder der Desk-bezogenen IT-Ausstattung aufgenommen werden. Diese Anlagen haben dann die Rechtsqualität einer Betriebsvereinbarung, ohne dass ein selbstständiger Verhandlungsprozess für jeden neu hinzutretenden Standort, jede neu hinzutretende Abteilung oder eine Veränderung der IT-Ausstattung initiiert werden muss und ohne dass dies jeweils als Anlass verwendet werden kann, zugleich die gesamte Betriebsvereinbarung zur Disposition zu stellen.

2. Die in dieser Betriebsvereinbarung genannten Anlagen sind Bestandteil der Betriebsvereinbarung.

Hinweis:
Mit einer solchen Regelung werden die Anlagen zur Vermeidung von Meinungsverschiedenheiten dem gleichen Bestandsschutz wie die Betriebsvereinbarung selbst unterstellt; dies gilt insbesondere hinsichtlich einer Nachwirkung, soweit diese gewollt und vereinbart ist.

3. Die Anlagen sind nicht isoliert kündbar.

Hinweis:
Die isolierte Kündbarkeit von Anlagen bietet sich dann an, wenn diese eigene, abgeschlossene Regelungsgegenstände, in der Regel Ausnahmen von der Betriebsvereinbarung, enthalten und die Betriebsvereinbarung ohne die Anlage einen sinnvollen, von den Betriebsparteien gewollten, Regelungsrest übrig behält.

4. Die Anlagen können einvernehmlich abgeändert werden, ohne dass dies einer Kündigung oder Abänderung der Betriebsvereinbarung im Übrigen bedarf.

Hinweis:
Dies gilt für einvernehmliche Änderungen an der Betriebsvereinbarung ohnehin, diese Regelung ist deswegen für Anlagen nur deklaratorisch.

5. Abweichungen von dieser Betriebsvereinbarung bedürfen im Übrigen stets des Einvernehmens beider Betriebsparteien.

§ 10 Weiterentwicklungsklausel

1. Jeder Mitarbeiter ist eingeladen, rechtzeitig und umfassend Anregungen und Verbesserungsvorschläge zum Shared Desk-System einzubringen.
2. Führen die Anregungen des Mitarbeiters nicht zu gewünschten Veränderungen und fühlt sich der Mitarbeiter durch das Desk-Sharing-System nicht optimal in seiner Arbeit unterstützt und gefördert, so hat er das Recht, sich mit einer Beschwerde an den Betriebsrat zu wenden. Hält der Betriebsrat die Beschwerde ganz oder teilweise für berechtigt, wird der Betriebsrat sich um einvernehmliche Abhilfe bemühen.
3. Scheitert die einvernehmliche Abhilfe, so kann der Betriebsrat die Beschwerde nach § 85 BetrVG behandeln.

Hinweis:
Dieses Recht kann in einer Betriebsvereinbarung nicht beschränkt werden, dieser Passus ist insofern deklaratorisch. Doch vermittelt er dem Betriebsrat Sicherheit, in allen Fällen, in denen die Beschwerde sich nicht offensichtlich allein auf einen Einzelfall beschränkt, auch über eine Einigungsstelle eine Abhilfe zu versuchen.

4. Die Betriebsparteien verpflichten sich das Shared Desk-System kontinuierlich weiterzuentwickeln. Hierzu können insbesondere Arbeitsgruppen eingesetzt werden, die Vorverhandlungen führen.
5. Um eine bedarfsgerechte Weiterentwicklung zu gewährleisten, wird der Arbeitgeber mindestens jährlich Umfragen zur Zufriedenheit mit dem Shared-Desk-System im Zusammenspiel mit mobiler Arbeit insgesamt durchführen. Der Inhalt dieser Umfragen bedarf der Zustimmung des Betriebsrates. Der Betriebsrat wird seine Zustimmungsbefugnis hierzu möglichst an die Mitglieder der Arbeitsgruppe delegieren.
6. Zusätzlich wird der Arbeitgeber anonymisierte Auswertungen zur Nutzung von mobiler Arbeit allgemein und Shared Desk im Besonderen durchführen. Datengrundlage sind dabei ausschließlich die von der Software Shared Desk verarbeiteten Daten. Jede Verhaltens- und Leistungskontrolle ist mit diesen Daten untersagt.

§ 11 Übergangsregelung

Mit dieser Betriebsvereinbarung wird die »Betriebsvereinbarung mobile Arbeit« nicht abgelöst, sondern sie tritt ergänzend neben sie.

Variante

Mit dieser Betriebsvereinbarung wird die »Betriebsvereinbarung mobile Arbeit« vom ... vollständig abgelöst.

Variante

Mit dieser Betriebsvereinbarung wird die »Betriebsvereinbarung Beschäftigungssicherung« vom ... teilweise abgelöst, sie gilt für die Abteilungen/die Standorte ... unverändert/ mit folgenden Modifikationen: ... fort.

§ 12 Laufzeit, Beendigung

1. Die Betriebsvereinbarung wird wirksam mit ihrer Unterzeichnung.

   Variante

   Die Betriebsvereinbarung tritt am ... in Kraft. Bis zum Zeitpunkt ihres Inkrafttretens ist sie ordentlich unkündbar.
2. Die Betriebsvereinbarung läuft auf unbestimmte Zeit.

   Variante

   Die Betriebsvereinbarung endet, ohne dass es einer Kündigung bedarf, am ....
3. Die Betriebsvereinbarung ist ordentlich kündbar mit einer Frist von sechs Monaten.

   Variante

   Die Betriebsvereinbarung ist ordentlich unkündbar.
4. Das Recht zur außerordentlichen fristlosen Kündigung aus wichtigem Grund bleibt unberührt.

§ 13 Nachwirkung

Die Betriebsvereinbarung wirkt im Falle ihrer Kündigung nach.

Hinweis:
Vereinbaren die Betriebsparteien nichts Abweichendes zur Nachwirkung, tritt eine in der Regel nicht gewollte Rechtsfolge nach Ablauf der ordentlichen Kündigungsfrist ein: Alle Gegenstände, die einem erzwingbaren Mitbestimmungstatbestand unterliegen, wirken nach, alle übrigen nicht. Einem solchen Skelett an nachwirkenden Regelungen baut diese Vereinbarung vor.

Variante
Die Betriebsvereinbarung wirkt im Falle einer ordentlichen Kündigung hinsichtlich der folgenden Gegenstände nach: .... Im Übrigen tritt keine Nachwirkung ein.
Variante
Die Betriebsvereinbarung wirkt im Falle einer Kündigung nicht nach.

§ 14 Salvatorische Klausel
Sollten einzelne Bestimmungen dieser Vereinbarung unwirksam sein oder werden, so bleiben die übrigen Bestimmungen hiervon unberührt. In diesem Fall verpflichten sich beide Seiten, für die ungültige Bestimmung eine neue, gültige Bestimmung zu vereinbaren, die dem Sinn der Früheren so weit wie möglich entspricht.

Ort, Datum, Unterschriften
Anlagen

17.2.7 Bring your own device (BYOD) BV 37

Hinweis:
Die Betriebsvereinbarung Bring your own device (BYOD) steht Ihnen in Bund-Online zur Verfügung. Informationen zur Registrierung finden Sie auf der vorderen Umschlaginnenseite.

17.2.8 Bildschirmarbeitsplätze BV 38

§ 1 Gegenstand und Geltungsbereich
1. Diese Betriebsvereinbarung regelt Maßnahmen zum Arbeits- und Gesundheitsschutz bei der Arbeit an Bildschirmgeräten, sowie Fragen der Qualifikation.
2. Die Betriebsvereinbarung gilt für alle Arbeitnehmer:innen, die an Bildschirmarbeitsplätzen arbeiten. Sie gilt auch für Arbeitnehmer:innen, die Zuhause arbeiten.
3. Sie gilt für die Bundesrepublik Deutschland.

Hinweis
Sofern Arbeitnehmer:innen regelmäßig von Zuhause aus arbeiten (feste Telearbeit, festes Homeoffice), muss sichergestellt werden, dass auch dort die Regeln zum Gesundheitsschutz Anwendung finden. Dies kann auch in einer gesonderten BV zu Fragen der mobilen Arbeit geregelt werden.

§ 2 Begriffsbestimmungen

Bildschirmgerät: Bildschirmgeräte sind Funktionseinheiten, zu denen insbesondere Bildschirme zur Darstellung von visuellen Informationen, Einrichtungen zur Dateneinund -ausgabe, sonstige Steuerungs- und Kommunikationseinheiten (Rechner) sowie eine Software zur Steuerung und Umsetzung der Arbeitsaufgabe gehören.
Bildschirmarbeitsplatz: Bildschirmarbeitsplätze sind Arbeitsplätze, die sich in Arbeitsräumen befinden und die mit Bildschirmgeräten und sonstigen Arbeitsmitteln ausgestattet sind.
Telearbeitsplätze sind vom Arbeitgeber fest eingerichtete Bildschirmarbeitsplätze im Privatbereich der Beschäftigten, für die Arbeitgeber und Beschäftigte die wöchentliche Arbeitszeit und die Dauer der Einrichtung festgelegt haben. Ein Telearbeitsplatz ist vom Arbeitgeber erst dann eingerichtet, wenn Arbeitgeber und Beschäftigte die Bedingungen der Telearbeit arbeitsvertraglich oder im Rahmen einer Vereinbarung festgelegt haben und die benötigte Ausstattung des Telearbeitsplatzes mit Mobiliar, Arbeitsmitteln einschließlich der Kommunikationseinrichtungen durch den Arbeitgeber oder eine von ihm beauftragte Person im Privatbereich des Beschäftigten bereitgestellt und installiert ist.
Betroffene Arbeitnehmer:innen sind Arbeitnehmer:innen, die nicht nur gelegentlich ein Bildschirmgerät zur Durchführung ihrer Arbeit benutzen.

> **Hinweis**
> Die Begriffsdefinitionen entstammen § 2 Abs. 5, 6 u. 7 ArbStättV. Sie sind hier zur Klarstellung und Information der Arbeitnehmer:innen noch einmal aufgeführt.

§ 3 Grundsätze zum Gesundheitsschutz

1. Maßnahmen zum Gesundheitsschutz sollen auf alle physischen und psychischen Faktoren zielen, die im Zusammenhang mit der Arbeit stehen und sich auf die Gesundheit auswirken.
2. Die Betriebsparteien sind sich darüber einig, dass der Gesundheitsschutz im Rahmen der Bildschirmarbeit sowohl den Interessen der Arbeitnehmer:innen dient als auch positive wirtschaftliche Effekte für das Unternehmen hat.
3. Für die Gestaltung der Bildschirmarbeitsplätze sowie für weitere Maßnahmen zum Arbeits- und Gesundheitsschutz sind der jeweilige Stand der Technik sowie die arbeitswissenschaftlichen Erkenntnisse maßgebend.
4. Effektiver Arbeits- und Gesundheitsschutz setzt eine entsprechende Motivation und Beteiligung der betroffenen Arbeitnehmer:innen voraus. Diese sind daher umfassend über alle gesundheits- und sicherheitsrelevanten Fragen im Zusammenhang mit ihrem Arbeitsplatz zu unterrichten.

§ 4 Ausschuss »Bildschirmarbeit«

1. Es wird ein paritätisch besetzter Bildschirm-Ausschuss gebildet. Jede Betriebspartei stellt … Mitglieder. Dem Ausschuss obliegt die Durchführung aller in dieser Betriebsvereinbarung festgelegten Maßnahmen und Prozesse.
   Dazu gehören folgende Aufgaben:

- Planung und Durchführung von Arbeitsplatzanalysen,
- Vorschläge für Maßnahmen zur Beseitigung festgestellter Gesundheitsgefahren und die Begleitung bei der Umsetzung,
- Festlegung von Informations- und Qualifikationsmaßnahmen (vgl. § 6),
- Fortschreibung des Anhangs Nr. 6 der ArbeitsstättenVO über an Bildschirmarbeitsplätze zu stellende Anforderungen.

2. Alle Abteilungen des Betriebs sowie sonstige Stellen, die im Zusammenhang mit Bildschirmarbeit eine Rolle spielen, haben mit dem Ausschuss zusammenzuarbeiten und ihm alle gewünschten Informationen zur Verfügung zu stellen.

Hinweis
Die Bildung eines solchen gemeinsamen Ausschusses kann die praktische Umsetzung der Betriebsvereinbarung erleichtern. Dies setzt allerdings eine gute Zusammenarbeit zwischen Unternehmen und Betriebsrat voraus. Wenn ein solcher Ausschuss nicht gebildet werden kann oder soll, obliegt die Durchführung der Betriebsvereinbarung dem Arbeitgeber.

§ 5 Beurteilung der Arbeitsbedingungen

1. Die mit der Bildschirmarbeit möglicherweise verbundenen Gesundheitsgefährdungen werden durch Arbeitsplatzanalysen ermittelt. Dabei sind unter dem Gesichtspunkt möglicher Gesundheitsgefährdung insbesondere zu überprüfen:
   - das Bildschirmgerät und Zusatzgeräte oder -einrichtungen,
   - die benutzte Software,
   - die weiteren Arbeitsmittel und die Arbeitsumgebung,
   - die Qualifikation und Unterweisung der betroffenen Arbeitnehmer:innen,
   - das Zusammenwirken der genannten Punkte.
   - Bei der Bewertung der untersuchten Arbeitsplätze wird der Anhang Nr. 6 der ArbeitsstättenVO in seiner jeweiligen Fassung zugrunde gelegt.
2. Arbeitsplätze mit gleichartigen Arbeitsbedingungen und Tätigkeiten werden zusammenfassend beurteilt. Es werden ein oder mehrere Arbeitsplätze bestimmt, welche die kennzeichnenden Merkmale aller zusammengefassten Arbeitsplätze repräsentieren.
3. Auf Grundlage der Arbeitsplatzanalyse werden zweckdienliche Maßnahmen zur Beseitigung festgestellter Gefährdungen vorgeschlagen und vereinbart.

§ 6 Beteiligung und Qualifizierung der betroffenen Arbeitnehmer:innen

1. Die Erfahrungen der betroffenen Arbeitnehmer:innen werden bei Einführung und Durchführung der Gestaltung der Bildschirmarbeitsplätze berücksichtigt. Arbeitnehmer können zur Gestaltung ihrer Arbeitsplätze Vorschläge machen. Näheres regelt der Bildschirmausschuss. Die Regelungen zum betrieblichen Vorschlagswesen werden hierdurch nicht berührt.
2. Im Rahmen der Unterrichtung über die Aspekte des Arbeits- und Gesundheitsschutzes an ihren Arbeitsplätzen werden die Arbeitnehmer:innen insbesondere informiert über:

- Kriterien für eine ergonomische Gestaltung des Arbeitsplatzes und ihre Bedeutung für den Gesundheitsschutz,
- weitere für den Arbeits- und Gesundheitsschutz durchzuführende Maßnahmen,
- Grundsätze ergonomischen Arbeitsverhaltens und mögliche Gefährdungen infolge eigenen Fehlverhaltens,
- Möglichkeiten, durch Ausgleichsgymnastik am Arbeitsplatz gesundheitlichen Gefahren der Bildschirmarbeit vorzubeugen.

Hinweis
Der Ausschuss muss auch klären, welche Fachkräfte diese Informationsveranstaltungen durchführen. Gibt es im Unternehmen spezielle Gesundheitsbeauftragte, kommen diese neben den Betriebsärzten in Frage.

3. Unterrichtung und Qualifizierung der Arbeitnehmer:innen erfolgt vor Aufnahme einer Bildschirmtätigkeit oder bei Wechsel des Bildschirmarbeitsplatzes bzw. Veränderung der Tätigkeit, soweit neue Anforderungen dies erforderlich machen.

Hinweis
Sofern solche Schulungen bisher nicht oder nicht in ausreichendem Umfang durchgeführt wurden, müssen diese für alle Arbeitnehmer:innen nachgeholt werden.

4. Die Unterrichtung und Qualifizierung hat auch gegenüber Leiharbeitnehmer:innen zu erfolgen, bevor diese ihre Arbeit aufnehmen.

§ 7 Richtlinien für die Gestaltung der Arbeitsbedingungen an Bildschirmarbeitsplätzen

1. Bei der Gestaltung von Bildschirmarbeitsplätzen sind mindestens die Regeln der Berufsgenossenschaft, die einschlägigen DIN- und ISO-Normen sowie der Anhang Nr. 6 zur ArbeitsstättenVO in der jeweils geltenden Fassung zu beachten.
2. Für die Arbeitsabläufe an Bildschirmarbeitsplätzen sind folgende Mindestbedingungen einzuhalten:
   - die Arbeitsplätze der Arbeitnehmer:innen und die zugeordneten Tätigkeiten sollen kontinuierliche Arbeit am Bildschirm nach Möglichkeit ausschließen,
   - die Arbeitsorganisation soll die Unterbrechung der Arbeit am Bildschirm nach einer Stunde durch andere Tätigkeiten möglich machen,
   - ist dies nicht möglich, hat der/die Arbeitnehmer:in nach einer Stunde eine Bildschirmpause von … . Diese wird nicht auf andere nach Gesetz bzw. Tarifvertrag zu gewährende Pausen angerechnet. Sie wird wie Arbeitszeit behandelt und bezahlt,
   - die Arbeit am Bildschirm soll nicht mehr als … % der täglichen Arbeitszeit umfassen

Hinweis
In der hier vorgeschlagenen Form sind die Bildschirmpausen zusätzliche Pausen, zu den nach Gesetz oder Tarifvertrag vorgesehenen.

§ 8 Besondere Regelungen für Arbeitnehmer:innengruppen

1. Soweit schwerbehinderte Arbeitnehmer:innen für die Tätigkeit auf Bildschirmarbeitsplätzen besondere Hilfsmittel, besondere Software usw. benötigen, sind diese zur Verfügung zu stellen. Die Entscheidung hierüber trifft der Bildschirmausschuss.
2. Schwangere Arbeitnehmerinnen sind auf Wunsch von der Bildschirmarbeit zu befreien.

Hinweis
Im Hinblick auf ein nicht auszuschließendes Strahlenrisiko bei normalen Bildschirmen, sollte Arbeitnehmer:innen diese Möglichkeit eingeräumt werden. Bei Flachbildschirmen besteht dieses Risiko nicht, die Klausel wäre dann überflüssig. Es kann auch vereinbart werden, dass Schwangeren ein Flachbildschirm zur Verfügung gestellt wird.

§ 9 Schlussbestimmungen
Diese Betriebsvereinbarung ist mit einer Frist von ... Monaten zum Schluss eines Kalenderjahres kündbar, erstmals zum Datum. Die Kündigung dieser Betriebsvereinbarung ist nur wirksam, wenn sie schriftlich erfolgt. Die Betriebsvereinbarung wirkt nach. Anlagen sind Bestandteil dieser Betriebsvereinbarung.

Ort, Datum, Unterschriften

17.2.9 Videoüberwachung

BV 39

Hinweis:
Die Betriebsvereinbarung Videoüberwachung steht Ihnen in Bund-Online zur Verfügung. Informationen zur Registrierung finden Sie auf der vorderen Umschlaginnenseite.

17.2.10 Mitarbeiterscreening – Gesamtbetriebsvereinbarung zur Einhaltung der OFAC-Standards

BV 40

Präambel
Firmenbezeichnung-GmbH (= Firma) ist aufgrund interner Regelungen gehalten, Daten von Mitarbeitern mit verschiedenen Sanktionslisten zu vergleichen. Insbesondere ist Firma als Tochtergesellschaft eines US Konzerns gehalten, die Regeln des Office of Foreign Asset Control (OFAC) des U.S. Department of Treasury einzuhalten. Auf Basis der US-Außenpolitik und den darin definierten Zielen zur nationalen Sicherheit reguliert das OFAC Wirtschafts- und Handelssanktionen gegen Staaten, Gesellschaften

sowie Individuen und sorgt für deren Durchsetzung. Die Befolgung der OFAC-Sanktionen ist für alle US-Bürger und US-Unternehmen (einschließlich der in anderen Ländern tätigen Tochter-Unternehmen und Niederlassungen) zwingend.
Als Teil seiner Maßnahmen veröffentlicht das OFAC eine Liste von Personen und Unternehmen, die sogenannten »Specially Designated Nationals« (»SDNs«). Insbesondere ist es US Unternehmen (einschließlich der in anderen Ländern tätigen Tochter-Unternehmen und Niederlassungen) verboten, mit diesen Personen oder Unternehmen Geschäfte zu tätigen. Unternehmen sind daher verpflichtet, Sanktionslisten mit Mitarbeiterdaten und Geschäftskontakten abzugleichen. Dies bedeutet insbesondere, dass Firma die Daten der Mitarbeiter[40] mit der SDN-Liste sowie mit weiteren Sanktionslisten vergleichen muss.
Vor diesem Hintergrund vereinbaren die Parteien Folgendes:

§ 1 Geltungsbereich

1. Diese Gesamtbetriebsvereinbarung gilt räumlich für die Betriebe der Firma in Deutschland.
2. Diese Gesamtbetriebsvereinbarung gilt persönlich für alle Mitarbeiter der Firma mit Ausnahme von Leitenden Angestellten gemäß § 5 Abs. 3 BetrVG.

§ 2 Mitarbeiterliste

1. Die örtliche HR-Abteilung erstellt anhand der in den internen Datenverarbeitungssystemen, z. B. dem System Loga, vorhandenen Daten eine Mitarbeiterliste nach dem als **Anlage 1** beigefügten Muster und aktualisiert diese monatlich. Dabei wird das als Anlage 1 beigefügte Muster vervollständigt, das von der Abteilung Financial Crime Unit (»FCU«) der Firma X in Ort zur Verfügung gestellt wird.
2. Folgende Daten werden bei Erstellung der Mitarbeiterliste verwendet:
   2.1 Interne Mitarbeiternummer
   2.2 Name des Mitarbeiters
   2.3 Anschrift (Straße, Hausnummer, Postleitzahl, Wohnort und Land des Wohnsitzes)
   2.4 Geburtsdatum
   2.5 Nationalität
3. Die jeweils aktualisierte Mitarbeiterliste wird monatlich an die Abteilung Financial Crime Unit (»FCU«) der Firma X in Ort zum Zwecke des Screening gemäß § 0 weitergeleitet. Diese Abteilung ist für die Risiken, die mit Finanzkriminalität und terroristischen Aktivitäten für das Geschäft der Firma einhergehen, verantwortlich. Die Weiterleitung der Mitarbeiterliste erfolgt per E-Mail, wobei die Liste passwortgeschützt ist.
4. Die Mitarbeiter werden von der Datenübermittlung unterrichtet.

40 Diese Gesamtbetriebsvereinbarung gilt für Mitarbeiterinnen und Mitarbeiter gleichermaßen. Gleichberechtigung ist gewährleistet. Lediglich zur Vereinfachung der Lesbarkeit dieser Gesamtbetriebsvereinbarung wird nur die männliche Form »Mitarbeiter« verwendet.

§ 3 Screening

1. Die Abteilung FCU gleicht diese Mitarbeiterliste monatlich mit nachfolgenden Sanktionslisten in der jeweils gültigen, aktualisierten Fassung ab:
   ...
   ...
   Diese Listen wurden bislang mehrmals jährlich, zum Teil mehrmals monatlich aktualisiert. Die Nummern der jeweils aktuell von der Abteilung FCU verwendeten Fassungen der Listen können bei der Abteilung FCU erfragt werden.
2. Der Abgleich der Mitarbeiterliste mit den Sanktionslisten erfolgt monatlich automatisch durch das System Compliance-Link (C-Link) im Wege eines sog. Batch Screening. Falls eine sofortige Einzel-Prüfung erforderlich wird, wird auf individueller Basis Zugang zum System E-Screen zur Verfügung gestellt. Das System E-Screen ermöglicht ein Echtzeit-Screening, interagiert mit dem System C-Link und benachrichtigt die FCU, wenn eine mögliche Übereinstimmung festgestellt wird.
   2.1 Die automatische Überprüfung durch das System C-Link, das auf einem Server in Ort, Land von der Abteilung FCU der Firma X betrieben wird, erfolgt wie folgt:
   2.1.1 Das System C-Link sucht bei der Überprüfung automatisch nach den Namen der Mitarbeiter und sog. Deskriptoren (z. B. nach Charles Taylor und C Taylor). Ferner sucht C-Link nach Varianten der Namen und Deskriptoren (z. B. Taylor Charles und Taylor C).
   2.1.2 Ferner sucht das System C-Link nach Synonymen auf der Mitarbeiterliste von den auf den Sanktionslisten genannten Namen und Begriffen.
   2.1.3 Schließlich führt C-Link eine sog. »Unschärfe-Suche« (»Fuzzy Matching«) durch. Dabei werden Varianten der Deskriptoren und Synonyme gesucht.
   2.2 Die automatische Überprüfung durch das System E-Screen, das ebenfalls auf einem Server in Ort, Land von der Abteilung FCU der Firma X betrieben wird, erfolgt wie folgt:
   2.2.1 Die Daten werden manuell durch den E-Screen-Nutzer eingegeben. Durch eine Verbindung zum System C-Link erfolgt ein Abgleich der Daten wie oben unter § 3, 2.1 beschrieben.
3. Falls der Abgleich mit weiteren Sanktionslisten erfolgen muss, werden die Parteien den Anwendungsbereich dieser Gesamtbetriebsvereinbarung durch eine Ergänzungsvereinbarung auf diese weiteren Sanktionslisten erweitern.

§ 4 Vorgehen bei einem »Treffer«

Falls die Abteilung FCU bei dem monatlichen Abgleich der Mitarbeiterliste mit den Sanktionslisten eine Übereinstimmung (»Treffer«) feststellt, gilt Folgendes:

1. Zunächst informiert die FCU die örtliche HR-Abteilung. Diese nimmt schnellstmöglich eine manuelle Überprüfung der unter § 2, 2. genannten Mitarbeiterdaten (d. h. von Name, Anschrift, Geburtsdatum und Nationalität) unter Vergleich mit den Angaben auf der jeweiligen Sanktionsliste vor. Ferner informiert die HR-Abteilung den örtlich zuständigen Betriebsrat über die von der FCU festgestellte Übereinstimmung sowie über das Ergebnis der manuellen Überprüfung durch die HR Abteilung.

Ferner erstellt FCU einen monatlichen Bericht für die Region gemäß dem als **Anlage 2** beigefügten Muster. Dieser Bericht wird an Positionen, Ort gesendet.

2. Kann durch die manuelle Überprüfung die Übereinstimmung der Identität des Mitarbeiters mit der auf der Sanktionsliste genannten Person ausgeschlossen werden, wird der Mitarbeiter über den Treffer und das Ergebnis der manuellen Überprüfung durch die HR-Abteilung informiert
3. Kann durch die manuelle Überprüfung der HR-Abteilung die Übereinstimmung der Identität des Mitarbeiters mit der auf der Sanktionsliste genannten Person nicht vollständig ausgeschlossen werden, wird der Mitarbeiter unter angemessener Fristsetzung zur Stellungnahme aufgefordert.
4. Kann die Übereinstimmung der Identität des Mitarbeiters und der auf der Sanktionsliste genannten Person nach Abschluss der vorgenannten Prüfungen – insb. nach Stellungnahme des Mitarbeiters nach § 4, 3. – nicht vollständig ausgeschlossen werden, wird die Firma die Compliance Abteilung der Firma X mit Sitz in Ort, Land, über die mögliche Übereinstimmung informieren und über das weitere Vorgehen beraten.

   Ferner wird Firma abhängig von den Umständen des Einzelfalls im Rahmen der geltenden gesetzlichen Bestimmungen
   - zunächst die Möglichkeit der Fortführung des Arbeitsverhältnisses (z.B. mit einer Genehmigung des OFAC)
   - und sodann gegebenenfalls arbeitsrechtliche Konsequenzen (z.B. eine Freistellung oder eine [außerordentliche] Kündigung) prüfen
   - sowie nach Beratung mit dem Betriebsrat die jeweils erforderlichen Maßnahmen ergreifen. Die Mitbestimmungsrechte des Betriebsrats nach §§ 99, 102 BetrVG bleiben von dieser Regelung unberührt.

§ 5 Datenspeicherung

1. Werden keine Übereinstimmungen festgestellt, werden Mitarbeiter-Daten von den Systemen C-Link und E-Screen nicht gespeichert.
2. Im Falle einer (möglichen) Übereinstimmung werden die jeweiligen Daten für die Dauer von fünf Jahren zu Dokumentationszwecken gespeichert. Zugang zu den gespeicherten Daten hat ausschließlich die Abteilung FCU mit Sitz in Land. Der Mitarbeiter wird von der Speicherung unterrichtet.

§ 6 Inkrafttreten und Laufzeit

Die Gesamtbetriebsvereinbarung tritt mit ihrer Unterzeichnung in Kraft. Sie kann mit einer Frist von 12 Monaten zum Ende eines Kalenderjahres gekündigt werden. Im Falle einer Kündigung entfaltet sie bis zum Abschluss einer neuen Vereinbarung Nachwirkung.

§ 7 Schlussbestimmungen

Sollte eine Regelung dieser Gesamtbetriebsvereinbarung unwirksam sein oder werden, so berührt dies die Wirksamkeit dieser Gesamtbetriebsvereinbarungen im Übrigen nicht. An die Stelle der unwirksamen Regelung werden die Parteien einvernehmlich eine Regelung setzen, die der unwirksamen Regelung nach ihrem wirtschaftlichen Zweck am nächsten kommt. Dasselbe gilt für den Fall einer vertraglichen Lücke.

Ort, Datum, Unterschriften

17.2.11 Gesamtbetriebsvereinbarung Mitarbeiterscreening zur Erfüllung der Vorgaben der sog. »EU-Antiterrorverordnungen«[41]

BV 41

Präambel

Mit dieser Gesamtbetriebsvereinbarung soll es dem Arbeitgeber ermöglicht werden, die zwingenden gesetzlichen Anforderungen umzusetzen, die die sog. »EU-Antiterrorverordnungen« enthalten. Gleichzeitig sollen die Persönlichkeitsrechte der Mitarbeiter gewahrt und garantiert werden.
Die Parteien dieser Gesamtbetriebsvereinbarung sind sich darüber einig, dass sich zwingende gesetzliche Kontrollen von personenbezogenen Daten auf das gesetzlich zwingend erforderliche Minimum beschränken müssen und dass bei allen Überprüfungen zugunsten der Mitarbeiter von der gesetzlichen Unschuldsvermutung auszugehen ist.

§ 1 Geltungsbereich

1. Diese Gesamtbetriebsvereinbarung gilt räumlich für alle Betriebe des Unternehmens in Deutschland.
2. Sie gilt persönlich für alle Arbeitnehmerinnen und Arbeitnehmer (im Folgenden: »Mitarbeiter«) nach § 5 Abs. 1 Betriebsverfassungsgesetz (BetrVG) einschließlich der Leiharbeitnehmer, aber mit Ausnahme der leitenden Angestellten nach § 5 Abs. 3 BetrVG. Der Arbeitgeber verpflichtet die leitenden Angestellten durch verbindliche Anweisung dazu, die in den Richtlinien enthaltenen Regelungen einzuhalten.
3. Die Gesamtbetriebsvereinbarung gilt sachlich für die Verarbeitung von personenbezogenen Mitarbeiterdaten, die durch die sog. »EU-Antiterrorverordnungen« gesetzlich zwingend vorgeschrieben ist.

§ 2 Zweck

Die Verarbeitung personenbezogener Mitarbeiterdaten darf nach dieser Gesamtbetriebsvereinbarung ausschließlich zur Durchführung eines gesetzlich zwingend vorgeschriebenen Abgleichs von Mitarbeiterdaten mit den von den zuständigen staatlichen Stellen der EU herausgegebenen »EU-Antiterrorlisten« erfolgen. Für einen Abgleich herangezogen werden können die folgenden »EU-Antiterrorlisten«:

- …
- …

41 Bearbeitet von Prof. Dr. Peter Wedde.

§ 3 Prüfverfahren

1. Für den Datenabgleich zuständig ist die Abteilung … . Diese Abteilung erstellt aus dem System … eine Liste aller Mitarbeiter, die ausschließlich die folgenden personenbezogenen Daten enthält (soweit vorhanden):
   a) Name
   b) Vorname
   c) Anschrift
   d) Geburtsort
   e) Geburtsdatum
2. Diese Liste wird einmalig elektronisch mit den Daten der in § 2 veröffentlichten »EU-Antiterrorlisten« abgeglichen.
3. Erneute Abgleiche erfolgen, sobald aktualisierte Ausgaben der in § 2 aufgeführten »EU-Antiterrorlisten« vorliegen. Der Abgleich beschränkt sich dann auf den Inhalt der neuen Listen. Für die Durchführung des Abgleichs wird jeweils die nach Abs. 1 zu erstellende Liste aktualisiert.
4. Mit den vorliegenden »EU-Antiterrorlisten« werden auch die in Abs. 1 genannten Daten von Bewerbern abgeglichen, deren Einstellung geplant ist.
5. Jeder Vergleich beschränkt sich auf die Originaldaten in unveränderter Form. Ein »Ähnlichkeitsvergleich« oder entsprechende Prüfverfahren finden nicht statt.
6. Alle Mitarbeiter sowie Bewerber werden über den vorzunehmenden Abgleich in geeigneter Form vorab unterrichtet.

§ 4 Umgang mit Übereinstimmungen

1. Gibt es eine Übereinstimmung von mindestens vier personenbezogenen Daten eines Mitarbeiters mit Daten zu einer Person in einer »EU-Antiterrorliste«, erfolgt unverzüglich eine manuelle Überprüfung des Sachverhalts durch die Kommission gemäß § 5.
2. Der von der Übereinstimmung betroffene Mitarbeiter wird über die Übereinstimmung unverzüglich informiert und um eine Stellungnahme hierzu gebeten, soweit dem nicht zwingende gesetzliche Geheimhaltungsgründe entgegenstehen.

§ 5 Kommission

1. Es wird eine innerbetriebliche Kommission gegründet, die tätig wird, wenn es zu Übereinstimmungen zwischen den Mitarbeiterlisten und »EU-Antiterrorlisten« kommt. Die Kommission besteht aus einem Vertreter des Arbeitgebers und einem Mitglied des Betriebsrats. Der Vertreter des Arbeitgebers darf gegenüber dem betroffenen Arbeitnehmer keine disziplinarische Funktion haben. Die Kommission soll den betroffenen Mitarbeiter anhören.
2. Die Kommission überprüft in dem in § 3 Abs. 1 beschriebenen Fall, ob es sich bei den betroffenen Mitarbeitern tatsächlich um eine in einer »EU-Antiterrorliste« genannte Person handelt.
3. Die Beratungen der Kommission sind vertraulich. Sie führt über jede Beratung ein Protokoll. Bezogen auf die betroffenen Mitarbeiter werden im Protokoll nur all-

gemeine Angaben zu den vorliegenden Übereinstimmungen und zu den betroffenen Personen verzeichnet. Nach Möglichkeit werden Pseudonyme verwendet.

4. Wird bei der Überprüfung in der Kommission einvernehmlich festgestellt, dass tatsächlich keine Identität zwischen einem Mitarbeiter und einer Person in der »EU-Antiterrorliste« gegeben ist, erfolgt diesbezüglich eine allgemeine Protokollierung. Diese beschränkt sich auf die Benennung des entsprechenden Eintrags in der »EU-Antiterrorliste«. Eine Benennung des betroffenen Mitarbeiters im Protokoll gibt es nicht. Mit der Protokollierung ist der Vorgang intern abgeschlossen.
5. Gibt es bei der Überprüfung in der Kommission kein Einvernehmen darüber, ob eine Übereinstimmung besteht oder nicht, findet eine weitere Beratung in der Kommission unter Zuziehung eines Mitglieds der Geschäftsleitung und der/des Vorsitzende(n) des Gesamtbetriebsrats statt. Führt auch diese Beratung zu keiner einvernehmlichen Festlegung, kann eine Information der zuständigen staatlichen Stellen erfolgen, verbunden mit der Bitte um einen Hinweis zum weiteren Vorgehen. Erfolgt von dort ein Hinweis, soll die Kommission diesem folgen.
6. Wird bei der Überprüfung von den Mitgliedern der Kommission einvernehmlich festgestellt, dass nach den vorliegenden Informationen eine Übereinstimmung zwischen einem Mitarbeiter und einer Nennung in einer »EU-Antiterrorliste« besteht, werden sowohl die zuständigen staatlichen Stellen als auch der betroffene Mitarbeiter unverzüglich hierüber informiert.

§ 6 Folgen einer Übereinstimmung

1. Wird gemäß § 5 Abs. 6 eine Übereinstimmung festgestellt oder leitet sich diese aus einem Hinweis der zuständigen staatlichen Stellen gemäß § 5 Abs. 5 ab, informiert der Arbeitgeber den betroffenen Mitarbeiter unverzüglich über den Sachverhalt und die hieraus resultierenden rechtlichen Folgen.
2. Der Arbeitgeber kann den Mitarbeiter von der Arbeit freistellen.
3. Bestreitet der Mitarbeiter die Übereinstimmung zwischen seiner Person und einem Eintrag in einer »EU-Antiterrorliste«, verzichtet der Arbeitgeber bis zur abschließenden Klärung des Sachverhalts durch die zuständige staatliche Stelle auf eine Beendigungskündigung. Er unterstützt den betroffenen Mitarbeiter zudem in diesen Fällen bei der Wahrnehmung seiner Rechte, etwa durch Stellung eines Rechtsanwalts, soweit dies rechtlich zulässig ist.
4. Wird durch die zuständige staatliche Stelle festgestellt, dass tatsächlich keine Übereinstimmung vorliegt, beschäftigt der Arbeitgeber den Mitarbeiter zu unveränderten Bedingungen weiter.

§ 7 Datenschutz

Diese Gesamtbetriebsvereinbarung ist keine datenschutzrechtliche Grundlage für die Verarbeitung von personenbezogenen Mitarbeiterdaten im Sinne von § 26 Abs. 4 Bundesdatenschutzgesetz.

§ 8 Leistungs- und Verhaltenskontrollen
Die Verarbeitung von personenbezogenen Mitarbeiterdaten darf auf Grundlage dieser Gesamtbetriebsvereinbarung ausschließlich für den in § 2 genannten Zweck erfolgen. Die Verarbeitung dieser Daten für Verhaltens- oder Leistungskontrollen außerhalb dieses Zwecks ist unzulässig.

§ 9 Inkrafttreten und Kündigung
1. Die Betriebsvereinbarung tritt mit ihrer Unterzeichnung in Kraft.
2. Sie kann mit der gesetzlichen Frist von drei Monaten gekündigt werden. Im Falle einer Kündigung entfaltet sie bis zum Abschluss einer neuen Vereinbarung Nachwirkung.

Ort, Datum, Unterschriften

17.2.12 Authorized Economic Operator (AEO) – Bekannter Versender

BV 42

Präambel
Um die durchgängige internationale Lieferkette (»end-to-end supply chain«) von der Herstellung der Ware bis zur Lieferung an den Endverbraucher abzusichern, können Wirtschaftsbeteiligte den Status eines sogenannten AEO (Authorized Economic Operator) bzw. in deutscher Übertragung den Status eines zugelassenen Wirtschaftsbeteiligten (ZWB) beantragen. Diese Zertifizierung durch den Zoll zum AEO stellt neben dem erleichterten Zugang zu zollrechtlichen Vereinfachungen ebenfalls ein wesentliches Element des EU-Sicherheitskonzepts dar, denn an die Bewilligung dieses Status sind Voraussetzungen der Zuverlässigkeit und Zahlungsfähigkeit sowie die Einhaltung der Rechtsvorschriften und die Erfüllung der Sicherheitsstandards geknüpft.
Das Zertifikat zum AEO ist in allen Mitgliedstaaten der EU gültig und zeitlich nicht befristet. Eine Beantragung ist in drei Variationen möglich:
1. AEO-C: Zollrechtliche Vereinfachungen
2. AEO-S: Erleichterungen bezüglich der Sicherheitsmaßnahmen
3. AEO-F: Kombination von AEO-C und AEO-S

Die Gesellschaft liefert im Rahmen ihrer Geschäftstätigkeit ihre Produkte überwiegend in das europäische und außereuropäische Ausland. Zum Erhalt des heutigen Status (»Bekannter Versender«) sowie zur Sicherstellung der Wettbewerbsfähigkeit wird der Antrag zum »behördlich anerkannten Bekannten Versender« und zum AEO-C gestellt. Im weiteren Schritt wird die Zertifizierung zum AEO-S und ergänzend zum AEO-F angestrebt.
Durch den »Bekannter Versender-Status« kann die Gesellschaft Luftfracht- und Luftpostsendungen ohne zusätzliche Verzögerungen versenden. Es werden keine zusätzlichen Prüfungen und Sicherheitskontrollen gefordert. Wird der »Bekannter Versender-Status« der Gesellschaft entzogen, hätte dies steigende Frachtkosten für das Versenden sowie längere Lieferzeiten der Produkte zur Folge.
Nach der Abgabe der Anträge zum:
- Behördlich Anerkannter Bekannter Versender
- AEO-C

wird das Unternehmen im nächsten Schritt die Zulassung zum AEO-S und AEO-F beantragen. Über die dann notwendigen Maßnahmen zum Erreichen des AEO-S und AEO-F Status wird der Betriebsrat rechtzeitig informiert und ggf. diese Betriebsvereinbarung entsprechend angepasst.
Im Rahmen dieser Antragstellung werden in der folgenden Betriebsvereinbarung die Rechte und Pflichten beider Parteien (Arbeitgeber und Arbeitnehmer) geregelt.

§ 1 Geltungsbereich der Betriebsvereinbarung
Diese Betriebsvereinbarung gilt für sämtliche im Betrieb der Gesellschaft am Standort ... beschäftigten Arbeitnehmer und Arbeitnehmerinnen der Gesellschaft.

§ 2 Ziel der Vereinbarung
Beide Vertragsparteien sind sich über die folgenden Ziele der Betriebsvereinbarung einig:

- Erhalt des Status »Bekannter Versender« und dadurch zu erzielende Arbeitserleichterung und Kostenersparnis im Bereich Logistik
- Gewährleistung einer hohen Arbeitsqualität für die Benutzer des Systems und des Unternehmens
- Schutz der Persönlichkeitsrechte der Beschäftigten, insbesondere der Schutz vor technischer Überwachung ihrer Leistung und/oder ihres Verhaltens

§ 3 Personenbezogene Daten
Grundsätzlich werden nur Daten der Mitarbeiterinnen und Mitarbeiter, deren Aufgabe das Fertigen von Luftpost- oder Luftfrachtsendungen und die Erstellung betroffener Dokumentation (im Sinne der gesetzlichen Grundlagen des »Bekannter Versender« und AEO-C/S) ist, an die Behörden übermittelt. Für das Verfahren werden nachfolgende personenbezogene Daten an die zuständigen Behörden übermittelt, soweit die jeweiligen Mitarbeiterinnen und Mitarbeiter der Weiterleitung der Daten zugestimmt haben.

- Name, Vorname
- Geburtsdatum
- Tätigkeit
- Stellung im Unternehmen
- Aus- und Weiterbildungsmaßnahmen im Zusammenhang mit der Zollabwicklung

Die Weitergabe und Speicherung der Daten der Mitarbeiter erfolgt unter Beachtung der datenschutzrechtlichen Bestimmungen.

§ 4 Bereits Beschäftigte/Leiharbeitnehmer/Neue Arbeitnehmer
Mitarbeiterinnen und Mitarbeiter, deren Aufgabe das Fertigen von Luftpost- oder Luftfrachtsendungen und die Erstellung betroffener Dokumentation enthält, werden im Sinne der gesetzlichen Grundlagen des »Bekannter Versender« und AEO-C auf Zuverlässigkeit überprüft.

Die betroffenen Beschäftigten müssen ein einfaches Führungszeugnis bei der Personalabteilung einreichen. Die Kosten für die Ausstellung des Führungszeugnisses werden vom Unternehmen gegen Nachweis übernommen.

§ 5 Schutz vor Leistungskontrolle und Überwachung

Sofern durch die Bestimmungen des »Bekannten Versenders«, AEO-C, AEO-S oder AEO-F Maßnahmen, Auswertungen oder Aufzeichnungen von Arbeitsleistungen der Mitarbeiterinnen und Mitarbeiter notwendig werden, sind die Persönlichkeitsrechte der Mitarbeiterinnen und Mitarbeiter zu achten. Die Verwendung gewonnener Daten für Zwecke der Leistungs- und Verhaltenskontrolle ist unzulässig und unwirksam, auch wenn sie als Nebenprodukt einer bestimmungsgemäßen Nutzung, Auswertung oder Aufzeichnung anfallen. Andere als die in dieser Betriebsvereinbarung aufgeführten Auswertungen bedürfen der vorhergehenden Zustimmung des Betriebsrats. Der Datenschutzbeauftragten soll über solche Auswertungen informiert werden.

§ 6 Sachbearbeiterkennung

Die in den Datensätzen im SAP-System gespeicherten Namen bzw. Benutzerkennungen werden nur zur Kenntlichmachung von zuständigen Personen im Einzelfall (z.B. bei Buchungen) benutzt und in entsprechenden, jeweils auf den einzelnen Vorgang bezogenen, Anzeigen bzw. Ausdrucken des Systems verwendet. Die Daten werden erfasst, aber nicht zur Leistungsbewertung oder -kontrolle ausgewertet.

Programmfunktionen, die Statistiken oder Auswertungen auf Basis von Mitarbeiterkennzeichen erstellen, sind unzulässig. Der Name oder das Kürzel der SAP-Endbenutzer erscheinen nicht als Auswahlfelder in den Aufrufdialogen, die den SAP-Programmen vorgeschaltet sind.

Im Bedarfsfalle sind personenbezogene Auswertungen mit Zustimmung des Betriebsrats und des Datenschutzbeauftragten möglich.

Von der vorgenannten Regelung ausgenommen ist das Auffinden der von einem/r Mitarbeiter/in bearbeiteten Vorgänge unter seinem/ihrem eigenen Namen bzw. Namenskürzel. Bei solchen Wiedervorlage- und Terminkontrollfunktionen, die über den Benutzernamen gesteuert werden, ist der Zugriff auf diese Funktionen ausschließlich an die Berechtigung des betroffenen Benutzers bzw. seines Vertreters gebunden. Die Vertretungsregelungen sind innerhalb der Arbeitsgruppen zu vereinbaren; Vorgesetzte übernehmen solche Funktionen nur mit Zustimmung des Betriebsrats.

Felder mit Sacharbeiteridentifizierungen werden für die ABAP-Kontrollfunktionen (Instrumente) auf Endbenutzerebene (wie z.B. ABAP-Query oder ähnliche) sowie für Datenübertragungsprogramme vom SAP-System auf der PC-Anwenderebene grundsätzlich nicht freigegeben.

§ 7 Beweisverwertungsverbot

Sollten leistungs- oder verhaltensbezogene Daten unter Verstoß gegen diese Betriebsvereinbarung erhoben oder verarbeitet werden, so sind sie als Beweismittel zur Begründung personeller Maßnahmen unzulässig und hierauf gestützte personelle Einzelmaßnahmen unwirksam.

§ 8 Beteiligung und Mitbestimmung des Betriebsrates, Verfahrensregelungen, Konfliktklausel

Die Einführung des AEO-S und AEO-F Systems wird sich voraussichtlich von Datum bis Ende Datum erstrecken. Der Betriebsrat wird rechtzeitig und laufend über die Maßnahmen und Veränderungen, die sich durch die Forderungen des »Bekannten Versender« und der AEO-Zertifizierungen ergeben, unterrichtet. Er erhält grundsätzlich das Recht auf Einsicht in alle Unterlagen, die im Zusammenhang mit dem »Bekannten Versender« und den AEO-Zertifizierungen erstellt werden. Ausgenommen sind Unterlagen, die einer Geheimhaltung im Sinne der »Bekannter Versender«-Regelungen unterliegen.

§ 9 Härtefallregelungen

Betriebsrat und Gesellschaft wirken auf einvernehmliche Lösungen hin, wenn Beschäftigte aufgrund der gesetzlichen Bestimmungen des »Bekannten Versenders« und der AEO-Zertifizierungen für die bisherige Arbeitsaufgabe persönlich als ungeeignet erscheinen. Der betroffene Arbeitnehmer hat Anspruch auf einen vergleichbaren Arbeitsplatz.

§ 10 Kündigungsfrist/Nachwirkung

Diese Betriebsvereinbarung tritt mit Unterschrift in Kraft. Sie ist auf unbestimmte Zeit abgeschlossen und kann von beiden Parteien mit einer Frist von 3 Monaten zum Monatsende gekündigt werden. Im Falle ihrer Kündigung wirkt die Betriebsvereinbarung nach.

Ort, Datum, Unterschriften

17.2.13 Firmenkreditkarte

BV 43

Zwischen
der Z-AG, zugleich handelnd für die konzernangehörigen inländischen Beteiligungsgesellschaften
und dem
Konzernbetriebsrat der Z-AG
wird zum Zwecke der **Einführung von Firmenkreditkarten** (corporate cards) der Servicekarten-GmbH
Folgendes vereinbart:

§ 1 Geltungsbereich

(1) Diese Vereinbarung gilt für die Z-AG und für alle inländischen Beteiligungsgesellschaften der Z-AG, sofern sich diese dem zwischen der Z-AG und der Servicekarten-GmbH vereinbarten Mastervertrag über die Einführung der Firmenkreditkarte »Servicekarten-GmbH« durch Abschluss einer Rahmenvereinbarung anschließen. Über den Abschluss einer Rahmenvereinbarung wird der zuständige Betriebsrat rechtzeitig

unterrichtet. Der Mastervertrag berücksichtigt die mit dem Konzernbetriebsrat in dieser Konzernbetriebsvereinbarung geregelten Grundsätze.
(2) Mitarbeiterseitig gilt sie für alle Mitarbeiterinnen und Mitarbeiter der teilnehmenden Unternehmen (aus Gründen der Vereinfachung im Folgenden »Mitarbeiter« genannt), die einen Kartenantrag zum Zwecke des Erwerbs bzw. der Nutzung einer Firmenkreditkarte stellen. Dazu berechtigt sind alle sog. Vielreisenden. Als Vielreisender gilt jeder Mitarbeiter, der einen geschäftsreisenbezogenen Kartenumsatz von mindestens 200 Euro pro Jahr tätigt. Die Beantragung der Firmenkreditkarte ist aber auch für diesen Mitarbeiterkreis freiwillig.
(3) Die in den Unternehmen bzw. den Betrieben des Konzerns bestehenden Reisekostenabrechungssysteme bleiben von dieser Konzernbetriebsvereinbarung ebenso unberührt wie die insoweit etwa bestehenden Beteiligungsrechte der jeweiligen Betriebsräte.

§ 2 Beantragung der Firmenkreditkarte
(1) Die Beantragung der Firmenkreditkarte erfolgt unter Nutzung des jeweils gültigen Antragsformulars der Servicekarten-GmbH. Änderungen des Antragsformulars sind dem Konzernbetriebsrat zum Zwecke der Prüfung, ob hierdurch Beteiligungsrechte berührt sind, rechtzeitig vorher mitzuteilen. Das derzeit gültige Antragsformular ist dieser Vereinbarung als **Anlage** beigefügt. Die Angaben zu Familienstand, Bruttojahreseinkommen, Immobilieneigentum und dem Besitz von Kreditkarten sind freiwillig.
(2) Aufgrund der Regelungen des Geldwäschegesetzes ist eine Legitimierung des Karteninhabers zwingend erforderlich. Die Legitimierung kann durch alle zugelassenen Stellen, vor allem durch das kontoführende Kreditinstitut des Mitarbeiters, durch das Einwohnermeldeamt sowie durch berechtigte Mitarbeiter des Unternehmens erfolgen. Soll die Legitimierung durch einen Mitarbeiter des Unternehmens erfolgen, bedarf es dazu der vorherigen Erteilung der Berechtigung zur Legitimationsprüfung durch die Servicekarten-GmbH.
(3) Der Kartenantrag wird unmittelbar von der legitimierenden Stelle an die Servicekarten-GmbH zur weiteren Bearbeitung versandt.
Der Versand der Karte erfolgt durch die Servicekarten-GmbH direkt an die Privatadresse des Mitarbeiters.
(4) Es erfolgt keinerlei Rückmeldung an das Unternehmen im Falle der Ablehnung des Antrags nach Bonitätsprüfung. Dies wird die Z-AG im Verhältnis zu der Servicekarten-GmbH durch geeignete Maßnahmen sicherstellen.
(5) Der Mitarbeiter hat die Möglichkeit, eine Zweitkarte für private Zwecke zu beantragen. Die Kosten dafür betragen zurzeit 15 Euro pro Jahr. Für die Zweitkarte gilt das Vorbeschriebene in gleicher Weise.

§ 3 Nutzung der Firmenkreditkarte
(1) Die Nutzung der Firmenkreditkarte ist für Ausgaben bei Geschäftsreisen und für sonstige Ausgaben für betriebliche Zwecke vorgesehen.
(2) Die Nutzung der Firmenkreditkarte umfasst die Möglichkeit der Bargeldbeschaffung am Geldautomat gegen Gebühr; diese Gebühren werden vom Unternehmen

getragen, sofern die Bargeldbeschaffung für dienstliche Zwecke erforderlich ist. Die Nutzung der Firmenkreditkarte beinhaltet außerdem zusätzliche Versicherungsleistungen bei der An- und Abfahrt zu/von Leistungsträgern, deren Leistung mit der Firmenkreditkarte bezahlt wird. Dabei handelt es sich z.B. um Leistungen bei Vollinvalidität, Verkehrsmittelunfallversicherung bei Tod/Invalidität, Bergungskosten und Krankenhaustagegeld. Über die genauen Versicherungsleistungen und die dafür gültigen Bedingungen wird der Karteninhaber durch die Versicherungsbestätigung, die zusammen mit der Karte versandt wird, informiert.

(3) Die Abrechnung der Umsätze durch die Servicekarten-GmbH erfolgt monatlich zum 5. des Monats. Am 5. des Monats wird dem Mitarbeiter derzeit in Papierform die monatliche Abrechnung an seine Privatadresse gesandt. Sofern der 5. des Monats auf einen Samstag, Sonn- oder Feiertag fällt, erfolgt die Abrechnung und deren Versand am nächsten darauffolgenden Werktag.

(4) Die Abrechnung der bei der Geschäftsreise mit der Firmenkreditkarte beglichenen Rechnungen erfolgt über das Privatkonto des Mitarbeiters bargeldlos per Lastschrifteinzug. Bei dem Privatkonto des Mitarbeiters kann es sich um das Gehaltskonto oder ein gesondertes Konto des Mitarbeiters handeln. Der Lastschrifteinzug erfolgt bei der Firmenkreditkarte zum vereinbarten Zahlungsziel von 28 Kalendertagen ab Rechnungsstellung. Dadurch soll gewährleistet werden, dass das Unternehmen die Reisekosten des Mitarbeiters bei zeitnaher Abrechnung der Reisekosten dem Privatkonto des Mitarbeiters bereits gutgeschrieben hat, bevor der Lastschrifteinzug erfolgt (keine Vorfinanzierung durch den Mitarbeiter).

§ 4 Auswertungen, Weitergabe personenbezogener Daten

(1) Das jeweilige Unternehmen ist berechtigt, folgende Auswertungen der Kartenumsätze nach Leistungen vorzunehmen bzw. durch die Servicekarten-GmbH vornehmen zu lassen:

- Umsätze Flugaufkommen gesamt und nach Airline
- Umsätze Hotelketten und Hotels gesamt und je Hotelkette bzw. Hotel
- Umsätze Bahnreisen gesamt und nach Strecken
- Umsätze Mietwagenunternehmen gesamt und je Mietwagenunternehmen
- Umsätze sonstiger Ausgaben als Gesamtsummen (datentechnisch nicht aufgeschlüsselt nach personenbezogenen oder personenbeziehbaren Einzelpositionen).

Die Auswertungen können nach Bedarf monatlich, quartalsweise oder jährlich vorgenommen werden. Sie können je Standort, Betrieb, Unternehmen, sparten- bzw. teilkonzernbezogen oder konzernbezogen erfolgen.

(2) Die Einführung der Firmenkreditkarte dient nicht der Leistungs- und/oder Verhaltenskontrolle von Mitarbeitern. Dementsprechend werden dem jeweiligen Unternehmen durch das Datenbanksystem des Kartenanbieters keine personenbezogenen oder personenbeziehbaren Transaktionsdaten zu den Ausgaben zur Verfügung gestellt. Dies wird die Z-AG im Verhältnis zu der Servicekarten-GmbH durch Abschluss einer vertraglichen Regelung sicherstellen.

(3) Im Rahmen der Buchung bzw. Reservierung von Leistungen, deren Bezahlung mit der Firmenkreditkarte erfolgt, ist zum Zwecke der Vereinfachung der Abwicklung die

Weitergabe des vollständigen Namens sowie die Angabe der Kartennummer an die Reisestelle, bzw. die Weitergabe dieser Daten seitens der Reisestelle an den Leistungsträger (z.B. Airline, Hotel, Bahn, Mietwagenunternehmen) erforderlich.

§ 5 Information der Mitarbeiter
Im Rahmen der Einführung der Firmenkreditkarte sollen die Mitarbeiter in geeigneter Form über die Modalitäten der Beantragung und Nutzung der Karte informiert werden.

§ 6 In-Kraft-Treten, Laufzeit, Sonstiges
(1) Diese Vereinbarung tritt mit Unterzeichnung beider Parteien in Kraft und gilt auf unbestimmte Zeit. Sie kann unter Einhaltung einer Frist von drei Monaten zum Ende eines jeden Kalenderjahres von beiden Parteien schriftlich gekündigt werden, erstmals zum Datum.
(2) Die Gültigkeit und Laufzeit zum Zeitpunkt der Beendigung dieser Vereinbarung bereits in Nutzung befindlicher Firmenkreditkarten bleibt von dieser Konzernbetriebsvereinbarung unberührt.

Ort, Datum, Unterschriften

Anlage

18. Mitarbeiterkontrollen

18.1 Einleitung

Kontrollen der Mitarbeiter vor allem beim Verlassen des Betriebsgeländes sind seit jeher verbreitet. Sie dienen zum einen der Diebstahlprävention und ergänzen zum anderen als Interventionsmaßnahme zumeist elektronische Überwachungssysteme, wie Videoüberwachung oder Warensicherungen.
Je eigenständiger und unüberwachbarer Mitarbeiter auf dem Werks- oder Betriebsgelände mit hohen, insbesondere gegenständlich kleinen, leicht transportablen Wertgegenständen des Unternehmens umgehen, desto engmaschiger erfolgt in der Regel die Kontrolle. Differenzierungen nach Tätigkeitsbereich, ob Produktion oder Verwaltung, sind zulässig.
Durchgeführt werden Torkontrollen zumeist punktuell, entweder aufgrund eines Zufallsgenerators oder stichprobenhaft, durch Personal individuell ausgewählt.
Mit der zunehmenden Technisierung steigt auch die Intensität der Kontrolle. Neben einer optischen Inaugenscheinnahme mitgeführter Rucksäcke oder Taschen

und/oder einer Leibesvisitation kommen zunehmend elektronische Metall- oder Körperscans zum Einsatz. Hierdurch werden Eingriffe in das allgemeine Persönlichkeitsrecht der kontrollierten Mitarbeiter vertieft.
Das Bundesarbeitsgericht hält Torkontrollen für grundsätzlich zulässig und per Betriebsvereinbarung regelbar (BAG 15.4.2014 – 1 ABR 2/13, NZA 2014, 551). Die Betriebsvereinbarung muss die Intensität der Kontrolle in ein angemessenes Verhältnis zum Anlass, insbesondere zur wirtschaftlichen Gefährdung des Unternehmens, setzen. Vor allem der Umgang mit elektronischen Kontrollen rückt in jüngerer Zeit unter datenschutzrechtlichen Aspekten zunehmend in den Fokus.

18.2 Betriebsvereinbarung Torkontrollen

BV 44

Präambel
Mit dieser Betriebsvereinbarung verfolgen Arbeitgeber und Betriebsrat das gemeinsame Ziel, Diebstähle im Betrieb zulasten des Betriebs und damit auch aller Mitarbeiter zu verhindern. Dabei soll die Intensität der Kontrolle so gering wie möglich gehalten und jedwede Form von Diskriminierung vermieden werden.

§ 1 Geltungsbereich
Diese Betriebsvereinbarung gilt für alle im Betrieb ... tätigen Mitarbeiter.
Variante (zur Beschränkung auf einzelne Betriebe)
Diese Betriebsvereinbarung gilt nur für die Abteilungen Produktion.........
Der Arbeitgeber verpflichtet sich, gegenüber den leitenden Angestellten eine Kontrolle anzuordnen und durchzuführen, die dem hier Vereinbarten entspricht und die Einbeziehung der leitenden Angestellten in nach einem Zufallsprinzip durchgeführte Torkontrollen zulässt.

> **Hinweis:**
> Eine Betriebsvereinbarung kann keinerlei Sachverhalte gegenüber leitenden Angestellten im Sinne des § 5 Abs. 3 BetrVG regeln. Doch kann mit einem solchen Satz, der bloß eine Regelungsabrede und keine Betriebsvereinbarung ist, sichergestellt werden, dass auch leitende Angestellte bezüglich der Kontrollen genauso behandelt werden wie alle anderen Mitarbeiter. Diese Verpflichtung ist für den Arbeitgeber in rechtlicher Hinsicht verbindlich und für den Betriebsrat justiziabel, allerdings nicht für die Mitarbeiter.

Variante (zur Einbeziehung leitender Angestellter, falls ein Sprecherausschuss besteht)
Der Arbeitgeber wird gegenüber den leitenden Angestellten mit dem Sprecherausschuss eine Richtlinie mit unmittelbarer und zwingender Wirkung vereinbaren, in welcher die Parteien vereinbaren, leitende Angestellte einer Kontrolle zu unterziehen, die dem hier Vereinbarten entspricht und z. B. die Einbeziehung der leitenden Angestellten in nach einem Zufallsprinzip durchgeführte Torkontrollen zulässt.

Hinweis:
Eine Richtlinie ist das Gestaltungselement gegenüber leitenden Angestellten (§ 28 Sprecherausschussgesetz), ähnlich der Betriebsvereinbarung. Die unmittelbare und zwingende Wirkung einer Richtlinie ist anders als in einer Betriebsvereinbarung fakultativ. Sie muss ausdrücklich vereinbart werden.

§ 2 Torkontrolle

1. Der Arbeitgeber darf Torkontrollen durchführen.
2. Kontrollen finden an beiden Ausgängen des Werksgeländes (Tor 1 und Tor 2) statt. Mitarbeiter dürfen das Werksgelände außer in Notfällen nur durch diese beiden Tore betreten und verlassen. Sie haben dabei das Drehkreuz zu passieren. Die Mitarbeiter sind hierbei verpflichtet, sich vor dem Passieren des Drehkreuzes durch Vorhalten des persönlichen Identitätsausweises vor das dort angebrachte Lesegerät zu identifizieren.

Hinweis:
Indem der Firmenparkplatz außerhalb des eingezäunten Werksgeländes eingerichtet wird, kann sichergestellt werden, dass jeder Mitarbeiter das Werksgelände nur zu Fuß betreten und verlassen kann. Dies erleichtert die Kontrolle erheblich.

3. Das Drehkreuz ist während der Betriebszeiten nach Freigabe durch Vorhalten des persönlichen Identitätsausweises in der Regel frei beweglich. Nach Auswahl durch einen elektronischen Zufallsgenerator sperrt das Kreuz jedoch von Zeit zu Zeit nach Vorhalten des Werksausweises den Durchgang. In diesen Fällen muss sich der zufällig ausgewählte Mitarbeiter einer Kontrolle unterziehen.
4. Die Kontrolle findet durch die am jeweiligen Werkstor eingesetzten Mitarbeiter des Wachschutzes statt. Die Kontrolle ist im Pförtnerraum durchzuführen. Der Raum muss hierbei im Rahmen der baulichen Gegebenheiten von außen einsehbar sein. Weder darf die Tür abgeschlossen noch das Fenster zugehangen werden.
5. Der zu kontrollierende Mitarbeiter hat dem Mitarbeiter des Werkschutzes Einblick in sämtliche mitgeführten Handtaschen, Aktentaschen, Rucksäcke, Koffer etc. zu gewähren.
6. Hat der Mitarbeiter des Werkschutzes einen begründeten Verdacht, darf er den Mitarbeiter auffordern, den Inhalt aller Taschen, einschließlich der Taschen der Kleidungsstücke, wie Jackentaschen, Hosentaschen oder Hemdtaschen, auszuleeren. Möchte der Mitarbeiter dem nicht Folge leisten, so hat der Mitarbeiter des Werkschutzes die Polizei zu verständigen. Eine weitergehende Kontrolle darf allein durch sie durchgeführt werden.

Hinweis:
Auch eine Betriebsvereinbarung kann Mitarbeiter nicht wirksam dazu verpflichten, die Durchsuchung von Taschen der Kleidungsstücke zu dulden.

7. Jeder Mitarbeiter soll für alle im Eigentum des Arbeitgebers stehenden Gegenstände, die er beim Verlassen des Werksgeländes bei sich führt, einen geeigneten Berechtigungsausweis mit sich führen. Diese Verpflichtung entfällt für diejenigen Gegenstände (Dienstlaptop, Diensthandy etc.), die als solche markiert sind. Diese werden lediglich protokollarisch aufgenommen.
8. Hat der Werkschutz Zweifel an der Berechtigung des Mitsichführens der betrieblichen Gegenstände durch den Mitarbeiter, so fordert er den Mitarbeiter zur Herausgabe dieser Gegenstände auf. Kommt der Mitarbeiter der Bitte nach, so kann die Torkontrolle abgeschlossen werden. Sie ist zu protokollieren. Kommt der Mitarbeiter dieser Bitte nicht nach, so hat der Mitarbeiter des Werkschutzes die Polizei zu verständigen. Diese entscheidet über die Sicherstellung oder den Verbleib des Gegenstands.
9. Über jede Kontrolle, gleichgültig, ob mit oder ohne Fund, hat der Werkschutz ein Protokoll anzufertigen. Hierfür ist Anlage … zu verwenden. Das Protokoll muss den Namen des Kontrollierten, die in Augenschein genommenen Taschen etc. sowie einbehaltene Gegenstände bezeichnen. Der Mitarbeiter des Werkschutzes muss das Protokoll mit ausgeschriebenem Namen und Datum unterzeichnen. Der kontrollierte Mitarbeiter soll das Protokoll unterzeichnen, wenn dies seiner Ansicht nach sachlich richtig ist. Verweigert der Mitarbeiter die Unterzeichnung, so muss ein zweiter anwesender Mitarbeiter des Werkschutzes das Protokoll unterzeichnen. Ist dies nicht möglich, so ist dies auf dem Protokoll zu vermerken.
10. Die Betriebsparteien sind sich darüber einig, dass die Torkontrollen zur Durchführung der Arbeitsverhältnisse erforderlich sind. Rechtsgrundlage der Verarbeitung personenbezogener Daten im Rahmen der Torkontrollen ist deswegen § 26 Abs. 1 BDSG und nicht diese Betriebsvereinbarung.

§ 3 Datenverarbeitung und Protokoll der Kontrolle

1. Im Rahmen der Torkontrollen findet eine Verarbeitung personenbezogener Daten durch die Anfertigung des Protokolls und das elektronische Lesegerät für den Identifikationsausweis statt.
2. Die Verarbeitung von Daten im Rahmen der Torkontrollen dient allein dem Zweck, Diebstähle zu verhindern. Eine Verarbeitung der Daten zu einem anderen Zweck, insbesondere zur Erfassung der Anwesenheitszeiten oder der Verhaltens- und Leistungskontrolle, ist unzulässig.[42]

---

42 Nach neuer Rechtsprechung des BAG kann eine Regelung in einer Betriebsvereinbarung über die Unzulässigkeit der Datennutzung nicht zu einem Beweisverwertungsverbot führen (BAG 29.6.2023 – 2 AZR 296/22, Rn. 53). Der Arbeitgeber darf die Daten in den Prozess einführen und das Gericht ist zur Berücksichtigung im Rahmen der Beweisaufnahme verpflichtet. Ein Beweisverwertungsverbot aufgrund einer Abwägung zwischen dem Interesse des Arbeitnehmers auf Datenschutz und informationelle Selbstbestimmung gegenüber dem wirtschaftlichen Interesse des Arbeitgebers bleibt davon unberührt. Dies gilt auch für einen möglichen Anspruch auf Schadensersatz im Fall des Überwiegens des Interesses des Arbeitnehmers.

3. Stets gilt, dass jede Datenverarbeitung nur dann erfolgen darf, wenn die Grundsätze der Datenverarbeitung nach Art. 5 Datenschutz-Grundverordnung (DSGVO) eingehalten werden. Dies setzt die Einhaltung der Zweckbindung, der Datenminimierung, der Datenrichtigkeit, der Speicherbegrenzung, der Integrität und Vertraulichkeit, der Rechenschaftspflicht, den Schutz personenbezogener Daten, Überwachungsmöglichkeiten, die Einhaltung von Auswertungsgrundsätzen und die Einbindung des Datenschutzbeauftragten voraus.
4. Die Protokolle werden ausschließlich in Papierform erfasst und geführt. Sie werden in einem abschließbaren Schrank des Werkschutzes aufbewahrt, wenn weder ein Fund vorlag noch die Polizei verständigt wurde. Die Protokolle sind nach 6 Monaten zu vernichten.
5. Kommt es zu einem Fund oder wird die Polizei verständigt, so wird das Protokoll dem Leiter des Werkschutzes weitergereicht. Dieser hat es für Dritte unzugänglich so lange aufzubewahren, bis behördliche Ermittlungsverfahren abgeschlossen sind. Wurden behördliche Ermittlungsverfahren nicht innerhalb von 3 Monaten nach der Kontrolle eingeleitet, so ist das Protokoll zu vernichten.
6. Kam es zu einem Fund, so ist das Protokoll zusätzlich an den disziplinarischen Vorgesetzten des Mitarbeiters weiterzuleiten. In diesem Fall wird das Protokoll zur Personalakte genommen und ist nach 2 Jahren zu vernichten.
7. Der Arbeitgeber wird alle zumutbaren technischen und organisatorischen Maßnahmen ergreifen, um den Schutz der personenbezogenen Daten sicherzustellen, insbesondere jeden unberechtigten Zugriff auf die Protokolle durch Dritte zu verhindern.

   Variante

   Die Kontrollprotokolle werden in einem verschlossenen Schrank im Raum des Werkschutzes aufbewahrt und wöchentlich vom Leiter der Personalabteilung/gemeinsam mit einem Mitglied des Betriebsrats abgeholt. Nach Durchsicht auf Funde werden die Protokolle durch die Personalabteilung binnen 14 Tagen zu den Personalakten der kontrollierten Mitarbeiter genommen. Aus der Personalakte werden die Protokolle nach Ablauf von 24 Monaten entfernt. Wurden arbeitsrechtliche Maßnahmen ergriffen, so verbleiben die entsprechenden Protokolle für 48 Monate in der Personalakte, im Falle einer Auseinandersetzung über die Maßnahmen bis zum rechtskräftigen Abschluss darüber. Wurde eine Abmahnung ausgesprochen, so ist das Protokoll mit der erteilten Abmahnung aus der Personalakte zu entfernen.
8. Die Datenverarbeitung an den Kartenlesegeräten vor den Drehkreuzen darf allein zu dem Zweck erfolgen, die Sperre des Drehkreuzes anhand des elektronischen Zufallsgenerators aufzuheben oder zu belassen. Das Gerät speichert keinerlei personenbezogene Daten außer für diesen Entriegelungsvorgang. Der Arbeitgeber hat dafür Sorge getragen, dass weder er noch Dritte nicht mit zumutbarem Aufwand eine Speicherung der Daten unbemerkt veranlassen könnten.

   Variante

   Die Datenverarbeitung an den Kartenlesegeräten vor den Drehkreuzen darf zu dem Zweck erfolgen, die Sperre des Drehkreuzes anhand des elektronischen Zufallsgenerators aufzuheben oder zu belassen und um festzustellen, ob Mitarbeiter das Lesegerät verwenden. Das Gerät speichert in der Regel keine personenbezogenen Daten außer für diesen Entriegelungsvorgang. Hat der Arbeitgeber begründeten Anlass, dass einzelne Mitarbeiter die Ausweiskontrolle an den Drehkreuzen umgehen, so darf er mit Zustimmung des Betriebsrats vorübergehend die aufgezeichneten Daten in einem zu vereinbarenden Zeitfenster, das nicht länger als einen Monat betragen darf, speichern. In diesem Fall sind die Daten unverzüglich zu löschen, sobald und soweit sie zum Nachweis dessen nicht mehr benötigt werden.

§ 4 Verdachtsfall

Besteht ein begründeter Verdachtsfall, so ist der Werkschutz auch ohne Auslösen des zufälligen Generators berechtigt, eine Torkontrolle nach vorstehenden Grundsätzen durchzuführen. In diesem Fall ist das besondere Verdachtsmoment zusätzlich zu protokollieren.

§ 5 Schrank-/Spindkontrollen

1. Besteht aufgrund besonderer Umstände nach einem Fund bei einem Mitarbeiter der begründete Verdacht, dass der Mitarbeiter Vorbereitungen zum Entwenden weiterer im Eigentum des Unternehmens stehender Gegenstände getroffen haben könnte, so dürfen auf Freigabe durch den Leiter des Werkschutzes Mitarbeiter des Werkschutzes den dem Mitarbeiter zugewiesenen Spind öffnen und durchsuchen. Die Spindkontrolle muss im Beisein eines Betriebsratsmitglieds oder eines Vertreters, zweier Mitarbeiter des Werkschutzes sowie des kontrollierten Mitarbeiters stattfinden. Der Mitarbeiter ist darauf hinzuweisen, dass er zusätzlich eine Vertrauensperson als Zeugen hinzuziehen kann.
2. Widerspricht der Mitarbeiter der Spindöffnung oder seiner Anwesenheit während der Spindöffnung, so ist die Spindkontrolle nur durch die Polizei zulässig.

§ 6 Mitbestimmungsrechte des Betriebsrats

1. Der Algorithmus des Zufallsgenerators bedarf der Zustimmung des Betriebsrats. Es darf dabei eine periodische Veränderung des Zufallsgenerators einprogrammiert sein. Nachträgliche Änderungen am Algorithmus bedürfen der Zustimmung des Betriebsrats.
2. Der Betriebsrat erhält unverzüglich jedes Protokoll zur Einsicht, bei dem ein Fund festgestellt oder ein Polizeieinsatz notwendig geworden ist.
3. Darüber hinaus darf der Betriebsrat in alle anderen Protokolle Einsicht nehmen, insbesondere solche, die noch nicht in Personalakten aufgenommen wurden. In sie kann der Betriebsrat uneingeschränkt einsehen.
4. Hinsichtlich der Einführung und Durchführung der Torkontrollen im Rahmen des hier Vereinbarten hat der Betriebsrat sein Mitbestimmungsrecht ausgeübt.
5. Abweichungen von dieser Betriebsvereinbarung bedürfen stets des Einvernehmens beider Betriebsparteien.

6. Dem Betriebsrat steht das Recht zu, den betrieblichen Datenschutzbeauftragten bei Beratungsbedarf hinzuzuziehen. Er kann nach § 80 Abs. 3 BetrVG auch externe Berater in erforderlichem Umfang hinzuziehen.

Hinweis:
Diese Zusage wird ein Arbeitgeber nur dann erteilen können, wenn ein Vertrauensverhältnis in die Zusammenarbeit mit dem Betriebsrat besteht. Andernfalls sollte der Arbeitgeber hier eine entweder quantitative Begrenzung (jährliches Stundendeputat) oder eine qualitative Runde (konkrete Anlässe) festschreiben.

7. Möchte der Arbeitgeber statt eines Zufallsgenerators einen in künstlicher Intelligenz programmierten Algorithmus einsetzen, bedarf er hierfür der Zustimmung des Betriebsrats. Die Hinzuziehung des externen Beraters gilt als erforderlich.
8. Der Betriebsrat wird über festgestellte unzulässige Datenverarbeitungen im elektronischen Zeiterfassungssystem sowie über nach Art. 33 und 34 DSGVO meldepflichtige Ereignisse vom Arbeitgeber informiert.
9. Fühlen sich Mitarbeiter durch die Torkontrolle behelligt, belästigt oder diskriminiert, so dürfen sie sich beim Betriebsrat beschweren. Nachteile erwachsen ihnen hieraus nicht.
10. Für die Behandlung von in dieser Betriebsvereinbarung vereinbarten Beschwerden gilt das Verfahren nach § 85 Abs. 2 BetrVG als vereinbart.

§ 7 Anlagen
1. Zu dieser Betriebsvereinbarung vereinbaren die Betriebsparteien folgende Anlagen: ....
2. Die in dieser Betriebsvereinbarung genannten Anlagen sind Bestandteil der Betriebsvereinbarung.
3. Die Anlagen sind nicht isoliert kündbar.
4. Die Anlagen können einvernehmlich abgeändert werden, ohne dass dies einer Kündigung oder Abänderung der Betriebsvereinbarung im Übrigen bedarf. Dies gilt nicht, soweit diese Betriebsvereinbarung zu einzelnen Anlagen Abweichendes regelt.

§ 8 Auslegungsschwierigkeiten und Einigungsstelle
1. Im Falle von Meinungsverschiedenheiten über die Auslegung und Durchführung der Betriebsvereinbarung, über den Umfang von Einsichts- und Kontrollbefugnissen des Betriebsrats, über in diese Betriebsvereinbarung vereinbarte Beschwerderechte der Mitarbeiter oder über ... werden die Betriebsparteien mit dem ernsthaften Willen einer Einigung verhandeln.
2. Zur einvernehmlichen Beilegung auch nach § 8 Ziff. 1 nicht behebbarer Meinungsverschiedenheiten über die Anwendung und Auslegung der Regelungen dieser Betriebsvereinbarung wird eine ständige Einigungsstelle eingerichtet. Die Zahl der Beisitzer auf Betriebsrats- und Arbeitgeberseite wird auf jeweils 2 festgesetzt. Als

Vorsitzender einigen sich die Parteien auf .... Sofern der Vorsitzende verhindert ist, wird er durch ... vertreten.
3. Jede Betriebspartei kann im Streitfall die Einigungsstelle anrufen, indem sie hierüber die jeweils andere Betriebspartei unterrichtet und den Vorsitzenden fernmündlich, per Telefax oder E-Mail auffordert, die Einigungsstelle einzuberufen.
4. Die Betriebsparteien erklären schon jetzt, sich dem Spruch der Einigungsstelle vollumfänglich zu unterwerfen.
5. Auf das Verfahren vor der Einigungsstelle finden die gesetzlichen Bestimmungen Anwendung.

§ 9 Übergangsregelung

Mit dieser Betriebsvereinbarung wird die »Betriebsvereinbarung Torkontrolle« vom ... vollständig abgelöst.

Variante

Mit dieser Betriebsvereinbarung wird die »Betriebsvereinbarung Torkontrolle« vom ... teilweise abgelöst. Sie gilt für die Abteilungen/die Standorte ... unverändert/ mit folgenden Modifikationen: ... fort.

§ 10 Laufzeit, Beendigung

1. Die Betriebsvereinbarung wird wirksam mit ihrer Unterzeichnung.
   Variante
   Die Betriebsvereinbarung tritt am ... in Kraft. Bis zum Zeitpunkt ihres Inkrafttretens ist sie ordentlich unkündbar.
2. Die Betriebsvereinbarung läuft auf unbestimmte Zeit.
   Variante
   Die Betriebsvereinbarung endet, ohne dass es einer Kündigung bedarf, am ....
3. Die Betriebsvereinbarung ist mit einer Frist von 6 Monaten ordentlich kündbar.
   Variante
   Die Betriebsvereinbarung ist ordentlich unkündbar.
4. Das Recht zur außerordentlichen fristlosen Kündigung aus wichtigem Grund bleibt unberührt.

§ 11 Nachwirkung

Die Betriebsvereinbarung wirkt im Falle ihrer Kündigung in Gänze nach.

> **Hinweis:**
> Vereinbaren die Betriebsparteien nichts Abweichendes zur Nachwirkung, tritt eine in der Regel nicht gewollte Rechtsfolge nach Ablauf der ordentlichen Kündigungsfrist ein: Alle Gegenstände, die einem erzwingbaren Mitbestimmungstatbestand unterliegen, wirken nach, alle übrigen nicht. Einem solchen Skelett an nachwirkenden Regelungen baut diese Vereinbarung vor.

Variante
Die Betriebsvereinbarung wirkt im Falle einer ordentlichen Kündigung hinsichtlich der folgenden Gegenstände nach: .... Im Übrigen tritt keine Nachwirkung ein.
Variante
Die Betriebsvereinbarung wirkt im Falle einer Kündigung nicht nach.

§ 12 Salvatorische Klausel
Sollten einzelne Bestimmungen dieser Vereinbarung unwirksam sein oder werden, so bleiben die übrigen Bestimmungen hiervon unberührt. In diesem Fall verpflichten sich beide Seiten, für die ungültige Bestimmung eine neue, gültige Bestimmung zu vereinbaren, die dem Sinn der Früheren so weit wie möglich entspricht. Auch für diesen Fall gilt die Zuständigkeit der ständigen Einigungsstelle nach § 8 als vereinbart.

Ort, Datum, Unterschriften

Anlagen

19. Gesundheitsschutz der Arbeitnehmer

19.1 Einleitung

19.1.1 Gesundheitsschutz

Der Arbeits- und Gesundheitsschutz sollte als ein integrierter Prozess im Betrieb durchgeführt werden. Er wird durch eine Vielzahl gesetzlicher Vorschriften geregelt vom Arbeitsschutzgesetz bis hin zur Verordnung über die arbeitsmedizinische Vorsorge und den Unfallverhütungsvorschriften der Berufsgenossenschaften. Wichtig ist die Einbindung von Leiharbeitnehmern in den betrieblichen Gesundheitsschutz. In jedem Fall ist die Unterweisung über Sicherheit und Gesundheitsschutz für Leiharbeitnehmer, die nach § 12 Abs. 2 ArbSchG dem Entleiher obliegt, sicherzustellen.
Die folgende Betriebsvereinbarung fasst die verschiedenen Aspekte zusammen und vermeidet so eine Vielzahl von Einzelbetriebsvereinbarungen. Spezialprobleme können in entsprechenden Anhängen geregelt werden.
Verantwortlich für die Gefährdungsbeurteilung nach § 5 ArbSchG ist der Arbeitgeber. Es muss die Maßnahmen durchführen, den Arbeits- und Gesundheitsschutz sicherstellen. Diese Verantwortlichkeit sollte nicht verwischt werden. Die Durchführung der Gefährdungsbeurteilung sollte von einem Ausschuss unter Beteiligung des Betriebsrats und der anderen am Arbeits- und Gesundheitsschutz beteiligten Stellen. durchgeführt werden. So ist gewährleistet, dass alle relevanten Stellen bzw. Gremien von Beginn an einbezogen sind. Für die Durch-

führung der Gefährdungsbeurteilungen stellen verschiede Rechtsverordnungen fachliche Anforderungen an die Personen, die sie durchführen, z. B. nach § 4 Biostoffverordnung.

19.1.2 Inklusionsvereinbarung

Die Inklusionsvereinbarung nach § 166 SGB IX enthält Regelungen, die im Zusammenhang mit der Eingliederung schwerbehinderter Menschen in die Arbeitswelt stehen. Diese Regelungen beziehen sich z. B. auf die Personalplanung, die Arbeitsplatzgestaltung, die Arbeitsorganisation und die Gestaltung des Arbeitsumfeldes. Weitere Regelungen zur angestrebten Beschäftigungsquote und Ausbildung Jugendlicher mit Behinderungen können getroffen werden.
Soll eine solche Vereinbarung abgeschlossen werden, empfiehlt sich im Vorhinein eine sorgfältige Analyse über den Ist-Zustand und eine Abstimmung zwischen den Betriebsparteien zu den verfolgten Zielen.
Das vorliegende Muster orientiert sich nur inhaltlich an § 166 SGB IX, formal wird die Einkleidung als Betriebsvereinba-rung empfohlen. Anders als die rechtlich sehr blasse Inklusionsvereinbarung ist eine Betriebsvereinbarung mit unmittel-barer und zwingender Wirkung zugunsten der sie schützenden Mitarbeiter mit Schwerbehinderung ausgestaltet, § 77 Abs. 4 BetrVG.

19.2 Betriebsvereinbarungen

19.2.1 Gesundheit, Arbeitsschutz im Betrieb und Gefährdungsbeurteilungen

BV 45

§ 1 Geltungsbereich

Diese Betriebsvereinbarung gilt für
1. räumlich …
2. persönlich …, alle Leiharbeitnehmer
3. sachlich …

Hinweis

Sofern bestimmte Regelungen der Betriebsvereinbarung nur ausgewählte Arbeitnehmergruppen betreffen, z. B. im Hinblick auf den Umgang mit Gefahrstoffen, kann dies bei den jeweiligen Regelungen klargestellt werden und so der Geltungsbereich konkretisiert werden. Wichtig ist – sofern Leiharbeitnehmer im Betrieb eingesetzt werden – diese in den Geltungsbereich der Betriebsvereinbarung aufzunehmen.

§ 2 Ziele

Ziel der Betriebsvereinbarung ist die Verbesserung des Arbeits- und Gesundheitsschutzes im Betrieb. Die Parteien sind sich darüber einig, dass insbesondere dem vorbeugenden Gesundheitsschutz eine besondere Rolle zukommt. Dies entspricht den wohlverstandenen Interessen des Unternehmens wie der Arbeitnehmer. Gleichzeitig dient diese Betriebsvereinbarung der Umsetzung verschiedener Arbeitsschutzgesetze und regelt die Gefährdungsbeurteilung.

§ 3 Ermittlung und Beurteilung gesundheitlicher Gefährdungen

Hinweis

Die Durchführung der Gefährdungsanalyse ist dem Arbeitsgeber zwingend vorgeschrieben (§§ 5, 6 ArbSchG). Sie kann – je nach Größe des Unternehmens – Einzelpersonen, einem speziellen Ausschuss oder dem Arbeitsschutzausschuss gem. § 11 ASiG übertragen werden. Die Analyse muss dabei auf die speziellen Tätigkeiten abgestimmt werden. Die GefStoffVO z.B. legt für den Umgang mit Gefahrstoffen spezielle Anforderungen für die Gefährdungsanalyse fest (§ 7 GefStoffVO). Für weitere Gefährdungspotentiale gibt es Einzelverordnungen wie z.B. die Lärm- und VibrationsarbeitsschutzVO, die weitere Einzelheiten für die Durchführung der Gefährdungsanalyse festlegen. Checklisten zur Gefährdungsbeurteilung einzelner Arbeitsbereiche finden sich auf *http://www.gefaehrdungsbeurteilung.de* einem Internet-Portal, das u.a. von der Bundesanstalt für Arbeitsschutz und Arbeitsmedizin (BAuA) betrieben wird.

1. Der Arbeitgeber ist für die Durchführung der Gefährdungsanalyse verantwortlich.
2. Die Gefährdungsanalyse gem. §§ 5, 6 ArbSchG wird vom Arbeitgeber unter fortlaufender Einbeziehung des Arbeitsschutzausschuss koordiniert und durchgeführt. In die Gefährdungsanalyse sind insbesondere auch psychische Belastungen einzubeziehen. Hierunter wird die Gesamtheit aller Einflüsse verstanden, die von außen auf die Arbeitnehmer zukommen und einwirken (DIN EN ISO 10075 Teil 1).
   Der Arbeitsschutzausschuss kann zur Erstellung der Gefährdungsanalyse weitere Arbeitnehmer und/oder Sachverständige hinzuziehen.
3. Die Ergebnisse der Gefährdungsanalyse hat der Arbeitsschutzausschuss zu dokumentieren.
   Die Erfassung und Dokumentation der Gefährdungen erfolgt mit Hilfe der Checklisten/Fragebögen gem. Anlage … dieser Betriebsvereinbarung. Der Arbeitsschutzausschuss kann sich für die Dokumentation zusätzlicher Hilfsmittel wie Photos, Videoaufnahmen usw. bedienen. Die entsprechenden Geräte sind vom Arbeitgeber zur Verfügung zu stellen.
4. In die Gefährdungsanalyse ist eine Befragung der Arbeitnehmer im Hinblick auf ihre persönlichen Belastungen sowie Verbesserungsvorschläge im Hinblick auf gesundheitliche Belastungen einzubeziehen. In die Befragung der Arbeitnehmer ist auch die psychische Belastung einzubeziehen.
   Den Fragenbogen hierzu erarbeitet der Arbeitsschutzausschuss.
5. Der Arbeitsschutzausschuss bewertet die Ergebnisse der Gefährdungsanalyse und schlägt konkrete Maßnahmen zur Organisation des Gesundheitsschutzes und zur Verbesserung des Gesundheitsschutzes vor. Die vorzuschlagenden Maßnahmen haben den jeweils geltenden gesetzlichen Vorschriften, dem neuesten Stand der

arbeitswissenschaftlichen Erkenntnisse sowie dem Stand der Technik zu entsprechen. Die Vorschläge werden dem Arbeitgeber und dem Betriebsrat übergeben.

6. Der Arbeitgeber hat zu den vom Arbeitsschutzausschuss vorgeschlagenen Maßnahmen unverzüglich Stellung zu nehmen und zu erklären, ob er die vorgeschlagenen Maßnahmen umsetzen will oder nicht. Lehnt er die Umsetzung der vorgeschlagenen Maßnahmen ab, kann der Betriebsrat die Einigungsstelle anrufen, die über die Umsetzung entscheidet.
   Die Gefährdungsanalyse wird alle ... Jahre wiederholt.
7. Bei Veränderung der Betriebsräume, technischen Anlagen, Arbeitsverfahren, Arbeitsabläufe, dem Einsatz neuer Materialien, der Einrichtung neuer Arbeitsplätze usw. hat der Arbeitsschutzausschuss eine erneute Gefährdungsanalyse vorzunehmen. Der Arbeitsschutzausschuss ist im Planungsstadium zu beteiligen. Er hat Vorschläge zur Gestaltung der neuen technischen Anlage usw. entsprechend den Anforderungen der neuesten arbeitswissenschaftlichen Erkenntnisse zu machen.

Hinweis
Die Gefährdungsanalyse soll in regelmäßigen Abständen wiederholt werden. Bei besonderen Anlässen, wie z.B. neuen Maschinen oder Produktlinien muss sie außerhalb des festen Zeitintervalls durchgeführt werden. Zudem müssen die Erkenntnisse der Gefährdungsbeurteilungen an den jeweiligen Stand der arbeitsmedizinischen Erkenntnisse angepasst werden.

§ 4 Betriebsarzt; Fachkräfte für Arbeitssicherheit

Hinweis
Betriebsärzte können als Arbeitnehmer des Unternehmens, als freie Mitarbeiter auf Dienstvertragsbasis oder über die Beauftragung des überbetrieblichen Betriebsärztlichen Dienstes tätig werden. Welche der Möglichkeiten gewählt wird, muss mit dem Betriebsrat vereinbart werden; vgl. DKW-*Klebe* § 87 Rn. 232.

1. Betriebsarzt

Mit den Aufgaben des Betriebsarztes darf nur ein Facharzt für Arbeitsmedizin oder ein Arzt mit der Zusatzbezeichnung »Betriebsmedizin« beauftragt werden.
Mit den Aufgaben des Betriebsarztes wird der betriebsärztliche Dienst ... beauftragt. Die Kündigung des Vertrags bedarf der Zustimmung des Betriebsrats.
oder
Mit den Aufgaben des Betriebsarztes wird Herr/Frau oder Praxisgemeinschaft beauftragt. Die Kündigung des Vertrags bedarf der Zustimmung des Betriebsrats.
oder
Für die Wahrnehmung der Aufgaben des Betriebsarztes wird ein entsprechend qualifizierter Arbeitnehmer eingestellt. Die Bestellung bzw. Abberufung bedarf der Zustimmung des Betriebsrats.

Zu den Aufgaben des Betriebsarztes gehören neben seinen sich aus den gesetzlichen Vorschriften ergebenden Aufgaben insbesondere folgende Untersuchungen: Liste der Untersuchungen einsetzen.
Folgende Beratungen und Trainings sind anzubieten bzw. durchzuführen: konkrete Aufzählung der Aufgaben.

> **Hinweis**
> Die vom Betriebsarzt anzubietenden Untersuchungen, z.B. Einstellungsuntersuchung, Vorsorgeuntersuchungen, sollten konkret benannt werden. Gleiches gilt für die übrigen speziellen Aufgaben.

Der Betriebsarzt darf Untersuchungsergebnisse ohne ausdrückliche Einwilligung im Einzelfall durch den Arbeitnehmer nicht mitteilen. Die Tatsache, dass der Arbeitnehmer sich mit der Untersuchung einverstanden erklärt hat, ist keine Entbindung von der Schweigepflicht.

> **Hinweis**
> Regelungen zum Umfang der ärztlichen Schweigepflicht sind im Hinblick auf das Persönlichkeitsrecht des Arbeitnehmers notwendig. Dabei sollte darauf geachtet werden, dass pauschale Einverständniserklärungen z.B. in Arbeitsverträgen usw. nicht zum Tragen kommen.

Der Betriebsarzt hat jährlich einen Tätigkeitsbericht zu erstellen. Dieser ist dem Arbeitgeber und dem Betriebsrat zuzuleiten.

2. Fachkraft für Arbeitssicherheit
Die Bestellung der Fachkräfte für Arbeitssicherheit bedarf der Zustimmung des Betriebsrats, ebenso die Abberufung.
Die Fachkräfte für Arbeitssicherheit haben neben ihren gesetzlichen Aufgaben den Betriebsrat in allen Fragen des Gesundheitsschutzes und des Arbeitsschutzes zu beraten und Auskunft zu erteilen.

3. Sicherheitsbeauftragte
Die Bestellung der Sicherheitsbeauftragten bedarf der Zustimmung des Betriebsrats, ebenso die Abberufung.
Die Sicherheitsbeauftragten haben neben ihren gesetzlichen Aufgaben den Betriebsrat in allen Fragen des Gesundheitsschutzes und des Arbeitsschutzes zu beraten und Auskunft zu erteilen.
Die Sicherheitsbeauftragten sind im erforderlichen Umfang für die Wahrnehmung ihrer Tätigkeiten von der Arbeit freizustellen. Eine Entgeltminderung darf durch die Tätigkeit nicht entstehen.
Bei der Bemessung des Personals in Abteilungen und Projekten sind die Tätigkeiten mit … zu berücksichtigen.

§ 5 Ausschuss für Arbeitssicherheit

Der Ausschuss für Arbeitssicherheit setzt sich zusammen aus

- einem Vertreter des Arbeitgebers
- zwei Vertretern des Betriebsrats
- dem Betriebsarzt
- der Fachkraft für Arbeitssicherheit
- dem Sicherheitsbeauftragten.

Die Verantwortlichkeiten und Aufgabendelegationen im Rahmen des Arbeitsschutzes gem. § 13 ArbSchG sowie die anderen gesetzlichen Vorschriften zum Arbeitsschutz und zur Unfallverhütung sind in der Anlage ... dieser Betriebsvereinbarung dargestellt.

§ 6 Qualifikation für die Verantwortlichen im Gesundheitsschutz und in der Arbeitssicherheit

Der Arbeitgeber ist dafür verantwortlich, dass alle im betrieblichen Gesundheitsschutz und in der Arbeitssicherheit im Betrieb Verantwortlichen die notwendigen Qualifikationen haben und behalten. Ein entsprechender Bildungsplan wird vom Ausschuss für Arbeitssicherheit erarbeitet. Er wird zwischen Arbeitgeber und Betriebsrat abgestimmt.

§ 7 Unterrichtung und Unterweisung der Arbeitnehmer über Gesundheit und Sicherheit

1. Die Arbeitnehmer sind im Hinblick auf die sicherheits- und gesundheitsgerechte Durchführung ihrer Arbeit zu unterrichten.
2. Die Unterrichtung und Unterweisung umfasst insbesondere
   - die vorhandenen Gefährdungen am Arbeitsplatz
   - Möglichkeiten des gesundheitsschonenden Arbeitens am konkreten Arbeitsplatz
   - Maßnahmen des Arbeitsschutzes am Arbeitsplatz, wie z.B. Umgang mit Schutzeinrichtungen, Arbeitsmitteln, persönlicher Schutzausrüstung, Arbeits- und/oder Gefahrstoffen; Heben und Tragen von Lasten
   - Rechte und Pflichten gem. §§ 15, 16, 17 ArbSchG
   - Rolle und Aufgaben des Betriebsarztes, der Fachkräfte für Arbeitssicherheit sowie der Sicherheitsbeauftragten.
3. Die Unterweisungen und Unterrichtungen werden durch den unmittelbaren Vorgesetzten durchgeführt. Dieser ist entsprechend zu qualifizieren. Für spezielle Themenbereiche erfolgen die Unterrichtung und Unterweisung durch den Betriebsarzt, die Fachkraft für Arbeitssicherheit oder externe Sachverständige. Die speziellen Themen werden vom Ausschuss für Arbeitssicherheit festgelegt.
4. Für Arbeitnehmer, die der deutschen Sprache nicht ausreichend mächtig sind, muss für eine ausreichende Übersetzung gesorgt werden.
5. Die Unterweisungen sind mindestens jährlich zu wiederholen. Dabei sind insbesondere neue Erkenntnisse auf dem Gebiet der Arbeitswissenschaften, gesetzliche Veränderungen, Unfallgeschehen und aktuelle Fragen der Arbeit in den jeweiligen Betriebsabteilungen einzubeziehen.

6. Bei dem Einsatz neuer Technologien, Veränderungen am Arbeitsplatz oder im Arbeitsbereich, Versetzungen u.Ä. muss vor Aufnahme der Tätigkeit neu unterwiesen werden.
7. Für neu eingestellte Arbeitnehmer sowie Leiharbeitnehmer ist eine Einzelunterweisung vor Aufnahme der tatsächlichen Arbeit zu organisieren, ebenso bei Veränderungen am Arbeitsplatz und in der Arbeitsumgebung oder bei Versetzungen. Ohne entsprechende Unterweisung dürfen weder Arbeitnehmer noch Leiharbeitnehmer ihre Tätigkeit im Betrieb aufnehmen.
8. Die Unterweisungen sind zu dokumentieren.

§ 8 Präventiver Gesundheitsschutz bei der Anschaffung von Betriebsmitteln

Vor jeder Anschaffung von Arbeitsmitteln bzw. Arbeitsstoffen hat der Arbeitgeber zu prüfen, ob die in Aussicht genommenen Arbeitsmittel und Arbeitsstoffe dem Stand der Technik zum Schutz gegen Gefahren für Gesundheit und Sicherheit bei der Arbeit entsprechen. Dies gilt insbesondere für

- Büromöbel,
- Hardware, Bildschirme und Software,
- Arbeitsmittel, die laut Herstellerangaben mehr als 75 dB (A), bei Arbeitsplätzen im Büro mehr als 50 dB (A) entwickeln,
- chemische Stoffe.

Der Ausschuss für Arbeitssicherheit und der Betriebsrat sind über das Ergebnis zu unterrichten.

Stehen Arbeitsmittel bzw. -stoffe zur Auswahl, sind solche anzuschaffen, die die geringeren Gefahren bzw. Auswirkungen auf die Gesundheit der Arbeitnehmer haben.

§ 9 Rechte des Betriebsrats

In alle Planungen gem. § 90 Abs. 1 BetrVG sind die Aspekte des betrieblichen Arbeits- und Gesundheitsschutzes einzubeziehen. Neben dem Betriebsrat ist der Ausschuss für Arbeitssicherheit über die Planungen zu informieren. Er hat zu den Planungen eine Stellungnahme mit Vorschlägen zur Berücksichtigung des Arbeits- und Gesundheitsschutzes bei den geplanten Maßnahmen gem. § 90 Abs. 1 BetrVG abzugeben. Lehnt der Arbeitgeber die Vorschläge des Ausschusses ab, hat er dies zu begründen.

> **Hinweis**
> Für spezielle Regelungsgegenstände, wie z.B. Gefahrstoffe, Tragen und Heben von Lasten, Hitze und Kälte, Lärm usw. kann die Betriebsvereinbarung ergänzt werden. Hier ist dies exemplarisch am Beispiel der Gefahrstoffe aufgeführt:

§ 10 Besondere Regelungen für Gefahrstoffe

Zusätzlich zu den allgemeinen Bestimmungen in dieser Betriebsvereinbarung gelten für den Umgang mit Gefahrstoffen folgende Regelungen:

1. Gefährdungsanalyse

Im Hinblick auf im Betrieb vorhandene bzw. eingesetzte Gefahrstoffe (§ 3 Abs. 1 GefStoffVO) ist eine gesonderte Gefährdungsanalyse (§ 7 GefStoffVO) zu erstellen.
Die Gefährdungsanalyse wird vom Ausschuss für Arbeitssicherheit und, soweit dieser nicht über die notwendigen Kenntnisse verfügt, unter Hinzuziehung externer Experten erstellt. Das Ergebnis ist gem. den Vorgaben der Anlage … dieser Betriebsvereinbarung zu dokumentieren.

Hinweis

In der Anlage zu dieser Betriebsvereinbarung werden die einzelnen notwendigen Analyseschritte und Dokumentationsvorlagen festgelegt.

2. Unterweisungen

Es wird eine schriftliche Betriebsanweisung auf Basis der Gefährdungsbeurteilung erstellt.
Alle Arbeitnehmer werden ausführlich in Schulungen entsprechend der Inhalte des § 14 GefStoffVO unterrichtet.

3. Untersuchungen

Bei Arbeitnehmern, die Umgang mit Gefahrstoffen haben, werden regelmäßige Erst- und Nachuntersuchungen sowie Vorsorgeuntersuchungen entsprechend der Verordnung über arbeitsmedizinische Vorsorge in ihrer jeweiligen Fassung durchgeführt. Diese und weitere Untersuchungen sind im Anhang … im Einzelnen ausgeführt. Die Untersuchungen sind vom Arbeitgeber zu zahlen. Die für die Untersuchungen erforderliche Zeit wird wie Arbeitszeit behandelt und vergütet.

Hinweis

Welche ärztlichen Untersuchungen für welchen Personenkreis notwendig sind, richtet sich u. a. nach den im Betrieb eingesetzten Gefahrstoffen. Die Untersuchungen sind in der VO über arbeitsmedizinische Vorsorge konkretisiert; in deren Anlage sind die Pflicht- und Angebotsuntersuchungen im Einzelnen aufgeführt. Die Festschreibung in der Betriebsvereinbarung dient dazu, diese für den Betrieb zur Vermeidung von Zweifelsfragen eindeutig zu regeln.
Bei den Untersuchungen gilt die ärztliche Schweigepflicht. Ausnahme sind Pflichtuntersuchungen (vgl. § 6 Abs. 3 VO zur arbeitsmedizinischen Vorsorge). Das Ergebnis dieser Untersuchungen ist in Form einer Bescheinigung darüber, ob und inwieweit gegen die weitere Ausübung der Tätigkeit gesundheitliche Bedenken bestehen, auch dem Arbeitgeber mitzuteilen.

4. Einsatz und Ersatz von Gefahrstoffen

Über den Einsatz von neuen Gefahrstoffen im Betrieb ist vor ihrem Einsatz der Ausschuss für Arbeitssicherheit und der Betriebsrat zu informieren. Die Information umfasst dabei mögliche Gesundheits- und Sicherheitsgefahren sowie die Frage, ob ein

mit geringeren Gefahren verbundener Ersatzstoff vorhanden ist. Der Einsatz neuer Gefahrstoffe bedarf der Zustimmung des Betriebsrats.
Der Ausschuss für Arbeitssicherheit hat alle ... Jahre einen betrieblichen Gefahrstoffbericht zu erstellen, der insbesondere darlegt, ob und inwieweit der Einsatz mindergefährlicher Stoffe möglich ist.

§ 11 Schlussbestimmungen

1. Im Falle von nicht beilegbaren Streitigkeiten, die sich aus der Anwendung oder Auslegung der Betriebsvereinbarung ergeben, entscheidet eine Einigungsstelle nach § 76 BetrVG.
2. Diese Betriebsvereinbarung ist mit einer Frist von ... Monaten zum Schluss eines Kalenderjahres kündbar; erstmals zum Datum. Die Kündigung dieser Betriebsvereinbarung ist nur wirksam, wenn sie schriftlich erfolgt. Die Betriebsvereinbarung wirkt nach. Anlagen sind Bestandteil dieser Betriebsvereinbarung.

Ort, Datum, Unterschriften

19.2.2 Nichtraucherschutz am Arbeitsplatz (eingeschränktes Rauchverbot)

BV 46

Vorbemerkung
Der Nichtraucherschutz in Betrieben richtet sich nach § 5 der Arbeitsstättenverordnung. Dieser schreibt vor, dass der Arbeitgeber die erforderlichen Maßnahmen zu treffen hat, um Nichtraucher vor den Gefahren des Passivrauchens zu schützen. In Produktionsbereichen bestehen i.d.R. aus Sicherheitsgründen Rauchverbote – unabhängig von § 5 ArbeitsstättenVO. Nach derzeitigen Erkenntnissen können Raucherzonen im Freien ausgewiesen werden. Wenn sog. Raucherboxen mit den entsprechenden Abzugsvorrichtungen eingesetzt werden, kann den Rauchern auch das Rauchen innerhalb von Gebäuden in den Boxen gestattet werden. Ein Anspruch auf Anschaffung dieser Boxen, um das Rauchen zu ermöglichen, besteht nicht.
Im Rahmen des präventiven Gesundheitsschutzes sollten Raucherentwöhnungskurse angeboten bzw. auf die entsprechenden Hilfsangebote von Krankenkassen usw. hingewiesen werden.

§ 1 Geltungsbereich
Diese Betriebsvereinbarung gilt für

1. räumlich ...
2. persönlich ...
3. fachlich ...

§ 2 Nichtraucherschutz
Das Rauchen ist – mit Ausnahme der in § 3 genannten Bereiche – auf dem gesamten Betriebsgelände untersagt. Dies gilt auch bei Betriebsfeiern und für Besucher. Rauch-

verbote aus Sicherheitsgründen, z. B. aufgrund öffentlich-rechtlicher Vorschriften in der Produktion, bleiben unberührt.

§ 3 Raucherbereiche
Rauchen ist nur an den dafür gekennzeichneten Stellen (Beschreibung der Lage der Raucherzonen, Anlage 1) im Freien auf dem Betriebsgelände zulässig.
Innerhalb der Gebäude ist Rauchen nur in den Raucherboxen (Anlage 1: Aufstellungsorte der Raucherboxen) gestattet. Raucher haben diese zu benutzen.

§ 4 Unterbrechung der Arbeit
Das Aufsuchen der Raucherbereiche ausschließlich zum Rauchen ist keine Pause. Zum Rauchen sollen möglichst die im Voraus geplanten Pausen genutzt werden.

§ 5 Hilfsangebote für Raucher
Das Unternehmen wird regelmäßig über die Angebote anerkannter Träger zur Raucherentwöhnungen (z. B. Krankenkassen) informieren.
und/oder
Im Rahmen des präventiven Gesundheitsschutzes werden im Betrieb Raucherentwöhnungskurse angeboten. Das Unternehmen übernimmt die Kosten für die einmalige Teilnahme an einem Kurs. Bricht der Arbeitnehmer den Kurs ab oder nimmt er an ihm – unentschuldigt – nicht regelmäßig teil, hat er die Kosten selbst zu tragen.

§ 6 Schlussbestimmungen
1. Im Falle von nicht beilegbaren Streitigkeiten, die sich aus der Anwendung oder Auslegung der Betriebsvereinbarung ergeben, entscheidet eine Einigungsstelle nach § 76 BetrVG.
2. Diese Betriebsvereinbarung ist mit einer Frist von … Monaten zum Schluss eines Kalenderjahres kündbar; erstmals zum Datum. Die Kündigung dieser Betriebsvereinbarung ist nur wirksam, wenn sie schriftlich erfolgt. Die Betriebsvereinbarung wirkt nach. Anlagen sind Bestandteil dieser Betriebsvereinbarung.

Ort, Datum, Unterschriften

19.2.3 Suchtmittelmissbrauch

Zwischen der Geschäftsleitung der Firma Bezeichnung und dem Betriebsrat der gleichen Firma wird gemäß § 87 Abs. 1 Nr. 1 Betriebsverfassungsgesetz nachfolgende Be- **BV 47**
triebsvereinbarung abgeschlossen:

§ 1 Geltungsbereich
Diese Betriebsvereinbarung gilt für alle Arbeitnehmer der Firma Bezeichnung in …
Ausgenommen sind leitende Angestellte nach § 5 Abs. 3 BetrVG

Hinweis:
Leitende Angestellte, die nicht unter die Bestimmungen des BetrVG und damit nicht unter die Mitbestimmung des Betriebsrates fallen, sollten eine Art Erklärung unterzeichnen, dass sie sich den Normen dieser Betriebsvereinbarung entsprechend verhalten. Dies muss der Belegschaft mitgeteilt werden, da in den Betrieben auf keinen Fall der Eindruck entstehen darf, dass »die da unten« an die Kandare genommen werden sollen und »die da oben« vor allem in Sachen Alkohol/anderer berauschender Mittel nach eigenem Gutdünken verfahren können. Vorgesetzte – und erst recht leitende Angestellte – haben eine Vorbildfunktion.

§ 2 Ziel der Betriebsvereinbarung

Ziel der Betriebsvereinbarung ist es, die Arbeitssicherheit zu erhöhen, die Gesundheit der Arbeitnehmer zu erhalten, die zwischenmenschlichen Beziehungen zu fördern, den Suchtmittelmissbrauch (Alkohol – Cannabis – Medikamente) und den illegalen Drogengebrauch abzuschaffen, den Gefährdeten und abhängig Kranken ein rechtzeitiges Hilfsangebot zu unterbreiten. Hilfe soll auch denen angeboten werden, die unter süchtigem Verhalten, z. B. Essstörungen (Magersucht, Fress-Brech-Sucht), Spiel-, Arbeits- und Nikotinsucht leiden.
Diese Betriebsvereinbarung sichert die Gleichbehandlung aller Betroffenen und will allen Beteiligten eine durchschaubare Richtlinie an die Hand geben.

Hinweis:
Die Durchsetzbarkeit einer Maßnahme hängt weitgehend davon ab, ob dafür Akzeptanz vorhanden ist oder hergestellt werden kann. Die Widerstände der Belegschaft gegen eine Betriebsvereinbarung in Sachen Sucht sind weniger stark als unterstellt wird. Das zeigen die Erfahrungen. Belegschaften sind für eine Betriebsvereinbarung zu gewinnen, wenn ihr die Ziele der Vereinbarung plausibel erklärt werden. Mit allen sieben genannten Zielen dieser Betriebsvereinbarung (1. Arbeitssicherheit erhöhen, 2. Gesundheit erhalten, 3. zwischenmenschliche Beziehungen zu fördern, 4. Missbrauch abschaffen, 5. den Kranken helfen, 6. Gleichbehandlung sichern und 7. für alle eine durchschaubare Richtlinie geben) wird sich die Belegschaft identifizieren, weil sie vernünftig sind. Die Ziele müssen nur umfassend erklärt und einleuchtend begründet werden. Das braucht Zeit, Geduld und bedarf absoluter Offenheit. Sind Unternehmer und Betriebsräte dazu bereit – so zeigt die Erfahrung – verschließt sich die überwiegende Mehrheit der Belegschaft vernünftigen Zielen (Zielen, die ihrem Menschsein im Arbeitsleben dienen) nicht.

§ 3 Gebrauch von Suchtmitteln

Für den allgemeinen Genuss von Alkohol, Drogen oder anderen berauschenden Mitteln gelten die Grundsätze des § 15 Abs. 2 DGUV Vorschrift 1, wonach Versicherte sich nicht in einen Zustand versetzen dürfen, durch den sie sich selbst oder andere gefährden können, und wonach Versicherte, die infolge Alkoholgenusses oder anderer berauschender Mittel nicht mehr in der Lage sind, ihre Arbeit ohne Gefahr für sich oder

andere auszuführen, mit Arbeiten nicht beschäftigt werden dürfen. Für die Abteilung besteht wegen der erhöhten Unfallgefahr ein absolutes Alkohol- und Cannabisverbot. Die Einnahme von Medikamenten – insbesondere Schmerzmittel mit Suchtsubstanzen, Schlafmittel, Psychopharmaka und Appetitzügler – sollte nur in Absprache mit Ärzten erfolgen. Diese Arzneimittel können wegen ihrer stimmungsverändernden Substanzen erhebliche Unfallgefahren auslösen.
Der Konsum illegaler Drogen ist verboten.

Hinweis:
Auf das Unfallrisiko durch Alkohol, durch Medikamente mit psychoaktiven; Substanzen und durch illegale Drogen sollte in Ansprachen auf Betriebsversammlungen, in Werkszeitschriften, mit Flugblattaktionen und am »Schwarzen Brett« bzw. im Intranet hingewiesen werden. Die Sicherheitsbeauftragten der Betriebe und die Berufsgenossenschaften werden sich engagieren, wenn sie dazu aufgefordert werden.
Der § 3 der Musterbetriebsvereinbarung verlangt im Prinzip vier Maßnahmen, die zu regeln sind: Den Gebrauch von Suchtmitteln, ein mögliches Verbot von Suchtmitteln, die Feststellung der Suchtmittel und die Entfernung vom Arbeitsplatz.
Beim Gebrauch von Suchtmitteln empfiehlt es sich, auf die Unfallverhütungsvorschrift, auf den § 15 Abs. 2 DGUV Vorschrift 1 zu verweisen.
Es ist selbstverständlich, dass aus Gründen der Arbeitssicherheit an bestimmten Arbeitsplätzen oder in einigen Abteilungen ein Konsumverbot ausgesprochen werden muss. Aber ebenso selbstverständlich müssen Menschen, die z. B. Psychopharmaka ärztlich verordnet einnehmen müssen, aus Gründen der Arbeitssicherheit für die Dauer der Medikation versetzt werden.
Sind Beschäftigte infolge eines Rauschzustandes nicht mehr in der Lage, ihre Arbeit ohne Gefahr für sich oder andere auszuführen, dürfen sie nicht mehr beschäftigt werden. Die Zuständigkeit der Feststellung eines Rauschzustandes liegt primär bei dem jeweiligen Vorgesetzten. Bestreiten die betroffenen Beschäftigten das Vorliegen eines derartigen Zustandes, werden ein Mitglied des Betriebsrates und die Personalabteilung hinzugezogen.
Der betriebliche Vorgesetzte hat mit einem Mitglied des Betriebsrates dafür Sorge zu tragen, dass berauschte Beschäftigte sicher zu ihrem Wohnsitz gelangen. Etwaige hierbei entstehende Fahrtkosten sind von dem Betroffenen zu tragen.

§ 4 Konsum von Genussmitteln – Ausgabe von Medikamenten
Geschäftsleitung und Betriebsrat sind gegen ein absolutes Konsumverbot von Genussmitteln.
Das Mitbringen von alkoholischen Getränken, wie z. B. Wein, Sekt und Bier bzw. Cannabis[43] in den Betrieb ist bei bestimmten Feiern möglich. Zeit und Ort der Feier wird mit dem jeweiligen Vorgesetzten abgestimmt.

43 Zur Legalisierung von Cannabis siehe das zum 1. 4. 2024 in Kraft getretene Cannabis-Gesetz (CanG).

Eine Medikamentenausgabe erfolgt nur nach Absprache zwischen den jeweiligen Verantwortlichen und dem zuständigen Betriebsarzt. Über den Betriebsarzt ist unter Wahrung der Anonymität festzustellen, welche Medikamente zu welchem Anlass herausgegeben werden dürfen. Dem Arbeitskreis »Gesundheit« wird in regelmäßigen Abständen mitgeteilt, in welchen Abteilungen ein starker Medikamentenverbrauch festzustellen ist.

Hinweis:
An Arbeitsplätzen, die durch Hitze und Staub stark belastet sind und Durst auslösen, werden grundsätzlich alkoholfreie Getränke bereitgestellt. Bei Betriebsfesten jeglicher Art wird ein moderates Konsumverhalten gelebt.

§ 5 Aufklärung
Die Arbeitnehmer werden fortlaufend, umfassend und systematisch darüber aufgeklärt:

- dass Suchtmittel wie Alkohol, Medikamente mit stimmungsverändernden Substanzen, Drogen und das Schnüffeln von Lösungsmitteln die Menschen in ihrer Denk-, Reaktions- und Leistungsfähigkeit beeinträchtigen,
- dass diese Suchtmittel auch die Sicherheit und das Wohlbefinden anderer gefährden,
- dass der Missbrauch dieser Suchtmittel – auch Nikotin – zu Abhängigkeitserkrankungen führen können, aber auch an der Entstehung anderer Volkskrankheiten, wie z. B. Herz-Kreislauf-Erkrankungen, Krebs, Erkrankungen der Atemwege beteiligt sind,
- dass auch psychosoziale Krankheitserscheinungen mit Abhängigkeitscharakter, wie z. B. das Glücksspiel, Essstörungen wie die Fress-Brech-Sucht und die Magersucht, die Arbeitssucht, zu Schädigungen der eigenen Persönlichkeit und der zwischenmenschlichen Beziehungen führen.

Hinweis:
Aufklärend im Betrieb tätig zu werden, ist im Rahmen eines betrieblichen Suchtprogrammes langfristig gesehen eine der wichtigsten Aufgaben. Aufklärung im Betrieb darf kein einmaliges, sondern muss ständiges Anliegen sein.
Erfahrungen zeigen, dass in den Belegschaften zunächst Widerstand vorhanden ist. Man will von diesem Thema nichts wissen. Ist der Widerstand überwunden, zeigt sich Interesse, das aber, wie bei allen anderen Problemen auch, sanft einschläft, wenn es nicht von Zeit zu Zeit wieder ins Bewusstsein gerückt wird. Aufklärung muss wohldosiert geschehen, weil die Belegschaft zu Recht widerwillig reagiert, wenn das Thema überstrapaziert wird. Bei der Einführung einer Betriebsvereinbarung ist die Belegschaft umfassend über die Vereinbarung aufzuklären.
Bei der Aufklärung geht es – wie mehrfach erwähnt – darum, den Beschäftigten klar zu machen,

- dass sich nicht nur die Abhängigen, sondern auch die sogenannten »Normalkonsumenten« schädigen,

- dass Suchtstoffe enthemmende Wirkung haben und das Verhalten der Menschen verändern (sie überschätzen sich),
- dass der Missbrauch in vielen Formen krank machen kann und
- dass die Abhängigkeit sozusagen der Gipfel des allgemeinen Missbrauchsverhaltens darstellt.

Beratungsstellen, Selbsthilfegruppen, Krankenkassen, Berufsgenossenschaften sind bei betrieblichen Aufklärungskampagnen behilflich und stellen Referenten sowie Aufklärungsmaterial zur Verfügung.

§ 6 Schulungsmaßnahmen
Alle an verantwortlicher Stelle tätigen Arbeitnehmer (Vorarbeiter, Meister, Ausbilder, Abteilungsleiter, Schwerbehindertenvertrauensleute, gewerkschaftliche Vertrauensleute, Betriebsräte, Jugendvertreter, Sicherheitsbeauftragte, Beschäftigte der Sozialabteilung, des werksärztlichen Dienstes und der BKK) werden systematisch über den Suchtmittelmissbrauch, über seine Folgen, z. B. Abhängigkeit von Alkohol oder Medikamenten, Mitwirkung bei Volkskrankheiten und über Formen süchtigen Verhaltens geschult. Der Schulung von Vorgesetzten, die die Gespräche mit Betroffenen zu führen haben, kommt dabei eine besondere Bedeutung zu.

Hinweis:
Der Schulung verantwortlicher Beschäftigter des Betriebes muss hoher Rang eingeräumt werden. In Schulungen müssen Informationen vermittelt werden, aber auch Praktiken, wie die Verantwortlichen – zumeist Vorgesetzte – mit Suchtgefährdeten bzw. -abhängigen umgehen sollen. Vielfach kennen direkte Vorgesetzte »ihre Pappenheimer«, wissen aber nicht, wie sie solche Konfliktfälle behandeln sollen, weil ihnen das notwendige Rüstzeug fehlt. Die Vorgehensweise orientiert sich an der Interventionskette (§ 8 dieser Vereinbarung) und daraus wird deutlich, dass die Vorgesetzten mit Betroffenen Sachgespräche über arbeitsvertragliche Leistungen zu führen haben.
Therapeutische Vorgehensweisen, wie das in den meisten Schulungen der letzten Jahre geübt wurde, sind falsch, belasten die Vorgesetzten zusätzlich und überfordern sie.
Schulungen für die an verantwortlicher Stelle tätigen Beschäftigten können innerhalb und außerhalb des Betriebes stattfinden. Beschäftigte, die solche Schulungen besuchen, werden dafür von der Arbeit freigestellt. Die Kosten übernimmt der Betrieb, weil er ebenfalls Nutznießer ist. (Ein Betrieb, der ohne größere Reibungsverluste produziert, erhöht schließlich seine Rendite.) Bei Schulungen ist darauf zu achten, dass die jeweilige Aufgabenstellung der Teilnehmer/innen berücksichtigt wird.
Der Betrieb nimmt Kontakte zu Suchtberatungsstellen, Krankenkassen, Berufsgenossenschaften, Gewerkschaften auf, um festzustellen, in welcher Form sie Schulungsmaßnahmen durchführen. Sicherheitsbeauftragte werden beispielsweise besser in Veranstaltungen der Berufsgenossenschaften, Betriebsräte und Vertrauensleute besser in Veranstaltungen der Gewerkschaften, Jugendvertreter

und Ausbilder besser in Veranstaltungen der Suchtberatungsstellen für Jugendliche und Vorgesetzte besser in Veranstaltungen der Beratungsstellen oder Selbsthilfegruppen geschult.
Die Mitarbeiter/innen der Beratungsstellen kommen auch in die Betriebe, um insbesondere Vorgesetzte für die Gesprächsführung mit Suchtkranken bzw. gefährdeten Belegschaftsmitgliedern zu unterrichten.

§ 7 Beseitigung von Ursachen, die zum Missbrauch von Suchtmitteln Anlass geben

Verstärkter Suchtmittelmissbrauch in bestimmten Abteilungen oder Beschäftigtengruppen wird mit den Betroffenen gemeinsam überprüft, um deren Ursachen z. B. schlechte Arbeitsbedingungen, schlechtes Klima, traditionelle Trinkunsitten zu beseitigen.

Hinweis:
Ein betriebliches Programm zur Bekämpfung des Suchtmittelmissbrauchs darf nicht auf die Beseitigung von auslösenden Ursachen (Verursacherprinzip) verzichten.
Der Arbeitskreis »Gesundheit« oder die mit dieser Frage beauftragte Person beginnt Fälle von Missbrauch (Alkohol-Medikamente-Drogen) nach Abteilungen des Betriebes systematisch festzuhalten. Schichtarbeit, Umgebungseinflüsse, Arbeiten unter Hitze und Dämpfen, Arbeiten mit gefährlichen Stoffen, Vereinsamung am Arbeitsplatz, Arbeiten am Bildschirm, Überforderung durch Leistungsdruck- oder geistige Unterforderung, Monotonie und Platzgebundenheit, einseitige Belastungen der Sinne und Nerven, ungerechte Behandlung durch Vorgesetzte, Konkurrenzdruck, mangelnde Beteiligung der Beschäftigten an den Entscheidungsprozessen des Betriebes müssen als mögliche Ursachen für einen Suchtmittelmissbrauch überprüft werden. Die betroffenen Beschäftigten – nicht nur die suchtgefährdeten bzw. suchtabhängigen- in neuralgischen Abteilungen des Betriebes sind durch Befragungen an der Urteilsfindung über die auslösenden Ursachen des Suchtmittelmissbrauchs zu beteiligen. Das gilt auch für den Nikotinmissbrauch.
Wenn Arbeitsbedingungen, Arbeitsklima und gewachsene Trinkunsitten in Abteilungen als Ursache für verstärkten Missbrauch, insbesondere von Alkohol und Medikamenten festzustellen sind, müssen diese Ursachen beseitigt werden.

§ 8 Maßnahmen und Hilfsangebote für Arbeitnehmer mit Suchtproblemen

8.1 Entsteht bei Vorgesetzten der Eindruck, dass Arbeitnehmer ein Suchtproblem haben und sie deshalb ihren arbeitsvertraglichen Verpflichtungen nicht mehr nachkommen können, haben die jeweiligen Vorgesetzten mit den Betroffenen ein vertrauliches Gespräch zu führen. Den Betroffenen werden die arbeitsvertraglichen Verletzungen dargelegt. (Unpünktlichkeit, unentschuldigte Kurzfehlzeiten, Unzuverlässigkeit, Störung des Arbeitsfriedens, starke Leistungsschwankungen usw.) Den Betroffenen wird gesagt, dass das negative Arbeitsverhalten vermutlich auf ihre Suchtproblematik zurückzuführen ist. Ihnen wird Suchtliteratur zur Selbsteinschätzung an die Hand gegeben. Das Gespräch hat keine personellen Konsequenzen. Den Betroffenen wird aber das nächste Konfliktgespräch für den Fall angekündigt, dass es erneut zu suchtbedingten Beeinträchtigungen der arbeitsvertraglichen Verpflichtungen kommt.

8.2 Kommt es erneut zu suchtbedingten Verletzungen der arbeitsvertraglichen Verpflichtungen, so ist vom zuständigen Vorgesetzten gemeinsam mit dem/der Suchtkrankenhelfer/-helferin das Zweitgespräch zu führen. Die Betroffenen werden aufgefordert, nunmehr eine Selbsthilfegruppe aufzusuchen. Eine Kontrolle findet nicht statt und das Gespräch hat keine personellen Konsequenzen. Den Betroffenen wird aber eine mündliche Verwarnung für den Fall angekündigt, dass es erneut zu suchtbedingten Verletzungen der arbeitsvertraglichen Verpflichtungen kommt.

8.3 Kommt es erneut zu suchtbedingten Verletzungen der arbeitsvertraglichen Verpflichtungen, kann die mündliche Verwarnung ausgesprochen werden und es kommt gleichzeitig zum Drittgespräch. Daran nehmen teil der Vorgesetzte, ein Mitglied des Betriebsrates, ein/e Suchtkrankenhelfer/-helferin, Werksarzt/-ärztin. Die Betroffenen werden nunmehr aufgefordert, eine örtliche Beratungsstelle aufzusuchen, um sich möglichst ambulant behandeln zu lassen. Erfolgt die Behandlung während der Arbeitszeit, werden die Betroffenen unter Fortzahlung der Bezüge von der Arbeit freigestellt. Der Arbeitgeber kann sich den Behandlungstermin schriftlich bestätigen lassen. Den Betroffenen wird eine schriftliche Abmahnung für den Fall angekündigt, dass es erneut zu suchtbedingten Verletzungen der arbeitsvertraglichen Verpflichtungen kommt.

8.4 Kommt es erneut zu suchtbedingten Verletzungen der arbeitsvertraglichen Verpflichtungen, kann die schriftliche Abmahnung erfolgen und es kommt gleichzeitig zum Viertgespräch. Neben den Vorgesetzten nehmen daran teil, die Personalabteilung, ein Mitglied des Betriebsrates, Suchtkrankenhelfer/-helferin, Werksarzt/-ärztin, ausgesuchte Kolleginnen und Kollegen und von außerhalb – wenn möglich – Familienmitglieder. Die Betroffenen werden aufgefordert, sich unverzüglich an eine Beratungsstelle zu wenden, um sich einer Behandlung zu unterziehen. Den Betroffenen wird eine zweite schriftliche Abmahnung und eine zusätzliche Maßnahme wie z.B. eine Versetzung auf einen Arbeitsplatz mit minderer Qualität oder Abzug von außertariflichen Leistungen für den Fall angekündigt, dass es erneut zu suchtbedingten Verletzungen der arbeitsvertraglichen Verpflichtungen kommt.

8.5 Kommt es erneut zu suchtbedingten Verletzungen der arbeitsvertraglichen Verpflichtungen, können die angekündigten Maßnahmen aus Ziffer 8.4 erfolgen und es kommt gleichzeitig zum fünften und vorletzten Konfliktgespräch. Daran nehmen teil, Vorgesetzte, Personalabteilung, ein Mitglied des Betriebsrates und der/die Suchtkrankenhelfer/-helferin. Die Betroffenen werden nunmehr aufgefordert unverzüglich mit Hilfe der ambulanten Beratungsstellen einen Platz für eine stationäre Entwöhnungsbehandlung zu beantragen. Den Betroffenen wird die Kündigung für den Fall angedroht, dass sie die Hilfe nicht annehmen, und dass es erneut zu suchtbedingten Verletzungen der arbeitsvertraglichen Verpflichtungen kommt.

8.6 Kommt es erneut zu suchtbedingten Verletzungen der arbeitsvertraglichen Verpflichtungen, weil Betroffene keine therapeutische Maßnahme angenommen haben, kann die Kündigung ausgesprochen werden. Sie ist unter Beachtung der individualrechtlichen Bestimmungen, z. B. des Kündigungsschutzgesetzes, und unter Beteiligung des Betriebsrates nach § 102 BetrVG durchzuführen. Wichtig ist, dass ein individuelles Beurteilen der Betroffenen erfolgt.

8.7 Können Betroffene binnen eines Jahres nach ihrer Entlassung zu einer abstinenten Lebensweise finden, bemüht sich der Betrieb, sie wieder einzustellen. Der Betriebsrat wird an diesem Entscheidungsprozess beteiligt.

Hinweis:

Eine Interventionskette im Betrieb ist aber nur möglich, wenn die therapeutischen Erkenntnisse auf arbeitsrechtlichen Grundsätzen fußen. Von daher können Konfliktgespräche mit Betroffenen immer nur dann geführt werden, wenn diese ihre arbeitsvertraglichen Verpflichtungen verletzen.

Die Vorgesetzten sind keine Therapeuten: Vorgesetzte müssen bei Konfliktgesprächen in Situationen gebracht werden, die sie meistern können. Sie können mit Beschäftigten Sachgespräche über das Arbeitsverhalten führen, aber sie sind auch durch den Besuch von Seminaren kaum in der Lage, mit Betroffenen therapeutische Gespräche über Suchtverhalten zu führen.

Bei Fragen der Arbeitssicherheit sind Versetzungen unter Umständen sofort erforderlich: Der Betriebsrat kann die Zustimmung aus den in § 99 BetrVG genannten Gründen verweigern bzw. die Zustimmung an bestimmte Bedingungen knüpfen. In jedem Fall muss bei Versetzungen, gerade wenn es um Arbeitssicherheitsfragen geht, ohne Ansehen der Person oder der Stellung vorgegangen werden.

Widerspruch bei Kündigung: Die Betriebsräte sollten dann einer Kündigung widersprechen, wenn die Interventionskette nicht durch die jeweiligen Vorgesetzten ausgelöst wird und auch dann, wenn die Schrittfolge nicht eingehalten wird. Die Interventionskette darf nicht zur Kündigungsrutschbahn für ungeliebte Beschäftigte werden.

Wiedereinstellung nach Kündigung: Den Betroffenen wird bei der Kündigung schriftlich mitgeteilt, dass sie erfolgt ist, weil sie alle Hilfsangebote ausgeschlagen haben und dass es deshalb immer wieder zu Verletzungen der arbeitsrechtlichen Verpflichtungen gekommen ist. Den Betroffenen wird aber auch versichert, dass sich der Betrieb um eine Wiedereinstellung bemüht, wenn sie binnen eines Jahres mittels einer Therapie oder durch den Besuch einer Selbsthilfegruppe zu einer abstinenten Lebensweise finden. Eine Wiedereinstellungsgarantie ist wohl nur in Großbetrieben durchsetzbar. Ansonsten wird die Wiedereinstellung auf den Einzelfall bezogen pragmatisch entschieden werden. Deshalb ist es wichtig, den Betriebsrat daran zu beteiligen.

§ 9 Rückfall

Bei Rückfälligkeit nach einer ambulanten oder stationären Therapie oder trotz Besuch einer Selbsthilfegruppe ist im Einvernehmen mit den Betroffenen, dem Werksarzt, Gesundheitsbeauftragten, Betriebsrat und Vorgesetzten das weitere Vorgehen zu regeln. Das Vorgehen orientiert sich an den Stufen 8.1 bis 8.6.

§ 10 Wiedereingliederung

Abstinent lebende Suchtkranke werden, soweit sie es selbst wünschen, bei ihrer Wiedereingliederung in den Betrieb – vor allem nach stationären Therapien – unterstützt. Ihnen wird ihr früherer oder ein vergleichbarer Arbeitsplatz angeboten. Sie werden nicht an Arbeitsplätzen mit Lösungsmitteln beschäftigt, deren Dämpfe süchtig machen können.

Abstinent lebende Suchtkranke haben Anspruch darauf, dass Hinweise auf die Abhängigkeit binnen eines Jahres aus der Personalakte entfernt werden.

> **Hinweis:**
> Suchtkranke, die in einer stationären Therapie waren, entwickeln während ihrer langen Abwesenheit dem Betrieb gegenüber ungleich größere Angstgefühle als ambulant Behandelte. Diese Angst kann dadurch vermindert werden, dass der Betrieb den Kontakt zum Kranken in der Klinik nicht abreißen lässt. Wichtig ist auch, dass nach der Entlassung aus der Klinik sofort eine Selbsthilfegruppe aufgesucht wird. Für Betroffene ist eine andauernde Abstinenz ohne Selbsthilfegruppen nicht denkbar.

§ 11 Bestellung eines/einer Gesundheitsbeauftragten zur Durchführung dieser Betriebsvereinbarung

Um die betriebliche Gesundheitspolitik zu systematisieren und dauerhaft zu festigen, wird zur Durchführung dieser Betriebsvereinbarung eine verantwortliche Person als Gesundheitsbeauftragte berufen:

- Der/die Gesundheitsbeauftragte arbeitet nach den Grundsätzen dieser Vereinbarung, entwickelt im Zusammenwirken mit den Betriebsparteien Maßnahmen der Gesundheitsförderung, macht Vorschläge über die Beseitigung von Ursachen, die zum Suchtmittelmissbrauch und süchtigem Verhalten Anlass geben, berät Betroffene selbst oder organisiert eine betriebliche Beratung (Suchtkrankenhilfe);
- Gesundheitsbeauftragte arbeiten in ihrer Beratungstätigkeit weisungsfrei;
- Gesundheitsbeauftragte haben die Regeln der ärztlichen Schweigepflicht zu beachten;
- Kann sich der/die Gesundheitsbeauftragte über eine von ihm/ihr vorgeschlagene Maßnahme mit dem direkten Vorgesetzten der betroffenen Person nicht verständigen, so unterbreitet er/sie ihren Vorschlag dem Arbeitskreis »Gesundheit«;
- Gesundheitsbeauftragte leiten den Arbeitskreis »Gesundheit«;
- Gesundheitsbeauftragte organisieren und pflegen Kontakt mit außerbetrieblichen Einrichtungen, die für gesundheitliche Fragen notwendig sind.

> **Hinweis:**
> Über das Instrument »Gesundheitsbeauftragte« die betriebliche Gesundheitspolitik zu systematisieren, ist ein Vorschlag, der sich aus den Erfahrungen der letzten Jahre ergibt. Viele Großbetriebe haben zwar Suchtkrankenhelfer/innen ausbilden lassen und auch für Beratungsgespräche mit Betroffenen eingesetzt, aber die Arbeit der Suchtkrankenhelfer/innen (siehe § 12) ist eine andere als die der Gesund-

heitsbeauftragten. Gesundheitsbeauftragte sollen Gesundheitspolitik machen und müssen Handlungskompetenz erhalten.
Gerade die Erfahrung mit dem/der Suchtkrankenhelfer/in zeigt, dass nur eine in der Hierarchie oben angesiedelte Person Akzeptanz in Gesprächen und Verhandlungen mit Vorgesetzten, Werksärzten, Sicherheitsbeauftragten, Ausbildern usw. findet. Die Erfahrungen zeigen auch, dass Führungskräfte mit eigenen Suchtproblemen großen Wert darauf legen, dass der hierarchische Abstand und das »Niveau« zwischen ihnen und Suchtkrankenhelfern nicht zu groß sind. Und die Erfahrungen zeigen, dass das Suchtproblem gerade bei Vorgesetzten überdurchschnittlich ausgeprägt ist.
Die Funktion der Gesundheitsbeauftragten kann in kleineren Betrieben ehrenamtlich sein. Für diese Funktion kommen dann u. a. Sicherheitsbeauftragte, Betriebsratsmitglieder, Vertrauensmann(frau) der Schwerbehinderten oder eine andere Person (abstinent Abhängige) in Frage, wenn sie sich das erforderliche Wissen aneignen. Betriebe ab 1000 Beschäftigten könnten schon allein aus den Folgekosten der Alkoholabhängigen in diesem Betrieb (rund 50 Beschäftigte) eine qualifizierte Fachkraft finanzieren. Geeignet wären Sozialarbeiter/innen, Sozialpädagogen und Psychologen. Gesundheitsbeauftragte müssen auf alle Fälle Kenntnisse über alle Formen der Suchtkrankheiten haben, über die Selbsthilfegruppen, Beratungsstellen und Fachkliniken Bescheid wissen. Sie sollten außerdem über Fragen des Arbeits- und Sozialrechts sowie der Betriebsverfassung informiert sein, die im Zusammenhang, mit Suchtmittelmissbrauch und Krankheiten stehen.

§ 12 Arbeitskreis »Gesundheit«

Der/die Gesundheitsbeauftragte leitet den Arbeitskreis »Gesundheit«, in dem Geschäftsleitung, Betriebsrat, werksärztlicher Dienst, Sozialabteilung, Sicherheitsbeauftragte, Leitung der Ausbildungswerkstatt, Schwerbehindertenvertrauensleute, Werkschutz und ehrenamtliche Suchtkrankenhelfer/innen mitarbeiten.

Hinweis:
Der Arbeitskreis soll »hochrangig« besetzt sein, damit allgemeine Maßnahmen der Gesundheitsförderung und Ursachenbeseitigung verbindlich angepackt werden können. Auch dieser Vorschlag resultiert aus den Erfahrungen der letzten Jahre. Es hat viele Frustration von Mitgliedern in Arbeitskreisen gegeben, die aus Überzeugung zunächst mit Elan mitgearbeitet haben, dann aber enttäuscht wurden, weil ihre guten Ideen zwar Beifall bekamen, aber dennoch nicht umgesetzt wurden. Die Schwerbehindertenvertretung muss zwingend vertreten sein, wenn für Betroffene ein Antrag auf Schwerbehinderung gestellt werden soll.

§ 13 Einsatz von ehrenamtlichen Suchtkrankenhelfern

Zur Unterstützung des/der Gesundheitsbeauftragten können Suchtkrankenhelfer/innen, wenn sie eine Ausbildung von über 100 Stunden bei einer anerkannten Organisation z. B. Diakonie nachweisen, eingesetzt werden.

Ihre Aufgaben bestehen darin, mit Suchtmittelabhängigen Beratungsgespräche zu führen. Sie orientieren sich an § 8 »Maßnahmen und Hilfsangebote für Gefährdete und Abhängige«.
Sie haben die Regeln der ärztlichen Schweigepflicht zu beachten.
Sofern es ihre Aufgabe erfordert, werden sie ohne Minderung des Arbeitsentgeltes von der Arbeit freigestellt. Dabei dürfen sie in der Erfüllung ihrer Aufgaben nicht behindert und nicht benachteiligt werden. Das gilt auch für ihre berufliche Entwicklung.

> **Hinweis:**
> Bei Ausbildung und Einsatz von Suchtkrankenhelfern/innen haben sich Unzulänglichkeiten gezeigt. Deshalb sollten zukünftig Gesundheitsbeauftragte, die auch für deren Ausbildung verantwortlich sind, genau hinsehen, welche Organisation mit welchen Zielen die Ausbildung anbietet. Wer sich für die Tätigkeit und Ausbildung interessiert, muss von vornherein wissen, dass dies eine ehrenamtliche Arbeit ist, ähnlich die der Ersten Hilfe. Ihre spezifische Aufgabe besteht aber darin, dass sie mit denen, die noch Suchtstoffe zu sich nehmen müssen, am besten reden können.

§ 14 Schweigepflicht
Das Strafgesetzbuch sieht für Ärzte, Psychologen und Sozialarbeiter/innen in § 203 vor, dass Inhalte und Informationen über Hilfsgespräche grundsätzlich nur mit Einverständnis der Klienten weitergegeben werden dürfen. Das gilt auch gegenüber den jeweiligen Vorgesetzten. Diese Schweigepflicht gilt auch für die Gesundheitsbeauftragten ebenso wie für die ehrenamtlichen Suchtkrankenhelfer/innen.

> **Hinweis:**
> Das Vertrauensverhältnis zwischen Hilfesuchenden und Hilfeleistenden ist eine wesentliche Grundlage der Suchtkrankenarbeit. Für die Intervention nach § 8 dieser Betriebsvereinbarung bedeutet das, dass Vorgesetzte und der Arbeitskreis »Gesundheit« nur dann Kenntnis von Gesprächen mit Betroffenen erlangen, wenn letztere ihr ausdrückliches Einverständnis erklären.

§ 15 Beilegung von Streitigkeiten
Wird zwischen Werksleitung und Betriebsrat über die Auslegung und Anwendung dieser Betriebsvereinbarung keine Einigung erzielt, entscheidet die Einigungsstelle nach § 76 Abs. 5 BetrVG.

§ 16 Geltungsdauer
Die Betriebsvereinbarung tritt mit Wirkung vom Datum in Kraft. Die Kündigungsfrist beträgt drei Monate zum Schluss eines Kalenderjahres.

Ort, Datum, Unterschriften

BV 48

19.2.4 Alkohol- und Drogenverbot – Hilfe für Abhängige

Vorbemerkung

»Versicherte dürfen sich durch den Konsum von Alkohol, Drogen oder anderen berauschenden Mitteln nicht in einen Zustand versetzen, durch den sie sich selbst oder andere gefährden können«; legt § 15 Abs. 2 der DGUV Vorschrift 1 über die Grundsätze der Prävention fest. Diesem Grundsatz ist durch entsprechende Regelungen in der Betriebsvereinbarung Rechnung zu tragen. Gleichzeitig müssen den Abhängigen bzw. Suchtgefährdeten entsprechende Hilfsangebote gemacht werden. Je gefahrgeneigter die Tätigkeit ist, d.h. je größer die Schäden sind, die durch die Arbeit entstehen können, je mehr stellt sich das Problem, durch Kontrollen sicherzustellen, dass das Verbot auch eingehalten wird. Sofern der Betrieb eigene Suchtbeauftragte beschäftigt bzw. mit entsprechenden Externen zusammenarbeitet, sind diese in die Beratung, Schulung und die Gespräche mit Betroffenen einzubeziehen.
Aus Gründen der besseren Lesbarkeit wurde die männliche Sprachform bei der Formulierung dieser Betriebsvereinbarung gewählt. Betriebsrat und Firma versichern, dass sie alle Arbeitnehmerinnen und Arbeitnehmer und andere Personen diskriminierungsfrei und gleichberechtigt behandeln werden.

§ 1 Geltungsbereich

Diese Betriebsvereinbarung gilt für

1. räumlich …
2. persönlich …, alle Leiharbeitnehmer
3. fachlich …

§ 2 Grundsätze

Ziel dieser Betriebsvereinbarung ist es, den Umgang mit Drogen und Suchtmitteln im Betrieb zu regeln. Dadurch soll die Arbeitssicherheit erhöht sowie der Gesundheitsschutz der Arbeitnehmer gefördert werden. Den Abhängigen bzw. den Suchtgefährdeten sollen entsprechende Hilfsangebote zur Verfügung gestellt werden.

§ 3 Verbot von Alkohol, Drogen und anderen berauschenden Mitteln

Alkohol und/oder Drogen sowie andere berauschende Mittel dürfen nicht in den Betrieb gebracht werden, noch dürfen sie im Betrieb konsumiert werden. Dieses Verbot dient der Gewährleistung der Arbeitssicherheit (absolutes Verbot).
Abweichend hiervon kann bei Betriebsfeiern Alkohol im Betrieb konsumiert werden.
oder
Arbeitnehmer dürfen sich durch die Einnahme von alkoholischen Getränken und/oder Drogen sowie anderen berauschenden Mitteln nicht in einen Zustand versetzen, durch den sie sich selbst oder andere gefährden oder durch den sie ihre Arbeit nicht mehr ordnungsgemäß erledigen können (relatives Verbot).

§ 4 Verdacht auf Konsum von Alkohol und/oder Drogen sowie anderer berauschender Mittel

Sofern Arbeitnehmer durch ihr Verhalten (z.B. unsicherer Gang, starke Alkoholfahne) den begründeten Verdacht auslösen, dass sie Alkohol und/oder Drogen zu sich genommen haben, dürfen sie aus Sicherheitsgründen nicht mehr beschäftigt werden. Haben Vorgesetzte den Verdacht, dass ein Arbeitnehmer durch Konsum von Alkohol, Drogen oder anderen berauschenden Mitteln nicht in der Lage ist, sicher zu arbeiten, haben sie den Arbeitnehmer darauf anzusprechen und im Zweifel dafür zu sorgen, dass dieser nicht mehr beschäftigt wird, solange der Verdacht nicht ausgeräumt ist. Der Arbeitnehmer kann diesen Verdacht durch einen entsprechenden Urintest bei einem Arzt seiner Wahl entkräften lassen.

§ 5 Hilfe und Beratung

1. Schulungen

Für alle Arbeitnehmer werden Schulungs- und Informationsveranstaltungen zum Thema Alkohol- und Drogensucht bzw. berauschende Mittel sowie zum Umgang damit im Betrieb angeboten. Diese werden in regelmäßigen Abständen wiederholt. Für Vorgesetzte werden spezielle Schulungen angeboten, die insbesondere den Umgang mit betroffenen Arbeitnehmern zum Gegenstand haben. Für Vorgesetzte sind die Schulungen verpflichtend. Die Einzelheiten und der konkrete Inhalt werden zwischen Geschäftsleitung und Betriebsrat abgestimmt.
Die Schulungen sollen während der Arbeitszeit stattfinden. Ist dies nicht möglich, wird die Schulungszeit wie Arbeitszeit behandelt. Die Kosten der Schulungen trägt das Unternehmen.

2. Hilfe für Betroffene

Sofern der direkte Vorgesetze den – durch Verhaltensauffälligkeiten des Betroffenen begründeten – Eindruck hat, dass ein Arbeitnehmer alkohol- und/oder drogenabhängig bzw. gefährdet ist, führt er ein Gespräch mit ihm. Ziel des Gesprächs ist das Aufzeigen von Hilfsmöglichkeiten. Dieses Gespräch ist vertraulich, d.h. weder sein Stattfinden noch sein Inhalt werden in den Personalunterlagen vermerkt.
Besteht der Eindruck der Alkohol- und/oder Drogenprobleme fort, veranlasst der direkte Vorgesetze – spätestens binnen zwei Monaten – ein weiteres Gespräch. Hieran nehmen der nächsthöhere Vorgesetzte, ein Betriebsratsmitglied, sofern der Betroffene dies wünscht, und … (z.B. die betriebliche Sozialberatung) teil. Dem Arbeitnehmer werden Hilfsangebote aufgezeigt. Wenn möglich sollen Vereinbarungen über die Inanspruchnahme der Hilfsangebote und die Unterstützung des Unternehmens aufgezeigt werden. Gleichzeitig wird der Arbeitnehmer ermahnt. Die Tatsache, dass das Gespräch stattgefunden hat, sowie evtl. Vereinbarungen werden in der Personalakte vermerkt.
Besteht der Eindruck der Alkohol- und/oder Drogenprobleme fort, wird spätestens nach weiteren zwei Monaten ein weiteres Gespräch zusätzlich unter Beteiligung der Personalabteilung mit dem Arbeitnehmer geführt.

Bestehen die Verhaltensauffälligkeiten fort und/oder lehnt der betroffene Arbeitnehmer die Hilfsangebote ab, können arbeitsrechtliche Maßnahmen (Abmahnung, Kündigung) ergriffen werden, wenn der Arbeitnehmer seine arbeitsvertraglichen Verpflichtungen verletzt.

3. Suchtbeauftragter
Wenn das Unternehmen einen Suchtbeauftragten – sei es intern oder extern – bestellt, geschieht dies im Einvernehmen mit dem Betriebsrat. Alle Vorgesetzten sind verpflichtet, den Suchtbeauftragten zu unterstützen.

§ 6 Wiedereinstellung
Ist das Arbeitsverhältnis im Zusammenhang mit Alkohol, Drogen oder anderen berauschenden Mitteln gekündigt worden und hat der Arbeitnehmer durch entsprechende ärztliche Bescheinigung nachgewiesen, dass eine Therapie Erfolg hatte, ist bei der externen Besetzung von freien Arbeitsplätzen der Arbeitnehmer vorrangig zu berücksichtigen.
oder
Ist das Arbeitsverhältnis im Zusammenhang mit Alkohol, Drogen oder anderen berauschenden Mitteln gekündigt worden und hat der Arbeitnehmer durch entsprechende ärztliche Bescheinigung nachgewiesen, dass eine Therapie Erfolg hatte, hat der Arbeitnehmer einen Anspruch auf Wiedereinstellung.

§ 7 Ursachen
Wenn in bestimmten Abteilungen gehäuft Probleme mit Alkohol, Drogen oder Missbrauch von anderen berauschenden Mitteln auftreten, prüfen Geschäftsleitung und Betriebsrat gemeinsam, ob es hierfür betriebliche Ursachen (schlechtes Arbeitsklima, Arbeitsbedingungen usw.) gibt und sorgen ggf. für Abhilfe.

§ 8 Personalunterlagen
Unterlagen über diese Vorgänge in Personalakten sind zwei Jahre nach Abschluss der Maßnahmen aus dieser zu entfernen.

§ 9 Schlussbestimmungen
Im Falle von nicht beilegbaren Streitigkeiten, die sich aus der Anwendung oder Auslegung der Betriebsvereinbarung ergeben, entscheidet eine Einigungsstelle nach § 76 BetrVG.
Sollten einzelne Punkte der Betriebsvereinbarung ungültig sein oder ihre Gültigkeit aufgrund neuer Gesetzgebung oder Rechtsprechung verlieren, so bleiben die übrigen Bestimmungen hiervon unberührt. In diesem Falle werden beide Seiten für die ungültig gewordenen Punkte der Betriebsvereinbarung eine neue, gültige Formulierung vereinbaren, die dem früheren Sinn soweit wie möglich entspricht.
Diese Betriebsvereinbarung ist mit einer Frist von ... Monaten zum Schluss eines Kalenderjahres kündbar; erstmals zum Datum. Die Kündigung dieser Betriebsverein-

barung ist nur wirksam, wenn sie schriftlich erfolgt. Die Betriebsvereinbarung wirkt nach. Anlagen sind Bestandteil dieser Betriebsvereinbarung.

Ort, Datum, Unterschriften

19.2.5 Suchtmittelprävention

BV 49

Hinweis:
Die Betriebsvereinbarung Suchtmittelprävention steht Ihnen in Bund-Online zur Verfügung. Informationen zur Registrierung finden Sie auf der vorderen Umschlaginnenseite.

19.2.6 Betriebliches Eingliederungsmanagement

BV 50

§ 1 Geltungsbereich
Das Betriebliche Eingliederungsmanagement (BEM) kommt für alle Arbeitnehmer:innen zur Anwendung, die innerhalb der letzten 12 Monate länger als 6 Wochen ununterbrochen oder wiederholt arbeitsunfähig waren.

§ 2 Ziele
§ 167 Abs. 2 Satz 1 SGB IX bestimmt für das BEM die Ziele:
- bestehende Arbeitsunfähigkeit zu überwinden,
- erneuter Arbeitsunfähigkeit vorzubeugen,
- Erhaltung des Arbeitsplatzes,
- Verbesserung der Arbeitsfähigkeit.

§ 3 Bildung eines Eingliederungsteams
Es wird ein Eingliederungsteam gebildet, das sich aus je drei Vertretern des Arbeitgebers und des Betriebsrats zusammensetzt. Als Vertreterin oder Vertreter des Betriebsrats gilt auch die Vertreterin oder der Vertreter der Schwerbehinderten. Die betroffene Person kann der Teilnahme einzelner Mitglieder widersprechen.
Das Eingliederungsteam entscheidet im Einzelfall mit Zustimmung der betroffenen Person, ob und ggfs. weitere Teilnehmende am BEM mitwirken. In Betracht kommen insbesondere:
- Betriebsarzt/-ärztin
- Beschäftigte des Intergratuionsamtes bzw. der Integrationsfachdienste
- Fachkraft für Arbeitssicherheit
- Weitere Personen, wie z. B. Führungskräfte usw.
- Träger der Kranken-, Renten- und Unfallversicherungen, die Bundesagentur für Arbeit, das Integrationsamt, usw.

Aufgaben des Eingliederungsteams sind:
- Erstgespräch und weitere Gespräche zu führen,
- Erörterung der vorliegenden gesundheitlichen Einschränkungen und deren Auswirkungen auf den Arbeitsplatz und die Tätigkeiten,

- Einbeziehung aller Informationen aus Begehungen und Untersuchungen der Arbeitsplätze,
- Einbeziehung der Gefährungsbeurteilung,
- Einbeziehung aller weiteren Informationen und Unterlagen, die Aufschluss über die Arbeitsbedingungen geben,
- Beratung über Maßnahmen des BEM
- Unterbreitung von Vorschlägen für Maßnahmen des BEM.

Das Eingliederungsteam regelt intern, in welchem Rhythmus Sitzungen stattfinden sollen und wie dazu eingeladen wird. Arbeitgeber oder Betriebsrat können verlangen, dass das Eingliederungsteam unverzüglich zusammentritt.

§ 4 Einleitung des Verfahrens und Informationen

Die Personalabteilung stellt dem Integrationsteam vierteljährlich die Daten der Beschäftigten zur Verfügung, die im Verlauf der vergangenen 12 Monate länger als sechs Wochen arbeitsunfähig erkrankt waren.
Die Personalabteilung wertet jeweils zum 31.12. des Kalenderjahres die krankheitsbedingten Fehlzeiten aus und stellt dem BR eine Arbeitsunfähigkeitsstatistik zur Verfügung. Es ist auch über die Anzahl der durchgeführten BEM zu berichten.
Ergibt sich, dass eine Person insgesamt länger als sechs Wochen arbeitsunfähig erkrankt war, ist das BEM-Verfahren einzuleiten.
Die betroffene Person wird schriftlich zur Teilnahme an einem BEM eingeladen. Darin sind die Ziele des BEM und die Durchführung zu beschreiben. Es ist auf Art und Umfang der erforderlichen Daten, ihre Erhebung und Verwendung hinzuweisen. Das Schreiben enthält den Hinweis, dass der Beteiligung des Betriebsrats und/oder der Schwerbehindertenvertretung widersprochen werden kann und die Durchführung freiwillig ist. Es endet mit dem Ersuchen des Arbeitgebers um Zustimmung zur Durchführung des BEM.[44]
Eine Ablehnung des BEM wird in der Personalakte dokumentiert.

§ 5 Verlauf der BEM-Gespräche

In einem Erstgespräch wird der Verlauf des BEM ergebnisoffen mit der betroffenen Person erörtert. Sie wird beraten und mit ihrer Zustimmung werden Ursachen, vor allem mögliche betriebliche Ursachen erforscht. Die betroffene Person kann jederzeit eine Person ihres Vertrauens hinzuziehen. Es sollen alle in Betracht kommenden Maßnahmen erörtert werden, inkl. der Möglichkeit, außerbetriebliche Stellen hinzuzuziehen. Das Eingliederungsteam beurteilt auf der Basis der Arbeitsunfähigkeits-Daten (AU-Daten) und der Daten aus der Gefährdungsbeurteilung des jeweiligen Arbeitsplatzes gemeinsam mit dem Betroffenen die gesundheitlichen Gefährdungen. Das Eingliederungsteam erörtert den Hilfebedarf und entscheidet gemeinsam und verbindlich mit dem Betroffenen über die erforderlichen Maßnahmen.
Von jedem BEM-Gesrpäch ist umgehend ein Protokoll inkl. der getroffenen Verabredungen zu erstellen und dem Eingliederungsteam zur Verfügung zu stellen.

44 Alternativ kann ein Musterschreiben erstellt und als Anlage der BV beigefügt werden.

§ 6 Eingliederungsplan
Das Gespräch endet mit einem gemeinsam zu beschließenden Maßnahmenplan (Eingliederungsplan). Der Eingliederungsplan definiert Zielsetzung, Verlauf und Qualität der erforderlichen individuellen Integrations-, Rehabilitations- und Präventionsmaßnahmen. Die Maßnahmen müssen für die Betroffenen erforderlich, bedarfsgerecht durchführbar und freiwillig sein.

§ 7 Mitarbeit der Betroffenen
Die Mitarbeit der betroffenen Beschäftigten ist freiwillig. Die Entscheidung der Betroffenen für oder gegen die Mitarbeit kann jederzeit geändert werden. Eine fehlende Bereitschaft oder Zustimmung zum Eingliederungsmanagement darf zu keinen arbeitsrechtlichen Folgen führen.

§ 8 Maßnahmen
Das Eingliederungsteam gewährleistet in enger Abstimmung mit Betroffenen, Leistungsträgern und Bereichsvorgesetzten die zügige Einleitung, Steuerung und Begleitung der Eingliederungsmaßnahmen. Es sollen vorrangig betriebsnahe Eingliederungsmaßnahmen durchgeführt werden.
Für die Umsetzung des Maßnahmenplans ist der Arbeitgeber verantwortlich. In Betracht kommen unter anderem:
- Arbeitsplatz- und Ablaufanalysen
- Umgestaltung des Arbeitsplatzes
- Prüfung alternativer Einsatzmöglichkeiten
- Maßnahmen der Gesundheitsförderung
- Maßnahmen der beruflichen Qualifikation und Fortbildung
- Maßnahmen der betriebsnahen Rehabilitation, einschließlich der stufenweisen Wiedereingliederung während bestehender Arbeitsunfähigkeit.

Die Aufzählung ist nicht abschließend. Soweit kein Dritter zur Kostenübernahme bereit oder verpflichtet ist, trägt der Arbeitgeber die Kosten.
Das Eingliederungsmanagement endet mit der vollwertigen Wiedereingliederung der Betroffenen in die Arbeitsorganisation. Vor der Wiedereingliederung ist eine Gefährdungsermittlung und -beurteilung des jeweiligen Arbeitsplatzes durchzuführen. Am Ende der Wiedereingliederungsphase erfolgt ein abschließendes Eingliederungsgespräch.

§ 9 Information und Qualifizierung der verantwortlichen Personen
Der Arbeitgeber sorgt dafür, dass die für die Umsetzung der Betriebsvereinbarung verantwortlichen Personen ausreichende Kenntnisse u. a. über den neuesten Stand der Technik und der wissenschaftlichen Erkenntnisse über die menschengerechte Gestaltung der Arbeit unter Berücksichtigung der im Unternehmen vorkommenden Gefährdungen und Risiken besitzen bzw. erwerben.
Den mit diesen Fragen befassten Betriebsratsmitgliedern und Schwerbehindertenvertretern wird grundsätzlich die Möglichkeit zur Teilnahme an internen und externen Informationsveranstaltungen, Schulungen usw. gegeben. Die Rechte der Mitglieder

des Betriebsrats zur Teilnahme an entsprechenden Schulungs- und Bildungsveranstaltungen nach § 37 Abs. 6 BetrVG bleiben unberührt.

§ 10 Datenschutz
Medizinisch-diagnostische Daten unterliegen der ärztlichen Schweigepflicht und den datenschutzrechtlichen Bestimmungen. Vorhandene AU-Daten oder andere Angaben über den Gesundheitszustand und die Arbeitsunfähigkeit dürfen nicht zu einer negativen Prognose der zukünftigen Arbeitsfähigkeit oder zu arbeitsrechtlichen Maßnahmen verwendet werden, die das Beschäftigungsverhältnis gefährden.
Ort, Datum, Unterschriften

19.2.7 Betriebsvereinbarung Inklusionsvereinbarung

BV 51

Präambel
Die Betriebsparteien sehen es als ihre Verpflichtung an, gemeinsam mit der Schwerbehindertenvertretung Menschen mit Behinderungen Chancen im Berufsleben zu bieten, ihre Beschäftigung im Betrieb zu fördern und sie als Mitarbeiter im Unternehmen vollständig zu integrieren.
Hierzu arbeiten die Vertreter des Unternehmens, die Vertretungen der Schwerbehinderten und die Betriebsräte vertrauensvoll zum Wohle der Menschen mit Schwerbehinderungen, der Gesamtbelegschaft und des Unternehmens zusammen.
Menschen mit Behinderung sind in besonderem Maße auf den Schutz angewiesen. Diese Inklusionsvereinbarung konkretisiert die gesetzlichen Regelungen für eine Integration Beschäftigter mit Behinderung und stellt Regeln auf für die Zusammenarbeit zwischen den Beteiligten, die geprägt sind von Chancengleichheit und dem gemeinsamen Streben, Diskriminierung und soziale Ausgrenzung von Beschäftigten mit Behinderungen zu verhindern.
Diese Inklusionsvereinbarung versteht sich nicht als ein einmaliger Abschluss, sondern will Auftakt zur kontinuierlichen Anpassung und Weiterentwicklung des Schutzes der Mitarbeiter mit Schwerbehinderungen sein.

§ 1 Geltungsbereich
Diese Inklusionsvereinbarung gilt für:
- Beschäftigte mit Schwerbehinderung im Sinne des § 2 Abs. 2 SGB IX,
- Beschäftigte, die Menschen mit Schwerbehinderung gleichgestellt sind, § 2 Abs. 3 SGB IX,
- Beschäftigte im Anerkennungsverfahren nach § 152 SGB IX ab Antragstellung sowie Antragsteller auf Gleichstellung,
- Beschäftigte mit tätigkeitsbezogenen Gesundheitsbeeinträchtigungen,
- sog. »ausgesteuerte« Mitarbeiter.

Die Arbeitgeberin wirkt darauf hin, dass die Inhalte dieser Inklusionsvereinbarung auch bei Tochtergesellschaften Berücksichtigung finden.

Hinweis:
Grundsätzlich ist für den Abschluss einer Inklusionsvereinbarung als Betriebsvereinbarung der lokale Betriebsrat zuständig, § 87 Abs. 1 Nr. 7 BetrVG. Konzern-,Gesamt-, Bezirks- und Hauptschwerbehindertenvertretungen können nach § 180 Abs. 6 SGB IX eigene Inklusionsvereinbarungen treffen. Diese werden zumeist als Rahmen-Inklusionsvereinbarungen abgeschlossen und verdrängen lokale Vereinbarungen nicht. Dennoch bestehen in den meisten Konzernen Konzern-Inklusionsvereinbarungen. Diese gelten dann auch für Unternehmen und Betriebe, für die eine Schwerbehindertenvertretung nicht gewählt ist. Auf sämtlichen Ebenen werden die Vereinbarungen wegen der stumpfen Rechtswirkung des SGB IX formal als KBV, GBV oder BV nach dem BetrVG von der jeweiligen Ebene der Arbeitnehmervertretung abgeschlossen. Die jeweilige Schwerbehindertenvertretung ist in aller Regel verhandlungsführend mit dabei, ohne selbst Vertragspartei zu werden. Dieses Muster kann auch als Rahmen-Inklusionsvereinbarung auf Konzernebene als Verhandlungsgrundlage dienen.

§ 2 Ziele und Strategie

1. Ziele

Ziele dieser Inklusionsvereinbarung sind:

- die qualifikationsgerechte Förderung von Beschäftigten mit Behinderungen,
- die Übererfüllung der gesetzlich vorgegebenen Mindestquote von Beschäftigten mit Behinderungen,
- der Abbau von Barrieren in der betrieblichen Tätigkeit sowie der Betriebsorganisation,
- eine barrierefreie Ausgestaltung von Arbeitsplätzen,
- eine barrierefreie Gestaltung von Ausbildungsplätzen,
- der Erhalt von Arbeitsplätzen von Beschäftigten mit Behinderungen,
- die Planung und Durchführung betrieblicher Integrations- und Rehabilitationsmaßnahmen,
- die langfristige Erhaltung der Gesundheit der im Betrieb Beschäftigten,
- das Heben und Ausschöpfen gesetzlicher, behördlicher und anderweitiger Unterstützungsleistungen des Unternehmens bei der Erreichung ihrer Ziele in monetärer, fachlicher und betriebsorganisatorischer Hinsicht.

2. Strategische Ansätze

Die Betriebsparteien verfolgen ihre Zielerreichung, indem sie folgende strategische Ansätze zu verwirklichen suchen werden:

- Abbau von Vorbehalten gegen die Beschäftigung und Integration von Menschen mit Behinderungen durch Aufklärung und Schulung der Führungskräfte;
- Fort- und Weiterbildung der Mitarbeiter in allen Bereichen, in denen Menschen mit Behinderungen und ihnen gleichgestellte Menschen beschäftigt werden können;
- gleichberechtigte Fort- und Weiterbildung;
- Führen geeigneter Personalentwicklungsgespräche;
- Förderung der Teilzeitbeschäftigung und die Sicherung von Teilzeitarbeitsplätzen;
- bevorzugte Einstellung von Menschen mit Behinderungen;

- Umsetzung der Baunormen für Barrierefreiheit;
- ergonomische Arbeitsplatzgestaltung;
- die Vollzeitbeschäftigung von Menschen mit Behinderungen wird angestrebt.

§ 3 Maßnahmen

1. Personalplanung zur Förderung des Inklusionsgedankens

Zur Integration von Menschen mit Behinderungen verpflichtet sich die Arbeitgeberin, als verpflichtenden Bestandteil ihrer Personalplanung, Personalentwicklung und der betrieblichen Gesundheitsförderung die nachfolgenden Grundsätze einzuhalten:

- Führungskräfte werden in geeigneter Weise mit den gesetzlichen Regelungen und allen Möglichkeiten zur Förderung und Unterstützung der Beschäftigung und Integration von Menschen mit Behinderungen vertraut gemacht.
- Führungskräfte werden in der Heranziehung arbeitsbezogener Leistungen und Fähigkeiten geschult und sensibilisiert, sodass sie in der Lage sind, der Beschäftigung, der Integration und der Leistungsmessung von Menschen mit Behinderungen ohne Vorbehalte zu begegnen.
- Bei der Einstellung werden Menschen mit Schwerbehinderungen bei vergleichbarer Qualifikation besonders berücksichtigt, wenn eine Bevorzugung unmittelbar nicht angezeigt ist.
- Bei der Vergabe von Ausbildungsplätzen werden Auszubildende mit Behinderungen bevorzugt berücksichtigt.
- Immer dann, wenn ein Beschäftigter mit Behinderung aus dem Betrieb/Unternehmen/Konzern ausscheidet, wird der Arbeitsplatz erneut mit einem Mitarbeiter mit Behinderung besetzt; hierfür werden gesonderte Ausschreibungen durchgeführt. Einzelheiten werden im Einvernehmen mit der zuständigen Schwerbehindertenvertretung festgelegt.
- Bei Restrukturierungsmaßnahmen hat die Arbeitgeberin unternehmens- und konzernweit geeignete Arbeitsplätze zu suchen und dem Beschäftigten mit Behinderung anzubieten, bevor Beendigungskündigungen ausgesprochen und Aufhebungsverträge angeboten werden dürfen. Menschen mit Behinderung genießen dabei im Rahmen des § 1 KSchG besonderen Schutz.
- Frauen mit Behinderungen sind bei personellen Einzelmaßnahmen unter Beachtung ausgewogener Beschäftigungsverhältnisse vorrangig zu berücksichtigen.

> **Hinweis:**
> Eine unmittelbare geschlechtsbezogene Bevorzugung wird unzulässig sein; das »Berücksichtigen« ist deswegen rechtlich keine unmittelbare Bevorzugung bei der Einstellung.

- Bei der Ausbildung und Einstellung von Auszubildenden mit Behinderungen ist die gleiche gesetzliche Beschäftigungsquote nach dem SGB IX wie bei den übrigen Arbeitnehmern anzustreben.

2. Berufliche Entwicklungsmöglichkeiten

1. Die Teilnahme an Qualifikationsmaßnahmen spielt für die Erhaltung, Erweiterung und Anpassung der Fähigkeiten und Kenntnisse der Beschäftigten mit Behinderungen an die technisch-organisatorischen Anforderungen eine entscheidende Rolle. Insbesondere verlangt der Aufgabenwechsel und die Kooperation in den Arbeitssystemen erweiterte fachlich-technische und soziale Kompetenzen. Die Arbeitgeberin wird durch die Teilnahme an Qualifizierungsmaßnahmen für möglichst alle Beschäftigte mit Behinderungen die Chance auf eine Beschäftigung in höherwertigen Arbeitssystemen und einer beruflichen Weiterentwicklung ermöglichen.
2. Soweit die Schwerbehindertenvertretung oder der Betriebsrat Personen mit Behinderungen für berufliche Entwicklungsmaßnahmen vorschlagen, wird die Arbeitgeberin diesen im Verständnis einer vertrauensvollen Zusammenarbeit in der Regel folgen. Kommt eine Einigung nicht zustande, so gilt die Zuständigkeit der Einigungsstelle nach § 98 Abs. 4 BetrVG als begründet.
3. Die Arbeitgeberin und die Schwerbehindertenvertretung werden regelmäßig Menschen mit Behinderungen über Personalentwicklungs- und Fortbildungsmaßnahmen informieren.
4. Die Arbeitgeberin wird Chancengleichheit beim Zugang zu solchen Maßnahmen gewährleisten.
5. Die Personalabteilung stellt der Schwerbehindertenvertretung die entsprechenden Daten hierfür zur Verfügung, damit die Information über deren regelmäßige Infobriefe erfolgen kann.

3. Seminare für Führungskräfte

Die Arbeitgeberin wird Führungskräfte im Rahmen von Seminaren über die Vorteile der Einstellung von Menschen mit Schwerbehinderung sowie über die finanziellen Fördermöglichkeiten informieren. Weiterhin wird sie Führungskräfte über die behindertengerechte Arbeitsplatz- und Gebäudegestaltung informieren. Die Betriebsparteien verfolgen dabei das Ziel, dass Menschen mit Behinderungen von Führungskräften besser akzeptiert und Hemmungen bei der Beschäftigung von Menschen mit Behinderungen abgebaut werden.

4. Stellenbesetzung intern/extern

1. Menschen mit Behinderung, die sich auf eine intern ausgeschriebene Stelle bewerben, sollen bei gleichwertiger fachlicher Qualifikation vorrangig berücksichtigt werden. Grundsätzlich wird bei Stellenausschreibungen der Satz »Menschen mit Behinderungen werden bei gleicher Eignung berücksichtigt« bzw. »Bewerbungen von Menschen mit Behinderungen sind ausdrücklich erwünscht« aufgenommen.
2. Dieser Vermerk kann nur entfallen, soweit die ausgeschriebene Stelle im Rahmen der Stellenbewertung als ungeeignet für Menschen mit Behinderungen eingestuft worden ist oder der Betriebsrat dem vorher zugestimmt hat.
3. Einen Entwurf des Ausschreibungstextes legt die Personalabteilung der Schwerbehindertenvertretung und dem Betriebsrat vor Ausschreibung der Stelle vor.

Diese können binnen 3 Tagen Änderungen des Ausschreibungstextes anregen, soweit es um die Darstellung der Arbeitsplatzanforderungen zur Einschätzung der Eignung für Menschen mit Behinderungen geht. Die Betriebsparteien sollen hierüber ein Einvernehmen erzielen.

4. Dem Bewerber mit Behinderungen ist mit der Einladung zum Vorstellungsgespräch eine detaillierte Stellenbeschreibung zu übersenden, aus der der Bewerber die gestellten – z. B. körperlichen – Anforderungen des Arbeitsplatzes entnehmen kann.
5. Die Personalabteilung wird alle Bewerbungen von Menschen mit Behinderung nach Eingang der Schwerbehindertenvertretung unverzüglich zur Einsicht vorlegen. Die Schwerbehindertenvertretung muss an den vereinbarten Bewerbungsgesprächen teilnehmen.

5. Arbeitsplatzgestaltung

1. Die Firma verpflichtet sich, bei Veränderungen von Arbeitsabläufen die Schwerbehindertenvertretung gemäß den Vorschriften des SGB IX zu beteiligen. Dabei ist die behindertengerechte Gestaltung der Arbeitsplätze zu prüfen und zu dokumentieren.
2. Werden entsprechende Sachverhalte dem Betriebsrat vorgetragen, ist die Schwerbehindertenvertretung durch die Personalleitung hierüber zu informieren, damit sie ihr Recht nach § 178 Abs. 4 SGB IX ausüben kann.

6. Arbeitsplatzausstattung

1. Menschen mit Behinderungen haben gegenüber ihrer Arbeitgeberin einen Anspruch auf behindertengerechte Ausstattung ihres Arbeitsplatzes.
2. Kommt eine Einigung auch nach Hinzuziehung der Schwerbehindertenvertretung nicht zustande, so steht dem Mitarbeiter das Recht zu, sich beim Betriebsrat zu beschweren, §§ 84, 85 BetrVG. Es gilt die Zuständigkeit der Einigungsstelle nach § 85 Abs. 2 BetrVG als vereinbart.

7. Prävention

1. Voraussetzung für eine dauerhafte, eignungsgerechte Beschäftigung von Menschen mit Behinderungen ist, dass auch beim Arbeitseinsatz in neuen Arbeitsformen deren Gesundheitszustand angemessen berücksichtigt wird. Es geht dabei vor allem um eine ergonomische und behinderungsgerechte Gestaltung der Arbeitsplätze.
2. Es ist ständige Verpflichtung der Arbeitgeberin, durch geeignete Vorsorgemaßnahmen gesundheitliche Beeinträchtigungen von Menschen mit Behinderungen aus der beruflichen Tätigkeit zu vermeiden.
3. Treten trotz aller Vorsorge körperliche, geistige oder seelische Funktionsbeeinträchtigungen auf, so unterstützen alle Organisationseinheiten des Unternehmens die Menschen mit Behinderungen bei der Überwindung der sich hieraus ergebenden Schwierigkeiten.

4. Ausgehend von der Überzeugung, dass grundsätzlich alle Arbeitsplätze auch für Menschen mit Behinderungen geeignet sind, streben die Personalverantwortlichen in Fällen des Absatzes 3 vorrangig den Verbleib auf dem bisherigen Arbeitsplatz an. Um dies zu erreichen, kann es erforderlich sein, in den entsprechenden Einzelfällen:
- die Arbeitsablauforganisation anzupassen,
- eine abweichende Arbeitszeitregelung zu treffen,
- den Arbeitsplatz und/oder das Arbeitsumfeld behindertengerecht zu gestalten.
5. Unter Beteiligung der Schwerbehindertenvertretung ist auch zu prüfen, ob eine Förderung durch die Integrationsämter, Agenturen für Arbeit, Rentenversicherungsträger oder andere Leistungsträger in Betracht kommt.
6. Ist der weitere Einsatz auf dem bisherigen Arbeitsplatz trotz intensiver Bemühungen nicht zu realisieren, leiten die Personalverantwortlichen das »Arbeitsvermittlungsverfahren beim Service-Center-Arbeit« unter Beteiligung der Schwerbehindertenvertretung mit dem Ziel der Integration auf einen anderen Arbeitsplatz im Unternehmen ein.
7. Bei erkennbaren personen- oder verhaltensbedingten Beschäftigungsschwierigkeiten, die das Arbeitsverhältnis gefährden könnten, ist die Schwerbehindertenvertretung unverzüglich einzuschalten.
8. Die Schwerbehindertenvertretung beruft unverzüglich einen runden Tisch ein, der je nach Bedarf mit Beteiligung der Interessenvertretungen, Arbeitsmedizin, Personalabteilung, Führungskraft und Integrationsamt Regularien, Alternativen und Lösungsansätze erarbeitet, welche allesamt die Sicherung des gefährdeten Beschäftigungsverhältnisses zum Ziel haben.

8. Betriebliches Eingliederungsmanagement

Die Arbeitgeberin klärt bei länger als 6 Wochen ununterbrochener oder wiederholter Arbeitsunfähigkeit innerhalb eines Jahres:
- wie die Arbeitsunfähigkeit möglichst überwunden werden und
- mit welchen Leistungen oder Hilfen erneuter Arbeitsunfähigkeit vorgebeugt und
- der Arbeitsplatz erhalten werden kann.

Das Nähere regelt eine Betriebsvereinbarung Betriebliches Eingliederungsmanagement (BV BEM).

9. Berufliche Rehabilitation

1. Um das Ziel einer dauernden Eingliederung von Menschen mit Behinderungen in Arbeit, Beruf und Gesellschaft zu sichern, sehen die Vorschriften des Gesetzes über die Angleichung der Leistungen zur Rehabilitation entsprechende Leistungen in medizinischen, berufsfördernden und ergänzenden Bereichen. Als Grundsatz gilt: »Rehabilitation geht vor Rente«.
2. Sofern Menschen mit Behinderungen aufgrund ihrer Behinderung berufsfördernde Maßnahmen mit dem Ziel der verbesserten Eingliederung in das Berufsleben (z. B. Umschulungsmaßnahmen) zulasten eines Reha-Trägers, des Integrations-

amts oder auf eigene Kosten während der Arbeitszeit durchführen, kann ihnen unbezahlter Urlaub gewährt werden.

3. Ist nach längerer Erkrankung die Wiedereingliederung in den Arbeitsprozess auf ärztliches Anraten nur stufenweise möglich, kann unter Beachtung der tariflichen Bestimmungen eine befristete Herabsetzung der wöchentlichen Arbeitszeit vorgesehen werden (Hamburger Modell).

10. Regelungen für besondere Personenkreise

1. Mitarbeitern, die nach Art oder Schwere ihrer Behinderung im Arbeitsleben besonders betroffen sind, insbesondere solche,

- die zur Ausübung der Beschäftigung wegen ihrer Behinderung nicht nur vorübergehend einer besonderen Hilfskraft bedürfen,
- die infolge ihrer Behinderung nicht nur vorübergehend offensichtlich nur eine wesentlich verminderte Arbeitsleistung erbringen können,
- deren Beschäftigung infolge ihrer Behinderung nicht nur vorübergehend mit außergewöhnlichen Aufwendungen für die Arbeitgeberin verbunden ist,
- bei denen ein Grad der Behinderung von wenigstens 50 allein infolge geistiger oder seelischer Behinderung oder eines Anfallsleidens vorliegt,
- die wegen Art oder Schwere der Behinderung keine abgeschlossene Berufsbildung im Sinne des Berufsbildungsgesetzes haben,
- Menschen mit Behinderungen, die das 50. Lebensjahr vollendet haben und die zeitweilig extremen betrieblichen Belastungen ausgesetzt sind,

können Arbeitserleichterungen gewährt werden. Die nähere Ausgestaltung dieser Arbeitserleichterungen ist zwischen Schwerbehindertenvertretung, Personalleitung und Arbeitsmedizin abzustimmen.

Diese Aufzählung ist exemplarisch, über jeden Einzelfall ist gesondert zu entscheiden.

2. Vorstehend aufgeführter Personenkreis, der aufgrund seiner gesundheitlichen Beeinträchtigung innerhalb der Arbeitszeit einen Facharzt oder eine zuständige Dienststelle aufsuchen muss, bekommt die dadurch ausfallende Arbeitszeit bezahlt. Hierbei haben die Führungskräfte verantwortungsvoll die persönliche Situation der Person zu berücksichtigen. In Zweifelsfällen ist die Arbeitsmedizin einzuschalten. Im Übrigen gilt das zu § 616 BGB Geregelte auch für Menschen mit Behinderungen uneingeschränkt.
3. Für außergewöhnlich Gehbehinderte (aG) wird auf dem Betriebsgelände in der Nähe ihres Arbeitsplatzes eine besonders gekennzeichnete Pkw-Abstellfläche für ihren Pkw zur Verfügung gestellt.

11. Praktika

1. Für Menschen mit Behinderungen, die an einem Praktikum bei der Firma Interesse zeigen, wird die Arbeitgeberin im Zusammenwirken mit der Schwerbehindertenvertretung nach geeigneten Stellen suchen.
2. Nach Beendigung jedes Praktikums ist zu prüfen, ob eine Übernahme in ein Dauerarbeitsverhältnis möglich ist.

12. Teilzeit

1. Menschen mit Behinderungen haben einen Anspruch auf Teilzeit, wenn die kürzere Arbeitszeit wegen Art und Schwere der Behinderung notwendig ist und die Ausgestaltung eines Teilzeitarbeitsverhältnisses betrieblich angemessen möglich ist.
2. Die Arbeitgeberin wird die Einrichtung entsprechender Teilzeitarbeitsplätze fördern.

13. Bestandsschutz

Wird einem Menschen mit Behinderung ein Aufhebungsvertrag unterbreitet, ist die Schwerbehindertenvertretung rechtzeitig und umfassend vor Abschluss dieses Vertrags zu unterrichten. Aufgabe der Schwerbehindertenvertretung ist es, nach Möglichkeit und in geeigneter Weise auf den Fortbestand des Arbeitsverhältnisses hinzuwirken. Dies gilt nicht, wenn der Beschäftigte mit Behinderung dies ausdrücklich nicht wünscht.
Eine ohne Durchführung des Präventionsverfahrens nach § 167 SGB IX ausgesprochene Kündigung ist unwirksam.

> **Hinweis:**
> Ob dies nicht ohnehin gilt, ist gegenwärtig in der Rechtsprechung umstritten. Höchstrichterliche Entscheidungen stehen noch aus. Deswegen sollte diese Rechtsfolge ausdrücklich vereinbart werden. Wenn das BAG diese Rechtsfolge bereits aus dem Gesetz entnimmt, wären entgegenstehende betriebsverfassungsrechtliche Regelungen unwirksam.

14. Barrierefreiheit

1. Die Arbeitgeberin wird durch entsprechende Regelungen und Maßnahmen dafür sorgen, dass die Einstellung und Beschäftigung von Menschen mit Behinderungen nicht an baulichen oder technischen Hindernissen scheitert.
2. In Erfüllung dieses vorgenannten Grundsatzes und zur Realisierung des Beschäftigungsverhältnisses ist bei der Planung von Neu- und Umbauten sicherzustellen, dass sowohl die Gebäude als auch die Inneneinrichtung behindertengerecht gestaltet werden. Die entsprechenden DIN-Normen sind einzuhalten (z.B. *https://de.wikipedia.org/w/index.php?title=DIN_18040&action=edit&redlink=1*-2 in der jeweils gültigen Fassung). Insbesondere ist grundsätzlich sicherzustellen, dass Eingänge, Fahrstühle, Sitzungs- und Sozialräume und ein Teil der Toiletten für Rollstuhlfahrer zugänglich sind. Können die DIN-Normen im Einzelfall nicht berücksichtigt werden, so ist die Schwerbehindertenvertretung umgehend einzubinden.
3. Sind an bestehenden Gebäuden Umbaumaßnahmen für allgemein zugängliche Teile der Gebäude geplant, wird im Rahmen des Möglichen den Belangen von Menschen mit Behinderungen Rechnung getragen.
4. Die Schwerbehindertenvertretung wird von den zuständigen Fachbereichen über entsprechende Planungen rechtzeitig und umfassend informiert und erhält dadurch Gelegenheit zur Stellungnahme und Beratung.

§ 4 Controlling und Berichtspflicht

1. Die Arbeitgeberin informiert die Schwerbehindertenvertretungen jährlich über die Beschäftigtenstruktur des Betriebs, insbesondere über die Anzahl der ihr bekannten Beschäftigten mit Behinderungen.
2. Eine Erfolgskontrolle der Maßnahmen zur Beschäftigung und Integration von Menschen mit Behinderungen findet folgendermaßen statt:

- In den Versammlungen der Menschen mit Schwerbehinderung berichtet die Arbeitgeberin über alle Angelegenheiten in Zusammenhang mit der Eingliederung von Menschen mit Behinderungen (§ 166 Abs. 3 SGB IX).
- Dabei ist jährlich eine Bestandsanalyse zu präsentieren. Die Ausgangslage ist dieser Vereinbarung als Anlage beigefügt.
- Die Parteien dieser Integrationsvereinbarung begleiten deren Umsetzung.
- Die Hinzuziehung interner und externer Fachleute (Vorschlag der Schwerbehindertenvertretung) ist möglich.
- Mindestens jährliche Gespräche der an der Umsetzung der Integrationsvereinbarung Beteiligten, für die jeweils rechtzeitig vorher von der Arbeitgeberin eine Bestandsaufnahme der Maßnahmen zur Beschäftigung und Integration von Menschen mit Behinderungen zur Verfügung gestellt wird. Es besteht ein Initiativrecht zur Aufnahme von Gesprächen, falls vor Ablauf eines Jahres Gesprächsbedarf besteht.

§ 5 Widerstreitende Interessen

1. Die Parteien dieser Vereinbarung sind sich einig, dass bei sich widersprechender Interessenlage von Arbeitgeberin und Menschen mit Behinderungen im Zweifel die Interessen der Menschen mit Behinderungen vorrangig sind.
2. Nur dann, wenn eine Maßnahme nach Ansicht der Arbeitgeberin ihr unzumutbar erscheint, darf sie von dem hier Vereinbarten abweichen, wenn für die Arbeitgeberin jedoch unzumutbar, kann von den Grundsätzen dieser Vereinbarung abgewichen werden.
3. Die Arbeitgeberin wird in diesen Fällen gemeinsam mit der Schwerbehindertenvertretung und erforderlichenfalls mit dem Betriebsrat nach alternativen Lösungswegen suchen, die das ursprünglich vereinbarte Ziel nach Möglichkeit in identischer Weise erfüllen.

§ 6 Auslegungsschwierigkeiten und ständige Einigungsstelle

1. Im Falle von Meinungsverschiedenheiten über die Auslegung und Durchführung diese Inklusionsvereinbarung oder über... werden die Betriebsparteien gemeinsam mit der Schwerbehindertenvertretung mit dem ernsthaften Willen einer Einigung verhandeln.
2. Zur einvernehmlichen Beilegung nicht behebbarer Meinungsverschiedenheiten über die Anwendung und Auslegung der Regelungen dieser Betriebsvereinbarung wird eine ständige Einigungsstelle eingerichtet. Die Zahl der Beisitzer auf Betriebsrats- und Arbeitgeberseite wird auf jeweils 2 festgesetzt. Als Vorsitzender

einigen sich die Parteien auf .... Sofern der Vorsitzende verhindert ist, wird er durch ... vertreten.

3. Jede Betriebspartei kann im Streitfall die Einigungsstelle anrufen, indem sie hierüber die jeweils andere Betriebspartei unterrichtet und den Vorsitzenden fernmündlich, per Telefax oder E-Mail auffordert, die Einigungsstelle einzuberufen. Die Betriebsparteien erklären schon jetzt, sich dem Spruch der Einigungsstelle vollumfänglich zu unterwerfen. Auf das Verfahren vor der Einigungsstelle finden die gesetzlichen Bestimmungen Anwendung.
4. Die Schwerbehindertenvertretung soll von keiner Seite als Beisitzer der Einigungsstelle benannt werden. Sie soll stets beratend an allen Sitzungen und im erforderlichen Umfang allen Vorberatungen einer jeden Seite teilnehmen.

§ 7 Übergangsregelung
Mit dieser Inklusionsvereinbarung wird die Inklusionsvereinbarung vom ... vollständig abgelöst.
Variante
Mit dieser Inklusionsvereinbarung wird die Inklusionsvereinbarung vom ... teilweise abgelöst, sie gilt für die Abteilungen/die Standorte ... unverändert/ mit folgenden Modifikationen: ... fort.

§ 8 Laufzeit, Beendigung

1. Diese Inklusionsvereinbarung hat die Rechtsqualität einer Betriebsvereinbarung. Soweit hierin Rechte der Schwerbehindertenvertretung normiert sind, steht der Schwerbehindertenvertretung gegenüber dem Betriebsrat das Recht zu, an ihrer statt Rechte aus dieser Betriebsvereinbarung durchzusetzen. Unberechtigte Weigerungen des Betriebsrats stellen grobe Verstöße gegen seine betriebsverfassungsrechtlichen Pflichten dar.

Hinweis:
Weil die Schwerbehindertenvertretung nicht selbst Partei dieser Inklusionsvereinbarung ist, kann sie unmittelbar aus dieser Betriebsvereinbarung keine Rechte herleiten und bei Verstößen nicht tätig werden. Deswegen steht ihr das Recht zu, vom Betriebsrat ein solches Tätigwerden verlangen zu dürfen. Die gesetzlichen Rechte der Schwerbehindertenvertretung bleiben hierdurch ungeschmälert, sie sind nur in der Praxis nicht ernstlich justiziabel.

2. Die Inklusionsvereinbarung wird mit ihrer Unterzeichnung wirksam.
   Variante
   Die Inklusionsvereinbarung tritt am ... in Kraft. Bis zum Zeitpunkt ihres Inkrafttretens ist sie ordentlich unkündbar.
3. Die Inklusionsvereinbarung läuft auf unbestimmte Zeit.
   Variante
   Die Inklusionsvereinbarung endet, ohne dass es einer Kündigung bedarf, am ...
4. Die Inklusionsvereinbarung ist mit einer Frist von 6 Monaten ordentlich kündbar.

Variante
Die Inklusionsvereinbarung ist ordentlich unkündbar.

5. Das Recht zur außerordentlichen fristlosen Kündigung aus wichtigem Grund bleibt unberührt.

§ 9 Nachwirkung
Die Inklusionsvereinbarung wirkt im Falle ihrer Kündigung nach.
Variante
Die Inklusionsvereinbarung wirkt im Falle einer ordentlichen Kündigung hinsichtlich der folgenden Gegenstände nach: .... Im Übrigen tritt keine Nachwirkung ein.
Variante
Die Betriebsvereinbarung wirkt im Falle einer Kündigung nicht nach.

Hinweis:
Betriebsvereinbarungen sollten stets unmissverständlich zum Ausdruck bringen, ob und welche Teile nachwirken sollen. Vereinbaren die Betriebsparteien nichts hierzu, wirkt die Betriebsvereinbarung nur in den Teilen nach, die der erzwingbaren Mitbestimmung unterliegen. Welche das sind, muss im Streitfall erst gerichtlich festgestellt werden. An einem solchen Skelett nachwirkender Regelungen haben beide Betriebsparteien kein Interesse.

§ 10 Salvatorische Klausel
Sollten einzelne Bestimmungen dieser Vereinbarung unwirksam sein oder werden, so bleiben die übrigen Bestimmungen hiervon unberührt. In diesem Fall verpflichten sich beide Seiten, für die ungültige Bestimmung eine neue, gültige Bestimmung zu vereinbaren, die dem Sinn der früheren so weit wie möglich entspricht. Auch für diesen Fall gilt die Zuständigkeit der ständigen Einigungsstelle als vereinbart.

Ort, Datum, Unterschriften
Anlagen

20. Kantinenessen

20.1 Einleitung

Eine Betriebskantine einzurichten kann für Unternehmen unter mehreren Aspekten überlegenswert sein. Eine Sozialeinrichtung, wie eine Kantine, fördert und steigert eine ausgewogene Ernährung die Leistungsfähigkeit, verkürzt Wegezeiten in Pausen, und bindet Mitarbeiter durch die Angebote sozialer Einrichtungen an das Unternehmen. Die Betriebskantine stellt eine Möglichkeit einer solchen Sozialeinrichtung dar.

Die Arbeitgeberin ist stets frei in der Entscheidung, ob sie eine Betriebskantine einrichtet. Entscheidet sie sich hierzu, so bedarf sie der Zustimmung des Betriebsrates nach § 87 Abs. 1 Nr. 8 BetrVG in alle Modalitäten der näheren Ausgestaltung, einschließlich der Festsetzung der Speisen und der Preise. Auch die Entscheidung, ob ein externer Betreiber der Kantine eingesetzt wird, oder sie im Eigenbetrieb geführt wird, unterliegt der Mitbestimmung nach § 87 Abs. 1 Nr. 8 BetrVG.

Ebenso kann die Betriebsvereinbarung regeln, ob eine Betriebskantine zum Selbstkostenpreis Speisen anbietet, oder ob die Arbeitgeberin den Betrieb bezuschusst.

Auch durch Betriebsvereinbarung können Arbeitnehmer nicht verpflichtet werden, sich pauschal an den Kosten für das Kantinenessen zu beteiligen, wenn sie dieses nicht tatsächlich in Anspruch nehmen (BAG 11.7.2000 – 1 AZR 551/99, NZA 2001, 462).

20.2 Betriebsvereinbarungen

20.2.1 Betriebskantine mit externem Betreiber

BV 52

Präambel

Die Arbeitgeberin hat beschlossen, Mitarbeitern[45] eine günstige und gesunde betriebliche Verpflegung anzubieten. Sie wird hierfür im Rahmen ihrer wirtschaftlichen Leistungsfähigkeit die erforderlichen finanziellen Mittel für einen externen Betreiber bereitstellen. Die Betriebspartner verfolgen das gemeinsame Ziel, durch ein Angebot an Speisen und Getränken in der Kantine das Wohlbefinden der Arbeitnehmer in körperlicher und geistiger Hinsicht nachhaltig zu verbessen und hierdurch auch einen positiven Einfluss auf das soziale Miteinander im Betriebsklima auszuüben.

§ 1 Geltungsbereich

Diese Betriebsvereinbarung gilt für alle im Betrieb … tätigen Mitarbeiter.

> **Hinweis:**
> Zumeist wird die Einführung eines elektronischen Zeiterfassungssystems unternehmens- oder konzernweit vereinbart. Die Zuständigkeit verbleibt jedoch stets beim örtlichen Betriebsrat. Um mit dem Gesamtbetriebsrat oder dem Konzernbetriebsrat eine Vereinbarung abzuschließen, müssen die zuständigen Gremien Delegationsbeschlüsse fassen. Dies ist nur für rein rahmenrechtliche Vereinbarungen nicht erforderlich.

45 Werden Personenbezeichnungen aus Gründen der besseren Lesbarkeit lediglich in der männlichen oder weiblichen Form verwendet, so schließt dies Menschen aller geschlechtlicher Identitäten mit ein.

Variante (zur Erweiterung der Adressatenkreise)
Diese Betriebsvereinbarung gilt für alle gegenwärtigen und ehemaligen Mitarbeiter, für die Familienangehörige der gegenwärtigen Mitarbeiter und für solche Mitarbeiter, die durch Erreichen der Altersgrenze oder auf Grund vollständiger Erwerbsminderung und anschließenden Rentenbezug aus dem Arbeitsverhältnis ausgeschieden sind.

> **Hinweis:**
> In Betriebsvereinbarungen zu Sozialeinrichtungen, wie Betriebskantinen, werden oft auch Nichtarbeitnehmer einbezogen. Begünstigt werden Familienangehörige, leitende Angestellte und ehemalige Mitarbeiter. Für sie kann eine Betriebsvereinbarung dennoch keinen einklagbareren Nutzungsanspruch begründen. Insofern stellt die Vereinbarung zwischen Betriebsparteien eine Regelungsabrede dar, welche ausschließlich für die Betriebsparteien justiziabel ist.

§ 2 Betrieb der Kantine

1. Arbeitgeberin und Betriebsrat bilden eine paritätisch besetzte Kantinenkommission, die die Aufgabe hat, den Kantinenbetreiber zu beraten. Die Kantinenkommission trifft alle für den zukünftigen Betrieb der Kantine relevanten Entscheidungen durch Mehrheitsbeschlüsse.
2. Vonseiten der Arbeitgeberin werden zwei Mitglieder für die Kantinenkommission benannt. Vonseiten des Betriebsrates werden zwei Mitglieder benannt, die einen Kantinenausschuss bilden und hierin die Mitbestimmungsrechte des Betriebsrates ausüben. Beide Mitglieder des Kantinenausschusses sind Mitglieder der Kantinenkommission. Beide Seiten dürfen Stellvertreter benennen.
3. Die Mitglieder der Kantinenkommission wählen einen Vorsitzenden. Die Kantinenkommission tagt monatlich unter Leitung und nach Einberufung ihres Vorsitzenden. Darüber hinaus ist eine Sitzung der Kantinenkommission auf das Verlangen zweier Mitglieder einzuberufen. Die Tagesordnung mit den für die Beschlussfassung erforderlichen Informationen ist allen Mitgliedern der Kantinenkommission so rechtzeitig vor der Sitzung zuzuleiten, dass eine inhaltliche Vorbereitung möglich ist.
4. Die Kantinenkommission ist nur beschlussfähig, wenn alle ihre Mitglieder anwesend sind. Beschlüsse fasst sie mit der Mehrheit der abgegebenen Stimmen. Über die Sitzung ist ein Ergebnisprotokoll zu fertigen.
5. Kommt über einen Gegenstand eine Mehrheit in der Kantinenkommission nicht zustande, so kann dieser Gegenstand zwei weitere Male zur Abstimmung gestellt werden. Kommt auch bei der dritten Abstimmung keine Mehrheit zustande, so haben der Betriebsrat und die Arbeitgeberin über den Gegenstand zu beraten.
6. Die Arbeitgeberin verpflichtet sich, die vereinbarten Regelungen dieser Betriebsvereinbarung und die getroffenen Beschlüsse der Kantinenkommission im Pachtvertrag mit dem Betreiber der Kantine unverzüglich umzusetzen.

§ 3 Aufgaben der Kantinenkommission

1. Die Kantinenkommission hat die Aufgabe, den Betreiber der Kantine auszuwählen, die Beendigung des Vertrages zu beschließen und den Betreiber bei der Festsetzung des Speisenangebots und der Verkaufspreise zu beraten.
2. Kommt eine Einigung über den Betreiber oder mit dem Betreiber der Kantine über die Speisen oder die Preise nicht zustande, so werden sich der Betriebsrat und die Arbeitgeberin um eine einvernehmliche Einigung bemühen.

> **Hinweis:**
> Das erzwingbare Mitbestimmungsrecht des Betriebsrates in der Preisgestaltung unterliegt einer Grenze dergestalt, dass die Arbeitgeberin mitbestimmungsfrei darüber entscheiden kann, ob und mit welchem Budget sie den Betrieb der Kantine subventionieren will. Das Mitbestimmungsrecht des Betriebsrates, und mit ihm der Entscheidungsspielraum der Kantinenkommission, beschränkt sich auf die Ausschöpfung dieses arbeitgeberseitig zur Verfügung gestellten Spielraums in der Budgetplanung.

3. Die Kantinenkommission hat die Aufgabe und Befugnis, alle Abrechnungen und Unterlagen hierzu des Betreibers der Kantine monatlich zu prüfen.
4. Zusätzlich überprüft die Kantinenkommission, ob der Betreiber der Kantine alle geltenden rechtlichen Vorgaben einhält. Sie ist hierzu befugt, selbstständig mit Behörden zu kommunizieren.
5. Die Kantinenkommission ist verpflichtet, ihr auffallende Unregelmäßigkeiten unverzüglich der Arbeitgeberin und dem Betriebsrat mitzuteilen.
6. Die Kantinenkommission ist berechtigt, und mindestens einmal jährlich auch verpflichtet, anonyme Umfragen unter den Mitarbeitern nach der Zufriedenheit mit dem bestehenden Speiseangebot und den Preisen sowie weiteren Verbesserungsvorschlägen durchzuführen.

§ 4 Verpflegungsangebot und Preisgestaltung der Kantine

1. Der Preis einer Hauptmahlzeit ist in der Höhe des jeweils gültigen Sachbezugswertes festzusetzen.

> **Hinweis:**
> Solange Mitarbeiter wenigstens den Sachbezugswert für das Essen selbst zahlen müssen, ist die Zurverfügungstellung der Betriebskantine eine lohnsteuer- und sozialversicherungsfreie Leistung der Arbeitgeberin an sie. Dies gilt auch dann, wenn die tatsächlichen Kosten der Mahlzeit darüber liegen, die Arbeitgeberin also die Mahlzeiten bezuschusst. Ist der Preis niedriger angesetzt, so stellt die Differenz zwischen dem Preis der Mahlzeit und dem jeweiligen Sachbezugswert einen geldwerten Vorteil dar, die entweder pauschal mit 25 % versteuert wird oder dem Bruttolohn des Mitarbeiters hinzuaddiert wird und anschließend nach den individuellen Merkmalen abgabenrechtlich behandelt wird. Die Pauschalbesteuerung ist in der Regel günstiger.

2. Das Speisen- und Getränkeangebot soll eine ausgewogene und gesunde Ernährung ermöglichen. Es werden möglichst frische Lebensmittel verwendet.
3. Es muss täglich wenigstens eine vegetarische Hauptmahlzeit angeboten werden. Es sollen täglich mindestens drei verschiedene Hauptmahlzeiten zur Auswahl zur Verfügung stehen.
4. Zu den Hauptmahlzeiten sollen jeweils wenigstens eine frisch gekochte Suppe als auch Stärkebeilagen und Gemüsebeilagen angeboten werden. Zusätzlich sollen drei verschiedene Desserts angeboten werden.
5. Die nähere Ausgestaltung des Speiseangebotes obliegt dem Betreiber der Kantine nach Beratung mit der Kantinenkommission.
   Variante
   Die Bezahlung der Verpflegung in der Kantine durch Mitarbeiter erfolgt entweder bar oder durch eine arbeitgeberseitig zur Verfügung gestellte Prepaid-Geldkarte.

Hinweis:
Auch die Form der Abrechnung unterliegt der Mitbestimmungspflicht des Betriebsrates. Es gibt zahlreiche Möglichkeiten für die Abrechnung. Diese wird in der Regel vom jeweiligen Unternehmen abhängig sein. Existieren beispielsweise elektronische Zugangskarten, so können diese u. U. auch zur Zahlung in der Kantine genutzt werden und die Beträge monatlich von den Gehaltsabrechnungen abgezogen werden. Zulässig ist auch die Einführung eines speziellen Abrechnungssystems mittels Prepaid-Kantinenkarten, die an Ladegeräten mit einem Guthaben aufgeladen werden können oder die Beschränkung auf Bargeld als einziges zulässiges Zahlungsmittel. Bei der Nutzung von Prepaid-Karten wird in aller Regel zusätzlich das Mitbestimmungsrecht nach § 87 Abs. 1 Nr. 6 BetrVG ausgelöst.

§ 5. Zubereitung der Lebensmittel

1. Die Zubereitung der Lebensmittel soll täglich frisch erfolgen. Mahlzeiten werden täglich frisch gekocht. Tiefkühlprodukte sind nur mit Zustimmung der Kantinenkommission zulässig.
2. Speisen sind nährwertschonend zuzubereiten. Die Warmhaltezeiten der zubereiteten Speisen sollen eine Stunde und dürfen drei Stunden nicht überschreiten. Gegebenenfalls ist chargenweise zu kochen. Die Temperatur der warmen Speisen muss mindestens 60 °C betragen. Im Übrigen sind die gesetzlichen und sonstigen rechtlichen Vorgaben zu beachten.
3. Übrig gebliebene Lebensmittel dürfen in den gesetzlichen Grenzen an gemeinnützige Einrichtungen, z. B. Tafeln, abgegeben werden.

§ 6 Öffnungszeiten

1. Die Hauptmahlzeit in der Kantine muss zwischen 11:30 und 13:30 Uhr angeboten werden.
2. Die Öffnungszeiten im Übrigen legt der Betreiber nach Beratung mit der Kantinenkommission fest. Dabei soll sichergestellt werden, dass alle Mitarbeiter im

gewöhnlichen Betriebsablauf die Möglichkeit haben, die Mittagsmahlzeit in der Betriebskantine einzunehmen.

§ 7 Private Nutzung der Kantinenräume

1. Die Kantinenkommission darf Regelungen beschließen, nach denen außerhalb der Kantinenöffnungszeiten Mitarbeitern der Speiseraum zur Durchführung von Feiern mit einem betrieblichen Bezug, zum Beispiel Einstand, Jubiläen, Abteilungsfeiern, Abschiede, zur Verfügung gestellt werden kann.
2. Über die Überlassung an private Veranstaltungen im Rahmen der von der Kantinenkommission festgelegten Grundsätze entscheidet im Einzelfall der Betreiber der Kantine.

§ 8 Mitbestimmungsrechte des Betriebsrates

1. Der erste Abschluss, nachträgliche Veränderungen und die Beendigung des Vertrages mit dem Betreiber der Kantine bedürfen der Zustimmung des Betriebsrates.
2. Die Mitglieder des Kantinenausschusses haben in Begleitung des Betreibers der Kantine Zutritt zu allen Kantinenräumen. Sie haben das Recht, die Zubereitung der Speisen, die Beschaffenheit der Rohstoffe und die Warenvorräte in Augenschein zu nehmen.
3. Der Betreiber der Kantine hat den Kantinenausschuss oder den Betriebsrat auf Verlangen in sämtliche Unterlagen der Kantinenverwaltung Einsicht nehmen zu lassen und dem Kantinenausschuss oder dem Betriebsrat die Unterlagen zu erläutern.
4. Der Kantinenausschuss übt die Mitbestimmungsrechte des Betriebsrates in Bezug auf den Betrieb der Kantine nach § 87 BetrVG aus, soweit der Betriebsrat sich eine Beteiligung nicht vorbehält.

§ 9 Übergangsregelung

Mit dieser Betriebsvereinbarung wird die »Betriebsvereinbarung Betriebskantine« vom ... vollständig abgelöst.

Variante

Mit dieser Betriebsvereinbarung wird die »Betriebsvereinbarung Betriebskantine« vom ... teilweise abgelöst, sie gilt für die Abteilungen/die Standorte ... unverändert/mit folgenden Modifikationen: ... fort.

§ 10 Laufzeit, Beendigung

1. Die Betriebsvereinbarung wird wirksam mit ihrer Unterzeichnung.
   Variante
   Die Betriebsvereinbarung tritt am ... in Kraft. Bis zum Zeitpunkt ihres Inkrafttretens ist sie ordentlich unkündbar.
2. Die Betriebsvereinbarung läuft auf unbestimmte Zeit.
   Variante
   Die Betriebsvereinbarung endet, ohne dass es einer Kündigung bedarf, am ....
3. Die Betriebsvereinbarung ist ordentlich kündbar mit einer Frist von sechs Monaten.

Variante
Die Betriebsvereinbarung ist ordentlich unkündbar.

Hinweis:
Die Arbeitgeberin kann bezüglich der Unkündbarkeit einer Betriebsvereinbarung über eine Betriebskantine großzügige Versprechen risikolos abgeben, weil sie auch bei einer unkündbar ausgestalteten Betriebsvereinbarung nicht dazu gezwungen werden kann, ein für den Betrieb der Kantine notwendiges Budget zur Verfügung zu stellen. Durch die Streichung des Haushaltspostens kann die Arbeitgeberin somit jederzeit wenigstens die Kostenneutralität herstellen.

4. Das Recht zur außerordentlichen fristlosen Kündigung aus wichtigem Grund bleibt unberührt.

§ 11 Nachwirkung

Die Betriebsvereinbarung wirkt im Falle ihrer Kündigung in Gänze nach.

Hinweis:
Vereinbaren die Betriebsparteien nichts Abweichendes zur Nachwirkung, tritt eine in der Regel nicht gewollte Rechtsfolge nach Ablauf der ordentlichen Kündigungsfrist ein: Alle Gegenstände, die einem erzwingbaren Mitbestimmungstatbestand unterliegen, wirken nach, alle übrigen nicht. Einem solchen Skelett an nachwirkenden Regelungen baut diese Vereinbarung vor.

Variante
Die Betriebsvereinbarung wirkt im Falle einer ordentlichen Kündigung hinsichtlich der folgenden Gegenstände nach: ... Im Übrigen tritt keine Nachwirkung ein.
Variante
Die Betriebsvereinbarung wirkt im Falle einer Kündigung nicht nach.

Hinweis:
Betriebsvereinbarungen über freiwillige Sozialeinrichtungen, wie Betriebskantinen, werden zumeist ohne Nachwirkung ausgestaltet, weil die Arbeitgeberin ein Interesse daran hat, sich im Falle wirtschaftlicher Schwierigkeiten ohne rechtliches Risiko von den Subventionen der Sozialeinrichtung lösen zu können.

§ 12 Salvatorische Klausel

1. Im Falle von Meinungsverschiedenheiten über die Auslegung und Durchführung der Betriebsvereinbarung, über den Umfang von Einsichts- und Kontrollbefugnissen des Betriebsrates, über in diese Betriebsvereinbarung vereinbarte Beschwerderechte der Mitarbeiter oder über ... werden die Betriebsparteien mit dem ernsthaften Willen einer Einigung verhandeln.
2. Sollten einzelne Bestimmungen dieser Vereinbarung unwirksam sein oder werden, so bleiben die übrigen Bestimmungen hiervon unberührt. In diesem Fall verpflich-

ten sich beide Seiten, für die ungültige Bestimmung eine neue, gültige Bestimmung zu vereinbaren, die dem Sinn der Früheren so weit wie möglich entspricht.

Ort, Datum, Unterschriften
Anlagen

20.2.2 Betriebskantine in Eigenregie

BV 53

Präambel
Die Arbeitgeberin hat beschlossen, Mitarbeitern[46] eine günstige und gesunde betriebliche Verpflegung anzubieten. Sie wird hierfür im Rahmen ihrer wirtschaftlichen Leistungsfähigkeit die erforderlichen finanziellen Mittel bereitstellen. Die Betriebspartner verfolgen das gemeinsame Ziel, durch ein Angebot an Speisen und Getränken in einer betriebseigenen Kantine das Wohlbefinden der Arbeitnehmer in körperlicher und geistiger Hinsicht nachhaltig zu verbessen und hierdurch auch einen positiven Einfluss auf das soziale Miteinander im Betriebsklima auszuüben.

§ 1 Geltungsbereich
Diese Betriebsvereinbarung gilt für alle im Betrieb … tätigen Mitarbeiter.

Hinweis:
Zumeist wird die Einführung eines elektronischen Zeiterfassungssystems unternehmens- oder konzernweit vereinbart. Die Zuständigkeit verbleibt jedoch stets beim örtlichen Betriebsrat. Um mit dem Gesamtbetriebsrat oder dem Konzernbetriebsrat eine Vereinbarung abzuschließen, müssen die zuständigen Gremien Delegationsbeschlüsse fassen. Dies ist nur für rein rahmenrechtliche Vereinbarungen nicht erforderlich.

Variante (zur Erweiterung der Adressatenkreise)
Diese Betriebsvereinbarung gilt für alle gegenwärtigen und ehemaligen Mitarbeiter, für die Familienangehörige der gegenwärtigen Mitarbeiter und für solche Mitarbeiter, die durch Erreichen der Altersgrenze oder auf Grund vollständiger Erwerbsminderung und anschließenden Rentenbezug aus dem Arbeitsverhältnis ausgeschieden sind.

Hinweis:
In Betriebsvereinbarungen zu Sozialeinrichtungen, wie Betriebskantinen, werden oft auch Nichtarbeitnehmer einbezogen. Begünstigt werden Familienangehörige, leitende Angestellte und ehemalige Mitarbeiter. Für sie kann eine Betriebsvereinbarung dennoch keinen einklagbareren Nutzungsanspruch begründen. Insofern stellt die Vereinbarung zwischen Betriebsparteien eine Regelungsabrede dar, welche ausschließlich für die Betriebsparteien justiziabel ist.

46 Werden Personenbezeichnungen aus Gründen der besseren Lesbarkeit lediglich in der männlichen oder weiblichen Form verwendet, so schließt dies Menschen aller geschlechtlicher Identitäten mit ein.

§ 2 Betrieb der Kanine

1. Arbeitgeberin und Betriebsrat bilden eine paritätisch besetzte Kantinenkommission. Die Kantinenkommission trifft alle für den zukünftigen Betrieb der Kantine relevanten Entscheidungen durch Mehrheitsbeschlüsse.
2. Vonseiten der Arbeitgeberin wird ein Leiter der Kantine und Stellvertreter benannt. Vonseiten des Betriebsrates werden zwei Mitglieder benannt, die einen Kantinenausschuss bilden und hierin die Mitbestimmungsrechte des Betriebsrates ausüben. Beide Mitglieder des Kantinenausschusses sind Mitglieder der Kantinenkommission. Beide Seiten dürfen Stellvertreter benennen.
3. Die Kantinenkommission tagt monatlich unter Leitung und nach Einberufung des Leiters der Kantine. Darüber hinaus ist eine Sitzung der Kantinenkommission auf das Verlangen zweier Mitglieder einzuberufen. Die Tagesordnung mit den für die Beschlussfassung erforderlichen Informationen ist allen Mitgliedern der Kantinenkommission so rechtzeitig vor der Sitzung zuzuleiten, dass eine inhaltliche Vorbereitung möglich ist.
4. Die Kantinenkommission ist nur beschlussfähig, wenn alle ihre Mitglieder anwesend sind. Beschlüsse fasst sie mit der Mehrheit der abgegebenen Stimmen. Über die Sitzung ist ein Ergebnisprotokoll zu fertigen.
5. Kommt über einen Gegenstand eine Mehrheit in der Kantinenkommission nicht zustande, so kann dieser Gegenstand zwei weitere Male zur Abstimmung gestellt werden. Kommt auch bei der dritten Abstimmung keine Mehrheit zustande, so haben der Betriebsrat und die Arbeitgeberin über den Gegenstand zu beraten.
6. Die Arbeitgeberin verpflichtet sich, die vereinbarten Regelungen dieser Betriebsvereinbarung und die getroffenen Beschlüsse der Kantinenkommission im Pachtvertrag mit dem Betreiber der Kantine unverzüglich umzusetzen.

§ 3 Verpflegungsangebot und Preisgestaltung der Kantine

1. Die Kantinenkommission hat die Befugnis und die Verpflichtung, das Speisenangebot und die Verkaufspreise festzusetzen
2. Die Kostenfestsetzung hat dabei stets dem Kostendeckungsprinzip zu folgen.

> **Hinweis:**
> Das erzwingbare Mitbestimmungsrecht des Betriebsrates in der Preisgestaltung unterliegt einer Grenze dergestalt, dass die Arbeitgeberin mitbestimmungsfrei darüber entscheiden kann, ob und mit welchem Budget sie den Betrieb der Kantine subventionieren will. Das Mitbestimmungsrecht des Betriebsrates, und mit ihm der Entscheidungsspielraum der Kantinenkommission, beschränkt sich auf die Ausschöpfung dieses arbeitgeberseitig zur Verfügung gestellten Spielraums in der Budgetplanung.

3. Zu den zu berücksichtigenden Kantinenkosten zählen insoweit die Gehälter der in der Kantine Beschäftigten, die Gebäude-, Einrichtungs- und Energiekosten und die Kosten des Wareneinkaufs.

4. Der Preis für die Hauptmahlzeit darf nicht unter der Höhe des jeweils gültigen Sachbezugswertes festgesetzt werden.

Hinweis:
Solange Mitarbeiter wenigstens den Sachbezugswert für das Essen selbst zahlen müssen, ist die Zurverfügungstellung der Betriebskantine eine lohnsteuer- und sozialversicherungsfreie Leistung der Arbeitgeberin an sie. Dies gilt auch dann, wenn die tatsächlichen Kosten der Mahlzeit darüber liegen, die Arbeitgeberin also die Mahlzeiten bezuschusst. Ist der Preis niedriger angesetzt, so stellt die Differenz zwischen dem Preis der Mahlzeit und dem jeweiligen Sachbezugswert einen geldwerten Vorteil dar, die entweder pauschal mit 25 % versteuert wird oder dem Bruttolohn des Mitarbeiters hinzuaddiert wird und anschließend nach den individuellen Merkmalen abgabenrechtlich behandelt wird. Die Pauschalbesteuerung ist in der Regel günstiger.

5. Das Speisen- und Getränkeangebot soll eine ausgewogene und gesunde Ernährung ermöglichen. Es werden möglichst frische Lebensmittel verwendet.
6. Es muss täglich wenigstens eine vegetarische Hauptmahlzeit angeboten werden. Es sollen täglich mindestens drei verschiedene Hauptmahlzeiten zur Auswahl zur Verfügung stehen.
7. Zu den Hauptmahlzeiten sollen jeweils wenigstens eine frisch gekochte Suppe als auch Stärkebeilagen und Gemüsebeilagen angeboten werden. Zusätzlich sollen drei verschiedene Desserts angeboten werden.
8. Die nähere Ausgestaltung des Speiseangebotes obliegt dem Betreiber der Kantine. Kommt in der Kantinenkommission über das Speiseangebot eine Einigung nicht zustande, so darf der Leiter der Kantine vorläufig, bis zu einer Entscheidung durch die Arbeitgeberin und dem Betriebsrat, das Speiseangebot festsetzen.
9. Die Bezahlung der Verpflegung in der Kantine durch Mitarbeiter erfolgt entweder bar oder durch eine arbeitgeberseitig zur Verfügung gestellte Prepaid-Geldkarte.

Hinweis:
Auch die Form der Abrechnung unterliegt der Mitbestimmungspflicht des Betriebsrates. Es gibt zahlreiche Möglichkeiten für die Abrechnung. Diese wird in der Regel vom jeweiligen Unternehmen abhängig sein. Existieren beispielsweise elektronische Zugangskarten, so können diese u. U. auch zur Zahlung in der Kantine genutzt werden und die Beträge monatlich von den Gehaltsabrechnungen abgezogen werden. Zulässig ist auch die Einführung eines speziellen Abrechnungssystems mittels Prepaid-Kantinenkarten, die an Ladegeräten mit einem Guthaben aufgeladen werden können oder die Beschränkung auf Bargeld als einziges zulässiges Zahlungsmittel. Bei der Nutzung von Prepaid-Karten wird in aller Regel zusätzlich das Mitbestimmungsrecht nach § 87 Abs. 1 Nr. 6 BetrVG ausgelöst.

§ 4. Zubereitung der Lebensmittel

1. Die Zubereitung der Lebensmittel soll täglich frisch erfolgen. Mahlzeiten werden täglich frisch gekocht. Tiefkühlprodukte sind nur mit Zustimmung der Kantinenkommission zulässig.
2. Speisen sind nährwertschonend zuzubereiten. Die Warmhaltezeiten der zubereiteten Speisen sollen eine Stunde und dürfen drei Stunden nicht überschreiten. Gegebenenfalls ist chargenweise zu kochen. Die Temperatur der warmen Speisen muss mindestens 60 °C betragen. Im Übrigen sind die gesetzlichen und sonstigen rechtlichen Vorgaben zu beachten.
3. Übrig gebliebene Lebensmittel dürfen in den gesetzlichen Grenzen an gemeinnützige Einrichtungen, z. B. Tafeln, abgegeben werden.

§ 5 Öffnungszeiten

1. Die Hauptmahlzeit in der Kantine muss zwischen 11:30 und 13:30 Uhr angeboten werden.
2. Die Öffnungszeiten im Übrigen legt der Betreiber nach Beratung mit der Kantinenkommission fest. Dabei soll sichergestellt werden, dass alle Mitarbeiter im gewöhnlichen Betriebsablauf die Möglichkeit haben, die Mittagsmahlzeit in der Betriebskantine einzunehmen.

§ 6 Private Nutzung der Kantinenräume

1. Die Kantinenkommission darf Regelungen beschließen, nach denen außerhalb der Kantinenöffnungszeiten Mitarbeitern der Speiseraum zur Durchführung von Feiern mit einem betrieblichen Bezug, zum Beispiel Einstand, Jubiläen, Abteilungsfeiern, Abschiede, zur Verfügung gestellt werden kann.
2. Über die Überlassung an private Veranstaltungen im Rahmen der von der Kantinenkommission festgelegten Grundsätze entscheidet im Einzelfall der Betreiber der Kantine.

§ 7 Mitbestimmungsrechte des Betriebsrates

1. Die Mitglieder des Kantinenausschusses haben in Begleitung des Betreibers der Kantine Zutritt zu allen Kantinenräumen. Sie haben das Recht, die Zubereitung der Speisen, die Beschaffenheit der Rohstoffe und die Warenvorräte in Augenschein zu nehmen.
2. Der Leiter der Kantine hat den Kantinenausschuss oder den Betriebsrat auf Verlangen in sämtliche Unterlagen der Kantinenverwaltung Einsicht nehmen zu lassen und dem Kantinenausschuss oder dem Betriebsrat die Unterlagen zu erläutern.
3. Der Leiter der Kantine wird den Kantinenausschuss zu allen Gesprächen und Visiten von Behörden hinzuziehen.
4. Der Kantinenausschuss übt die Mitbestimmungsrechte des Betriebsrates in Bezug auf den Betrieb der Kantine nach § 87 BetrVG aus, soweit der Betriebsrat sich eine Beteiligung nicht vorbehält.

§ 8 Übergangsregelung
Mit dieser Betriebsvereinbarung wird die »Betriebsvereinbarung Betriebskantine« vom ... vollständig abgelöst.
Variante
Mit dieser Betriebsvereinbarung wird die »Betriebsvereinbarung Betriebskantine« vom ... teilweise abgelöst, sie gilt für die Abteilungen/die Standorte ... unverändert/ mit folgenden Modifikationen: ... fort.

§ 9 Laufzeit, Beendigung
1. Die Betriebsvereinbarung wird wirksam mit ihrer Unterzeichnung.
   Variante
   Die Betriebsvereinbarung tritt am ... in Kraft. Bis zum Zeitpunkt ihres Inkrafttretens ist sie ordentlich unkündbar.
2. Die Betriebsvereinbarung läuft auf unbestimmte Zeit.
   Variante
   Die Betriebsvereinbarung endet, ohne dass es einer Kündigung bedarf, am ....
3. Die Betriebsvereinbarung ist ordentlich kündbar mit einer Frist von sechs Monaten.
   Variante
   Die Betriebsvereinbarung ist ordentlich unkündbar.

> **Hinweis:**
> Die Arbeitgeberin kann bezüglich der Unkündbarkeit einer Betriebsvereinbarung über eine Betriebskantine großzügige Versprechen risikolos abgeben, weil sie auch bei einer unkündbar ausgestalteten Betriebsvereinbarung nicht dazu gezwungen werden kann, ein für den Betrieb der Kantine notwendiges Budget zur Verfügung zu stellen. Durch die Streichung des Haushaltspostens kann die Arbeitgeberin somit jederzeit wenigstens die Kostenneutralität herstellen.

4. Das Recht zur außerordentlichen fristlosen Kündigung aus wichtigem Grund bleibt unberührt.

§ 10 Nachwirkung
Die Betriebsvereinbarung wirkt im Falle ihrer Kündigung in Gänze nach.

> **Hinweis:**
> Vereinbaren die Betriebsparteien nichts Abweichendes zur Nachwirkung, tritt eine in der Regel nicht gewollte Rechtsfolge nach Ablauf der ordentlichen Kündigungsfrist ein: Alle Gegenstände, die einem erzwingbaren Mitbestimmungstatbestand unterliegen, wirken nach, alle übrigen nicht. Einem solchen Skelett an nachwirkenden Regelungen baut diese Vereinbarung vor.

Variante
Die Betriebsvereinbarung wirkt im Falle einer ordentlichen Kündigung hinsichtlich der folgenden Gegenstände nach: ... Im Übrigen tritt keine Nachwirkung ein.

Variante
Die Betriebsvereinbarung wirkt im Falle einer Kündigung nicht nach.

> **Hinweis:**
> Betriebsvereinbarungen über freiwillige Sozialeinrichtungen, wie Betriebskantinen, werden zumeist ohne Nachwirkung ausgestaltet, weil die Arbeitgeberin ein Interesse daran hat, sich im Falle wirtschaftlicher Schwierigkeiten ohne rechtliches Risiko von den Subventionen der Sozialeinrichtung lösen zu können.

§ 11 Salvatorische Klausel

1. Im Falle von Meinungsverschiedenheiten über die Auslegung und Durchführung der Betriebsvereinbarung, über den Umfang von Einsichts- und Kontrollbefugnissen des Betriebsrates, über in diese Betriebsvereinbarung vereinbarte Beschwerderechte der Mitarbeiter oder über ... werden die Betriebsparteien mit dem ernsthaften Willen einer Einigung verhandeln.
2. Sollten einzelne Bestimmungen dieser Vereinbarung unwirksam sein oder werden, so bleiben die übrigen Bestimmungen hiervon unberührt. In diesem Fall verpflichten sich beide Seiten, für die ungültige Bestimmung eine neue, gültige Bestimmung zu vereinbaren, die dem Sinn der Früheren so weit wie möglich entspricht.

Ort, Datum, Unterschriften
Anlagen

21. Verbundkarten (Job-Ticket)

21.1 Einleitung

Viele Unternehmen fördern die Benutzung des öffentlichen Nahverkehrs durch die Bezuschussung von sog. Job-Tickets. Die meisten Verkehrsverbünde bieten Firmen verbilligte Tickets an, wenn diese sie an ihre Arbeitnehmer weitergeben. Die Bedingungen für ein Job-Ticket unterscheiden sich aber von Verkehrsverbund zu Verkehrsverbund. Daher ist die Betriebsvereinbarung an die jeweiligen Bedingungen anzupassen. Job-Tickets stellen grundsätzlich steuerpflichtigen Arbeitslohn dar. Aber soweit sie die Voraussetzungen des § 3 Nr. 15 EStG erfüllen, können sie steuerfrei gezahlt werden, ansonsten gilt die Freigrenzen für Sachbezugswerte nach § 8 Abs. 2 EStG. Vor Abschluss einer Betriebsvereinbarung müssen in jedem Fall die aktuellen Steuervorschriften geprüft werden.
Sinnvoll ist es, die Frage eines Job-Tickets in Mobilitätskonzepte einzubinden und die Fragen von Parkraumbewirtschaftung, Car-Pools, Verbesserung der Bedingungen für die Nutzung von Fahrrädern usw. zu verbinden.

21.2 Betriebsvereinbarung Einführung eines Job-Tickets

BV 54

§ 1 Geltungsbereich
Diese Betriebsvereinbarung gilt für
1. räumlich …
2. persönlich …
3. fachlich …

§ 2 Job-Ticket
Alle Arbeitnehmer können ab … ein monatliches Job-Ticket des Verkehrsverbundes … erhalten. Der Arbeitnehmer hat bis zum … einen entsprechenden Antrag bei der Personalabteilung zu stellen.
Der Arbeitgeber übernimmt von den monatlichen Kosten des Job-Tickets einen Anteil in Höhe von … Euro.
Leistungen für die Arbeitnehmer, die Rufbereitschaft leisten (s. Betriebsvereinbarung über Rufbereitschaft vom …) werden durch diese Betriebsvereinbarung nicht berührt; die Leistungen dürfen nicht verrechnet werden.

§ 3 Parkplätze/Fahrräder
a. Arbeitnehmer, die ein Job-Ticket nutzen, haben keinen Anspruch auf Nutzung des Firmenparkplatzes.
b. Um Arbeitnehmern die Nutzung von Fahrrädern zu erleichtern, wird auf dem Betriebsgelände … ein überdachter Fahrradparkplatz eingerichtet. Dieser wird mit Fahrradständern versehen, die ein leichtes Anketten der Fahrräder ermöglichen.

§ 4 Schlussbestimmungen
1. Im Falle von nicht beilegbaren Streitigkeiten, die sich aus der Anwendung oder Auslegung der Betriebsvereinbarung ergeben, entscheidet eine Einigungsstelle nach § 76 BetrVG.
2. Sollten einzelne Punkte der Betriebsvereinbarung ungültig sein oder ihre Gültigkeit aufgrund neuer Gesetzgebung oder Rechtsprechung verlieren, so bleiben die übrigen Bestimmungen hiervon unberührt. In diesem Falle werden beide Seiten für die ungültig gewordenen Punkte der Betriebsvereinbarung eine neue, gültige Formulierung vereinbaren, die dem früheren Sinn soweit wie möglich entspricht.
3. Diese Betriebsvereinbarung ist mit einer Frist von … Monaten zum Schluss eines Kalenderjahres kündbar; erstmals zum Datum. Die Kündigung dieser Betriebsvereinbarung ist nur wirksam, wenn sie schriftlich erfolgt. Die Betriebsvereinbarung wirkt nach. Anlagen sind Bestandteil dieser Betriebsvereinbarung.

Ort, Datum, Unterschriften

22. Gewinnbeteiligung

22.1 Einleitung

Sollen Arbeitnehmer am Gewinn beteiligt werden, stellt sich die Frage der Bemessungsgrundlage. Die Basis der Berechnung muss in der Betriebsvereinbarung genau geregelt werden, um Streitigkeiten auszuschließen. Wird die Handelsbilanz zugrunde gelegt, ist das Ergebnis verbindlich, auch wenn das Unternehmen Gestaltungsspielräume genutzt hat, die zu einer Verringerung des Gewinns führen. Zudem müssen die Verteilungskriterien festgelegt werden. Soll eine Gewinnbeteiligung abhängig vom jeweiligen Einkommen erfolgen oder in einer einheitlichen Summe nach Köpfen?

22.2 Betriebsvereinbarung Gewinnbeteiligung

BV 55

§ 1 Geltungsbereich
Diese Betriebsvereinbarung gilt für
1. räumlich ...
2. persönlich ...
3. fachlich ...

§ 2 Ziele
Mit der Gewinnbeteiligung sollen die Arbeitnehmer am Erfolg des Unternehmens partizipieren. Die Gewinnbeteiligung ist Ausdruck der Tatsache, dass der Erfolg des Unternehmens auf dem Einsatz aller Arbeitnehmer beruht.

§ 3 Anspruchsvoraussetzungen
Anspruch auf die Gewinnbeteiligung haben alle Arbeitnehmer des Unternehmens. Ausgenommen hiervon sind Werkstudenten und Praktikanten sowie Arbeitnehmer in ruhenden Arbeitsverhältnissen.
Gewinnbeteiligung erhält nur, wer am 1. 6. des Folgejahres in einem Arbeitsverhältnis zum Unternehmen steht.
Voraussetzung für die Gewinnbeteiligung ist, dass der Arbeitnehmer im Kalenderjahr, für das die Gewinnbeteiligung gezahlt wird, mindestens ... Monate im Unternehmen beschäftigt war. Beschäftigungszeiten bei Konzernunternehmen zählen mit.

§ 4 Höhe der Gewinnbeteiligung
Insgesamt werden ... % des im Kalenderjahr erzielten Jahresüberschusses für die Gewinnbeteiligung der Arbeitnehmer verwendet. Maßgebend ist der in der Handelsbilanz ausgewiesene Jahresüberschuss.
oder zusätzlich
Die Gewinnbeteiligung entfällt, wenn der Gewinn im Kalenderjahr nicht mehr als ... Euro beträgt.

Der persönliche Anspruch des Arbeitnehmers errechnet sich wie folgt:
Der für die Gewinnbeteiligung zur Verfügung stehende Betrag wird durch die Anzahl der Anspruchsberechtigten geteilt. Teilzeitbeschäftigte erhalten die Gewinnbeteiligung anteilig im Verhältnis ihrer individuellen regelmäßigen wöchentlichen Arbeitszeit zur regelmäßigen tariflichen wöchentlichen Arbeitszeit von ... Stunden pro Woche.
Standen Arbeitnehmer nicht während des ganzen Kalenderjahres, für das die Gewinnbeteiligung erfolgt, in einem Arbeitsverhältnis zum Unternehmen, so haben sie Anspruch auf 1/12 der Gewinnbeteiligung, die ihnen bei ganzjährigem Arbeitsverhältnis zustehen würde für jeden vollen Monat des Arbeitsverhältnisses.

§ 5 Auszahlungszeitpunkt
Die Gewinnbeteiligung wird mit der Entgeltabrechnung für den Monat Juli des Kalenderjahres gezahlt, das auf das Kalenderjahr folgt, für das die Gewinnbeteiligung gezahlt wird.

§ 6 Verwendung
Die Gewinnbeteiligung kann ganz oder teilweise auf Wunsch des Arbeitnehmers in das Lebensarbeitszeitkonto (gem. Betriebsvereinbarung vom ...) übertragen werden.
oder/und
Die Gewinnbeteiligung kann ganz oder teilweise auf Wunsch des Arbeitnehmers umgewandelt werden und in die Pensionskasse ... eingezahlt werden.
Der Arbeitnehmer hat jeweils bis zum 1.4. eines Kalenderjahres der Personalabteilung mitzuteilen, wenn er von dieser Möglichkeit gebraucht machen will, und den Anteil festzulegen.

§ 7 Rechte des Betriebsrats
Dem Betriebsrat ist die Handelsbilanz unverzüglich nach ihrer Erstellung zu übersenden.

§ 8 Schlussbestimmungen
1. Im Falle von nicht beilegbaren Streitigkeiten, die sich aus der Anwendung oder Auslegung der Betriebsvereinbarung ergeben, entscheidet eine Einigungsstelle nach § 76 BetrVG.
2. Sollten einzelne Punkte der Betriebsvereinbarung ungültig sein oder ihre Gültigkeit aufgrund neuer Gesetzgebung oder Rechtsprechung verlieren, so bleiben die übrigen Bestimmungen hiervon unberührt. In diesem Falle werden beide Seiten für die ungültig gewordenen Punkte der Betriebsvereinbarung eine neue, gültige Formulierung vereinbaren, die dem früheren Sinn soweit wie möglich entspricht.
3. Diese Betriebsvereinbarung ist mit einer Frist von ... Monaten zum Schluss eines Kalenderjahres kündbar; erstmals zum Datum. Die Kündigung dieser Betriebsvereinbarung ist nur wirksam, wenn sie schriftlich erfolgt. Die Betriebsvereinbarung wirkt nach. Anlagen sind Bestandteil dieser Betriebsvereinbarung.

Ort, Datum, Unterschriften

23. Jubiläumszahlungen

23.1 Einleitung

Auch in Zeiten von immer mehr befristeten Arbeitsverträgen erkennen viele Unternehmen die langjährige »Betriebstreue« weiterhin durch Zahlung von Jubiläumszuwendungen an oder veranstalten eine entsprechende Feier. Die Jubiläumszuwendung ist steuerpflichtig.

23.2 Betriebsvereinbarung Jubiläumszahlungen

BV 56

§ 1 Geltungsbereich

Diese Betriebsvereinbarung gilt für

1. räumlich ...
2. persönlich ..., alle Leiharbeitnehmer
3. sachlich ...

§ 2 Jubiläumszahlung

Als Anerkennung für langjährige Dienste erhalten Arbeitnehmer im Jubiläumsjahr folgende Jubiläumszuwendungen:

Betriebszugehörigkeit	Zuwendungen
10 Jahre	307,00 Euro
20 Jahre	1 Monatsentgelt
30 Jahre	2 Monatsentgelte
40 Jahre	3 Monatsentgelte

Die Jubiläumszuwendungen sind von den Arbeitnehmern im Rahmen des jeweils gültigen Steuerrechts zu versteuern.

oder

Der Arbeitgeber übernimmt die Versteuerung der Jubiläumszuwendungen.

Teilzeitbeschäftigte erhalten die Jubiläumszahlungen in voller Höhe

oder

entsprechend dem Verhältnis ihrer Arbeitszeit zur jeweils im Unternehmen geltenden Vollzeitarbeitszeit.

Haben Mitarbeiter im Laufe ihrer Betriebszugehörigkeit zwischen Voll- und Teilzeit gewechselt, ist der durchschnittliche Beschäftigungsgrad zu ermitteln oder ist die am Stichtag des Jubiläums vereinbarte Arbeitszeit maßgebend.

Ab einer Betriebszugehörigkeit von 20 Jahren wird zusätzlich zur Jubiläumszahlung der Jubilar in einer Feierstunde geehrt. Die Kosten trägt der Arbeitgeber.

§ 3 Betriebszugehörigkeit

Bei der Ermittlung der Betriebszugehörigkeit werden alle Zeiten des ununterbrochenen rechtlichen Bestandes des Arbeitsverhältnisses mit dem Unternehmen, seinen Rechtsvorgängern und Konzerngesellschaften im In- und Ausland berücksichtigt. Soweit Arbeitnehmer durch einen Betriebsübergang gem. § 613a BGB Arbeitnehmer

des Unternehmens geworden sind, zählen ihre bei dem/bei den vorherigen Betriebsinhaber/n verbrachten Jahre der Betriebszugehörigkeit mit.
Zusätzlich für Betriebe mit langjährigen Saisonkräften
Unterbrechungen der Betriebszugehörigkeit von ... Monaten werden nicht als Unterbrechung der Betriebszugehörigkeit im Sinne dieser Betriebsvereinbarung gewertet. Allerdings zählen die Zeiten, in denen kein Arbeitsverhältnis zum Unternehmen bestand, nicht zu den Dienstjahren.

§ 4 Schlussbestimmungen
1. Im Falle von nicht beilegbaren Streitigkeiten, die sich aus der Anwendung oder Auslegung der Betriebsvereinbarung ergeben, entscheidet eine Einigungsstelle nach § 76 BetrVG.
2. Diese Betriebsvereinbarung ist mit einer Frist von ... Monaten zum Schluss eines Kalenderjahres kündbar; erstmals zum Datum. Die Kündigung dieser Betriebsvereinbarung ist nur wirksam, wenn sie schriftlich erfolgt. Die Betriebsvereinbarung wirkt nach. Anlagen sind Bestandteil dieser Betriebsvereinbarung.

Ort, Datum, Unterschriften

24. Übertarifliche Zulagen

24.1 Einleitung

Übertarifliche Zulagen werden in vielen Betrieben aus verschiedensten Anlässen gezahlt. Es kann sich z. B. um sog. Leistungsprämien, Arbeitsmarktzulagen, Zulagen für besondere Arbeitsbedingungen handeln. Auf sie besteht kein Rechtsanspruch, sofern sie nicht im Arbeitsvertrag oder in einer Betriebsvereinbarung vereinbart sind. Der Betriebsrat kann ihre Zahlung nicht über seine Mitbestimmungsrechte erzwingen. Wenn der Arbeitgeber aber solche Zahlungen leisten will, unterliegen die Verteilungsgrundsätze dem Mitbestimmungsrecht des Betriebsrats. Ziel des Mitbestimmungsrechts ist es, für Entgeltgerechtigkeit zu sorgen, d. h. die Zulagen müssen transparenten und nachvollziehbaren Kriterien folgen und dürfen keine »Nasenprämien« sein. Besonderes Augenmerk ist auf die Frage der Anrechenbarkeit von Zulagen auf Tariferhöhungen und auf die Frage, unter welchen Bedingungen die Zulagen entfallen bzw. widerrufen werden können, zu richten.

BV 57

24.2 Betriebsvereinbarung Ausgestaltung der übertariflichen Zulage

§ 1 Geltungsbereich

Diese Betriebsvereinbarung gilt für

1. räumlich ...
2. persönlich ...
3. fachlich ...

§ 2 Zulagen

a) Leistungszulage

Alle Arbeitnehmer erhalten eine allgemeine Leistungszulage in Höhe von ... Euro pro Stunde.

b) Kältezulage

Arbeitnehmer, die im Kältetunnel arbeiten, erhalten pro Arbeitsstunde eine Zulage in Höhe von ... Euro.

c) Standortzulage

Arbeitnehmer, die in den Standorten ... beschäftigt sind, erhalten im Hinblick auf die erhöhten Lebenshaltungskosten an dieses Orten eine allgemeine Standortzulage in Höhe von ... € monatlich als teilweisen Ausgleich für die erhöhten Kosten.

§ 3 Verhältnis zu anderen Zulagen, Anrechnung

Andere Zulagen, die in Betriebsvereinbarungen, in Arbeitsverträgen oder in Tarifverträgen geregelt sind, werden von dieser Betriebsvereinbarung nicht berührt. Zulagen nach dieser Betriebsvereinbarung dürfen nicht mit anderen Zulagen, gleich worauf sie beruhen, verrechnet werden. Eine Verrechnung von Tariferhöhungen mit den Zulagen nach dieser Betriebsvereinbarung ist nicht zulässig.

§ 4 Teilzeitbeschäftigte

Teilzeitbeschäftigte erhalten die Zulagen im Verhältnis ihrer persönlichen Arbeitszeit im Verhältnis zur regelmäßigen wöchentlichen tariflichen Arbeitszeit (... Stunden pro Woche). Soweit in dieser Betriebsvereinbarung Zulagen geregelt sind, die pro Stunde gezahlt werden, erhalten Teilzeitbeschäftigte diese für jede Arbeitsstunde in voller Höhe.

§ 5 Schlussbestimmungen

1. Im Falle von nicht beilegbaren Streitigkeiten, die sich aus der Anwendung oder Auslegung der Betriebsvereinbarung ergeben, entscheidet eine Einigungsstelle nach § 76 BetrVG.
2. Diese Betriebsvereinbarung ist mit einer Frist von ... Monaten zum Schluss eines Kalenderjahres kündbar; erstmals zum Datum. Die Kündigung dieser Betriebsvereinbarung ist nur wirksam, wenn sie schriftlich erfolgt. Die Betriebsvereinbarung wirkt nach. Anlagen sind Bestandteil dieser Betriebsvereinbarung.

Ort, Datum, Unterschriften

25. Übertarifliche Entlohnung

25.1 Betriebsvereinbarung über die Anrechnung von Tariferhöhungen

BV 58

§ 1 Geltungsbereich

Hinweis
Die Anrechnung von Zulagen muss nicht alle Arbeitnehmer betreffen. Erhält nur ein Teil eine bestimmte übertarifliche Zulage, kann auch nur bei diesen angerechnet werden. Dementsprechend ist u. U. der Geltungsbereich zu begrenzen.

Diese Betriebsvereinbarung gilt für
1. räumlich ...
2. persönlich ...
3. fachlich ...

§ 2 Anrechnung der Tariferhöhung
Die Tariferhöhung (Entgelttarifvertrag) Bezeichnung vom Datum wird auf folgende Zulagen wie folgt angerechnet:
Auf die allgemeine persönliche Zulage von ... Euro mit der Hälfte des Betrags, den die Tariferhöhung in der jeweiligen Tarifgruppe ausmacht.
oder
Auf anrechenbare übertarifliche Zulagen wird die ... % übersteigende Tariferhöhung angerechnet.
oder
Die Tariferhöhung wird auf anrechenbare übertarifliche Zulagen
bis zu ... Euro zur Hälfte, maximal ... Euro
bis zu ... Euro zur Hälfte, maximal ... Euro
angerechnet.
Die Anrechnung ist auf den Betrag der übertariflichen Zulage begrenzt.

Hinweis
Die Anrechnung kann nach Höhe der Zulagen, nach Tarifgruppen usw. gestaffelt werden. Sie kann auf alle oder nur bestimmte anrechenbare Zulagen erfolgen.

§ 3 Nicht anrechenbare Zulagen
Nicht anrechenbar sind folgende Zulagen:
z. B. Funktionszulagen, wie Staub- oder Kältezulagen.

§ 4 Zeitpunkt der Anrechnung
Die Anrechnung der Tariferhöhung erfolgt nicht rückwirkend. Sie erfolgt erstmals in dem Monat, der der Unterzeichnung dieser Betriebsvereinbarung folgt.

§ 5 Schlussbestimmungen

Diese Betriebsvereinbarung ist mit einer Frist von ... Monaten zum Schluss eines Kalenderjahres kündbar; erstmals zum Datum. Die Kündigung dieser Betriebsvereinbarung ist nur wirksam, wenn sie schriftlich erfolgt. Die Betriebsvereinbarung wirkt nach. Anlagen sind Bestandteil dieser Betriebsvereinbarung.

Ort, Datum, Unterschriften

26. Leistungsentlohnung

26.1 Rahmenbetriebsvereinbarung zur Leistungsentlohnung und Datenermittlung[47]

BV 59

Zwischen der Geschäftsleitung und dem Betriebsrat
der Firma Bezeichnung
wird folgende Rahmenbetriebsvereinbarung abgeschlossen.
Diese Rahmenbetriebsvereinbarung soll die Grundlagen der Zusammenarbeit bei der Einführung und Veränderung von Leistungslohnsystemen und der dazugehörenden Datenermittlung regeln.

1. Geltungsbereich

- Prämienberechtigt im Sinne dieser Vereinbarung sind alle Mitarbeiter, deren Leistungsergebnis in Menge, Anzahl bedienter Maschinen, Zeit, Nutzung und Qualität messbar und/oder beurteilbar sind.
- Es wird angestrebt die Vorarbeiter und Einrichter in die Leistungsentlohnung einzubeziehen.

2. Leistungslohn – Grundsatz – Vereinbarung

- Diese Leistungslohn-Grundsatz-Vereinbarung wird jeweils durch eine Detailvereinbarung für die zu untersuchenden Abteilungen, Kostenstellen und Maschinen/Arbeitsplatzgruppen, in denen ein Leistungslohnsystem aufgebaut oder geändert werden soll, ergänzt. In den Detailvereinbarungen werden die Leistungslohnkomponenten (Bezugsmerkmale), bei Prämienlohn die Prämienausgangsleistung und Prämienendleistung, die Prämienlohnlinie, Prämiengeldwerte sowie die Prämienberechnung im Einzelnen festgelegt.
- Leistungslohn kann eingeführt werden, wenn zur Arbeitsausführung die einzelnen Einflussgrößen mess- und zählbar und die Arbeitsbedingungen menschengerecht gestaltet sind. (Unter Arbeitsbedingungen versteht man herkömmlich: Maschine, Eingabe, Ausgabe, Umwelteinflüsse.) Die Einflussgrößen müssen durch die Mit-

47 Quelle: Unternehmensberatung Joachim Peters, *www.jp-beratung.de*.

arbeiter beeinflussbar sein. Sie können aufgrund körperlicher und/oder geistiger oder sonstiger Beeinflussung erreicht werden.

3. Datenermittlung

- Die benötigten Daten werden nach folgenden Methoden ermittelt.
  - Messen (z. B. Zeitaufnahmen)
  - Zählen (z. B. Multimomentaufnahmen als Häufigkeitsunterstützung)
  - Rechnen (z. B. Prozesszeiten als berechnetet Maschinenzeiten) (z. B. Planzeiten, wenn ihr Ursprung ersichtlich ist und die Umstände, unter denen sie ermittelt wurden, denen im Unternehmen entsprechen)
  - Selbstaufschreibung der Mitarbeiter/Betriebsmittel zur Ermittlung der IST-Leistung
  - Betriebsmerkmale (zur Beurteilung der Qualität)
  - Vereinbarungen (für Erstfertigungen, Nullserien oder Nacharbeiten, wenn andere Methoden zu aufwendig sind)
  - Die verwendete Methode wird in jeder Einzelvereinbarung aufgeführt.
- Für statistische Verfahren der Datenermittlung wird eine Aussagewahrscheinlichkeit von S= 95 % festgelegt. Bei Zeitstudien wird der relative Vertrauensbereich Epsilon mit 5 % festgelegt. Der absolute Vertrauensbereich bei Multimomentaufnahmen f' (2 %) wird je nach Zielsetzung vor Beginn der Untersuchung einvernehmlich mit dem Betriebsrat festgelegt.
- Zu jeder Datenermittlung gehört eine reproduzierbare Beschreibung des Arbeitssystems. Hierzu gehören im einzelnen:
  - Beschreibung des Arbeitsablaufes, des Arbeitsverfahrens und der Arbeitsmethode.
  - Verwendete Werkstoffe
  - Benutzte Betriebsmittel einschließlich der Sonderwerkzeuge
  - Bescheinigung der Qualität des Arbeitsergebnisses
  - Einhaltung der Sicherheitsvorschriften
  - Angabe der Arbeitsunterlagen (z. B. Auftragsnummer u Zeichnungsnummer)
  - Betriebsabteilung, Kostenstelle und Arbeitsplatz
  - Name des Mitarbeiters und Dauer der Ausübung der Arbeitsaufgaben, alle übrigen Personen, die bei der Datenerhebung tätig waren.
  - Datum, Beginn und Ende der Datenerhebung (Dauer)
  - Losgröße und Lage der Datenerhebung innerhalb der Losgröße
- Dem Betriebsrat und den betroffenen Mitarbeitern sind rechtzeitig vor jeder Datenermittlung Zweck und Umfang der Datenermittlung mitzuteilen. Die Rechtzeitigkeit richtet sich nach den speziellen Fertigungsablaufkriterien und Erfordernissen der Firma.
- Die zur Datenermittlung verwendeten Unterlagen und Ergebnisse werden in der Abteilung »Zeitwirtschaft/Kalkulation« unter Verschluss aufbewahrt. Der Betriebsrat hat das Recht, in diese Unterlagen Einsicht zu nehmen. Bei Reklamationen kann sich der Betriebsrat über alle Einzelheiten der reklamierten Vorgabezeit informieren und die ermittelten Daten rechnerisch und sachlich zu überprüfen.

- Die Datenermittlung erfolgt durch geeignete Mitarbeiter der Firma oder durch externe Arbeitsstudienleute eines Beratungsunternehmens. Wird ein Beratungsunternehmen mit der Datenermittlung beauftragt, wird der Betriebsrat vorab über die Zielsetzung informiert.
- Bei Zeitmessungen wird das Fortschrittzeitverfahren (Einzelzeitverfahren) angewendet.
  Als Hilfsmittel werden vereinbart
  - Einfache Stoppuhren mit 1/100 Minutenteilung
  - Elektronische Zeitmessgeräte (DRIGUS, ORTIM oder Mitterhauser)
  - BDE – Geräte
  - MDE – Geräte

Die im Einsatz befindlichen MDE und BDE – Geräte werden mit den bisherigen Funktionen weiter genutzt. Für neue Funktionen bei den im Einsatz befindlichen Geräten oder neu zu installierenden MDE und BDE – Geräten werden separate Betriebsvereinbarungen abgeschlossen.

4. Festlegung der Leistungsbewertungsgrundlagen

In jeder Detail-Vereinbarung sind die zur Verwendung kommenden Leistungsbewertungsdaten festgelegt. Dabei sind folgende Voraussetzungen zu gewährleisten:

- Bei Zeitstudien erfolgt die Beurteilung der Normalleistung über den Leistungsgrad nach der REFA-Methodenlehre der Betriebsorganisation, Band »Datenermittlung«. Die Vorgabezeiten werden unter Berücksichtigung der im Unternehmen ermittelten Verteilzeitzuschläge aus den Zeitstudien errechnet.
- Bei Prämienentlohnung werden die Prämienuntergrenzen und -obergrenzen errechnet und/oder über Zeitstudien, Multimomentaufnahmen, Auszählungen oder Selbstaufschreibungen ermittelt.
- Die Prämienobergrenzen sind so festzulegen, dass unter optimalem Arbeitseinsatz ohne Gesundheitsschädigung die Prämienobergrenze erreichbar ist.
- Zur Überschaubarkeit für die Mitarbeiter sollten für die Prämienberechnung nach Möglichkeit nicht mehr als 3 Einflussgrößen verwendet werden.

5. Verteilzeiten

- Sachliche Verteilzeiten

Die sachlichen Verteilzeiten werden bei Bedarf durch Multimomentaufnahmen ermittelt und über einen Zuschlag bei der Ermittlung von Vorgabezeiten berücksichtigt.

- Persönliche Verteilzeiten

Für die persönlichen Verteilzeiten wird ein Zuschlag von 5 % vereinbart und ebenfalls bei der Ermittlung von Vorgabezeiten berücksichtigt.

6. Änderung von Vorgabewerten

- Eine Änderung gültiger Vorgabewerte kann, außer im Falle einer offensichtlichen Unrichtigkeit der zugrunde gelegten Bezugs- und Einflussgrößen oder eines Rechenfehlers, nur nach einer vorherigen Kündigung erfolgen, wenn sie
  - Durch wesentliche Änderung des Arbeitsablaufes

- Durch Einführung technischer oder organisatorischer Änderungen
- Durch Änderung sonstiger Arbeitsbedingungen
- Durch eine wesentliche Veränderung der Stückzahlen
- Durch Änderung der Qualitätskriterien

Sachlich gerechtfertigt ist. Die Änderung erfolgt durch eine neue Untersuchung, deren Ergebnis bestimmend ist.

- Bei vorläufig erklärten Vorgabewerten ist eine Änderung der Vorgabezeiten ohne Einhaltung einer Frist innerhalb eines Zeitraumes von 6 Monaten möglich. Die Änderung erfolgt über eine Untersuchung, deren Ergebnis einen festen Vorgabewert darstellt.
- Die Änderung einer Vorgabezeit ist in jedem Fall dem Betriebsrat mitzuteilen und zu begründen.
- Wird durch den Betriebsrat, einen Mitarbeiter oder die Unternehmensleitung ein Vorgabewert beanstandet, ist diese Beanstandung schriftlich der Abteilung »Zeitwirtschaft/Kalkulation« mitzuteilen. Die Beanstandung wird registriert und unverzüglich bearbeitet. Wird die Bestätigung des beanstandeten Vorgabewertes oder der neu festgesetzte Vorgabewert vom Betriebsrat, dem Mitarbeiter oder der Geschäftsleitung nicht akzeptiert, wird der Vorgang von der paritätischen Kommission bearbeitet deren Entscheidung bindend ist. Kommt die paritätische Kommission zu keiner Entscheidung bzw. wird die Entscheidung von einer Partei nicht akzeptiert, ist der Rechtsweg für jede Partei offen.
- Bis zum Ende des Verfahrens behält der bestehende Vorgabewert seine volle Gültigkeit.
- Der paritätischen Kommission gehören je 2 von der Geschäftsleitung und dem Betriebsrat bestellte, möglichst sachverständige Betriebsangehörige an.

7. Vergütung von Ausfall-, Stör-, Gemeinkostenzeiten und Aufgabenwechsel

Die Vergütung von Ausfall-, Stör- und Gemeinkostenzeiten, Arbeitswechsel und Einarbeitungszeit sind wie folgt geregelt:

- Bei entsprechender Aufmerksamkeit vermeidbarer Ausschuss oder Nacharbeit wird nicht bezahlt, bzw. laut Abzugslohnlinie an der Plus-Prämie anderer Komponenten abgezogen.
- Nacharbeiten, die nicht durch eigene Unaufmerksamkeit entstehen sollen nach Möglichkeit mit Vorgabewerten versehen werden, damit diese Aufgabe im Leistungslohn durchgeführt werden kann.
- Nacharbeiten für die keine Vorgabewerte ermittelt werden können, sollen nach Möglichkeit von Zeitlöhnern durchgeführt werden.
- Alle Nacharbeiten oder sonstigen Ausfall-, Stör-, Gemeinkostenzeiten und Aufgabenwechsel für die keine Vorgabezeiten bestehen oder nicht mit Vorgabezeiten versehen werden können, werden bei Leistungslöhnern mit dem Durchschnittslohn der letzten 3 abgerechneten Monate vergütet.
- Alle zu vergütenden Ausfall-, Stör-, Gemeinkosten- und Anlernzeiten sind unverzüglich dem zuständigen Vorgesetzten anzuzeigen und nach Beendigung abzeichnen zu lassen. Nur bestätigte Zeiten werden prämienwirksam verrechnet.

- Werden Leistungslöhner vorübergehend mit Zeitlohnarbeiten beschäftigt, erhalten sie für diese Zeit den Durchschnittslohn der letzten 3 abgerechneten Monate.
- Wechselt ein Mitarbeiter aufgrund betrieblicher Erfordernisse von seinem Leistungslohnbereich in einen anderen Leistungslohnbereich, erhält er den Durchschnittslohn der letzten 3 abgerechneten Monate. Die Dauer der Einarbeitungszeit in dem neuen Leistungslohnbereich, für die der Durchschnittslohn der letzten 3 abgerechneten Monate vergütet wird in Einzelvereinbarungen geregelt.

8. Prämienlohn

Ein Leistungslohn setzt sich aus folgenden Bestandteilen zusammen:

- Leistungsgrundlohn (Tariflohn lt. Lohngruppe)
- Leistungsanteil (ermittelt aus den Einflussgrößen der erbrachten Leistung)

9. Informationen

Vor der Einführung eines Leistungslohnsystems werden die betroffenen Mitarbeiter ausführlich unterrichtet und erhalten die Detail-Vereinbarung mit einer Musterrechnung. Eine Information erfolgt ebenfalls vor den durchzuführenden Datenermittlungen über Zweck und Dauer der Ermittlung.

10. Bestehende Detailvereinbarungen

Die bereits bestehenden Detail-Vereinbarungen werden durch diese Rahmenbetriebsvereinbarung bis zu einer neuen Vereinbarung nicht berührt. Geschäftsleitung und Betriebsrat sind sich jedoch einig, dass alle Detail-Vereinbarungen überarbeitet werden sollen.

11. Meinungsverschiedenheiten

Meinungsverschiedenheiten, die sich aus der Anwendung dieser Rahmenbetriebsvereinbarung ergeben, werden zwischen Geschäftsleitung und Betriebsrat einvernehmlich beigelegt.

12. Schlussbestimmungen

Diese Rahmenbetriebsvereinbarung tritt am Datum in Kraft. Sie ist erstmalig zum Datum mit einer Frist von … kündbar.

Geschäftsleitung und Betriebsrat bemühen sich innerhalb der Kündigungsfrist eine neue Vereinbarung zu erarbeiten.

Sollten ein oder mehrere Punkte dieser Vereinbarung geltendem Recht widersprechen, bleiben die übrigen Punkte bestehen. Geschäftsleitung und Betriebsrat werden sich einvernehmlich bemühen, diese Punkte zu ersetzen.

Ort, Datum, Unterschriften

27. Betriebliches Vorschlagswesen

27.1 Einleitung

Der Begriff »betriebliches Vorschlagswesen« ist weit zu verstehen. Er umfasst nicht nur technische Verbesserungen, sondern alle systematischen Bestrebungen zur Anregung, Sammlung und Bewertung von Verbesserungsvorschlägen (DKW-*Klebe*, § 87 Rn. 361), auch solche organisatorischer und sozialer Art. Die Verbesserungsvorschläge sind von Erfindungen (§ 2 Arbeitnehmererfindungsgesetz = Erfindungen im Sinne des Gesetzes sind nur solche, die patent- oder gebrauchsmusterfähig sind) im Sinne des Arbeitnehmererfindungsgesetzes abzugrenzen.
Besonderes Augenmerk sollte auf die Frage gelegt werden, ob Verbesserungsvorschläge auch grenzüberschreitend genutzt werden. In internationalen Unternehmen sind die Arbeitsabläufe, z. B. in Produktionsstätten oft gleich oder ähnlich. Wird ein Verbesserungsvorschlag in eine unternehmensinterne Wissensdatenbank eingestellt, kann er rund um den Globus genutzt werden. Dies ist erstens zu dokumentieren und zweitens bei der Frage des Honorars zu berücksichtigen.

27.2 Betriebsvereinbarung Betriebliches Vorschlagswesen

BV 60

§ 1 Geltungsbereich
Diese Betriebsvereinbarung gilt für
1. räumlich ...
2. persönlich ...
3. sachlich für alle Verbesserungsvorschläge, die nicht unter das Arbeitnehmererfindungsgesetz fallen und sonstige Schutzrechte nicht verletzen. Patent- und/oder gebrauchsmusterfähige Erfindungen sowie qualifizierte Verbesserungsvorschläge im Sinne des Arbeitnehmererfindergesetzes fallen nicht in den Geltungsbereich dieser Betriebsvereinbarung.

§ 2 Präambel
Das Betriebliche Vorschlagswesen stellt ein Instrument zur Förderung, Verbesserung und zum Ausbau von Ideen und Innovationen in allen Bereichen des Unternehmens dar. Gleichzeitig soll mit dessen Hilfe der Kommunikations- und Integrationsprozess aller Arbeitnehmer verbessert und gefördert werden.

§ 3 Verbesserungsvorschläge
Ein Verbesserungsvorschlag im Sinne dieser Betriebsvereinbarung ist ein in Textform eingereichter Vorschlag, der die Umstellung oder Änderung, die Lösung von Problemen und/oder die Verbesserung gegenüber einem bestehenden Zustand, Ablauf oder Verfahren erkennen lässt. Dies ist insbesondere bei Vorschlägen, deren Ziel es ist, gegenwärtige Zustände, Abläufe oder Verfahren zu vereinfachen, zu erleichtern,

zu beschleunigen, zu verbilligen oder sicherer, umweltverträglicher oder hygienischer zu gestalten, der Fall.
Als Verbesserungsvorschläge werden insbesondere Vorschläge angesehen, die sich beziehen auf:

- Kosteneinsparung
- Materialeinsparung
- Energieeinsparung
- Verbesserung der Sicherheit, der Arbeitssicherheit, der Unfallverhütung und des Gesundheitsschutzes
- Verbesserung der Qualität der Erzeugnisse
- Verbesserung des Arbeitsablaufes
- Verbesserung des Prozessablaufes
- Verbesserung der Administration
- Verbesserung von Maschinen, Anlagen und Hilfsmitteln
- Verbesserung des Umweltschutzes
- Verkaufsfördernde Maßnahmen
- Verbesserung von Hygiene und/oder Sauberkeit im Betrieb

Insbesondere keine Verbesserungsvorschläge sind Hinweise auf einmalige Störungen oder Fehler sowie auf die Missachtung von Vorschriften, Richtlinien oder Anweisungen. Derartige Hinweise können jedoch mit einer Anerkennungsprämie vergütet werden.

§ 4 Organisation und Verfahren

4.1 Kommission für das betriebliche Vorschlagswesen

Die BVW-Kommission besteht aus jeweils vier Vertretern des Unternehmens und des Betriebsrates. Sie wird vom Beauftragten für das betriebliche Vorschlagswesen geleitet. Dieser hat kein Stimmrecht. Für jedes Mitglied ist ein Ersatzmitglied zu bestimmen. Mitglieder und Ersatzmitglieder sollen nach Möglichkeit so bestimmt werden, dass wesentliche Bereiche der Unternehmenstätigkeit fachlich abgedeckt sind.
Die Kommission trifft die Entscheidungen über die Anerkennung einer Einreichung als Verbesserungsvorschlag, die Prämierung der Verbesserungsvorschläge sowie über Beschwerden. Sie trifft ihre Entscheidungen mit einfacher Mehrheit der Mitglieder. Ein Verbesserungsvorschlag ist abgelehnt, wenn keine einfache Mehrheit zustande kommt. Entscheidungen der Kommission sind gegenüber dem Einreicher in Textform zu begründen.
Die Kommission organisiert ihre Arbeit selbst. Sie tagt mindestens einmal pro Quartal und bei Bedarf. Ihre Sitzungen sind nicht öffentlich. Der Einladung zur Sitzung ist eine Kopie des Verbesserungsvorschlages beizufügen, ebenso evtl. Gutachten und der Vorschlag des Beauftragten. Die Mitglieder haben bis zur endgültigen Entscheidung über einen Verbesserungsvorschlag über die Tatsache und den Inhalt des Verbesserungsvorschlages Stillschweigen zu bewahren.
Über die Sitzungen der Kommission und ihre Entscheidungen ist ein Protokoll zu führen. Dies obliegt dem Beauftragten.

4.2 Widerspruch und Einspruch

Gegen die Entscheidung der Kommission können der Einreicher eines Vorschlages, oder mehrere Einreicher gemeinsam, innerhalb von sechs Wochen nach Zugang der Entscheidung in Textform unter Angabe von Gründen bei der Kommission über den Beauftragten Widerspruch einlegen. Über den Widerspruch entscheidet die Kommission unter Berücksichtigung der Widerspruchsbegründung.
Ein weiterer Einspruch ist nur gegen die Widerspruchsentscheidung der Kommission hinsichtlich einer Entscheidung der Kommission über die Prämienbemessung möglich. Diesen kann der Einreicher/die Einreicher des Vorschlags innerhalb von sechs Wochen nach Erlass der Widerspruchsentscheidung in Textform unter Angabe von Gründen beim Beauftragten einlegen.
Über den Einspruch entscheidet die Einspruchstelle, bestehend aus einem Mitglied der Geschäftsführung, aus dessen Bereich der Vorschlag nicht kommt, und einem vom Betriebsrat bestimmten nominierten Mitglied des Betriebsrates. Beide dürfen nicht der Kommission angehören.
Die Einspruchsstelle entscheidet endgültig, ob der Widerspruch/Einspruch

- anerkannt oder
- von einem neutralen Gutachter überprüft und erst dann entschieden oder
- abgelehnt wird.

Sofern die Einspruchsstelle zu keinem einstimmigen Ergebnis gelangt, bleibt die Entscheidung der Kommission in Kraft.
Ein weiterer Widerspruch oder Einspruch ist danach nicht mehr möglich.

4.3 Beauftragter für das betriebliche Vorschlagswesen

Dem Beauftragten für das Betriebliche Vorschlagswesen obliegt die Organisation des betrieblichen Vorschlagswesens. Er wird einvernehmlich von Geschäftsleitung und Betriebsrat ernannt.
Zu seinen Aufgaben gehört:

- die Leitung der Kommission,
- die zügige Bearbeitung von Verbesserungsvorschlägen
- die Vorbereitung der Entscheidung durch die Kommission, u.a. durch Einholen der notwendigen Berechnungen und evtl. Gutachten
- die zügige Herbeiführung einer Entscheidung der Kommission
- die Information der Arbeitnehmer über das betriebliche Vorschlagswesen
- die Unterstützung von Einreichern bei der Abfassung der Verbesserungsvorschläge

Er hat der Kommission zu jedem Vorschlag einen Entscheidungsvorschlag inkl. Prämienhöhe vorzulegen.

§ 5 Verfahren, Prämien und Organe

5.1 Einreichung von Vorschlägen

Vorschläge können von einzelnen Arbeitnehmern oder auch Gruppen von Arbeitnehmern eingereicht werden. Vorschläge sind in Textform – über den BVW-Briefkasten, die Hauspost, Post, E-Mail, das Intranet oder persönlich – mit Namen beim Beauftragten einzureichen. Diese unterstützen bei Bedarf in der Abfassung von Vorschlägen und

der Skizzenerstellung. Eingegangene Vorschläge werden vom Beauftragten registriert, kontrolliert und nummeriert. Unter Angabe des Eingangsdatums, der Eingangszeit, des Namens bzw. der Gruppenmitglieder und der Abteilung wird eine Empfangsbestätigung an den Einreicher ausgestellt bzw. zugesandt.
Werden Verbesserungsvorschläge von mehr als einem Arbeitnehmer gemeinsam eingereicht, wird ein gleicher Anteil aller am Verbesserungsvorschlag zugrunde gelegt. Einreichern steht es frei, bei Einreichung des Verbesserungsvorschlags andere Anteile anzugeben. Dies sind für das ganze Verfahren verbindlich und können nicht geändert werden.
Der Name, die Personalnummer, ausgeübte Beschäftigung, die Organisationseinheit und Arbeitsbereich sowie die Privatadresse des Einreichers werden datenmäßig verarbeitet. Zweck ist die optimale Verwaltung der Vorschläge, insbesondere die Prüfung der Vorschläge, deren schnelle Bearbeitung sowie die optimale und aktuelle Information an die Beteiligten. Die Daten werden zehn Jahre nach ihrer Erhebung automatisch gelöscht.
Bei Vorschlägen gleichen Inhalts wird nur der zuerst eingegangene Vorschlag berücksichtigt. Lässt sich nicht mit Sicherheit feststellen, welcher der beiden Vorschläge zuerst eingegangen ist, werden die Vorschläge gleichen Inhalts wie eine Gruppeneinreichung behandelt und dies den Einreichern mitgeteilt.

5.2 Prämien

Ansprüche auf Prämien entstehen, wenn ein Verbesserungsvorschlag innerhalb von fünf Jahren nach Ersteinreichung umgesetzt wird. Wird für die Umsetzung innerhalb dieser fünf Jahre ein weiterer Vorschlag ursächlich, werden sämtliche Vorschläge als Gruppeneinreichung behandelt. Verbesserungsvorschläge, die später als fünf Jahre nach der Ersteinreichung umgesetzt werden, lösen keine Vergütungspflicht nach aus. Wenn die Prämie nach dieser Betriebsvereinbarung höher sein wird als die Leistungen, die dem Arbeitnehmer nach dem Gesetz für Arbeitnehmererfindungen zu stehen, wird dem Arbeitnehmer der Unterschiedsbeitrag zwischen der gesetzlich geschuldeten Vergütung und der Prämie nach dieser Vereinbarung gewährt.

5.3 Prämienhöhe

Die steuerliche und sozialversicherungsrechtliche Behandlung der Prämien erfolgt gemäß den gesetzlichen Bestimmungen.
Verbesserungsvorschläge im Sinne dieser Vereinbarung werden prämiert, wenn sie verwirklicht werden und für die Verwirklichung ursächlich sind. Vorschläge, die nicht ausschließlich, sondern nur anteilig für die Verwirklichung ursächlich werden, sind mit einer entsprechenden Teilprämie zu vergüten. Vorschläge können bereits dann prämiert werden, wenn ein wirtschaftlicher, organisatorischer oder sonstiger Nutzen sowie die Umsetzbarkeit des Vorschlags feststeht.

5.3.1 Prämienfindung ohne errechenbare Einsparung

Lässt sich für einen Verbesserungsvorschlag keine errechenbare Einsparung ermitteln, so kann pro Verbesserungsvorschlag eine Prämie bis zu ... Euro zuerkannt werden. Die

Höhe der Prämie legt die Bewertungskommission durch Bewertung des Vorschlags mit Punkten fest. Sie hat dabei den Verbesserungsvorschlag anhand des folgenden Punkteschemas zu bewerten.

Qualität des Vorschlags	**Punkte**
Verbesserungsvorschlag enthält lediglich Hinweis auf existenten Mangel	1 bis 3
Verbesserungsvorschlag zeigt keinen Lösungsweg auf	3 bis 6
Verbesserungsvorschlag zeigt Lösungsweg auf	6 bis 9
Verbesserungsvorschlag zeigt Lösungsweg auf, der aber noch überarbeitet bzw. ergänzt werden muss.	10 bis 13
Vorschlag mit sofort umsetzbarem Lösungsweg, vollständig beschriebener Lösungsweg	13 bis 16

Jeder Punkt wird mit ... Euro bewertet.

5.3.2 Prämienfindung mit errechenbarer Einsparung

Bei Vorschlägen mit errechenbarer Einsparung wird eine Wirtschaftlichkeitsberechnung von der zuständigen Fachabteilung erstellt. Diese Rechnung wird vom Beauftragten und dem Controlling geprüft.

In die Wirtschaftlichkeitsberechnung ist die Tatsache einzubeziehen, dass andere, auch ausländische Konzernunternehmen, ebenfalls vom Verbesserungsvorschlag profitieren können. Sämtliche Berechnungen und Stellungnahmen sind allen Kommissionsmitgliedern rechtzeitig vor der Sitzung, in der über den Vorschlag entschieden werden soll, schriftlich zu übermitteln.

Die Prämie entspricht 25 % der Einsparungen der ersten drei Anwendungsjahre nach folgender Definition:

Kosteneinsparung innerhalb der ersten drei Anwendungsjahre, ermittelt nach Vollkostenmethode (ausschließlich Ertragssteuern und Zinsen), vermindert um die Einführungskosten, ebenfalls ermittelt nach der Vollkostenmethode.

Enthalten die Einführungskosten Investitionen, so sind diese auf ihre gesicherte mittlere Nutzungszeit, jedoch maximal fünf Jahre zu verteilen. Der anteilige Investitionsbetrag der ersten drei Jahre und andere evtl. anfallende Einführungskosten sind dann von der Kosteneinsparung der ersten drei Anwendungsjahre abzuziehen.

Erübrigt ein Verbesserungsvorschlag die Anschaffung von Anlagenteilen oder bewirkt er den Wegfall anderweitig einsetzbarer Anlagenteile, dann werden die dadurch entfallenden laufenden Belastungen, ermittelt nach obiger Definition, als Einsparung angesehen.

Die endgültige Prämienhöhe wird durch die Kommission festgelegt.

5.3.3. Anerkennungsprämien

Die Kommission kann darüber entscheiden, ob eine Anerkennungsprämie gewährt wird. Anerkennungsprämien können in einer Größenordnung bis 200,00 Euro gewährt werden.

Anerkennungsprämien können gewährt werden, wenn

- ein Hinweis auf eine Fehlhandlung, auf fehlende oder falsche Kennzeichnung, auf eine Verschwendung oder auf einen unsicheren Zustand vorliegt oder
- die positive Mitarbeit und der Arbeitsaufwand des Einreichers im Falle einer Ablehnung des Vorschlages honoriert werden soll.

§ 6 Sonstiges

Arbeitnehmer sind verpflichtet, Verbesserungsvorschläge, die von § 3 erfasst werden, ausschließlich dem Unternehmen anzubieten. Die Weitergabe von Verbesserungsvorschlägen an Dritte ist nur mit schriftlicher Genehmigung der Geschäftsleitung möglich.

Die Weitergabe von Verbesserungsvorschlägen an Dritte ist auch nach Ablehnung der Realisierung nur mit schriftlicher Genehmigung der Geschäftsleitung möglich.

Soweit zulässig, erhält das Unternehmen das ausschließliche, übertragbare, inhaltlich, zeitlich und örtlich unbegrenzte Nutzungsrecht an dem Verbesserungsvorschlag. Dies gilt insbesondere, wenn der Inhalt von Verbesserungsvorschlägen urheberrechtlich geschützt ist. Das Unternehmen erhält namentlich das Recht zur Verwertung des Vorschlages in allen Betriebsstätten sowie zur Übertragung an alle verbundenen Unternehmen im Sinne des § 15 AktG.

§ 7 Schlussbestimmungen

1. Im Falle von nicht beilegbaren Streitigkeiten, die sich aus der Anwendung oder Auslegung der Betriebsvereinbarung ergeben, entscheidet eine Einigungsstelle nach § 76 BetrVG.
2. Sollten einzelne Punkte der Betriebsvereinbarung ungültig sein oder ihre Gültigkeit aufgrund neuer Gesetzgebung oder Rechtsprechung verlieren, so bleiben die übrigen Bestimmungen hiervon unberührt. In diesem Falle werden beide Seiten für die ungültig gewordenen Punkte der Betriebsvereinbarung eine neue, gültige Formulierung vereinbaren, die dem früheren Sinn soweit wie möglich entspricht.
3. Diese Betriebsvereinbarung ist mit einer Frist von … Monaten zum Schluss eines Kalenderjahres kündbar; erstmals zum Datum. Die Kündigung dieser Betriebsvereinbarung ist nur wirksam, wenn sie schriftlich erfolgt. Die Betriebsvereinbarung wirkt nach. Anlagen sind Bestandteil dieser Betriebsvereinbarung.

Ort, Datum, Unterschriften

28. Freiwillige Leistungen

28.1 Einleitung

§ 88 BetrVG regelt die sog. freiwillige Betriebsvereinbarung, enthält jedoch keinen abschließenden Katalog der zulässigen Regelungsinhalte für solche Betriebsvereinbarungen (im Unterschied zu den Fällen der erzwingbaren Mitbestimmung gem. § 87 BetrVG). § 88 BetrVG begründet deshalb eine umfassende Zuständigkeit der Betriebsparteien zur Regelung sozialer Angelegenheiten. Die Regelungszuständigkeit der Betriebsparteien gem. § 88 BetrVG ist durch den Tarifvorrang gem. § 77 Abs. 3 BetrVG beschränkt und an höherrangiges Recht gebunden. Für freiwillige Betriebsvereinbarungen gelten die allgemeinen Vorschriften über den Abschluss, die Rechtswirkungen und die Kündigung von Betriebsvereinbarungen (vgl. § 77 Abs. 2, 4 und 5 BetrVG). Freiwillige Betriebsvereinbarungen wirken im Falle ihres Ablaufs nicht automatisch nach (§ 77 Abs. 6 BetrVG). Die Nachwirkung kann für freiwillige Betriebsvereinbarungen aber in der Betriebsvereinbarung selbst vereinbart werden. Freiwillige Betriebsvereinbarung können – wie der Name schon sagt – nicht erzwungen, also nicht durch einseitigen Antrag von Betriebsrat oder Arbeitgeber im erzwingbaren Einigungsstellenverfahren durchgesetzt werden.

28.2 Betriebsvereinbarung Betriebliche Förderung der Kinderbetreuung

BV 61

Zwischen der
Firmenbezeichnung-AG (im Folgenden Firmenbezeichnung-AG)
und dem
Gesamtbetriebsrat der Firmenbezeichnung-AG (im Folgenden Betriebsrat)
wird eine Betriebsvereinbarung über die **betriebliche Förderung der Kinderbetreuung** geschlossen:
Wenn im Nachfolgenden von Mitarbeitern die Rede ist, dann sind stets auch Mitarbeiterinnen gemeint. Lediglich aus Gründen einer besseren Lesbarkeit haben wir auf eine Doppelnennung verzichtet.

Präambel
Mit dem Ziel, qualifizierte Mitarbeiterinnen und Mitarbeiter langfristig zu binden, hat sich die Firmenbezeichnung-AG bereits in den vergangenen Jahren intensiv um eine Verbesserung der Vereinbarkeit von Familie und Beruf bemüht.
Durch das betriebliche Engagement im Bereich der Kinderbetreuung wollen wir einen weiteren Beitrag dazu leisten, Mitarbeiterinnen und Mitarbeitern während der Erziehungsphase eine Fortsetzung der beruflichen Tätigkeit zu erleichtern.

§ 1 Rahmenbedingungen für die betriebliche Förderung

Über die Höhe des Finanzierungsvolumens für die betriebliche Förderung der Kinderbetreuung entscheidet die Firmenbezeichnung-AG jeweils zum Jahresende für das darauffolgende Geschäftsjahr nach Beratung mit dem Gesamtbetriebsrat. Diese Beratung findet regelmäßig im Monat Oktober eines Kalenderjahres statt.

§ 2 Individuelle Förderungsmöglichkeiten

Mit den nachstehend unter Ziff. 1–4 aufgeführten Förderungsmöglichkeiten kann es Mitarbeiterinnen und Mitarbeitern erleichtert werden, in Form einer individuellen, bedarfsorientierten Unterstützung die berufliche Tätigkeit fortzusetzen oder wiederaufzunehmen. Möglich ist sowohl eine anteilige als auch die vollständige Übernahme der Kosten für die Kinderbetreuung.

1. Zuschüsse für Tagesmütter

Vor allem in den Fällen, in denen keine oder keine geeignete Betreuungsmöglichkeit zur Verfügung steht, kann mit Unterstützung einer wohnortnahen Tagespflege (Tagesmutter) eine Fortsetzung der beruflichen Tätigkeit ermöglicht werden.

Je nach Einzelfall gewährt die Firmenbezeichnung-AG einen Zuschuss für die in diesem Zusammenhang entstehenden Kosten.

2. Angebot eines Kinderbetreuungsplatzes

Die Firmenbezeichnung-AG kann in Form einer überbetrieblichen Kooperation und/oder über den Erwerb von Belegrechten Mitarbeiterinnen und Mitarbeitern im Einzelfall einen geeigneten Kinderbetreuungsplatz anbieten.

3. Unterstützung von Elterninitiativen

Mitarbeiterinnen und Mitarbeiter, die vor dem Hintergrund fehlender oder ungeeigneter Kinderbetreuungsangebote Interessengemeinschaften bilden und in eigener Verantwortung Möglichkeiten zur Unterbringung und Betreuung von Kindern schaffen, können von der Firmenbezeichnung-AG individuell gefördert werden (z. B. finanzielle Förderung, Sachleistungen, Beratungsleistungen etc.).

4. Zuschuss der Kosten für Kindergartenplätze

Die Bezuschussung umfasst sowohl die klassischen Kindergartenplätze als auch Hortplätze, Kinderkrippen und andere übliche Betreuungsformen.

§ 3 Angebot von Beratungs- und Vermittlungsleistungen

Die Firmenbezeichnung-AG kann ihren Mitarbeitern und Mitarbeiterinnen kostenlos eine Vielzahl von Dienstleistungen anbieten, so z. B.:

- Beratung über geeignete Plätze in Kindergärten und Kinderkrippen,
- Vermittlung von Tagesmüttern und Babysittern,
- detaillierte Beratung bei Gründung einer Elterninitiative etc.

§ 4 Freistellungsregelungen zur Pflege erkrankter Kinder

1. Freistellungsansprüche

Für den Fall einer Arbeitsverhinderung, die durch eine erforderliche Pflege erkrankter Kinder bzw. deren Rehabilitation bedingt ist, hat jeder Mitarbeiter einmalig im Rahmen des Arbeitsverhältnisses – unter Anrechnung der gesetzlichen Ansprüche – einen Anspruch auf unbezahlte Freistellung von der Arbeit für einen Zeitraum von insgesamt max. sechs Monaten. Dieser Freistellungszeitraum kann in mehreren Zeitabschnitten in Anspruch genommen werden. Günstigere gesetzliche oder tarifliche Regelungen bleiben unberührt.

2. Finanzielle Unterstützung

Zum Ausgleich der im Rahmen der o.g. längerfristigen Freistellungszeiträume entstehenden wirtschaftlichen Nachteile bietet die Firmenbezeichnung-AG Mitarbeitern eine finanzielle Unterstützung gemäß folgender Regelungen an:

- Nach Ablauf der Krankengeldzahlung (§ 45 SGB V) bzw. der Haushaltshilfe (§ 38 SGB V) bringt der Mitarbeiter zunächst zehn Tage Urlaub ein oder wird zunächst für zehn Arbeitstage unbezahlt freigestellt.
- Nach Ablauf dieser Zeit gewährt die Firmenbezeichnung-AG dem Mitarbeiter für den Zeitraum der darauffolgenden nächsten zehn Arbeitstage einen Bruttozuschuss in Höhe des letzten Nettogehaltes.

Der finanzielle Bruttozuschuss kann auch bei zwei Freistellungszeiträumen nur einmalig in Anspruch genommen werden.

Die Inanspruchnahme des Freistellungsanspruchs und eine finanzielle Unterstützung sind nur möglich, sofern es nach ärztlichem Zeugnis erforderlich ist, dass der Mitarbeiter zur Beaufsichtigung, Betreuung oder Pflege des erkrankten Kindes der Arbeit fernbleibt, eine andere im Haushalt lebende Person das Kind nicht beaufsichtigen, betreuen oder pflegen kann und das Kind das 12. Lebensjahr noch nicht vollendet hat.

Der erweiterte Freistellungsanspruch sowie der Anspruch auf finanzielle Unterstützung finden darüber hinaus auch Anwendung in den Fällen, in denen dem Haushaltsführenden nach ärztlichem Zeugnis aufgrund eigener Krankheit die Haushaltsführung nicht mehr möglich ist, ein Kind von unter zwölf Jahren im Haushalt versorgt werden muss und eine anderweitige Versorgung nicht möglich ist.

§ 5 Anspruchsvoraussetzungen

Die betriebliche Förderung der Kinderbetreuung gem. §§ 2 bis 4 dieser Betriebsvereinbarung setzt ein ungekündigtes Arbeitsverhältnis voraus. Mit Ausspruch einer Kündigung erlöschen bestehende Förderungszusagen.

Die Förderung gem. § 2 dieser Betriebsvereinbarung setzt voraus, dass durch die betriebliche Förderung die Fortsetzung bzw. Wiederaufnahme der Berufstätigkeit sichergestellt wird.

Die Förderung gem. § 2 dieser Betriebsvereinbarung erfolgt in der Regel jeweils für ein Jahr und kann nach Ablauf des Jahres verlängert werden.

§ 6 Durchführungsmodalitäten

Der Entscheidung ob, in welcher Höhe und für welche der unter §§ 2–3 dieser Betriebsvereinbarung aufgeführten Förderungsmöglichkeiten die Fördermittel verwendet werden sollen, geht eine ausführliche Beratung mit den örtlich zuständigen Betriebsräten voraus.

Mitarbeiter, die eine individuelle Förderung gem. § 2 dieser Betriebsvereinbarung in Anspruch nehmen möchten, wenden sich schriftlich an die zuständige Personalein-

heit. Diese leiten das eingereichte Formular an den jeweils örtlich zuständigen Betriebsrat weiter.
Die Entscheidung der Firmenbezeichnung-AG erfolgt unter Berücksichtigung der sozialen Situation des Mitarbeiters. Alleinerziehende werden dabei bevorzugt berücksichtigt. Vor der Entscheidung wird mit dem örtlich zuständigen Betriebsrat beraten. Die zuständige Personaleinheit versucht dabei möglichst Einvernehmen mit dem Betriebsrat zu erzielen. Über die Entscheidung wird der örtlich zuständige Betriebsrat unverzüglich informiert.

§ 7 Ausgestaltung der Förderung
Bei der im Einzelfall zugesagten betrieblichen Förderung der Kinderbetreuung handelt es sich um eine freiwillige Leistung, die von Seiten der Firmenbezeichnung-AG jederzeit widerrufen werden kann.
Steuern, die im Einzelfall ggf. im Zusammenhang mit der betrieblichen Förderung anfallen, sowie Beiträge zur Sozialversicherung (nur Arbeitnehmeranteil) trägt der Mitarbeiter.

§ 8 Schlussbestimmungen
Der Gesamtbetriebsrat wird einmal jährlich, regelmäßig in seiner Frühjahrssitzung, über die im Einzelnen gewährleisteten Fördermaßnahmen (Dauer und finanzielle Aufwände) in anonymer Form unter Vorlage schriftlicher Unterlagen unterrichtet.
Diese Betriebsvereinbarung tritt mit Wirkung vom Datum in Kraft und kann von beiden Seiten unter Einhaltung einer Kündigungsfrist von sechs Monaten zum Jahresende gekündigt werden. Im Falle einer Kündigung entfaltet sie keine Nachwirkung.

Ort, Datum, Unterschriften

29. Besondere Arbeitsformen

29.1 Einleitung

Gruppenarbeit gehört in vielen Betrieben mittlerweile zu den erprobten Arbeitsformen. Entscheidende Regelungspunkte für eine Betriebsvereinbarung sind nach wie vor die Organisation der Gruppe einschließlich der Konfliktlösung, die Rolle der Gruppensprecher, die Personalbemessung und die Qualifikation der Gruppenmitglieder.
Telearbeit ist für viele Arbeitnehmer mit der Vorstellung von mehr Zeitsouveränität verbunden. Gleichzeitig erscheint sie als Möglichkeit, Beruf und Familie besser zu vereinbaren. Ausschließliche Telearbeit ist bei Arbeitnehmern eher selten zu finden – im Gegensatz zu Freiberuflern. In der Praxis findet sich bei Arbeitnehmern die sog. alternierende Telearbeit, bei der z.T. im Betrieb, z.T.

zu Hause gearbeitet wird. Bei Telearbeit muss darauf geachtet werden, dass die Telearbeiter die Dauer der zulässigen Höchstarbeitszeit nicht überschreiten. Die Kontrolle ist hier schwierig. Weiterhin muss – auch im Interesse des Betriebes – der Datenschutz sichergestellt werden. Einen Zwang, Telearbeit zu leisten, sollte es nicht geben. Die Arbeit von Außendienstlern, die in der Regel von zu Hause aus arbeiten und von dort zu ihren Kunden fahren, ist, auch wenn sie teilweise Telearbeit leisten (z. B. Eingabe von Kundenaufträgen von zu Hause), in einer speziellen Betriebsvereinbarung zu regeln.
Bei ausschließlicher Telearbeit geht der persönliche Kontakt zum Betrieb verloren. Dies macht in der Regel eine berufliche Weiterentwicklung schwierig. Deshalb sieht der Entwurf der Betriebsvereinbarung diese nicht vor.
Für die Regelung der **Teilzeitarbeit** enthält das Teilzeit- und Befristungsgesetz sowohl Rechtsansprüche, z. B. den auf einen Teilzeitarbeitsplatz (§ 8), als auch ein ausdrückliches Diskriminierungsverbot (§ 4). Diese sind bei der Gestaltung der Betriebsvereinbarung, neben etwaigen tariflichen Regelungen, zwingend zu beachten. Darüber hinaus können die Tarifvertragsparteien Ablehnungsgründe (§ 8 Abs. 4 TzBfG) für den Teilzeitwunsch eines Arbeitnehmers konkretisieren. Liegt ein solcher Tarifvertrag vor, ist dieser zwingend zu beachten.
Die Formen, in denen Teilzeitarbeit geleistet werden kann, sind vielfältig. Bestimmte Arbeitszeitsysteme, z. B. Schichtarbeit schlossen i. d. R. Teilzeitarbeit in einzelnen Schichten aus. Hier ist aber verblockte Teilzeit möglich.

29.2 Betriebsvereinbarungen

29.2.1 Gruppen-/Projektarbeit

BV 62

1. Präambel

1.1 Werkleitung und Betriebsrat streben an, dass mit den neuen Arbeits-, Organisations-, Fertigungs- und Führungsstrukturen stärker ganzheitliche Arbeitsformen für die Mitarbeiter:innen mit den Elementen Entwickeln, Planen, Entscheiden, Verantworten, Steuern, Fertigen und Kontrollieren geschaffen werden sollen.
1.2 Der Betriebsrat und die Werksleitung sind sich darüber einig, dass sie mit diesem Modell Neuland betreten und diese Betriebsvereinbarung einen Rahmen darstellt, der, wenn nötig, den jeweiligen neuen Erkenntnissen oder Anforderungen auf Wunsch angepasst werden kann und muss. Die Beobachtung der Entwicklung wird durch den gemeinsamen Ausschuss laufend durchgeführt.
1.3 Werkleitung und Betriebsrat sind sich bewusst, dass die angestrebten Veränderungen nur in enger Kooperation und mit dem ständigen Versuch zur Konsensbildung effektiv angegangen und verwirklicht werden können. Die bestehenden sozialen Strukturen innerhalb der Gruppe werden im weiteren Prozess unter Wahrung der bestehenden Rechte der einzelnen Mitarbeiter:innen und der Betriebsräte qualitativ fort-

entwickelt, wobei der Einbeziehung der Initiative eines jeden besondere Bedeutung zukommt.
1.4 Neben einem Beteiligungs- und Reklamationsrecht wird den jeweils betroffenen Arbeitnehmer:innen auch ein Initiativrecht in Fragen der Arbeits- und Technikgestaltung, der Arbeitsökologie, dem Gesundheitsschutz und bei Fragen der Arbeitsorganisation und des -ablaufs eingeräumt.

2. Geltungsbereich

Diese Betriebsvereinbarung gilt für
1. räumlich …
2. persönlich …
3. fachlich …

3. Ziele der Gruppenarbeit

Durch die Gruppenarbeit sollen insbesondere folgende Hauptziele erreicht werden:
- Erhalt und Steigerung der Wettbewerbsfähigkeit des Unternehmens insbesondere durch:
- höhere Effizienz der Arbeit, verbesserte Anlagennutzung, höhere Qualität durch die Reduzierung von Ausschuss und Nacharbeit und Erhöhung der Flexibilität.
- Humane Leistungs- und Arbeitsbedingungen insbesondere durch Aufgabenerweiterung zur Vermeidung einseitiger Belastung und zu starker Arbeitsteilung, Aufgabenanreicherung zur Erweiterung der Mitsprache, Mitgestaltung und Mitverantwortung am Arbeitsplatz; Erhöhung der Arbeitszufriedenheit und der Motivation, verbesserte Qualifizierungsmöglichkeiten und Einkommenschancen im Rahmen der technisch-organisatorischen Möglichkeiten.

4. Prinzipien der Gruppenarbeit

4.1 Werkleitung und Betriebsrat gehen davon aus, dass Gruppenarbeit schrittweise eingeführt wird.
Sowohl die Einführung als auch die spätere Organisation der Gruppenarbeit erfolgen unter dem Aspekt der ganzheitlichen Arbeitsweise, die es allen Mitarbeiter:innen erlaubt, sich nach entsprechender fachlicher und überfachlicher Qualifizierung in die neue Arbeitsorganisation zu integrieren
4.2 Kennzeichnend für Gruppenarbeit ist die weitgehend selbstständige, eigenverantwortliche Erledigung der Arbeitsaufgaben im Rahmen betrieblicher Vorgaben. Neben den operativen Tätigkeiten sind beispielsweise Aufgaben der Steuerung und Koordination der Qualitätssicherung und der Instandhaltung wahrzunehmen.
Die Kenntnisse und Erfahrungen der Mitarbeiter:innen sollen zur Verbesserung der Arbeitsabläufe, der Arbeitsplätze, der Arbeitsumgebung sowie der Arbeitsbedingungen genutzt werden, indem die Mitarbeiter:innen an der betrieblichen Gestaltung von Arbeitsabläufen beteiligt werden.
4.3 Bei der Einführung dieser neuen Strukturen ist die stärkere Nutzung der Qualifikation und des Know-hows der Mitarbeiter:innen sowie die Entwicklung einer optimier-

ten und effizienter ausgerichteten Ablauf- und Fertigungsorganisation anzustreben. Dies soll erreicht werden, insbesondere

- durch Erhöhung der Qualifikation infolge gezielter Weiterbildungsmaßnahmen für Mitarbeiter:innen auf allen Ebenen;
- durch wechselseitige Offenheit und gegenseitige Akzeptanz;
- durch Veränderung von Arbeitsinhalten und weitgehende Selbststeuerung von Arbeitsabläufen im Rahmen vorgegebener Bandbreiten.

Dadurch nimmt die/der Mitarbeiter:in Einfluss auf die Vergütung.

5. Gruppenstruktur/Personalbemessung

Die Gruppen sind in ihrer Größe so zu benennen, dass ein gruppenspezifischer Prozess stattfinden kann.

(Alternativ:)

Die Gruppen sollen in ihrer angetroffenen Zusammensetzung gebildet werden. Um die Kontinuität der Gruppe zu gewährleisten, sind die Gruppen personell so zu besetzen, dass Kurzverleihungen aufgrund unterschiedlicher Anwesenheiten und Programmschwankungen möglichst vermieden werden.

(Alternativ:)

Gruppen bestehen in der Regel aus 8 bis 12 Mitarbeiter:innen eines räumlich abgegrenzten Tätigkeitsbereichs.

Die Gruppenzugehörigkeit wird verbindlich festgelegt, planbare Personalschwankungen wie z.B. Tarifurlaub, Frühschichten, Freizeitausgleich, temporärer Qualifizierungsbedarf (Teilnahme an Qualifizierungsmaßnahmen) und dergleichen werden in die Personalbemessung des Teams einbezogen, d.h., es wird eine entsprechende Personalreserve pro Gruppe geschaffen, die Soll-Personalbesetzung ist so zu vereinbaren, dass sich bei Einhalten der Soll-Daten für alle Gruppenmitglieder zumutbare Leistungsbedingungen ergeben.

Die Arbeitsbedingungen, Soll-Daten und/oder die Soll-Personalbesetzung können nach Rücksprache mit der jeweiligen Gruppe unter Wahrung der Mitbestimmungsrechte des Betriebsrates verändert werden.

(Alternativ:)

Für jede Arbeitsgruppe wird eine vorläufige Personalstärke einschließlich von Springern durch die zuständigen betrieblichen Stellen definiert und mit dem Betriebsrat beraten. Die Teilnahme am Pilotprojekt ist für die Mitarbeiter:innen grundsätzlich freiwillig. Die betreffenden Mitarbeiter:innen werden erst nach Beratung zwischen Geschäftsleitung und Betriebsrat in die Gruppen integriert. Im Übrigen gilt § 99 BetrVG. Die Personalbesetzung der Pilotgruppen ist in Anlage 1 dokumentiert. Die Mitbestimmung des Betriebsrats regelt sich nach § 99 BetrVG. Sollten im Laufe der Pilotprojekte Mitarbeiter:innen einer Gruppe nicht mehr in derselben Gruppe benötigt werden, hat die Gruppe ein Vorschlagsrecht, wer die Gruppe zu verlassen hat. Dabei sollte der Grundsatz gelten, dass dann einer der Höherqualifizierten diese Arbeitsgruppe verlässt und auf einen anderen mindestens gleichwertigen Arbeitsplatz versetzt wird. Gruppenmitglieder, die aufgrund von Ausfallzeiten von max. sechs Wochen aus ihrem Team herausfallen, besitzen nach Wegfall des Ausfallgrundes einen direkten Anspruch

auf Wiedereingliederung in ihr Team. Bei längeren Ausfallzeiten besteht ein Anspruch auf einen gleichartigen Arbeitsplatz.
Wegen der Einführung von Gruppenarbeit wird die Belegschaftsstruktur Männer/Frauen nicht verändert.

6. Gruppengespräche

6.1 Gruppengespräche sind Arbeitsbesprechungen von bis zu einer Stunde und finden einmal wöchentlich statt.
6.2 Die Gruppe bestimmt den Zeitpunkt des Gruppengespräches unter Berücksichtigung der Fertigungssituation und in Abstimmung mit dem Vorgesetzten. Dies gilt besonders für Schicht- und bereichsübergreifende Gespräche.
6.3 Das Gespräch findet möglichst in der normalen Arbeitszeit statt. Müssen die Gruppengespräche fertigungs- oder programmbedingt außerhalb der Schichtzeit stattfinden, werden sie als Mehrarbeit vergütet.
6.4 Die Gruppe ist frei sowohl in der Wahl der Themen im Hinblick auf die oben definierten Aufgaben als auch in der Frage, wen sie zu den Gruppengesprächen einlädt. Fach- und Führungskräfte sowie der Betriebsrat werden zur Klärung spezifischer Fragen hinzugezogen.
Vorgesetzte, Betriebsrat sowie Fachabteilungen können in Absprache mit der Gruppe spezielle Themen in die Gruppengespräche einbringen und bei deren Behandlung teilnehmen.
6.5 Die Weiterentwicklung der Gruppe im Hinblick auf ihre Zielerreichung wird durch Eigenkontrolle anhand vorgegebener Parameter durchgeführt und anschaulich dargestellt. Parameter können z. B. sein:

- Abbau der Monotonie,
- Anlagen- und produktbezogene Qualifizierung,
- Arbeitsbedingungen,
- Arbeitssicherheit,
- Ausbringung,
- Belastungsausgleich innerhalb der Gruppe,
- Kosten, z. B. Nacharbeit, Ausschuss, Hilfsstoffe,
- Maschinenverfügbarkeit,
- Menschengerechte Arbeitsplätze (Arbeitsplatzgestaltung),
- Qualität.

Der Betriebsrat gehört zum Verteilerkreis von Protokollen.

7. Gruppensprecher:in

7.1 Die/der Gruppensprecher/in vertritt die Gruppe nach innen und außen. Sie/er handelt im Auftrag der Gruppe und hat keine Weisungs- und Disziplinarbefugnis.
7.2 Die/der Gruppensprecher/in wird in freier geheimer Wahl mit einfacher Mehrheit zunächst auf sechs Monate und später bei Wiederwahl auf ein Jahr aus der Mitte der Gruppe gewählt.
Vor der Wahl muss die Gruppe ausführlich über die Aufgaben, Rechte und Pflichten der/des Gruppensprechers(in) informiert werden. Eine Abwahl der/des Gruppen-

sprechers(in) durch die Gruppe ist in geheimer Wahl mit einfacher Mehrheit jederzeit möglich.
7.3 Ein(e) Stellvertreter/in wird auch in geheimer Wahl gewählt. Sie/er vertritt die/den Gruppensprecher/in bei Abwesenheit, insbesondere bei Krankheit, Urlaub etc.
7.4 Für die Dauer der Funktion der/des Gruppensprechers(in) wird ihr/ihm eine Zulage von € 0,25 pro Stunde gezahlt, die auch die/der Vertreter/in ab der ersten Stunde für den eingesetzten Zeitraum erhält. Eine Anpassung der Zulage erfolgt bei Tariferhöhungen.
7.5 Neben der völligen Einbindung in die Arbeit der Gruppe übernimmt die/der Gruppensprecher/in unter anderem die folgenden Aufgaben:
- Motivation der Gruppe,
- Ausgleich von Meinungsverschiedenheiten,
- Sicherstellung des Informationsaustausches,
- Verfolgen der Gruppenziele,
- Unterstützen der/des Meisters/in,
- Leitung der Gruppengespräche.

Die/der Gruppensprecher/in erhält die erforderliche Zeit zur Erfüllung ihrer/seiner Aufgaben.

8. Information und Beteiligung der Arbeitnehmer:innen

8.1 Die Mitarbeiter:innen werden rechtzeitig und umfassend über die zukünftigen Tätigkeits- und Arbeitsabläufe unterrichtet. Die in den jeweiligen Ausschüssen vertretenen Betriebsräte haben ein Teilnahmerecht bei dieser Unterrichtung.
Gemäß § 82 BetrVG haben die Mitarbeiter:innen das Recht, zu den mit der Einführung und Ausgestaltung verbundenen Maßnahmen Stellung zu nehmen sowie Vorschläge für die Gestaltung des Arbeitsplatzes und des Arbeitsablaufs zu machen. Die Möglichkeiten ihrer beruflichen Entwicklung im Betrieb unter den veränderten Bedingungen sind mit ihnen zu erörtern.
8.2 Die Mitarbeiter:innen bzw. der Betriebsrat haben das Recht, unter gegenseitiger Beteiligung eine Projektgruppe zu bilden. Diese Projektgruppe kann Vorschläge zur humanen und sozialen Gestaltung des Arbeitsablaufs und des Arbeitsplatzes, zu den Arbeitsinhalten und Arbeitsbedingungen sowie auch für die Systemauslegung machen. Das Gleiche gilt für den Ausbau, die Anpassung und Weiterentwicklung des jeweiligen Systems.
8.3 Jede(r) Arbeitnehmer/in, die/der sich insbesondere durch
- Arbeitsbelastung und Arbeitsbeanspruchung,
- Arbeitsinhalte,
- Arbeitsplatz,
- Arbeitsverfahren,
- Arbeitsmethode,
- Arbeitsablauf,

beeinträchtigt sieht oder andere Verstöße gegen die menschengerechte Gestaltung der Arbeit geltend macht, hat das Recht, sich beim Betriebsrat zu beschweren. Bei

Meinungsverschiedenheiten zwischen Betriebsrat und Geschäftsleitung entscheidet der gemeinsame Ausschuss.

9. Aufgaben und Kompetenzen der Gruppe

9.1 Typische Gruppenarbeitsaufgaben sind:

- Aufgabenverteilung innerhalb der Gruppe/Arbeitsplatzwechsel (Rotationsregelung),
- Eigenverantwortung inklusive Selbstkontrolle des vorgesehenen Qualitätsstandards,
- in Abstimmung mit unterstützenden Stellen Übernahme der Verantwortung für termingerechte Fertigung und deren Planung,
- in Abstimmung mit unterstützenden Stellen Verantwortung für die Instandhaltung der Betriebsmittel und Werkzeuge,
- in Abstimmung mit unterstützenden Stellen Beschaffung von Arbeits- und Betriebsmitteln,
- Vorschlagsrecht bezüglich des Qualifikationsbedarfs und dessen Planung,
- Anlernen neuer Gruppenmitglieder,
- Kontinuierlicher Verbesserungsprozess zur Vereinfachung, Erleichterung und Verbesserung der Arbeit und der Arbeitsergebnisse insbesondere auf folgenden Feldern:
  - Arbeitsplatz,
  - Arbeitsplatzumfeld,
  - Arbeitsabläufe,
  - Produkte,
  - Fertigungsverfahren,
  - Arbeitssicherheit/Gesundheitsschutz,
  - Materialeinsparung.

9.2 Die Gruppe führt die Gruppenarbeitsaufgaben selbstständig aus. Dabei wird sie durch die zuständigen Fachbereiche, Gruppenkoordinator und Vorgesetzten unterstützt.

10. Rolle der Vorgesetzten

10.1 Die Gruppenarbeit erfordert eine Veränderung der Führungsaufgabe der Vorgesetzten. Schwerpunkte ihrer/seiner Führungsfunktion verlagern sich zur sozialen, pädagogischen Seite. Weitere Schwerpunkte sind:

- Betreuung ihrer/seiner Fertigungsgruppen,
- Vorgabe und Vereinbarung von Zielen,
- Unterstützung der Gruppe zur Erreichung der Ziele,
- Unterstützung der Gruppe bei der Festlegung von Maßnahmen, wenn erkennbar wird, dass die Zielerreichung in Frage gestellt ist,
- Gruppen- und bereichsübergreifende Koordination und Kommunikation,
- Informationsaustausch über die Gruppe hinaus,
- Unterstützung bei Problemlösungen insbesondere im Rahmen des kontinuierlichen Verbesserungsprozesses (KVP),

- Unterstützung im Qualifizierungsprozess,
- Beurteilung von Mitarbeiterinnen/Mitarbeitern,
- Personaleinsatz.

10.2 Der Personaleinsatz über die Gruppe hinaus obliegt der Verantwortung der/des Vorgesetzten. Die Besetzung der einzelnen Arbeitsplätze innerhalb der Gruppe wird weitestgehend auf Vorschlag der Gruppe selbst geregelt und bestimmt. Die/der Vorgesetzte berät gegebenenfalls die Gruppe dabei.

11. Qualifizierung

11.1 Zur systematischen Vorbereitung auf die neuen Tätigkeiten und auf die Aufgaben wird mit dem Betriebsrat ein Qualifizierungskonzept vereinbart. In dieses Konzept sollen ausdrücklich zukünftig auch die Wünsche des Arbeitsteams mit einbezogen werden. Dieses Konzept legt die Maßnahmen nach Art, Dauer, Inhalt, Methode und Anzahl der betroffenen Personen fest.

11.2 Die arbeitsplatzbezogene Qualifikation muss eine selbstständige, sozial kompetente und verantwortliche Ausübung der zugewiesenen Tätigkeiten ermöglichen. Die Qualifizierungsmaßnahmen müssen sich auch auf die vor- und nachgelagerten Arbeitsbereiche erstrecken. Sie müssen aus einer sinnvollen Kombination von praktischen und theoretischen Kenntnissen bestehen.

Der Betriebsrat ist berechtigt, an den Schulungen teilzunehmen.

11.3 Jede(r) Mitarbeiter/in für den betroffenen Bereich hat das Recht, an Qualifizierungsmaßnahmen teilzunehmen. Diese sind während der Arbeitszeit unter Fortzahlung der Bezüge durchzuführen. Die Kosten trägt der Arbeitgeber. Diese sind auch bei einer Auflösung des Arbeitsverhältnisses nicht rückerstattungspflichtig. Bei Maßnahmen außerhalb des Betriebes hat der Arbeitgeber die zeitlich notwendige Freistellung zu gewähren. Der Seminartag wird mit der Sollarbeitszeit bewertet.

11.4 Erreichen Arbeitnehmer:innen in dem erstellten Qualifizierungskonzept nicht die notwendigen Fähigkeiten und Fertigkeiten, die zur Erfüllung der ganzheitlichen Arbeitsaufgaben notwendig sind, so wird ihnen eine Nachschulungsmöglichkeit angeboten, ohne dass sie aus dem Team herausfallen.

11.5 Auszubildende werden frühzeitig mit der Gruppenarbeit vertraut gemacht und gem. Ausbildungsplan in Abhängigkeit von ihrem Ausbildungsstand in die Gruppen eingebunden. Der Ausbildungsplan wird den Bedingungen der Gruppenarbeit angepasst.

12. Entgelt

Die Vielfältigkeit der tariflichen und der dazugehörigen betrieblichen Entgeltstrukturen sowohl innerhalb einer Branche als auch über sie hinweg machen es bei Gruppenarbeit schlicht unmöglich, eine Entgeltgestaltung aus der Praxis als idealtypische Lösung zu bestimmen.

13. Kontinuierlicher Verbesserungsprozess (KVP)/betriebliches Vorschlagswesen

13.1 Verbesserungsvorschläge, die als Gruppe gemacht werden, gelten als Gruppenvorschlag und werden gemäß der Betriebsvereinbarung zur Regelung des betrieblichen Vorschlagswesens behandelt.

(Alternativ:)

Im Rahmen von Leistungslohnstrukturen bietet sich folgende Regelung an:

Im Rahmen der Gruppenarbeitsprojekte wird angestrebt, Entlohnungsanreize für kontinuierliche Verbesserungsmaßnahmen durch die Gruppe zu vereinbaren.

13.2 Der kontinuierliche Verbesserungsprozess wird insbesondere durch zwei Faktoren bewirkt:

- Sammeln von Erfahrungen durch wiederholtes Fertigen gleicher oder ähnlicher Werkstücke,
- Verlagerung von Tätigkeiten zur Verbesserung von Produkten, Abläufen usw. in die Gruppe.

13.3 Die Pilotphasen sollen insgesamt genutzt werden, um mit den gewonnenen Erfahrungswerten zu überprüfen, inwieweit die bestehende analytische Arbeitsbewertung zur Eingruppierung von Arbeitssystemen reformiert und um KVP-Merkmale in Form von Richtbeispielen ergänzt werden kann. Dazu werden durch die betrieblichen Stellen und die Projektberater Entwürfe von beispielhaften Richtbeispielen erstellt und im gemeinsamen Projektausschuss beraten.

13.4 Gegebenenfalls werden auf Antrag einer Seite die Tarifparteien zur Verhandlung entsprechender Veränderungen der Analytik hinzugezogen. Bezüglich der zu verhandelnden Leistungslohnsysteme besteht Einigkeit dahingehend, dass aus KVP-Maßnahmen zu vergütende Leistungen der Gruppen nur im Entlohnungsgrundsatz Prämien als tariflicher Prämienbestandteil abzugelten sind.

14. Soziale Sicherung

14.1 Werkleitung und Betriebsrat sind sich darin einig, dass der Beschäftigung der einzelnen Mitarbeiter:innen zentrale Bedeutung zukommt. Niemand wird durch die Einführung von Gruppenarbeit sein Beschäftigungsverhältnis verlieren.

14.2 Um personelle oder sozial negative Folgen für Mitarbeiter:innen zu vermeiden, sind alle betrieblichen, betriebsverfassungsrechtlichen, tarifvertraglichen und sonstige Möglichkeiten auszuschöpfen. Bei unvermeidbaren Versetzungen ist eine mindestens gleichwertige und zumutbare Tätigkeit im Betrieb mit entsprechender Eingruppierung anzustreben, wobei die Mitbestimmungsrechte des Betriebsrats zu beachten sind.

(Insbesondere für eine Pilotphase bieten sich folgende Regelungen an:)

Geschäftsleitung und Betriebsrat stimmen überein, dass die Erprobung von Gruppenarbeit in Pilotprojekten für die Dauer der vereinbarten Pilotphasen bei den direkt und indirekt Betroffenen nicht zu betriebsbedingten Kündigungen führt (Rationalisierungsschutz). Bei der technisch-organisatorischen Planung der Gruppen ist so vorzugehen, dass Arbeitnehmer:innen gemäß ihren persönlichen Fähigkeiten schrittweise in die für sie neue Form der Gruppenarbeit hineinwachsen können. Dazu gehört bei-

spielsweise, dass Arbeitnehmer:innen bei der Einführung von Gruppenarbeit zunächst ihr vorheriges Aufgabengebiet mit in die Gruppe übernehmen.
Grundsätzlich ist Gruppenarbeit so zu organisieren, dass keine Arbeitnehmer:innen ausgegrenzt werden. Dies gilt insbesondere für ältere, leistungsgeminderte und schwerbehinderte Arbeitnehmer:innen. Diese sind entsprechend zu berücksichtigen.
Für Arbeitnehmer:innen, deren bisheriges Aufgabengebiet verändert wird, teilweise oder ganz wegfällt, gelten folgende Regelungen:

- Den betroffenen Arbeitnehmer:innen sind zunächst solche Arbeitsplätze bzw. Gruppenarbeitsaufgaben anzubieten, die ihrer jetzigen Arbeit möglichst ähnlich sind.
- Nach Ausschöpfen dieser Möglichkeiten sind solche Arbeitsplätze bzw. Gruppenarbeitsaufgaben anzubieten, die unter Berücksichtigung der vorherigen Tätigkeit, des voraussichtlichen Qualifizierungsbedarfs und der persönlichen Voraussetzungen der betroffenen Arbeitnehmer:innen am ehesten geeignet erscheinen und für die Arbeitnehmer:innen zumutbar sind.
- Diese Regelungen gelten sinngemäß auch für diejenigen Arbeitnehmer:innen, die außerhalb der Gruppen von der Einführung der Gruppenarbeit betroffen sind.

14.3 Jeder Mitarbeiter/jede Mitarbeiterin kann unter Angabe von Gründen verlangen, innerhalb von drei Monaten an einen anderen, dem vorherigen Arbeitsplatz gleichwertigen, freien Arbeitsplatz versetzt zu werden. Gleiches gilt auf Antrag der Produktionsleitung bei der Personalabteilung, falls Mitarbeiter:innen für Gruppenarbeit ungeeignet sind. Für diese Fälle ist der Betriebsrat im Rahmen von § 99 BetrVG zu beteiligen.

15. Projektmanagement/Mitbestimmungsregelungen

15.1 Geschäftsleitung und Betriebsrat bilden einen gemeinsamen Ausschuss. Jede Seite entsendet drei Mitglieder ihrer Wahl. Ab jeweils zwei Mitgliedern besteht Beschlussfähigkeit (mit drei Stimmen pro Partei). Den Vorsitz stellt in wechselndem Turnus (projektbezogen) eine der beiden Seiten.
15.2 Der Ausschuss hat die Aufgabe, Meinungsverschiedenheiten im Zusammenhang mit dieser Betriebsvereinbarung auszuräumen. Er berät hierüber mit dem Ziel der Einigung. Diese Einigung beinhaltet entweder eine Zustimmung zum beantragten Vorhaben oder die Ausarbeitung eines Alternativvorschlages. Eine Nichteinigungsfähigkeit des Ausschusses kann frühestens von einer der beiden Seiten nach zwei Sitzungen erklärt werden. In diesem Falle gilt das beantragte Vorhaben als vom Ausschuss abgelehnt. Das Votum des Ausschusses ist schriftlich zu formulieren, im Einigungsfalle in Form einer Betriebsvereinbarung. Im Falle der Nichteinigung im Ausschuss kann jede der beiden Seiten die Einigungsstelle anrufen.
15.3 Die Geschäftsleitung und der Betriebsrat unterrichten sich gegenseitig rechtzeitig und umfassend über den Stand der Planungen. Die Unterrichtung hat spätestens zu einem Zeitpunkt zu erfolgen, in dem noch Einfluss auf die Entscheidung genommen und der Betriebsrat bzw. die Geschäftsleitung Lösungsalternativen im Interesse der betroffenen Arbeitnehmer einbringen kann. In jedem Falle muss die Information gegeben werden, bevor erforderliche Investitionsentscheidungen getroffen werden.

15.4 Werkleitung und Betriebsrat sind sich darin einig, dass die formulierten Ziele nur dann zu realisieren sind, wenn eine vorausschauende Unternehmensplanung, insbesondere Produktions- und Personalplanung, vorgenommen wird. Diese Planung soll die absehbaren Produkt-, Technik- und Organisationsänderungen und die daraus resultierenden Auswirkungen für die Beschäftigung und Qualifizierung der Mitarbeiter/innen berücksichtigen. Darüber hinaus beinhaltet sie die Maßnahmen, die negative Auswirkungen für die Arbeitnehmer verhindern sollen.

15.5 Zur Information erhält der Betriebsrat für den jeweiligen Bereich, in dem Maßnahmen zur Einführung von neuen Arbeits-, Fertigungs-, Organisations- und Führungsstrukturen vorgesehen sind, insbesondere folgende Informationen:

- personelle Planung und Ist-Stellenbesetzung,
- geplante technische Anlagen sowie Veränderungen solcher Anlagen,
- geplante Veränderungen von Arbeitsverfahren und -abläufen,
- geplante Bauten oder die Veränderung von Bauten,
- Umstellung oder Verlegung von Arbeitsplätzen, Maschinen und Einrichtungen,
- Veränderung von Büroräumen,
- Strukturdaten der betroffenen Arbeitnehmer (Alter, Geschlecht, Eingruppierung, Arbeitsbereich).

Die Aufzählung ist nicht abschließend, sie orientiert sich an § 106 BetrVG. Die Informationen werden an den Betriebsrat – soweit sie nicht das Gesamtunternehmen betreffen – gegeben. Die personellen und sozialen Konsequenzen aus den Planungen sind jeweils im Einzelnen aufzuzeigen. Die erforderlichen Unterlagen und die Angaben sind jeweils fortlaufend zu aktualisieren.

15.6 Es besteht Einigkeit zwischen den Parteien, dass die geplanten Veränderungen zunächst erprobt werden. Von diesem Grundsatz kann im Einzelfall von der Geschäftsleitung mit Zustimmung des Betriebsrates abgewichen werden. Für die Erprobung sind Phasen festzulegen, nach denen jeweils in eine Beratung einzutreten ist. Diese Beratung dient der gemeinsamen Bewertung der gemachten Erfahrungen und der Erarbeitung von Vorschlägen für die weitere Umsetzung des Projektes. Jede Seite kann den oben genannten Ausschuss anrufen.

15.7 Um die aus dieser Betriebsvereinbarung resultierenden Rechte und Pflichten wahrzunehmen, sind die Mitglieder des Betriebsrats im erforderlichen Umfang zu schulen. Die Kosten trägt der Arbeitgeber. Die Rechte des Betriebsrats auf Teilnahme an Schulungs- und Bildungsveranstaltungen nach § 37 Abs. 6 und Abs. 7 BetrVG bleiben hiervon unberührt.

Damit der Betriebsrat seine Aufgaben im Rahmen dieser Betriebsvereinbarung ordnungsgemäß durchführen kann, werden über die im § 38 BetrVG geregelte Mitgliederzahl von Freistellungen hinaus zwei weitere Betriebsratsmitglieder von ihrer bisherigen Arbeit freigestellt.

Der Betriebsrat kann jederzeit Sachverständige seiner Wahl hinzuziehen. Die Kosten dafür trägt das Unternehmen.

15.8 In jeweils zwischen Betriebsrat und Geschäftsleitung festzulegenden Abständen werden die wesentlichen Gruppenmerkmale/Entwicklungsziele überprüft und gegebenenfalls neu festgelegt. Zweck dieses Verfahrens ist es, Entwicklungsziele für Gruppenmerkmale bis zum nächsten Überprüfungszeitraum festzulegen und die Ziele des vergangenen Zeitraums auf Erfüllung zu überprüfen. Dazu gehören:

- Arbeitssystembeschreibung,
- Grundlohneinstufung,
- Qualifikationsentwicklung,
- Auswahl von Teilnehmern an Qualifizierungsmaßnahmen,
- Merkmale (Kosten und Effekte) der kontinuierlichen Verbesserungen.

Diese Merkmale werden zwischen den Beteiligten verhandelt und zwischen Betriebsrat und Geschäftsleitung vereinbart (soweit im Einzelfall nicht abweichend geregelt). Die Vereinbarung erfolgt grundsätzlich mit der Absicht, die Entwicklungsziele bis zum nächsten Überprüfungstermin beizubehalten. Die erstmalige Festlegung geschieht mit Einführung der Gruppenarbeit im jeweiligen Bereich.

Die Vereinbarung der Entwicklungsziele erfolgt unter Beteiligung der folgenden Stellen.

- Arbeitgeberseite: Geschäftsleitung, Fachabteilung (z.B. Produktionsvorbereitung),
- Arbeitnehmerseite: Betriebsrat, Gruppenvertreter.

Durchführung, Kontrolle und Neufestsetzung erfolgt in jeweils festzulegenden Zeitabständen im gemeinsamen Projektausschuss.

16. Inkrafttreten/Kündigung/Nachwirkung

16.1 Diese Rahmenvereinbarung tritt mit sofortiger Wirkung in Kraft.

16.2 Sie kann ganz oder teilweise unter Einhaltung einer Frist von sechs Monaten zum Ende eines Kalenderjahres gekündigt werden. Nach Eingang der Kündigung müssen unverzüglich Verhandlungen über eine neue Rahmenvereinbarung aufgenommen werden. Bis zum Abschluss einer neuen Rahmenvereinbarung gilt diese Rahmenvereinbarung weiter.

Alternativ ein Regelungsvorschlag, der für die Pilotphase ein hohes Maß an Flexibilität gewährleistet:

Diese Betriebsvereinbarung tritt nach der Unterzeichnung in Kraft. Wegen der Neuheit vieler geregelter Tatbestände und wegen des Umfangs wird sie zunächst für die Dauer bis zum Datum abgeschlossen. Eine Verlängerung dieser Frist ist mit Zustimmung der vertragsschließenden Parteien möglich. Die Vertragsschließenden verpflichten sich, rechtzeitig, d.h. drei Monate vor Ablauf der Gültigkeit, in Verhandlungen einzutreten, mit dem erklärten Ziel, die Gültigkeit dieser Betriebsvereinbarung zur Gruppenarbeit fortzuschreiben bzw. die Inhalte weiterzuentwickeln.

16.3 Während der befristeten Probeeinführung besteht für beide Seiten die Möglichkeit, solche Bestandteile, die sich in der praktischen Durchführung als ungeeignet herausstellen, zu kündigen. Die Kündigung bedarf der Schriftform. In diesem Fall tritt spätestens zwei Wochen nach Kündigung der gemeinsame Projektausschuss zusammen, mit dem Ziel, den entsprechenden Bestandteil gegebenenfalls anzupassen.

Ort, Datum, Unterschriften

BV 63

29.2.2 Telearbeit 1

Vorbemerkung
Aus Gründen der besseren Lesbarkeit wurde die männliche Sprachform bei der Formulierung dieser Betriebsvereinbarung gewählt. Betriebsrat und Firma versichern, dass sie alle Arbeitnehmerinnen und Arbeitnehmer und andere Personen diskriminierungsfrei und gleichberechtigt behandeln werden.

§ 1 Geltungsbereich
Diese Betriebsvereinbarung gilt für
1. räumlich …
2. persönlich …
3. fachlich … Arbeitsplätze von Außendienst-Arbeitnehmern fallen nicht unter diese Vereinbarung.

§ 2 Präambel
1. Die Entwicklung der Informations- und Kommunikationstechnologie macht die Einrichtung außerbetrieblicher Arbeitsplätze möglich. Das Angebot von Tele-Arbeitsplätzen gibt Arbeitnehmern sowie dem Unternehmen größere Flexibilität hinsichtlich der Lage und Verteilung der Arbeitszeit.
2. Telearbeit kann eine bessere Vereinbarkeit von Beruf und Familie unterstützen. Das gilt insbesondere in Fällen der Inanspruchnahme von Elternzeit, Pflegezeiten oder der Pflege eines erkrankten Kindes.

§ 3 Begriffe, Inanspruchnahme
1. Jede Arbeitsleistung, die mithilfe von IT-Technik außerhalb des Betriebes erbracht wird, ist Telearbeit.
2. Erbringt der Arbeitnehmer seine Arbeitsleistung ausschließlich in seiner Wohnung (häusliche Arbeitsstätte), handelt es sich um **ausschließliche Telearbeit**.
3. Erbringt der Arbeitnehmer seine Arbeitsleistung in seiner Wohnung (häusliche Arbeitsstätte) und teileweise im Betrieb, handelt es sich um **alternierende Telearbeit**.
4. Wird die Arbeitsleistung mit Hilfe von IT-Technik an wechselnden Orten erbracht und daneben im Betrieb und/oder in der häuslichen Arbeitsstätte (Wohnung) gearbeitet, liegt **mobile Telearbeit** vor.
5. Telearbeitsplätze werden in alternierender Form angeboten, d. h., Arbeitnehmer, die Telearbeit in Anspruch nehmen, behalten einen Arbeitsplatz in ihrer Fachabteilung.
6. Die Teilnahme an Telearbeit ist freiwillig. Der Arbeitgeber darf den Wunsch des Arbeitnehmers nach Einrichtung eines Telearbeitsplatzes nur aus dringenden betrieblichen Gründen ablehnen. Die Gründe sind dem Arbeitnehmer schriftlich darzulegen. Der Betriebsrat erhält eine Kopie. Einigen sich Arbeitgeber und Arbeitnehmer nicht über die Einrichtung eines alternierenden Telearbeitsplatzes, entscheidet die Schlichtungsstelle nach § …
oder

Die Teilnahme an Telearbeit ist freiwillig. Ein Anspruch auf Einrichtung eines Telearbeitsplatzes oder auf Beibehaltung eines eingerichteten Telearbeitsplatzes besteht nicht.
Das Unternehmen kann sowohl die Teilnahme anregen als auch aus betrieblichen oder wirtschaftlichen Gründen von der Einrichtung eines Telearbeitsplatzes absehen.
7. Persönliche Gründe für die Einrichtung eines Telearbeitsplatzes können im Einzelfall Vorrang vor Kostengesichtspunkten haben (z. B. Erziehungsurlaub).
8. Soweit Arbeitnehmer mit unbefristetem Arbeitsvertrag ausschließlich an einem Telearbeitsplatz arbeiten wollen, bedarf es einer zusätzlichen Betriebsvereinbarung.

§ 3 Voraussetzungen für Telearbeit
1. Für die alternierende Telearbeit sind nur solche Arbeiten geeignet, die selbstständig und eigenverantwortlich zu erbringen sind. Sie müssen wirtschaftlich, organisatorisch und sozial sinnvoll ohne Beeinträchtigung des Betriebsablaufes zeitweilig in der Wohnung (häusliche Arbeitsstätte) erbracht werden können.
2. Telearbeit wird in einer besonderen Ergänzungsvereinbarung auf Grundlage dieser Betriebsvereinbarung zwischen Arbeitnehmern und Unternehmen geregelt. Der bestehende Arbeitsvertrag bleibt unberührt.

§ 4 Einrichtung des Telearbeitsplatzes, Kostentragung
1. Die häusliche Arbeitsstätte (alternierende Telearbeit) muss sich in der Wohnung des Arbeitnehmers in einem Raum befinden, der den Anforderungen der Arbeitsstättenverordnung in der jeweils gültigen Fassung entspricht. Der Arbeitnehmer hat das Vorliegen dieser Voraussetzungen schriftlich zu bestätigen.
2. Der Arbeitnehmer wird vor Aufnahme der Telearbeit und Abgabe der Bestätigung über die jeweils geltenden gesetzlichen, tariflichen und betrieblichen Vorschriften zum Arbeits- und Gesundheitsschutz unterrichtet. Dies geschieht im Rahmen einer persönlichen Schulung. Entsprechende Unterlagen werden ausgehändigt.
3. Vor der Einrichtung und während des Bestehens der häuslichen Arbeitsstätte hat der Arbeitgeber oder ein von ihm Beauftragter, z. B. der Datenschutzbeauftragte oder die Fachkraft für Arbeitssicherheit, das Vorliegen dieser Voraussetzungen mittels einer Begehung zu überprüfen. Vertretern des Betriebsrats ist dabei die Möglichkeit einzuräumen, an der Begehung teilzunehmen.
4. Die häusliche Arbeitsstätte (Wohnung) ist vor Aufnahme der Telearbeit auch im Hinblick auf die elektrische Sicherheit vom Arbeitgeber bzw. einem Beauftragten zu prüfen. Vertretern des Betriebsrats ist dabei die Möglichkeit einzuräumen, an der Prüfung teilzunehmen.
5. Die Ausstattung des Telearbeitsplatzes mit den elektronischen sowie nach Bedarf auch mit den übrigen Arbeitsmitteln inkl. Büromöbel unter Beachtung gesetzlicher Vorschriften erfolgt durch das Unternehmen.
6. Die Kosten für die Einrichtung des Telearbeitsplatzes, für Betrieb und Wartung der zur Verfügung gestellten Arbeitsmittel sowie für den Aufbau und den Abbau bei Beendigung der Telearbeit trägt das Unternehmen.

7. Arbeitnehmer in Telearbeit erhalten eine Telearbeitszulage von monatlich € … brutto für die Nutzung der Wohnung des Arbeitnehmers. Dies ist unabhängig davon, ob der Arbeitnehmer Eigentümer, Mieter oder Untermieter der Wohnung ist.
8. Fahrtkosten zwischen häuslicher und betrieblicher Arbeitsstätte werden nicht erstattet, es sei denn, sie sind vom Unternehmen zusätzlich veranlasst.
9. Die elektronischen Arbeitsmittel dürfen nur gemäß den geltenden Unternehmensrichtlinien genutzt werden.
10. Für die Arbeit im Betrieb ist dem Arbeitnehmer ein geeigneter Arbeitsplatz zur Verfügung zu stellen.
11. Die häusliche Arbeitsstätte (Wohnung) ist sowohl individualrechtlich als auch kollektivrechtlich Teil des Betriebs.

§ 5 Arbeitszeit, technische Störungen

1. Die Aufteilung der Arbeitszeit auf die Arbeitsplätze im Betrieb und zu Hause und die Erfassung der Arbeitszeit wird in der Vereinbarung über Telearbeit festgelegt.
2. Die Lage der Arbeitszeit sowie der Pausen am Telearbeitsplatz bestimmt der Arbeitnehmer unter Beachtung gesetzlicher und betrieblichen Vorschriften Bestimmungen selbst.
Die Erfassung der Arbeitszeit erfolgt nach den jeweils geltenden betrieblichen Regelungen.
oder
Die Arbeitszeiterfassung erfolgt mittels Selbstaufschreibung auf dem dieser Betriebsvereinbarung als Anlage … beigefügten Formular. Dieses ist der zuständigen Abteilung wöchentlich zuzuleiten.
oder
Die Zeiterfassung erfolgt durch Eintragung in eine elektronisch geführte Liste beim Login bzw. Logout.
3. Die Leistung von Überstunden bedarf der vorherigen Genehmigung durch den Vorgesetzten unter Beachtung des Mitbestimmungsrechts des Betriebsrats. Sie liegt vor, wenn die tägliche vereinbarte Arbeitszeit überschritten wird.
4. Die zuständigen Abteilungen des Betriebes sind über technische Störungen unverzüglich zu informieren. Sie haben für Abhilfe zu sorgen. Wenn die technische Störung nicht binnen eines Arbeitstages beseitigt wird, hat der Arbeitnehmer seine Arbeitsleistung im Betrieb zu erbringen. Muss der Arbeitnehmer aufgrund einer technischen Störung im Betrieb arbeiten, wird die Zeit für die Fahrten zwischen häuslicher Arbeitsstätte und Betrieb wie Arbeitszeit behandelt und vergütet. Eine Minderung des Arbeitsentgelts und/oder sonstiger Leistungen darf wegen fehlender Arbeitsleistung aufgrund von technischen Störungen nicht erfolgen. Die Arbeitszeit muss nicht nachgearbeitet werden.

§ 6 Datenschutz

1. Alle elektronischen Arbeitsmittel (Hard- und Software) werden unter Beachtung der geltenden Unternehmensregelungen (Betriebsvereinbarungen, Richtlinien, Anweisungen) installiert.

2. Die vom Arbeitnehmer zu beachtenden Regelungen (Verpflichtungserklärung zum Datenschutz, Richtlinien, Anweisungen) gelten in gleichem Maße für die Arbeit am Telearbeitsplatz.
3. Notwendige Arbeitsunterlagen dürfen unter Berücksichtigung der gebotenen Sicherheitsmaßnahmen von der Betriebsstätte zum Telearbeitsplatz gebracht und aufbewahrt werden. Vertrauliche Daten sowie Passwörter sind so zu schützen, dass sie Dritten nicht bekannt werden.

§ 7 Schlussbestimmungen
1. Im Falle von nicht beilegbaren Streitigkeiten, die sich aus der Anwendung oder Auslegung der Betriebsvereinbarung ergeben, entscheidet eine Einigungsstelle nach § 76 BetrVG.
2. Sollten einzelne Punkte der Betriebsvereinbarung ungültig sein oder ihre Gültigkeit aufgrund neuer Gesetzgebung oder Rechtsprechung verlieren, so bleiben die übrigen Bestimmungen hiervon unberührt. In diesem Falle werden beide Seiten für die ungültig gewordenen Punkte der Betriebsvereinbarung eine neue, gültige Formulierung vereinbaren, die dem früheren Sinn soweit wie möglich entspricht.
3. Diese Betriebsvereinbarung ist mit einer Frist von … Monaten zum Schluss eines Kalenderjahres kündbar; erstmals zum Datum. Die Kündigung dieser Betriebsvereinbarung ist nur wirksam, wenn sie schriftlich erfolgt. Die Betriebsvereinbarung wirkt nach. Anlagen sind Bestandteil dieser Betriebsvereinbarung.

Ort, Datum, Unterschriften

29.2.3 Telearbeit 2

BV 64

§ 1 Geltungsbereich
1. Diese Betriebsvereinbarung gilt für den Betrieb der Firmenbezeichnung-AG (= Firma) am Standort.
2. Diese Betriebsvereinbarung gilt für alle Mitarbeiter[48] mit Ausnahme der leitenden Angestellten im Sinne des § 5 Abs. 3 BetrVG.

§ 2 Definition Telearbeit
Unter Telearbeit wird in dieser Betriebsvereinbarung eine Beschäftigung verstanden, bei der der Mitarbeiter im Rahmen des Arbeitsverhältnisses seine monatliche Arbeit mindestens zu 40 % mit Hilfe moderner Kommunikations- und Informationstechnik von zu Hause erledigt (sog. alternierende oder heimbasierte Telearbeit).
Die Telearbeitszeit soll im Regelfall für den Mitarbeiter bezogen auf eine Vollzeittätigkeit mindestens zwei und höchstens drei Tage pro Woche betragen. In Ausnahmefällen ist eine heimbasierte Tätigkeit mit einem höheren Anteil der Telearbeitszeit pro

48 Zur besseren Lesbarkeit werden weibliche und männliche Arbeitnehmer im Folgenden einheitlich benannt, ohne damit einen Ausschluss des nicht genannten Geschlechts von den Regelungen herbeizuführen. Auf eventuell gewollte Unterschiede wird ausdrücklich hingewiesen.

Woche zulässig. Über das Vorliegen eines Ausnahmefalls entscheidet die Telearbeitskommission nach dieser Betriebsvereinbarung.

§ 3 Status der Telearbeiter

1. Telearbeiter sind den übrigen voll- und teilzeitbeschäftigten Mitarbeitern der Firma in allen Punkten des Arbeitsverhältnisses gleichgestellt.
2. Die einschlägigen gesetzlichen und betrieblichen Regelungen gelten auch für die in Telearbeit beschäftigten Mitarbeiter, sofern diese ihrem Sinn und Zweck nach auf sie anwendbar sind und sich aus dem Wesen der Telearbeit nichts anderes ergibt und sofern in dieser Betriebsvereinbarung nicht ausdrücklich etwas anderes geregelt wird.
3. Für die Dauer des Telearbeitsverhältnisses erhalten die Mitarbeiter eine schriftliche Zusatzvereinbarung zum Arbeitsvertrag.

§ 4 Teilnahme

1. Antrag

Grundsätzlich können alle Mitarbeiter, die in den Geltungsbereich dieser Betriebsvereinbarung fallen, Telearbeit beantragen.

Telearbeit wird nur auf Antrag gewährt. Dieser Antrag ist durch den Mitarbeiter schriftlich beim Personalmanagement einzureichen und muss enthalten:

- die Dauer der wöchentlich zu leistenden Arbeitszeit. Dies ist die arbeitsvertragliche, individuelle, regelmäßige Arbeitszeit, sofern tarifvertraglich nichts Anderes geregelt ist. Dabei sind Abweichungen, insbesondere durch gesetzliche Bestimmungen, wie z. B. der Höchstbeschäftigungszeit in Elternzeit, zulässig.
- den gewünschten Beginn und das Ende des Telearbeitsverhältnisses unter Zugrundelegung der 12-monatigen Dauer (§ 18.1).
- den außerbetrieblichen Ort, an dem die Arbeitsleistung in Telearbeit erbracht werden soll. Dies ist ausschließlich der Wohnsitz des Mitarbeiters.
- die Erklärung des Mitarbeiters, dass die objektiven Gegebenheiten in seinem Wohnsitz den weiteren Anforderungen an einen Telearbeitsplatz entsprechen. Hierfür erhalten die Mitarbeiter ein Merkblatt, das entsprechend den Vorschriften des Arbeitsschutzes und der Arbeitssicherheit auflistet, welche Anforderungen erfüllt sein müssen.
- die Angabe eines Bewilligungsgrundes nach § 4.2.2 und Nachweis, soweit der Nachweis nicht bereits der Firma vorliegt.

2. Voraussetzungen für die Bewilligung

Der Antrag kann nur unter folgenden Voraussetzungen bewilligt werden:

2.1 Es muss sich um eine telearbeitsfähige Tätigkeit handeln. Grundsätzlich sind nur solche Tätigkeiten für Telearbeit geeignet, die bei eingeschränktem unmittelbarem Kontakt zum Betrieb eigenverantwortlich durchführbar sind und die ohne Beeinträchtigung des Betriebsablaufs, ohne Qualitätseinbußen und ohne Anfall von unverhältnismäßigen Mehrkosten für die Firma verlagert werden können.

2.2 Der Mitarbeiter muss sich in einer besonderen Lebenssituation befinden und dies nachweisen. Als besondere Lebenssituationen zählen:

- Betreuung/Pflege von Kindern, Adoptivkindern oder Pflegekindern bis 12 Jahren im eigenen Haushalt.
- Häusliche Betreuung oder Pflege naher Angehöriger, z.B. im eigenen Haus des Mitarbeiters. Eine Betreuung oder Pflege liegt nur vor, wenn eine Pflegebedürftigkeit des nahen Angehörigen im Sinne des § 7 Abs. 4 PflegeZG vorliegt. Nahe Angehörige sind solche im Sinne des § 7 Abs. 3 PflegeZG.
- Vorliegen einer Erkrankung/Behinderung, aufgrund derer der Mitarbeiter – bei sonstiger voller Arbeitsfähigkeit – nicht oder nur unter erschwerten Bedingungen in der Lage ist, die Wegstrecke zwischen Wohnung und betrieblichem Arbeitsplatz zurückzulegen.
- Vorliegen eines besonderen Umstandes im privaten/persönlichen Umfeld des Mitarbeiters, aufgrund dessen der Mitarbeiter seine sonstige Arbeitsleistung nicht am betrieblichen Arbeitsplatz erbringen kann. Bei Vorliegen eines besonderen Umstandes als Bewilligungsgrund gilt abweichend von den nachfolgenden Regelungen, dass die Telearbeit nur einmalig, ohne Anspruch auf Verlängerung, und für die Höchstdauer von bis zu 6 Monaten durch die Telearbeitskommission bewilligt werden kann.

2.3 Des Weiteren muss der Mitarbeiter für die Aufgabenerfüllung in Telearbeit geeignet sein. Eine entsprechende Eignung liegt vor, wenn der Mitarbeiter in dem Aufgabenbereich, für den er Telearbeit beantragt, hinreichend erfahren und er außerdem in der Lage ist, diesen selbstständig auszufüllen.

§ 5 Verfahren der Bewilligung

1. Das Personalmanagement holt nach Eingang des Antrags eine Stellungnahme der direkten Führungskraft ein. Über Antragseingänge wird der Betriebsrat zeitnah informiert.
2. Nach Überprüfung der formalen Vollständigkeit des Antrags durch das Personalmanagement entscheidet die Telearbeitskommission (vgl. § 6) über die Vergabe des Telearbeitsplatzes.
3. Entscheidungen der Telearbeitskommission und deren Folgen: Die Telearbeitskommission trifft ihre Entscheidung über sämtliche zum Zeitpunkt der jeweiligen Sitzung vorliegenden Anträge (einschließlich solcher auf der Warteliste) im Rahmen ihres Ermessens unter Berücksichtigung der beiderseitigen Interessen sowie der Kriterien gem. des § 4.2 und der Regelung nach § 18.1.

   3.1 Liegen die Voraussetzungen gem. § 4.2 nicht vor, wird der Antrag durch die Telearbeitskommission mit der Mehrheit der Stimmen zurückgewiesen.

   3.2 Liegen die Voraussetzungen für die Bewilligung von Telearbeit vor und gibt es einen freien Telearbeitsplatz unter Berücksichtigung weiterer Antragssteller, wird der Antrag bewilligt und dem Mitarbeiter ein Telearbeitsplatz zugewiesen. Die Entscheidung fällt mit Stimmenmehrheit. Stimmengleichheit gilt als Ablehnung.

3.3 Erfolgt die Ablehnung nach § 5.3.2, d.h. die Voraussetzungen für die Bewilligung von Telearbeit liegen an sich zwar vor, es fehlt aber an einem Telearbeitsplatz oder es gibt einen anderen Mitarbeiter, der ebenfalls einen Antrag gestellt hat und dem aufgrund der Kriterien nach § 4.2 der Telearbeitsplatz vorrangig zugewiesen wird, wird der Antrag auf eine Warteliste gesetzt, es sei denn, der Mitarbeiter zieht den Antrag zurück.

3.4 Über das »Ob« der Einrichtung eines Telearbeitsplatzes entscheidet allein die Firma. Ein Anspruch auf Zuweisung eines Telearbeitsplatzes besteht nicht, außer im Falle der Verlängerung eines Telearbeitsplatzes nach § 18.1 und für den Fall, dass die Telearbeitskommission nach § 5.3.2 mehrheitlich einen Antrag auf Zuweisung eines Telearbeitsplatzes bewilligt hat.

§ 6 Telearbeitskommission

1. Die Telearbeitskommission entscheidet mehrheitlich. Sie ist paritätisch besetzt mit zwei Betriebsratsmitgliedern und zwei Vertretern des Arbeitgebers. Für den Abwesenheitsfall sind von jeder Betriebspartei Vertreter zu benennen. Sie tagt binnen zwei Wochen nach vollständigem Eingang eines Telearbeitsantrags oder nach Antrag eines Mitglieds der Telearbeitskommission auf Einberufung. Die Telearbeitskommission ist kein Ausschuss im Sinne des § 28 Abs. 2 BetrVG.
2. Jedes Mitglied der Telearbeitskommission hat eine Stimme. Diese wird im Abwesenheitsfall vom Vertreter wahrgenommen.
3. Zu den Aufgaben der Telearbeitskommission zählen:
   - Prüfung des Vorliegens eines Ausnahmefalls für heimbasierte Telearbeit, § 2 Abs. 2
   - Prüfung des Vorliegens eines besonderen Umstandes, § 4.2.2
   - Vergabe eines Telearbeitsplatzes, § 5.3
   - Verlängerung eines Telearbeitsplatzes, § 18.1
   - Hierüber wird abgestimmt.

§ 7 Arbeitsleistung

Der Mitarbeiter erbringt ungeachtet von der Anwesenheit am häuslichen oder betrieblichen Arbeitsplatz die von ihm vertraglich geschuldete Arbeitsleistung.

§ 8 Zutritt zum Telearbeitsplatz

Grundsätzlich muss der Telearbeitsplatz der Firma oder deren Beauftragten, dem Betriebsrat sowie den Aufsichtsbehörden zugänglich sein. Der Zutritt zum Telearbeitsplatz ist jedoch ohne die Zustimmung des Mitarbeiters nicht möglich (Artikel 13 GG: Unverletzlichkeit der Wohnung).

Ist ein Zutritt notwendig, wird mit dem Mitarbeiter ein Termin vereinbart. Hierbei werden, soweit möglich, Gründe und Personen genannt. Das Zutrittsrecht kann im Rahmen der üblichen Arbeitszeiten, nach rechtzeitiger vorheriger Abstimmung (mind. 24 Stunden) mit dem Mitarbeiter wahrgenommen werden.

§ 9 Anforderungen an den Telearbeitsplatz

Der Telearbeitsplatz muss den jeweils gültigen gesetzlichen Bestimmungen, den aktuellen arbeitswissenschaftlichen Erkenntnissen und den geltenden Normen der Arbeitsplatzsicherheit sowie der Arbeitsstättenverordnung entsprechen. Die jeweils gültigen Richtlinien hierzu werden im Intranet veröffentlicht und auf Wunsch dem Mitarbeiter ausgehändigt. Der Mitarbeiter muss sicherstellen, dass er seine Arbeit im Wesentlichen ungestört verrichten kann.

§ 10 Ausstattung und Nutzung des Telearbeitsplatzes und Arbeitsmittel

1. **Ausstattung**

   1.1 Ausstattung durch die Firma

   a. Die Firma richtet den jeweiligen Telearbeitsplatz entsprechend dem in der Firma befindlichen Arbeitsplatz (inkl. Mobiliar) ein. Liegen medizinische Besonderheiten vor und ist dies durch eine ärztliche Bescheinigung bestätigt, wird der Telearbeitsplatz entsprechend eingerichtet.
   b. Um an der Telearbeit teilnehmen zu können, richtet der Mitarbeiter in seinen bereitgestellten Räumlichkeiten einen Internetanschluss (DSL o.Ä.) ein bzw. stellt die Nutzbarkeit eines bereits vorhandenen Internetanschlusses sicher. Darüber hinaus ist durch den Mitarbeiter ein Telefonanschluss vorzuhalten. Sofern vom Mitarbeiter kein neuer Telefon- bzw. Internetanschluss ausschließlich für die Telearbeit eingerichtet wird, sondern bestehende Anschlüsse genutzt werden, darf die private Nutzung dieser Anschlüsse die dienstliche Arbeitsfähigkeit und Erreichbarkeit nicht beeinträchtigen.
   c. Der Mitarbeiter ist verpflichtet, die vorhandene Ausstattung des Telearbeitsplatzes sorgfältig zu behandeln und für die Erledigung seiner Aufgaben funktionsfähig zu halten.
   d. Die Firma überlässt dem Mitarbeiter eine speziell auf die Belange von Telearbeit zugeschnittene technische Ausstattung bestehend aus Telefon, Computer, Bildschirm, Tastatur, Maus und Drucker. Diese Ausstattung wird firmenseitig beschafft, in eine Inventarliste aufgenommen und verbleibt im Eigentum der Firma. Die Übernahme ist seitens des Mitarbeiters schriftlich zu bestätigen.
   e. Ist eine Leitungsanbindung aus technischen Gründen nicht möglich, so wird dies durch die Firma dem für den Mitarbeiter örtlich zuständigen Betriebsrat angezeigt. Die Firma, der Betriebsrat und der Mitarbeiter werden eine einvernehmliche Lösung treffen, mit dem Ziel, Telearbeit zu ermöglichen.

   1.2 Ausstattung durch den Mitarbeiter

   Stellt der Mitarbeiter die Büromöbel ganz oder teilweise selbst zur Verfügung, muss er schriftlich bestätigen, dass diese den Anforderungen gemäß § 9 entsprechen.

2. **Büromaterial**

   Das notwendige Büromaterial wird dem Mitarbeiter auf dessen Anforderung kostenlos durch die Firma zur Verfügung gestellt. Der Mitarbeiter ist berechtigt, notwendiges Büromaterial an den Telearbeitsplatz mitzunehmen. In Ausnahmefällen wird Aufwand gegen Nachweis erstattet.

3. **Dienstliche Nutzung**
   Während Urlaub, Freizeittagen, Krankheit, gesetzlichen Beschäftigungsverboten, Kur, etc. ist eine dienstliche Nutzung des Telearbeitsplatzes nicht gestattet.

§ 11 Arbeitszeit

Die zu leistende Arbeitszeit ist die arbeitsvertraglich festgelegte individuelle regelmäßige Arbeitszeit. Der Mitarbeiter ist verpflichtet, die mit ihm vereinbarte Arbeitszeit ausschließlich im Rahmen der Erledigung der ihm zugewiesenen Aufgaben zu erbringen.

1. **Verteilung der Arbeitszeit**
   Die Verteilung der vereinbarten Arbeitszeit obliegt dem Mitarbeiter. Eine Kernzeit ist nicht einzuhalten. Im Übrigen gelten die jeweils maßgeblichen örtlichen Betriebsvereinbarungen/Regelungen zur Arbeitszeit. Hinsichtlich der Erreichbarkeit ist eine Absprache mit dem Vorgesetzten und der Abteilung erforderlich. Die Bestimmungen des Arbeitszeitgesetzes sowie der geltenden Tarifverträge sind zu beachten.
   Die Firma kann die Anwesenheit des Mitarbeiters in der Betriebsstätte im Einzelfall auch an einem Tag anordnen, an dem der Mitarbeiter planmäßig in Telearbeit tätig ist, soweit dies im betrieblichen Ausnahmefall erforderlich und für den Mitarbeiter zumutbar ist. Der Mitarbeiter kann dafür zum Ausgleich zeitnah an einem anderen Tag innerhalb eines Monats am häuslichen Arbeitsplatz arbeiten.
2. **Mehrarbeit/Überstunden**
   Mehrarbeit bzw. Überstunden sowie Arbeit an Samstagen, Sonn- und Feiertagen dürfen nur nach vorheriger Anordnung und Genehmigung durch die zuständigen Stellen der Firma sowie der Zustimmung des örtlichen Betriebsrats geleistet werden.
3. **Zeiterfassung, Kontrolle der Einhaltung der Arbeitszeit**
   Die Arbeitszeiterfassung erfolgt mit der entsprechenden technischen Einrichtung. Sollte die elektronische Zeiterfassung hierfür nicht eingerichtet sein, erfasst der Mitarbeiter seine Arbeitszeiten mittels einer manuellen monatlichen Aufschreibung, die die geleisteten Arbeitsstunden und den Zeitsaldo enthält. Die gemeldeten Arbeitszeiten werden zwecks Ermittlung von Zeitguthaben/-schulden in das Zeiterfassungssystem der Firma übernommen.

§ 12 Kontakt zum Unternehmen und den Mitarbeitern

Die Gestaltung der aufgabengerechten und sozialen Kontakte der Telemitarbeiter zu ihren Kollegen innerhalb und außerhalb ihrer Abteilung, ihren Vorgesetzten und zum Betriebsrat ist von großer Bedeutung. Dies soll durch die folgenden Maßnahmen gefördert werden:

1. **Betriebsinterne Medien**
   Betriebsinterne Medien sind Stellenausschreibungen, Zeitschriften, Rundschreiben, Handbücher und sonstige Informationen, die mittels Aushang, Umlauf, Bürokommunikation o. Ä. den übrigen Mitarbeitern bekannt gemacht werden. Die Telemitarbeiter sind verpflichtet, sich in gleicher Wiese über entsprechende

Veröffentlichungen zu informieren, wie dies bei Anwesenheit in der Betriebsstätte erforderlich wäre.

2. **Personalförderung**
   Die Personalförderung erfährt durch das Telearbeitsverhältnis keine Änderung. (z. B. Teilnahme an betrieblichen und außerbetrieblichen Schulungsmaßnahmen, Informationsveranstaltungen, etc.).
3. **Soziale Kontakte**
   Der Telemitarbeiter wird zu allen betrieblichen Veranstaltungen (z. B. Betriebs- und Abteilungsversammlung, Betriebsfest, sonstige allgemein zugängliche Veranstaltungen, etc.) eingeladen. Verantwortlich für die Einladung ist der Einladende.

§ 13 Kosten und Aufwandserstattungen

1. **Einrichtungskosten**
   Die Kosten für die Einrichtung eines Telearbeitsplatzes – mit Ausnahme der Kosten für den heimischen Internet- und Telefonanschluss – trägt die Firma. Dies gilt auch für die Kosten, die bei einem Wohnungswechsel des Mitarbeiters durch Abbau des alten und Einrichtung des neuen Telearbeitsplatzes entstehen.
   Die Einrichtung bleibt Eigentum der Firma, soweit sie nicht vom Mitarbeiter auf eigene Kosten angeschafft wurde.
2. **Kostenpauschale**
   Als Kostenpauschale werden für Miete, Reinigung, Strom und Heizung monatlich 120,00 Euro (für volle Telearbeit bei voller Ausstattung, sonst prozentual anteilig) vergütet. Die Höhe der Pauschale wird alle zwei Jahre auf ihre Angemessenheit geprüft. Als Basis für die Dynamisierung dieser Pauschale dient der Kostenindex des statistischen Bundesamtes für Privathaushalte.
   Die Kostenpauschale beginnt in dem Monat, in dem der Mitarbeiter erstmalig zu Hause arbeitet. Sie endet mit dem Monat, in dem der Mitarbeiter letztmalig zu Hause gearbeitet hat. Mit dieser Kostenerstattung sind sämtliche, beim Mitarbeiter durch den Telearbeitsplatz entstehende Kosten, abgegolten.

§ 14 Wartung, Pflege und Reparaturen

1. **Wartung und Pflege**
   Die im Eigentum der Firma stehende Ausstattung des Telearbeitsplatzes wird von der Firma nach den üblichen Modalitäten gewartet. Die Kosten für die Wartung und Pflege trägt die Firma.
   Sowohl Hard- als auch Software werden von der Firma auf den betriebsüblichen Standards gehalten.
2. **Reparaturen**
   Eventuelle Schäden sind, unabhängig von ihrer Ursache, der Firma sofort anzuzeigen.
   Für Reparaturen trägt die Firma die Kosten, soweit keine Schadenersatzansprüche gemäß § 16 geltend gemacht werden.
   Im Interesse möglichst geringer Funktionsstörungen des Telearbeitsplatzes wird die Firma Reparaturkosten bis zur Klärung evtl. Ersatzansprüche bevorschussen.

§ 15 Wahrung der Betriebsgeheimnisse

Der Mitarbeiter verpflichtet sich, auf den Schutz von Passwörtern, Daten und Informationen besonders zu achten, sodass Dritten, auch Familienangehörigen, die Einsichtnahme nicht möglich ist. Insbesondere sind datenschutzrechtliche Belange zu beachten.

§ 16 Haftung

1. **Haftung der Firma**
   Die Firma haftet gegenüber dem Mitarbeiter für alle Schäden, die durch die von der Firma gestellte Ausstattung verursacht werden.
   Dies gilt nicht, wenn der Mitarbeiter den von der Firma zur Wartung, Pflege und Reparatur der Ausstattung beauftragten Personen den Zutritt zum Telearbeitsplatz verweigert oder einen Schaden gemäß § 14.2 nicht unverzüglich anzeigt.
2. **Haftung des Mitarbeiters und Dritter**
   2.1 Haftung des Mitarbeiters oder weiterer, in dessen Haushalt lebender Personen
   Für Schäden an den zur Verfügung gestellten Arbeitsmitteln ist die Haftung auf Vorsatz und grobe Fahrlässigkeit begrenzt. Diese Haftungsbeschränkung bezieht sich auch auf Haftungsfälle wegen Verletzung der Aufsichtspflicht und wegen Verstoßes gegen die Verpflichtung zur Wahrung von Betriebsgeheimnissen.
   Begrenzung der Schadenersatzpflicht:
   Die Schadenersatzpflicht des Mitarbeiters wird auf zwei Monatsnettogehälter begrenzt. Maßgeblich ist das Gehalt zu dem Zeitpunkt, an dem der Schaden entstanden ist.
   Vom Mitarbeiter verursachte Schäden gegenüber Dritten sind durch die Firma versichert.
   2.2 Haftung Dritter
   Alle Personen, die nicht unter § 16.2.1 fallen, haften gegenüber der Firma uneingeschränkt. Die Firma wird Schadenersatzansprüche gegenüber diesen Personen unmittelbar geltend machen.
3. **Versicherungsschutz**
   Bei allen auftretenden Fragen bezüglich Unfällen wird der Telearbeitsplatz wie der betriebsübliche Arbeitsplatz behandelt. Arbeitsunfälle am Telearbeitsplatz sind durch die Berufsgenossenschaft versichert.

§ 17 Schadenersatzpflicht des Mitarbeiters

Die Vereinbarung über Zahlungsmodalitäten gem. § 16.2 bedarf der Zustimmung des Betriebsrats.

§ 18 Dauer und Beendigung der Telearbeit

1. Das Telearbeitsverhältnis wird in der Regel auf 12 Monate befristet. Liegen die Voraussetzungen, die die Vergabe des Telearbeitsplatzes an den Mitarbeiter begründet haben, mit Ablauf der 12 Monate weiterhin vor, so hat der Mitarbeiter einen erneuten Antrag zu stellen. Haben sich nach einer Neubeurteilung des An-

trags die Voraussetzungen der Erstbewilligung (vgl. §§ 4.1 und 4.2) in Bezug auf den Antrag auf erneute Gewährung nicht geändert, wird der Mitarbeiter einen wiederum befristeten Telearbeitsplatz erhalten. Der Telearbeiter hat dafür rechtzeitig, mindestens drei Monate vor Ablauf des Telearbeitsverhältnisses, einen entsprechenden Antrag nach § 4 zu stellen.

2. Die Telearbeit kann von dem Mitarbeiter und der Firma jederzeit aus wichtigem Grund widerrufen werden. Der Widerruf bedarf der Schriftform. Mit Wirksamwerden des Widerrufs endet die Telearbeit.
3. Mit Beendigung der Telearbeit hat der Mitarbeiter der Firma alle überlassenen Arbeitsmittel (insbesondere Hardware, Büromaterial) zurückzugeben. Abbau und Rücktransport erfolgen durch und auf Kosten der Firma. Das normale Arbeitsverhältnis des Mitarbeiters bleibt von jeder Beendigung des Telearbeitsverhältnisses unberührt. Mit Beendigung des Telearbeitsverhältnisses setzt der Mitarbeiter seine Tätigkeit in seiner Betriebsstätte an seinem ursprünglichen Arbeitsplatz fort. Der Mitarbeiter hat sodann seine Arbeitsleistung in vollem Umfang in der betrieblichen Arbeitsstätte zu verrichten.

§ 19 Salvatorische Klausel

Sofern einzelne Bestimmungen dieser Betriebsvereinbarung unwirksam sind, wird hiervon die Wirksamkeit der übrigen Regelungen nicht berührt. In einem solchen Fall verpflichten sich die Parteien, eine Regelung zu treffen, die dem Sinn und Zweck des jeweils Gemeinten soweit wie möglich entspricht und rechtlich zulässig ist.

§ 20 Schlussbestimmungen

1. Diese Betriebsvereinbarung kann von beiden Seiten mit einer Kündigungsfrist von sechs Monaten zum Quartalsende gekündigt werden. Im Falle der Kündigung gilt sie ausschließlich für bestehende Telearbeitsplätze bis zu deren Ende fort.
2. Ergänzend zu dieser Betriebsvereinbarung gelten die Bestimmungen der Rahmengesamtbetriebsvereinbarung »Planung, Einsatz und Änderung von IT-Systemen« in der jeweils gültigen Fassung.

Ort, Datum, Unterschriften

29.2.4 Teilzeit

BV 65

Vorbemerkung

Aus Gründen der besseren Lesbarkeit wurde die männliche Sprachform bei der Formulierung dieser Betriebsvereinbarung gewählt. Betriebsrat und Firma versichern, dass sie alle Arbeitnehmerinnen und Arbeitnehmer und andere Personen diskriminierungsfrei und gleichberechtigt behandeln werden.

§ 1 Geltungsbereich und Grundsätze
Diese Betriebsvereinbarung gilt für
1. räumlich ...
2. persönlich ...
3. fachlich ...
Diese Betriebsvereinbarung gilt nicht für die Einführung von Kurzarbeit.
Ziel der Betriebsvereinbarung ist es, Teilzeitarbeit auf allen Hierarchieebenen zu ermöglichen, sofern Arbeitnehmer es wünschen und es betriebsorganisatorisch möglich ist.
Teilzeitarbeit dient nicht dazu, das Beschäftigungsvolumen im Betrieb abzubauen. Dies ist nur zulässig im Rahmen eines Interessenausgleichs und Sozialplans.

§ 2 Ausschreibung
Grundsätzlich sind alle Arbeitsplätze auch als Teilzeitarbeitsplätze auszuschreiben. Soll ein Arbeitsplatz nur als Vollzeitarbeitsplatz ausgeschrieben werden, ist vor der Ausschreibung gegenüber dem Betriebsrat zu begründen, warum er sich nicht als Teilzeitarbeitsplatz eignet.

§ 3 Wechsel von Vollzeit in Teilzeit
1. Der Wechsel von Vollzeit in Teilzeit ist freiwillig. Der Arbeitgeber hat keinen Anspruch gegenüber dem Arbeitnehmer auf Umwandlung eines Vollzeit-Arbeitsverhältnisses in Teilzeit. Der Wunsch des Arbeitnehmers, von Vollzeit in Teilzeit zu wechseln, ist spätestens drei Monate vor Beginn der gewünschten Teilzeitbeschäftigung bei der ... geltend zu machen und dabei die gewünschte Verteilung der Arbeitszeit anzugeben. Im Übrigen gelten die Vorschriften des Teilzeit- und Befristungsgesetzes.
2. Wünscht ein Arbeitnehmer eine Reduzierung seiner Arbeitszeit, muss dem im Rahmen der betrieblichen Möglichkeiten Rechnung getragen werden. Der Wunsch des Arbeitnehmers kann nur abgelehnt werden, wenn dem betriebliche Gründe entgegenstehen.
3. Teilzeitarbeit darf nur so gestaltet werden, dass die jeweiligen Grenzen der Sozialversicherungspflicht im Rahmen der Kranken-, Renten- und Arbeitslosenversicherung nicht unterschritten werden. Wünscht der Arbeitnehmer eine unter diesen Grenzen liegende Arbeitszeit, ist er auf mögliche sozialversicherungsrechtliche Folgen in verständlicher Form hinzuweisen.
4. Bei Umwandlung eines Vollzeitarbeitsverhältnisses in ein Teilzeitarbeitsverhältnis ist das Arbeitsvolumen des Teilzeitbeschäftigten entsprechend zu reduzieren und zu klären, welche Arbeitnehmer:innen die bisher vom künftigen Teilzeitarbeitnehmer erbrachte Arbeitsleistung erbringen sollen. Eine Leistungsverdichtung ist auszuschließen. Entsprechende arbeitsorganisatorische Maßnahmen unterliegen der Mitbestimmung des Betriebsrats.
5. Wird ein Vollzeitarbeitsplatz in zwei oder mehrere Teilzeitarbeitsplätze umgewandelt (Job Sharing), so ist sicherzustellen, dass die Arbeitnehmer:innen durch jeweilige Vertretungspflichten (z. B. Urlaub, Mutterschutz, Krankheit usw.) ihre persönlich vereinbarte Arbeitszeit (täglich, wöchentlich, monatlich) nicht verlängern müssen.

6. Teilzeitarbeit ist kein negatives Kriterium bei der Sozialauswahl zu betriebsbedingten Kündigungen.
7. Alle übrigen tarifvertraglichen und gesetzlichen Bestimmungen, z. B. Eingruppierung, Leistungslohn, Urlaub, Sonderzahlungen, Weiterbildung und Umschulung, betriebliche Altersversorgung, Zusatzleistungen und Zulagen, gelten für Teilzeit- wie für Vollzeitbeschäftigte. Teilzeitbeschäftigte erhalten die Leistungen im Verhältnis ihrer individuellen Arbeitszeit zur tariflichen wöchentlichen Arbeitszeit.
8. Mehrarbeit ist grundsätzlich zu vermeiden. Zwischen Betriebsrat und Arbeitgeber vereinbarte Mehrarbeit ist die über die individuell vereinbarte tägliche oder wöchentliche Arbeitszeit hinaus geleistete Arbeitszeit. Sie ist ab der ersten Stunde zuschlagspflichtig. Mehrarbeitsvergütung und Zuschläge sind grundsätzlich in Freizeit abzugelten.
9. Weiterbildungsangebote des Unternehmens sind so zu gestalten, dass Teilzeitbeschäftigte an ihnen teilnehmen können. Erfordern die Weiterbildungsangebote eine Teilnahme, die über die vertraglich vereinbarte Teilzeitarbeitszeit hinausgeht, ist die darüber hinaus gehende Zeit der Teilnahme an Weiterbildungsmaßnahmen wie Arbeitszeit zu vergüten. Überstunden-Zuschläge werden in diesem Fall nicht gezahlt.

§ 4 Arbeitszeitmodelle

Teilzeit kann in allen Formen, insbesondere

- Reduzierung der wöchentlichen Arbeitszeit mit Verkürzung um ganze Tage,
- Reduzierung der täglichen Arbeitszeit,
- Reduzierung der monatlichen Arbeitszeit um ganze Tage,
- Blockteilzeit in Schichtsystemen,
- befristete Teilzeit

geleistet werden.
Arbeit auf Abruf und kapazitätsorientierte Arbeitszeit ist ausgeschlossen.

§ 5 Rückkehrrecht

Vollzeitarbeitnehmer, die in Teilzeit wechseln, haben im ersten Jahr ihrer Teilzeitarbeit – gerechnet ab dem tatsächlichen Beginn – das Recht, nach Ablauf von zwölf Monaten zur Vollzeit zurückzukehren. Sie haben dies spätestens zehn Monate nach tatsächlichem Beginn der Teilzeitarbeit der Personalabteilung mitzuteilen.
Teilzeitarbeitnehmer, die danach die Rückkehr auf einen Vollzeitarbeitsplatz wünschen, haben diese bei der Personalabteilung schriftlich zu beantragen.

§ 6 Schlussbestimmungen

Im Falle von nicht beilegbaren Streitigkeiten, die sich aus der Anwendung oder Auslegung der Betriebsvereinbarung ergeben, entscheidet eine Einigungsstelle nach § 76 BetrVG.
Sollten einzelne Punkte der Betriebsvereinbarung ungültig sein oder ihre Gültigkeit aufgrund neuer Gesetzgebung oder Rechtsprechung verlieren, so bleiben die übrigen Bestimmungen hiervon unberührt. In diesem Falle werden beide Seiten für die un-

gültig gewordenen Punkte der Betriebsvereinbarung eine neue, gültige Formulierung vereinbaren, die dem früheren Sinn soweit wie möglich entspricht.
Diese Betriebsvereinbarung ist mit einer Frist von … Monaten zum Schluss eines Kalenderjahres kündbar; erstmals zum Datum. Die Kündigung dieser Betriebsvereinbarung ist nur wirksam, wenn sie schriftlich erfolgt. Die Betriebsvereinbarung wirkt nach. Anlagen sind Bestandteil dieser Betriebsvereinbarung.

Ort, Datum, Unterschriften

BV 66

29.2.5 »New Work« – befristete Pilot-Betriebsvereinbarung

Zwischen der Firma Firmenbezeichnung (= Firma) und dem Betriebsrat wird in Zusammenhang mit der Einführung von »New Work« die folgende Betriebsvereinbarung abgeschlossen.

Präambel

New Work ist ein anerkanntes Arbeitsorganisationskonzept. Mit Umgestaltung der Arbeitsplätze nach diesem Konzept folgt die Firma dem Beispiel vieler anderer Unternehmen. Durch die Einführung von New Work sollen sowohl die Attraktivität des Arbeitsumfeldes gesteigert wie auch Kosteneinsparungspotenziale realisiert werden. Diese Ziele werden durch die Regelungen der vorliegenden Betriebsvereinbarung näher ausgestaltet. Zugleich werden die aus den §§ 87, 111 und 112 BetrVG resultierenden Beteiligungsrechte des Betriebsrats gewahrt.

§ 1 Geltungsbereich und Geltungsdauer

1. Diese Vereinbarung gilt persönlich für alle Mitarbeiterinnen und Mitarbeiter (im Folgenden: Mitarbeiter) der Firma am Standort XY mit Ausnahme der leitenden Angestellten des § 5 Abs. 3 BetrVG.
2. Sachlich/räumlich gilt diese Betriebsvereinbarung nur in denjenigen Bereichen, in denen künftig pilothaftig nach den Grund-sätzen von New Work gearbeitet werden soll. Dies sind: …
3. Diese Betriebsvereinbarung gilt ab ihrer Unterzeichnung bis einschließlich Datum. Sie entfaltet keine Nachwirkung. Im Einvernehmen können die Betriebsparteien den sachlich/räumlichen und zeitlichen Geltungsbereich dieser Betriebsvereinbarung jederzeit erweitern.

§ 2 Multispace-Büro, Raummodule, freie Sitzplatzwahl

1. Das Raumkonzept von New Work baut auf dem Prinzip des Multispace-Büros auf. Dabei werden verschiedene Raummodule miteinander kombiniert. Ziel ist dabei, die Möglichkeit wechselnder Arbeitsmethoden zu schaffen, ohne die individuellen Anforderungen der Mitarbeiter zu vernachlässigen. Es soll die Balance zwischen Rückzugsmöglichkeit und offenen Büroflächen hergestellt werden. Dabei gelten die folgenden Grundsätze:

- Es werden verschiedene Bürofunktionen im gleichen Raum zur Unterstützung der spezifischen Arbeitsformen nach dem Prinzip »Aktivitätsbasiertes Sitzen« kombiniert.
- Es werden verschiedene Arbeitsformen durch ein den Arbeitsabläufen angepasstes und optimiertes Menü von Raummodulen unterstützt.
- Der Fokus liegt auf Teamarbeit und Kommunikation.
- Es werden verschiedene Möglichkeiten, sich für bestimmte Tätigkeiten (Telefonieren, ungestörtes Arbeiten) zurückziehen zu können, eingerichtet.
- Die Nutzer haben Einfluss auf die Raumgestaltung.
- Mitarbeiter der Führungsebene X haben einen Anspruch auf ein Einzelbüro. Bei Abwesenheiten kann das Büro von anderen Personen genutzt werden, vorzugsweise für Besprechungen. Die Führungskraft kann ihr Büro bei Abwesenheit freiwillig anderen zur Verfügung stellen.
- Mitarbeiter haben Standard-Arbeitsplätze in Fensternähe, da die Mittelzone für vertrauliche, konzentrierte oder informelle Tätigkeiten vorgesehen ist

2. Weitere Einzelheiten ergeben sich aus der Anlage 1 zu dieser Betriebsvereinbarung.
3. Ein weiteres Grundprinzip von New Work ist die freie Sitzplatzwahl, d. h. von den in dieser Betriebsvereinbarung enthaltenen Ausnahmen abgesehen haben die Mitarbeiter keinen festen Arbeitsplatz. Die Mitarbeiter wählen ihren jeweiligen Arbeitsplatz/Arbeitsplatztyp entsprechend ihrer jeweiligen Arbeitsanforderungen.
4. Der Prozess der Arbeitsplatzbelegung ergibt sich aus Anlage 2.

§ 3 Flächen- und Möbelstandards sowie technische Ausstattung

1. New Work führt zu Veränderungen der derzeitigen Flächen- und Möbelstandards. Alle New Work Standards müssen die gesetzlichen Normen und Vorschriften – insbesondere solche des Arbeitsschutzes – einhalten. Die näheren Einzelheiten ergeben sich aus Anlage 3 zu dieser Betriebsvereinbarung.
2. Änderungen oder Abweichungen von diesen Standards erfolgen stets nur im Einvernehmen mit dem Betriebsrat, der Fachkraft für Arbeitssicherheit, der Schwerbehindertenvertretung und den Betriebsärzten.
3. Die Firma wird an geeigneten Stellen zusätzliche abschließbare Schränke und Schließfächer in ausreichendem Umfang und in ausreichender Größe einrichten.
4. Jeder Mitarbeiter erhält ein Headset, eine PC-Maus und eine Tastatur zur ausschließlich persönlichen Nutzung.

§ 4 Clean Desk Prinzip

1. Das Clean Desk Prinzip bildet die Grundlage für die Funktionsfähigkeit der freien Arbeitsplatzwahl. Dies gilt für alle Bereiche und Mitarbeiter, das heißt auch für Führungskräfte in Einzelbüros.
2. Vor diesem Hintergrund ist jeder Mitarbeiter verpflichtet, den genutzten Arbeitsplatz am Ende eines Arbeitstages oder wenn er ihn an diesem Tag nicht mehr benutzt, aufgeräumt (»clean«) zu hinterlassen, d. h. zu räumen, aber nicht zu säubern, damit der Arbeitsplatz wieder zur Nutzung für einen anderen Mitarbeiter

zur Verfügung steht. Insbesondere darf der Mitarbeiter bei Räumung auch keine persönlichen Gegenstände am Arbeitsplatz hinterlassen (z.B. Kaffeetasse, Jacke oder Dokumente). Die Firma wird die tägliche Reinigung der Arbeitsplätze nach Dienstschluss sicherstellen. Den Mitarbeitern werden zusätzlich Reinigungstücher zur Verfügung gestellt.
3. Alle im Zusammenhang mit dem Clean Desk Prinzip stehenden Aktivitäten des Mitarbeiters sind Arbeitszeit im Sinne der jeweils geltenden Arbeitszeit-Betriebsvereinbarung. Das gilt auch für das tägliche Einrichten und Aufräumen des Arbeitsplatzes.

§ 5 Ausstattung von Arbeitsplätzen besonderer Mitarbeitergruppen
Für Mitarbeiter mit besonderen Bedürfnissen werden Abweichungen von den in den §§ 2 und 3 geregelten Standards – z.B. bei Tischgröße, Archivfläche, Anonymität – zur Berücksichtigung ihrer besonderen Schutzbedürftigkeit/besonderen Anforderungen bei der Ausübung ihrer Tätigkeit vorgesehen. Dies gilt insbesondere für schwerbehinderte Menschen, werdende Mütter und Betriebsratsmitglieder. Die Ausstattung solcher Arbeitsplätze erfolgt im Einvernehmen mit dem jeweiligen Mitarbeiter. Dies schließt auch das Recht des Mitarbeiters auf Zurverfügungstellung eines festen Sitzplatzes mit ein. Über weitere feste Arbeitsplätze wird sich die Firma mit dem Betriebsrat einigen.

§ 6 Arbeitsschutz
1. Die Vorschriften des Arbeitsschutzes werden mindestens eingehalten. Das gilt insbesondere für die ergonomische Gestaltung der Arbeitsplätze und der Behältnisse zur Unterbringung der persönlichen und betrieblichen Gegenstände sowie die für den Transport der Gegenstände notwendigen Wege und Räume.
2. Weitere Einzelheiten ergeben sich aus der Anlage 4.
3. Die Mitarbeiter werden vor dem Beginn der Maßnahme ausführlich über die individuelle ergonomische Einrichtung des Arbeitsplatzes von fachkundigen Personen nachweislich geschult.

§ 7 IT-System
1. Die zur Umsetzung von New Work eingesetzten IT-Systeme (z.B. Laptops oder Thin Clients) müssen den Anforderungen der Regelungen des Arbeitsschutzes genügen. Das ist von der Firma vor der Einführung von New Work nachzuweisen.
2. Eine Leistungs- und/oder Verhaltenskontrolle von Mitarbeitern ist auszuschließen. Die Verwendung unzulässig gewonnener Daten gegen den Mitarbeiter ist unwirksam.

§ 8 Information der Mitarbeiter
Das Kommunikationskonzept zu New Work ergibt sich aus der Anlage 5.

§ 9 Rechte der Mitarbeiter

1. Den Mitarbeitern stehen im Zusammenhang mit New Work die gesetzlichen Rechte zu, die sich insbesondere aus dem BetrVG und dem ArbSchG ergeben.
2. Bei Streitigkeiten aus dieser Betriebsvereinbarung hat der Mitarbeiter die Möglichkeit, die Schlichtungsstelle anzurufen, die aus einem Vertreter der Fachabteilung, einem Vertreter von HR und zwei Vertretern des Betriebsrats besteht. Die Schlichtungsstelle prüft den Sachverhalt und entscheidet, sofern ein Einvernehmen nicht möglich ist. Die Mitarbeiterbeschwerde nach den §§ 84, 85 BetrVG und die daraus resultierenden Rechte des BR bleiben möglich.
3. Außerdem wird bei Mitarbeitern für den Fall, dass keine Arbeitsplatzmöglichkeit zur Verfügung steht, die insoweit entstehende Wartezeit bis zum Freiwerden eines Arbeitsplatzes auf die Arbeitszeit angerechnet.

§ 10 Einrichtung von Telearbeitsplätzen

Mitarbeiter, die am Free Seating teilnehmen, haben das Recht, die Einrichtung eines Telearbeitsplatzes zu beantragen. Solche Anträge werden wohlwollend geprüft. Im Übrigen gelten die Bestimmungen der Betriebsvereinbarung »Telearbeit«.

§ 11 Getränkeversorgung

Die Firma wird an geeigneten Stellen Mineralwasser zur Verfügung stellen und Kaffee-/Teeautomaten aufstellen. Die Getränke werden kostenlos gereicht.

§ 12 Evaluation

1. Die Firma wird den Betriebsrat vierteljährlich über die Erfahrungen mit New Work sowie Chancen und Risiken informieren und diese mit dem Betriebsrat mit dem Ziel des Einvernehmens beraten.
2. Weitere Beteiligungs- und Mitbestimmungsrechte des Betriebsrats bleiben unberührt.

Ort, Datum, Unterschriften

29.2.6 Mobile Arbeit

BV 67

Präambel

Moderne Arbeits- und Kommunikationsmittel erleichtern zunehmend eine mobile Arbeitstätigkeit. Zur besseren Vereinbarkeit von Berufstätigkeit und Privatleben der Mitarbeiter,[49] zur Erhaltung der Wettbewerbsfähigkeit des Unternehmens und zur Einhaltung der Regelungen zur Arbeitszeit kann nach den folgenden Regelungen mobile Arbeit vereinbart werden. Dies bedeutet jedoch keine ständige Erreichbarkeit der Mitarbeiter.

Variante:

49 Werden Personenbezeichnungen aus Gründen der besseren Lesbarkeit lediglich in der männlichen oder weiblichen Form verwendet, so schließt dies die jeweils anderen Geschlechter mit ein.

Die Betriebsparteien sind sich darüber einig, dass aus der flächendeckenden Einführung mobiler Arbeit während der Pandemie auch positive Erfahrungen gesammelt werden konnten. An diese positiven Erfahrungen zugunsten einer höheren Flexibilität für Mitarbeiter wollen die Betriebsparteien mit dieser Betriebsvereinbarung und der Fortführung von mobiler Arbeit dort, wo dies betrieblich möglich ist, anknüpfen. Mobile Arbeit soll stets so eingeführt werden, dass die positiven Effekte sowohl für die Mitarbeiter als auch den Arbeitgeber überwiegen. Dies setzt voraus, dass eine endlose Inanspruchnahme der privaten Lebenszeit der Mitarbeiter ausgeschlossen wird, andererseits der Mitarbeiter hinreichend in die betriebliche Kommunikationsstruktur und Abläufe eingebunden bleibt.

§ 1 Geltungsbereich

Diese Betriebsvereinbarung gilt für alle im Betrieb ... tätigen Mitarbeiter.

Variante zur Beschränkung auf einzelne Bereiche:

Diese Betriebsvereinbarung gilt nicht für Beschäftigte in der ortsgebundenen Produktion. Dies umfasst die Abteilungen ... .

§ 2 Begriffsdefinition

1. Mobile Arbeit umfasst die Tätigkeit im Homeoffice und im Mobile-Office.
2. Um eine Tätigkeit im »Homeoffice« handelt es sich, wenn dauerhaft oder gelegentlich an einem vereinbarten Arbeitsort außerhalb des Betriebs des Arbeitgebers gearbeitet wird.
3. Um eine Tätigkeit im »Mobile-Office« handelt es sich, wenn der Mitarbeiter dauerhaft oder gelegentlich an von ihm wählbaren Arbeitsorten außerhalb des Betriebs arbeitet.

§ 3 Berechtigte

1. Jedem vom Geltungsbereich erfassten Mitarbeiter wird die Möglichkeit eingeräumt, seine Tätigkeit im Homeoffice zu erbringen (Berechtigter).

   Variante

   Der Arbeitgeber wird jedem vom Geltungsbereich erfassten Mitarbeiter die Möglichkeit anbieten, seine Tätigkeit im Homeoffice zu erbringen.
2. Jeder Berechtigte kann anstelle von Homeoffice Mobile-Office beantragen. Die Prüfung der Voraussetzungen für die Tätigkeit im Mobile-Office obliegt dem Arbeitgeber.

   Variante

   Der Arbeitgeber darf den Wunsch eines Mitarbeiters, im Mobile-Office zu arbeiten, nur bei entgegenstehenden betrieblichen Gründen ablehnen.
3. Die Ablehnung des Antrags eines Berechtigten durch den Arbeitgeber, im Homeoffice zu arbeiten, bedarf der Textform. Die Ablehnung ist zu begründen.

   Variante

   Die Ablehnung des Antrags eines Berechtigten durch den Arbeitgeber, im Mobil-Office zu arbeiten, bedarf der Textform. Der Mitarbeiter ist auf die Möglichkeit, im Homeoffice zu arbeiten, hinzuweisen.

§ 4 Tätigkeit in mobiler Arbeit

1. Mobile Arbeit darf dem Mitarbeiter nicht per einseitiger Anordnung angewiesen werden.
2. Die Tätigkeit in mobiler Arbeit bedarf einer individualvertraglichen Vereinbarung mit dem Mitarbeiter.
3. Die Vereinbarung soll die Art der mobilen Arbeit (Homeoffice oder Mobile-Office), deren Umfang (wochenweise, tageweise, halbtageweise) und die genaue zeitliche Lage beinhalten. Die Vereinbarung darf weder von gesetzlichen, tariflichen oder betriebsverfassungsrechtlichen Vorgaben abweichen. Auf deren Geltung ist ausdrücklich hinzuweisen.
4. Kommt es bei der Ausgestaltung nicht zu einer Einigung zwischen Führungskraft und Mitarbeiter, werden je ein Vertreter von HR und aus dem Betriebsrat für eine Klärung der Interessenlage hinzugezogen. Ggf. ist die Schwerbehindertenvertretung zu beteiligen. Dabei ist eine an den Interessen des Mitarbeiters und an den betrieblichen Erfordernissen orientierte Entscheidung anzustreben.
5. Kommt es nach Abstimmung gemäß Ziff. 4 nicht zu einer Einigung, entscheiden HR und Betriebsrat und ggf. die Schwerbehindertenvertretung gemeinsam.
6. Die Vereinbarung nach Ziff. 2 ist für Berechtigte jederzeit zum Schluss eines Kalendermonats kündbar. Das Recht zur außerordentlichen Kündigung der Vereinbarung nach Ziff. 2 aus wichtigem Grund bleibt unberührt.
7. Nach einer Versetzung im Sinne des § 95 Abs. 3 BetrVG bedarf es einer neuen Vereinbarung.
8. Mitarbeiter stellen eigenverantwortlich sicher, dass die Höchstarbeitszeiten und Ruhepausen eingehalten werden. Eine Erfassung der Arbeitszeit durch den Arbeitgeber erfolgt nicht.[50]

   Variante

   Die Arbeitszeit wird auch in mobiler Arbeit über das Zeiterfassungssystem … erfasst.

   Variante

   Mitarbeiter haben sich während des mobilen Arbeitens in das VPN einzuloggen und während der Dauer der Arbeit online zu bleiben, auch wenn Arbeiten nicht direkt im Endgerät durchgeführt werden (Telefonate, Notizen, Lesearbeit etc.). Die Erhebung und Speicherung der Verbindungsdauer durch den Arbeitgeber dient allein dem Zweck, die Arbeitszeit zu erfassen, deren Nutzung zu Zwecken der Leistungs- oder Verhaltenskontrolle ist ausgeschlossen.

---

50 Der Arbeitgeber ist bereits zur Erfassung der Überstunden rechtlich verpflichtet, § 16 Abs. 2 ArbZG. Gegenwärtig befindet sich in der rechtlichen Klärung, ob der Arbeitgeber auch zur Erfassung der übrigen Arbeitszeit verpflichtet ist. Eine solche Verpflichtung wird teilweise dem Gebot, Unionsrecht effektiv umzusetzen (effet utile) in Verbindung mit der EuGH-Entscheidung (EuGH 14. 5. 2019, Rs. C-55/18) begründet. Überwiegend wird eine unmittelbare Verpflichtung des Arbeitgebers indes verneint (Stand April 2021). Hierzu befinden sich Gesetzgebungsentwürfe im Prozess. Diese werden auch die bislang umstrittene Frage beantworten, ob und in welchen Grenzen die Aufzeichnungsverpflichtung auf den Arbeitnehmer delegiert werden darf.

9. Mitarbeiter stimmen ihre Erreichbarkeit während ihrer Arbeitszeit mit dem jeweiligen Vorgesetzten ab.
10. Mitarbeiter stellen sicher, dass sie außerhalb der in der BV Arbeitszeit ... festgelegten Arbeitszeiten auch keine E-Mails öffnen, lesen, verfassen oder senden.
11. Es besteht Einigkeit darüber, dass die Erledigung von Arbeitsaufgaben innerhalb einer angemessenen Reaktionszeit stattfindet und dass durch Mobilarbeit keine unmittelbare Reaktion erwartet wird.

§ 5 Mobile Arbeit als Team-Methode[51]

1. Im Unternehmen haben die Werte Eigenverantwortung und Selbstbestimmung eines jeden einzelnen, einen hohen Stellenwert. Die Betriebsparteien gehen übereinstimmend davon aus, dass im Zweifel Mit-arbeiter selbst am besten wissen, wie sie ihre Arbeit optimal gestalten. Mobile Arbeit wird deswegen nur dann eingeführt, wenn ein Team diese Arbeitsmethode für sich beschließt.
2. Jedes Team legt für sich selbst fest, ob, in welchem Umfang, in welcher zeitlichen Lage, und in welcher näheren Ausgestaltung, mobile Arbeit im Rahmen dieser Betriebsvereinbarung eingeführt werden soll.
3. Die Entscheidungsfindung soll im Rahmen eines partizipativen Teamprozesses unter Einbindung des gesamten Teams erfolgen. Das Team kann auch beschließen, dass dieser Entscheidungsprozess unter einer externen Moderation durchgeführt werden soll. Wählt das Team nicht seinerseits einen Mitarbeiter des Betriebs zum Moderator, so übernimmt ein Mitarbeiter von HR die Moderation.
4. Der Teambeschluss soll die betriebsorganisatorischen Anforderungen der betrieblichen Tätigkeiten des Teams insgesamt und die individuellen und privaten Belange der Teammitglieder gleichermaßen berücksichtigen und einen ausgewogenen Ausgleich finden. Der Teambeschluss soll die Art der mobilen Arbeit (Homeoffice oder Mobile-Office), deren Umfang (wochenweise, tageweise, halbtageweise) und die genaue zeitliche Lage für alle Mitglieder des Teams genau beschreiben. Der Teambeschluss darf weder von gesetzlichen, tariflichen noch betriebsverfassungsrechtlichen Vorgaben abweichen. Über deren Geltungen sind die Teammitglieder zu informieren.
5. Der Teambeschluss darf auch beinhalten, dass jeder Mitarbeiter zur Aufzeichnung seiner Arbeitszeit verpflichtet wird. Die Aufzeichnungen dienen ausschließlich den Teammitgliedern, eine ausgewogene Arbeitsbelastung sicherzustellen. Die Vorlage dieser Aufzeichnung an den Arbeitgeber ist ausgeschlossen. Soweit die Führungskraft von diesen Aufzeichnungen Kenntnis erhält, sind hieran anknüpfende disziplinarische Maßnahmen jedweder Form ausgeschlossen.
   Variante
   Die Arbeitszeit wird auch in mobiler Arbeit über das Zeiterfassungssystem ... erfasst.

---

51 In dieser Variante wird es den jeweiligen Teams zur Entscheidung überlassen, ob und in welchem Rahmen mobile Arbeit eingeführt wird. Weder hat der einzelne Arbeitnehmer einen Anspruch auf mobile Arbeit, noch kann der Arbeitgeber diese einseitig anordnen oder untersagen.

6. Die Teamentscheidung zu mobilem Arbeiten und zur Aufzeichnung der Arbeitszeit ist für jeden Mitarbeiter verbindlich. Davon unberührt bleibt, dass Mitarbeiter jederzeit präsent im Betrieb arbeiten dürfen, wenn sie dies wünschen.
7. Jedes Teammitglied, einschließlich der Führungskraft, hat dabei das gleiche Stimmrecht. Entscheidungen werden mit der Mehrheit der Stimmen der Teammitglieder gefasst.
8. Sind Mitarbeiter mehreren Teams zugeordnet, oder bestehen Unklarheiten, zu welchem Team ein Mitarbeiter zuzuordnen ist, so entscheidet die jeweils nächsthöhere Führungskraft.
9. Kommt eine Teamentscheidung nicht zustande, werden je ein Vertreter von HR und aus dem Betriebsrat für eine Klärung der Interessenlage hinzugezogen.
10. Kommt es nach Abstimmung gemäß Ziff. 9 nicht zu einer Einigung, entscheiden HR und Betriebsrat und ggf. die Schwerbehindertenvertretung gemeinsam.
11. Mitbestimmungsrechte des Betriebsrates und das Weisungsrecht des Arbeitgebers bleiben unberührt.

§ 6 Nutzung von mobilen Arbeitsmitteln

1. Der Arbeitgeber stellt Mitarbeitern, mit denen mobile Arbeit vereinbart worden ist, die erforderlichen Kommunikationsmittel zur Verfügung.
   Variante
   Die technischen Mittel, die der Arbeitgeber für Homeoffice zur Verfügung zu stellen hat, sind der Anlage 1[52] dieser Vereinbarung zu entnehmen.

> **Hinweis:**
> Wünschen Arbeitgeber, dass der Arbeitnehmer eigene IT-Hardware verwendet, sollten zusätzlich umfassende BYOD (Bring your own device)-Vereinbarungen getroffen werden. Diese umfassen Zugriffsrechte und Herausgabeansprüche des Arbeitgebers auf die Hardware, Netzwerksicherheit, Datenschutz, Schutz von Geschäftsgeheimnissen sowie Schutz vor Entwendung und Beschädigung.

2. Smartphones werden grundsätzlich während der Arbeitszeit im Betrieb genutzt, außerhalb des Betriebs und der betriebsüblichen Arbeitszeit erfolgt eine eingeschränkte Nutzung. Dementsprechend kann das Smartphone zwischen 18:30 Uhr und 7:00 Uhr und an Wochenenden zwischen 17:00 Uhr am Freitagnachmittag und 7:00 Uhr am Montagmorgen nur als Telefon genutzt werden.

§ 7 Sorgfaltspflichten

1. Der Mitarbeiter hat dafür Sorge zu tragen, dass eine unbefugte Nutzung der Arbeits- und Kommunikationsmittel durch Dritte unterbleibt.

---

52 Dort Auflistung der benötigten Geräte, z. B. Laptop mit benötigter Konferenz-Infrastruktur, Bildschirm, Docking-Station, Eingabegeräte, Bildschirmschutzfolie, Headset, Kamera, Bürostuhl.

2. Der Arbeitgeber stellt die für den Schutz der mobilen Arbeitsmittel erforderliche Software und Hard-ware zur Verfügung.
3. Der Mitarbeiter darf zur Verfügung gestellte mobile Arbeitsmittel auch privat verwenden, sofern dies nicht ausdrücklich ausgeschlossen ist

§ 8 Arbeitsschutz

1. Die Einrichtung des Arbeitsplatzes mit mobilen Arbeitsmitteln obliegt dem Arbeitgeber, die Einrichtung des Arbeitsplatzes obliegt dem Arbeitnehmer.
2. Eine Tätigkeit im Homeoffice darf nur vereinbart werden, wenn der Mitarbeiter über einen eingerichteten nicht gesundheitsgefährdenden Arbeitsplatz verfügt.
   Variante
   Eine Tätigkeit im Mobile-Office darf nur vereinbart werden, wenn der Mitarbeiter versichert, nur an nicht gesundheitsgefährdenden Arbeitsplätzen zu arbeiten.

§ 9 Datenschutz

1. Die Vertraulichkeit und die Integrität sensibler Daten sind durch Arbeitgeber und Mitarbeiter stets sicherzustellen.
2. Der Mitarbeiter hat während der mobilen Arbeit sicherzustellen, dass er ungestört ist und Dritte keinen Einblick in betriebliche Unterlagen oder auf die mobilen Kommunikationsmittel erhalten können.
3. Der Zugriff auf das Firmennetzwerk darf im Mobile-Office nur über den vom Arbeitgeber bereitgestellten VPN-Zugang erfolgen. Der Zugriff über das VPN wird vom Arbeitgeber selbst eingerichtet und betreut. Sollten Dritte als Dienstleister eingeschaltet werden, sichert der Arbeitgeber vertraglich ab, dass diese die Einhaltung des Datenschutzes gewährleisten und überwacht die Einhaltung im angemessenen Umfang.

§ 10 Haftung

1. Der Mitarbeiter haftet für vorsätzlich oder grob fahrlässig verursachte Schäden an mobilen Arbeitsmitteln des Arbeitgebers.
2. Der Arbeitgeber stellt den Mitarbeiter im Rahmen der mobilen Arbeit von Schadensersatzansprüchen Dritter frei, sofern und soweit das schadensursächliche Verhalten des Mitarbeiters betrieblich veranlasst war und der Mitarbeiter bzw. die in seinem Haushalt lebenden Personen den Schaden weder vorsätzlich noch grob fahrlässig verursacht haben.

§ 11 Kosten

1. Die Kosten der Einrichtung des Arbeitsplatzes mit mobilen Arbeitsmitteln trägt der Arbeitgeber.
   Variante
   Die Einrichtung des Arbeitsplatzes im Homeoffice obliegt dem Arbeitgeber. Mitarbeiter dürfen eigene Einrichtungsgegenstände verwenden. Der Arbeitgeber trägt die Kosten durch eine Pauschale in Höhe von 1500 Euro.

2. Der Mitarbeiter ist daneben für das Vorhandensein eines DSL-Anschlusses am mobilen Arbeitsplatz verantwortlich. Dieser muss so beschaffen sein, dass die gewöhnliche Arbeitsleistung in der Regel störungsfrei erbracht werden kann.
3. Der Arbeitgeber beteiligt sich an den laufenden Mehrkosten des Mitarbeiters (Internetanschluss, Telefonanschluss, Energiekosten, Raumnutzung etc.) mit einer Kostenpauschale von monatlich ... Euro.
4. Die Kostenpauschale gewährt der Arbeitgeber lohnsteuer- und sozialversicherungsunschädlich. Fallen diese dennoch an, sind sie vom Arbeitgeber zusätzlich zu übernehmen.

§ 12 Qualifizierung

1. Mitarbeitern, mit denen mobile Arbeit vereinbart wird, werden rechtzeitig über datenschutzrechtliche und Bestimmungen des Arbeitszeitgesetzes sowie über die Arbeitsschutzregelungen, Ergonomie und Gesundheitsförderung informiert und geschult. Der Arbeitgeber bietet hierzu ein Qualifizierungsprogramm an, das an aktuellen arbeitswissenschaftlichen Erkenntnissen auszurichten ist.
2. Führungskräfte werden im Rahmen dieses Qualifizierungsprogramms für die Beratung und Erstellung der Vereinbarung vorbereitet.

§ 12 Übergangs- und Schlussbestimmungen

1. Diese Betriebsvereinbarung tritt mit Unterzeichnung in Kraft.
   Variante: Diese Betriebsvereinbarung tritt mit Unterzeichnung in Kraft, sie löst dabei die Betriebsvereinbarung ... vom ... ab.
2. Weitere Betriebsvereinbarungen bleiben von dieser Regelung unberührt.
3. Die Betriebsvereinbarung kann mit einer Frist von 3 Monaten zum Jahresende gekündigt werden.
4. Eine Nachwirkung wird ausgeschlossen.
   Variante
   Die Betriebsvereinbarung wirkt im Falle ihrer Kündigung in Gänze nach.
5. Im Falle von Meinungsverschiedenheiten über die Auslegung und Durchführung der Betriebsvereinbarung werden die Betriebsparteien mit dem ernsthaften Willen einer Einigung verhandeln.
   Variante
   Die Betriebsparteien verpflichten sich, im Falle von Meinungsverschiedenheiten über die Auslegung und Anwendung dieser Betriebsvereinbarung oder ihrer Anlagen ein innerbetriebliches Schlichtungsverfahren durchzuführen. Auf Antrag einer Betriebspartei tritt die Schlichtungskommission zusammen. Die Schlichtungskommission besteht aus zwei Mitgliedern jeder Betriebspartei. Solange nicht eine Seite das Schlichtungsverfahren für gescheitert erklärt hat, kann die Einigungsstelle von keiner Seite angerufen werden.
6. Sollten einzelne Bestimmungen dieser Vereinbarung unwirksam sein oder werden, so bleiben die übrigen Bestimmungen hiervon unberührt. In diesem Fall verpflichten sich beide Seiten, für die ungültige Bestimmung eine neue, gültige Bestimmung zu vereinbaren, die dem Sinn der Früheren so weit wie möglich entspricht.

7. Zu dieser Betriebsvereinbarung vereinbaren die Betriebsparteien folgende Anlagen: [...] Die in dieser Betriebsvereinbarung genannten Anlagen sind Bestandteil der Betriebsvereinbarung. Die Anlagen zu dieser Betriebsvereinbarung können einvernehmlich abgeändert werden, ohne dass dies einer Kündigung oder Abänderung der Betriebsvereinbarung im Übrigen bedarf. Sie sind nicht isoliert kündbar.

Ort, Datum, Unterschriften

29.2.7 Workation – Mobile Arbeit im Ausland

BV 68

Hinweis:
Die Musterbetriebsvereinbarung Workation – Mobile Arbeit im Ausland finden Sie in Ihrem Bund-Online. Informationen zur Registrierung finden Sie auf der vorderen Umschlaginnenseite.

30. Innerbetriebliche Stellenausschreibung

30.1 Einleitung

Der Betriebsrat kann nach § 93 BetrVG verlangen, dass der Arbeitgeber offene (d.h. frei gewordene bzw. frei werdende oder neugeschaffene) Arbeitsplätze allgemein (d.h. immer und in jedem Fall) oder für bestimmte Arten von Tätigkeiten vor ihrer Besetzung innerhalb des Betriebs ausschreibt (ggf. auch als Teilzeitarbeitsplatz).

Der Betriebsrat sollte auf jeden Fall von seinem Recht nach § 93 BetrVG Gebrauch machen, um den Belegschaftsangehörigen die Chance einer beruflichen Veränderung bzw. Weiterentwicklung zu eröffnen

Das Recht des Betriebsrats nach § 93 BetrVG umfasst nicht nur das »Ob«, sondern auch das »Wie« der Ausschreibung. Insbesondere kann der Betriebsrat Anforderungen stellen an:

- die Form der Ausschreibung (Anschlag am Schwarzen Brett und/oder in der Werkzeitung, Rundschreiben usw.);
- die Ausschreibungsdauer (Wie lange soll die Ausschreibung am Schwarzen Brett ausgehängt werden? Wie oft soll sie in der Werkszeitung erscheinen?);
- die Dauer der Bewerbungsfristen;
- die inhaltlichen »Eckpunkte«, zu denen die Ausschreibung im konkreten Einzelfall Aussagen machen muss.

Häufig werden zu diesem Thema freiwillige Betriebsvereinbarungen geschlossen. Sie schaffen eine sichere Rechtsgrundlage für alle Beteiligten.

30.2 Betriebsvereinbarung Ausschreibung von Arbeitsplätzen[53]

BV 69

Einführung
Die innerbetriebliche Stellenausschreibung soll innerbetrieblichen Bewerbern Kenntnis von einer freien Stelle vermitteln und ihnen die Möglichkeit geben, ihr Interesse an dieser Stelle kundzutun und sich um sie zu bewerben. Das Gesetz gibt dem Betriebsrat ein Initiativrecht, das als Mitbestimmungsrecht gestaltet ist. Eine allgemeine selbstständige Pflicht zur Ausschreibung aller Arbeitsplätze besteht nicht. Sie wird erst durch das Verlangen des Betriebsrats begründet. Der Betriebsrat kann die Ausschreibung allgemein für alle Arbeitsplätze des Betriebs, für bestimmte Arten und Tätigkeiten oder auch für einen konkreten Einzelfall verlangen. § 93 BetrVG findet ferner Anwendung, wenn ein Arbeitsplatz nur vorübergehend oder zeitlich befristet besetzt werden soll. Verlangt der Betriebsrat die Ausschreibung, muss der Arbeitgeber dieser Forderung entsprechen. Verlangt er sie nicht, kann er sich nach Einleitung der personellen Maßnahme nicht auf den Zustimmungsverweigerungsgrund des § 99 Abs. 2 Nr. 5 BetrVG berufen.
Eine individualrechtliche Unterrichtungspflicht des Arbeitgebers über zu besetzende Arbeitsplätze mit veränderter Arbeitszeit ergibt sich aus § 7 Abs. 2 TzBfG. Nach § 18 TzBfG hat der Arbeitgeber die befristet beschäftigten Arbeitnehmer auch ohne Anzeige über entsprechende offene unbefristete Arbeitsplätze zu informieren. Für den öffentlichen Dienst wird unterstellt, dass die Dienststelle alle bei ihr zu besetzenden Dienstposten verwaltungsintern ausschreibt.
Zum Initiativrecht des Betriebsrats gehört auch das Verlangen, auf welche Weise die Stellenausschreibung durchgeführt werden soll. Die zwischen Arbeitgeber und Betriebsrat zu vereinbarenden Ausschreibungsgrundsätze erstrecken sich auf weitere Einzelheiten, wie etwa bestimmte Voraussetzungen für eine Bewerbung und die Ausschreibungsdauer. Nach § 7 Abs. 1 TzBfG hat der Arbeitgeber einen Arbeitsplatz auch als Teilzeitarbeitsplatz auszuschreiben, wenn er sich dafür eignet.

Zwischen der Firmenbezeichnung und dem Betriebsrat wird gem. § 93 BetrVG nachfolgende **Betriebsvereinbarung über Stellenausschreibungen** geschlossen:

1. Neue oder frei werdende Stellen für Beschäftigte des Unternehmens einschließlich für Leiharbeiter und freie Mitarbeiter werden vor ihrer Besetzung im Betrieb ausgeschrieben. Die Ausschreibung erfolgt jeweils zeitgleich durch Rundschreiben, durch Aushang am Schwarzen Brett, in der Werkszeitung sowie im Intranet.
2. Die Ausschreibung beinhaltet:
   - den Betriebsbereich (z. B. Abteilung), in dem die Stelle zu besetzen ist
   - die genaue Beschreibung des Arbeitsplatzes sowie der Arbeitsbedingungen
   - die fachlichen Anforderungen
   - die Angabe der Tarifgruppe sowie sämtlicher Zulagen, auch außertariflicher Art
   - Arbeitszeitfragen (z. B. Dauer, Lage, Wechselschicht)

53 Quelle: Buschmann, in: Däubler/Klebe/Wedde, Arbeitshilfen für den Betriebsrat – Formularbuch, 6. Auflage 2026.

- den Hinweis auf die Möglichkeit einer Besetzung als Teilzeitarbeitsplatz bzw. den Hinweis, dass sich der Arbeitsplatz hierfür nicht eignet
- Aufstiegs- und Weiterbildungsmöglichkeiten
- die einzureichenden Bewerbungsunterlagen
- den Besetzungstermin
- ggf. den Hinweis auf eine vorgesehene Befristung, Datum und Grund

3. Die Ausschreibung beinhaltet weder unmittelbar noch mittelbar einen Hinweis auf Rasse, Hautfarbe, ethische oder soziale Herkunft, genetische Merkmale, Sprache, Geschlecht, Religion oder Weltanschauung, politische oder sonstige Anschauung, Zugehörigkeit zu einer nationalen Minderheit, Behinderung, Alter oder sexuelle Ausrichtung der Bewerber.

Hinweis:
Der Katalog der unzulässigen Merkmale in Ziff. 3 ist Art. 21 der Charta der Grundrechte der EU entnommen und damit etwas weiter als § 1 AGG.

4. Bewerbungen sind in schriftlicher Form oder über das Intranet an die Personalabteilung zu richten. Sie werden vertraulich behandelt.
5. Die Ausschreibung endet jeweils mit der Besetzung des Arbeitsplatzes.
6. Externe Stellenausschreibungen und -besetzungen erfolgen grundsätzlich erst, wenn aus der internen Stellenausschreibung keine Bewerbungen resultieren, die die Anforderungen erfüllen. Ausnahmen sind aus nachgewiesenen, dringenden sachlichen Gründen mit Zustimmung des Betriebsrats zulässig.
7. Vorgesehene externe Stellenausschreibungen werden dem Betriebsrat jeweils rechtzeitig vorab zugeleitet.
8. Eine interne Bewerbung hat gegenüber externen Bewerbungen den Vorrang, sofern die/der Bewerber/in die fachliche und persönliche Qualifikation erfüllt.
9. Interne Bewerber einschließlich Leiharbeiter und freier Mitarbeiter, die für eine ausgeschriebene Stelle nicht berücksichtigt werden, erhalten einen ablehnenden schriftlichen Bescheid. Der Betriebsrat erhält eine Durchschrift davon.
10. Für die Stelle vorgesehene sowie abgelehnte Bewerber werden dem Betriebsrat gem. § 99 BetrVG benannt.

31. Einsatz von Unternehmensberatungsfirmen

31.1 Einleitung

Der Einsatz von Unternehmensberatungsfirmen – auch in Klein- und Mittelbetrieben – bereitet in der Regel gravierende Veränderungen vor. Diese sind selten zum Vorteil der Arbeitnehmer. Gegenstand der Untersuchungen können einzelne Teilbereiche (z. B. Außendienst), aber auch die gesamte Strategie des Unter-

nehmens sein. Für den Betriebsrat kommt es darauf an, frühzeitig am Prozess beteiligt zu sein und schon während der Untersuchungen der Unternehmensberater über Ziel, Gegenstand, Zwischenergebnisse und Organisation informiert zu sein. Meist werden die Untersuchungen von einem Lenkungs- und einem Steuerungskreis begleitet. Diese Gremien geben später auch die Umsetzungsempfehlungen ab.
Wird dem Betriebsrat in diesem Zusammenhang angeboten, regelmäßig an Besprechungen von sog. Steuerungskomitees (steering committee) teilzunehmen, hat dies einerseits einen hohen Innformationsstand des Betriebsrats zur Folge, kann aber andererseits dazu führen, dass dem Betriebsrat, wenn er später die Umsetzungspläne ablehnt, vorgeworfen wird, er sei doch die ganze Zeit dabei gewesen. Über diesen möglichen Konflikt muss der Betriebsrat sich im Klaren sein.
Der Betriebsvereinbarungsentwurf zielt auf die Sicherung der Informations- und Mitbestimmungsrechte des Betriebsrats.

31.2 Betriebsvereinbarung Einsatz von Unternehmensberatungsfirmen

BV 70

Vorbemerkung
Aus Gründen der besseren Lesbarkeit wurde die männliche Sprachform bei der Formulierung dieser Betriebsvereinbarung gewählt. Betriebsrat und Firma versichern, dass sie alle Arbeitnehmerinnen und Arbeitnehmer und andere Personen diskriminierungsfrei und gleichberechtigt behandeln werden.

§ 1 Geltungsbereich
Diese Betriebsvereinbarung gilt für
1. räumlich …
2. persönlich …
3. fachlich …

§ 2 Gegenstand der Untersuchungen
Das Unternehmen hat die … mit einer Untersuchung zu Thema … beauftragt. Diese Untersuchung soll voraussichtlich bis zum … abgeschlossen sein. Die Untersuchung wird vom Lenkungsausschuss verantwortet und vom Steuerungsausschuss geleitet. Über evtl. Erweiterungen bzw. Änderungen des Untersuchungsauftrages wird der Betriebsrat unverzüglich anhand der Verträge mit der Unternehmensberatungsfirma informiert.

§ 3 Beteiligung des Betriebsrats und der Arbeitnehmer

1. Die Geschäftsleitung informiert den Betriebsrat unmittelbar nach jeder Sitzung des Lenkungs- und des Steuerungsausschusses über den Gegenstand, den Inhalt und die Ergebnisse der Sitzungen. Dazu gehören insbesondere
   - Termin- und Arbeitspläne
   - Zwischenergebnisse
   - Methoden der Untersuchungen
   - Empfehlungen
   - Auswirkungen der Empfehlungen auf die Arbeitnehmer und die Arbeitsplätze
   - Auswirkungen auf die Unternehmensstrategie

oder

1. An den Sitzungen des Lenkungsausschusses wie an den Sitzungen des Steuerungsausschusses nimmt je ein Vertreter des Betriebsrats teil. Dies entbindet das Unternehmen nicht von seiner Pflicht, den Betriebsrat bzw. Wirtschaftsausschuss umfassend und rechtzeitig über die Untersuchungen zu informieren.
2. Während der Untersuchung werden keine Empfehlungen, Maßnahmen, die auf den Untersuchungsergebnissen oder -teilergebnissen beruhen, umgesetzt ohne vorherige Zustimmung des Betriebsrats. Insbesondere werden keine betriebsbedingten Kündigungen gleich welcher Art ausgesprochen.
3. Die Bestimmungen des Betriebsverfassungsgesetzes, insbesondere die §§ 111, 112, bleiben hiervon unberührt.

§ 4 Schlussbestimmungen

Im Falle von nicht beilegbaren Streitigkeiten, die sich aus der Anwendung oder Auslegung der Betriebsvereinbarung ergeben, entscheidet eine Einigungsstelle nach § 76 BetrVG.
Diese Betriebsvereinbarung ist mit einer Frist von … Monaten zum Schluss eines Kalenderjahres kündbar; erstmals zum Datum. Die Kündigung dieser Betriebsvereinbarung ist nur wirksam, wenn sie schriftlich erfolgt. Die Betriebsvereinbarung wirkt nach. Anlagen sind Bestandteil dieser Betriebsvereinbarung.

Ort, Datum, Unterschriften

32. Beurteilungsverfahren

32.1 Betriebsvereinbarung Beurteilungssystem

BV 71

Vorbemerkung

Aus Gründen der besseren Lesbarkeit wurde die männliche Sprachform bei der Formulierung dieser Betriebsvereinbarung gewählt. Betriebsrat und Firma versichern, dass sie alle Arbeitnehmerinnen und Arbeitnehmer und andere Personen diskriminierungsfrei und gleichberechtigt behandeln werden.

§ 1 Geltungsbereich
Diese Betriebsvereinbarung gilt für
1. räumlich …
2. persönlich …
3. fachlich …

§ 2 Beurteilungs- und Förderungsgrundsätze
1. Das Ziel dieser Betriebsvereinbarung ist es, die berufliche Entwicklung und den Einsatz der Mitarbeiter in optimaler Weise zu gewährleisten.
2. Das Ergebnis des Halbjahresgespräches wird in der …-Software dokumentiert und ein Ausdruck von beiden Seiten unterschrieben. Personalabteilung und Mitarbeiter erhalten eine Kopie.

§ 3 Leistungsbeurteilung
1. Grundlage für die jährliche Leistungsbeurteilung der Arbeitnehmer ist die maßgebende Stellenbeschreibung und die tatsächlich und überwiegend ausgeübte Tätigkeit.
2. Das Ergebnis des Leistungsbeurteilungsgesprächs wird auf dem Formular Leistungsbeurteilung (Anlage …) festgehalten.
3. Die näheren Einzelheiten zur Leistungsbeurteilung sind in der Broschüre »Leistungsbeurteilung« niedergelegt (Anlage …). Diese Anlagen sind Bestandteil der Betriebsvereinbarung.

§ 4 Auswertungen
Zur Überprüfung des Systems der Leistungsbeurteilungen werden die Ergebnisse der Leistungsbeurteilungen aus den einzelnen Abteilungen verglichen. Das Ergebnis dieses Vergleichs wird dem Betriebsrat zur Verfügung gestellt. Ergeben sich in den Ergebnissen der Leistungsbeurteilungen signifikante Unterschiede (z. B. besonderes schlechte Beurteilungen in einzelnen Abteilungen), werden Personalabteilung und Betriebsrat gemeinsam die Gründe ermitteln und ggf. Maßnahmen zur Abhilfe vereinbaren.
Alle drei Jahre wird das Unternehmen eine anonyme Befragung der Mitarbeiter durchführen, die die Beurteilungspraxis zum Gegenstand hat. Unternehmen und Betriebsrat legen die Fragen des Fragebogens einvernehmlich fest.

§ 5 Datenverarbeitung
1. Die Ergebnisse der Beurteilung können elektronisch gespeichert werden.
2. Im Austausch zwischen Beurteiler und Beurteiltem können die Unterlagen zur Erstellung des Beurteilungsformulars auf elektronischem Wege versandt werden. Das Beurteilungsformular darf jedoch nicht an nicht beteiligte Dritte geschickt werden. Bei jedem Mitarbeiterwechsel hat der Vorgesetzte die personenbezogenen Beurteilungsdaten des wechselnden Mitarbeiters zu löschen.
3. Die Erhebung, Verarbeitung und Verwendung dieser Daten erfolgt auf der Basis der Betriebsvereinbarung IT und Datenschutz vom …

§ 6 Schlussbestimmungen

1. Im Falle von nicht beilegbaren Streitigkeiten, die sich aus der Anwendung oder Auslegung der Betriebsvereinbarung ergeben, entscheidet eine Einigungsstelle nach § 76 BetrVG.
2. Sollten einzelne Punkte der Betriebsvereinbarung ungültig sein oder ihre Gültigkeit aufgrund neuer Gesetzgebung oder Rechtsprechung verlieren, so bleiben die übrigen Bestimmungen hiervon unberührt. In diesem Falle werden beide Seiten für die ungültig gewordenen Punkte der Betriebsvereinbarung eine neue, gültige Formulierung vereinbaren, die dem früheren Sinn soweit wie möglich entspricht.
3. Diese Betriebsvereinbarung ist mit einer Frist von ... Monaten zum Schluss eines Kalenderjahres kündbar; erstmals zum Datum. Die Kündigung dieser Betriebsvereinbarung ist nur wirksam, wenn sie schriftlich erfolgt. Die Betriebsvereinbarung wirkt nach. Anlagen sind Bestandteil dieser Betriebsvereinbarung.

Ort, Datum, Unterschriften

Anlage ... Leitfaden für Beurteilungsgespräche

Inhaltsverzeichnis

1. Zielsetzung und Grundlagen

1.1. Einführungshintergrund

Auf Basis der Betriebsvereinbarung Mitarbeiterbeurteilung ist dieser Leitfaden entwickelt worden. Er soll Vorgesetzten und Mitarbeitern im Beurteilungsverfahren die notwendigen Hilfestellungen geben.

1.2. Ziele der Mitarbeiterbeurteilung im Einzelnen

Die Leistungsbeurteilung hat das Ziel, Mitarbeiter in ihren Stärken zu unterstützen und ebenso im Gespräch über Entwicklungsbedarf zu sprechen und geeignete Maßnahmen zu vereinbaren.
Folgende Ziele lassen sich unterscheiden:

- Motivation der Mitarbeiter durch Information über die Beurteilung ihrer Leistung
- Einsatz der Mitarbeiter entsprechend ihren Fähigkeiten und Kenntnissen
- Förderung der Mitarbeiter durch angemessene Maßnahmen, um erforderlichen Entwicklungsbedarf abzudecken

2. Das Verfahren

Dieses Leistungsbeurteilungsverfahren gilt für alle Mitarbeiter, die von der Betriebsvereinbarung »Beurteilungssystem erfasst sind.
Der **Zeitraum der Leistungsbeurteilung** liegt für die Mitarbeiter zwischen Oktober und September des Folgejahres.
Für die Durchführung der Leistungsbeurteilung und das Festhalten der Gesprächsergebnisse ist das Formular **Leistungsbeurteilung** vereinbart worden (vgl. **Anlage ...**).
Es enthält die Beurteilungskriterien und Raum für die Vereinbarung von Prioritäten oder von absehbaren Veränderungen der Tätigkeit im folgenden Jahreszeitraum.
Grundlage der Leistungsbeurteilung ist die für die Mitarbeiter maßgebende Stellenbeschreibung sowie die tatsächlich und überwiegend ausgeübte Tätigkeit. Hierüber muss zwischen Mitarbeiter und Führungskraft Klarheit und Einvernehmen bestehen.
Sind für den folgenden Jahreszeitraum Veränderungen absehbar oder – z. B. im Ergebnis der gerade erfolgten Leistungsbeurteilung – Prioritäten vorgesehen, wird dies im **Erwartungsgespräch** vereinbart. Das Erwartungsgespräch soll im Anschluss an die erfolgte Leistungsbeurteilung geführt werden.
Im ersten Erwartungsgespräch sollte eingangs die Organisation des Fachbereiches besprochen und erläutert werden, in dem Mitarbeiter und Führungskraft tätig sind. Daran anschließend sollte die für den Mitarbeiter maßgebende Stellenbeschreibung besprochen, im Detail abgestimmt und – soweit noch nicht geschehen – unterschrieben werden. Sodann sollten Führungskraft und Mitarbeiter die Aufgabenstellung und Erwartungen für das folgende Jahr besprechen. Sofern dabei Schwerpunkte vereinbart werden, sind diese im Formular Leistungsbeurteilung einzutragen.
Das **Halbjahresgespräch** dient der Verständigung zwischen Führungskraft und Mitarbeiter über die bisherige Leistung und ggf. der Vereinbarung von Veränderungen oder auch von Maßnahmen zur Leistungsverbesserung im Formular Leistungsbeurteilung.
Das **Beurteilungsgespräch** findet zum Ende des Beurteilungszeitraums statt. Beurteilt wird die im zurückliegenden Zeitraum erbrachte Leistung des Mitarbeiters unter den Gesichtspunkten des »Was« – d. h., wurde die vereinbarte Leistung erbracht? – und des »Wie« – d. h., wie wurde die Leistung erbracht? Sofern bestimmte Prioritäten vereinbart wurden, werden sie ebenfalls in die Beurteilung einbezogen.
Die Führungskraft erstellt die Beurteilung und erläutert sie dem Mitarbeiter, der seine Auffassungen ebenfalls im Gespräch darlegen soll. Das Ziel ist ein beiderseits akzeptiertes und im Formular gemeinsam unterschriebenes Ergebnis. Zeigt sich die Notwendigkeit von Maßnahmen zur Leistungsverbesserung, können diese vereinbart werden. Für den Fall nicht klärbarer Meinungsverschiedenheiten kann ein zweites Gespräch unter Beteiligung eines Betriebsratsmitglieds und/oder der nächsthöheren Führungskraft, nach Wunsch auch eines Personalbetreuers, vereinbart werden. Das Bewertungsergebnis ist ein wesentlicher Faktor für die individuelle Entgeltentwicklung im folgenden Jahr.
Hier die tabellarische Darstellung des Ablaufes:

Vor Beginn des Beurteilungszeitraums Oktober d. J.	In der Mitte des Beurteilungszeitraumes Mai/Juni d. J.	Am Ende des Beurteilungszeitraums Oktober d. J.
Erwartungsgespräch (i. d. R. direkt im Anschluss an das Beurteilungsgespräch)	**Halbjahresgespräch**	**Beurteilungsgespräch**
• Feststellung des Aufgabenbereichs anhand der maßgebenden Stellenbeschreibung • Gegebenenfalls Festlegung von Prioritäten hinsichtlich des »Was« oder des »Wie«	• Überprüfung der bisherigen Leistung als Standortbestimmung für den Mitarbeiter • Ggf.: Überprüfung von Prioritäten, Vereinbarung von Maßnahmen zur Leistungsverbesserung	• Leistungsbeurteilung auf Basis der Stellenbeschreibung und ggf. festgelegten Prioritäten • Ggf.: Vereinbarung von Maßnahmen zur Leistungsverbesserung

Die Beurteilungskriterien

Die Beurteilungskriterien sollen Mitarbeitern und Führungskräften eine Hilfe dabei sein, sowohl Erwartungen zu präzisieren als auch die Leistungsbeurteilung nachvollziehbar und strukturiert durchzuführen. Insoweit sind diese Kriterien sowohl Standards mit Verbindlichkeit für das Verfahren als auch Anknüpfungspunkte für die Vereinbarung von Prioritäten.

Folgende Kriterien sollen bei der Leistungsbeurteilung zugrunde gelegt werden:

- Fachwissen/Umgang mit Technologien
- Selbstständigkeit/Initiative/Lernbereitschaft
- Arbeitsplanung/Selbstorganisation
- Kommunikationsvermögen/Kritikfähigkeit
- Sorgfalt
- Hilfsbereitschaft/Teamgeist

Nachfolgend werden die Beurteilungskriterien durch Fragen zu ihrem Anwendungszusammenhang erläutert:

Arbeitsqualität

- Hat der Mitarbeiter alle erforderlichen Fachkenntnisse und beherrscht er die Arbeitsabläufe, für die er verantwortlich ist?
- Achtet der Mitarbeiter auf die Einhaltung der Qualitätsstandards und der weiteren technischen und Arbeitsschutzvorschriften?
- Ist er sorgfältig in allen Arbeitsabläufen und geht sowohl sachgemäß als auch wirtschaftlich mit den Betriebsmitteln um?
- Sind überdurchschnittlich viele Kontrollen erforderlich?
- Kommen Reklamationen von dritter Seite?

- Legt er die erforderliche Aufmerksamkeit auf vereinbarte Prioritäten?

Arbeitsquantität
- Tut der Mitarbeiter kontinuierlich alles auf seinem Arbeitsplatz Erforderliche, damit die geplanten Volumina erreicht werden?
- Zeigt er – insbesondere in außergewöhnlichen Situationen – Eigeninitiative, um Probleme kurzfristig zu lösen?
- Ist er außergewöhnlichen Belastungen gewachsen?
- Trifft er – insbesondere bei wechselnden Anforderungen – hinreichend Vorkehrungen für reibungslose Arbeitsabläufe? (Selbstorganisation)
- Sorgt er für die Umsetzung getroffener Vereinbarungen?

Vielseitigkeit
- Ist der Mitarbeiter wechselnden bzw. unerwarteten Anforderungen gegenüber aufgeschlossen und geht sie mit dem Willen zur Problemlösung an?
- Hat er – insbesondere bei wechselnden Anforderungen – für jeden der Arbeitsbereiche das erforderliche Fachwissen?
- Zeigt er die Bereitschaft, sich fehlende Kenntnisse anzueignen?

Teamfähigkeit
- Arbeitet der Mitarbeiter mit den Kollegen seines Bereiches zusammen?
- Nimmt er an den KVP-Sitzungen teil?
- Ist er offen für andere Meinungen und Vorschläge zu anstehenden Problemen/Anforderungen?
- Sucht er bei Konflikten gemeinsame Lösungen?
- Ist er bereit, dritte Personen zu unterstützen?
- Ist er verlässlich hinsichtlich getroffener Absprachen und Aufgaben?
- Bleibt er bei Teamaufgaben selbstständig in der Umsetzung und verlässt sich nicht auf andere?

Informationsverhalten
- Gibt der Mitarbeiter notwendige Informationen an Vorgesetzte und Mitarbeiter bereitwillig und zeitnah weiter?
- Besorgt er sich Informationen, die für seine Arbeitsabläufe von Bedeutung sind?
- Ist er in der Lage, sich in der fachlichen Kommunikation auf das Wesentliche zu beschränken?
- Kann er sich klar und verständlich ausdrücken?

Soziales Verhalten
- Wie reagiert der Mitarbeiter, wenn er auf Fehler angesprochen wird?
- Ist er selbstkritisch?
- Wie verhält er sich bei berechtigter Kritik?
- Gibt er Fehler von sich aus zu?

- Ist er bereit, sich veränderten Bedingungen, Beschlüssen, Aufgabenstellungen anzupassen?
- Ist er hilfsbereit und unterstützt andere Mitarbeiter in schwierigen Situationen?

Personalführung
- Stellt die Führungskraft sicher, dass Aufgabenstellung und Erwartungen mit den Mitarbeitern klar vereinbart sind?
- Reagiert sie auf Nachfragen und Klärungsbedarf der Mitarbeiter?
- Verfolgt sie die Umsetzung der vereinbarten Aufgaben?
- Spricht sie mit Mitarbeitern im positiven wie im kritischen Sinne über die Aufgabenerfüllung?
- Ist die Führungskraft in der Lage, Stärken und Schwächen bei den Mitarbeitern zu unterscheiden und zu bewerten?
- Gibt sie hierüber den Mitarbeitern eine offene Information?
- Bespricht sie Maßnahmen, um bestehende Schwächen zu überwinden oder auszugleichen?
- Spricht die Führungskraft mit dem Mitarbeiter über Probleme, die er im Team hat?
- Beurteilt sie sein Verhalten in Konfliktsituationen des Teams bzw. gibt Hilfestellung?

Alle Kriterien sollen bewertet werden, je nach Erfahrung oder absehbaren Anforderungen können auch Prioritäten gesetzt und vereinbart werden.
Für die Bewertung der Kriterien wie für die Zusammenfassung der Gesamtleistung steht eine Skala zur Verfügung, die im nächsten Abschnitt erläutert wird.

Die Skala der Leistungsbeurteilung: SEGMU
SEGMU ist ein Kürzel, welches die fünf Stufen der Leistungsbewertung zusammenfasst. Diese werden nachfolgend umschrieben:

S = Signifikant übertroffen außergewöhnliche Leistungen:
Erreicht außergewöhnliche Ergebnisse im Hinblick auf die Leistungsziele (was) und ist dabei ein Vorbild für unsere gewünschten Verhaltensweisen und Werte (wie). Leistet bedeutende Beiträge zum Geschäftsergebnis und für das Team. Führt Ziele und Verantwortlichkeiten in hohem Maße autonom aus. Beweist herausragende Kenntnisse in erforderlichen Fähigkeiten und bemüht sich ständig, Kenntnisse und Fähigkeiten weiterzuentwickeln, um den zukünftigen geschäftlichen Herausforderungen gewachsen zu sein. Ist ein Meister der persönlichen und organisatorischen Entwicklung.

E = Exzellente Leistung
dauerhaft erheblich über den Erwartungen
Übertrifft durchgängig die erwarteten Leistungsergebnisse (was) und demonstriert dabei unsere gewünschten Verhaltensweisen und Werte (wie). Ist als eine Schlüsselperson für die Geschäftsergebnisse und für das Team anerkannt. Führt Ziele und Verantwortlichkeiten mit minimaler Anleitung aus. Beweist tiefe Kenntnisse in erforderlichen Fähigkeiten und bemüht sich, Kenntnisse und Fähigkeiten weiterzuentwickeln,

um den zukünftigen geschäftlichen Herausforderungen gewachsen zu sein. Hat eine wichtige Rolle bei der persönlichen und organisatorischen Entwicklung.

G = Gute Leistung
volle Leistungserfüllung (schließt +/– ein)
Erreicht und übertrifft teilweise die Leistungsziele (was) und zeigt dabei die erforderlichen Verhaltensweisen und Werte (wie). Ist als wichtiger Mitarbeiter für die Geschäftsergebnisse und für das Team anerkannt. Führt Ziele und Verantwortlichkeiten mit geringer Anleitung aus. Beweist Kompetenz in erforderlichen Fähigkeiten und entwickelt Kenntnisse und Fähigkeiten, um den geschäftlichen Anforderungen gewachsen zu sein. Trägt zur Entwicklung anderer bei.

M = Mehr erwartet
teilweise Leistungserfüllung
Erreicht im Allgemeinen die Leistungserwartungen, bleibt aber gelegentlich darunter. Benötigt Anleitung und Überprüfung bei der Ausführung der Verantwortlichkeiten. Kann nicht immer das »was« und das »wie« im Gleichgewicht halten. Beweist nicht durchgängig die erforderlichen Fähigkeiten. Verbesserte und durchgängige Leistung in Bezug auf die Entwicklungsbedarfe wird erwartet.

U = Unakzeptable Leistung
ungenügende Leistungserfüllung
Die Leistung liegt dauerhaft unter den Erwartungen. Benötigt unangemessen viel Anleitung und Überprüfung. Kann nicht das richtige Gleichgewicht zwischen »was« und »wie« halten. Beweist nicht das Engagement und Wissen, um die Aufgaben erledigen zu können. Bedeutend verbesserte und durchgängige Leistung wird erwartet.

Das Gespräch zur Leistungsbeurteilung
Gegenstand ist die Leistung des Mitarbeiters im Beurteilungszeitraum.
In dieses Gespräch sollen beide Seiten vorbereitet und mit dem gebotenen »Zeitbudget« gehen: die Führungskraft mit einer erstellten Leistungsbeurteilung und der Mitarbeiter ebenfalls mit einer vorgenommenen Einschätzung seiner Leistung während des zurückliegenden Jahres. Die Führungskraft soll ihre Beurteilung ausführlich erläutern. Ziel des Gespräches ist ein offener Meinungsaustausch auch über nicht erreichte Ergebnisse oder nicht erfüllte Erwartungen. Auch dies ist ein Gesichtspunkt von Wertschätzung. Der Mitarbeiter soll seine Auffassungen zum Thema darlegen. Es soll idealerweise Einvernehmen, jedenfalls Nachvollziehbarkeit und Akzeptanz des Beurteilungsergebnisses erreicht werden.
Bestandteil des Gesprächs sollen bei Bedarf auch Maßnahmen sein, die zu einer Verbesserung der Leistung beitragen können. Dabei sollten vorrangig Maßnahmen »on the job« in Betracht gezogen werden. Es soll gemeinsames Interesse von Mitarbeiter und Führungskraft sein, in geeigneter Weise Leistung und die Zusammenarbeit zu verbessern.

Die Leistungsbeurteilung, Erläuterungen sowie ggf. vereinbarte Maßnahmen werden im Formular festgehalten und von beiden Seiten unterschrieben. Damit werden das Gespräch und das Einvernehmen hinsichtlich der Beurteilung bestätigt. Mitarbeiter und Führungskraft erhalten je eine Kopie des Beurteilungsformulars, das an die Personalabteilung gesandt wird.
Für den Fall, dass ein Einvernehmen hinsichtlich der Leistungsbeurteilung nicht erreicht werden kann, gilt Folgendes: es wird ein weiteres Gespräch vereinbart, an dem je nach Wunsch die nächsthöhere Führungskraft und/oder ein Mitglied des Betriebsrats bzw. ein Personalmitarbeiter teilnimmt. Führt auch dieses Gespräch nicht zur Klärung der Meinungsverschiedenheiten, hat der Mitarbeiter die Möglichkeit, seine Stellungnahme in dem dafür vorgesehenen Formularfeld niederzuschreiben. Die Beurteilung seitens der Führungskraft bleibt jedoch bestehen, die beiderseitigen Unterschriften dokumentieren in diesem Fall die bestehende Differenz. Ein solcher Fall sollte unbedingter Anlass für beide Seiten sein, die Ursache für dieses Ergebnis zu finden, um eine Wiederholung zu vermeiden. Eine wesentliche Ursache für solche Fälle liegt häufig in der Vernachlässigung eines kontinuierlichen Meinungsaustausches während des Jahres.
Im Fall eines Arbeitsplatzwechsels vereinbaren Mitarbeiter und Führungskraft einen gesonderten Termin für ein Beurteilungsgespräch. Dessen Ergebnis wird ebenfalls auf dem Formular (Anhang 2) festgehalten und der nachfolgenden Führungskraft des Mitarbeiters übergeben.
Mit neu eingetretenen Mitarbeitern wird das erste Beurteilungsgespräch nach Ablauf der Probezeit, d. h. in der Regel nach Ablauf von sechs Monaten geführt. Hierfür wird gegebenenfalls auch ein gesonderter Termin vereinbart.

Leistungsbeurteilung für Mitarbeiter

<table>
<tr><td>Zeitraum
(Jahr bzw. von/bis)</td><td>Mitarbeiter
(Name/Vorname)</td><td>Funktion</td><td>Abteilung</td></tr>
<tr><td colspan="2">Allgemeine Einschätzung der Mitarbeiterleistung
Basis der Einschätzung der Mitarbeiterleistung ist die Stellenbeschreibung. Eine Kopie der Stellenbeschreibung muss diesem Formular beigefügt werden.
Bitte fassen Sie die Mitarbeiterleistung des letzten Halb-/Jahres anhand der Leistungskriterien kurz zusammen.
Diskutieren Sie bitte auch, wie die Leistung erreicht wurde und wie sie in Zukunft verbessert werden kann. Welche Kenntnisse, Fähigkeiten und Ressourcen förderten bzw. behinderten die Leistung?</td><td colspan="2">Prioritäten
Sie haben hier die Möglichkeit zu Beginn des Jahres, Prioritäten innerhalb des Jobs für den Bewertungszeitraum festzulegen.</td></tr>
</table>

Leistungskriterien+TABRE+(Erläuterungen zu den Leistungskriterien finden Sie in der Broschüre)
Bitte bewerten Sie die Mitarbeiterleistung im Tagesgeschäft und nach den gegebenenfalls festgelegten Prioritäten anhand folgender Leistungskriterien durch Ankreuzen der auf der nächsten Seite erläuterten **SEGMU-Skala und erläutern Sie diese Bewertung in der rechten Spalte.**

Leistungskriterium	**Bewertung der Leistung**					**Bemerkung zur Bewertung der Leistung**
Fachwissen/Umgang mit Technologien	U ❐	M ❐	G ❐	E ❐	S ❐	
Selbstständigkeit/Initiative/Lernbereitschaft	U ❐	M ❐	G ❐	E ❐	S ❐	
Arbeitsplanung/Selbstorganisation	U ❐	M ❐	G ❐	E ❐	S ❐	
Kommunikationsfähigkeit/Kritikfähigkeit	U ❐	M ❐	G ❐	E ❐	S ❐	
Sorgfalt	U ❐	M ❐	G ❐	E ❐	S ❐	
Hilfsbereitschaft/Teamgeist	U ❐	M ❐	G ❐	E ❐	S ❐	

Bewertung der Gesamtleistung
Die Gesamtleistung setzt sich zusammen aus der Leistung im Tagesgeschäft **und** der Art und Weise, wie die Mitarbeiterleistung erreicht wurde (hierfür sind die bewerteten Leistungskriterien die Vorarbeit). Die Führungskraft nimmt eine Gewichtung der beiden Komponenten nach Maßgabe der Stellenanforderungen vor.

Unakzeptable Leistung	**Mehr erwartet**	**Gute Leistung**	**Exzellente Leistung**	**Signifikant übertroffen**
U ❐	M ❐	G ❐	E ❐	S ❐

Mögliche Ergänzungen zur Bewertung der Gesamtleistung:

Konkrete Maßnahmen zur Leistungsverbesserung (abzuleiten aus der Leistungsbeurteilung):

Maßnahmen	**Erledigt bis**

Stellungnahme des Mitarbeiters (freiwillig):

Unterschriften

direkter Vorgesetzter	*Abteilungsleiter*	*Mitarbeiter*	*Personalabteilung*
Datum	*Datum*	*Datum*	*Datum*

33. Personalplanung, Mitarbeiter(förder)gespräche und Zielvereinbarungen

33.1 Einleitung

Personalentwicklung ist eines der Schlüsselelemente einer erfolgreichen betriebswirtschaftlichen Steuerung. Die Mitarbeiterfördergespräche und Zielvereinbarungen können hierzu hilfreiche Instrumente sein, Mitarbeitern regelmäßig Feedback über ihre Leistung und ihr Verhalten zu geben sowie, verknüpft mit Gehaltssteigerungen, Anreize zu persönlicher und fachlicher Fortentwicklung.

Die Mitarbeiterbeurteilung unterfällt nach § 94 BetrVG der erzwingbaren Mitbestimmung des Betriebsrats, sobald die Arbeitgeberin sich entscheidet, Beurteilungsgrundsätze aufzustellen. Als Maßnahme der Personalplanung muss sie zudem die Einführung systematischer Mitarbeiterbeurteilungen mit dem Betriebsrat rechtzeitig und umfassend beraten, § 92 BetrVG.

Nach Ansicht der Rechtsprechung ist bereits die Einführung von Mitarbeiterjahresgesprächen eine Maßnahme, die nur mit ausdrücklicher Zustimmung des Betriebsrats zulässig ist, § 87 Abs. 1 Nr. 1 BetrVG (LAG Hessen, Urt. v. 6.2.2012 – 16 Sa 1134/11).

Die Betriebsvereinbarung zur Mitarbeiterbeurteilung bezieht sich auf den jeweiligen Mitarbeiter als Bezugsobjekt und umfasst keine Regelungen zur Beurteilung von individuell vereinbarten Zielvereinbarungen; sie legt somit keine quantitativen Beurteilungskriterien zugrunde. Hierzu bietet sich der Abschluss einer »Betriebsvereinbarung Zielvereinbarung« an, die u.a. die Zahlung einer erfolgsabhängigen Sonderzuwendung zum Inhalt haben kann.

Verknüpft die Arbeitgeberin die Mitarbeiterbeurteilung mit einem Entgeltsystem, braucht sie hierfür die Zustimmung des Betriebsrats, § 87 Abs. 1 Nr. 10 BetrVG. Auch der Betriebsrat könnte ein solches System erzwingen, ihm steht insoweit ein Initiativrecht zu, doch sind diese Fälle selten. Denn in der Regel haben Betriebsräte eher ein Interesse an einer stetigen und Arbeitgeber eher ein Interesse an einer leistungsabhängigen Gehaltsentwicklung.

33.1.1 Personalplanung

Gegenstand der Personalplanung sind vor allem folgende Bereiche:

- Ermittlung des gegenwärtigen und künftigen Personalbedarfs in quantitativer und qualitativer Hinsicht: Hier geht es um die Frage, wie viele Arbeitnehmer mit welcher Qualifikation an welchen Orten in welchen Funktionen und für welche Zeit gebraucht werden. Zu diesem Zwecke sind kurz-, mittel- und langfristige Personalprognosen zu erstellen, aus der sich der voraussichtliche Personalbedarf für den jeweiligen Betrieb in quantitativer und qualitativer Hinsicht ergibt.
- Durchführung der erforderlichen Personalbeschaffungsmaßnahmen: Die Personalbeschaffung befasst sich mit der rechtzeitigen Bereitstellung der mit Hilfe der Personalbedarfsplanung als erforderlich ermittelten Anzahl von Arbeitnehmern. Ziel ist es, dass sich Personalbestand und Personalbedarf möglichst decken.
- Planung des Personaleinsatzes: Aufgabe der Personaleinsatzplanung ist die bestmögliche Eingliederung der verfügbaren Mitarbeiter in den betrieblichen Leistungsprozess. Es geht um die bestmögliche Zuordnung der vorhandenen Mitarbeiter zu den verfügbaren Stellen. Insoweit sind sich die Parteien einig, dass die Planung des Personaleinsatzes eine wesentliche Schnittstelle zu den betrieblichen Arbeitszeitregelungen aufweist und ggf. auch im Rahmen von Arbeitszeitvereinbarungen mitzuregeln ist.
- Fragen der Personalentwicklung: Mit der Personalentwicklungsplanung wird das Ziel verfolgt, die Qualifikation der Mitarbeiter an die Bedarfsziele des Unternehmens anzupassen.

Eine Betriebsvereinbarung zur Personalplanung ist weder insgesamt noch in ihren o. g. Teilbereichen erzwingbar.

33.1.2 Zielvereinbarungen

Zielvereinbarungen sind Vereinbarungen zwischen Arbeitgeber bzw. Vorgesetzten und Beschäftigten über – in einem bestimmten Zeitraum – zu realisierende Unternehmens-, Arbeits- oder Leistungsziele. Sie sind regelmäßig verbunden mit zusätzlichen Entgeltchancen für den Arbeitnehmer.

Wenn in Unternehmen das Instrument der Zielvereinbarung einigermaßen ernst genommen wird, kann darin auch für Beschäftigte eine Chance liegen. Nämlich dann, wenn die an einer Zielvereinbarung Beteiligten ihre jeweiligen Interessen in die Verhandlungen einbringen können und dann mit dem ernsthaften Willen zur Einigung ein Verhandlungsergebnis erzielen, in dem sich beide Seiten wiederfinden. Verhandelt wird dabei nicht nur über die Ziele als solche, sondern auch über die Leistungs- und sonstigen Rahmenbedingungen (sachlich und personell), unter denen die Arbeitsleistungen erbracht werden (sollen) und natürlich über die Folgen, die eintreten, wenn das Ziel erreicht oder nicht erreicht wird (z. B. Arbeitsentgelthöhe).

Besteht für den Betrieb keine tarifliche Regelung zur Leistungsbeurteilung bzw. Arbeitsentgeltgestaltung (z. B. weil die Firma nicht tarifgebunden ist; die Tarifüblichkeitsbestimmung des § 77 Abs. 3 BetrVG gilt in den Fällen des § 87 Abs. 1 BetrVG nicht), dann kann das Thema »Zielvereinbarung« zwischen den Betriebsparteien durch Betriebsvereinbarung geregelt werden. Gleiches gilt natürlich, wenn ein für den Betrieb geltender Tarifvertrag eine entsprechende Öffnungsklausel enthält.

Der Betriebsrat kann sich auf Mitbestimmungsrechte stützen. Das heißt: Keine Zustimmung zur Einführung von Zielvereinbarungen, solange keine Betriebsvereinbarung mit zufrieden stellenden Regelungen im Interesse der Beschäftigten zustande gekommen ist.

Mitbestimmungsrechte in Bezug auf Zielvereinbarungen als »Führungsinstrument« bestehen nach § 87 Abs. 1 Nr. 1 BetrVG: Denn ein über die Belegschaft gelegtes System von Mitarbeitergesprächen betrifft die Ordnung des Betriebs und das Verhalten der Arbeitnehmer (und zwar das Ordnungsverhalten, und nicht das Arbeitsverhalten, das nicht von § 87 Abs. 1 Nr. 1 BetrVG erfasst wird). Werden die Mitarbeitergespräche anhand eines Gesprächsleitfadens geführt, kommt auch ein Mitbestimmungsrecht nach § 94 BetrVG in Betracht. Soll die Zielerreichung durch technische Einrichtung festgestellt werden, ist auch ein Mitbestimmungsrecht nach § 87 Abs. 1 Nr. 6 BetrVG gegeben. Soweit die Zielvereinbarung die Grundlage der »Leistungsbeurteilung« bilden soll, handelt es sich um einen »allgemeinen Beurteilungsgrundsatz«, der nach § 94 Abs. 2 BetrVG nur mit Zustimmung des Betriebsrats eingeführt werden kann. Zielvereinbarungen als Instrument der »Entgeltgestaltung« stellen »Entlohnungsgrundsätze und Entlohnungsmethoden« im Sinne des § 87 Abs. 1 Nr. 10 BetrVG dar; außerdem beinhaltet eine solche Zielvereinbarung die Festsetzung eines mit Akkord der Prämie »vergleichbaren leistungsbezogenen Entgelts«, sodass auch die Vorschrift des § 87 Abs. 1 Nr. 11 BetrVG zum Zuge kommt.

In einer Betriebsvereinbarung sollte sichergestellt werden, dass die Interessen der Beschäftigten in Bezug auf Arbeitsplatzsicherung, angemessenes Arbeitsentgelt und menschenwürdige Arbeitsbedingungen in die Zielvereinbarung einfließen und dass eine echte Beteiligung der Beschäftigten am Inhalt der Zielvereinbarung stattfindet.

33.2 Betriebsvereinbarungen

33.2.1 Mitarbeiterbeurteilung

BV 72

Präambel
Der Arbeitgeber möchte am Standort in ... ein transparentes, verbindliches und zukunftsfähiges Mitarbeiterbeurteilungssystem (Performance Review Circle) einführen. Es soll für alle Beschäftigten Anreize und Entwicklungsmöglichkeiten bieten.

§ 1 Geltungsbereich
Diese Betriebsvereinbarung gilt für alle im Betrieb ... tätigen Mitarbeiter.
Variante (zur Herausnahme nicht leistungsbezogen tätiger Personengruppen)
Diese Betriebsvereinbarung gilt nicht für Auszubildende, Praktikanten, Doktoranden und leitende Angestellte im Sinne des § 5 Abs. 3 BetrVG.
Variante (zur Einbeziehung leitender Angestellter, falls ein Sprecherausschuss besteht)
Der Arbeitgeber wird gegenüber den leitenden Angestellten mit dem Sprecherausschuss eine Richtlinie mit unmittelbarer und zwingender Wirkung vereinbaren, in welcher die Parteien vereinbaren, leitende Angestellte einer Beurteilung zu unterziehen, die dem hier Vereinbarten entspricht.

> **Hinweis:**
> Eine Richtlinie ist das Gestaltungselement gegenüber leitenden Angestellten (§ 28 Sprecherausschussgesetz), ähnlich der Betriebsvereinbarung. Die unmittelbare und zwingende Wirkung einer Richtlinie ist anders als in einer Betriebsvereinbarung fakultativ. Sie muss ausdrücklich vereinbart werden.
> Diese Zusage wird eine Arbeitgeberin nur dann erteilen können, wenn ein Vertrauensverhältnis in die Zusammenarbeit mit dem Betriebsrat besteht. Andernfalls sollte die Arbeitgeberin hier eine entweder quantitative Begrenzung (jährliche Stundendeputat) oder eine qualitative Runde (konkrete Anlässe) festschreiben.

§ 2 Performance Review Circle
1. Die Grundvergütung der Mitarbeiter wird jährlich im sogenannten Performance Review Circle (PRC) anhand der konkreten Beurteilung der Mitarbeiter überprüft.
2. Die maximal mögliche Erhöhung der Grundvergütung in % für die einzelnen Performance Level werden jährlich durch den Arbeitgeber auf Grundlage des PRC-Budgets definiert und im Intranet kommuniziert.

> **Hinweis:**
> Die Festsetzung absoluter Werte unterliegt nicht der Mitbestimmung nach § 87 Abs. 1 Nr. 10 BetrVG, weswegen zumeist eine Budgetabhängigkeit des gesamten

Systems der Gehaltsanpassung vorgenommen wird. Die Anlage 2 bildet dies durch den Korrekturfaktor ab.

3. Für eine etwaige Grundvergütungserhöhung im Rahmen des PRC ist zunächst erforderlich, dass sich der Mitarbeiter innerhalb der Grenzen des Gehaltsbandes des Job Levels befindet, in das er aufgrund seiner Stelle eingruppiert wurde. Mitarbeiter, die aufgrund einer Bestandsschutzregelung in der Überleitungsvereinbarung mit ihrem Gehalt über der Bandobergrenze des Gehaltsbandes des Job Levels liegen, in das sie aufgrund ihrer Stelle eingruppiert wurden, nehmen nicht an einer etwaigen Grundvergütungserhöhung teil. Zudem nehmen nur Mitarbeiter an einer etwaigen Grundvergütungserhöhung im Rahmen des PRC teil, die die Probezeit zum Zeitpunkt 31.3. des jeweiligen PRC-Jahres erfolgreich beendet haben. Darüber hinaus richtet sich die Berechtigung für eine etwaige Grundvergütungserhöhung nach der untenstehenden Tabelle.
4. Berechtigt für etwaige Grundvergütungserhöhung sind Mitarbeiter, die spätestens zum 30.9. des Vorjahres in den Betrieb eingetreten sind, deren Arbeitsverhältnis im Vorjahr nicht länger als 9 Monate ruhte (z. B. Elternzeit, Langzeiterkrankungen etc.) und deren Arbeitsverhältnis im laufenden Kalenderjahr nicht vor dem 31.12. endet.

§ 3 Performance Review Circle – Beurteilungsgespräche

1. Jeder berechtigte Mitarbeiter hat in jedem Kalenderjahr Anspruch auf eine PRC-Beurteilung.
2. Die PRC-Beurteilung ist von dem Vorgesetzten des Mitarbeiters im Zeitfenster 31.1. bis 31.3. durchzuführen.
3. Bei einem Abteilungswechsel erfolgt hinsichtlich der Gesamtbewertung eine Abstimmung zwischen der ehemaligen und der neuen Führungskraft.
4. Der Mitarbeiter hat das Recht, ein Mitglied des Betriebsrats zur PRC-Beurteilung hinzuzuziehen.
5. Der Vorgesetzte hat für die PRC-Beurteilung die Anlage 1 zu verwenden.
6. Dem Mitarbeiter ist die Beurteilung durch den Vorgesetzten inhaltlich zu erläutern.
7. Die PRC-Beurteilung muss mit einer Gesamtbewertung abgeschlossen werden. Hierfür ist Anlage 3 zu verwenden.

§ 4 Gehaltsentwicklung

1. Aus den Teilbeurteilungen ist eine Gesamtpunktzahl zu ermitteln und mit dieser unter Heranziehung der Anlage 2 die prozentuale Gehaltssteigerung zu errechnen.
2. Die anhand der PRC-Beurteilung ermittelte Gehaltssteigerung ist rückwirkend zum 1.1. des jeweiligen Jahres umzusetzen.
3. Die Umsetzung der Gehaltssteigerung soll mit der Abrechnung des Gehalts für den Monat April erfolgen. Differenzbeträge für die Vergangenheit sind nachzuentrichten und nachzuberechnen.

4. Bei Mitarbeitern, bei denen im vorausgegangenen Kalenderjahr eine individualvertragliche Gehaltserhöhung vereinbart wurde, ist diese auf die nach der PRC-Beurteilung ermittelte Gehaltssteigerung anzurechnen.
5. Der Korrekturfaktor (KF) wird vom Arbeitgeber einseitig jährlich so festgesetzt, dass das vom Arbeitgeber zur Verfügung gestellte Budget durch die Gehaltssteigerungen ausgeschöpft wird. Der KF muss der linearen Verteilung der Rohpunkte entsprechen und darf hiervon nicht abweichen.

§ 5 Mitarbeiterentwicklung

1. Mitarbeiter, deren Gehalt bereits oberhalb des Gehaltsbandes des ihnen zugeordneten Joblevels liegt, haben einen Anspruch auf PRC-Beurteilungen, aber nicht auf die daraus resultierende Gehaltssteigerung.
2. Mitarbeiter, deren Punktezahl unterhalb von 60 liegt, erhalten innerhalb von 4 Wochen ein Gespräch zur Vereinbarung eines Entwicklungsplans.
3. Mitarbeiter, deren Punktezahl unter 80 liegt, haben Anspruch auf die Vereinbarung eines Acceleration-Plans.

§ 6 Mitbestimmungsrechte des Betriebsrats

1. Mit dem Abschluss dieser Betriebsvereinbarung und unter Einhaltung der in dieser Betriebsvereinbarung vereinbarten Verfahrensweisen gilt die Mitbestimmung des Betriebsrats, insb. nach § 87 Abs. 1 Nr. 10 BetrVG, als abschließend ausgeübt.
2. Der Betriebsrat erhält jährlich zum Ende des Monats April eine Übersicht aller Gehaltssteigerungen (Anlage 2) des Kalenderjahres.
3. Der Betriebsrat ist berechtigt, in die Bewertungsprotokolle (Anlage 1) des laufenden und der letzten 3 Kalenderjahre Einblick zu nehmen.
4. Abweichungen von dieser Betriebsvereinbarung bedürfen stets des Einvernehmens beider Betriebsparteien.
5. Fühlen sich Mitarbeiter unzutreffend beurteilt, so dürfen sie sich beim Betriebsrat beschweren. Der Betriebsrat wird auf eine einvernehmliche Einigung hinwirken.
6. Für die Behandlung von in dieser Betriebsvereinbarung vereinbarten Beschwerden gilt das Verfahren nach § 85 Abs. 2 BetrVG als vereinbart.

§ 7 Anlagen

1. Zu dieser Betriebsvereinbarung vereinbaren die Betriebsparteien folgende Anlagen:
   - Anlage 1 – Gesprächsleitfaden
   - Anlage 2 – Gehaltsentwicklung
   - Anlage 3 – Ergebnisformular
2. Die in dieser Betriebsvereinbarung genannten Anlagen sind Bestandteil der Betriebsvereinbarung.
3. Die Anlagen sind nicht isoliert kündbar.
4. Die Anlagen können einvernehmlich abgeändert werden, ohne dass dies einer Kündigung oder Abänderung der Betriebsvereinbarung im Übrigen bedarf. Dies

gilt nicht, soweit diese Betriebsvereinbarung zu einzelnen Anlagen Abweichendes regelt.

§ 8 Auslegungsschwierigkeiten und Einigungsstelle

1. Im Falle von Meinungsverschiedenheiten über die Auslegung und Durchführung der Betriebsvereinbarung, über den Umfang von Einsichts- und Kontrollbefugnissen des Betriebsrats, über in diese Betriebsvereinbarung vereinbarte Beschwerderechte der Mitarbeiter oder über ... werden die Betriebsparteien mit dem ernsthaften Willen einer Einigung verhandeln.
2. Zur einvernehmlichen Beilegung auch nach § 8 Ziff. 1 nicht behebbarer Meinungsverschiedenheiten über die Anwendung und Auslegung der Regelungen dieser Betriebsvereinbarung wird eine ständige Einigungsstelle eingerichtet. Die Zahl der Beisitzer auf Betriebsrats- und Arbeitgeberseite wird auf jeweils 2 festgesetzt. Als Vorsitzender einigen sich die Parteien auf .... Sofern der Vorsitzende verhindert ist, wird er durch ... vertreten.
3. Jede Betriebspartei kann im Streitfall die Einigungsstelle anrufen, indem sie hierüber die jeweils andere Betriebspartei unterrichtet und den Vorsitzenden fernmündlich, per Telefax oder E-Mail auffordert, die Einigungsstelle einzuberufen.
4. Die Betriebsparteien erklären schon jetzt, sich dem Spruch der Einigungsstelle vollumfänglich zu unterwerfen.
5. Auf das Verfahren vor der Einigungsstelle finden die gesetzlichen Bestimmungen Anwendung.

§ 9 Übergangsregelung

Mit dieser Betriebsvereinbarung wird die »Betriebsvereinbarung Mitarbeiterbeurteilung« vom ... vollständig abgelöst.

Variante

Mit dieser Betriebsvereinbarung wird die »Betriebsvereinbarung Mitarbeiterbeurteilung« vom ... teilweise abgelöst, sie gilt für die Abteilungen/die Standorte ... unverändert/mit folgenden Modifikationen: ... fort.

§ 10 Laufzeit, Beendigung

1. Die Betriebsvereinbarung wird wirksam mit ihrer Unterzeichnung.
   Variante
   Die Betriebsvereinbarung tritt am ... in Kraft. Bis zum Zeitpunkt ihres Inkrafttretens ist sie ordentlich unkündbar.
2. Die Betriebsvereinbarung läuft auf unbestimmte Zeit.
   Variante
   Die Betriebsvereinbarung endet, ohne dass es einer Kündigung bedarf, am ....
3. Die Betriebsvereinbarung ist mit einer Frist von 6 Monaten ordentlich kündbar.
   Variante
   Die Betriebsvereinbarung ist ordentlich unkündbar.
4. Das Recht zur außerordentlichen fristlosen Kündigung aus wichtigem Grund bleibt unberührt.

§ 11 Nachwirkung
Die Betriebsvereinbarung wirkt im Falle ihrer Kündigung in Gänze nach.

> **Hinweis:**
> Vereinbaren die Betriebsparteien nichts Abweichendes zur Nachwirkung, tritt eine in der Regel nicht gewollte Rechtsfolge nach Ablauf der ordentlichen Kündigungsfrist ein: Alle Gegenstände, die einem erzwingbaren Mitbestimmungstatbestand unterliegen, wirken nach, alle übrigen nicht. Einem solchen Skelett an nachwirkenden Regelungen baut diese Vereinbarung vor.

Variante
Die Betriebsvereinbarung wirkt im Falle einer ordentlichen Kündigung hinsichtlich der folgenden Gegenstände nach: .... Im Übrigen tritt keine Nachwirkung ein.
Variante
Die Betriebsvereinbarung wirkt im Falle einer Kündigung nicht nach.

§ 12 Salvatorische Klausel
Sollten einzelne Bestimmungen dieser Vereinbarung unwirksam sein oder werden, so bleiben die übrigen Bestimmungen hiervon unberührt. In diesem Fall verpflichten sich beide Seiten, für die ungültige Bestimmung eine neue, gültige Bestimmung zu vereinbaren, die dem Sinn der Früheren so weit wie möglich entspricht. Auch für diesen Fall gilt die Zuständigkeit der ständigen Einigungsstelle nach § 8 als vereinbart.

Ort, Datum, Unterschriften
Anlagen
Anlage 1: Gesprächsleitfaden
Anlage 2: Gehaltsentwicklung
Anlage 3: Ergebnisformular

Anlage 1 – Gesprächsleitfaden
Dokumentation zum Mitarbeitergespräch
(für Level 1–5, Tätigkeit bis überwiegend unabhängig)[54]

Beurteilung der spezifischen Tätigkeit/Fachkompetenz	Ist ausbaufähig	Trifft zu	Übertrifft	Außerordentlich	Nicht anwendbar	Wert Vorjahr
Beurteilungspunkte	0,5	1	1,5	2		
Engagiert sich persönlich stark für die eigene Arbeit	[ ]	[ ]	[ ]	[ ]	[ ]	
Verbessert die eigene Arbeitsweise permanent	[ ]	[ ]	[ ]	[ ]	[ ]	
Übernimmt bei Erfolgen und Misserfolgen die Verantwortung	[ ]	[ ]	[ ]	[ ]	[ ]	
Zeigt effiziente Arbeitsweise (Zeiteinteilung, Organisation)	[ ]	[ ]	[ ]	[ ]	[ ]	
Arbeitet immer zuverlässig und sorgfältig	[ ]	[ ]	[ ]	[ ]	[ ]	
Lernbereitschaft zur Erweiterung seiner fachlichen Möglichkeiten	[ ]	[ ]	[ ]	[ ]	[ ]	
Gesamtanzahl (max. 12 Punkte)						

54 Hier baut die Mitarbeiterbeurteilung auf 9 Joblevel (Entgeltgruppen) auf. Die inhaltliche Beurteilung differenziert nach den Joblevels mit höherer Verantwortung (6–9) und solchen mit einem geringeren Maß an eigenverantwortlicher Tätigkeit.

(für Level 6–9, Tätigkeit ab gänzlich unabhängig)

Beurteilung der spezifischen Tätigkeit/Fachkompetenz	Ist ausbaufähig	Trifft zu	Übertrifft	Außerordentlich	Nicht anwendbar	Wert Vorjahr
Beurteilungspunkte	0,5	1	1,5	2		
Bringt umfassendes Fachwissen ein	[ ]	[ ]	[ ]	[ ]	[ ]	
Analysiert komplexe Zusammenhänge	[ ]	[ ]	[ ]	[ ]	[ ]	
Trifft qualifizierte Entscheidungen	[ ]	[ ]	[ ]	[ ]	[ ]	
Zeigt fachliche Führungskompetenz	[ ]	[ ]	[ ]	[ ]	[ ]	
Denkt vernetzt, nutzt sich ergebende Möglichkeiten	[ ]	[ ]	[ ]	[ ]	[ ]	
Initiiert/gestaltet Veränderungsprozesse	[ ]	[ ]	[ ]	[ ]	[ ]	
Gesamtanzahl (max. 12 Punkte)						

Beurteilung der allgemeinen Tätigkeit (übertragene Aufgaben)	Ist ausbaufähig	Trifft zu	Übertrifft	Außerordentlich	Nicht anwendbar	Wert Vorjahr
Beurteilungspunkte	0,5	1	1,5	2		
Verantwortlich für die Schulung/ Einweisung neuer Mitarbeiter	[ ]	[ ]	[ ]	[ ]	[ ]	
Wird mit besonderen Aufgaben betraut (z. B. Stellvertretung)	[ ]	[ ]	[ ]	[ ]	[ ]	
Führt übertragene, allgemeine Tätigkeiten sorgfältig aus	[ ]	[ ]	[ ]	[ ]	[ ]	
Zeigt Bereitschaft zu Springerdiensten, fachliche und physische Unterstützung anderer Abteilungen	[ ]	[ ]	[ ]	[ ]	[ ]	
Koordiniert allgemeine Aufgaben (in der Firma)	[ ]	[ ]	[ ]	[ ]	[ ]	
Koordiniert allgemeine Aufgaben (im Team)	[ ]	[ ]	[ ]	[ ]	[ ]	
Gesamtanzahl (max. 12 Punkte)						

(für Bänder 4–9, sowohl fachliche als auch disziplinarische Führung)

Beurteilung der Mitarbeiterführungs-/ Projektführungskompetenz	Ist ausbaufähig	Trifft zu	Übertrifft	Außerordentlich	Nicht anwendbar	Wert Vorjahr
Beurteilungspunkte	0,5	1	1,5	2		
Delegiert Aufgaben und Verantwortung an MA, zeigt Vertrauen	[]	[]	[]	[]	[]	
Überzeugt Mitarbeiter von seinen Vorstellungen	[]	[]	[]	[]	[]	
Erreicht bei Mitarbeitern Selbstverpflichtung und starken Einsatz für das Unternehmen	[]	[]	[]	[]	[]	
Erkennt Stärken/ Verbesserungspotenziale der Mitarbeiter, fördert diese	[]	[]	[]	[]	[]	
Gibt Mitarbeiter ausreichend Informationen zur Erfüllung ihrer Aufgaben	[]	[]	[]	[]	[]	
Entwickelt Mitarbeiter durch persönliches Coaching	[]	[]	[]	[]	[]	
Gesamtanzahl (max. 12 Punkte)						

(Bänder 1–9)

Beurteilung des Sozialverhaltens	Ist ausbaufähig	Trifft zu	Übertrifft	Außerordentlich	Nicht anwendbar	Wert Vorjahr
Beurteilungspunkte	0,25	0,5	0,75	1		
Verhält sich kooperativ, sucht den gemeinsamen Erfolg (Team)	[]	[]	[]	[]	[]	
Hält sich jederzeit an Vereinbarungen	[]	[]	[]	[]	[]	
Verhält sich Vorgesetzten gegenüber jederzeit korrekt	[]	[]	[]	[]	[]	
Verhält sich Kollegen gegenüber jederzeit korrekt	[]	[]	[]	[]	[]	
Ist ein glaubwürdiger Gesprächspartner	[]	[]	[]	[]	[]	
Ist immer bereit für einen Kollegen einzuspringen	[]	[]	[]	[]	[]	
Erscheint immer pünktlich zur Arbeit/zu Terminen	[]	[]	[]	[]	[]	
Fördert kollegiales Verhalten im Team, integriert versch. Persönlichkeiten	[]	[]	[]	[]	[]	
Erläutert eigene Vorstellungen verständlich und überzeugend	[]	[]	[]	[]	[]	

Beurteilung des Sozialverhaltens	Ist ausbaufähig	Trifft zu	Übertrifft	Außerordentlich	Nicht anwendbar	Wert Vorjahr
Erkennt Konflikte, sucht Lösungen im Rahmen seiner Möglichkeiten	[ ]	[ ]	[ ]	[ ]	[ ]	
Gesamtanzahl (max. 12 Punkte)						

Leitfaden zur Beurteilung

Beurteilung der spezifischen Tätigkeit/Fachkompetenz

- Engagiert sich persönlich stark für die eigene Arbeit
  - Bringt Verbesserungsvorschläge ein; denkt mit und versucht Prozesse zu verbessern; zeigt Probleme und Lösungen auf; stellt intellektuelle Verknüpfungen zwischen Prozess und verwendeten Geräten her, denkt auch fachübergreifend (vernetzt) etc.
- Verbessert die eigene Arbeitsweise permanent
  - Hinterfragt Arbeitsabläufe; ist immer interessiert an Neuigkeiten rund um die eigene Tätigkeit; ist offen gegenüber Veränderungen der Abläufe.
- Übernimmt sowohl bei eigenen Erfolgen als auch Misserfolgen die Verantwortung
  - Ist kritikfähig, selbstbewusst und aufmerksam.
- Zeigt eine effiziente Arbeitsweise (Zeiteinteilung, Organisation)
  - Planvolles Handeln, organisiert Material, Arbeitsplatz oder notwendige Unterlagen; strukturierte Herangehensweise; trifft erforderliche Absprachen eigenständig.
- Arbeitet immer zuverlässig und sorgfältig
  - Reproduzierbare Qualität der Ergebnisse; nachvollziehbare Darstellung der Dokumentation; proaktives Nachfragen/Kommunikation; bringt Arbeiten zu Ende, lässt nichts liegen etc.
- Lernbereitschaft
  - Bereitschaft andere Aufgaben zu übernehmen, auch interimsweise; Umdenken, um Neues in die Arbeitsabläufe zu integrieren; Akzeptanz neuer Regelungen/Vorgaben etc.
- Bringt umfassendes Fachwissen ein
  - Versteht Zusammenhänge; kann lösungsorientierte Prozessveränderungen beurteilen/anstoßen; fachliche Beratung von Kunden.
- Analysiert komplexe Zusammenhänge
  - Eigenständige Auswertung experimenteller Ergebnisse; Ableitung zur Lösungsfindung; Aufbau einer Lösungsmatrix/Datenverwaltung/Systematik.

- Trifft qualifizierte Entscheidungen
  - Erfahrungsbasierte Entscheidungen; angemessene Entscheidungen im Falle unvorhergesehener Ereignisse/Erwartungen; risikobewusstes Handeln.
- Zeigt fachliche Führungskompetenz
  - Erkennt Fehler; trifft klare Entscheidungen; erklärt Zusammenhänge; Koordination von Projekten und Mitarbeitern.
- Denkt vernetzt, erkennt und nutzt sich ergebende Möglichkeiten
  - Organisiert interne und externe Interessen; fachübergreifende Informationsbeschaffung und Integration des »Know-how« in bestehendes Aufgabengebiet; vorausschauende Planung; flexibles Handeln.
- Besitzt/erwirbt Fähigkeiten, die über seinen Arbeitsbereich hinausgehen
  - Fachübergreifende Kommunikation; Kostenbewusstsein.
- Initiiert Veränderungen/gestaltet Veränderungsprozesse
  - Macht Verbesserungsvorschläge; entwickelt neue Konzepte; führt z.B. neue Software, Abläufe, Organisation oder Prozesse (Neuheiten) ein.

Beurteilung der Führungskompetenz/Projektführungskompetenz

- Delegiert Aufgaben und Verantwortung an MA, zeigt Vertrauen
  - Erkennt Kompetenz der Mitarbeiter an; verteilt Befugnisse im Rahmen der Aufgaben; fördert eigenständiges Arbeiten; zeigt Grenzen der Verantwortung auf.
- Überzeugt MA von seinen Vorstellungen
  - Überzeugt durch Argumente; durch Darstellung von Zusammenhängen; eröffnet breiteren Blickwinkel.
- Erreicht bei Mitarbeitern Selbstverpflichtung und starken Einsatz für das Unternehmen
  - Motiviert Mitarbeiter; Wertschätzung der Mitarbeiter bzw. derer Leistungen; fördert »Team-building«; formuliert gemeinsame Ziele und Grenzen.
- Erkennt Stärken und Verbesserungspotenziale der MA und fördert diese
  - Behandelt/beurteilt Mitarbeiter entsprechend ihrer Persönlichkeit; versucht Schwächen auszugleichen; hört seinen Mitarbeitern aufmerksam zu.
- Gibt MA ausreichend Informationen zur optimalen Erfüllung ihrer Aufgaben
  - Signalisiert jederzeit Gesprächsbereitschaft; nimmt sich Zeit; gibt proaktiv Informationen zu Aufgaben, aber auch gemeinsamen Zielen.
- Entwickelt Mitarbeiter durch persönliches Coaching
  - Achtet auf Belastung seiner Mitarbeiter; hilft Schwächen zu überwinden; zeigt Wege zu Verbesserungen auf; erkennt Potential der Mitarbeiter und fördert diese durch Weiterbildung.

Beurteilung der allgemeinen Tätigkeit (übertragene Aufgaben)

- Ist verantwortlich für die Schulung und Einweisung neuer Mitarbeiter
  - Teilt Kenntnisse mit Kollegen; Weitergabe von Wissen; hält Niveau aller MA auf gleichem Stand; Dokumentation der Schulungen.
- Wird mit besonderen Aufgaben betraut (z. B. Stellvertretung, Beauftragte)

  - Selbständige Bearbeitung; Informationsbeschaffung; Zuverlässigkeit; macht Informationen für die Belegschaft zugänglich.
- Führt übertragene, allgemeine Tätigkeiten sorgfältig aus
  - Termingerecht, selbständig; fehlerfrei; kommuniziert Bearbeitung/Status.
- Zeigt Bereitschaft zu Springerdiensten und fachlicher Unterstützung anderer Teams
  - Auch gruppenübergreifende Aushilfe; Rufbereitschaft, Arbeiten außerhalb des Arbeitszeitrahmens; Wochenenddienste.
- Koordiniert allgemeine Aufgaben (im Team)
  - Koordination von Gerätenutzung, Räumen; Datenverwaltung; Bereitstellung.
- Koordiniert/erfüllt allgemeine Aufgaben (in der Firma)
  - Weist auf Einhaltung von Verhaltensregeln hin; achtet auf deren Umsetzung; achtet Einhaltung rechtlicher Vorgaben; weist auf Missstände hin.

Beurteilung des Sozialverhaltens
- Verhält sich kooperativ und sucht den gemeinsamen Erfolg (Teamfähigkeit)
- Hält sich jederzeit an Vereinbarungen
- Verhält sich Vorgesetzten gegenüber jederzeit korrekt
- Verhält sich Kollegen gegenüber jederzeit korrekt
  - Trifft den richtigen Ton, egal ob Erfolg oder Misserfolg; stellt Kollegen nicht bloß; ist nicht beleidigend.
- Ist ein glaubwürdiger Gesprächspartner
  - Steht zu Erfolgen und Misserfolgen; versucht nicht direkten Fragen auszuweichen.
- Ist jederzeit bereit für einen Kollegen einzuspringen
  - Kollegiales und erfolgsorientiertes Handeln.
- Fördert kollegiales Verhalten im Team/Integration versch. Persönlichkeiten
  - schlichtend/vermittelnd
- Erläutert eigene Vorstellungen verständlich und überzeugend
- Erkennt Konflikte, spricht sie an und sucht Lösungen im Rahmen seiner Möglichkeiten

Anlage 2 – Gehaltsentwicklung
Mitarbeiter
Name, Vorname: ______________________________

Einstufung Vorjahr		Laufendes Geschäftsjahr		
Job-Level	Einstufung (%)	Beurteilung (Pkt)	Entgelt (%)	Neue Einstufung (%)

Begründung:
Wechsel des Job-Levels weil:

Grundlage für die neue Einstufung[55]

Tabelle			
Kopplung der Matrix an die prozentuale Steigerung des individuellen Gehalts:			
Punkte	Faktoren		% indiv. Steigerung
	(LF)	(KF)	(KF + LF)
100 – 120	1,2	1,2	A (1,2 + 1,2) = A*2,4 %
80 – 99	0,9	1,0	A (1,0 + 0,9) = A*1,9 %
60 – 79	0,6	0,8	A (0,8 + 0,6) = A*1,4 %
30 – 59	0,3	0,6	A (0,6 + 0,3) = A*0,9 %
2 – 29	0,1	0,4	A (0,4 + 0,1) = A*0,5 %
Steigerung des individuellen Gehalts: A (LF + KF)			
A= Differenz Gesamtgehaltsbudget – kollektive Zulage			
LF = Leistungsfaktor			
KF= Korrekturfaktor			

55 A ist das bisherige Gehalt. LF ist der Leistungsfaktor, der auf die unterschiedlichen Punktekorridore verteilt werden kann. Auch eine weitere Ausdifferenzierung ist möglich. Nach diesem System ist der Leistungsfaktor stets positiv, d. h. eine Gehaltsreduktion bei für mangelhaft befundener Leistung ist ausgeschlossen. Der Korrekturfaktor (KF) ist so zu bemessen, dass das vom Arbeitgeber vorgegebene Budget durch die verteilte Gehaltssteigerungen vollständig ausgeschöpft, aber auch nicht überschritten wird. Der KF schwankt somit jedes Jahr. Hierzu können Betriebsrat keine bestimmte Festsetzung erzwingen.

Anlage 3 – Ergebnisformular
Mitarbeiter-Gespräch
Jahresgespräch und Beurteilung

Berichtszeitraum:	___
Mitarbeiter:	___
Bereich/Abteilung:	___
Funktion:	___
Eintrittsdatum:	___
Vorgesetzter:	___
Abteilung:	___
Funktion:	___

Wichtigste Verbesserungsmöglichkeit(en):

___

___

Vorschlag zur Weiterentwicklung:
1.___
2.___

Zusammenfassung der Beurteilung:

	max.										
Performance-Punkte	**1**	**2**	**3**	**4**	**5**	**6**	**7**	**8**	**9**	**10**	**Total**
Spezifische Tätigkeit (Gewichtung: x5)											10 **x5**
Führungskompetenz (Gewichtung: x2**)											10 x2
Allgemeine Tätigkeit (Gewichtung: x2**)											
Sozialverhalten (Gewichtung: x5)											10 **x5**
Extrapunkte (+) (»outstanding«: x2)					–	–	–	–	–	–	(4 **x2**)
Punkte						72***					**120max** (+8)

** In Abhängigkeit des Gehaltbandes ist zu entscheiden, welches Kriterium anzuwenden ist.[56]
*** Erfüllt die Erwartungen (Normal-Leistung).

BV 73

33.2.2 Qualifizierung und Personalentwicklung[57]

1. Vorwort
Betriebsrat und Unternehmensleitung sind sich einig in dem Ziel, die Leistungsfähigkeit und Leistungsbereitschaft aller Mitarbeiter:innen als Grundlage der Wirtschaftlichkeit und Leistungsfähigkeit des Unternehmens und seiner Weiterentwicklung durch kontinuierliche Qualifizierung und Personalentwicklungsmaßnahmen zu fördern. Dabei gilt es nicht nur, die betriebsverfassungsmäßigen Rechte der Belegschaft und ihrer Vertreter zu realisieren, sondern das Erfahrungswissen und die Leistungsfähigkeit der Mitarbeiter:innen zu nutzen und berufliche Perspektiven zu entwickeln.

2. Ziele
Qualifizierungs- und Personalentwicklungsmaßnahmen werden für alle Mitarbeiter:innen mit dem Ziel durchgeführt:
- Aufbau und kontinuierlicher Ausbau des Qualifizierungsbestands des Unternehmens.
- Rechtzeitige Entwicklung qualifizierten Personals für neue Produkte und Dienstleistungen auf neuen Märkten mit neuen Arbeitsweisen und Organisationsformen.
- Weiterentwicklung der Qualifikation und des Leistungspotenzials der Mitarbeiter:innen, als Grundlage des beruflichen Aufstiegs, der Weiterentwicklung des Unternehmens und zum Einstieg in neue Tätigkeitsfelder.
- Sicherung und Entwicklung beruflicher Perspektiven für Mitarbeiter und Mitarbeiterinnen, deren bisherige Tätigkeit z. B. aufgrund des Strukturwandels, der Reorganisation oder der Rationalisierung wesentliche Änderungen erfährt oder sogar ganz entfällt.
- Fachliche, methodische und soziale (Führung und Kooperation) Kompetenzen der Mitarbeiter:innen zu fördern und auszubauen.

3. Beratung
Arbeitgeber und Betriebsrat arbeiten in einem ständigen Prozess zusammen und beraten mit dem Ziel des Einvernehmens über
- grundsätzliche Fragen, Ziele und Instrumente der Qualifizierung und Personalentwicklung.
- Bedarfsermittlung, Konzipierung, Durchführung und Steuerung der Maßnahmen.
- Zwingenden Personalentwicklungs- und Qualifizierungsbedarf als Voraussetzung zur Ausübung bestimmter Funktionen.

---

56 Je höher das Gehaltsband, ein desto höheres Gewicht kann diesem Kriterium beigemessen werden.

57 Quelle: Archiv Betriebliche Vereinbarung der Hans-Böckler-Stiftung, *www.boeckler.de/betriebsvereinbarungen*.

- Bewertung der im laufenden Jahr durchgeführten Maßnahmen.
- Qualifizierungs- und Entwicklungsplanung für das Folgejahr.

Arbeitgeber und Betriebsrat bilden zu diesem Zweck eine paritätische Kommission für Personalentwicklung und Qualifizierung (PEQ-Kommission).

3.1 Beschluss des Qualifizierungs- und Personalentwicklungsprogramms

Die PEQ-Kommission berät über Personalentwicklung und Qualifizierung. Sie beschließt das Qualifizierungs- und Personalentwicklungsprogramm für das Folgejahr, d. h.

- über die konkreten Ziele (Jahresziele) der Qualifizierung und Personalentwicklung,
- Angebot an beruflicher Erstausbildung gegliedert nach Zahl und Berufsbild der Ausbildungsplätze,
- interne und/oder externe Seminarangebote mit fachbezogenen, methodischen und sozialen Inhalten sowie den angesprochenen Zielgruppen,
- weitere noch zu vereinbarende Personalentwicklungsmaßnahmen wie z. B. Potenzialbeurteilung, Projektaufgaben, Job-Rotation, Coaching, individuelle Entwicklungsplanung, Mitarbeitergespräche, Beurteilungen, Trainees, Auswahlverfahren etc.
- Bewertungsverfahren und -kriterien für durchgeführte Maßnahmen. Der Betriebsrat kann Vorschläge hierzu unterbreiten und Initiativen ergreifen.

3.2 Durchführung

Die Durchführung des Qualifizierungs- und Personalentwicklungsprogramms obliegt den zuständigen betrieblichen Stellen.

3.3 Planungsentwurf

Die Beratung erfolgt auf der Grundlage eines Planungsentwurfs der zuständigen betrieblichen Stellen. Der Planungsentwurf weist die sachliche, zeitliche und kostenmäßige Planung aus. Vorlage des Planungsentwurfs und Beratung müssen so rechtzeitig stattfinden, dass Anregungen und Kritik des Betriebsrats noch berücksichtigt werden können.

4. Information des Betriebsrats

Als Grundlage der Beratung stellt das Unternehmen dem Betriebsrat rechtzeitig vor der Beratung alle Informationen und (schriftlichen) Unterlagen über

- Unternehmensziele und Geschäftsfeldplanung,
- Personalentwicklungs- und Qualifizierungsziele,
- Personalplanung,
- Qualifizierungs- und Personalentwicklungsbedarf,
- im Zusammenhang mit Qualifizierungs- und Personalentwicklungsmaßnahmen eingeführte oder vorgesehene Verfahren wie individuelle Personalentwicklungsplanung, Erhebungsverfahren für Qualifizierungs- und Personalentwicklungsbedarf, Personalbeurteilung, Potenzialbeurteilung usw., soweit sie im Betrieb eingesetzt werden oder werden sollen,

- durchgeführte und vorgesehene Qualifizierungs- und Personalentwicklungsmaßnahmen wie interne und externe Seminare, Projektaufgaben, Job-Rotation, Coaching, individuelle Entwicklungsaufgaben, Mitarbeitergespräch, Beurteilungen, Trainees, Auswahlverfahren etc., sofern sie im Betrieb Verwendung finden oder finden sollen,
- eingesetzte Bewertungsverfahren, -kriterien und die Bewertungsergebnisse der durchgeführten Maßnahmen
- sowie den Entwurf der Qualifizierungs- und Personalentwicklungsplanung für das folgende Jahr zur Verfügung.

Die Mitarbeiter:innen werden mindestens 1x jährlich in verständlicher Form über geplante Personalentwicklungs- und Qualifizierungsmaßnahmen, über Ziele, Inhalte, Methoden, Zielgruppe, Voraussetzungen der Teilnahme, Abschluss der Maßnahme und Verwertungsmöglichkeiten der Inhalte informiert.

5. Teilnahme

Die Teilnahme an Qualifizierungs- und Personalentwicklungsmaßnahmen ist grundsätzlich freiwillig. Aus einer Nichtteilnahme dürfen den Mitarbeiter:innen keine Nachteile entstehen. Die Rahmenbedingungen der Maßnahmen (Ort, Zeit, Dauer, Räumlichkeiten etc.) müssen zumutbar sein, insbesondere wenn Personalentwicklungs- und Qualifizierungsmaßnahmen Voraussetzung der Ausübung einer Funktion sind und damit die Teilnahme nicht freiwillig ist. Auf der Grundlage des verabschiedeten Qualifizierungs- und Personalentwicklungsprogramms können Mitarbeiter:innen zur Teilnahme vorgeschlagen werden:

- durch sich selbst,
- durch den Betriebsrat,
- durch ihre jeweils zuständigen Führungskräfte.

Über die Teilnahme entscheidet die zuständige betriebliche Stelle aufgrund der festgelegten Zielgruppe für die jeweilige Qualifizierungs- und Personalentwicklungsmaßnahme. Die Ablehnung der Teilnahme muss begründet werden. Im Streitfall entscheiden Arbeitgeber und Betriebsrat im Rahmen der PEQ-Kommission letztendlich über die Teilnahme.

Die Teilnahme an Personalentwicklungs- oder Qualifizierungsmaßnahmen wird bescheinigt; auf Wunsch der Teilnehmer zertifiziert.

6. Kosten

Die Kosten der Personalentwicklungs- und Qualifizierungsmaßnahmen einschließlich der Freistellung trägt das Unternehmen. Können Maßnahmen nicht oder nicht vollständig während der Arbeitszeit durchgeführt werden, wird ein Freizeitausgleich gewährt.

Externe Qualifizierungsmaßnahmen, an denen die Teilnahme in weit überwiegendem Maße persönlich motiviert ist und deren Nutzen und Verwertbarkeit für das Unternehmen nicht unmittelbar ersichtlich ist, können auf Antrag durch Freistellung, teilweise Kostenbeteiligung des Unternehmens etc. gefördert und unterstützt werden. Hierüber entscheidet die PEQ-Kommission.

7. Mitbestimmungs- und Beratungsrechte des Betriebsrats
Diese Betriebsvereinbarung kann durch weitere Betriebsvereinbarungen, beispielsweise zu einzelnen Maßnahmen oder Instrumenten im Rahmen des Personalentwicklungs- und Qualifizierungsprogramms, ergänzt oder konkretisiert werden. Die Mitbestimmungsrechte des Betriebsrats, insbesondere nach §§ 92–98 BetrVG, bleiben unberührt. Besteht im Betriebsrat weiterer Informations- und Beratungsbedarf, können die Betriebsratsmitglieder in der paritätischen PEQ-Kommission eine Verschiebung der Beratung und Beschlussfassung in der PEQ-Kommission um vier Wochen verlangen.

8. Regelung von Meinungsverschiedenheiten
Kommt es zu Meinungsverschiedenheiten über die Auslegung dieser Vereinbarung oder ist eine einvernehmliche Verabschiedung der Qualifizierungs- und Personalentwicklungsplanung nicht möglich, soll nach dem Willen der Parteien dieser Vereinbarung jede Seite das Recht haben, eine Einigungsstelle nach § 76 BetrVG anzurufen. Für den Fall, dass sich auch dort keine einvernehmliche Regelung erzielen lässt, unterwerfen sich beide Seiten dem Spruch dieser Einigungsstelle.

9. Schlussbestimmungen
Sollten sich während der Laufzeit dieser Vereinbarung einzelne Regelungen als nicht sinnvoll erweisen, werden sich die vertragsschließenden Parteien um eine einvernehmliche Neuregelung bemühen, ohne dass dies einer Kündigung der Vereinbarung bedarf. Die Fortgeltung anderer Bestimmungen dieser Vereinbarung bleibt hiervon unberührt.

10. Kündigung
Die Vereinbarung kann von jedem Vertragspartner mit einer Frist von sechs Monaten zum Jahresende gekündigt werden. Nach einer Kündigung werden unverzüglich Verhandlungen über eine neue Vereinbarung aufgenommen.
Im Falle einer Kündigung wird bis zu einer einvernehmlichen Neuregelung nach der vorstehenden Vereinbarung weiter verfahren.

Hinweis:
Zum Problem: Zuständigkeit und Rechte von Gesamtbetriebsrat und Betriebsrat
Um unnötige Doppelarbeit und unterschiedliche Regelungen in den Betrieben zu vermeiden, andererseits spezifische Regelungen in den Betrieben und die Wahrnehmung der betriebsverfassungsmäßigen Rechte »vor Ort« zu ermöglichen, bietet sich an, die vorstehende Betriebsvereinbarung auf Gesamtbetriebsrat-Ebene zu vereinbaren. Sie kann mit einer Öffnungsklausel ergänzt werden, dass in den Betrieben ggf. entsprechende Rahmenbetriebsvereinbarungen und einzelne Betriebsvereinbarungen zu spezifischen Personalentwicklungs- und Qualifizierungsmaßnahmen abgeschlossen werden können. Ebenso kann auf der Ebene der Niederlassung mit dem Arbeitgeber/Niederlassungsleiter eine paritätische PEQ-

Kommission zur Steuerung der Personalentwicklungs- und Qualifizierungsmaßnahmen gebildet werden.

Ort, Datum, Unterschriften

BV 74

33.2.3 Zielvereinbarung[58]

Zwischen
der Firma Firmenbezeichnung – Unternehmen – und
dem Betriebsrat der Firma Firmenbezeichnung – Betriebsrat –
wird folgende Vereinbarung getroffen:

Präambel

Die Mitarbeiterinnen und Mitarbeiter sind das wertvollste Zukunftskapital und werden in den Mittelpunkt aller Überlegungen gestellt. Mitarbeiterorientierung heißt: Ständige Qualifizierung, stärkere Einbindung und Mitwirkung an Unternehmensveränderungen, heißt aber auch Änderungen der Organisation, um effizientere Formen der Zusammenarbeit und mehr Kundennähe zu erreichen.
Die beabsichtigten Maßnahmen sollen die Kompetenz der Mitarbeiterinnen und Mitarbeiter nachhaltig steigern und damit auch ihre Berufschancen erhöhen.
Ein Konzept »Mitarbeitergespräche zur persönlichen Orientierung und Entwicklung« wird im Laufe des Jahres … unter Beteiligung des Betriebsrats entwickelt. Ebenfalls werden Szenarien für sinnvolle Formen von Gruppenarbeit in den unterschiedlichen Bereichen des Verlages entwickelt und beraten.
Unter Beachtung der im Folgenden näher beschriebenen Rahmenbedingungen wird als neues Führungsinstrumentarium ein System von Zielvereinbarungen und Mitarbeitergesprächen zur Beurteilung des Erreichens dieser vereinbarten Ziele eingeführt.

1. Zielvereinbarung

Zielvereinbarungen werden in Zielvereinbarungsgesprächen abgeschlossen. Diese erfolgen zwischen den Arbeitsgruppen und ihrem unmittelbaren Vorgesetzten, ab Teamleiterebene in Form von Einzelgesprächen.
Bei der Formulierung der Ziele können ggf. Zuständigkeiten bzw. Zuordnungen von bestimmten Aufgaben zu einzelnen Personen festgehalten werden.

2. Kriterien der Zielvereinbarung

Ziele werden vereinbart, nicht gesetzt. Eine Zielvereinbarung umfasst

- fachliche Ziele,
- auf die Zusammenarbeit bezogene Ziele und
- individuelle Qualifizierungsziele (vgl. Anlage).

58 Quelle: Gesellschaft für Technologieberatung und Systementwicklung mbH, Hamburg; weitere Hinweise und Texte: *www.tse-hamburg.de*.

Ziele, die sich auf die Zusammenarbeit beziehen, umfassen auch organisatorische Maßnahmen, die vom Vorgesetzten durchzuführen bzw. zu veranlassen sind, sowie die Erwartungen der Gruppe an das Führungsverhalten der/des Vorgesetzten.

3. Beurteilbarkeit der Ziele

Es dürfen nur Ziele vereinbart werden, die
- messbar sind, d. h. deren Erreichen auch nach nachvollziehbaren Kriterien beurteilt werden kann,
- realistisch sind,
- durch die Mitarbeiterinnen bzw. Mitarbeiter erreichbar sind und
- sich in Übereinstimmung mit den Unternehmenszielen und -strategien befinden.

Die Beurteilungen beziehen sich jeweils konkret auf die vereinbarten Einzelziele (vgl. Formularentwurf Zielerreichung Anlage 2).

4. Verpflichtungen des Unternehmens

Die Zielvereinbarung muss auch die Verpflichtungen der Führungskräfte gegenüber den Mitarbeiterinnen und Mitarbeitern umfassen, d. h. die Aktivitäten und Maßnahmen benennen, welche die Vorgesetzten zur Unterstützung für das Erreichen der vereinbarten Ziele ergreifen.

Für in Zielvereinbarungen festgelegte Qualifizierungsmaßnahmen wird eine zentrale Meldepflicht bei der Abteilung Personalentwicklung mit Information des Betriebsrats eingeführt.

5. Zielerreichungsgespräche

Zielerreichungsgespräche dienen der Beurteilung des Erreichens der vereinbarten Ziele. In den Zielvereinbarungsgesprächen für die nächste Periode werden diese Ergebnisse berücksichtigt. Das Zielerreichungsgespräch wird als Gruppengespräch, auf der Vorgesetztenebene ab Teamleiter als Einzelgespräch durchgeführt.

6. Regelmäßige Durchführung

Zielvereinbarungs- und Zielerreichungsgespräche werden getrennt voneinander und in regelmäßigen Abständen durchgeführt. Richtwert für das Zielvereinbarungsgespräch ist ein Jahr, für das Zielerreichungsgespräch ein halbes Jahr.

7. Gruppenexterne Unterstützung

Für den Abschluss der Zielvereinbarungen und die Durchführung der Zielerreichungsgespräche steht in Konfliktfällen der Gruppe auf Anforderung eine Beraterin bzw. ein Berater zur Verfügung (Abt. Personalentwicklung, nächsthöherer Vorgesetzter, Mitglied des Betriebsrats).

8. Örtliche Aufbewahrung

Nur die direkt an den Zielvereinbarungen und Zielerreichungsgesprächen beteiligten Personen erhalten Kopien der getroffenen Vereinbarungen und Protokollkopien der Mitarbeitergespräche. Je eine weitere Kopie wird bei den Akten der jeweiligen Orga-

nisationseinheit von dem dort zuständigen Vorgesetzten für die Dauer von maximal drei Jahren aufbewahrt. Es erfolgt keine zentrale Aufbewahrung oder computerunterstützte Speicherung der Protokolle.
Davon ausgenommen ist die Weitergabe an die Personalabteilung, wenn es sich um personalaktenrelevante Vorgänge handelt.

9. Begleitende Qualifizierungsmaßnahmen
Es werden ein Qualifizierungsprogramm und beispielhafte Unterlagen für Vorgesetzte und Gruppenmitglieder erarbeitet. In enger zeitlicher Kopplung an die ersten Zielvereinbarungsverhandlungen werden diese Qualifizierungsmaßnahmen für alle Beteiligten durchgeführt.
Das Qualifizierungsprogramm umfasst insbesondere
- die Erläuterung und Einübung des Verfahrens anhand von Beispielmaterial
- den Umgang mit Konfliktsituationen.

10. Konsensgebot
Sowohl die Zielvereinbarung als auch die Zielerreichungsgespräche sollen im Konsens der Beteiligten erfolgen. Es geht um die Schaffung einer Vertrauenszone, die die traditionelle Kontrollzone als Führungsinstrument zwischen Vorgesetztem und Untergebenen ersetzen soll. Die Vereinbarungen und Ergebnisprotokolle der Zielerreichung sind nur gültig, wenn sie von allen Beteiligten unterschrieben sind.

11. Konfliktregelung
Wird eine Zielvereinbarung oder ein Gesprächsprotokoll über die Zielerreichung nicht unterschrieben, so hat die betroffene Person das Recht, sich an den nächsthöheren Vorgesetzten zu wenden. Dieser versucht zunächst, durch Vermittlung die Beteiligten zu einer Lösung zu bringen. Gelingt dies nicht, so entscheidet eine Clearingstelle.
Die Clearingstelle besteht aus je einer von der Personalabteilung und dem Betriebsrat bestimmten Person; bei Nichteinigkeit wird eine dritte, von der Geschäftsleitung dem Betriebsrat benannte Person hinzugezogen.

12. Erfolgskontrolle
In regelmäßigen Abständen (alle 12 Monate) wird eine schriftliche standardisierte Mitarbeiterbefragung durchgeführt. Zu ausgewählten Fragen, auf die sich Unternehmen und Betriebsrat geeinigt haben, werden einerseits die Wichtigkeit in der Sicht der Mitarbeiter:innen, anderseits der Grad der Erfülltheit nach Auffassung der Befragten erhoben. Mit der Durchführung wird der Betriebsrat beauftragt. Die Befragung ist anonym, die Teilnahme freiwillig. Die Auswertung erfolgt abteilungsweise und für die ganze Belegschaft. Alle Mitarbeiter/innen erhalten das Ergebnis mit einer Stellungnahme von Geschäftsleitung und Betriebsrat.

13. Abkopplung von Entgeltfragen
Die Einführung von Zielvereinbarungen und Beurteilungsgesprächen wird nicht mit Fragen der Entgeltfindung gekoppelt.

Unternehmen und Betriebsrat werden den Umsetzungsprozess beobachten und regelmäßig im Personalentwicklungsausschuss beraten. Der Betriebsrat wird seine Initiativen zur Weiterentwicklung des Projekts in diesen Ausschuss einbringen.

Ort, Datum, Unterschriften

Anlage
Zielvereinbarung

Vereinbarte Ziele	**Beurteilungskriterien**	**Unterstützende Maßnahmen**
Formulierung der konkreten Ergebnisse (Ziele), die am Ende der Beurteilungsperiode erreicht werden sollen.	Woran soll das Erreichen der vereinbarten Ziele gemessen werden?	Auflistung der Aktivitäten und Maßnahmen, die das Unternehmen zu ergreifen hat, um die Erreichung der Ziele zu ermöglichen bzw. zu unterstützen.
Ziele sind • messbar • realistisch • herausfordernd • durch Mitarbeiter/in voll beeinflussbar • kongruent zu den Zielen des Unternehmens • horizontal abgestimmt	Messkriterien: • Qualität • Quantität • Kosten/Budget • Veränderung des Ist-Zustandes (evtl. prozentual) • Zeitfaktor/Termineinhaltung	Die Maßnahmen können umfassen: • Qualifizierung • spezielle Trainings • organisatorische Unterstützung • personelle Maßnahmen
	Bei Gruppenvereinbarungen sind Zuordnungen von Personen zu Aufgaben festzuhalten.	
Fachliche Ziele		
Auf die Zusammenarbeit bezogene Ziele		
Individuelle Qualifizierungsziele		

Ort, Datum, Unterschriften

Zielerreichung

Zielerreichung	**Einflussfaktoren**
In welchem Ausmaß wurden die vereinbarten Ziele erreicht?	Gründe für die Nichterreichung (z. B. betriebsinterne und/oder externe Faktoren, unzureichende Maßnahmen/Aktivitäten seitens des Unternehmens). Auch positive Einflüsse auf das Erreichen von Zielen sollen hier festgehalten werden.
Fachliche Ziele	
Soziale Ziele	
Persönliche Entwicklungsziele	

Ort, Datum, Unterschriften

34. Aus-, Fort- und Weiterbildung

34.1 Einleitung

Systematische betriebliche Weiterbildung ist – allen Beteuerungen zum Trotz – in den meisten Betrieben ein Fremdwort. Grundlage jeder systematischen Fort- und Weiterbildung im Betrieb ist zunächst die Ermittlung des Berufsbildungsbedarfes gemäß § 96 Abs. 1 Satz 2 BetrVG. Die Bedarfsermittlung kann der Betriebsrat auch gegen den Willen des Arbeitgebers durchsetzen. Nur wenn Arbeitgeber und Betriebsrat hierüber einen verlässlichen Überblick haben, lässt sich die Weiterbildung im Betrieb systematisch planen. Die Ermittlung des Berufsbildungsbedarfs und die systematische Planung der Fort- und Weiterbildung stehen in einem engen Zusammenhang mit der Personalplanung. Der Betriebsvereinbarungsentwurf beschränkt sich auf die Fragen, wie der Berufsbildungsbedarf ermittelt wird. Zur Regelung der Weiterbildung im Betrieb insgesamt siehe unten, Betriebsvereinbarung Qualifizierung, 34.2.2.

34.2 Betriebsvereinbarungen

34.2.1 Ausbildung, Weiterbildung, Qualifizierung

BV 75

§ 1 Geltungsbereich
Diese Betriebsvereinbarung gilt für
1. räumlich ...
2. persönlich ...
3. fachlich ...

§ 2 Berufsausbildung; Übernahme
Das Unternehmen wird jährlich – in Abhängigkeit von der Personalplanung, den Ergebnissen der Ermittlung des Berufsbildungsbedarf (vgl. Betriebsvereinbarung Ermittlung des Berufsbildungsbedarfs ...) Ausbildungsplätze in folgenden Ausbildungsberufen ... anbieten.
Dabei wird das Unternehmen zu den Einstellungstests auch Bewerber von Hauptschulen einladen.

> **Hinweis:**
> Manche Unternehmen stellen formale Anforderungen an die Bewerber um Ausbildungsplätze, ohne auf die Qualifikation der Bewerber an sich zu achten. Dabei werden z. B. oft Bewerber von Hauptschulen ausgeschlossen. Dies ist nicht gerechtfertigt.

Soweit das Unternehmen die Auszubildenden nach erfolgreichem Abschluss nicht in ein unbefristetes Arbeitsverhältnis übernehmen kann, wird es allen Auszubildenden, die die Ausbildung erfolgreich absolviert haben, ein befristetes Arbeitsverhältnis für die Dauer von mindestens ... Monaten anbieten.

§ 3 Ziele; Begriffe
Durch die Angebote des Weiterbildungsplans sollen die für die Zukunft des Unternehmens notwendigen Qualifikationen erhalten bzw. geschaffen werden. Die Arbeitnehmer sollen durch die Weiterbildung in die Lage versetzt werden, sich beruflich und persönlich weiterzuentwickeln.
Betriebliche Weiterbildung ist die Weiterbildung, an der ein Arbeitnehmer im Rahmen des Weiterbildungsplans auf eigene oder auf Veranlassung des Unternehmens teilnimmt.
Persönliche Weiterbildung ist die Weiterbildung bzw. Qualifizierung bei externen Anbietern, an der Arbeitnehmer:innen auf eigene Initiative auf eigene Kosten teilnehmen.

§ 4 Bildungsausschuss
Zur Steuerung der Weiterbildung wird ein Bildungsausschuss gebildet. Dieser besteht aus drei Vertretern des Unternehmens und drei Vertretern des Betriebsrats.

Aufgabe des Berufsbildungsausschusses ist insbesondere:

- Festlegung eines Weiterbildungsplans auf Basis der Personalplanung, des ermittelten Berufsbildungsbedarfs (vgl. Betriebsvereinbarung über die Ermittlung des Berufsbildungsbedarfs ...).
- Festlegung der Teilnehmer an den angebotenen internen und externen Maßnahmen der beruflichen Berufsbildung und Weiterbildung, sofern mehr Bedarf als Angebot besteht.
- Festlegung der Voraussetzungen für die Teilnahme an einzelnen Maßnahmen der betrieblichen Berufsbildung und Weiterbildung

§ 5 Weiterbildungsplanung

Der Bildungsausschuss wird jährlich – in Abhängigkeit von der Personalplanung, den Ergebnissen der Ermittlung des Berufsbildungsbedarfs (vgl. Betriebsvereinbarung Ermittlung des Berufsbildungsbedarfs ...) – einen Weiterbildungsplan erstellen. In ihm sind die Angebote für die betrieblichen Weiterbildungen festzulegen.

Dabei hat der Weiterbildungsplan die unterschiedlichen Ziele von Weiterbildung zu berücksichtigen:

- Erhaltungsqualifizierung,
- Anpassungsqualifizierung,
- Aufstiegsqualifizierung.

Dabei hat der Weiterbildungsplan nicht nur Angebote zu technischen Qualifikationen zu enthalten, sondern auch zu sozialen Fähigkeiten (Teamfähigkeit usw.).

Eine Weiterbildungsmaßnahme im Sinne dieser Betriebsvereinbarung ist eine zeitlich und inhaltlich abgegrenzte Maßnahme. Sie kann intern oder extern durchgeführt werden. Zu Weiterbildungsmaßnahmen gehören auch arbeitsplatznahe Qualifizierungsmaßnahmen sowie Weiterbildungsschichten. Eine Weiterbildungsmaßnahme ist nicht auf bestimmte Methoden beschränkt (zu E-Learning siehe die Betriebsvereinbarung vom ...).

§ 6 Persönliche Weiterbildungsplanung

Arbeitnehmer:innen haben Anspruch auf ein jährliches persönliches Qualifizierungsgespräch. In diesem Gespräch werden die auf Basis der Personalplanung, der Ergebnisse der Ermittlung des Berufsbildungsbedarfs, der Beurteilung und der Wünsche der Arbeitnehmer:innen erforderlichen und möglichen Weiterbildungsangebote besprochen und ein persönlicher Weiterbildungsplan festgelegt.

§ 7 Arbeitszeit, Kosten der Weiterbildung

In der Regel soll die Weiterbildung während der Arbeitszeit stattfinden. Ist dies nicht möglich, wird die Weiterbildungszeit wie Arbeitszeit behandelt. Findet die Weiterbildung außerhalb der regelmäßigen Arbeitszeit, z.B. am Samstag statt, wird diese wie Arbeitszeit vergütet. Für Reisezeiten gelten die entsprechenden betrieblichen Regelungen.

Die Kosten (Entgeltfortzahlung, Reisekosten, Gebühren usw.) für Weiterbildungsmaßnahmen im Rahmen des Weiterbildungsplanes trägt das Unternehmen.

Bei persönlicher Weiterbildung (vgl. § 8) kann das Unternehmen zu den Kosten der Weiterbildung einen Zuschuss leisten, wenn die Weiterbildung Kenntnisse vermittelt, die im Unternehmen kurz oder mittelfristig eingesetzt werden können. Kosten für eine persönliche Weiterbildung (§ 8) im Rahmen von Ruhens- oder Teilzeitansprüchen trägt das Unternehmen grundsätzlich nicht. Es kann sich im Einzelfall unter Beachtung des Grundsatzes der Gleichbehandlung hier an den Kosten beteiligen.

§ 8 Persönliche Weiterbildung

Arbeitnehmer:innen haben Anspruch auf Ruhen ihres Arbeitsverhältnisses bis zur Dauer von drei Jahren zum Zwecke weitergehender Qualifizierungsmaßnahmen im Rahmen einer persönlichen beruflichen Entwicklung. Vollzeitbeschäftigte Arbeitnehmer:innen können anstelle einer Ruhensvereinbarung auch den Wechsel in eine befristete Teilzeitstelle für die Dauer der Qualifizierungsmaßnahme in Anspruch nehmen. Die Weiterbildung muss dem Grunde nach dafür geeignet sein, im Betrieb eine entsprechende Tätigkeit auszuüben. Dies muss nicht die aktuell ausgeübte Tätigkeit sein. Der Anspruch auf Ruhen des Arbeitsverhältnisses ist bei einer Qualifizierungsmaßnahme von bis zu ... Monaten vor Beginn der Maßnahme zu stellen; bei einer Qualifizierungsmaßnahme von bis zu einem Jahr ist er ... Monate vor Beginn der Maßnahme zu stellen; bei einer Qualifizierungsmaßnahme von bis zu drei Jahren ist er ... Monate vor Beginn der Maßnahme zu stellen.
Das Ruhen des Arbeitsverhältnisses kann nur dann vorzeitig beendet werden, wenn die Qualifizierungsmaßnahme aus wichtigem Grund nicht angetreten oder abgebrochen wurde. In diesem Fall wird das Ruhen des Arbeitsverhältnisses mit dem ersten des auf den Abbruch der Qualifizierungsmaßnahme aus wichtigem Grund folgenden Kalendermonats beendet.

§ 9 Förderung bestimmter Arbeitnehmer:innengruppen

Im Rahmen des Weiterbildungsplans sind besondere Maßnahmen für die Erhaltungs- und Anpassungsqualifikation von Arbeitnehmer:innen über 45 Lebensjahren anzubieten.
Bei Weiterbildungsangeboten ist darauf zu achten, dass sie für Arbeitnehmer:innen, die längere Zeit an keiner Weiterbildung teilgenommen haben und deshalb evtl. der Weiterbildung ablehnend gegenüberstehen, Weiterbildungsmethoden anzuwenden, die es diesen Arbeitnehmer:innen erleichtert, die Weiterbildung zu absolvieren.
Wenn notwendig, werden im Rahmen des Weiterbildungsplans Deutschkurse angeboten, sofern der Bildungsausschuss feststellt, dass Arbeitnehmer:innen oder Arbeitnehmer:innengruppen nicht über die notwendigen Deutschkenntnisse verfügen, die sie für ihre Arbeit oder für die Teilnahme an Angeboten des Weiterbildungsplanes benötigen.
Die Weiterbildungsangebote sind im Hinblick auf die zeitliche Lage so zu gestalten, dass sie auch von Arbeitnehmer:innen mit Kindern unter 16 Jahren wahrgenommen werden können.

§ 10 Rückzahlung von Fortbildungskosten

Arbeitnehmer:innen, die für die Weiterbildung unter Fortzahlung des Entgelts von der Arbeit freigestellt worden sind und die durch die Weiterbildung einen anerkannten Berufsabschluss oder eine anerkannte Zusatzqualifikation erworben haben, die für sie einen geldwerten Vorteil darstellen und ihre Chancen auf dem Arbeitsmarkt nachweislich erhöhen, sind zur Rückzahlung von Weiterbildungskosten (Kosten der Entgeltfortzahlung während der Weiterbildung, Kosten für Lehrgänge, Ausbildungsmaterial, Prüfungsgebühren, die der Arbeitgeber übernommen hat) nur verpflichtet, sofern sie das Arbeitsverhältnis vor Ablauf der folgenden Fristen kündigen:

- bei einer Weiterbildung von bis zu zwei Monaten vor Ablauf von sechs Monaten,
- bei einer Weiterbildungsdauer von drei bis vier Monaten vor Ablauf von einem Jahr,
- bei einer Weiterbildungsdauer von sechs Monaten bis zu einem Jahr vor Ablauf von zwei Jahren
- bei einer Weiterbildungsdauer von mehr als zwei Jahren vor Ablauf von drei Jahren.

Für die mögliche Rückzahlungsverpflichtung sind Teilzeit-Freistellungen von der Arbeit in Vollzeitfreistellungen umzurechnen. Für jeden Monat des Bestehens des Arbeitsverhältnisses nach Abschluss der Weiterbildung ermäßigt sich die Rückzahlungsverpflichtung im Verhältnis zur jeweiligen zulässigen Gesamtbindungsdauer (z.B. bei einer Weiterbildung von bis zu sechs Monaten und Bindungsdauer bis zu zwei Jahren um 1/24 pro Monat).
Wird das Arbeitsverhältnis vom Arbeitgeber betriebsbedingt gekündigt oder hat der Arbeitgeber begründeten Anlass zur Kündigung durch den Arbeitnehmer gegeben, ist keine Rückzahlung von Weiterbildungskosten zu leisten.
Rückzahlungsansprüche bei persönlicher Weiterbildung (§ 8) sind ausgeschlossen.

§ 11 Bescheinigungen

Über die Teilnahme an innerbetrieblichen Weiterbildungen jeglicher Art ist den Arbeitnehmer:innen eine qualifizierte Teilnahmebescheinigung auszustellen. Bei Teilnahme an außerbetrieblichen Qualifikationsmaßnahmen ist sicherzustellen, dass der Anbieter entsprechende Bescheinigungen ausstellt.

§ 12 Schlussbestimmungen

1. Im Falle von nicht beilegbaren Streitigkeiten, die sich aus der Anwendung oder Auslegung der Betriebsvereinbarung ergeben, entscheidet eine Einigungsstelle nach § 76 BetrVG.
2. Sollten einzelne Punkte der Betriebsvereinbarung ungültig sein oder ihre Gültigkeit aufgrund neuer Gesetzgebung oder Rechtsprechung verlieren, so bleiben die übrigen Bestimmungen hiervon unberührt. In diesem Falle werden beide Seiten für die ungültig gewordenen Punkte der Betriebsvereinbarung eine neue, gültige Formulierung vereinbaren, die dem früheren Sinn soweit wie möglich entspricht.
3. Diese Betriebsvereinbarung ist mit einer Frist von ... Monaten zum Schluss eines Kalenderjahres kündbar; erstmals zum Datum. Die Kündigung dieser Betriebsver-

einbarung ist nur wirksam, wenn sie schriftlich erfolgt. Die Betriebsvereinbarung wirkt nach. Anlagen sind Bestandteil dieser Betriebsvereinbarung.

Ort, Datum, Unterschriften

34.2.2 Ermittlung des Qualifizierungsbedarfs

BV 76

§ 1 Geltungsbereich
Diese Betriebsvereinbarung gilt für
1. räumlich …
2. persönlich …
3. fachlich …

§ 2 Zielsetzung
Die Ermittlung des Berufsbildungsbedarfs ist wesentliche Voraussetzung für ein mittel- bzw. langfristiges betriebliches Bildungskonzept. Dies dient einerseits den Interessen des Unternehmens, da nur durch qualifizierte Mitarbeiter:innen die sich wandelnden Anforderungen zu bewältigen sind. Weiterhin dient es den Interessen der Arbeitnehmer an Aufrechterhaltung und Verbesserung ihrer Qualifikation, Sicherung ihres Arbeitsplatzes sowie verbesserte Grundlagen für den beruflichen Aufstieg durch Qualifikation. Weitere Unternehmensziele sind die Sicherung des erforderlichen Bedarfs an qualifiziertem Personal; die Gewährleistung notwendiger Anpassungen von Qualifikationen an veränderte inner- und außerbetriebliche Gegebenheiten; die Vermeidung von Fehlbesetzungen.

§ 3 Ermittlung des Berufsbildungsbedarfs
1. Erstellung einer *Ist-Analyse*
Im Rahmen der *Ist-Analyse* werden die bei den einzelnen Arbeitnehmer:innen vorhandenen Qualifikationen, die durch Berufs- und/oder Studienabschlüsse dokumentiert sind, erfasst. Weiterhin werden auch Qualifikationen, die durch sonstige Qualifizierungsmaßnahmen und/oder langjährige Arbeit auf bestimmten Arbeitsplätzen erworben worden sind, erfasst.

Hinweis:
Eine *Ist-Analyse*, die sich nur auf die Erfassung von formalen Berufsabschlüssen bzw. Studienabschlüssen beschränken würde, würde im Hinblick auf den Berufsbildungsbedarf zu kurz greifen. Viele Qualifikationen, die im Betrieb notwendig sind, werden nicht notwendigerweise durch formale Berufsabschlüsse erworben (z. B. Vorgesetztentraining, rhetorische Fähigkeiten im Außendienst usw.). Deshalb muss die Qualifikation bezogen auf den einzelnen Betrieb und die dort vorhandenen Anforderungen detailliert erworben werden. Es empfiehlt sich, hierzu eine entsprechende Anlage, konkret bezogen auf den Betrieb, zu erstellen.

2. Erstellung einer *Soll-Analyse*
Vor Ermittlung des Soll-Qualifikationsniveaus, das kurz- und mittelfristig bestimmt werden muss, wird vom Berufsbildungsausschuss (s. …) eine Prognose im Hinblick auf den technischen, organisatorischen und sozialen Wandel getroffen. Diese leitet sich ab aus den geplanten Investitionen des Unternehmens, absehbaren technologischen Neuerungen, geplanten Organisationsänderungen. In die Soll-Analyse sind die Altersstruktur des Unternehmens und die Personalplanung einzubeziehen. Aus diesen Anforderungen leitet sich das notwendige Soll-Qualifikationsniveau, d.h. der Berufsbildungsbedarf ab. Er ist auf die einzelnen Abteilungen bzw. Bereiche des Unternehmens zu beziehen.

Hinweis:
Da aus dem Soll-Ist-Vergleich Maßnahmen abgeleitet werden sollen, kann sich der Soll-Zustand nicht nur auf die Gegenwart beziehen. Vielmehr muss eine Prognose erstellt werden im Hinblick auf den wahrscheinlichen technischen Wandel und den sich daraus ergebenden Anforderungen ebenso im Hinblick auf den organisatorischen Wandel. Erst vor diesem Hintergrund kann ein Qualifikationsbedarf zuverlässig ermittelt werden. Soll z.B. Gruppenarbeit in einem Betrieb eingeführt werden, in dem es eine solche Arbeitsform bisher nicht gab, entsteht durch diese organisatorische Änderung ein Qualifikationsbedarf im Hinblick auf Kommunikationstraining und Verhaltenstraining für Arbeit in Gruppen.

3. Beteiligung der Mitarbeiter:innen
Zur Ermittlung des Qualifikationsbedarfs werden die Mitarbeiter:innen durch Fragebogen über den aus ihrer Sicht bestehenden Qualifikationsbedarf und ihre Qualifikationswünsche befragt. Die Ergebnisse des Fragebogens werden bei der Erstellung des Soll-Bedarfs berücksichtigt.
4. Gegenüberstellung *Soll-Ist-Vergleich*
Das ermittelte Ist-Qualifikationsniveau wird dem ermittelten Soll-Qualifikationsbedarf gegenüber gestellt. Hieraus wird vom Berufsbildungsausschuss (…) ein betrieblicher Qualifizierungsplan ermittelt.

§ 4 Mitwirkung der Arbeitnehmer:innen
Die Arbeitnehmer:innen sind verpflichtet, bei der Ermittlung des Qualifizierungsbedarfs mitzuwirken.

§ 5 Kosten
Die Kosten für die Ermittlung des Berufsbildungsbedarfs trägt das Unternehmen.

§ 6 Schlussbestimmungen
1. Sollten einzelne Punkte der Betriebsvereinbarung ungültig sein oder ihre Gültigkeit aufgrund neuer Gesetzgebung oder Rechtsprechung verlieren, so bleiben die übrigen Bestimmungen hiervon unberührt. In diesem Falle werden beide Seiten

für die ungültig gewordenen Punkte der Betriebsvereinbarung eine neue, gültige Formulierung vereinbaren, die dem früheren Sinn soweit wie möglich entspricht.

2. Im Falle von nicht beilegbaren Streitigkeiten, die sich aus der Anwendung oder Auslegung der Betriebsvereinbarung ergeben, entscheidet eine Einigungsstelle nach § 76 BetrVG.
3. Diese Betriebsvereinbarung ist mit einer Frist von ... Monaten zum Schluss eines Kalenderjahres kündbar; erstmals zum Datum. Die Kündigung dieser Betriebsvereinbarung ist nur wirksam, wenn sie schriftlich erfolgt. Die Betriebsvereinbarung wirkt im Hinblick auf Ansprüche der Arbeitnehmer nach. Sie entfaltet keine Nachwirkung im Hinblick auf die Frage der Einführung, Veränderung oder Fortsetzung der Kurzarbeit. Anlagen sind Bestandteil dieser Betriebsvereinbarung.

Ort, Datum, Unterschriften

34.2.3 Einführung von E-Learning

BV 77

§ 1 Geltungsbereich
Diese Betriebsvereinbarung gilt für
1. räumlich ...
2. persönlich ...
3. fachlich ...

§ 2 Ziele
Ziel dieser Betriebsvereinbarung ist es, den Einsatz von elektronisch gespeicherten und gesteuerten Lerneinheiten über das IT-System des Unternehmens oder über Drittanbieter zu regeln. Das E-Learning soll den Arbeitnehmer:innen einen räumlich und zeitlich flexiblen Zugriff auf bestimmte Weiterbildungsangebote ermöglichen. Es ist ein Teil der Gesamtstrategie zur Qualifizierung der Arbeitnehmer. Ziel des E-Learning ist es nicht, andere Lernmethoden zu ersetzen bzw. zu verdrängen.

§ 3 Begriffsbestimmung E-Learning
E-Learning ist elektronisch unterstütztes Lernen. Zum E-Learning gehört jede Art der Weiterbildung und Qualifizierung, die ausschließlich oder maßgeblich durch elektronische Medien (CD, DVD, Intranet oder Internet) durchgeführt wird.

§ 4 Einsatzmöglichkeiten von E-Learning
E-Learning eignet sich nicht für alle Inhalte von Qualifizierung bzw. Weiterbildung.
Das Unternehmen wird nur solche Inhalte von Qualifizierung und Weiterbildung durch E-Learning anbieten, die hierzu grundsätzlich geeignet sind. Vor Einführung eines konkreten Qualifizierungs- bzw. Weiterbildungsprogramms überprüfen Geschäftsleitung und Betriebsrat einvernehmlich die Eignung des Weiterbildungsangebots für das E-Learning. Dies gilt sowohl für eigene wie für externe E-Learning Angebote.
Die Betriebsparteien gehen dabei grundsätzlich davon aus, dass

- Qualifizierungen, die überwiegend auf Faktenlernen konzentriert sind, für das E-Learning geeignet sind,
- Qualifizierungen, die eine geringe Verknüpfung von wenigen Inhalten und ohne komplexe Wechselwirkungen erfordern, sich je nach Vorwissen der Lernenden für das E-Learning eignen,
- Weiterbildungsinhalte, die eine starke Verknüpfung von Inhalten mit einer starken Wechselwirkung untereinander sich nur begrenzt für E-Learning eignet,
- Weiterbildungsangebote zu Verhaltensthemen (z. B. Kommunikation, Rhetorik, Verhalten in Arbeitsgruppen usw.) sich nicht für das E-Learning eignen.

§ 5 Lernzeit und Lernort

Das E-Learning findet grundsätzlich während der Arbeitszeit statt.
Die für das E-Learning aufgewendete Zeit ist Arbeitszeit. Dies gilt unabhängig davon, wo der Arbeitnehmer die E-Learning-Angebote nutzt. Nutzt die Arbeitnehmer:in die E-Learning-Angebote über Telearbeitsplätze oder mittels Lehrmedien wie CD oder DVD außerhalb des Betriebes, ist die Lernzeit als Arbeitszeit zu erfassen. Bei Telearbeitsplätzen gilt die Betriebsvereinbarung über Telearbeitsplätze vom ... Beim Lernen mittels CD/DVD erfasst die Arbeitnehmer:in seine Lernzeit selbst und reicht diese bei der Personalabteilung für die Arbeitszeit und Entgeltabrechnung ein. Durch das E-Learning dürfen die gesetzlichen und betrieblichen Höchstarbeitszeiten (Betriebsvereinbarung vom ...) nicht überschritten werden. Das Unternehmen ist verantwortlich für die Einhaltung der Arbeitszeitbestimmungen.
E-Learning ist nur dann Arbeitnehmern anzubieten, wenn diese an einem Arbeitsplatz tätig sind, der ihnen ein ungestörtes E-Learning ermöglicht. Dies ist z. B. nicht der Fall bei Arbeitsplätzen mit Kundenkontakt oder in Großraumbüros. Um Arbeitnehmern, deren Arbeitsplätze E-Learning nicht zulassen, E-Learning zu ermöglichen, richtet das Unternehmen gesonderte E-Learning-Plätze ein. Arbeitsplätze, die nicht zum E-Learning geeignet sind, sind in der Anlage 1 zu dieser Betriebsvereinbarung aufgeführt.

§ 6 Kosten

Die Kosten für das E-Learning trägt das Unternehmen.

§ 7 Erfolgskontrollen und Prüfungen

Zur Überprüfung des Lernfortschritts können in die E-Learning-Programme Lernkontrollen eingefügt werden. Die Ergebnisse dieser Lernkontrollen werden nur den am E-Learning teilnehmenden Arbeitnehmern selbst zur Verfügung gestellt. Ausgenommen hiervon sind Tutoren, die die Arbeitnehmer:innen, die E-Learning betreiben, betreuen. Ihnen ist der Zugriff auf die Lernkontrollen mit Zustimmung der Arbeitnehmer:in zu gestatten.
Eine Speicherung von Ergebnissen von Lernkontrollen auf zentralen oder dezentralen Servern ist nur zulässig, wenn die Ergebnisse der Lernkontrollen durch die Vergabe von beschränkten Zugriffsrechten in Verbindung mit dem Datenschutzkonzept gemäß der Betriebsvereinbarung IT-Datenschutz vom ... sichergestellt ist.

Soweit durch gesetzliche oder sonst anwendbare Vorschriften der Nachweis von bestimmten Kenntnissen erforderlich ist und die Qualifizierung über E-Learning erfolgt, dürfen nur die Prüfungen und Ergebnisse gespeichert werden, die für den Nachweis der erfolgreichen Prüfung bzw. Qualifizierung nach den jeweils für die Prüfung bzw. Qualifizierung geltenden Vorschriften erforderlich sind. Solche Prüf- bzw. Testergebnisse werden nur so lange gespeichert, wie es für den Weiterbildungsprozess bzw. die Dokumentation der Prüfung bzw. Qualifizierung notwendig ist.

§ 8 Steuerung des Weiterbildungsprozesses
Jeder einzelne E-Learning-Baustein – gleich, um welchen Inhalt es sich handelt – ist zunächst mit einer Einführung und mit Hinweisen zum E-Learning auszugestalten.
Zur Begleitung von E-Learning-Prozessen werden für die verschiedenen Inhalte Tutoren benannt, die die Teilnehmer am E-Learning beraten können. Die Tutoren müssen über umfangreiche Erfahrungen in den konkreten E-Learning-Programmen und in der Begleitung der Weiterbildungsprozesse verfügen.

§ 9 Einführung des E-Learnings
Das Unternehmen wird über ein E-Learning-Managementsystem allen Arbeitnehmern einen Weiterbildungskatalog mit allen klassischen und allen E-Learning-Weiterbildungsangeboten zur Verfügung stellen. Dieser umfasst sowohl betriebliche als auch außerbetriebliche Angebote. Dieser Weiterbildungskatalog muss über eine entsprechende Suchfunktion nach Qualifizierungen verfügen. Er muss gleichzeitig bestimmte gesetzlich vorgeschriebene Qualifikationen für einzelne Arbeitnehmergruppen gesondert ausweisen. Weiterhin muss er die Buchung von E-Learning und sonstigen Weiterbildungsangeboten ermöglichen.
Mit Ausnahme der Fremdsprachen-E-Learning-Module sind alle E-Learning-Module in Deutsch zu verfassen.

§ 10 Zeitliche Lage des E-Learnings
Die Teilnahme am E-Learning-Programm ist im Hinblick auf die Arbeitszeit mit dem jeweiligen Vorgesetzten abzustimmen.

§ 11 Auswertung der E-Learning-Erfahrungen
Nach Abschluss des ersten Jahres in der Anwendung von E-Learning werden die Erfahrungen mit dem E-Learning durch eine Befragung der Teilnehmer ausgewertet. Diese Befragung hat anonym zu erfolgen. Geschäftsleitung und Betriebsrat werden sich danach über den weiteren Einsatz des E-Learnings verständigen.

§ 12 Schlussbestimmungen
1. Im Falle von nicht beilegbaren Streitigkeiten, die sich aus der Anwendung oder Auslegung der Betriebsvereinbarung ergeben, entscheidet eine Einigungsstelle nach § 76 BetrVG.
2. Sollten einzelne Punkte der Betriebsvereinbarung ungültig sein oder ihre Gültigkeit aufgrund neuer Gesetzgebung oder Rechtsprechung verlieren, so bleiben die

übrigen Bestimmungen hiervon unberührt. In diesem Falle werden beide Seiten für die ungültig gewordenen Punkte der Betriebsvereinbarung eine neue, gültige Formulierung vereinbaren, die dem früheren Sinn soweit wie möglich entspricht.
3. Diese Betriebsvereinbarung ist mit einer Frist von ... Monaten zum Schluss eines Kalenderjahres kündbar; erstmals zum Datum. Die Kündigung dieser Betriebsvereinbarung ist nur wirksam, wenn sie schriftlich erfolgt. Die Betriebsvereinbarung wirkt nach. Anlagen sind Bestandteil dieser Betriebsvereinbarung.

Ort, Datum, Unterschriften

34.2.4 Aufbau Kompetenzdatenbank

BV 78

Präambel
Der Geschäftszweck der Firmenbezeichnung-AG (= Firma) besteht als Folge eines tiefgreifenden Restrukturierungsprozesses zukünftig in der Durchführung eines sicheren, schnellen und kosteneffizienten ...
Um diese neue Aufgabe erfolgreich mit Eigenpersonal zu bewerkstelligen, bedarf es einer Klarheit und Übersicht über die aktuell vorhandenen Qualifikationen sowie über die persönlichen Vorstellungen der Arbeitnehmer.

§ 1 Geltungsbereich und Gegenstand
Die Betriebsvereinbarung gilt für alle Arbeitnehmer und die Auszubildenden der Firma in sämtlichen Betriebsstätten.

§ 2 Ziel und Zweck
Mit dieser Vereinbarung werden insbesondere die Ziele verfolgt
- einen Überblick über die vorhandenen Qualifikationen der Arbeitnehmer der Firma zu erhalten,
- einen Profilabgleich zwischen vorhandenen Qualifikationen und Anforderungen durchzuführen,
- den Arbeitnehmern die Gelegenheit zu geben, der Personalabteilung ihre Wünsche bezüglich ihrer beruflichen Zukunft mitzuteilen.

§ 3 Anwendung und Begriffsbestimmung
Um einen Überblick über vorhandene Qualifikationen der Arbeitnehmer zu bekommen und diese mit Anforderungsprofilen abzugleichen, werden im SAP HR vorhandene Felder zukünftig genutzt, um dort Ausbildungsabschlüsse, weitere Qualifikationen und persönliche Wünsche für die berufliche Zukunft der Arbeitnehmer zu erfassen. Die Datenfelder im SAP HR entsprechen dem bislang bereits vom Betriebsrat genehmigten Betrieb des SAP HR, neu in der Firma ist die Nutzung dieser Felder und die automatisierte Auswertung. Für diese Daten und ihre Auswertungen wird in diesem Dokument der Begriff »Kompetenzdatenbank« verwendet.

Die in dieser Betriebsvereinbarung verwendeten Begriffe »Arbeitnehmer«, »Betriebsrat«, »Personalreferent« und »Vorgesetzter« umfassen sowohl weibliche als auch männliche Beschäftigte.

§ 4 Funktionalitäten

1. Bericht Arbeitnehmerprofil: Qualifikationen

Die Qualifikationen können vom Arbeitnehmer, Personalreferenten und Vorgesetzten im HR-Portal gepflegt und angesehen werden. Der Arbeitnehmer kann sich somit jederzeit im HR-Portal ansehen, welche Daten über seine Qualifikationen gespeichert sind und kann diese bei Bedarf ändern. Alle Qualifikationen müssen auf Anforderung durch entsprechende Zeugnisse oder Bescheinigungen nachweisbar sein. Änderungen in den Daten durch die Personalreferenten sind dem betroffenen Arbeitnehmer unaufgefordert mitzuteilen. Welche Qualifikationen erfasst werden können, ist in Anlage 1 dargestellt.

2. Bericht Arbeitnehmerprofil »Weitere Daten zur Personalentwicklung«

Die »Weiteren Daten zur Personalentwicklung« können nur vom Arbeitnehmer und vom Personalreferenten im HR-Portal gepflegt und angesehen werden. Es handelt sich um persönliche Wünsche und Vorstellungen des Arbeitnehmers über seine berufliche Zukunft. Vielen Arbeitnehmern ist es ein Bedürfnis, der Personalabteilung ihre persönlichen Vorstellungen mitzuteilen. Die Angaben sind jedoch freiwillig und sind keine Pflichtfelder. Außerdem kann der Arbeitnehmer die Daten jederzeit ohne Angabe von Gründen ändern. Änderungen durch die Personalreferenten werden i. d. R. nur auf Aufforderung des Arbeitnehmers vorgenommen und sind dem betroffenen Arbeitnehmer unaufgefordert mitzuteilen. Welche »Weiteren Daten zu Personalentwicklung« erfasst werden können, ist in Anlage 2 dargestellt.

3. Bericht Qualifikationsübersicht

Die Personalreferenten der Firma können sich im SAP HR Backend eine Übersicht über die Qualifikationen aller Arbeitnehmer ansehen und ausdrucken.

4. Profilabgleich

Die Personalreferenten können eine Suchabfrage nach Qualifikationen starten (»Profilabgleich«). Der Profilabgleich kann ausgedruckt oder nach Excel exportiert werden. Gesucht werden kann dabei nur nach den Qualifikationen (§ 4, 1.). Nicht maschinell ausgewertet werden dabei die »Weiteren Daten zu Personalentwicklung« (§ 4, 2.). Diese werden lediglich angezeigt bei Ansicht eines einzelnen Arbeitnehmerprofils.

§ 5 Berechtigungen

Funktionalität	Rolle			
	Mitarbeiter	Vorgesetzter	Personal-referent	Betriebsrat
Pflege Mitarbeiterprofil: Qualifikationen	L/S	L/S	L/S	L/S
Anzeige und Ausdruck des Berichts Mitarbeiterprofil: Qualifikationen	L	L	L	L
Pflege Mitarbeiterprofil: Weitere Daten zu PE	L/S		L/S	
Anzeige und Ausdruck des Berichts Mitarbeiterprofil: Weitere Daten zu PE	L		L	
Anzeige und Ausdruck des Berichts Qualifikationsübersicht			L	
Profilabgleich			L	
Ausdruck und Exportieren des Profilabgleichs			L	

L = Lesender Zugriff L/S = Lesender und schreibender Zugriff

§ 6 Weitere Festlegungen

1. Im Bericht Mitarbeiterprofil wird der Vollständigkeit halber die Fortbildungshistorie angezeigt, welche auch derzeit schon im HR-Portal angezeigt wird.
2. Es ist die Pflicht des Arbeitnehmers, den Bereich »Qualifikationen« zu pflegen und aktuell zu halten.
3. Eintragungen im Bereich »Weitere Daten zu Personalentwicklung« sind freiwillig.
4. Wenn aufgrund eines Profilabgleichs eine personelle Einzelmaßnahme erfolgt, ist dem Betriebsausschuss zusammen mit dem Vorgang ein Ausdruck des Profilabgleichs vorzulegen.
5. Eine quasi automatische Stellenbesetzung erfolgt nicht, die Mitbestimmungsrechte des Betriebsrats bleiben unberührt.
6. Die Personalabteilung erstellt einen Leitfaden zur Nutzung der Kompetenzdatenbank, um ein einheitliches Verständnis über die Kategorien/Fragen bei allen Vorgesetzten und Arbeitnehmern sicherzustellen.

§ 7 Schlussbestimmungen

1. Die Betriebsvereinbarung muss an der tatsächlichen Arbeit mit der Kompetenzdatenbank gemessen werden und wird nach ca. sechs Monaten überprüft. Änderungen sind einvernehmlich zwischen Arbeitgeber und Betriebsrat zu vereinbaren.
2. Die Betriebsvereinbarung kann mit einer Frist von drei Monaten zum Jahresende gekündigt werden.
3. Nach Ablauf dieser Vereinbarung gelten ihre Regelungen weiter, bis sie durch eine neue Vereinbarung ersetzt werden.
4. Diese Betriebsvereinbarung tritt mit Wirkung zum Datum in Kraft.

Ort, Datum, Unterschriften

35. Personelle Einzelmaßnahmen

35.1 Einleitung

Zu den personellen Einzelmaßnahmen im Sinne des Betriebsverfassungsgesetzes gehören:

- Die Einstellung/Eingruppierung/Umgruppierung/Versetzung in Unternehmen mit in der Regel mehr als 20 wahlberechtigten Arbeitnehmern (§§ 99, 100, 101 BetrVG: Informations- und Zustimmungsverweigerungsrecht des Betriebsrats)
- Die Kündigung (§ 102 BetrVG: Informations-, Anhörungsrecht; Betriebsrat kann »Bedenken« und bei ordentlicher Kündigung »Widerspruch« einlegen)
- Die außerordentliche Kündigung von Mitgliedern von Organen der Betriebsverfassung (§ 103 Abs. 1, 2 BetrVG: Zustimmungsverweigerungsrecht)
- Die Versetzung von Mitgliedern von Organen der Betriebsverfassung, falls dies zu einem Verlust des Amts oder der Wählbarkeit führt (§ 103 Abs. 3 BetrVG: Zustimmungsverweigerungsrecht, wenn Arbeitnehmer mit Versetzung nicht einverstanden ist)
- Die Entlassung oder Versetzung »betriebsstörender« Arbeitnehmer (§ 104 BetrVG: Initiativmitbestimmungsrecht)
- Die Einstellung oder sonstige personelle Veränderung eines leitenden Angestellten (§ 105 BetrVG: Informationsrecht)

Häufig entsteht hier Streit zwischen den Betriebsparteien, z. B. über den Umfang der Informationsverpflichtung des Arbeitgebers oder den Beginn von Fristen etc. Um hier Klarheit für alle Beteiligten zu schaffen, kann es durchaus sinnvoll sein, eine – allerdings freiwillige – Betriebsvereinbarung zu schließen.

Hinweis:
Ergänzend wird auf die Vereinbarung zur »Regelung von Abmahnungen« hingewiesen (7.1).

35.2 Betriebsvereinbarungen

35.2.1 Zustimmungsbedürftigkeit von Kündigungen (Kündigungsverfahren nach § 102 BetrVG)

BV 79

Vorbemerkung
Arbeitgeber und Betriebsrat können vereinbaren, dass Kündigungen der Zustimmung des Betriebsrats bedürfen und bei nicht beizulegenden Meinungsverschiedenheiten eine verbindliche Entscheidung der Einigungsstelle über die Berechtigung der nicht erteilten Zustimmung zu ergehen hat (§ 102 Abs. 6 BetrVG; vgl. DKW-*Bachner*, § 102 Rn. 338 ff.). Die Vorschrift kann in der betrieblichen Praxis vor allem als Bestandteil von Interessenausgleichsvereinbarungen, Sanierungsvereinbarungen bzw. Sozialplänen eine Rolle spielen. Auch im Zusammenhang mit der Errichtung einer Transfergesellschaft kann es sinnvoll sein, die Kündigungsentscheidungen des Arbeitgebers einem erweiterten Mitbestimmungsrecht des Betriebsrats zu unterwerfen.

Rubrum

1. **Präambel**
   Es folgen Ausführungen zum betrieblichen Hintergrund und zum Zwecke der Vereinbarung.
2. **Persönlicher, sachlicher und zeitlicher Geltungsbereich**
3. **Ausschluss betriebsbedingter Beendigungskündigungen**
   Betriebsbedingte Beendigungskündigungen, die auf die in der Präambel beschriebenen Strukturveränderungen zurückzuführen sind, sind für Arbeitnehmer, die bereits am Datum in einem Arbeitsverhältnis zu der Gesellschaft gestanden haben, bis zum Datum ausgeschlossen.
4. **Zulässigkeit betriebsbedingter Änderungskündigungen**
   4.1 Betriebsbedingte Änderungskündigungen für die Arbeitnehmer, die von den in der Präambel beschriebenen Strukturveränderungen betroffen sind und denen ein Arbeitsplatz an einem anderen Standort, ein anderer Arbeitsplatz am bisherigen Standort oder sonstige geänderte Arbeitsbedingungen am bisherigen Standort angeboten werden, sind hinsichtlich des in Ziff. 2 genannten Personenkreises bis zum Datum nur mit Zustimmung des Betriebsrats möglich. Eine solche betriebsbedingte Änderungskündigung ist nur wirksam, wenn der Betriebsrat seine Zustimmung erteilt hat oder die Zustimmung des Betriebsrats durch die Einigungsstelle ersetzt wird.
   4.2 Die Zustimmung ist zu erteilen, wenn der Arbeitsplatz an einem anderen Standort, ein anderer Arbeitsplatz am bisherigen Standort bzw. die mit der Änderungskündigung angestrebte sonstige Änderung der Arbeitsbedingungen am bisherigen Standort unter Abwägung der Interessen des Arbeitgebers und des

betroffenen Arbeitnehmers für diesen zumutbar ist. Die Zumutbarkeit richtet sich nach den in Ziff. 5 festgelegten Kriterien.

4.3 Verweigert der Betriebsrat der beabsichtigten Änderung der Arbeitsbedingungen im Wege der Änderungskündigung die Zustimmung, weil er diese für nicht zumutbar hält oder äußert er sich auf einen Zustimmungsantrag des Arbeitgebers nicht innerhalb einer Frist von einer Woche, beginnend mit der vollständigen Information des Betriebsrats über die beabsichtigte Änderung der Arbeitsbedingungen durch den Arbeitgeber, ist der Arbeitgeber berechtigt, die Einigungsstelle anzurufen. Die Einigungsstelle kann die Zustimmung des Betriebsrats ersetzen. Die Einzelheiten zum Einigungsstellenverfahren sind in Ziff. 4.4 geregelt.

4.4 Die Einigungsstelle wird bei Auftreten des ersten Falles der vorgenannten Art als ständige Einigungsstelle errichtet. Sie tagt unter dem Vorsitz von Richter Name am Arbeitsgericht ... mit je drei von den Betriebsräten und den Arbeitgebern zu benennenden Beisitzern. Erklärt der Arbeitgeber erstmals, dass er die Einigungsstelle anrufen will, müssen Betriebsrat und Arbeitgeber innerhalb von einer Woche/Arbeitstagen ihre Beisitzer benennen. Die vom Betriebsrat zu bestimmenden Beisitzer sollen Arbeitnehmer der diesen Sozialplan schließenden Gesellschaften sein. Die Parteien können für die von ihnen benannten Einigungsstellenmitglieder Stellvertreter benennen, sie können die von ihnen benannten Mitglieder der Einigungsstelle abberufen und andere Mitglieder benennen. Über die Abberufung des Vorsitzenden wegen Besorgnis der Befangenheit entsprechend §§ 42, 1037 ZPO entscheidet auf Antrag eines Beteiligten am Einigungsstellenverfahren das Arbeitsgericht. Im Übrigen gelten die in § 76 und § 76a BetrVG getroffenen Regelungen.

35.2.2 Beteiligungsverfahren nach §§ 99–102 BetrVG

BV 80

Zwischen der Geschäftsführung der Firma Bezeichnung,
im Folgenden Arbeitgeber genannt,
und dem
Betriebsrat der Firma Bezeichnung
wird folgende Betriebsvereinbarung geschlossen:

1. Der Arbeitgeber hat den Betriebsrat über jede personelle Einzelmaßnahme, also jede Einstellung, Versetzung, Eingruppierung, Umgruppierung, Kündigung und beabsichtigte Kündigung schriftlich und gegen Empfangsbekenntnis (Datum und Uhrzeit) zu unterrichten. Das Datum des Empfangsbekenntnisses ist maßgeblich für die Abgabe der Stellungnahme des Betriebsrats innerhalb der Wochenfrist bzw. der Drei-Tages-Frist bei außerordentlichen Kündigungen. Außerdem gilt, dass bei Empfangsbekenntnissen, die erst nach 15:00 Uhr gegengezeichnet werden, diese Fristen erst am folgenden Arbeitstag zu laufen beginnen.
   [ggf. zusätzlich: Der Ablauf der Beteiligungsfristen ist während der Betriebsferien gehemmt. Die Unterbrechung des Fristlaufs endet um 24:00 Uhr des letzten Tages der Betriebsferien bzw. zur gleichen Zeit eines sich anschließenden Sonntags.]

Der Arbeitgeber kann die Unterrichtung auch per E-Mail bewirken. In diesem Falle gelten die vorstehenden Regelungen entsprechend. Als Uhrzeit ist die Zeit der Versendung der E-Mail durch die Personalabteilung maßgeblich.

2. Der Inhalt der Unterrichtung über die jeweiligen personellen Einzelmaßnahmen richtet sich nach den, dieser Betriebsvereinbarung als Muster beigefügten Anlagen. Diese Anlagen sind Bestandteil der Betriebsvereinbarung. Anlage 1 ist für personelle Einzelmaßnahmen im Sinne von § 99 BetrVG, die in Anlage 2 enthaltenen Muster sind für Kündigungen zu verwenden.
3. Die Parteien stellen klar, dass nur das vollständig ausgefüllte Muster die Voraussetzungen für eine ordnungsgemäße Unterrichtung im Sinne dieser Betriebsvereinbarung und der gesetzlichen Bestimmungen darstellt.

Ort, Datum, Unterschriften

Anlage 1
An den
Betriebsratsvorsitzenden/Vorsitzenden des Betriebsausschusses/Personalausschusses
im Hause
Einstellung und Eingruppierung, Versetzung und Umgruppierung
Wir unterrichten Sie gem. § 99 Abs. 1 BetrVG über die beabsichtigte Einstellung/Versetzung von Herrn/Frau Name zum Datum.
Name:
Vorname:
Wohnort:
Straße:

A. Persönliche Daten
Geburtsdatum:
Familienstand:
Anzahl Kinder:

Besondere Sozialdaten, soweit bekannt:

Ausbildung:
Zusätzliche Qualifikationen:

Bei Versetzung – bisheriger Arbeitsplatz/Abteilung:

B. Zu besetzender Arbeitsplatz
Abteilung:

Arbeitsplatz gemäß Stellenbeschreibung/Organigramm:
Nummer der internen Stellenausschreibung:

Tarifliche Vergütung nach Eingruppierung/Versetzung:

(ggf. vorgesehene übertarifliche Vergütung:)

Bei befristeten Beschäftigungsverhältnissen: Dauer der Befristung:
Ausführliche Begründung für die Einstellung:

Auswirkungen der Einstellung/Versetzung im Betrieb:

C. Sonstige Bewerber um den vakanten Arbeitsplatz
Name: ... Vorname:

(ggf. weitere Namen und Ergänzungsblatt!)
Die Bewerbungsunterlagen können vom Betriebsrat jederzeit in der Personalabteilung eingesehen werden.
Auf Wunsch des Betriebsrats können die Bewerbungsunterlagen auch ausgehändigt werden. Um Zustimmung des Betriebsrats zur vorgesehenen Einstellung/Versetzung und Eingruppierung/Umgruppierung von Herrn/Frau Name zum Datum wird gem. § 99 Abs. 1 BetrVG gebeten.

Empfangsbestätigung zur Unterrichtung über die beabsichtigte Einstellung und Eingruppierung von Herrn/Frau Name
Der Betriebsrat bestätigt gegenüber der Personalleitung hiermit, dass er am Datum den Unterrichtsbogen über die geplante Einstellung und Eingruppierung, Versetzung und Umgruppierung von Herrn/Frau Name erhalten hat.

I. Anhörung des Betriebsrats vor ordentlicher Kündigung

An den Betriebsrat Firmenbezeichnung
z. Hd. des Vorsitzenden Name
Betrifft: Beabsichtigte ordentliche Kündigung (§ 102 BetrVG)
Das Unternehmen beabsichtigt, folgendem Arbeitnehmer Name zum Datum fristgerecht unter Einhaltung der Kündigungsfrist von ... eine betriebsbedingte/personenbedingte/verhaltensbedingte Kündigung auszusprechen:
Name, Vorname:
Adresse:
Geburtsdatum:
Familienstand:
Anzahl minderjähriger Kinder (laut Steuerkarte, anderes nicht bekannt):
Schwerbehinderung/Gleichgestellt mit einem Behinderungsgrad von:
Bestehendes Arbeitsverhältnis seit:
Arbeitsort:
Tätigkeitsgebiet/Arbeitsplatz:
Abteilung:

Das Unternehmen bedauert diese Entscheidung, hält sie jedoch aus den nachfolgenden Gründen für unausweichlich: (Darstellung betriebsbedingter/personenbedingter/verhaltensbedingter Gründe).
Sozialauswahl: Sollte im Falle einer betriebsbedingten Kündigung eine Sozialauswahl erforderlich sein, ist auch die Auswahlentscheidung darzustellen und zu begründen.
Es ist beabsichtigt, unmittelbar nach Abschluss des Anhörungsverfahrens die Kündigung auszusprechen.

II. Anhörung des Betriebsrats vor außerordentlicher Kündigung

An den Betriebsrat Firmenbezeichnung
z. Hd. des Vorsitzenden Name
Betrifft: Beabsichtigte außerordentliche Kündigung (§ 102 BetrVG)
Das Unternehmen beabsichtigt, folgendem Arbeitnehmer fristlos, bei Unwirksamkeit der fristlosen Kündigung vorsorglich fristgerecht zum nächstmöglichen Kündigungstermin, dem Datum, zu kündigen:
Name, Vorname:
Adresse:
Geburtsdatum:
Familienstand:
Anzahl minderjähriger Kinder (laut Steuerkarte):
Weitere Unterhaltsverpflichtungen sind uns nicht bekannt.
Schwerbehinderung/Gleichgestellt mit einem Behinderungsgrad von:
Bestehendes Arbeitsverhältnis seit:
Arbeitsort:
Tätigkeitsgebiet/Arbeitsplatz:
Abteilung:
Das Unternehmen hält den Ausspruch einer außerordentlichen Kündigung aus folgenden Gründen für zwingend geboten: (Darstellung der außerordentlichen, in der Regel verhaltensbedingten Gründe).
Es ist beabsichtigt, unmittelbar nach Abschluss des Anhörungsverfahrens die Kündigung auszusprechen.

III. Anhörung des Betriebsrats vor einer ordentlichen Änderungskündigung

An den Betriebsrat Firmenbezeichnung
z. Hd. des Vorsitzenden Name
Betrifft: Beabsichtigte ordentliche Änderungskündigung (§§ 99, 102 BetrVG)
Das Unternehmen beabsichtigt, folgendem Arbeitnehmer Name fristgerecht, unter Einhaltung der ordentlichen Kündigungsfrist von … zum Datum zu kündigen:
Name, Vorname:
Adresse:
Geburtsdatum:
Familienstand:
Anzahl minderjähriger Kinder (laut Steuerkarte):
Weitere Unterhaltsverpflichtungen sind uns nicht bekannt.

Schwerbehinderung/Gleichgestellt mit einem Behinderungsgrad von:
Bestehendes Arbeitsverhältnis seit:
Arbeitsort:
Tätigkeitsgebiet/Arbeitsplatz:
Abteilung:
Das Unternehmen beabsichtigt, dem Arbeitnehmer zugleich die Fortsetzung des Arbeitsverhältnisses zu folgenden geänderten Bedingungen anzubieten:
Dem Arbeitnehmer wurde dieses Angebot am Datum unterbreitet. Er hat das Angebot am Datum abgelehnt. Um dem Arbeitnehmer den drohenden Verlust des Arbeitsplatzes noch einmal deutlich vor Augen zu führen, beabsichtigen wir nunmehr, unmittelbar nach Abschluss des Anhörungsverfahrens die Änderungskündigung auszusprechen.
Das Unternehmen hält die Änderungskündigung aus folgenden Gründen für erforderlich:

Sozialauswahl: Sollte im Falle einer betriebsbedingten Änderungskündigung eine Sozialauswahl erforderlich sein, ist auch die Auswahlentscheidung darzustellen und zu begründen.
Es ist beabsichtigt, unmittelbar nach Abschluss des Anhörungsverfahrens die Kündigung auszusprechen.

36. Information des Wirtschaftsausschusses

36.1 Einleitung

Wichtigstes Ziel der Arbeit des Wirtschaftsausschusses ist es, Informationen zu erlangen über »das, was nach den Planungen des Unternehmers sein soll«. Natürlich sind auch vergangenheitsbezogene Informationen wichtig, um bestimmte Trends erkennen zu können. Noch wichtiger aber sind die zukunftsbezogenen Informationen (Plandaten), denn es geht bei der Wirtschaftsausschuss- und Betriebsratsarbeit letztlich darum, Konzepte und Vorgehensweisen zu entwickeln, die die Planungen und Entscheidungen des Unternehmers im Sinne der Interessen der Beschäftigten zu beeinflussen vermögen.
Deshalb kommt es darauf an, dass der Wirtschaftsausschuss die »richtigen« Fragen stellt und dass er die ermittelten Daten und Informationen in einer für den Betriebsrat/Gesamtbetriebsrat handhabbaren Weise aufarbeitet.
Eine grundsätzliche Schwierigkeit der Wirtschaftsausschussarbeit liegt darin, dass auf Seiten der Unternehmer häufig nur wenig Neigung besteht, den Wirtschaftsausschuss ordnungsgemäß – also rechtzeitig, umfassend und unter Vorlage nachvollziehbarer Unterlagen – zu informieren, d.h. mit solchen Informationen zu bedienen, die der Betriebsrat/Gesamtbetriebsrat für Alternativkonzepte

oder gar Gegenstrategien nutzen kann. Oft wird der Unternehmer für die Interessenvertreterarbeit notwendige/nützliche Informationen erst auf ausdrückliche Nachfrage offen legen.
Häufig entsteht zwischen den Betriebsparteien Streit über den richtigen Zeitpunkt der Unterrichtung sowie den Umfang der Informations- und Beratungsverpflichtung des Unternehmers. Deshalb kann eine – allerdings freiwillige – Betriebsvereinbarung hier eine sichere Arbeitsgrundlage für alle Beteiligten schaffen.
Sobald ein Unternehmen in der Regel mehr als 100 Mitarbeiter beschäftigt, ist ein Wirtschaftsausschuss zu gründen, in kleineren Unternehmen oder in Tendenzbetrieben kann die Gründung eines Wirtschaftsausschusses durch eine freiwillige Betriebsvereinbarung erfolgen und näher ausgestaltet werden. Hier sind die Betriebsparteien sehr frei in ihrer Gestaltung.

36.2 Betriebsvereinbarungen

36.2.1 Unterrichtung des Wirtschaftsausschusses

BV 81

Zwischen
dem Betriebsrat
und
der Geschäftsleitung
wird folgende Betriebsvereinbarung zur **Unterrichtung des Wirtschaftsausschusses** geschlossen:

Präambel
Mit dieser Betriebsvereinbarung vereinbaren die Betriebsparteien einvernehmlich ihre nähere Form der Zusammenarbeit in wirtschaftlichen Angelegenheiten. Die Betriebsparteien sind sich darüber einig, dass die Gründung eines Wirtschaftsausschusses im beidseitigen Interesse den Kommunikationsfluss zu verbessern hilft. Zur Vermeidung rechtlicher Streitigkeiten soll die einvernehmliche Ausgestaltung des Kommunikationsprozesses erfolgen.

1. Information und Beratung über die Ist-Situation
a. Der Wirtschaftsausschuss wird monatlich über die aktuelle wirtschaftliche und finanzielle Situation des Unternehmens informiert. Die Information über die wirtschaftliche Situation erfolgt anhand der unternehmensüblichen kurzfristigen Erfolgsrechnung/Betriebsergebnisrechnung (vgl. **Anlage 1**). Die Information über die finanzielle Situation erfolgt anhand einer Übersicht über den Liquiditätsstatus zum jeweiligen Monatsende (Kontenstände, eingeräumte Kreditlinien, kurzfristige Forderungen und Verbindlichkeiten, Sicherheitsleistungen). Über aktuelle Zahlungsschwierigkeiten (Verzögerung der Lohn- bzw. Gehaltszahlung, Rückstände bei den Zahlungen an AOK, Verweigerung der Einlesung eigener Schecks oder Wechsel o. Ä.) wird der Wirtschafts-

ausschuss unverzüglich auch außerhalb vereinbarter Sitzungstermine unter Angabe der Gründe informiert.
b. Dem Wirtschaftsausschuss werden monatlich die in **Anlage 2** aufgelisteten Informationen für die einzelnen Abteilungen/Betriebe und des gesamten Unternehmens übergeben. Außerdem wird dem Wirtschaftsausschuss jährlich einmal eine Aufstellung pro Abteilung/Betrieb über die Eingruppierung der Beschäftigten (ohne Aushilfen) übergeben.
c. Den Mitgliedern des Wirtschaftsausschusses sind die entsprechenden Unterlagen rechtzeitig (mindestens eine Woche vor der entsprechenden Wirtschaftsausschusssitzung mit der Geschäftsleitung) zu übergeben.
d. Die entsprechenden Unterlagen werden in der jeweiligen Wirtschaftsausschusssitzung von der Geschäftsleitung oder deren Vertreter erläutert. Dem Wirtschaftsausschuss steht das Recht zu, sich einzelne Ertrags- und Kostenarten inhaltlich erläutern und weiter untergliedern zu lassen. Weitergehende Untergliederungen einzelner Ertrags- und Kostenarten sind auf Anforderung des Wirtschaftsausschusses in schriftlicher Form zu übergeben.
e. Von der Geschäftsleitung werden vor allem die Abweichungen (Prozentsatz vom Budget/Plan und vom Vorjahr) für den abgelaufenen Monat und das aufgelaufene Jahr dargestellt und erläutert. Die Geschäftsleitung wird über die Ursachen dieser Abweichungen und über geplante Maßnahmen zur Beseitigung der Abweichungen sowie über die hiermit verbundenen personellen Auswirkungen unter Bezugnahme auf die Personalplanung berichten.

2. Information und Beratung über die Planung

a. Der Wirtschaftsausschuss wird von der Geschäftsleitung einmal jährlich über die lang-, mittel- und kurzfristige Planung in allen wirtschaftlichen, personellen und sozialen Fragen schriftlich unterrichtet. Die regelmäßig zu beratenden Planungen sind in **Anlage 3** aufgeführt.
b. Der Wirtschaftsausschuss wird über die Investitions-, Umsatz-, Kosten-, Erfolgs- und Personalplanung vor der endgültigen Festlegung durch die Geschäftsleitung bzw. die Gesellschafterversammlung informiert. Diese Planungen werden zwischen Geschäftsleitung und Wirtschaftsausschuss so rechtzeitig beraten, dass die Beratungsergebnisse noch Eingang in die endgültige Planung finden können.
c. Der Wirtschaftsausschuss wird über sämtliche erforderliche Veränderungen der bereits erörterten Planungsunterlagen umgehend schriftlich informiert. Die Änderungsgründe und die veränderten Planungsunterlagen sind Gegenstand der (evtl. außerordentlichen) nächsten Wirtschaftsausschusssitzung mit der Geschäftsleitung.

3. Information und Beratung des Jahresabschlusses (§ 108 Abs. 5 BetrVG)

Der Jahresabschluss wird auf derjenigen Wirtschaftsausschusssitzung erläutert, die unmittelbar nach der Erstellung durch den Wirtschaftsprüfer/Steuerberater folgt. Jedem Wirtschaftsausschussmitglied werden die Bilanz, die Gewinn- und Verlustrechnung, der Anhang, der Lagebericht und die Gewinnverwendungsrechnung sowie der

Bericht des Wirtschaftsprüfers/Steuerberaters über den Jahresabschluss mindestens zwei Wochen vor der Sitzung ausgehändigt.

4. Abstimmung des Vierteljahresberichts (§ 110 BetrVG)

a. Die Geschäftsführung informiert den Wirtschaftsausschuss schriftlich über die von ihr beabsichtigte vierteljährliche Information über die wirtschaftliche Lage und Entwicklung des Unternehmens an die Belegschaft gem. § 110 BetrVG. Diese schriftliche Information an den Wirtschaftsausschuss hat mindestens eine Woche vor der entsprechenden Wirtschaftsausschusssitzung zu erfolgen, auf der dieser Bericht an die Belegschaft mit dem Wirtschaftsausschuss und dem Betriebsrat erörtert und abgestimmt werden soll. Die Information an die Belegschaft erfolgt erst nach Abstimmung mit dem Wirtschaftsausschuss und (Gesamt-)Betriebsrat.

b. Ergeben sich bei der Erörterung und Abstimmung des Berichts an die Belegschaft unterschiedliche Auffassungen zwischen den Betriebsparteien über einzelne Berichtspunkte, die in dem gemeinsamen Erörterungstermin nicht auszuräumen sind, dann Informiert der Betriebsrat/Gesamtbetriebsrat die Belegschaft über seine abweichenden Auffassungen in der gleichen Form, in der die Geschäftsführung die Belegschaft Informiert

5. Sonstige Information

Welche Unterlagen über die bereits genannten hinaus im Einzelfall zusätzlich erforderlich sind, ergibt sich jeweils aus der aktuellen wirtschaftlichen, personellen und sozialen Situation des Unternehmens und aus den entsprechenden Fragestellungen des Wirtschaftsausschusses zu einzelnen Punkten der Tagesordnung.

Die Geschäftsleitung verpflichtet sich, im Wirtschaftsausschuss über alle Vorgänge und Vorhaben zu berichten, die die Interessen der Arbeitnehmer wesentlich berühren und die noch nicht im Zusammenhang mit dem Durchsprechen der kurzfristigen Erfolgsrechnung, der Investitionsplanung, der Umsatz- und Erfolgsplanung und der Personalplanung erörtert wurden.

Hierzu gehören u. a. folgende Planungen und Projekte:

- Abschluss von Verträgen mit wesentlichen finanziellen Auswirkungen
- Vornahme von Rationalisierungsmaßnahmen
- Einführung neuer Arbeitsmethoden/Arbeitstechniken
- Veränderung der Arbeitsabläufe und der Arbeitsorganisation
- Veränderung der Unternehmensorganisation
- Veränderung der Unternehmensführung
- Konzessionierung bisheriger Unternehmensbereiche
- Wesentliche Veränderungen in der Sortimentsstruktur
- Einschalten von Unternehmensberatern
- Aufgabe/Erwerb von Beteiligungen
- Veränderungen in der Gesellschafterstruktur
- Übernahme des Unternehmens, wenn damit der Erwerb der Kontrolle verbunden ist.

Die Darstellung der Auswirkungen dieser Maßnahmen auf die Personalplanung soll sich vor allem auf möglichen Veränderungen

- im Personalbedarf
- in der Personalstruktur
- in den Qualifikationsanforderungen
- bei der Eingruppierung/Entlohnung
- bei der Arbeitszeit
- bei der Arbeitsbelastung/Produktivität

beziehen.

6. Organisatorische Regelungen

a. Pro Jahr werden mindestens zwölf Wirtschaftsausschusssitzungen mit der Geschäftsleitung anhand der vom Wirtschaftsausschuss aufgestellten Tagesordnung abgehalten. Jedes Wirtschaftsausschussmitglied erhält wenigstens sieben Tage vor der Sitzung mit der Geschäftsführung die für die einzelnen Tagesordnungspunkte erforderlichen Unterlagen ausgehändigt.
b. Der Wirtschaftsausschuss hat das Recht, sich während der Sitzung ohne Geschäftsleitung zu beraten.
c. Der Wirtschaftsausschuss kann zur Vor- und Nachbereitung von Wirtschaftsausschusssitzungen Sitzungen ohne die Geschäftsleitung abhalten.

7. Abschließende Regelungen

a. Die Anlagen 1, 2 und 3 sind Bestandteil dieser Vereinbarung.
b. Diese Vereinbarung ist zum Ablauf eines Kalenderjahres, frühestens zum 31.12.20... mit einer Frist von sechs Monaten zum Jahresende kündbar. Sie wirkt nach, bis eine neue Vereinbarung getroffen wurde.
c. Bei Meinungsverschiedenheiten zur Auslegung und Anwendung dieser Vereinbarung verhandeln Gesamtbetriebsrat und Geschäftsführung mit dem ernsten Willen, die Meinungsverschiedenheit auszuräumen. Gelingt dies nicht, entscheidet die Einigungsstelle (§ 109 BetrVG).

Ort, Datum, Unterschriften

Anlage 1 zur Betriebsvereinbarung zur Unterrichtung des Wirtschaftsausschusses
Informationen über die kurzfristige Erfolgsrechnung sind vor allem:

1. Umsatz
2. Bestandserhöhungen/Bestandsminderungen
3. Andere aktivierte Eigenleistungen
4. Sonstige betriebliche Erträge
   a) Anlagenabgang (Gewinn/Verlust)
   b) Werkzeugzuschüsse
   c) Lizenzen
   d) Auflösung von Rückstellungen

5. Materialaufwand
   a) Aufwendungen für Roh-, Hilfs- und Betriebsstoffe und für bezogene Waren
   b) Aufwendungen für bezogene Waren
   c) Aufwendungen für Energie
6. Personalaufwand
   a) Indirekte Löhne
   b) Gehälter
   c) Direkte Löhne
   d) Davon für Leiharbeit
   e) Verlängerte Werkbank
   f) Abfindungen für die Entlassung von Arbeitnehmern
7. Abschreibungen
   a) Abschreibungen auf Anlagevermögen
   b) Abschreibungen auf Umlaufvermögen
8. Sonstige betriebliche Aufwendungen
   a) Erhaltungsaufwand
   b) Transportkosten
   c) Reisekosten
   d) Ausgangsfrachten
   e) Mieten
   f) Versicherungen
   g) Porto und Telefonkosten
   h) Büromaterial
   i) Sonstige Verwaltungskosten
   j) Rechts- und Wirtschaftsberatung
   k) Werbeaufwand/Vertrieb
   l) Lizenzen
9. Ergebnis der gewöhnlichen Geschäftstätigkeit

Anlage 2 zur Betriebsvereinbarung zur Unterrichtung des Wirtschaftsausschusses

1. Anzahl der Beschäftigten (Kopfzahl am Ende des Monats)
   1.1 Männer
   1.2 Frauen
   1.3 Vollzeit
   1.4 Teilzeit
   1.5 Unbefristete Arbeitsverhältnisse
   1.6 Befristete Arbeitsverhältnisse
   1.7 Auszubildende
2. Einstellungen (ohne Aushilfen)
3. Abgänge/Entlassungen
4. geleistete Arbeitsstunden (ohne Aushilfsstunden)
5. Über-/Mehrarbeitsstunden
   5.1 Gewerbliche
   5.2 Angestellte

6. Aushilfsstunden
7. Einsatz von Fremdenfirmen/Leiharbeitnehmern (in Stunden)
8. bezahlte Ausfallzeiten

Anlage 3 zur Betriebsvereinbarung zur Unterrichtung des Wirtschaftsausschusses

1. Information über die Investitionsplanung

Die Information über die Investitionsplanung erfolgt entsprechend dem Planungsrhythmus des Unternehmens jährlich im Wirtschaftsausschuss vor der endgütigen Entscheidung über die vorzunehmenden Investitionen.

Die Darstellung der Investitionsplanung erfolgt schriftlich anhand folgender Systematik:

- Höhe des geplanten Gesamtvolumens der beabsichtigten Investitionen unterteilt in Sachinvestitionen und Finanzinvestitionen,
- Aufteilung des Gesamtvolumens der Sachinvestitionen auf die einzelnen Betriebe/Abteilungen,
- schriftliche Darstellung der Auswirkungen der einzelnen Investitionsvorhaben auf die Personalplanung, vor allem auf
  - Personalbedarf
  - Personalstruktur
  - Qualifikationsanforderungen
  - Eingruppierungen/Entlohnung
  - Arbeitszeit
  - Arbeitsbelastung/Produktivität

2. Information über die Umsatz- und Erfolgsplanung (anhand des Soll-Ist-Vergleichs)

Die Information über die Umsatz- und Erfolgsplanung erfolgt entsprechend dem Planungsrhythmus des Unternehmens jährlich im Wirtschaftsausschuss vor der endgültigen Entscheidung über die Festlegung der geplanten Umsatz- und Erfolgszahlen für die einzelnen Monate sowie für das Gesamtjahr.

Die Darstellung der Umsatz- und Erfolgsplanung erfolgt schriftlich anhand folgender Systematik:

- Planumsätze (Monate/Jahr),
- Plannettorohertrag (Monate/Jahr),
- Planpersonalkosten (Monate/Jahr),
- Planbetriebsergebnis (Monate/Jahr),
- Erläuterungen zur positiven/negativen Veränderung der Planzahlen gegenüber den Ist-Zahlen des laufenden Geschäftsjahres,
- schriftliche Darstellung der Auswirkungen der Umsatz- und Erfolgsplanung auf die Personalplanung, vor allem auf
  - Personalbedarf,
  - Personalstruktur,
  - Qualifikationsanforderungen,
  - Eingruppierung/Entlohnung,

- Arbeitszeit,
- Arbeitsbelastung/Produktivität,

3. Information über die Personalplanung

Die Information über die Personalplanung erfolgt im Wirtschaftsausschuss vor der endgültigen Entscheidung über Veränderungen

- in Personalbedarf,
- in der Personalstruktur,
- in den Qualifikationsanforderungen,
- bei Eingruppierung/Entlohnung,
- bei der Arbeitszeit.

Die Darstellung der Personalplanung erfolgt anhand folgender Systematik jeweils im Soll-Ist-Vergleich:

- Personalbedarf in (Monate/Quartal/Jahr) je Betrieb/Abteilung
- Personalstruktur (Vollzeit-, geringfügig Beschäftigte, sonstige Teilzeit, Aushilfen, befristet Beschäftigte, Auszubildende) je Betrieb/Abteilung
- Qualifikationsstruktur und Eingruppierungsstruktur je Betrieb/Abteilung
- Vertragliches Arbeitszeitvolumen und geleistetes Arbeitszeitvolumen je Betrieb/Abteilung
- Geplante Qualifizierungsmaßnahmen zur Personalentwicklung je Betrieb/Abteilung.

36.2.2 Information des Wirtschaftsausschusses

BV 82

Zwischen der Geschäftsleitung der Firma Firmenbezeichnung und
dem Betriebsrat
wird folgende Betriebsvereinbarung über die **Unterrichtung des Wirtschaftsausschusses** durch die Geschäftsleitung in wirtschaftlichen Angelegenheiten geschlossen:

§ 1

Der Unternehmer erstellt den nach § 108 Abs. 5 BetrVG zu erläuternden Jahresabschluss erstmals für 20… nach § 266 Abs. 2 und 3 HGB (einschließlich Anlagenspiegel) sowie dem Gliederungsschema der GuV nach § 275 Abs. 2 HGB (Gesamtkostenverfahren). Die Entwicklung der Bilanz- und GuV-Posten sind unter Einbeziehung des betrieblich genutzten Anlagevermögens (Anlagespiegel) seit 2001 im Jahresvergleich darzustellen. Zum Jahresabschluss werden zusätzliche Aufgliederungen und Erläuterungen erstellt, wie sie große Kapitalgesellschaften im Jahresabschluss einschließlich Anhang zu geben haben. Alle Bewertungen erfolgen nach steuerrechtlichen Vorschriften. Soweit im Einzelfall davon abgewichen wird, sind die unterschiedlichen Auswirkungen zu den Bewertungen nach Handelsrecht darzulegen. Ebenso sind Änderungen von Bewertungen und Bewertungsmethoden sowie deren unterschiedliche Ergebnisse zur jeweiligen vorausgegangenen Bewertung und Bewertungsmethode darzustellen. Diese Bilanzierungs- und Bewertungsmethoden sind schriftlich zu erläutern.

Zu den vorstehenden Unterlagen gehören oder werden hinzugefügt:
1. Erläuterungsbericht (Anhang)
2. Lagebericht
3. Wirtschaftsprüferbericht.

Alle Unterlagen tragen einen Bestätigungsvermerk (Testat) des beauftragten Wirtschaftsprüfers.

Erstmals werden diese Unterlagen für das Geschäftsjahr ... mit vergleichbaren Vorjahreswerten (Vorjahreswert ...) nach § 2 dieser Vereinbarung zugänglich gemacht.

Diese Übergabe erfolgt künftig innerhalb der ersten drei Monate auf das jeweils vorangegangene Geschäftsjahr. Sofern bis zu dieser Frist kein testierter Jahresabschluss und Wirtschaftsprüferbericht erstellt ist, ist ein vorläufiger Jahresabschluss vorzulegen.

Basierend auf diesen Unterlagen informiert der Unternehmer den Wirtschaftsausschuss im Vierteljahresabstand, jeweils zu Beginn eines Quartals, über die wirtschaftliche Entwicklung in Bezug auf:
- Ertrag und Aufwand
- das Vermögen
- die Finanzlage des Unternehmens (insbesondere Liquiditätslage)
- alle wesentlichen Vorgänge im Unternehmen.

Im Rahmen dieser Informationen legt der Unternehmer fortschreitende Planungsbilanzen (und GuV) für mindestens das nächste Quartal, nächste Halbjahr und das nächste Jahr vor.

§ 2

1. Alle Unterlagen im Rahmen dieser Betriebsvereinbarung sind dem Wirtschaftsausschuss jederzeit zugänglich zu machen, indem sie mit fortlaufenden Blattzahlen zu versehen, in Leitzordner abzuheften und im Sekretariat der Geschäftsleitung aufzubewahren sind. Diese Unterlagen sind dem Wirtschaftsausschuss während der betriebsüblichen Arbeitszeit jederzeit zur Verfügung zu stellen. Empfangsberechtigt sind der Vorsitzende des Wirtschaftsausschusses oder im Verhinderungsfalle dessen Stellvertreter.
2. Die Anfertigung von Fotokopien oder Abschriften dieser Unterlagen ist unzulässig, sofern diese nicht zu weiteren Analysen (z.B. Ergänzungen oder Verknüpfungen mit weiteren Zahlen) erforderlich sind. Das Recht Notizen anzufertigen, bleibt unberührt.

§ 3

Der Unternehmer stellt die Informationen und Unterlagen, die er dem Wirtschaftsausschuss bisher erteilt hat, unverändert in Art und Umfang weiter zur Verfügung, soweit sich dadurch nicht identische Doppelinformationen ergeben. Änderungen werden zwischen dem Betriebsrat und dem Unternehmer schriftlich vereinbart und als Bestandteil dieser Betriebsvereinbarung beigefügt. In Ermangelung einer solchen Vereinbarung kann von Satz 1 nicht abgewichen werden.

§ 4

Die Erfüllung der §§ 1 bis 3 dieser Betriebsvereinbarung beinhaltet den Anspruch des Wirtschaftsausschusses auf umfassende Erläuterung der einzelnen Posten und

Zahlenwerke sowie weiterer Auskünfte. Für die nach Auffassung des Wirtschaftsausschusses oder aufgrund gesetzlicher Verpflichtungen (einschließlich dieser Betriebsvereinbarung) zu erteilenden weiteren Auskünfte des Unternehmers in allen wirtschaftlichen Angelegenheiten werden alle hierzu gehörenden nützlichen Unterlagen entsprechend § 2 zugänglich gemacht. Insbesondere gilt dies auch für weitere Spezifizierungen von einzelnen Posten oder Sachzusammenhängen aus der Anlage zu dieser Betriebsvereinbarung, die Bestandteil dieser Betriebsvereinbarung ist. Durch diese Betriebsvereinbarung werden die jeweils günstigeren geltenden gesetzlichen oder tarifvertraglichen Regelungen (Informationsansprüche) nicht eingeschränkt.

§ 5
Der Unternehmer ist verpflichtet, den Wirtschaftsausschuss über alle Umsatz- und Investitionsplanungen im Stadium der Planung so frühzeitig wie möglich zu informieren und mit ihm in Beratungen einzutreten.

§ 6
Informieren im Sinne dieser Betriebsvereinbarung heißt, dass Wirtschaftsausschuss und Unternehmer über alle zu informierenden wirtschaftlichen Angelegenheiten auf der Grundlage aller Unterlagen beraten, die der Wirtschaftsausschuss hierzu für nützlich hält.

§ 7
Rechtzeitig zur Verfügung stellen der Unterlagen (§ 2) heißt unverzüglich nach ihrer Erstellung. Soweit es sich hierbei um spezielle Unterlagen für bevorstehende Sitzungen oder Beratungen des Wirtschaftsausschusses handelt, werden diese spätestens eine Woche vor dem jeweiligen Beratungs- oder Sitzungstermin ebenfalls nach § 2 zugänglich gemacht.

§ 8
Der Unternehmer überlässt dem Wirtschaftsausschuss einen Handelsregisterauszug mit neuestem Stand der Eintragung. Bei Änderungen dortiger Eintragungen übergibt der Unternehmer unverzüglich einen neuen Auszug.

§ 9
Der Unternehmer oder sein Vertreter hat an allen Sitzungen des Wirtschaftsausschusses teilzunehmen (§ 108 Abs. 2 BetrVG), außer an Beratungen des Wirtschaftsausschusses, die zur Vorbereitung dieser Sitzungen mit dem Unternehmer dienen.

§ 10
Die Anlage zu dieser Betriebsvereinbarung ist Bestandteil dieser Betriebsvereinbarung. Diese Betriebsvereinbarung ist nach Unterschrift des Unternehmens und des Betriebsratsvorsitzenden bzw. dessen Stellvertreter und der nachträglichen Billigung des Betriebsrates abgeschlossen. Sie tritt am Datum in Kraft. Sie ist mit einer Frist von 6 Monaten kündbar, erstmals zum Datum.

Ort, Datum, Unterschriften

Anlage zur Betriebsvereinbarung über die Information des Wirtschaftsausschusses

Die folgenden Daten und Informationen werden dem Wirtschaftsausschuss zusätzlich entsprechend § 2 der Betriebsvereinbarung zugänglich gemacht, soweit sie nicht schon in den Unterlagen, wie sie sich aus der Betriebsvereinbarung ergeben, enthalten sind. Diese Daten sind entsprechend den Gliederungsvorschriften für große Kapitalgesellschaften darzustellen.

1. Bilanz

1.1 Anlagespiegel

getrennt über Sach- und Finanzlagen in der für große Kapitalgesellschaften verlangten Aufgliederung

- Abschreibung, Zuschreibungen, Abgänge zu Nettobuchwerten des Geschäftsjahres
- Zugänge und Abgänge des Geschäftsjahres, die auf Neuzugänge bzw. Abgänge von Betrieben bzw. Unternehmen zurückzuführen sind
- Aufgliederung der Zugänge, insbesondere der Sachanlagezugänge, nach bedeutenden Investitionsprojekten sowie Angabe, inwieweit es sich um Erweiterungs-, Ersatz- und Rationalisierungsinvestitionen handelt

1.2 Verbindlichkeitenspiegel

in der für große Kapitalgesellschaften verlangten Aufgliederung

- Verbindlichkeiten gegenüber Pensions- oder Unterstützungskassen und ähnlichen Gläubigern unter Angabe der vereinbarten Zinssätze und Fristigkeiten
- Gesellschaftsdarlehen unter Angabe der vereinbarten Zinssätze und Fristigkeiten
- Besicherung von Verbindlichkeiten nach Verbindlichkeitsarten und Besicherungsarten

1.3 Angabe sonstiger finanzieller Verpflichtungen im Sinne von §§ 251, 285 Nr. 3 HGB nach Arten und Beträgen für jedes der kommenden fünf Geschäftsjahre.

1.4 Spiegel über Rückstellungen gegliedert nach:

- Anfangsbestand
- Zugänge
- Verbrauch
- Auflösungen
- Endbestand

jeweils nach Arten (Gruppen), insbesondere eine Artenaufgliederung über sonstige Rückstellungen sowie einer Unterteilung nach langfristigen (mehr als drei Jahre) und kurzfristigen (bis drei Jahre) Rückstellungen. Des Weiteren unter Vermerk, welche Aufwands- und Ertragsarten der GuV von Zuführungen, Verbrauch und Auflösungen jeweils betroffen sind.

2. Kurzfristige Erfolgsrechnungen

2.1 Wie betriebsüblich fürGL gegenwärtig monatlich erstellt

2.2 Umsätze aufgegliedert nach: (Produktbeispiele einer VW/Audi-Vertretung)

- Neuwagen Audi

- Neuwagen VW
- Neuwagen Nutzfahrzeuge
- Gebrauchtwagen
- Vorführwagen
- Kundendienst (Werkstatt) einschließlich Betriebsbüro und Gewährleistungen
- Ersatzteillager eigene Werkstatt
- Direktverkauf an Endverbraucher
- Direktverkauf an Norakunden (Wiederverkäufer)

Für andere Industriebetriebe bietet sich außer den vorstehend aufgeführten Produktbeispielen eine Gliederung nach:
Aufgliederung der Umsatzerlöse nach Hauptarten, insbesondere

- Abnehmergruppen (Produktarten und Dienstleistungsarten)
- Einzelabnehmer
- regional: Inland
- Ausland

unter Angaben von Erlösminderungen an.
2.3 Einkaufspreise
gegliedert wie vorstehend zu 2.2
2.4 Wertschöpfung
gegliedert als jeweilige Differenz der Posten aus 2.2 minus 2.3
2.5 Gewinnverwendung/Entnahmen sowie Einlagen im Geschäftsjahr
2.6 Lohnaufwand getrennt nach Struktur
2.6.1 Tariflohn-/Gehaltsempfänger

- Tariflöhne/Gehälter
- übertarifliche Zulagen, einschließlich Leistungslöhne/Gehälter
- Sachzuwendungen (z.B. Firmenfahrzeug oder Vorführwagen)
- enthaltende Rückstellungen:

a) kurzfristig
b) langfristig (Pensionen)
2.6.2AT-Angestellte

- Gehaltssumme für AT-Angestellte
- enthaltene Rückstellungen:

a) kurzfristig
b) langfristig (Pensionen)
2.6.3 Geschäftsleitung und leitende Angestellte

- Gehaltssumme für Geschäftsleitung und leitende Angestellte
- enthaltene Rückstellungen:

a) kurzfristig
b) langfristig (Pensionen)
2.6.4 Abfindungen/Sonderprämien

- Abfindungen und Sonderprämien nach 2.6.1 bis 2.6.3 gegliedert
- enthaltene Rückstellungen nach Gruppen analog zu 2.6.1 bis 2.6.3 gesondert aufgeführt

- Höhe der Aufwendungen und der Zahlungen des Geschäftsjahres für Abfindungen unter Angabe, in welcher Aufwandsart sie enthalten sind (z. B. Personalaufwendungen, sonstige betriebliche Aufwendungen, außerordentliche Aufwendungen)

2.7 Sonstige Erträge
Aufgliederung der »sonstigen betrieblichen Erträge« nach Hauptarten, insbesondere auch
- Erlöse aus Nebenumsätzen
- Buchgewinne aus dem Abgang von Gegenständen des Anlagevermögens
- Erträge aus Wertaufholungen und Zuschreibungen
- Auslösung des Sonderpostens mit Rücklagenanteil
- Kursgewinne aus Währungen
- Erstattungen, Schadensersatzleistungen
- Subventionen/Zuschüsse

2.8 Aufgliederung der »Aufwendungen für Roh-, Hilfs- und Betriebsstoffe und für bezogene Waren« sowie der »Aufwendungen für bezogene Leistungen« nach Hauptarten
2.9 Aufgliederung der »sonstigen betrieblichen Aufwendungen« nach Hauptarten, insbesondere nach
- Buchverlusten aus dem Abgang von Gegenständen des Anlagevermögens
- Einstellungen in den Sonderposten mit Rücklageanteil
- Zuführungen zu den Aufwandsrückstellungen
- Zuführungen zu anderen Rückstellungen
- Kursverlusten aus Währungen
- Mieten und Pachten
- Beratungsaufwendungen
- anderen Hauptarten

2.10 Aufwendungen und Ausgaben des Geschäftsjahres für Forschung und Entwicklung
2.11 Kostenstellen- und Gruppenvergleiche
Vorlage aller Kostenaufstellungen und Gruppenvergleiche – gegliedert nach
- Monaten
- kumulativ

2.12 Erlös – und Kostengegenüberstellungen entsprechend der Produkte zu (oben) 2.2
2.13 Erläuterungen der Unterschiede zwischen den Jahresdaten aus der vierteljährlich vorzulegenden Erlös- und Kostenrechnung und den Erträgen und Aufwendungen der GuV

3. Leasing- und Pachtverträge

Vorlage aller Leasing- und Pachtverträge, woraus insbesondere die Berechnungsgrundlagen für die Betriebspachten hervorgehen, aufgeführt nach:
- einzelnen Vermögenswerten zu Anschaffungs- und Herstellungskosten
- Abschreibungsarten
- Instandhalteverpflichtungen des Unternehmens sowie die hierfür erbrachten Leistungen (Kosten) im jeweiligen Geschäftsjahr
- Gewinnspanne der jeweiligen Vermögenswerte

4. Verpflichtungen für die Zukunft

- alle künftigen Verpflichtungen, die in den folgenden fünf Geschäftsjahren auf das Unternehmen zukommen könnten
- Gewinnabführung
- sowie Verlustübernahmeverträge und ähnliche Verpflichtungen

5. Personalstand, gegliedert nach:

- gewerbliche Arbeitnehmer (männlich)
- gewerbliche Arbeitnehmer (weiblich)
- kaufmännische Arbeitnehmer (männlich)
- kaufmännische Arbeitnehmer (weiblich)
- technische Arbeitnehmer (männlich)
- technische Arbeitnehmer (weiblich)
- Meister (männlich)
- Meister (weiblich)
- leitende Angestellte (männlich)
- leitende Angestellte (weiblich)
- gewerbliche Auszubildende (männlich)
- gewerbliche Auszubildende (weiblich)
- kaufmännische Auszubildende (männlich)
- kaufmännische Auszubildende (weiblich)

Ort, Datum, Unterschriften

36.2.3 Errichtung eines Konzernwirtschaftsausschusses

BV 82

Zwischen
der Konzernleitung
und
dem Konzernbetriebsrat des X-Konzern, dieser zugleich handelnd für alle Gesellschaften, die zu diesem Konzern gehören,
wird die folgende Vereinbarung über die **Errichtung eines Konzernwirtschaftsausschusses (KWA)** abgeschlossen:

Präambel

Die Parteien dieser Vereinbarung sind gemeinsam der Auffassung, dass die wirtschaftlichen Angelegenheiten und die wesentlichen wirtschaftlichen Rahmenbedingungen des X-Konzerns in Deutschland künftig gesamthaft (unternehmensübergreifend) beraten werden sollen. Vor diesem Hintergrund wird beim Konzernbetriebsrat ein Ausschuss für wirtschaftliche Angelegenheiten (KWA) gebildet.

1. Zusammensetzung des KWA; Verschwiegenheitspflicht

Der KWA setzt sich zusammen aus allen Mitgliedern der im X-Konzern bei den jeweiligen Unternehmen gebildeten Wirtschaftsausschüsse.

Für die Verschwiegenheitspflicht der Mitglieder des KWA gelten die Bestimmungen der §§ 106ff. BetrVG entsprechend. In Fällen von besonderer Bedeutung kann die Konzernführung eine Verschwiegenheitserklärung (»non disclosure agreement«) verlangen.

2. Gegenstände der Information und Beratung

Ein Mitglied der Konzernleitung und die jeweils zuständige Geschäftsführung informieren den KWA auf dessen Sitzungen unter Vorlage aussagekräftiger Unterlagen über die nachfolgenden wirtschaftlichen Angelegenheiten:

- Strategische Konzernplanung sowie die strategische Planung der Geschäftsbereiche und der jeweils aktuelle Stand der Planung
- Jährliche operative Planung, also die Umsatz-, Kosten- und Ergebnisplanung des Konzerns und seiner Geschäftsbereiche und der jeweils aktuelle unterjährige Stand (Soll-Ist-Vergleich)
- Erläuterung wesentlicher Geschäftsvorfälle für den Konzern oder für einen Geschäftsbereich mit einem relevanten Geschäftsvolumen von über ... Mio. Euro p.a. (z.B. Umsatzausfälle durch Lieferengpässe, Überschreitung von Investitionsbudgets, ...)
- Zusammenlegung, Verkauf, Abspaltung, Schließung oder Verlegung von Geschäftsbereichen, Unternehmen, Betrieben und wesentlichen Betriebsteilen
- Abschluss, Kündigung oder wesentliche Änderung von wesentlichen Kooperations- und Lizenzverträgen für den Konzern oder den einzelnen Geschäftsbereich
- Grundsätze der Investitionspolitik des Konzerns und der Geschäftsbereiche sowie der jeweils aktuelle Status wesentlicher Investitionsvorhaben im Konzern
- Technologie- und IT-Projekte mit gesellschaftsübergreifenden Projektzielen und Projektstrukturen
- Rationalisierungsprojekte, die den Konzern insgesamt oder einzelne Geschäftsbereiche betreffen
- Rechtstreitigkeiten im Konzern oder bei einzelnen Konzerngesellschaften mit erheblicher wirtschaftlicher Auswirkung
- Veränderungen der Konzern- und/oder Gesellschafterstruktur
- Strategische Personalplanung des Konzerns und seiner Gesellschaften; wesentliche Personalpolitische Initiativen, Entwicklung der Mitarbeiterzahlen, gegliedert nach Konzern, Geschäftsbereichen, Unternehmen und Betrieben
- Sonstige wesentliche, die Belange der Mitarbeiter grundlegend berührende Vorhaben

Unterrichtung und Beratung mit dem KWA finden so rechtzeitig statt, dass die Beratungsergebnisse noch Eingang in die endgültige unternehmerische Planung finden können.

3. Organisation und Sitzungen des KWA

Der KWA wählt aus seiner Mitte einen Vorsitzenden und einen Stellvertreter. Der Vorsitzende und im Verhinderungsfall sein Stellvertreter sind Ansprechpartner der Konzernleitung, insbesondere im Hinblick auf die Organisation der Sitzungen des KWA.

Die Sitzungen des KWA finden einmal im Quartal statt, in der Regel jeweils an zwei aufeinander folgenden Tagen:

- Am ersten Tag findet eine interne Sitzung der Mitglieder des KWA statt. Diese Sitzung dient der Vorbesprechung und Vorbereitung der gemeinsamen Sitzung mit der Konzernleitung und den Geschäftsführungen.
- Auf der gemeinsamen Sitzung am 2. Tag informiert die Konzernleitung den KWA nach Maßgabe von Ziff. 2, erläutert die zur Verfügung gestellten Unterlagen und beantwortet die Fragen des KWA.

Die für die Information nach Ziff. 2 erforderlichen Unterlagen einschließlich eines Tagesordnungsvorschlags der Konzernleitung erhält der KWA rechtzeitig, spätestens 1 Woche vor der internen Sitzung des KWA.
Der KWA ist berechtigt, die Tagesordnung um aus seiner Sicht erforderliche Beratungsgegenstände, die sich im Rahmen von Ziff. 2 halten müssen, zu ergänzen. Die Ergänzungswünsche teilt der Vorsitzende des KWA der Konzernleitung unverzüglich mit.

4. Information und Beratung des Konzernjahresabschlusses

Der Konzernjahresabschluss wird auf derjenigen Sitzung des KWA erläutert, die unmittelbar auf seine Feststellung durch die Gesellschafterversammlung folgt. Zu diesem Zweck werden dem KWA die Bilanz, die Gewinn- und Verlustrechnung, der Anhang, der Lagebericht und die Gewinnverwendungsrechnung sowie der Bericht des Wirtschaftsprüfers/Steuerberaters über den Jahresabschluss mindestens 2 Wochen vor der Sitzung ausgehändigt.

5. Hinzuziehung eines wirtschaftlichen Sachverständigen

Der KWA ist berechtigt, einen wirtschaftlichen Sachverständigen zu seinen internen Sitzungen und deren Vorbereitung hinzuzuziehen. Die Kosten tragen die Unternehmen in angemessenem (berufsüblichen) Umfang. Für die Verschwiegenheitspflicht des Sachverständigen gilt § 80 Abs. 3 und 4 BetrVG entsprechend.

6. Verhältnis zu den Wirtschaftsausschüssen

Die Bildung von Wirtschaftsausschüssen bei den jeweiligen Unternehmen im X-Konzern in Deutschland und deren Rechte und Pflichten bleiben unberührt. Soweit der KWA über wirtschaftliche Angelegenheiten der Unternehmen in gesetzlich erforderlichem Umfang unterrichtet worden ist, ist eine Unterrichtung des Wirtschaftsausschusses im Unternehmen nicht mehr erforderlich.

7. Schlussbestimmungen

Diese Vereinbarung kann mit einer Frist von 6 Monaten gekündigt werden, erstmals jedoch zum Datum. Im Falle ihrer Kündigung wirkt diese Vereinbarung nach, bis sie durch eine neue Vereinbarung ersetzt wurde.
Bei Meinungsverschiedenheiten zur Auslegung und Anwendung dieser Vereinbarung verhandeln die Parteien mit dem ernsten Willen, die Meinungsverschiedenheit auszuräumen. Gelingt dies nicht, so entscheidet auf Antrag einer Partei die Einigungsstelle.

Ort, Datum, Unterschriften

37. Leiharbeitnehmer – Werkvertragseinsatz, Subunternehmer

37.1 Einleitung

Die Nutznießer der Leiharbeit sind vor allem die Unternehmen (Verleiher und Entleiher). Vorteile für die Entleiher: weniger Personal- und Verwaltungskosten; kein Kündigungsschutz; Einstellung, Befristung und Entlassung nach Bedarf. Für die Arbeitnehmer fällt nur wenig Gutes ab. Das Problem am AÜG ist, dass sich dessen Regelungen jeweils auf die individuelle Überlassung des/der Leiharbeitnehmenden beziehen. Sowohl von der Höchstüberlassungsdauer als auch vom Gleichstellungsgrundsatz kann unter bestimmten Bedingungen durch Tarifvertrag und im Rahmen des Tarifvertrages unter Einschränkungen auch durch eine Betriebsvereinbarung abgewichen werden (§§ 1, 8 AÜG). In bestimmten Branchen (z. B. Metall- und Elektroindustrie, Chemische Industrie; Druckindustrie, Schienenverkehr, Textil- und Bekleidungsindustrie usw.) sind Tarifverträge zu Branchenzuschlägen und/oder zur Höchstüberlassungsdauer abgeschlossen worden. Diese legen den Rahmen für die Betriebsvereinbarungen fest. Dabei werden Branchenzuschläge mit den Arbeitgeberverbänden der Verleihunternehmen (IGZ oder BAP) geschlossen. Die Regelungen zur Höchstüberlassungsdauer werden mit den Arbeitgebern der Einsatzbranche abgeschlossen. Die betriebliche und tarifliche Regelung der Leiharbeit versuchen Unternehmer zum Teil durch den vermehrten Einsatz von Fremdfirmen über Werkverträge zu umgehen. Da die rechtlichen Rahmenbedingungen der Leiharbeit (AÜG) und von Werkverträgen sehr unterschiedlich sind, finden sich im Folgenden getrennte Vereinbarungen für Leiharbeit und Fremdfirmenarbeit (Werkverträge, Dienstverträge). Diese können bei Bedarf kombiniert werden. Im Hinblick auf Fremdfirmenarbeit muss der Betriebsrat für sich klären, welche Art der Fremdfirmenarbeit er im Interesse der ArbeitnehmerInnen regeln will. Der Einsatz einer Wartungsfirma für den Aufzug wirft wahrscheinlich keine Probleme auf und hat keinen Regelungsbedarf zur Folge. Die Vergabe der Qualitätssicherung an ein Drittunternehmen dagegen schon.

37.2 Betriebsvereinbarungen

37.2.1 Einsatz von Leiharbeitnehmerinnen und Leiharbeitnehmern

Präambel BV 83

Die Betriebsparteien sind sich darüber einig, dass die gegenwärtig stark schwankende Auftragslage einerseits allein mit dem Stammpersonal nicht bewältigt werden kann, andererseits aber nicht hinreichend stetig ist, um Personal aufzustocken.

Dort, wo die Personalaufstockung noch zu unsicher ist, sollen Spitzenzeiten durch den Einsatz von Leiharbeitnehmer:innen abgefangen werden.
Die Betriebsparteien sind sich darin einig, dass der Einsatz von Leiharbeitnehmer:innen nicht zur Verdrängung von Stammpersonal führen soll.

§ 1 Geltungsbereich

1. Räumlicher Geltungsbereich

Diese Betriebsvereinbarung gilt für alle Betriebe und/oder Betriebsteile der Firmenbezeichnung XY in der Bundesrepublik Deutschland.

2. Persönlicher Geltungsbereich

Diese Betriebsvereinbarung gilt für alle Beschäftigten, dies sind Arbeitnehmer:innen des Unternehmens sowie die im Betrieb beschäftigten Leiharbeitnehmer:innen und Auszubildenden. Ausgenommen sind leitende Angestellte gem. § 5 Abs. 3 BetrVG.

> **Hinweis**
> Da die Betriebsvereinbarung auch Regelungen zugunsten von Leiharbeitnehmer:innen enthält, sollten – damit diese Rechte aus der Betriebsvereinbarung erwerben – diese ausdrücklich in den Geltungsbereich der Betriebsvereinbarung aufgenommen werden.

3. Sachlicher Geltungsbereich

Diese Betriebsvereinbarung gilt für den Einsatz von Leiharbeitnehmer:innen im Betrieb.

§ 2 Voraussetzungen und Umfang des Einsatzes von Leiharbeitnehmer:innen

> **Hinweis**
> Der Einsatz von einzelnen Leiharbeitnehmenden ist nach § 1 AÜG auf 18 Monate begrenzt. Dies begrenzt aber nicht den Einsatz der Leiharbeit als solche. Soll der Einsatz der Leiharbeit an sich begrenzt werden, müssen entweder Quoten für die Anzahl der Leiharbeitnehmenden vereinbart werden oder es muss festgelegt werden, dass Tätigkeiten nur für einen bestimmten Zeitraum fremdvergeben werden dürfen.

1. Voraussetzungen des Einsatzes von Leiharbeitnehmer:innen

Der Einsatz von Leiharbeitnehmer:innen ist nur zulässig, soweit die zu erledigenden Arbeiten nicht durch Arbeitnehmer:innen des Unternehmens – auch durch befristete oder unbefristete Einstellung von Arbeitnehmer:innen – erbracht werden können. Will das Unternehmen Leiharbeitnehmer:innen beschäftigen, hat es vor der Einstellung dem Betriebsrat zu begründen, warum es der Auffassung ist, dass die Arbeiten nicht von Arbeitnehmer:innen des Unternehmens erledigt werden können. Dem Betriebsrat sind dabei die Kosten für die Leiharbeit im Verhältnis zur Erledigung der Arbeiten durch Arbeitnehmer:innen des Unternehmens aufzuschlüsseln und ggf. nachzuweisen.

Hinweis
Nach § 1 AÜG beträgt die Höchstüberlassungsdauer 18 Monate. In einer Betriebsvereinbarung können aber kürzere Höchsteinsatzzeiten festgelegt werden.

Unter folgenden Voraussetzungen darf die Arbeitgeberin im Betrieb Leiharbeitnehmer:innen einsetzen:

1. Wenn eine Schichtplanänderung wegen eines spätestens 48 Stunden vor dem Schichtbeginn auftretenden Grundes notwendig wird und der neue Schichtplan nicht durch den Einsatz interner Arbeitnehmer:innen aufgefüllt werden kann.
2. Wenn ein Auftragsvolumen Beschäftigung von weniger als 3 Monate verspricht. Hier bleibt die Zustimmung des Betriebsrates erforderlich.

Es dürfen dabei im Betrieb bis zu 5 Leiharbeitnehmer:innen gleichzeitig eingesetzt werden.
Leiharbeitnehmer:innen dürfen weder als unmittelbare noch als mittelbare Streikbrecher im Betrieb eingesetzt werden.
Der Einsatz von Leiharbeitnehmer:innen darf stets nur vorübergehend erfolgen.
Es darf auch durch wechselnde Leiharbeitnehmer:innen nicht ein dauerhafter Einsatz von Leiharbeitnehmer:innen auf demselben Arbeitsplatz eines Stammarbeitnehmers/einer Stammarbeitnehmerin stattfinden.
Ein vorübergehender Einsatz der Leiharbeitnehmer:innen liegt dann vor, wenn der Einsatz nicht länger als 18 Monate erfolgt und der Einsatz dazu dient, einen zeitlich auf die Dauer des Einsatzes bei Referenz abgrenzbaren mehr darf abzudecken. Den Mehrbedarf können Vertretungsfälle und Auftragsspitzen bilden. Bei der Berechnung der Überlassungshöchstdauer werden Zeiten, in denen sich der Leiharbeitnehmer:innen in Kurzarbeit befindet, nicht mitgerechnet.

2. Umfang des Einsatzes von Leiharbeitnehmer:innen

Der Einsatz von Leiharbeitnehmer:innen ist auf die Abteilung Abteilungsbezeichnung XY begrenzt. Dort dürfen nicht mehr als XY Prozent der Anzahl der Arbeitnehmer:innen der Abteilung Leiharbeitnehmer:innen sein.
und
Die Erledigung von Arbeiten, d. h. die Besetzung von Arbeitsplätzen bzw. Funktionen im Betrieb mit Leiharbeitnehmer:innen wird auf maximal drei Monate beschränkt. Entsprechend sind die Verträge des Unternehmens mit dem Verleihunternehmen zu gestalten.
Die Beschäftigung von Leiharbeitnehmer:innen ist unzulässig, wenn im Betrieb Kurzarbeit angeordnet worden ist bzw. der Einführung bevorsteht.

§ 3 Auswahl des Leiharbeitsunternehmens

Der Verleiher wird gemeinsam von Unternehmen und Betriebsrat ausgewählt.
Die Verleiher müssen sich verpflichten, die Einhaltung der in die Betriebsvereinbarung festgelegten Regelungen zugunsten der Leiharbeitnehmer:innen enthaltenden Regelungen gegenüber dem Betriebsrat nachzuweisen.

§ 4 Regelungen für Leiharbeitnehmer:innen

> **Hinweis**
> Der DGB und seine Einzelgewerkschaften haben mit dem Interessenverband Deutscher Zeitarbeitsunternehmen (iGZ) und dem Bundesarbeitgeberverband der Personaldienstleister (BAP) Tarifverträge (Mantel- und Entgelt) für die Zeitarbeit abgeschlossen. Daneben gibt es einen Mindestlohntarifvertrag für die Zeitarbeit, der die unterste Grenze für das Entgelt bildet und auch von Verleihern aus dem Ausland angewendet werden muss.
> Für einzelne Branchen (Metall- und Elektroindustrie, chemische Industrie, Kunststoffindustrie, Textil- und Bekleidungsindustrie, Teile der Druckindustrie, Schienenverkehrsbereich, Holz- und Kunststoffindustrie, Papier, Pappe und Kunststoffe verarbeitende Industrie, Kautschukindustrie) sind Tarifverträge über Branchenzuschläge für Leiharbeitnehmer:innen abgeschlossen worden. Diese sehen – in Abhängigkeit von der Überlassungsdauer – gestaffelte Entgeltzuschläge vor. Der Betriebsrat sollte die Einhaltung dieser Tarifverträge kontrollieren.

Leiharbeitnehmer:innen müssen für die Zeit ihrer Arbeit im Betrieb die für einen vergleichbaren Arbeitnehmer des Entleihers geltenden wesentlichen Arbeitsbedingungen einschließlich des Entgelts gewährt werden (§ 9 Nr. 2 AÜG). Es dürfen nur Verträge mit Verleihern geschlossen werden, die ihren Arbeitnehmer:innen die vergleichbaren Arbeitsbedingungen einschließlich des Entgelts garantieren.
oder
In jedem Fall haben Leiharbeitnehmer:innen nach Ablauf von ... Monaten Anspruch auf die wesentlichen Arbeitsbedingungen einschließlich des Entgelts eines vergleichbaren Arbeitnehmers im Betrieb.
oder
Es werden nur Verleihverträge mit Verleihern geschlossen, die die Tarifverträge der DGB-Tarifgemeinschaft mit dem Interessenverband Deutscher Zeitarbeitsunternehmen e.V. (iGZ) oder mit dem Bundesarbeitgeberverband der Personaldienstleister e.V. (BAP) anwenden. Soweit einzelne Mitgliedsgewerkschaften des DGB mit diesen Verbänden Tarifverträge über Branchenzuschläge etc. geschlossen haben, sind diese zusätzlich anzuwenden.

§ 5 Rechte von Leiharbeitnehmer:innen, Anwendung von Betriebsvereinbarungen

1. Rechte
Leiharbeitnehmer:innen können sich jederzeit an den Betriebsrat des Entleihers wenden. Sie sind über Stellen im Unternehmen, die frei werden, zu informieren.
Leiharbeitnehmer:innen haben das Recht, die Sozialeinrichtungen des Unternehmens, d. h. Betriebsrestaurant/Betriebskindergarten/Fahrdienste usw. zu den gleichen Bedingungen in Anspruch zu nehmen, wie die Arbeitnehmer:innen des Unternehmens.

Die Preise bzw. Gebühren für die Inanspruchnahme der Sozialeinrichtungen werden für die ArbeitnehmerInnen des Unternehmens nicht erhöht, weil Leiharbeitnehmer:innen diese nutzen.

Hinweis
Zu klären ist, welche der im Betrieb geltenden Betriebsvereinbarungen auch auf die Leiharbeitnehmer:innen Anwendung finden müssen. Dies bezieht sich z. B. auf die Frage, ob die Arbeitszeitregelungen bzw. Schichtsysteme auch für die Leiharbeitnehmer:innen gelten sollen; für Betriebsvereinbarungen über Arbeits- und Gesundheitsschutz usw. gilt das Gleiche. Es muss vom Betriebsrat im Einzelfall geprüft werden, welche Betriebsvereinbarungen für Leiharbeitnehmer:innen ohne Einschränkungen angewandt werden können und welche nicht.

2. Anwendung von Betriebsvereinbarungen
Die folgenden Betriebsvereinbarungen finden auch auf im Betrieb eingesetzte Leiharbeitnehmer:innen Anwendung:
Folgende Betriebsvereinbarungen finden mit folgenden Änderungen Anwendung auf die im Betrieb eingesetzten Leiharbeitnehmer:innen: ….
3. Übernahme und Beschäftigungszeiten
Wird mit Leiharbeitnehmer:innen, die im Unternehmen (bzw. Konzern) eingesetzt werden, ein Arbeitsvertrag geschlossen, ist die Einsatzzeit als Leiharbeitnehmer:in auf die Beschäftigungszeit anzurechnen. Dies gilt für alle gesetzlichen, tariflichen, betrieblichen oder individualrechtlichen Regelungen, die von der Zeit der Beschäftigung im Betrieb abhängen.
4. Die Arbeitgeberin und der Betriebsrat werden darauf hinwirken, dass jegliche Schlechterbehandlung von im Betrieb eingesetzten Leiharbeitnehmer:innen unterbleibt.
5. Die Arbeitgeberin wird die Leiharbeitnehmer:innen zu Beginn ihres Einsatzes in Textform über die betreffenden betrieblichen Regelungen informieren. Dies umfasst insbesondere betriebliche Übungen und betriebsübliche Ansprüche hinsichtlich Pausen, Zulagen, Arbeitszeiten, An- und Abmelderegelungen, Vergünstigungen, Betriebskantine, Betriebskindergarten.
6. Die Arbeitgeberin wird die Leiharbeitnehmer:innen textlich darüber informieren, dass

a. sie sich weder unmittelbar noch mittelbar als Streikbrecher einsetzen lassen müssen. Aus einem hierauf gestützten Leistungsverweigerungsrecht werden ihnen keinerlei Nachteile entstehen,
b. sie haben das Recht, sich im Einsatzbetrieb beim Betriebsrat zu beschweren,
c. sie dürfen die Sprechstunden des Betriebsrates während der Arbeitszeit aufsuchen,
d. sie dürfen an den Betriebs- und Abteilungsversammlungen teilnehmen und
e. die Arbeitgeberin nach den Arbeitsbedingungen, insbesondere dem Arbeitsentgelt, des Stammpersonals fragen. Nachteile hieraus entstehen ihnen nicht.

7. Werden im Betrieb während des Einsatzes von Leiharbeitnehmer:innen Stellen ausgeschrieben, prüft die Arbeitgeberin, ob die Leiharbeitnehmer:innen auf diesen eingesetzt werden könnten. Ist dies der Fall, wird sie die Leiharbeitnehmer:innen textlich auf die ausgeschriebene Stelle hinweisen.
8. Die Arbeitgeberin wird nach sechs Monaten prüfen, ob sie den Leiharbeitnehmer:innen einen Arbeitsvertrag anbieten kann.

§ 6 Rechte des Betriebsrats

Das Unternehmen legt dem Betriebsrat im Rahmen der Personalplanung (§ 90 BetrVG) regelmäßig seine Planungen über den Einsatz von Leiharbeitnehmer:innen und sonstigen Personen, die nicht in einem Arbeitsverhältnis zu ihm stehen, vor. Dies bezieht sich insbesondere auf die Anzahl, Aufgaben, Zeitdauer, Kosten usw. des Einsatzes von Leiharbeitnehmer:innen. Dabei ist zu begründen, warum die Arbeiten nicht von Arbeitnehmern des Unternehmens erledigt werden können.
Dem Betriebsrat sind dabei die Kosten für die Fremdleistung im Verhältnis zur Erledigung der Arbeit durch Arbeitnehmer:innen des Unternehmens aufzuschlüsseln und ggf. nachzuweisen.
Soweit der Betriebsrat im Rahmen der Beschäftigungssicherung (§ 92a BetrVG) Alternativvorschläge zum Einsatz von Leiharbeitnehmer:innen macht, hat das Unternehmen entsprechende Kostenvergleiche zu erstellen und dem Betriebsrat zu übergeben.
Dem Betriebsrat sind alle Verträge, die den Einsatz der Leiharbeitnehmer:innen im Unternehmen betreffen, in Kopie auszuhändigen. Dies sind insbesondere die Urkunde über die Verleiherlaubnis, die vom Verleiher angewandten Tarifverträge, die Verträge zwischen dem Unternehmen und dem Verleiher, der Musterarbeitsvertrag des Verleihers.
Der Betriebsrat ist über die tarifliche Eingruppierung beim Verleiher der im Betrieb eingesetzten Leiharbeitnehmer:innen zu informieren.

> **Hinweis**
> Nach § 14 Abs. 2 AÜG zählen Leiharbeitende als Arbeitnehmende des Betriebs bzw. Unternehmens, wenn es für Größenklassen auf die Zahl der Arbeitnehmenden ankommt, z. B. bei der Größe der BR oder bei der Freistellung.

Die im Betrieb eingesetzten Leiharbeitnehmer:innen werden bei der Bestimmung aller Größenklassen und Schwellenwerte, insbesondere im Hinblick auf die Größe des Betriebsrats und die Frage der Freistellungen, des BetrVG mitgezählt.

> **Hinweis**
> Der Einsatz von Fachkräften für Arbeitssicherheit sowie Betriebsärzten ist bundeseinheitlich auf Basis der DGUV Vorschrift 2 geregelt. Dabei kommt es für den Umfang des Einsatzes auch auf die Beschäftigtenzahl des Betriebs an. Daher muss klargestellt werden, dass auch die Leiharbeitnehmer:innen bei der Bestimmung der Betriebsgröße mitgezählt werden müssen.

Für die Bestimmung der Einsatzzeiten bzw. der Festlegung der Betriebsgrößenklasse nach dem ASiG und den Reglungen auf Basis der DGUV Vorschrift 2 werden die Leiharbeitnehmer:innen mitgezählt.

§ 7 Personelle Einzelmaßnahmen

In Ergänzung von § 99 BetrVG kann der Betriebsrat die Zustimmung zum Einsatz von Leiharbeitnehmer:innen insbesondere verweigern, wenn

- Leiharbeitnehmer:innen eingestellt werden sollen unter Verstoß gegen die Bestimmungen dieser Betriebsvereinbarung.
- Arbeitnehmer:innen des Betriebs in Folge der Einstellung von Leiharbeitnehmer:innen Nachteile erleiden könnten. Hierzu zählen insbesondere auch mögliche Versetzungen sowie Entgeltminderungen.
- gekündigte oder zur Kündigung vorgesehene ArbeitnehmerInnen die von Leiharbeitnehmer:innen zu erledigenden Arbeiten – ggf. auch nach Umschulung bzw. Weiterqualifizierung – übernehmen könnten.
- Kurzarbeit im Betrieb eingeführt ist oder werden soll.

Regelungen zugunsten der Arbeitnehmer:innen, die ein Arbeitsverhältnis mit dem Betrieb haben

Solange Leiharbeitnehmer:innen im Unternehmen beschäftigt sind, ist der Ausspruch von betriebsbedingten Kündigungen nicht zulässig.

oder

Der Ausspruch von betriebsbedingten Kündigungen ist in den Abteilungen/Funktionsbereichen … unzulässig, in denen Leiharbeitnehmern beschäftigt werden.

Die Betriebsparteien sind sich darüber einig, dass für im Betrieb eingesetzte Leiharbeitnehmer:innen der Betriebsrat zur Ausgestaltung ihrer sozialen Angelegenheiten im Sinne des § 87 BetrVG zuständig ist. Dies setzt vor allem Vereinbarungen hinsichtlich der zeitlichen Lage ihrer Arbeitszeit voraus.

§ 8 Streitigkeiten

Kommt es im Zusammenhang mit dem Einsatz von Leiharbeitnehmer:innen zu Meinungsverschiedenheiten, entscheidet eine aus je zwei Mitgliedern der Betriebsparteien bestehende paritätische Kommission. Kommt es in der paritätischen Kommission zu keiner Einigung, entscheidet eine Einigungsstelle nach § 76 Abs. 6 BetrVG verbindlich.

§ 9 Schlussbestimmungen

Weitergehende Rechte des Betriebsrats nach dem AÜG und/oder dem BetrVG und/oder einem Tarifvertrag bleiben unberührt.

Die Betriebsvereinbarung kann mit einer Frist von … Monaten/zum Kalenderhalbjahr/zum Jahresschluss, erstmals zum Datum gekündigt werden.

Sie wirkt nach bis zum Abschluss einer neuen Betriebsvereinbarung.

Ort, Datum, Unterschriften

BV 84

37.2.2 Fremdleistungsplanung

§ 1 Geltungsbereich

1. Räumlicher Geltungsbereich
Diese Betriebsvereinbarung gilt für alle Betriebsstätten und Betriebe der Bezeichnung XY in der Bundesrepublik Deutschland.

2. Persönlicher Geltungsbereich
Diese Betriebsvereinbarung gilt für alle Arbeitnehmer:innen, sowie alle Beschäftigten und/oder Selbstständigen, die nicht bei Bezeichnung XY in einem Arbeitsverhältnis stehen, aber in den Betrieben der Bezeichnung XY arbeiten. Ausgenommen sind leitende Angestellte nach § 5 Abs. 3 BetrVG.

3. Sachlicher Geltungsbereich
Diese Betriebsvereinbarung gilt für alle Tätigkeiten von Drittunternehmen und/oder Selbstständigen in den Betrieben der Bezeichnung XY.

§ 2 Voraussetzungen für den Einsatz von Fremdfirmenbeschäftigten
Grundlage für die Entscheidung zum Einsatz von Fremdfirmenbeschäftigten bildet die zwischen Betriebsrat und Geschäftsleitung abgestimmte Personal-, Personalbedarfs-, sowie Personaleinsatzplanung des Unternehmens.

§ 3 Vorrang innerbetrieblicher Maßnahmen
Die Beauftragung von Drittfirmen und/oder Selbstständigen mit Arbeiten, die in den Betrieben der Bezeichnung XY durchgeführt werden sollen, ist nur zulässig, soweit die zu erledigenden Arbeiten nicht durch Arbeitnehmer:innen des Unternehmens – auch durch befristete oder unbefristete Einstellung von Arbeitnehmer:innen – erbracht werden können. Will das Unternehmen Drittfirmen und/oder Selbstständige beauftragen, hat es vor der Einstellung dem Betriebsrat zu begründen, warum es der Auffassung ist, dass die Arbeiten nicht von Arbeitnehmer:innen des Unternehmens erledigt werden können. Dem Betriebsrat sind dabei die Kosten für die Beauftragung von Drittfirmen und/oder Selbstständigen im Verhältnis zur Erledigung der Arbeiten durch Arbeitnehmer:innen des Unternehmens aufzuschlüsseln und ggf. nachzuweisen.

§ 4 Fremdleistungsplanung
Der Beauftragung von Fremdfirmen und/oder Selbstständigen mit Arbeiten im Betrieb Bezeichnung XY wird zusammen mit der Personalplanung pro Kalenderjahr geplant und festgelegt. Insbesondere werden die Arbeitsbereiche festgelegt, die nicht mittels Fremdleistungen erbracht werden. Vorschläge des Betriebsrats zur Beschäftigungssicherung (§ 92a BetrVG) zur Rückführung ausgegliederter Arbeiten oder vor Vergabe an andere Unternehmen werden im Rahmen der Fremdleistungsplanung berücksichtigt.

§ 5 Beteiligung des Betriebsrats

Soweit Fremdfirmenbeschäftigte und/oder Selbstständige im Betrieb beschäftigt werden sollen, ist der Betriebsrat rechtzeitig nach § 99 BetrVG zu beteiligen. Hierzu sind ihm sämtliche Vertragsentwürfe vorzulegen.

Der Betriebsrat kann die Zustimmung zur Beschäftigung von Fremdfirmenbeschäftigten und/oder Selbstständigen insbesondere verweigern, wenn

1. eine Vereinbarung zur Fremdleistungsplanung nicht eingehalten ist;
2. die Dauer des beabsichtigten Einsatzes 6 Monate überschreiten soll oder der Einsatz Arbeitsplätze oder Aufgaben betrifft, die längerfristig anfallen;
3. gekündigte oder zur Kündigung vorgesehene Arbeitnehmer:innen (ggf. auch nach zumutbaren Umschulungsmaßnahmen) zur Erledigung der anfallenden Arbeiten geeignet sind;
4. im Betrieb Kurzarbeit eingeführt oder deren Einführung vom Unternehmen oder vom Betriebsrat beabsichtigt ist;
5. das Fremdunternehmen nicht die Gewähr dafür bietet, die Einhaltung der Bestimmungen des Arbeitsschutzes zu gewährleisten.

Der Betriebsrat kann vom Unternehmen Bezeichnung XY die Unterlassung der Beauftragung und/oder die Beendigung der Durchführung von Tätigkeiten durch Fremdfirmen und/oder Selbstständige verlangen, wenn bei deren Einsatz in den Betrieben gegen die Bestimmungen dieser Betriebsvereinbarung verstoßen wurde.

§ 6 Gleichbehandlungsgebot

Bei der Besetzung freier Stellen erhalten Fremdfirmenbeschäftigte und oder Selbstständige bei entsprechender Eignung ein Angebot zum Abschluss eines Arbeitsvertrags. Sie sind gegenüber externen Bewerber:innen bevorzugt zu berücksichtigen. Bei Zustandekommen eines Arbeitsvertrags sind im Betrieb erbrachte Zeiten der Beschäftigung auf die Betriebszugehörigkeit anzurechnen.

> **Hinweis**
> Werden Ansprüche auf eine bevorzugte Behandlung von Bewerbungen für bestimmte Gruppen (Fremdfirmenbeschäftigte, Leiharbeitnehmer:innen, Befristete usw.) geschaffen, muss geklärt werden, wie diese verschiedenen Ansprüche im Verhältnis zueinander stehen. Werden zu viele Gruppen »bevorzugt«, gibt es am Ende keinen Vorrang für eine Gruppe.

Für zuvor Fremdfirmenbeschäftigte und/oder Selbstständige, die auf einen Stammarbeitsplatz übernommen bzw. eingestellt werden, entfällt die Probezeit, wenn sie bereits mehr als drei Monate im Unternehmen tätig waren.

> **Hinweis**
> Derzeit gibt es neben dem gesetzlichen Mindestlohn nur für einige Branchen Mindestlöhne nach dem Arbeitnehmerentsendegesetz bzw. dem AÜG.

Für den Fall des Einsatzes von Fremdfirmenbeschäftigten verpflichtet sich die Bezeichnung XY, nur mit Unternehmen Verträge abzuschließen, die ihren Arbeitnehmer:innen den branchenüblichen Mindestlohn bezahlen. Dieser soll sich nach Möglichkeit an einem für die Branche mit einer Gewerkschaft des DGB geschlossenen Tarifvertrags orientieren. Sollte tarifvertraglich kein branchenüblicher Mindestlohn festgelegt sein, so verpflichtet sich die Bezeichnung XY, zumindest den Durchschnitt der in den anderen Branchen gezahlten Mindestlöhne zu zahlen.
Die Tätigkeiten von Selbstständigen müssen mindestens in Höhe der genannten Mindestlöhne für Arbeitnehmer:innen vergütet werden.

§ 7 Betriebsvereinbarungen, Sozialeinrichtungen

> **Hinweis**
> Geklärt werden muss, ob und inwieweit sich Fremdfirmenbeschäftigte und/oder Selbstständige an die im Betrieb geltenden Betriebsvereinbarungen (z.B. zu Arbeitszeit oder zur Arbeitssicherheit) halten müssen. Gleiches gilt für die Inanspruchnahme von Sozialeinrichtungen, wie Betriebsrestaurant u.ä.

Die folgenden Betriebsvereinbarungen gelten auch für die Beschäftigten von Fremdfirmen und/oder von Selbstständigen, die im Betrieb Bezeichnung XY tätig werden:
Die Bezeichnung XY wird die Preise und/oder Gebühren für die Inanspruchnahme von Sozialeinrichtungen des Betriebs (Kantine, ...) nicht erhöhen, weil im Betrieb tätige Beschäftigte von Fremdfirmen und/oder tätige Selbstständige diese nutzen.

§ 8 Streitigkeiten

Kommt es im Zusammenhang mit dem Einsatz von Fremdfirmenbeschäftigten zu Meinungsverschiedenheiten, entscheidet eine (aus je zwei Mitgliedern der Betriebsparteien bestehende) paritätische Kommission. Kommt es in der paritätischen Kommission zu keiner Einigung, entscheidet eine Einigungsstelle nach § 76 Abs. 6 BetrVG verbindlich.

§ 9 Schlussbestimmungen

Diese Betriebsvereinbarung tritt mit dem Tage ihrer Unterzeichnung in Kraft. Sie kann mit einer Frist von 6 Monaten zum Ende des Kalenderjahres, frühestens zum ... gekündigt werden. Bis zum Abschluss einer neuen Betriebsvereinbarung wirken die Bestimmungen dieser Betriebsvereinbarung nach.

Ort, Datum, Unterschriften

38. Beschäftigungssicherung

38.1 Einleitung

Der Betriebsrat hat nach § 80 Abs. 1 Nr. 8 BetrVG die Aufgabe, die Beschäftigung im Betrieb zu sichern und zu fördern. Zur Erfüllung seiner Aufgabe kann der Betriebsrat dem Arbeitgeber nach § 92a Abs. 1 BetrVG Vorschläge zur Sicherung und Förderung der Beschäftigung machen. Diese können vor allem

- eine flexible Gestaltung der Arbeitszeit (z. B. Arbeitszeitflexibilisierung),
- die Förderung von Teilzeitarbeit und Altersteilzeit,
- neue Formen der Arbeitsorganisation (z. B. Gruppenarbeit),
- Änderungen der Arbeitsverfahren und Arbeitsabläufe,
- die Qualifizierung der Arbeitnehmer,
- Alternativen zur Ausgliederung von Arbeit oder ihrer Vergabe an andere Unternehmen sowie zum Produktions- und Investitionsprogramm

zum Gegenstand haben (§ 92a Abs. 1 Satz 2 BetrVG).

Der Arbeitgeber hat die Vorschläge mit dem Betriebsrat zu beraten (§ 92a Abs. 2 Satz 1 BetrVG). Hält der Arbeitgeber die Vorschläge des Betriebsrats für ungeeignet, hat er dies zu begründen; in Betrieben mit mehr als 100 Arbeitnehmern hat die Begründung schriftlich zu erfolgen (§ 92a Abs. 2 Satz 2 BetrVG). Zu den Beratungen kann der Arbeitgeber oder der Betriebsrat einen Vertreter der Bundesagentur für Arbeit hinzuziehen (§ 92a Abs. 2 Satz 3 BetrVG).

Der Belegschaft kann es Sicherheit vermitteln, wenn in wirtschaftlich ruhigeren Zeiten rechtzeitig Verfahrensvereinbarungen für den Umgang mit wirtschaftlichen Krisen getroffen werden. Solche vorgeschalteten Rahmenvereinbarungen sind als Element einer Personalbedarfsplanung und einer Personalabbauplanung lediglich beratungspflichtig mit dem Betriebsrat (§ 92 BetrVG). Eine rahmenrechtliche Regelungsvereinbarung in Gestalt einer Betriebsvereinbarung ist deswegen freiwilliger Natur (§ 88 BetrVG).

Die einzelnen Mitbestimmungstatbestände in personellen Angelegenheiten (§§ 92 ff., insb. §§ 99, 102 BetrVG) in sozialen Angelegenheiten (§ 87 BetrVG) und aus Anlass einer Betriebsänderung (§§ 111 ff. BetrVG) werden durch diese Betriebsvereinbarung weder erfüllt noch anderweitig berührt. Sie werden erst bei Ergreifen der jeweiligen Maßnahme aktiviert.

Eine Betriebsvereinbarung zur Beschäftigungssicherung ist somit in dieser Allgemeinheit nicht erzwingbar. Allerdings können sehr wohl bestimmte Teilaspekte auch vor der Einigungsstelle durchsetzbar sein, wie z. B. die Frage der Arbeitszeitflexibilisierung nach § 87 Abs. 1 Nr. 2 BetrVG. Hier geht es darum, erzwingbare und nicht erzwingbare Teile einer Gesamtheit von Regelungsgegenständen geschickt miteinander zu verbinden (zur Zulässigkeit von sog. Koppelungsgeschäften vgl. Rn. 121 ff.).

38.2 Betriebsvereinbarungen

38.2.1 Beschäftigungssicherungsvertrag 1 (Betriebsvereinbarung zur Förderung von Innovationen)[59]

BV 85

Vorbemerkung

Technische und organisatorische Innovationen sind für die Wettbewerbsfähigkeit unserer Wirtschaft von zentraler Bedeutung. Auch das Arbeitsrecht kann einen Beitrag dazu leisten, die Innovationsfähigkeit der Wirtschaft insgesamt zu verbessern.

In der Innovationsforschung finden sich einige Aussagen zu der Frage, unter welchen Bedingungen Ideen geboren und verbreitet werden. Typischerweise sind die Erfinder Personen, die »eher am Rande stehen«. Vielfach werden Innovationen im Geheimen und an der Hierarchie vorbei entwickelt. Die fraglichen Individuen werden im Slang der Innovationsforscher als »Partisanen« bezeichnet, d. h. als Menschen, die eine Idee im Kopf haben und die sich – häufig zusammen mit Gleichgesinnten – tarnen, um erst dann an die (Betriebs-)Öffentlichkeit zu treten, wenn die Sache fertig und ausgereift ist (vgl. *Kriegesmann,* Personalführung Heft 4/2003, S. 18, 26). Lässt sich das Tun der »Partisanen« legalisieren und damit von überflüssigen Hindernissen befreien? Eine vorläufige Sichtung der Innovationsforschung lässt vier Voraussetzungen deutlich werden, die auch einer rechtlichen Absicherung bedürfen.

Zunächst geht es um Existenzsicherheit und damit um den Schutz vor ungerechtfertigter Kündigung. Wer weiß, dass er über kurz oder lang nach Hause geschickt werden kann, wird sich kaum mit seinen Aufgaben identifizieren und deshalb keine Verbesserungsvorschläge machen.

Zum zweiten braucht man eine offene Kommunikationskultur. Wer ein Vorhaben kritisiert oder einen anderen Ansatz für besser hält, darf nicht deshalb zurückgesetzt oder benachteiligt werden. Unternehmensinterne Führungsgrundsätze, die ein solches Verbot festschreiben und ausdrücklich die »Querdenker« ermutigen, sind in diesem Zusammenhang von erheblichem Nutzen. Das allein dürfte allerdings nicht ausreichen, um den Vorgesetzten daran zu hindern, mit »Das haben wir noch nie gemacht« und »Da könnte ja jeder kommen« zu reagieren. Vielmehr bedarf es einer unabhängigen Stelle, an die sich der Einzelne wenden kann.

Dritte Voraussetzung sind ausreichende Freiräume. Interesse verdient insoweit das Beispiel der Firma Nokia, die sich Anfang der 90er Jahre in einer schlechten wirtschaftlichen Situation befand: Der Vorstand beschloss, dass alle Angestellten 15 % ihrer Arbeitszeit für eigene Projekte verwenden konnten, ohne dass sie diese im Einzelnen hätten vorher anmelden oder genehmigen lassen müssen (Mitgeteilt bei *Klotz,* CF Heft 10/2003, S. 6). Der spätere Erfolg des Unternehmens war nicht zuletzt auf die Vorschläge zurückzuführen, die in jener Epoche gemacht wurden. Freiräume braucht man allerdings nicht nur in zeitlicher Hinsicht. Naturwissenschaftler, Mediziner und empirisch arbeitende Sozialwissenschaftler benötigen vielmehr einen schnellen Zugriff auf finanzielle Mittel, um sich die erforderlichen Ressourcen beschaffen zu können.

---

59 Quelle: Däubler, in: Däubler/Klebe/Wedde (Hrsg.), Arbeitshilfen für den Betriebsrat – Formularbuch, 6. Auflage 2026.

Vierte Voraussetzung ist schließlich ein materieller oder immaterieller Anreiz für denjenigen, der sich über die Erledigung der Alltagsarbeit hinaus engagiert. Das Arbeitnehmererfindungsgesetz enthält hier den richtigen Ansatz, der aber im Bereich des Urheberrechts und der Softwareentwicklung nicht fortgeführt wird. Insoweit ist eine zusätzliche Regelung erforderlich. Weitere Überlegungen bei *Däubler*, BB 2004, 2521 ff. Die folgende Betriebsvereinbarung geht über die Regelung von Verbesserungsvorschlägen nach § 87 Abs. 1 Nr. 12 BetrVG hinaus (s. dort). Sie betritt Neuland und enthält relativ weitgehende Regelungen.

§ 1 Innovation als Unternehmensziel

(1) In den Jahren ... bis ... sind alle Arbeitnehmer aufgefordert, Vorstellungen zu betrieblichen Innovationen zu entwickeln.
(2) Während dieses Zeitraums ist jede betriebsbedingte Kündigung ausgeschlossen.

Hinweis
Die zeitliche Befristung der »Innovationskampagne« macht einen entsprechenden Ausschluss der betriebsbedingten Kündigung möglich.

§ 2 Innovationsvorschläge

(1) Innovationsvorschläge müssen eine neue Idee oder eine neue Anwendung einer bekannten Idee zum Inhalt haben. Sie müssen auf eine Verbesserung der technischen, organisatorischen, wirtschaftlichen oder sozialen Gegebenheiten des Unternehmens abzielen.
(2) Innovationsvorschläge können sich u. a. beziehen auf die

- Vereinfachung von Arbeitsabläufen
- Entwicklung eines neuen Produkts oder einer neuen Art Dienstleistung
- Erweiterung der Produktpalette
- Erschließung eines neuen Geschäftsfeldes
- Verbesserung der arbeitsbezogenen Kommunikation
- Verbesserung der Arbeitsbedingungen und des Arbeitsklimas
- Erhöhung der Qualität von Produkten und Dienstleistungen
- Verkürzung der Durchlaufzeiten
- Reduzierung von Unfallrisiken und gesundheitlichen Belastungen
- Erhöhung der Umweltverträglichkeit der Herstellungsprozesse und der Produkte
- Einsparung von Energie und Material
- Verbesserung der Instandhaltung

(3) Ein Innovationsvorschlag im Sinne dieser Betriebsvereinbarung liegt dann nicht vor, wenn lediglich konkret zugewiesene Aufgaben im Rahmen des Arbeitsvertrags erfüllt werden.
(4) Die Rechte der Arbeitsvertragsparteien aus dem ArbnErfG und aus den §§ 43, 69b UrhG bleiben unberührt. Soweit der Innovationsvorschlag nach diesen Bestimmungen zu einer Geldleistung führt, ist diese auf das Entgelt nach dieser Betriebsvereinbarung anzurechnen.

Hinweis
Absatz 1 umschreibt den Innovationsbegriff, Absatz 2 nennt mögliche Gegenstandsbereiche, ohne eine abschließende Aufzählung vorzunehmen. Absatz 3 will verhindern, dass Personen, die für die Entwicklung von Konzepten sowieso bezahlt werden, noch zusätzlich honoriert werden. Allerdings soll nicht ausgeschlossen sein, dass der in einem konkreten Projekt tätige Forscher sich mit einem kleineren Teil seiner Zeit einem anderen Vorhaben zuwendet und dafür dann unter die Betriebsvereinbarung fällt. Absatz 4 sorgt für die nötige Abstimmung mit dem Arbeitnehmererfinder- und dem Arbeitnehmerurheberrecht.

§ 3 Innovationsbeauftragter

(1) In jedem Betrieb wird ein Innovationsbeauftragter (IB) eingesetzt. Die Innovationsbeauftragten aller Betriebe bilden den Innovationsausschuss (IA).
(2) Der IB darf kein aktiver Arbeitnehmer des Unternehmens sein. Er muss mit den technischen und organisatorischen Arbeitsabläufen vertraut sein; erforderlichenfalls ist er eingehend über diese zu informieren.
(3) Über die Person des IB verständigen sich Betriebsrat und Geschäftsleitung; bei unüberbrückbaren Meinungsverschiedenheiten entscheidet die Einigungsstelle.
(4) Der IB wird für den in § 1 Abs. 1 dieser Betriebsvereinbarung genannten Zeitraum bestellt. Er erhält ein angemessenes Entgelt.
(5) Ein Widerruf der Bestellung ist nur aus wichtigem Grund und mit Zustimmung des Betriebsrats möglich. Bei Meinungsverschiedenheiten entscheidet die Einigungsstelle.
(6) Bei Betrieben mit mehr als 500 Beschäftigten können mehrere Innovationsbeauftragte bestellt werden.

Hinweis
Verbreiteter Auffassung nach erweisen sich Hierarchien als innovationsfeindlich. Deshalb wird die potenziell innovative Tätigkeit bewusst aus den normalen Arbeitsabläufen herausgenommen.

§ 4 Innovationszeit

(1) Jeder Arbeitnehmer darf 15 % seiner Arbeitszeit für Zwecke des § 2 verwenden. Das dabei verfolgte Vorhaben ist dem IB anzuzeigen. Dabei reicht eine grobe Umschreibung.
(2) Bei offensichtlichem Missbrauch kann der IB der Freistellung von der an sich geschuldeten Arbeit widersprechen. In diesem Fall kann von der Möglichkeit des Absatz 1 nur auf der Grundlage eines anderen Projekts Gebrauch gemacht werden.
(3) Während der Innovationszeit unterliegt der Arbeitnehmer keinerlei Weisungen und schuldet seinen Vorgesetzten keine Rechenschaft.
(4) Mehrere Arbeitnehmer können ihre Freistellungsmöglichkeiten dafür verwenden, um ein gemeinsames Innovationsprojekt zu verfolgen.
(5) Auf Wunsch des Vorgesetzten können monatlich vier Stunden der Innovationszeit dafür verwendet werden, gemeinsam Konzepte im Sinne des § 2 zu entwickeln.

(6) Der IB ist zur Verschwiegenheit verpflichtet, soweit diese Betriebsvereinbarung nichts anderes vorsieht.
(7) Werden von einzelnen Arbeitnehmern unabhängig voneinander ähnliche Projekte verfolgt, hat der IB insoweit einen Kontakt zwischen den einzelnen Personen herzustellen.
(8) Bei identischen Projekten wird die Änderung des später angezeigten Projekts angeregt.

Hinweis
Die Innovationszeit ist dem Vorbild der Firma Nokia nachgebildet. Allerdings muss dafür gesorgt werden, dass nicht freie Beliebigkeit herrscht und Personen unter dem Vorwand, sich neue Ideen einfallen lassen zu wollen, einfach die Arbeitszeit um 15 % verkürzen. Deshalb besteht die Anzeigepflicht, die sich allerdings nicht auf Details erstrecken muss; deshalb hat auch der IB das Recht, bei Missbräuchen die Quasi-Freistellung zu verhindern.
Absatz 4 gibt den Gegebenheiten naturwissenschaftlicher und medizinischer Forschung entsprechend die Chance zur gemeinsamen Arbeit. Absatz 5 gibt im Anschluss an das französische »droit d'expression« die Möglichkeit, auch innerhalb der Hierarchie in einem eng begrenzten Rahmen für neue Konzepte zu werben.
Absätze 7 und 8 betreffen die Probleme einer »Parallelforschung«.

§ 5 Ausstattung der Arbeitnehmer mit finanziellen Mitteln
(1) Jeder Arbeitnehmer der Abteilung »Forschung und Entwicklung« erhält einen Dispositionsfonds von jährlich Euro, den er zur Entwicklung und Erprobung neuer Ideen im Sinne des § 2 verwenden darf.
(2) Mehrere Arbeitnehmer können ihre Mittel bündeln.
(3) Weitere Mittel können beim Innovationsbeauftragten beantragt werden; dies gilt auch für Arbeitnehmer anderer Unternehmensteile.
(4) Wer Erfindungen im Sinne des ArbnErfG gemacht hat, die vom Arbeitgeber in Anspruch genommen wurden, erhält automatisch das Dreifache des Betrags nach Absatz 1. Dasselbe gilt für Arbeitnehmer, die ein Gebrauchsmuster entwickelt oder einen vom Arbeitgeber akzeptierten Verbesserungsvorschlag gemacht haben, sofern diese Leistungen dem Unternehmen einen wirtschaftlichen Vorteil mindestens in Höhe des Zehnfachen des Betrags nach Absatz 1 gebracht haben.
(5) Bei gemeinsamen Erfindungen und Verbesserungsvorschlägen gilt Absatz 4 mit der Maßgabe, dass der anfallende Betrag gleichmäßig auf alle Beteiligten verteilt wird.
(6) Notwendige Beschaffungs- und Dienstleistungsverträge werden von den Arbeitnehmern namens des Unternehmens abgeschlossen. Soweit der Bereich des § 2 offensichtlich verlassen ist, sind sie nach § 179 BGB persönlich haftbar.

Hinweis
In den Naturwissenschaften, der Medizin und der empirisch arbeitenden Sozialwissenschaft lassen sich neue Ideen häufig nur erproben, wenn man über ein Minimum an finanzieller Ausstattung verfügt. Wie hoch diese sein muss, hängt von der

jeweiligen Technik sowie davon ab, inwieweit betriebliche Installationen – etwa außerhalb der normalen Arbeitszeit – benutzt werden können. Ein konkreter Betrag ist deshalb nicht festgeschrieben.
Wer mit »Forschung und Entwicklung« betraut ist, erhält einen Grundbetrag; andere können einen entsprechenden Antrag beim Innovationsbeauftragten stellen. Arbeitnehmer, die in der Vergangenheit durch kreative Leistungen aufgefallen sind, erhalten nach Absatz 4 von vornherein eine bessere Ausstattung. Auch hier wird eine Bündelung der Kräfte ermöglicht (Absatz 5).

§ 6 Behandlung von Innovationsvorschlägen
(1) Innovationsvorschläge sind dem IB schriftlich einzureichen. Sie werden an die übrigen Innovationsbeauftragten weitergeleitet.
(2) Der IB kann einen Vorschlag ablehnen, weil er nicht den Voraussetzungen des § 2 entspricht oder weil er sich im Unternehmen offensichtlich nicht umsetzen lässt. Der vorschlagende Arbeitnehmer ist in diesem Fall in der Verwertung seiner Idee frei.
(3) In allen anderen Fällen legt der IB den Vorschlag dem IA vor. Hält dieser den Vorschlag für geeignet, teilt er dies unter Angabe der Gründe der Geschäftsführung mit.
(4) Bestehen Zweifel an dem Neuheitswert des Vorschlags oder seiner praktischen Umsetzbarkeit, kann eine Klärung durch Gutachter erfolgen.
(5) Der Betriebsrat ist von dem Vorschlag und dem weiteren Verfahren zu informieren; bestehen Bedenken gegen die Realisierung des Vorhabens, kann er die Einschaltung eines Gutachters im Sinne von Absatz 4 verlangen.

Hinweis
Die Vorschrift ist weithin dem traditionellen Normenbestand im Rahmen von Verbesserungsvorschlägen nachgebildet.

§ 7 Annahme und Ablehnung des Vorschlags
(1) Über die Annahme oder Ablehnung des Innovationsvorschlags befindet die Geschäftsführung oder eine von ihr bestimmte Person. Die Ablehnung muss begründet werden.
(2) Der Arbeitnehmer ist berechtigt, im Falle der Ablehnung seine Idee nach eigenen Vorstellungen zu verwerten. Dieses Recht kann auch nicht durch ein vertragliches Wettbewerbsverbot eingeschränkt werden.
(3) Wird der Vorschlag angenommen, hat der Arbeitnehmer einen Anspruch auf Prämie nach Maßgabe von § 8.
(4) Der Arbeitgeber ist verpflichtet, einen angenommenen Vorschlag praktisch umzusetzen oder ihn (z. B. durch Gewährung von Lizenzen) wirtschaftlich zu verwerten. Dies gilt nicht, wenn der Umsetzung oder Verwertung unerwartete Hindernisse entgegenstehen.
(5) § 17 ArbnErfG bleibt unberührt.

Hinweis
Die Vorschrift will verhindern, dass Vorschläge zwar angenommen (und mit einer Prämie belohnt), gleichzeitig aber »auf Halde gelegt« werden. Im Falle der Ablehnung ist der Arbeitnehmer zur freien Verwertung berechtigt; bei einer Annahme muss der Arbeitgeber die praktische Umsetzung in Angriff nehmen. Absatz 5 betrifft den Fall, dass ein überwiegendes betriebliches Interesse die Geheimhaltung des Vorschlags gebietet; er bezieht sich nur auf Erfindungen.

§ 8 Prämie
(1) Die aufgrund eines angenommenen Innovationsvorschlags geschuldete Prämie beträgt 20 % der wirtschaftlichen Vorteile, die das Unternehmen in den folgenden fünf Jahren allein aufgrund des Vorschlags erzielt. Zu den wirtschaftlichen Vorteilen gehören auch Einsparungen.
(2) Lassen sich die Vorteile nicht quantifizieren oder sind sie immaterieller Natur, ist der Wert durch Schätzung festzulegen. Zuständig ist der IA.
(3) Lässt sich der angenommene Vorschlag nach § 7 Abs. 4 nicht realisieren, gilt Absatz 2 entsprechend; dabei dienen 10 % des ohne die Schwierigkeiten zu erwartenden wirtschaftlichen Vorteils als Richtgröße. Im Falle des § 7 Abs. 5 ist von 20 % auszugehen.
(4) Wird ein Vorschlag von mehreren Personen gemacht, steht die Prämie mangels abweichender Abmachungen zwischen den Vorschlagenden allen zu gleichen Teilen zu.

Hinweis
Die Prämie richtet sich nach den wirtschaftlichen Vorteilen, die der Arbeitgeber aus der Innovation zieht. Diese sind notfalls durch Schätzung zu ermitteln.

Ort, Datum, Unterschriften

38.2.2 Beschäftigungssicherungsvertrag 2[60] BV 86

Vorbemerkung
Die im Folgenden skizzierte Betriebsvereinbarung ist einer Abmachung nachgebildet, die zwischen Betriebsrat und Geschäftsleitung der Frankfurter Flughafen AG (heute: Fraport) im September 1998 abgeschlossen wurde. Sie ist im Original in wesentlichen Teilen veröffentlicht worden (AiB 1999, 682 ff.); die wiedergegebene Fassung unterscheidet sich vom Original nur in unwesentlichen Punkten und lässt betriebliche Besonderheiten beiseite.
Das Zustandekommen der Regelung hing von einer Reihe von Rahmenbedingungen ab, zu denen ein kooperatives Management und ein relativ gutes »Polster« an freiwilligen Sozialleistungen des Arbeitgebers zählten. Außerdem war es möglich, die Einsparung von Personalkosten an die Reduzierung der Sachkosten zu koppeln und jeweils auf ein Jahr zu begrenzen, was einen dauerhaften Rechtsverlust ausschließt.

---

60 Quelle: Däubler, in: Däubler/Klebe/Wedde (Hrsg.), Arbeitshilfen für den Betriebsrat – Formularbuch, 6. Auflage 2026.

Auch wurden künftige Outsourcing-Maßnahmen von der Erfüllung bestimmter inhaltlicher Voraussetzungen abhängig gemacht.
Anlass für die Vereinbarung war die Liberalisierung der sog. Bodenverkehrsdienste. Diese (wie z.B. die Gepäckbeförderung) können danach auch von den Airlines selbst übernommen werden, was angesichts des Lohnniveaus in vielen Ursprungsländern zu einer drastischen Preissenkung führen konnte. Entsprechende Risiken sind in gleicher Weise in vielen anderen Unternehmen denkbar.
Nähere Darstellung und Würdigung der »Philosophie« des Beschäftigungssicherungsvertrags bei der Frankfurter Flughafen AG bei *Däubler/Erhardt*, AiB 1999, 677 ff.

Präambel
Anlässlich der möglichen Veränderungen des Marktes wird die folgende Betriebsvereinbarung mit dem Ziel abgeschlossen, das Unternehmen sowie die Anzahl und Qualität der Arbeitsplätze zu sichern und offensiv fortzuentwickeln. Dem dienen die folgenden Bestimmungen.

§ 1 Information
Alle geplanten und durchgeführten Maßnahmen zur Beschäftigungssicherung werden dem Betriebsrat unverzüglich mitgeteilt. Außerdem sind sie in den Bericht zur Lage des Unternehmens aufzunehmen, der in jeder Betriebsversammlung erstattet wird.

§ 2 Entwicklung der personellen Ressourcen
(1) Unternehmensleitung und Betriebsrat sehen Handlungs- und Regelungsbedarf in den folgenden Feldern:
- Arbeitszeitregelungen
- Personal- und Führungskräfteentwicklung
- berufliche Aus- und Weiterbildung
- Organisationsentwicklung
- Qualitätssicherung und -steuerung
- Gesundheitsschutz und Arbeitssicherheit
- Integration schwerbehinderter Menschen
- Beschäftigung Leistungsgeminderter
- Verbesserung der Anwesenheitsquote
- leistungsgerechte Bezahlungssysteme

(2) Die Unternehmensleitung verpflichtet sich, im Rahmen des Projekts gemeinsam mit dem Betriebsrat zu den genannten Punkten bis zum Datum Vorschläge zu entwickeln bzw. fortzuschreiben und die Umsetzung einzuleiten.
(3) Bei unüberbrückbaren Meinungsverschiedenheiten gilt § 7.

§ 3 Vorsorgemaßnahmen bei drohenden Einnahmeausfällen
(1) Gehen Aufträge verloren oder können sie nur noch für ein niedrigeres Entgelt übernommen werden, so wird eine sog. Gefährdungsrechnung erstellt. Diese ermit-

telt den erforderlichen Anpassungsbedarf bei freiwilligen außertariflichen Sozialleistungen nach Maßgabe der folgenden Absätze.
(2) Bezugsgröße für Kürzungen von Sozialleistungen ist das Jahr ..., in dem eine Beeinträchtigung des Betriebsergebnisses durch die Marktentwicklung noch nicht eingetreten war.
(3) Die einzusparende Summe wird jeweils jährlich in Bezug auf diese Bezugsgröße neu berechnet. Besteht kein Einsparungsbedarf, werden die Leistungen des Jahres ... weitergewährt.
(4) Die im Folgejahr zu erwartenden Einnahmeausfälle werden dem Betriebsrat bis spätestens Datum (z. B. 15. November des vorangehenden Jahres) von der Unternehmensleitung mitgeteilt. Die Prognose ist den weiteren Verhandlungen nur dann zugrunde zu legen, wenn sie von einem Wirtschaftsprüfer bestätigt wurde.
(5) Die Aussetzung oder Reduzierung von Sozialleistungen wird nur dann vorgenommen, wenn es nicht gelingt, die Einnahmeausfälle durch Kostensenkungen (z. B. Sachkostenreduzierungen, Senkung des Krankenstandes, Nutzung von Absenkungsmöglichkeiten in Tarifverträgen, neue Arbeitszeitmodelle) und Erlös steigernde Maßnahmen zu kompensieren.
(6) In jedem Fall wird die Summe der zu reduzierenden Sozialleistungen auf die Höhe der geplanten Sachkosteneinsparungen/Erlössteigerungen begrenzt. Liegen die realisierten Einsparungen bei den Sozialleistungen über den realisierten Sachkosteneinsparungen/Erlössteigerungen, wird der Unterschiedsbetrag im Folgejahr verrechnet.
(7) Die freiwilligen außertariflichen Sozialleistungen werden in der in Anlage 1 aufgelisteten Reihenfolge ausgesetzt oder für das fragliche Jahr gekürzt.
(8) Nach der erstmaligen Anwendung dieser Betriebsvereinbarung wird in den Folgejahren die eingetretene Über- bzw. Unterkompensation bei den Personalstrukturkosten des laufenden Geschäftsjahres durch die Unternehmensleitung dokumentiert. Die realisierte Über- bzw. Unterkompensation wird mit dem Anpassungsbedarf für das nächste Jahr verrechnet.
(9) Spätestens sechs Monate vor Auslaufen dieser Vereinbarung werden die Betriebsparteien eine Bewertung vornehmen, inwieweit die getroffenen Anpassungsmaßnahmen zur Verbesserung der Wettbewerbsfähigkeit beigetragen haben. Grundlage dafür ist ein externes Gutachten. Der Gutachter wird von Geschäftsleitung und Betriebsrat einvernehmlich bestimmt.

§ 4 Personaleinsatz

(1) Im Rahmen der Personalplanung wird die Bemessung der Personalkapazitäten in Bezug auf alle Funktionen regelmäßig mit dem Betriebsrat beraten.
(2) Zur Vermeidung von Kapazitätsengpässen kann geeignetes Personal bereichsübergreifend eingesetzt werden.
(3) Interne Bewerber für eine freie Stelle können eine gezielte Qualifizierung verlangen, wenn dadurch mit vertretbarem Aufwand eine interne Besetzung ermöglicht wird. Einzelheiten werden in einer abzuschließenden Betriebsvereinbarung »Interne Stellenausschreibung« geregelt.

(4) Zur Vermeidung von betriebsbedingten Kündigungen werden alle Möglichkeiten zum Ringtausch genutzt. Dieser kommt insbesondere dann in Betracht, wenn ein Mitarbeiter seine Bereitschaft zum Abschluss eines Aufhebungsvertrags bekundet, dessen Arbeitsplatz nicht abgebaut werden soll. Dem Mitarbeiter ist die Möglichkeit zur Beendigung des Beschäftigungsverhältnisses einzuräumen, wenn seine Tätigkeit von einem anderen Mitarbeiter ausgeübt werden kann, dessen Aufgaben in absehbarer Zeit ganz oder teilweise wegfallen.
(5) Der Einsatz von Leiharbeitskräften darf nur erfolgen, wenn keine eigenen freien Kapazitäten vorhanden sind. Er darf sechs Monate nicht übersteigen. Dasselbe gilt für den Einsatz von Fremdfirmenmitarbeitern, soweit der zugrunde liegende Werkvertrag nicht nach § 6 gebilligt ist.
(6) Soweit eine tarifliche Möglichkeit besteht, prüfen Unternehmensleitung und Betriebsrat bei vorhandenen Überkapazitäten, ob die Absenkung der regelmäßigen wöchentlichen Arbeitszeit für die Beschäftigten in Betracht kommt. Dabei werden auch Möglichkeiten zur bereichsspezifischen Absenkung der regelmäßigen wöchentlichen Arbeitszeit geprüft.
(7) Unternehmensleitung und Betriebsrat verständigen sich darauf, im Rahmen tariflicher Öffnungsklauseln auch die Möglichkeiten einer Arbeitszeitverlängerung zu prüfen. Die dadurch bewirkten Einsparungen werden auf das Kürzungsvolumen nach § 3 angerechnet.
(8) Im Rahmen einer Teilzeitoffensive werden neue Modelle zur Gestaltung von Teilzeitarbeitsbedingungen einvernehmlich zwischen Betriebsrat und Unternehmen entwickelt. Unter Berücksichtigung der betrieblichen Erfordernisse sollen Teilzeitmodelle erarbeitet werden, die stundenweise, tageweise oder blockweise arbeitsfreie Zeit ermöglichen.
(9) Der Entwurf einer Betriebsvereinbarung zur Altersteilzeit wird auf der Basis des Tarifvertrags von der Unternehmensleitung vorgelegt.
(10) Alle in Abs. 1 bis 9 genannten Möglichkeiten sollen verantwortungsvoll und sozialverträglich ausgeschöpft werden, um betriebsbedingte Kündigungen möglichst zu vermeiden. Entsprechende Vereinbarungen sind bei Bedarf unverzüglich zu verhandeln.
(11) Sollte ein Betriebsübergang oder ein Betriebsteilübergang auf ein anderes Unternehmen stattfinden, ist durch Betriebsvereinbarung sicherzustellen, dass der soziale Besitzstand erhalten bleibt. Dies gilt auch für die vorliegende Betriebsvereinbarung.

§ 5 Fremdvergabe
(1) Können sich Beschaffungsentscheidungen auf die Beschäftigung auswirken, so gelten die folgenden Grundsätze.
(2) Bei Beschaffungsentscheidungen werden neben dem Kostenaspekt auch qualitative Kriterien wie Qualität, Flexibilität und Zuverlässigkeit der Leistung in die Bewertung einbezogen.
(3) Kann die fragliche Tätigkeit mit eigenen Arbeitskräften qualitativ gleichwertig erfüllt werden, findet keine Fremdvergabe statt, wenn im Rahmen einer Vollkosten-

betrachtung die Fremdleistung nicht mehr als 15 % und/oder 50 000,00 Euro günstiger ist.
(4) Bei Vergabeentscheidungen hat der betroffene Bereich des Unternehmens die Möglichkeiten eines »Last Call«.
(5) Der Betriebsrat ist von allen geplanten Beschaffungsmaßnahmen rechtzeitig zu informieren. Er kann Einsichtnahme in die Unterlagen verlangen. Bestehen Meinungsverschiedenheiten über das Vorliegen der Absätze 2 bis 4, entscheidet die paritätische Kommission nach § 7.

§ 6 Gewährung des Sonderzuschlags
(1) Der am Jahresende ... auslaufende Sonderzuschlag wird ohne Nachwirkung bis Datum verlängert.
(2) Durch die Verlängerung wird erreicht, dass die in der vorliegenden Betriebsvereinbarung getroffenen Regelungen bei kollektiver Betrachtungsweise für die Mitarbeiter insgesamt nicht ungünstiger sind.

Hinweis
Anlass für diese Regelung war die Tatsache, dass eine Reihe von Sonderleistungen, die in die »Kürzungsmasse« miteinbezogen waren, nur aufgrund Betriebsübung gewährt wurden. Die entsprechenden Ansprüche werden wie arbeitsvertraglich vereinbarte behandelt. Damit war eine Ablösung an sich nur über (nicht praktikable) Änderungsverträge oder Änderungskündigungen möglich. Als Ausweg bleibt in solchen Situationen nach der Rechtsprechung des BAG nur der Rückgriff auf das sog. kollektive Günstigkeitsprinzip (DKW-*Berg*, § 77 Rn. 47). Dies soll hier durch die Verlängerung des Sonderzuschlags ermöglicht werden – was nur dann überzeugt, wenn die aus einer Betriebsübung folgenden Rechte im Regelfall deutlich hinter dem Sonderzuschlag zurückbleiben. Nach der aktuellen Rechtsprechung (BAG 5.3.2013 – 1 AZR 417/12, NZA 13, 916) sind arbeitsvertragliche Regelungen auch dann »betriebsvereinbarungsoffen« und müssen sich deshalb eine Verschlechterung durch Betriebsvereinbarungen gefallen lassen, wenn sie in Standardbedingungen enthalten sind. Dies könnte es nahelegen, dasselbe bei Ansprüchen aus Betriebsübung anzunehmen, doch sind gegen die Rechtsprechung gewichtige Einwände formuliert worden (s. *Waltermann*, NZA Heft 19/2013, Editorial). Wer sicher gehen will, wird sich daher weiter auf die hier bevorzugte Regelung verlassen müssen.

§ 7 Paritätische Kommission
(1) Unternehmensleitung und Betriebsrat bilden eine gemeinsame Kommission »Beschäftigungssicherung«, die jeden Monat mindestens einmal zusammentritt.
(2) Unternehmensleitung und Betriebsrat entsenden jeweils fünf Personen in die Kommission; dabei können auch Aufsichtsratsmitglieder Berücksichtigung finden.
(3) Die Kommission kontrolliert die Einhaltung der vorliegenden Betriebsvereinbarung.
(4) Die Kommission beschäftigt sich weiter insbesondere mit folgenden Themen:

- Sicherung bestehender und Entwicklung neuer Umsatzerlöse;
- Möglichkeiten zur Verbesserung der Kostenstrukturen (insbesondere Sachkosten, Personalkosten, Optimierung der Geschäftsprozesse und Arbeitsabläufe);
- Beschaffungsentscheidungen über Leistungen Dritter, für die das Unternehmen eigene Ressourcen vorhält;
- Modelle für die Beteiligung der Beschäftigten an Produktivitätsfortschritten und am Erfolg des Unternehmens sowie Möglichkeiten zur Beteiligung der Beschäftigten am Kapital des Arbeitgeberunternehmens; bei einer Kapitalerhöhung durch Börsengang wird sich der Vorstand dafür einsetzen, dass Mitarbeiter Belegschaftsaktien zu Vorzugskonditionen erhalten können;
- Festlegung von gemeinsamen Zielen zur Sicherung der Anwendung von Tarifverträgen in Tochterunternehmen.

(5) Kommt die Kommission bei Fragen der Umsetzung der vorliegenden Betriebsvereinbarung infolge Stimmengleichheit zu keiner Entscheidung, wird eine Einigungsstelle tätig, deren Spruch sich beide Seiten von vornherein unterwerfen.

Hinweis
Durch die Besetzung der paritätischen Kommission redet die Arbeitnehmerseite zugleich in Fragen der Unternehmenspolitik mit. Auch hat sie die Kontrolle darüber, ob die Betriebsvereinbarung auch effektiv eingehalten wird. Insoweit entscheidet notfalls die Einigungsstelle, während die übrigen Fragen bei Nichteinigung in der Kompetenz des Vorstands bleiben.

Anlage 1
Jubiläumszuwendungen
Übertarifliches Urlaubsgeld
»Geschenkeimer« zu Weihnachten
Tariflich nicht abgesicherte Weihnachtsgratifikation
Wegezeitenentschädigung
Sonderzuschlag
Familienzuschlag
Bestandsschutzzulage nach dem Rationalisierungsschutzabkommen
Einzahlungen in die betriebliche Altersversorgung

Hinweis
Der Katalog ist weder abschließend noch mit dem Originalkatalog der Frankfurter Flughafen AG identisch. Er soll nur den Grundgedanken verdeutlichen, wonach zunächst die leichter entbehrlichen Zulagen für eine Kürzung herangezogen werden. Möglich ist auch, bestimmte Leistungen zunächst nur teilweise zur Disposition zu stellen, also z. B. die Weihnachtsgratifikation nur zu 50 % relativ weit oben einzuordnen und die anderen 50 % genauso wie den Familienzuschlag weit unten zu platzieren.

Ort, Datum, Unterschriften

39. Interessenausgleich und Sozialplan

39.1 Einleitung

Der Interessenausgleich ist die Einigung der Betriebsparteien über das Ob und Wie der vom Arbeitgeber geplanten Betriebsänderung. Im Interessenausgleich ist z. B. der Umfang einer Produktionsreduzierung geregelt, die Errichtung alternativer Produktionen, der Zeitplan und der Umfang einer Verlagerung, beschäftigungssichernde Maßnahmen etc. Der Sozialplan soll demgegenüber den betroffenen Arbeitnehmern einen finanziellen Ausgleich für die aus der Durchführung der im Interessenausgleichleich geregelten Betriebsänderung eintretenden Nachteile bieten. Der sog. Transfersozialplan soll den Arbeitnehmern unter Nutzung des sog. Transferkurzarbeitergeldes eine Perspektive in eine neue Beschäftigung auf dem 1. Arbeitsmarkt bieten.
Das Betriebsverfassungsgesetz räumt dem Betriebsrat im Hinblick auf den Interessenausgleich kein echtes Mitbestimmungsrecht ein. Es beschränkt sich darauf, den Unternehmer zu verpflichten, mit dem Betriebsrat über eine Lösung des Interessenkonflikts »mit dem ernsten Willen zur Einigung« (vgl. § 74 Abs. 1 BetrVG) zu verhandeln. Der Unternehmer muss sich vor allem auf ein Verfahren vor der Einigungsstelle einlassen (§ 112 Abs. 2 und 3 BetrVG).
Solange der Verfahrensweg mit dem Ziel des Interessenausgleiches bis hin zur Einigungsstelle nicht abgeschlossen ist, darf der Unternehmer die Betriebsänderung nicht durchführen. In einer Reihe von Arbeitsgerichtsverfahren konnte durch entsprechende »einstweilige Verfügungen« die Durchführung betriebsändernder Maßnahmen (z. B. Kündigungen) bis zum Abschluss des Einigungsstellenverfahrens gestoppt werden. Die Zulässigkeit solcher »einstweiliger Verfügungen« ist allerdings strittig.
Scheitern die Verhandlungen in der Einigungsstelle, kann diese keinen für den Unternehmer verbindlichen Beschluss fassen. Vor allem kann die Einigungsstelle keinen »Interessenausgleich« beschließen (§ 112 Abs. 4 BetrVG: aus dieser Vorschrift ergibt sich, dass die Einigungsstelle einen verbindlichen Spruch nur über die Aufstellung eines Sozialplans fällen kann). Stattdessen ist der Unternehmer nach Abschluss des gescheiterten Einigungsstellenverfahrens nunmehr befugt, die von ihm geplanten betriebsändernden Maßnahmen durchzuführen.
Anders stellt sich die Rechtslage bezüglich des »Sozialplans« dar. Kommt es insoweit zu keiner Einigung zwischen Unternehmer und Betriebsrat, entscheidet auf Antrag die Einigungsstelle mit für den Unternehmer verbindlicher Wirkung über die Aufstellung und Ausgestaltung eines Sozialplans (§ 112 Abs. 4 BetrVG).
Der Betriebsrat sollte davon absehen, der Betriebsänderung im Rahmen des Interessenausgleichs ausdrücklich zuzustimmen. Das gilt unabhängig davon, ob der Arbeitgeber Zugeständnisse beim »Ob«, »Wann« und »Wie« der Betriebs-

änderung und bei der Ausgestaltung des Sozialplans macht. Mit einer Zustimmung setzt sich der Betriebsrat ohne Not dem Verdacht aus, nicht auf der Seite der Beschäftigten zu stehen, sondern dem Unternehmer bei der Durchsetzung von arbeitnehmerschädlichen Maßnahmen zu helfen. Deshalb sollte in einem Interessenausgleich nicht formuliert werden: »*der Betriebsrat stimmt der geplanten Betriebsänderung zu*«, sondern: »*der Betriebsrat nimmt die geplante Betriebsänderung zur Kenntnis*«.
Ist die geplante Betriebsänderung mit Entlassungen verbunden (z. B. Massenentlassung wegen Auftragsmangel), kann der Betriebsrat mit dem Alternativvorschlag kontern, anstelle der vorgesehenen Entlassungen? Kurzarbeit einzuführen. Da der Betriebsrat bei der Einführung von Kurzarbeit ein Mitbestimmungsrecht auch in Form des Initiativrechts hat (§ 87 Abs. 1 Nr. 3 BetrVG), kann er – falls der Arbeitgeber ablehnt – eine Entscheidung der Einigungsstelle nach § 87 Abs. 2 BetrVG erzwingen. Schließt sich die Einigungsstelle der Auffassung des Betriebsrats an und beschließt sie die Einführung von Kurzarbeit, entfällt der Grund für die geplante Entlassung. Insofern kann das Einigungsstellenverfahren nach § 112 Abs. 2 BetrVG über den Interessenausgleich sinnvollerweise erst dann abgeschlossen werden, wenn die Einigungsstelle gem. § 87 Abs. 2 BetrVG verbindlich über das »Ob« und »Wie« der Kurzarbeit entschieden hat.
Nach § 1 Abs. 5 KSchG besteht die Möglichkeit, einen »Interessenausgleich mit Namensliste« abzuschließen. Sind in diesem Fall die Arbeitnehmer, denen gekündigt werden soll, in einem Interessenausgleich zwischen Arbeitgeber und Betriebsrat namentlich bezeichnet, wird vermutet, dass die Kündigung durch dringende betriebliche Erfordernisse im Sinne des § 1 Abs. 2 KSchG bedingt ist. Die soziale Auswahl der Arbeitnehmer kann nur auf grobe Fehlerhaftigkeit überprüft werden. Ein Interessenausgleich mit Namensliste führt daher zu einer deutlichen Einschränkung des Kündigungsschutzes der Arbeitnehmer. Der Betriebsrat sollte deshalb einer Namensliste nicht zustimmen. Etwas anderes kann gelten, wenn der Arbeitgeber bereit ist, einen angemessenen »Preis« in Form von entsprechend dotierten Sozialplanregelungen zu zahlen.

39.2 Betriebsvereinbarungen

39.2.1 Rahmenvereinbarung zu Umstrukturierungen[61]

BV 87

Der Vorstand des Unternehmens (Vorstand)
und
der Gesamtbetriebsrat des Unternehmens (GBR)
schließen nachfolgende Betriebsvereinbarung zur **Begleitung der Neustrukturierung** des Unternehmens durch die Betriebsräte.

61 Quelle: AiB 7/2003, S. 431 f.

Die Parteien sind sich einig, dass die dynamische Entwicklung der künftigen Neustrukturierung des Unternehmens in den Einzelprojekten zu einer optimalen Neugestaltung des Unternehmens führen kann. Diese Vereinbarung beschreibt die Teilhabe des Gesamtbetriebsrats während der Gestaltungsphase, sie ist kein Interessenausgleich oder Sozialplan; diese werden gesondert vereinbart.
Die erforderliche Neustrukturierung wird auf diese Weise dynamisch und unter Vermeidung vieler formeller Verfahrenshindernisse entwickelt. Die Parteien sind sich darüber einig, dass der Erfolg des Gesamtprojektes durch die Offenheit der Verfahren und die umfassende Berücksichtigung der Interessen der Beschäftigten durch eine optimale Betriebsratsbeteiligung gesichert wird.

§ 1 Grundsätze

(1) Vorrangiges Ziel der Vereinbarung ist nicht ein bestimmter Personalabbau, sondern die Steigerung des Kundenservice und der Effizienz des Unternehmens. Mit diesem Ziel werden Mitarbeiterkapazitäten, die in bestimmten Bereichen frei werden, so zugeordnet, dass kürzere Bearbeitungszeiten und eine Erhöhung des Kundenservice möglich werden.
(2) Der Vorstand verzichtet daher auf betriebsbedingte Kündigungen für die nächsten drei Jahre.
(3) Im Gegenzug erwarten die Parteien, dass die Beschäftigten die geänderten Anforderungen u. a. im Wege freiwilliger Qualifizierungen und durch flexible Handhabung notwendiger Arbeitsplatzveränderungen unterstützen.

§ 2 Beteiligung der Betriebsräte

(1) Der GBR ist in allen Projekten, im Führungskreis und im Lenkungsausschuss vertreten. Er hat dort das Recht, sich aktiv zu beteiligen.
(2) Die Beteiligung des GBR in den Gremien bedeutet auf der anderen Seite nicht, dass damit die Zustimmung des GBR erteilt wäre.
(3) Zur Wahrnehmung dieser Aufgaben erhält der GBR alle Informationen (Unterlagen, Dateien etc.), wie sie den Projektteams oder dem Lenkungsausschuss vorliegen.
(4) In den Projekten wird die neue Struktur des Unternehmens entwickelt. Der Lenkungsausschuss beschließt die Umsetzung der Entwicklungsvorschläge.
(5) Beschlüsse des Lenkungsausschusses werden – soweit Beteiligungserfordernisse des GBR gegeben sind – erst mit der Zustimmung des GBR wirksam.
(6) Die Geschäftsleitung oder von ihr bestimmte Vertreter informieren den GBR vor den jeweiligen Lenkungsausschusssitzungen unter Beifügung aller Unterlagen gemäß Absatz 3. Der GBR hat die Möglichkeit, bei erforderlichem Klärungsbedarf auf interne Auskunftspersonen zurückzugreifen. Sollte dies nicht ausreichen, ist er berechtigt, Sachverständige hinzuzuziehen (vgl. § 111 Abs. 1 Satz 2 BetrVG).

§ 3 Umsetzungsverfahren

Wenn der GBR einem Beschluss des Lenkungsausschusses begründet, widerspricht oder um vorläufige Aussetzung des Beschlusses bittet, wird der Lenkungsausschuss dem entsprechen und die Maßnahmen bis zur einvernehmlichen Entscheidung nicht umsetzen. In diesem Fall wird der Lenkungsausschuss keine Pilotprojekte initiieren, keine Teilmaßnahmen umsetzen oder Ausschreibungen vornehmen. Ebenso sind die Mitbestimmungsrechte der örtlichen Betriebsräte zu beachten und auch keine personellen Einzelmaßnahmen einzuleiten, ohne dass ein Einvernehmen mit dem zuständigen Betriebsrat erzielt wurde.

§ 4 Einigungsverfahren

(1) Sollte kein Konsens erzielt werden, werden Frau/Herr Name und Frau/Herr Name sowie Frau/Herr Name und Frau/Herr Name einen Vermittlungsvorschlag entwickeln.
(2) Sollte auch dieser Vermittlungsvorschlag vom Vorstand oder dem GBR nicht angenommen werden können, entscheidet die Einigungsstelle in entsprechender Anwendung des § 76 BetrVG abschließend.

§ 5 Entwicklung weiterer Vereinbarungen

Der GBR wird bezogen auf die beabsichtigten einzelnen Maßnahmen jeweils anmelden, wenn er einen Regelungsbedarf (Betriebsvereinbarung) sieht. Diese Einzelregelungen werden als Anhang zu dieser Vereinbarung geführt. Soweit die Parteien keine Einigung erzielen, gilt § 4 [dieser Vereinbarung].

§ 5a Interessenausgleich und Sozialplan

Parallel zu dieser Vereinbarung verhandeln und vereinbaren Vorstand und GBR einen ersten Teil zum Interessenausgleich und zum Sozialplan. Vorstand und GBR haben den festen Willen, den ersten Teil zum Interessenausgleich und zum Sozialplan bis zum Datum abzuschließen und alles Erforderliche dafür zu tun.

§ 6 Schlussbestimmungen

(1) Diese Vereinbarung bleibt bis zum Abschluss der Betriebsänderung wegen der Neustrukturierung des Unternehmens in Kraft. Sie ist erstmals zum Datum mit einer Frist von drei Monaten zum Quartalsende kündbar.
(2) Die Parteien sind sich einig, dass für den Fall, dass einzelne Teile dieser Vereinbarung unwirksam sein sollten, die gesamte Vereinbarung dadurch nicht berührt wird. Über die unwirksamen Regelungen werden die Parteien Verhandlungen aufnehmen, um diese durch wirksame Regelungen zu ersetzen.

Ort, Datum, Unterschriften

39.2.2 Standortsicherung (Interessenausgleich)[62]

BV 88

Die Geschäftsleitung der Firmen Bezeichnung
und
der Betriebsrat Bezeichnung

62 Quelle: AiB Heft 10/1993.

schließen über die **Durchführung von Strukturmaßnahmen** an dem Standort Bezeichnung folgende Betriebsvereinbarung ab:

1. Regelungsgegenstand und Geltungsbereich

Die Geschäftsführung hält die Durchführung der begonnenen Strukturveränderungen zur Sicherung wettbewerbsgerechter Kostenstrukturen für erforderlich.
Das Ziel des Betriebsrates ist die Erhaltung der seitherigen Arbeitsplätze in dem Werk Bezeichnung. Zur Lösung dieses Interessengegensatzes wird nachfolgender Interessenausgleich vereinbart. Der Geltungsbereich dieser Vereinbarung erstreckt sich

- sachlich/räumlich auf die Durchführung der Maßnahmen gem. Ziffer 3 dieser Vereinbarung
- persönlich auf die Mitarbeiter, deren Arbeitsplätze durch Verlagerung, Entfall oder Veränderung wegen Strukturmaßnahmen betroffen sind sowie die übrigen im Betrieb verbleibenden Mitarbeiter, die unter den Geltungsbereich des Betriebsverfassungsgesetzes fallen.

2. Interessenausgleich

Die Unterzeichner sind sich einig, dass der Standort Bezeichnung auch weiterhin als Produktionsbetrieb langfristig fortzubestehen hat.
Die mit den Strukturmaßnahmen verbundenen Personalanpassungen werden nach Art und Umfang auf ein sozial vertretbares Maß beschränkt. Dazu haben die Unterzeichner unter Beachtung der §§ 111 und 112 BetrVG Einvernehmen über die nachfolgenden Bestimmungen erzielt.

3. Betriebsänderung

3.1 Im Rahmen einer Betriebsänderung werden Betriebsteile entsprechend der Darlegung in den Anlagen 1 bis 5 teilweise oder ganz stillgelegt. Die im Flachheizkörper- und Rohrheizkörperwerk bestehenden Betriebsteile der Produktion werden in wirtschaftlicher Weise neu geordnet (siehe Anlagen 1 und 2).
Die Hilfs- und Nebenbetriebe der von den Maßnahmen betroffenen Betriebsteile werden auf die künftigen Produktionserfordernisse hin entsprechend der Neuordnung angepasst (siehe Anlagen 3 und 4).
3.2 Alle geplanten Maßnahmen sollen im Rahmen des sich aus den Anlagen 1 bis 5 ergebenden Terminplanes abgewickelt werden.
3.3 Die geplanten personellen Auswirkungen aus der Durchführung der vorstehend bezeichneten Strukturmaßnahmen ergeben sich aus dem beigefügten Personalplan (Stellenplan und Anforderungsprofil, Anlagen 1 bis 4).
3.4 Die Rechte des Betriebsrates gem. § 102 BetrVG werden in der Durchführung jeder Planungsstufe gewährleistet. Änderungen in der Betriebs- oder Personalplanung werden gem. §§ 111 ff. BetrVG dem Betriebsrat unverzüglich unter Angabe der betriebswirtschaftlichen Daten und unter Vorlage der entsprechenden Unterlagen mitgeteilt und mit ihm beraten.

4. Standortplanung

4.1 Die Geschäftsführung plant für den Standort Bezeichnung langfristig folgende Betriebszwecke:

- Sitz der Hauptverwaltung des Unternehmens
- zentraler Standort für Entwicklungsaufgaben und Versuch
- Standort für zentrale kaufmännische und technische Verwaltung
- zentraler Standort für Fertigung entwicklungsnaher Versuchsteile, Kleinserien für alle Bereiche sowie anspruchsvoller Spezialbau
- Standort des zentralen Maschinenbaus und Hauptsitz für den Werkzeugbau
- Sitz der Aus- und Weiterbildung für die Durchführung der Erstausbildung und Weiterbildung aller Standorte
- Dickschichtfertigung
- Elektronikfertigung …
- Gießerei
- Rohrheizkörperwerk (neu geordnet, Anlage 1)
- Flachheizkörperwerk (neu geordnet, Anlage 2)

Die vorstehend bezeichneten Betriebszwecke sind, wo erforderlich, in Anlage 6 zu dieser Vereinbarung näher aufgeführt.

4.2 Die Geschäftsführung erklärt, dass im jetzigen Zeitpunkt Planungen für weitere Betriebsänderungen im Sinne des Betriebsverfassungsgesetzes im oben angegebenen Planungshorizont nicht vorliegen. Sie sieht auf der Grundlage des heutigen Wissens durch diese Betriebszwecke und die weltweite Entwicklung des Unternehmens eine mittelfristige Sicherung der neu geordneten Arbeitsplätze am Standort.

5. Unternehmens- und Personalplanung

5.1 Negative Auswirkungen auf die Arbeitsplätze sowie auf die Qualifikation aufgrund der Strukturveränderungen sollen im Rahmen einer vorausschauenden Unternehmensplanung durch rechtzeitig ergriffene, geeignete Maßnahmen gering gehalten oder nach Möglichkeit vermieden werden.

Zur Umsetzung dieser Absicht enthält diese Vereinbarung Regelungen über

- die Beratung von Alternativen für Entwicklung und Produktion mit dem Betriebsrat
- die interne und externe Weiterbildung.

5.2 Die Geschäftsführung unterrichtet die Belegschaft und berät mit dem Betriebsrat fortlaufend und umfassend die mittel- und langfristige Entwicklung. Information und Beratung beinhalten Produktions- und Investitionsplanung einschließlich der beabsichtigten Rationalisierungsmaßnahmen und ihrer möglichen Auswirkungen auf die Arbeitnehmer.

5.3 Auf der Grundlage der kurzfristigen Personalplanung und der Fortschreibung der bestehenden Ist-Analyse der Mitarbeiterstruktur für die beiden Werke wird jährlich eine Weiterbildungsplanung erstellt und jeweils im ersten Quartal eines Jahres mit dem Betriebsrat beraten. Bestehende Pläne werden weiterentwickelt.

6. Beratung über Produktpalette/Auftragslage

6.1 Geschäftsführung und Betriebsrat stimmen darin überein, dass zur Sicherung der Beschäftigung ständig alle Möglichkeiten zur Erweiterung der Produktpalette/Produktentwicklung/Auftragssituation zu prüfen sind. Die Geschäftsführung unterrichtet den Betriebsrat quartalsweise über diesbezügliche Aktivitäten.
Im Einvernehmen mit der Geschäftsleitung benannte Vertreter des Betriebsrates sind berechtigt, an Informationsbesprechungen der Geschäftsleitung teilzunehmen. Darüber hinaus bestehen Informationsrechte im Rahmen des Aufsichtsrates und der regelmäßigen Wirtschaftsausschusssitzungen. Dies gilt insbesondere auch für folgende Angelegenheiten:

- Produktentwicklung
- Entscheidung über Produktion und über Standort
- Entscheidung zur Verlagerung von Produkten bzw. Produktbereichen oder Produktionsanlagen; Entscheidung über Maßnahmen bei Auftragsspitzen (jeweils unter Mitteilung der Kalkulationsgrundlagen, Vergleichsrechnungen, Break-even)
- Investitionsplanung und -entscheidung (bevor diese endgültig feststeht)

6.2 Vorschläge und Anregungen, die der Betriebsrat und die Belegschaftsmitglieder in die Beratungen einbringen, werden ebenfalls auf ihre Realisierungsmöglichkeiten ernsthaft geprüft.
Der Betriebsrat kann Mitglieder in angemessener Zahl in bestehende betriebliche Arbeitskreise über Produktentwicklung und Gestaltung der Produktion zur Mitarbeit entsenden. Im Einzelfall kann die Hinzuziehung kompetenter Belegschaftsmitglieder ohne Minderung des Arbeitsentgeltes vereinbart werden.
Zu diesen Arbeitskreisen können kompetente Berater sowie Forschungsinstitute nach Absprache und im Einvernehmen mit der Geschäftsleitung hinzugezogen werden. Vorschläge des Betriebsrates und der Belegschaft sind unverzüglich zu überprüfen. Deren Ablehnung muss sachlich begründet werden.

7. Innerbetriebliche Umstrukturierung

7.1 Zur Reduzierung der Produkt- bzw. Fertigungskosten, zur Verbesserung der Qualität und zur Verkürzung der Durchlaufzeiten in Produktion, Entwicklung und Vertrieb sind folgende Maßnahmen erforderlich:

- Straffung der Produktpalette (z. B. Variantenanalyse)
- Vereinheitlichung der Bauteile durch Standardisierung
- Einsatz von Wiederhol-/Normteilen
- Optimierung der Informationsflüsse
- Einsatz optimaler Informations-, Dokumentations- und Kommunikationsmittel
- Erweiterung der Möglichkeit einer Nutzung von Datenbanken für internes Entwicklungs-, Konstruktions- und Fertigungs-Knowhow
- Verbesserung der Beschaffungsmöglichkeiten externer Informationen (Patente etc.)
- Entwicklung von Fertigungsinseln
- Minimierung von Stillstandzeiten
- vorbeugende Instandhaltung

- verstärkter Einsatz der BDE und PPS
- termingerechte Bereitstellung von Werkzeugen u.ä.
- Einführung von Prinzipien der Gruppenarbeit
- möglichst genaue kostenmäßige Erfassung und In-Rechnung-Stellung der Leistungen, die für ausländische Werke der ... Gruppe erbracht werden
- Einführung eines Controllings.

7.2 Darüber hinaus wird an der Entwicklung eines dafür geeigneten Entlohnungssystems unter besonderer Berücksichtigung des Gedankens einer Prämienentlohnung und der angestrebten tarifvertraglichen Lösungen gearbeitet.

8. Weiterbildung

Interne und externe Weiterbildung für Mitarbeiter, die von Strukturmaßnahmen betroffen sind.

8.1 Geschäftsführung und Betriebsrat stimmen darüber überein, dass die künftigen Strukturveränderungen mit veränderten Qualifikationsanforderungen an die Mitarbeiter verbunden sein werden und auf diese Veränderungen durch geeignete und rechtzeitige Weiterbildungsmaßnahmen zu reagieren ist.
Hierzu gehören:

- Weiterbildungsmaßnahmen, die sich aus dem Bedarf der Firma im Rahmen der Personalentwicklungsplanung ergeben
- Weiterbildungsmaßnahmen, die sich aus den Weiterbildungsinteressen der Mitarbeiter zur Sicherung und Weiterentwicklung ihrer Kenntnisse, Fertigkeiten und Erfahrungen ergeben
- Qualifizierungsmaßnahmen, die zu einem anerkannten Ausbildungs-, Fortbildungsabschluss (z.B. als Facharbeiter, Meister oder Techniker) führen.

8.2 Zur Verbesserung der Strukturen auf den unteren Führungsebenen wird eine Qualifizierung dieses Personenkreises im Sinne von moderner Menschenführung angestrebt.

8.3 Einzelheiten zur Durchführung von Weiterbildungsmaßnahmen werden in einer gesonderten Betriebsvereinbarung geregelt.

9. Aus- und Weiterbildung

9.1 Die Aus- und Weiterbildung wird entsprechend den Zukunftsaufgaben des Unternehmens ihre Qualität weiter verbessern und die Attraktivität des Unternehmens als Ausbildungsstätte am Arbeitsmarkt entsprechend steigern.
Angesichts der damit verbundenen hohen Aufwendungen sollen Ergänzungen für die berufliche Aus- und Weiterbildung aus Gründen der Kostensenkung auch für weitere umliegende Firmen ermöglicht werden.

9.2 Die Geschäftsleitung sichert zu, dass der Bereich der betrieblichen Aus- und Weiterbildung auf hohem Niveau weiter durchgeführt wird.

10. Intelligente Kurzarbeit

10.1 Falls Kurzarbeit erforderlich ist, wird sie unter Einbehaltung der tarifvertraglichen und gesetzlichen Bestimmungen durchgeführt.

10.2 In der Zeit der Kurzarbeit werden mit den betroffenen Arbeitnehmern gebotene und nicht kurzarbeitergeldschädliche innerbetriebliche Qualifizierungsmaßnahmen durchgeführt. Geschäftsleitung und Betriebsrat nehmen umgehend Verhandlungen mit der zuständigen Agentur für Arbeit auf.
Unter diesen Maßnahmen wird unbeschadet des bestehenden Weiterbildungsprogrammes die Vermittlung folgender Kenntnisse/Informationen verstanden:

- Verbesserung der fachlichen und sozialen Kompetenz
- Kenntnisse über die Produkte
- Kenntnisse zur betrieblichen Ablauforganisation
- Kenntnisse zur Verbesserung der Qualität
- Verbesserung der Zusammenarbeit in einzelnen Abteilungen
- betrieblicher Umweltschutz
- Verbesserung der Kenntnisse über die Arbeitssicherheit
- Kenntnisse über die Rechte und Pflichten der Arbeitnehmer.

11. Personalanpassungsmaßnahmen

11.1 Von der Firma Bezeichnung an Bezeichnung gemeldete freie Arbeitsplätze werden gemäß den innerbetrieblichen Regelungen zur Besetzung ausgeschrieben. Im Rahmen der Beziehungen zu örtlichen Behörden oder befreundeten Firmen wird sich Bezeichnung für die Vermittlung entsprechender Tätigkeiten außerhalb des Unternehmens ebenfalls wirksam einsetzen. Dies gilt insbesondere für Vermittlungen in die Firmen der Bezeichnung-Gruppe.

11.2 Die auf den wegfallenden Arbeitsplätzen beschäftigten Mitarbeiter werden hinsichtlich einer Tätigkeit an den neuen Standorten unterstützt.

11.3 Soweit wegen nicht ausreichender Versetzungsmöglichkeiten weitere Personalanpassungen erforderlich werden, wird folgende Vereinbarung getroffen:

11.3.1 Soweit eine Versetzung bereits zukünftig festgesetzt werden kann, eine Freigabe vom seitherigen Arbeitsplatz unter Berücksichtigung der betrieblichen Belange jedoch noch nicht möglich ist, sollen betroffene Mitarbeiter frühestmöglich eine Zusage für ihren zukünftigen Arbeitsplatz erhalten. Jeder betroffene Arbeitnehmer erhält das Recht, sich über den vorgesehenen Arbeitsplatz an Ort und Stelle zu informieren. Eine Entgeltminderung wegen der hierzu erforderlichen Freistellung von der Arbeit erfolgt nicht.

11.3.2 Arbeitsplätze, die derzeit durch Leiharbeiter oder Mitarbeiter mit befristeten Arbeitsverträgen besetzt sind und für von Strukturmaßnahmen betroffene Werksangehörige geeignet sind, werden nach Absprache mit dem beteiligten Betriebsrat reserviert und vorrangig intern besetzt.
Voraussetzung ist jeweils, dass die Qualifikation betroffener Mitarbeiter den Anforderungen der Aufgabe entspricht oder durch Maßnahmen gem. Ziffer 8 kurzfristig erreicht wird. Ausnahmen von dieser Regelung werden einvernehmlich mit dem Betriebsrat geregelt.

11.3.3 Es besteht Einigkeit, dass eine Fremdvergabe von Aufträgen und der Abschluss von Werkverträgen nicht vorgenommen werden, sofern freie Kapazitäten mit entsprechender Qualifikation bestehen und die Wirtschaftlichkeit gegeben ist. Der Betriebsrat

wird über evtl. dennoch erfolgende Fremdvergaben und den Abschluss von Werkverträgen vorher mit Begründung informiert.
11.3.4 Es besteht Einigkeit, dass im Planungszeitraum keine Leiharbeitnehmer eingestellt werden, sofern freie Kapazitäten mit entsprechender Qualifikation verfügbar sind.
11.3.5 Im Zeitraum der Umstrukturierung wird kein sogenannter Mitarbeiterpool eingerichtet, in dem ehemalige Beschäftigte auf Abruf für einen befristeten Arbeitseinsatz bereitstehen.
11.3.6 Mehrarbeit soll im Einzelnen bis Ende Datum/Zeitpunkt ab der ersten Stunde auch durch bezahlte Freistellung ausgeglichen werden.

12. Auslandsverlagerungen

Es wird angestrebt, die Verlagerungen von Großserien an ausländische Standorte möglichst zu vermeiden. Voraussetzung ist, dass die Produkte unter Berücksichtigung evtl. notwendiger Investitionen zu wettbewerbsfähigen Preisen hergestellt werden können.

13. Schlussbestimmungen

13.1 Der Betriebsrat erhält einen Abwicklungsplan über den zeitlichen, sachlichen und personellen Umfang der Maßnahmen (siehe Ziffer 3). Zeitliche Verschiebungen innerhalb dieses Planes werden mit dem Betriebsrat abgestimmt.
13.2 Dem Betriebsrat wird über den bekannten Personalbedarf anderer Betriebe während der Verlagerungsphase regelmäßig berichtet. Die personellen Anpassungen im Hinblick auf vorgesehene Versetzungen an neue Standorte, andere Betriebe, Eintritt in den Vorruhestand, Ausscheiden durch Aufhebungsvertrag sowie natürliche Fluktuation werden unverzüglich dem Betriebsrat mitgeteilt.
Bestimmungen der Tarifverträge, soweit Rechtsanspruch besteht, sowie die Rechte des Betriebsrates bei personellen Einzelmaßnahmen werden durch diese Vereinbarung nicht berührt.
Soweit schwerbehinderte Menschen betroffen sind, wird der Schwerbehindertenvertretung die Mitwirkung im Rahmen dieser Vereinbarung ermöglicht.
13.3 Bei Meinungsverschiedenheiten über die Anwendung dieser Vereinbarung entscheidet die Einigungsstelle verbindlich. Die Anlagen 1 bis 5 sind Bestandteil dieser Vereinbarung.
13.4 Diese Vereinbarung tritt mit dem Tage der Unterzeichnung in Kraft und endet nach Durchführung der in dieser Vereinbarung geregelten Bestimmungen.

14. Salvatorische Klausel

Sollten einzelne Bestimmungen dieses Interessenausgleichs unwirksam sein oder werden oder in Widerspruch zu tariflichen oder gesetzlichen Regelungen stehen, so bleiben die übrigen Regelungen bestehen. Die unwirksame oder in Widerspruch stehende Regelung ist durch eine Regelung zu ersetzen, die dem von den Parteien gewollten Ziel möglichst nahe kommt.

Ort, Datum, Unterschriften

39.2.3 Betriebsstilllegung mit Zustimmung des Betriebsrats (Interessenausgleich)

BV 89

Zwischen
der Bezeichnung-GmbH,
vertreten durch den Geschäftsführer
– i. F.: Unternehmen –
und
dem Betriebsrat der Bezeichnung-GmbH,
vertreten durch den Betriebsratsvorsitzenden
– i. F.: Betriebsrat –
wird folgende Betriebsvereinbarung abgeschlossen:

Präambel

Das Unternehmen betreibt in Frankfurt einen Dienstleistungsbetrieb. Der Alleingesellschafter und Geschäftsführer Name wird die Geschäftstätigkeit zum Datum aufgeben. Ein Käufer für den Betrieb konnte nicht gefunden werden. Deshalb muss der Betrieb geschlossen werden.

§ 1 Gegenstand

Der Betrieb wird zum Datum stillgelegt.

§ 2 Durchführung der Betriebsstilllegung

1. Den Mitarbeitern wird aus betriebsbedingten Gründen unter Einhaltung der jeweils gültigen Kündigungsfrist zum Datum gekündigt.
2. Eine Liste der derzeit beschäftigten Mitarbeiter wurde dem Betriebsrat ausgehändigt. Die Liste enthält folgende Angaben: Name, Vorname, Geburtstag, Eintrittsdatum, Beendigungszeitpunkt, Tätigkeit, Brutto-Monatseinkommen, Familienstand, Zahl der unterhaltspflichtigen Kinder, besonderer Kündigungsschutz, eventuelle individuelle Besonderheiten.

§ 3 Beteiligungsrechte

1. Zwischen den Parteien besteht Einvernehmen, dass die weiteren Beteiligungsrechte des Betriebsrats, vor allem nach den §§ 99, 102 BetrVG von dieser Vereinbarung unberührt bleiben.
2. Der Betriebsrat wurde im Rahmen der Interessenausgleichsverhandlungen rechtzeitig schriftlich nach § 17 Abs. 2 KSchG unterrichtet. Das Unternehmen wird der Anzeige nach § 17 KSchG eine Stellungnahme des Betriebsrats beifügen, sofern dieser sich bis spätestens Datum entsprechend äußert.

§ 4 Sozialplan

Zum Ausgleich bzw. zur Milderung der wirtschaftlichen Nachteile, die den Arbeitnehmern durch die geplante Betriebsänderung entstehen, haben die Parteien einen Sozialplan abgeschlossen.

§ 5 Inkrafttreten

1. Die Parteien sind sich einig, dass die Verhandlungen abgeschlossen sind und das Verfahren zur Herbeiführung eines Interessenausgleichs beendet ist.
2. Der Interessenausgleich tritt mit Unterzeichnung in Kraft.

Ort, Datum, Unterschriften

39.2.4 Betriebsstilllegung gegen den Willen des Betriebsrats (Interessenausgleich)

BV 90 Zwischen
der Bezeichnung-GmbH,
vertreten durch den Geschäftsführer
– i. F.: Unternehmen –
und
dem Betriebsrat der Bezeichnung-GmbH,
vertreten durch den Betriebsratsvorsitzenden
– i. F.: Betriebsrat –
wird folgende Betriebsvereinbarung abgeschlossen:

Präambel

Das Unternehmen betreibt in Frankfurt einen Dienstleistungsbetrieb. Der Alleingesellschafter und Geschäftsführer Name wird die Geschäftstätigkeit zum Datum aufgeben. Ein Käufer für den Betrieb konnte bislang nicht gefunden werden. Deshalb muss der Betrieb aus Sicht des Unternehmens geschlossen werden.
Der Betriebsrat hält die Stilllegung derzeit noch nicht für erforderlich. Nach seiner Auffassung bestehen nach wie vor realistische Aussichten, einen Erwerber zum Zwecke der Weiterführung des Betriebs zu finden.
Rechtlich stehen der Betriebsstilllegung keine Hindernisse mehr entgegen.

§ 1 Gegenstand

Der Betrieb wird zum Datum stillgelegt.

§ 2 Durchführung der Betriebsänderung

1. Den Mitarbeitern wird aus betriebsbedingten Gründen unter Einhaltung der jeweils gültigen Kündigungsfrist zum Datum gekündigt.
2. Eine Liste der derzeit beschäftigten Mitarbeiter wurde dem Betriebsrat ausgehändigt. Die Liste enthält folgende Angaben: Name, Vorname, Geburtstag, Eintrittsdatum, Beendigungszeitpunkt, Tätigkeit, Brutto-Monatseinkommen, Familienstand, Zahl der unterhaltspflichtigen Kinder, besonderer Kündigungsschutz, eventuelle individuelle Besonderheiten.

§ 3 Beteiligungsrechte

1. Zwischen den Parteien besteht Einvernehmen, dass die weiteren Beteiligungsrechte des Betriebsrats, vor allem nach den §§ 99, 102 BetrVG von dieser Vereinbarung unberührt bleiben.
2. Der Betriebsrat wurde im Rahmen der Interessenausgleichsverhandlungen rechtzeitig schriftlich nach § 17 Abs. 2 KSchG unterrichtet. Das Unternehmen wird der Anzeige nach § 17 KSchG eine Stellungnahme des Betriebsrats beifügen, sofern dieser sich bis spätestens Datum entsprechend äußert.

§ 4 Sozialplan

Zum Ausgleich bzw. zur Milderung der wirtschaftlichen Nachteile, die den Arbeitnehmern durch die geplante Betriebsänderung entstehen, haben die Parteien einen Sozialplan abgeschlossen.

§ 5 Inkrafttreten

1. Die Parteien sind sich einig, dass die Verhandlungen abgeschlossen sind und das Verfahren zur Herbeiführung eines Interessenausgleichs beendet ist.
2. Der Interessenausgleich tritt mit Unterzeichnung in Kraft.

Ort, Datum, Unterschriften

39.2.5 Betriebsstillegung in einem Unternehmen mit mehreren Betrieben (Interessenausgleich)

Zwischen BV 91
der Firmenbezeichnung-AG,
vertreten durch den Vorstand
– i. F.: Unternehmen –
und
dem Betriebsrat der Firmenbezeichnung-AG, Standort München,
vertreten durch den Betriebsratsvorsitzenden
– i. F. Betriebsrat –
wird folgende Betriebsvereinbarung abgeschlossen:

Präambel

Der Vorstand hat beschlossen, dass Geschäftsfeld Bezeichnung zu schließen. Ein Erwerber für das Geschäftsfeld konnte trotz intensiver Bemühungen bis heute nicht gefunden werden. Deshalb ist auch die Schließung des Standorts München unvermeidbar. Hierzu vereinbaren die Parteien den folgenden Interessenausgleich.

§ 1 Gegenstand

1. Gegenstand des Interessenausgleichs ist die Schließung des Betriebs in München.
2. Die Betriebsschließung wird in folgenden Etappen durchgeführt:
   - Zum Ende des Datum wird die Produktion eingestellt.
   - Der Vertrieb wird zum Ende des Datum stillgelegt.

- Die Verwaltung wird zum Ende des Datum geschlossen.
- Die Rest- und Abwicklungsarbeiten werden von einer Abwicklungsgruppe bis spätestens Datum durchgeführt. Diese Gruppe besteht aus ca. 15 Arbeitnehmern, die im Einvernehmen mit dem Betriebsrat ausgewählt worden ist.

§ 2 Durchführung

1. Den am Standort beschäftigten Arbeitnehmern wird wegen der Betriebsstilllegung unter Beachtung der jeweils geltenden individuellen Kündigungsfristen nach Maßgabe der in § 1 Ziff. 1 dieses Interessenausgleichs beschriebenen Phasen betriebsbedingt gekündigt.
2. Der Ausspruch personen- und verhaltensbedingter Kündigungen bleibt von Ziff. 1 unberührt.
3. Mitarbeitern, die ordentlich unkündbar sind, wird außerordentlich betriebsbedingt unter Einhaltung einer Auslauffrist gekündigt. Die Auslauffrist entspricht der individuellen Kündigungsfrist, die ohne den Ausschluss der ordentlichen Kündigung anzuwenden gewesen wäre.
4. In Fall der Kündigung schwerbehinderter Menschen ist die vorherige Zustimmung des Integrationsamts einzuholen.
5. Eine Liste der derzeit am Standort München beschäftigten Mitarbeiter wurde dem Betriebsrat ausgehändigt. Die Liste enthält folgende Angaben: Name, Vorname, Geburtstag, Eintrittsdatum, Beendigungszeitpunkt, Tätigkeit, Brutto-Monatseinkommen, Familienstand, Zahl der unterhaltspflichtigen Kinder, besonderer Kündigungsschutz, eventuelle individuelle Besonderheiten.

§ 3 Transfermaßnahmen

1. Die Betriebsparteien verständigen sich darauf, dass zur Vermeidung von Massenentlassungen gem. § 17 KSchG in den nach dieser Regelung zu vereinbarenden Teilinteressenausgleichen betriebsorganisatorisch eigenständige Einheiten (beE) im Sinne des § 110 Abs. 3 Sozialgesetzbuch III (SGB III) und/oder Transferagenturen nach § 111 SGB III eingerichtet werden. Die beE soll von der Firmenbezeichnung-GmbH eingerichtet, geführt und verwaltet werden. Voraussetzung für die Einrichtung der beE bzw. von Transferagenturen und den damit verbundenen Leistungen ist jeweils die Gewährung von Transferleistungen durch die Bundesagentur für Arbeit nach Maßgabe der §§ 110, 111 SGB III.
2. Mit der Einrichtung der Transfergesellschaft verfolgen die Betriebsparteien vor allem folgende Ziele:
   - Unterstützung der beruflichen Neuorientierung, Erstellung einer individuellen Berufswegeplanung, Bewerbertrainings und Hilfe bei der Erstellung aussagekräftiger Bewerbungsunterlagen.
   - Durchführung von geeigneten Qualifizierungsmaßnahmen für den ersten Arbeitsmarkt.
   - Aktive Unterstützung bei der Suche nach einer neuen Beschäftigung durch das Herstellen von Kontakten.

  - Kostenentlastung der Agentur für Arbeit durch Vermeidung von Dauerarbeitslosigkeit.

Zur Erreichung der o. g. Ziele können folgende Transfermaßnahmen angeboten werden, welche sich an den individuellen Bedürfnissen des Arbeitnehmers orientieren:

- Teilnahme an einem Orientierungs- und Perspektivenseminar,
- Erarbeiten eines individuellen Berufswegeplanes,
- Anleitung und Unterstützung bei der Vorbereitung von Bewerbungen,
- Existenzgründungsberatung,
- Persönliche und individuelle Betreuung und Beratung während der Stellensuche,
- Unterstützung der Vermittlungsaktivitäten.

Die Leistungen werden im Rahmen von Gruppenworkshops und Einzelberatungsgesprächen in einem Bewerberbüro bereitgestellt.

Zur inhaltlichen Abstimmung, Koordinierung und Prozessbegleitung sowie zur Beilegung von Meinungsverschiedenheiten bei der Durchführung des Transfer-Konzepts wird ein Lenkungsausschuss gebildet, der sich aus je zwei Vertretern der Unternehmensseite und des Betriebsrats zusammensetzt. Die Vertreter des Unternehmens und des Betriebsrats wechseln sich je Sitzung im Vorsitz ab. Unternehmens- und Betriebsratsvertreter sollen zur Vermeidung einer unangemessenen Verzögerung im Ablauf des Transfer-Konzepts einvernehmliche Lösungen anstreben. Kann keine einvernehmliche Lösung erreicht werden, hat der jeweilige Vorsitzende bei Stimmengleichheit eine Doppelstimme. An den Sitzungen des Lenkungsausschusses sollen zwei Vertreter der Transfergesellschaft teilnehmen. Darüber hinaus können auch ein Vertreter der Arbeitsverwaltung sowie ein Vertreter des Arbeitgeberverbandes und der Gewerkschaft mit beratender Funktion teilnehmen.

Die näheren Einzelheiten regelt der Sozialplan.

§ 4 Beteiligungsrechte

1. Zwischen den Parteien besteht Einvernehmen, dass die weiteren Beteiligungsrechte des Betriebsrats, vor allem nach den §§ 99, 102 BetrVG von dieser Vereinbarung unberührt bleiben.
2. Der Betriebsrat wurde im Rahmen der Interessenausgleichsverhandlungen rechtzeitig schriftlich nach § 17 Abs. 2 KSchG unterrichtet. Das Unternehmen wird der Anzeige nach § 17 KSchG eine Stellungnahme des Betriebsrats beifügen, sofern dieser sich bis spätestens Datum entsprechend schriftlich äußert.

§ 5 Sozialplan

Zum Ausgleich bzw. zur Milderung der wirtschaftlichen Nachteile, die den Arbeitnehmern durch die geplante Betriebsänderung entstehen, haben die Parteien einen Sozialplan abgeschlossen.

§ 6 Zeitpunkt des Inkrafttretens

1. Die Parteien sind sich einig, dass die Verhandlungen abgeschlossen sind und das Verfahren zur Herbeiführung eines Interessenausgleichs beendet ist.

2. Der Interessenausgleich tritt mit Unterzeichnung in Kraft.

Ort, Datum, Unterschriften

39.2.6 Verschlankung der Organisation und Personalabbau durch Auslandsverlagerung (Interessenausgleich)

BV 92 Zwischen
der Firmenbezeichnung-AG,
vertreten durch den Vorstand,
dieser vertreten durch seinen Vorsitzenden, Herrn Name
– i. F.: Unternehmen –
und
dem Betriebsrat der Firmenbezeichnung-AG,
vertreten durch die Betriebsratsvorsitzende Name
– i. F.: Betriebsrat –
wird folgende Betriebsvereinbarung abgeschlossen:

Präambel

Der Vorstand hat entschieden, Teile der Produktion an einen Standort außerhalb von Deutschland zu verlagern. Dies führt zu Personalabbau in entsprechendem Umfang. Als Folge der Konjunkturkrise haben sich außerdem die Auftragseingänge dramatisch verschlechtert. Deshalb ist aus Sicht des Vorstands eine Verschlankung der Organisation und daraus resultierend ein Personalabbau in nahezu allen Bereichen des Unternehmens unabdingbar.

§ 1 Gegenstand

1. Die Produktion der Bezeichnung wird nach Tschechien verlagert. Es findet der als Anlage 1 vereinbarte Zeitplan Anwendung. Von dieser Maßnahme sind 180 Arbeitnehmer betroffen.
2. Die derzeitige Organisation muss verschlankt werden. Die derzeitige Ist-Struktur und die künftige Zielstruktur sowie die Einzelheiten des Personalabbaus und des Zeitplans (jeweils bezogen auf die einzelnen Abteilungen und die betroffenen Funktionen) ergeben sich aus den Anlagen 2 und 3. Insgesamt hat die Verschlankung der Organisation eine Personalreduzierung von 300 Arbeitnehmern zur Folge.

§ 2 Durchführung

1. Diejenigen Arbeitnehmer, deren Arbeitsplatz wegfällt, werden betriebsbedingt gekündigt.
2. Grundlage für den in § 1 Ziff. 2 vorgesehenen Personalabbau ist der Personalstand zum Datum. Die Zahl der notwendigen Kündigungen verringert sich um die Anzahl derjenigen Mitarbeiter, die nach diesem Zeitpunkt ausscheiden bzw. ausgeschieden sind, sofern es sich um Mitarbeiter handelt, die in den in den Anlagen 2–4 genannten Bereichen beschäftigt sind/waren und mit den zur Entlassung vor-

gesehenen Arbeitnehmern funktional und im Arbeitszeitvolumen vergleichbar sind.

3. Das Unternehmen wird die erforderlichen betriebsbedingten Kündigungen unter Beachtung der jeweils gültigen Kündigungsfristen aussprechen.
4. Bei der Durchführung der Sozialauswahl werden folgende Auswahlrichtlinien zugrunde gelegt:
   a) Für die ersten zehn Dienstjahre werden je Dienstjahr 1 Punkt, ab dem 11. Dienstjahr je Dienstjahr 2 Punkte angesetzt; maximal jedoch 70 Punkte.
   b) Für jedes volle Lebensjahr wird 1 Punkt zugrunde gelegt; maximal jedoch 55 Punkte.
   c) Für jede unterhaltsberechtigte Person werden 4 Punkte hinzuaddiert.
   d) Im Falle der Schwerbehinderung werden 4 Punkte angesetzt.
   e) Die Sozialauswahl zwischen den vergleichbaren Mitarbeitern erfolgt in einem ersten Schritt anhand dieser Auswahlrichtlinien. In einem zweiten Schritt ist jeder Einzelfall daraufhin zu überprüfen, ob besondere Umstände vorliegen, die eine abweichende Gewichtung erfordern. § 1 Abs. 3 Satz 2 KSchG bleibt hiervon unberührt.

oder

Zur Durchführung der Sozialauswahl schließen die Parteien eine separate Betriebsvereinbarung Auswahlrichtlinien ab.

5. Eine Liste aller Mitarbeiter ist dem Betriebsrat ausgehändigt worden. Die Liste enthält folgende Angaben: Name, Vorname, Geburtstag, Eintrittsdatum, Tätigkeit, Eingruppierung, Brutto-Monatseinkommen, Familienstand, Zahl der unterhaltspflichtigen Kinder, besonderer Kündigungsschutz, besondere individuelle Umstände. Die Liste wird laufend aktualisiert.

§ 3 Vermeidung betriebsbedingter Kündigungen

Betriebsbedingte Kündigungen sollen durch folgende Maßnahmen nach Möglichkeit vermieden werden:

1. Ausnutzung der natürlichen Fluktuation.
2. Die Möglichkeit der Einführung konjunktureller Kurzarbeit ist zu nutzen. Der Betriebsrat wird entsprechende Betriebsvereinbarungen abschließen. Voraussetzung ist, dass das Arbeitsamt Kurzarbeitergeld gewährt.
3. Unter der Voraussetzung und im Rahmen der Gewährung von Transferkurzarbeitergeld wird für die Mitarbeiter die Möglichkeit geschaffen, ab dem Datum befristet in eine Beschäftigungs- und Qualifizierungsgesellschaft überzutreten. Der Übertritt ist für die einzelnen Mitarbeiter freiwillig. Der Übertritt erfolgt in einem dreiseitigen Vertrag zwischen Arbeitgeber, Mitarbeiter und Beschäftigungs- und Qualifizierungsgesellschaft. Das Unternehmen stellt der Beschäftigungs- und Qualifizierungsgesellschaft … Euro incl. Verwaltungs- und Qualifizierungskosten als sog. Anschubfinanzierung zur Verfügung. Weitere Leistungen werden von dem Unternehmen nicht erbracht. Die Einzelheiten sind in einer Vereinbarung mit der Fa. Bezeichnung-GmbH über die Errichtung einer betriebsorganisatorisch eigenständigen Einheit geregelt.

4. Einstellungen werden nur vorgenommen, wenn geeignete interne Bewerber – trotz Qualifizierungsmaßnahmen – nicht oder nicht rechtzeitig für die Besetzung der freien Stellen zur Verfügung stehen.
5. Die Beschäftigung von Leiharbeitnehmern nach dem Arbeitnehmerüberlassungsgesetz bedarf der vorherigen Zustimmung des Betriebsrats gem. § 99 BetrVG. Die Rechte des Unternehmens nach § 100 BetrVG bleiben unberührt.
6. Überstunden dürfen nur in dringenden Ausnahmefällen angeordnet werden; sie sind grundsätzlich durch Freizeit auszugleichen. Die Anordnung bedarf der vorherigen Zustimmung des Betriebsrats.
7. Teilzeitoffensive gem. Anlage 5.
8. Das Unternehmen wird freiwerdende oder neue Arbeitsplätze den von der Betriebsänderung betroffenen Mitarbeitern bevorzugt anbieten. Bereits ausgeschiedene Arbeitnehmer haben jederzeit die Möglichkeit, sich in der Personalabteilung nach freien Arbeitsplätzen zu erkundigen.
9. Das Unternehmen wird prüfen, ob unter Beachtung der betrieblichen Belange im Einzelfall nur ein Altersteilzeit- oder ein Vorruhestandsvertrag angeboten werden kann.

§ 4 Beteiligungsrechte

1. Weitere Beteiligungsrechte des Betriebsrats blieben von dieser Vereinbarung unberührt.
2. Der Betriebsrat wurde im Rahmen der Interessenausgleichsverhandlungen nach § 17 Abs. 2 KSchG rechtzeitig schriftlich unterrichtet. Die Geschäftsleitung wird der Anzeige nach § 17 KSchG die beiliegende Stellungnahme des Betriebsrats beifügen.

§ 5 Sozialplan

Zum Ausgleich bzw. zur Milderung der wirtschaftlichen Nachteile, die den Arbeitnehmern durch die geplante Betriebsänderung entstehen, haben die Parteien nachfolgenden Sozialplan abgeschlossen.

§ 6 Inkrafttreten

1. Die Parteien sind sich einig, dass die Verhandlungen abgeschlossen sind und das Verfahren zur Herbeiführung eines Interessenausgleichs beendet ist.
2. Der Interessenausgleich tritt mit Unterzeichnung in Kraft und endet zum Datum.

Ort, Datum, Unterschriften

39.2.7 Schließung einer Logistikeinheit (Interessenausgleich)

BV 93

Zwischen
der Firmenbezeichnung-GmbH,
vertreten durch den Geschäftsführer Name
– i. F.: Unternehmen –
und

dem Betriebsrat der Firmenbezeichnung-GmbH,
vertreten durch die Betriebsratsvorsitzende Name
– i. F.: Betriebsrat –
wird folgende Betriebsvereinbarung abgeschlossen:

Präambel
Das Unternehmen unterhält in Ort 1 ein Auslieferungslager. Dieses Lager liegt verkehrstechnisch ungünstig und ist zwischenzeitlich veraltet. Das Unternehmen hat sich deshalb entschlossen, ein neues Logistikzentrum in Ort 2 zu errichten.

§ 1 Gegenstand
Das Auslieferungslager wird zum Datum von Ort 1 nach Ort 2 verlegt.

§ 2 Durchführung
1. Für die Verlegung hat die Unternehmensberatungsgesellschaft Bezeichnung ein Konzept erarbeitet, das dem Interessenausgleich als Anlage beigefügt ist. Es ist geplant, die Verlegung nach Maßgabe dieses Konzeptes durchzuführen. Sollten sich geringfügige Änderungen in zeitlicher und technischer Hinsicht ergeben, stellen diese keine Abweichung vom Interessenausgleich dar und sind deshalb von diesem gedeckt. Der Betriebsrat wird über evtl. Änderungen rechtzeitig unterrichtet.
2. Am Standort Ort 1 wird die Auslieferung zum Datum eingestellt. Bis zu diesem Zeitpunkt muss die Belieferung der Märkte/Filialen gewährleistet sein. Das bedeutet, dass neben allen sonstigen Voraussetzungen (z. B. ordnungsgemäßer Warenbestand) vor allem auch die erforderliche Belegschaftsstärke vorhanden sein muss.
3. Die Parteien sind sich einig, dass wegen der Verlegung des Lagers keine betriebsbedingten Beendigungskündigungen ausgesprochen werden müssen. Alle Mitarbeiter können in Ort 2 weiterbeschäftigt werden. Hiervon unberührt bleibt die Möglichkeit, Kündigungen aus anderen Gründen auszusprechen.
4. Das Unternehmen wird allen Mitarbeitern, die derzeit in Ort 1 beschäftigt werden, einen möglichst gleichwertigen Arbeitsplatz in Ort 2 anbieten. Das Arbeitsplatzangebot muss schriftlich erfolgen und mindestens folgende Angaben enthalten:
   - vorgesehener Arbeitsplatz/Art der Tätigkeit
   - vorgesehene tarifliche Eingruppierung
   - Art, Höhe und Zusammensetzung des Entgelts
   - Arbeitszeitvolumen.

Der Mitarbeiter hat nach Zugang des Änderungsangebots eine Entscheidungsfrist von zwei Wochen. Äußert sich der Mitarbeiter innerhalb dieser Frist nicht, gilt das Angebot als abgelehnt. Hierauf ist der Mitarbeiter hinzuweisen.
Sollte ein Mitarbeiter den angebotenen Arbeitsplatz in Ort 2 nicht annehmen, ist das Unternehmen berechtigt, eine betriebsbedingte Kündigung auszusprechen.

5. Eine Liste der betroffenen Mitarbeiter ist dem Betriebsrat übergeben worden. Die Liste enthält folgende Angaben: Name, Vorname, Geburtstag, Eintrittsdatum, Tätigkeit, Brutto-Monatseinkommen, Familienstand, Zahl der unterhaltspflichtigen

Kinder, besonderer Kündigungsschutz, Entfernung Wohnort – Lager Ort 1, Entfernung Wohnort – Lager Ort 2, besondere individuelle Besonderheiten.

§ 3 Beteiligungsrechte

1. Das Unternehmen wird den Betriebsrat regelmäßig über den Stand der Planung des Neubaus in Ort 2, seine technischen Anlagen, Arbeitsverfahren und Arbeitsabläufe unterrichten. Die Unterrichtung wird rechtzeitig erfolgen. Der Betriebsrat ist berechtigt, Unterlagen, soweit vorhanden, einzusehen.
   Das Unternehmen wird mit dem Betriebsrat die vorgesehenen Maßnahmen und ihre Auswirkungen, vor allem auf die Art der Arbeit sowie die sich hieraus ergebenden Anforderungen an die Mitarbeiter so rechtzeitig beraten, dass Vorschläge und Bedenken des Betriebsrats bei der Planung berücksichtigt werden können.
2. Weitere Beteiligungsrechte des Betriebsrats bleiben von dieser Vereinbarung unberührt.

§ 4 Sozialplan

Zum Ausgleich bzw. zur Milderung der wirtschaftlichen Nachteile, die den Arbeitnehmern durch die geplante Betriebsänderung entstehen, haben die Parteien nachfolgenden Sozialplan abgeschlossen.

§ 5 Inkrafttreten

1. Die Parteien sind sich einig, dass die Verhandlungen abgeschlossen sind und das Verfahren zur Herbeiführung eines Interessenausgleiches beendet ist.
2. Der Interessenausgleich tritt mit Unterzeichnung in Kraft.

Ort, Datum, Unterschriften

39.2.8 Restrukturierung der Verwaltung und Personalabbau (Interessenausgleich)

BV 94

Zwischen
der Firmenbezeichnung-AG,
vertreten durch den Vorstand
– i. F.: Unternehmen –
und
dem GBR der Firmenbezeichnung-AG,
vertreten durch den Vorsitzenden, Name,
– i. f.: GBR –
wird folgende Betriebsvereinbarung abgeschlossen:

Präambel

Die geplante Neustrukturierung und der damit verbundene Personalabbau haben zum Ziel, die Position des Unternehmens im Markt zu stärken, eine neue Basis für die wirtschaftliche Stabilität des Unternehmens zu legen und die Arbeitsplätze der Mitarbeiter langfristig zu sichern. Mit der nachfolgend beschriebenen Neustrukturierung verfolgen die Betriebsparteien vor allem:

- Steigerung der Intensität und Effektivität der Vertriebsaktivitäten der Unternehmensgruppe,
- Bündelung des fachlichen Know-how in Versicherungstechnik und -verwaltung auf den Zweigniederlassungen,
- Optimierung der Verwaltungskosten und Durchführung von Kostensenkungen auch im Personalbereich,
- Erhöhung der Flexibilität in der Entscheidungsfindung durch Arbeitsanreicherung,
- Schaffung von attraktiven, motivierenden Arbeitsbedingungen durch zukunftsgerechte Gestaltung der Arbeitsplätze und Arbeitsinhalte.

§ 1 Gegenstand

Die einzelnen Betriebsänderungen sind:

1. Umfassende Neugliederung der gesamten Verwaltung.
2. Abbau von ca. 250 Arbeitsplätzen.

Das Unternehmen erklärt, dass zum jetzigen Zeitpunkt Planungen für weitere Betriebsänderungen im Sinne des Betriebsverfassungsgesetzes nicht bestehen.

§ 2 Durchführung

1. Der Neustrukturierung liegt das Präsentationspapier des Vorstandes vom Datum zugrunde. Dieses Präsentationspapier ist dem Interessenausgleich als Anlage 1 beigefügt.
2. Das Unternehmen wird die bundesweite Verwaltung von bisher elf Landesdirektionen künftig auf fünf Zweigniederlassungen konzentrieren. Standorte der Zweigniederlassungen werden Berlin, Frankfurt, Hamburg, Köln und Stuttgart sein. Die jetzigen Zweigniederlassungen an diesen Standorten erhalten den Status einer Zweigniederlassung. An den übrigen Standorten wird das Unternehmen mit Vertriebsgeschäftsstellen präsent bleiben.
3. Die bisherige Aufbauorganisation der Verwaltung kann der Anlage 2 entnommen werden. Die künftige Aufbauorganisation und vor allem die Zuordnung der Verwaltungsarbeiten der aufzulösenden Landesdirektionen sind in der Anlage 3 dargestellt.
4. Um ihren künftigen Aufgaben gerecht werden zu können, erhalten die künftigen Zweigniederlassungen eine neue Organisation. Die derzeitige Organisation der Landesdirektionen sowie die künftige Organisation der Zweigniederlassungen sind in der Anlage 4 enthalten.
5. Die künftige Organisation der Vertriebsgeschäftsstellen kann der Anlage 5 entnommen werden.
6. Anlage 6 legt fest, in welchem Umfang die bisherigen Landesdirektionen und künftigen Zweigniederlassungen/Vertriebsgeschäftsstellen von der mit der Neustrukturierung verbundenen Personalanpassung betroffen sind. Die Aussagen zu den Personalausstattungen in Anlage 6 basieren auf dem Stellenplan 06/00 und den Zahlen des Geschäftsjahres .... Der Geschäftsentwicklung entsprechend

unterliegen sie laufenden Veränderungen. Die Bemessung der Personalkapazität richtet sich dabei nach den bei dem Unternehmen angewandten Methoden und Verfahren für die Personalbedarfsentwicklung. Die Veränderungen werden stets nach Festlegung durch das Unternehmen unverzüglich in Anlage 6 eingearbeitet und dem GBR mitgeteilt.

7. Die Durchführung der einzelnen Maßnahmen wird zu betriebsbedingten Versetzungen per Direktionsrecht, Änderungsverträgen, Änderungskündigungen, Aufhebungsverträgen und Beendigungskündigungen führen.
8. Die Neustrukturierung ist nach der derzeitigen Planung bis zum Datum vollzogen und abgeschlossen. Die neue Struktur tritt zum Datum in Kraft.

§ 3 Vermeidung wirtschaftlicher Nachteile

1. Fällt der Arbeitsplatz eines Mitarbeiters weg oder ändert sich die Tätigkeit am bisherigen Arbeitsplatz, hat grundsätzlich die Aufrechterhaltung des Arbeitsverhältnisses innerhalb des Unternehmens, wenn auch zu geänderten Bedingungen und/oder an einem anderen Ort, Vorrang vor der Beendigung des Arbeitsverhältnisses.
2. Um Kündigungen zu vermeiden, hat das Unternehmen vor allem folgende Maßnahmen zu prüfen und ggf. nach Beteiligung mit dem GBR oder dem örtlichen Betriebsrat umzusetzen:
   - vorübergehender Einstellungsstopp,
   - Beschränkung von Überstunden auf betrieblich dringend notwendige Tätigkeiten,
   - Versetzungen (ggf. nach Umschulung bzw. Qualifikation),
   - Ausnutzung des vorzeitigen Ruhestandes,
   - Einrichtung von Teilzeitarbeitsplätzen.
3. Sämtliche Arbeitsplätze, die im Rahmen der Umstrukturierung besetzt werden sollen, werden unternehmensüblich ausgeschrieben. Die Aushangzeit beträgt mindestens vier Wochen. Bewerbungen auf mehrere Positionen sind zulässig. In diesem Fall ist vom Mitarbeiter eine Rangfolge mitzuteilen. Betroffene Mitarbeiter erhalten zweimal die Möglichkeit, sich über den oder die Arbeitsplätze zu informieren und ihn/sie auf Kosten des Unternehmens zu besichtigen. Die Einzelheiten des Auswahl- und Stellenbesetzungsverfahrens sind in Anlage 7 geregelt.
4. Soweit diese Maßnahmen zur Arbeitsplatzerhaltung erfolglos bleiben und der Mitarbeiter auch nicht zum Abschluss eines Aufhebungsvertrags bereit ist, können betriebsbedingte Kündigungen ausgesprochen werden.

§ 4 Beteiligungsrechte

1. Weitere Beteiligungsrechte der örtlichen Betriebsräte und/oder des GBR bleiben von dieser Vereinbarung unberührt.
2. Das Unternehmen wird den Wirtschaftsausschuss einmal im Quartal umfassend über den Stand der Neustrukturierung informieren.

§ 5 Sozialplan
Zum Ausgleich bzw. zur Milderung der wirtschaftlichen Nachteile, die den Arbeitnehmern durch die geplante Betriebsänderung entstehen, haben die Parteien nachfolgenden Sozialplan abgeschlossen.

§ 6 Inkrafttreten
1. Die Parteien sind sich einig, dass die Verhandlungen abgeschlossen sind und das Verfahren zur Herbeiführung eines Interessenausgleiches beendet ist.
2. Der Interessenausgleich tritt mit Unterzeichnung in Kraft und endet mit Abschluss der Neustrukturierung.

Ort, Datum, Unterschriften

39.2.9 Sozialplan[63]

BV 95

Hinweis:
Die Musterbetriebsvereinbarung Sozialplan steht Ihnen in Bund-Online zur Verfügung. Informationen zur Registrierung finden Sie auf der vorderen Umschlaginnenseite.

39.2.10 Transfersozialplan

BV 96

Zwischen den
der Gesellschaft Bezeichnung
und dem
Betriebsrat der Gesellschaft Bezeichnung
wird folgende Betriebsvereinbarung abgeschlossen:

§ 1 Geltungsbereich
Diese Betriebsvereinbarung gilt für alle von dem Geltungsbereich des am heutigen Tage abgeschlossenen Interessenausgleichs erfassten Arbeitnehmer.[64]

§ 2 Errichtung einer betriebsorganisatorischen Einheit
1. Die Parteien sind sich einig über die Errichtung einer betriebsorganisatorisch eigenständigen Einheit i.S.v. § 111 Abs. 3 Satz 1 Nr. 2 SGB III (nachfolgend »beE« oder »Transfergesellschaft« genannt), um den Arbeitnehmern, die von dem im Interessenausgleich beschriebenen Wegfall von Arbeitsplätzen betroffen sind, Hilfestellung bei der Entwicklung und Umsetzung von Beschäftigungsperspektiven zu geben. Zweck der beE ist es, die Vermittlungsaussichten der zum Eintritt in die

---

63 Quelle: Der Sozialplan beruht im Wesentlichen auf »Arbeitshilfen für den Betriebsrat« von Däubler/Klebe/Wedde (Hrsg.), 6. Auflage (vgl. §§ 111–113, Rn. 13 ff., DKW-*Däubler*). Die zur Berücksichtigung des AGG erforderlichen Anpassungen wurden von Herrn Dr. Bachner vorgenommen.

64 Der nachfolgend allein aus Gründen der sprachlichen Vereinfachung verwendete Begriff »Arbeitnehmer« erfasst Personen jeden Geschlechts.

Transfergesellschaft anspruchsberechtigten Arbeitnehmer auf dem Arbeitsmarkt zu verbessern und auf diese Weise Arbeitslosigkeit zu vermeiden.
2. Die Durchführung von Transfermaßnahmen und Einrichtung der beE erfolgt durch die XY-GmbH.

§ 3 Wechsel in die Transfergesellschaft
1. Abfindungsberechtigte Arbeitnehmer im Sinne von § 3 des Sozialplans erhalten das Angebot, auf freiwilliger Basis für einen befristeten Zeitraum in die Transfergesellschaft zu wechseln. Kein Angebot auf einen Wechsel in die Transfergesellschaft erhalten geringfügig beschäftigte Arbeitnehmer, befristet beschäftigte Arbeitnehmer sowie Arbeitnehmer, deren Arbeitsverhältnis ruht.
2. Der befristete Zeitraum gemäß Nr. 1 entspricht immer zwölf Monaten.
3. Voraussetzung für einen Anspruch auf Wechsel in die Transfergesellschaft ist das Erfüllen der persönlichen Voraussetzungen nach § 111 Abs. 4 SGB III durch den Arbeitnehmer – insbesondere kein Ausschluss des Arbeitnehmers vom Kurzarbeitergeldbezug, eine Arbeitssuchendmeldung durch den Arbeitnehmer und dass dieser dem Arbeitsmarkt zur Verfügung steht.
4. Die Betriebsparteien sind sich darüber einig, dass ein dauerhafter, nicht vermeidbarer Arbeitsausfall mit Entgeltausfall vorliegt. Dieser ist im Interessenausgleich beschrieben. Die Betriebsparteien gehen des Weiteren davon aus, dass die betrieblichen Voraussetzungen für die Gewährung von Transferkurzarbeitergeld erfüllt sind. Die Arbeitgeberin ist zur Erfüllung dieser Voraussetzungen verpflichtet. Die Betriebsparteien werden den Wechsel in die Transfergesellschaft so gestalten, dass die persönlichen Voraussetzungen für die Gewährung von Transferkurzarbeitergeld erfüllt sind, dies setzt vor allem voraus, dass der Wechsel in die Transfergesellschaft nahtlos erfolgt, der Arbeitnehmer nicht vom Kurzarbeitergeldbezug ausgeschlossen ist und er sich vor dem Wechsel arbeitsuchend gemeldet sowie an einer Profiling-Analyse teilgenommen hat.
5. Der Wechsel in die Transfergesellschaft erfolgt nach derzeitiger Planung zum … bzw. im Fall von § 2 Abs. (3) des Interessenausgleichs nach Abschluss der Aufräum- und Abwicklungsarbeiten, voraussichtlich zum …, freiwillig auf der Grundlage eines schriftlichen dreiseitigen Vertrages zwischen dem Arbeitnehmer, der Arbeitgeberin und der XV-GmbH. Das Angebot auf Wechsel in die Transfergesellschaft kann nur durch schriftliche Erklärung des Arbeitnehmers angenommen werden.
6. Für den dreiseitigen Vertrag verwendet die Arbeitgeberin den in Anlage vereinbarten Vertrag. Darin erklären sich die Arbeitnehmer unwiderruflich zu einem Wechsel in die Transfergesellschaft bereit und schließen gleichzeitig einen Aufhebungsvertrag hinsichtlich ihrer mit der Arbeitgeberin bestehenden Arbeitsverhältnisse ab. Der Wechsel in die Transfergesellschaft ist freiwillig und setzt grundsätzlich die Teilnahme an den Leistungen der Transferagentur voraus.
7. Die betreffenden Arbeitnehmer haben die Möglichkeit, das Angebot auf Abschluss des dreiseitigen Vertrages innerhalb von 10 Tagen nach Zugang eines verbindlichen, von der Arbeitgeberin unterschriebenen Vertragsangebots durch Unterzeichnung des Vertragsangebots und Zurücksendung eines Exemplars an

die Arbeitgeberin anzunehmen. Nimmt der Arbeitnehmer das Angebot auf Abschluss des dreiseitigen Vertrags nicht fristgemäß an, kann das Arbeitsverhältnis gemäß den Vereinbarungen des Interessenausgleichs betriebs-bedingt gekündigt werden.

8. Gegenstand des schriftlichen dreiseitigen Vertrages sind die Beendigung des Arbeitsverhältnisses des Arbeitnehmers mit dem Arbeitgeber und die Begründung eines befristeten Arbeitsverhältnisses mit der XY-GmbH, um in der beE an Vermittlungs-, Beratungs- und Qualifizierungsmaßnahmen teilzunehmen.
9. Das bestehende Arbeitsverhältnis des Arbeitnehmers mit dem Arbeitgeber wird zum Austrittsdatum ordnungsgemäß abgewickelt, wobei positive Zeitguthaben und noch bestehende Urlaubsansprüche vor Übertritt in die beE – soweit betriebliche Gründe nicht entgegenstehen – durch Freistellung zu erfüllen sind. Urlaubsansprüche und Zeitguthaben, die aus betrieblichen Gründen nicht bis zum Wechsel in die beE erfüllt werden können, werden abgegolten.
10. Das Wirksamwerden des dreiseitigen Vertrags steht unter der aufschiebenden Bedingung der Bewilligung von Transferkurzarbeitergeld gemäß § 111 SGB III zugunsten des Arbeitnehmers durch die Bundesagentur für Arbeit. Die Arbeitssuchendmeldung vor Eintritt in die Transfergesellschaft ist ebenso wie die dauerhafte Arbeitssuchendmeldung während der Teilnahme an der Transfergesellschaft zwingende Voraussetzung für den Bezug von Transferkurzarbeitergeld.
11. Arbeitnehmer, die in die Transfergesellschaft wechseln (nachfolgend »übertretende Arbeitnehmer« genannt), sind verpflichtet, vor Eintritt in die Transfergesellschaft an einer Maßnahme zur Feststellung der Leistungsfähigkeit, der Arbeitsmarktchancen und des Qualifizierungsbedarfs (nachfolgend »Profiling« genannt) gemäß § 111 Abs. 4 Satz 1 Nr. 4 lit. b) SGB III teilzunehmen. Das Profiling wird von der XY-GmbH durchgeführt. Art und Umfang des Profilings werden mit der Bundesagentur für Arbeit abgestimmt. Die Arbeitnehmer werden vor Eintritt in die Transfergesellschaft für die Teilnahme an den Transfermaßnahmen (Feststellung der Eingliederungsaussichten, Profiling) im erforderlichen Umfang unter Fortzahlung der ihnen zustehenden Vergütung von der Arbeit freigestellt. Zur Unterstützung der Eingliederung der betroffenen Arbeitnehmer beteiligt sich der Arbeitgeber an den nachgewiesenen Kosten von Transfermaßnahmen (z. B. für die Erstellung der Transfermappe oder das Profiling der betroffenen Arbeitnehmer), soweit diese Maßnahmen von der Bundesagentur für Arbeit bezuschusst werden. Der Umfang der Beteiligung entspricht dem Betrag, der durch den Zuschuss der Bundesagentur für Arbeit gemäß § 110 SGB III nicht gedeckt ist, und beträgt maximal 50 % der nachgewiesenen Kosten für die Transfermaßnahmen.
12. Als Abfindung (»Antrittsprämie« genannt) erhält jeder übertretende Arbeitnehmer eine Abfindung in Höhe von 160 % der Differenz zwischen dem Nettoeinkommen aus dem Bruttomonatsentgelt nach § 2 Abs. (2) des Sozialplans und dem Transferkurzarbeiter-geld im ersten vollen Bezugsmonat.
13. Der Anspruch auf die Antrittsprämie entsteht im Zeitpunkt der Beendigung des Arbeitsvertrages mit dem Arbeitgeber und ist vererblich. Er ist fällig zum Ende des auf die Beendigung des Arbeitsverhältnisses folgenden Kalendermonats.

§ 4 Tätigkeit während der Verweildauer in der Transfergesellschaft

1. Während der Zeit des Bestehens des Arbeitsverhältnisses mit der Transfergesellschaft (nachfolgend »Verweildauer« genannt) ist der Arbeitnehmer zur Teilnahme und aktiven Mitwirkung an den von der Transfergesellschaft angebotenen Maßnahmen zur Förderung einer Vermittlung in ein Anschlussbeschäftigungsverhältnis (z.B. Profilings, Trainings, Qualifizierungsmaßnahmen etc.) verpflichtet.
2. Eine Verweigerung dieser Teilnahme oder Mitwirkung kann arbeitsrechtliche Maßnahmen bis hin zur außerordentlichen Kündigung des Arbeitnehmers durch die XY-GmbH zur Folge haben.
3. Alle Eingliederungsmaßnahmen in der Transfergesellschaft sind für die Arbeitnehmer kostenfrei, soweit nicht ausdrücklich etwas anderes vereinbart ist. Die Kosten trägt der Arbeitgeber, soweit hierfür nicht Leistungen der Bundesagentur für Arbeit sowie sonstiger öffentlicher Stellen in Anspruch genommen werden können. Das gilt vor allem hinsichtlich der Kosten für die Aufstockung des Transferkurzarbeitergeldes, der Verwaltungs- und Vermittlungskosten und Remanenzkosten.

§ 5 Ruhen des Arbeitsverhältnisses mit der Transfergesellschaft

1. Nimmt der Arbeitnehmer ein befristetes oder unbefristetes Arbeitsverhältnis bei einem anderen Arbeitgeber auf, das mit Entgeltzahlungen verbunden ist, ruht das Arbeitsverhältnis mit der Transfergesellschaft. Eine Arbeitsaufnahme nach vorstehendem Satz 1 ist unverzüglich gegenüber der Transfergesellschaft anzuzeigen. Während des Ruhezeitraums werden von der Transfergesellschaft keine Leistungen erbracht. Für den Fall der Beendigung des neuen Arbeitsverhältnisses lebt das ruhende Arbeitsverhältnis mit der Transfergesellschaft – sofern das Befristungsende nicht bereits erreicht ist – wieder auf. Der Arbeitnehmer ist verpflichtet, der Transfergesellschaft das Ende des neuen Arbeitsverhältnisses unverzüglich schriftlich anzuzeigen. Der Ruhezeitraum wird auf die Verweildauer in der Transfergesellschaft angerechnet; die Dauer des befristeten Arbeitsverhältnisses mit der XY-GmbH verlängert sich also nicht.
2. Einzelheiten werden in einer Ruhens-Vereinbarung geregelt.

§ 6 Vergütung während der Verweildauer in der Transfergesellschaft

1. Während der Verweildauer in der Transfergesellschaft erhalten die übertretenden Arbeitnehmer Transferkurzarbeitergeld gemäß § 111 SGB III.
2. Darüber hinaus erhalten die übertretenden Arbeitnehmer für die ersten vier Monate der Verweildauer in der Transfergesellschaft einen arbeitgeberseitigen Zuschuss zum Transferkurzarbeitergeld bis zur Höhe des Nettoeinkommens aus dem Bruttomonatsentgelt nach § 2 Abs. (2) des Sozialplans (»Erster Aufstockungsbetrag«).
3. Zusätzlich erhalten die übertretenden Arbeitnehmer für die ersten vier Monate der Verweildauer in der Transfergesellschaft eine Nettoausgleichszahlung in Höhe der Differenz zwischen

- der Summe aus den bisherigen Arbeitgeber- und Arbeitnehmerbeiträgen zur Rentenversicherung (abzustellen ist auf das Bruttomonatsentgelt nach § 2 Abs. (2) des Sozialplans im letzten Monat vor Eintritt in die Transfergesellschaft)
- und
- der Summe aus den Rentenversicherungsbeiträgen zum Aufstockungsbetrag und den rentenversicherungsrechtlichen Anteilen in den Remanenzkosten zum Transferkurzarbeitergeld (»**Rentenausgleichzahlung**«).

4. Für die weiteren acht Monate der Verweildauer in der Transfergesellschaft erhalten die übertretenden Arbeitnehmer einen arbeitgeberseitigen Zuschuss zum Transferkurzarbeiter-geld bis zur Höhe von 80 Prozent des Nettoeinkommens aus dem Bruttomonatsentgelt nach § 2 Abs. (2) des Sozialplans (»**Zweiter Aufstockungsbetrag**«).
5. Verhängt die Bundesagentur für Arbeit eine Sperrzeit bezüglich des Transferkurzarbeitergeldes rechtskräftig, entfällt insoweit auch der Aufstockungsbetrag. Die Bundesagentur für Arbeit verhängt Sperrzeiten beispielsweise wegen unberechtigtem Abbruch von Qualifizierungsmaßnahmen oder wenn Arbeitnehmer nicht an ihrer Vermittlung in den Arbeitsmarkt mitwirken, ohne dafür einen wichtigen Grund geltend machen zu können.
6. Maßgeblich für die Berechnung des Aufstockungsbetrages sind die Verhältnisse des Arbeitnehmers zum Zeitpunkt des Eintritts in die Transfergesellschaft. Dies gilt insbesondere für die Eintragungen im Rahmen des elektronischen Lohnsteuerverfahrens, die dem Arbeitgeber am Stichtag vorgelegen haben; etwaige Wechsel der Steuerklasse oder sonstige Veränderungen bleiben bei der Berechnung des Aufstockungsbetrages unberücksichtigt, wenn sie zu einer Erhöhung des Aufstockungsbetrages führen würden.
7. Unberücksichtigt bleiben Steuermehrbelastungen aufgrund des Transferkurzarbeitergeldes (sog. Progressionsvorbehalt gemäß § 32b EStG). Diese Steuern sind ebenso wie sonstige Steuerzahlungen ausschließlich von den Arbeitnehmern zu tragen.
8. Aufstockungsbeträge zum Transferkurzarbeitergeld sind zu versteuern.
9. Entgelt für Urlaub und Feiertage ist zu versteuern. Auch müssen Arbeitgeber und Arbeit-nehmer im gesetzlichen Umfang Sozialversicherungsbeiträge zahlen.
10. Kürzungen des Transferkurzarbeitergeldes aufgrund von Nebentätigkeiten oder sonstigen anrechenbaren Einkünften führen nicht zu einer Erhöhung des Aufstockungsbetrages durch den Arbeitgeber.
11. An Feiertagen und bei gewährtem Urlaub, an denen dem Arbeitnehmer kein Anspruch auf Transferkurzarbeitergeld zusteht, erhält der Arbeitnehmer sein bisheriges Gehalt. Berechnungsgrundlage ist das Bruttomonatsentgelt nach § 2 Abs. (2) des Sozialplans im letzten Monat vor Eintritt in die Transfergesellschaft.
12. Für die Beantragung und Auszahlung des Transfer-Kurzarbeitergeldes ist die Transfergesellschaft verantwortlich. Lehnt die Bundesagentur für Arbeit die Gewährung von Transfer-Kurzarbeitergeld ab, steht dem Arbeitnehmer ein Lohnanspruch in Höhe von 100 % seines zuletzt bezogenen pauschalierten Nettoentgelts zu.

13. Die Rentenausgleichszahlung wird von der Arbeitgeberin als Abfindung ausbezahlt.

§ 7 Sprinterprämie

1. Der Arbeitnehmer ist berechtigt, das Arbeitsverhältnis mit der Transfergesellschaft jederzeit mit einer Frist von einem Tag schriftlich zu beenden.
2. Arbeitnehmer, die vor dem vereinbarten Ende des Transferarbeitsverhältnisses aus der Transfergesellschaft ausscheiden oder deren Arbeitsverhältnis mit der Transfergesellschaft nach § 5 dieser Betriebsvereinbarung ruht, erhalten für jeden vollen Monat des vorzeitigen Ausscheidens oder Ruhens eine Sprinterprämie in Höhe von EUR 1350,00 brutto als Abfindung ausbezahlt. Die Zahl der Monate, für die eine Sprinterprämie gezahlt wird, ist auf die individuelle Kündigungsfrist zzgl. fünf Monate beschränkt.
3. Haben Arbeitnehmer bis zum Ausscheiden mehr Urlaub genommen, als ihnen aufgrund ihrer tatsächlichen Verweildauer zusteht, verringert sich die Sprinterprämie um das zu viel gezahlte Urlaubsentgelt einschließlich Arbeitgeberanteile zur Sozialversicherung.
4. Die Sprinterprämie wird nicht gezahlt, wenn die Transfergesellschaft das Arbeitsverhältnis aus Gründen kündigt, die in der Person oder dem Verhalten des Arbeitnehmers liegen und die Gewährung von Transferkurzarbeitergeld nachträglich in Wegfall bringen (z. B. Nichtteilnahme an Qualifizierungsmaßnahmen).
5. Der Anspruch auf die Sprinterprämie entsteht im Zeitpunkt der rechtlichen Beendigung des Arbeitsverhältnisses mit der Transfergesellschaft und ist vererblich. Die Sprinterprämie wird erst nach endgültiger Kündigung bzw. nach dem endgültigen Ausscheiden aus der die XY-GmbH (nicht während der Ruhensvereinbarung) als Brutto-Abfindung ausgezahlt. Die XY-GmbH fungiert ausschließlich als Zahlstelle.

§ 8 Urlaub

Die Arbeitnehmer haben einen Anspruch auf Urlaub nach dem Bundesurlaubsgesetz, ohne zusätzliche Urlaubs- oder Urlaubsgeldleistungen. Für Schwerbehinderte gilt zusätzlich die gesetzliche Regelung.

§ 9 Maßnahmen der Transfergesellschaft

1. Die Transfergesellschaft organisiert die Transferkurzarbeit für alle in die beE übernommenen Arbeitnehmer einschließlich der damit zusammenhängenden antrags-, finanz- und abrechnungstechnischen Verfahren.
2. Zentrale Aufgabe der Transfergesellschaft ist es, die von Arbeitslosigkeit bedrohten Arbeitnehmer in neue, nach Inhalt, Qualifikationsanforderung und Einkommen möglichst gleichwertige Arbeitsverhältnisse zu vermitteln und dabei im Interesse der zu fordernden Nachhaltigkeit nach Möglichkeit prekäre Arbeitsverhältnisse zu vermeiden.
3. Qualifizierungsmaßnahmen sollen im Rahmen der Vermittlungspräferenz integriert werden (individuelle Anpassungsqualifizierungen), wobei der Arbeitgeber als Budget EUR 2000,00 pro übertretenden Arbeitnehmer zur Verfügung stellt. Ein

individueller Anspruch des Arbeitnehmers auf bestimmte Qualifizierungsmaßnahmen oder ein bestimmtes individuelles Qualifizierungsbudget besteht nicht.

4. Die Transfergesellschaft wird das Transfer-Kurzarbeitergeld gem. § 111 SGB III bei der zuständigen Bundesagentur für Arbeit beantragen, der Arbeitgeber wird sie beim Antrag nach § 111 SGB III umfassend unterstützen. Die Transfergesellschaft übernimmt alle mit § 111 SGB III zusammenhängenden anzeige-, antrags-, finanz-, verwaltungsverfahrens- und abrechnungstechnischen Verfahren. Die Arbeitgeberin wird sie hierin umfassend unterstützen. Zur Entgegennahme von Erklärungen im Namen der Arbeitnehmer und zur Abgabe von Erklärungen im inhaltlichen Einvernehmen mit den Arbeitnehmern wird die Transfergesellschaft hiermit ermächtigt.
5. Die Transfergesellschaft erbringt ihre Leistungen in ihren eigenen Räumlichkeiten, soweit nicht etwas anderes vereinbart ist, wobei die Arbeitnehmer vorrangig im Homeoffice tätig sein sollen.

§ 10 Ausschlussfrist

Ansprüche aus dieser Betriebsvereinbarung müssen durch Arbeitnehmer, Arbeitgeberin und Transfergesellschaft innerhalb einer Frist von drei Monaten nach Fälligkeit gegenüber der jeweils anderen Vertragspartei geltend gemacht werden. Ausreichend ist eine Geltendmachung in Textform, beispielsweise durch E-Mail oder Telefax. Nach Ablauf der Frist ist eine Geltendmachung ausgeschlossen.

§ 11 Schlussbestimmungen

1. Diese Betriebsvereinbarung tritt mit ihrer Unterzeichnung und Eintritt der in dieser Betriebsvereinbarung genannten Bedingungen in Kraft. Sie endet mit Erfüllung der in ihr genannten Ansprüche. Eine Nachwirkung ist ausgeschlossen.
2. Sollten einzelne Bestimmungen dieser Betriebsvereinbarung unwirksam sein oder werden, so bleiben die übrigen Bestimmungen in Kraft. Die Beteiligten verpflichten sich in einem solchen Fall, anstelle der unwirksamen Bestimmung eine Regelung zu finden, die der unwirksamen Bestimmung wirtschaftlich und inhaltlich am nächsten kommt.
3. Entsprechendes gilt im Falle einer Regelungslücke wie auch im Fall der Nichtdurchführbarkeit einer in dieser Betriebsvereinbarung enthaltenen Regelung.

Ort, Datum, Unterschriften

39.2.11 Personalüberleitungsvereinbarung zur Konkretisierung der Rechtsfolgen des Betriebsübergangs

BV 97

Präambel

Die abgebende Firma beabsichtigt, im Rahmen des Projektes »Komplexitätsreduzierung« die derzeitigen gruppeninternen Dienstleistungsbeziehungen weiter zu optimieren und auch die Zahl der gruppenzugehörigen Rechtsträger auf ihre Notwendigkeit hin zu überprüfen.

Vor diesem Hintergrund beabsichtigt die abgebende Firma, ihr Vermögen als Ganzes mit allen Rechten und Pflichten unter Auflösung ohne Abwicklung gemäß § 2 Nr. 1, §§ 46ff. UmwG auf die aufnehmende Firma (Verschmelzung durch Aufnahme) mit wirtschaftlicher Wirkung zum Datum (Verschmelzungsstichtag) zu übertragen. Zur näheren Beschreibung wird auf den als **Anlage 1** angefügten **Verschmelzungsvertrag** Bezug genommen.

Zwischen den Betriebsparteien besteht Einigkeit, dass die aus den vorgenannten Maßnahmen resultierenden Veränderungen keine Organisationsänderungen zur Folge haben und nicht zum Wegfall von Arbeitsplätzen führen. Außerdem besteht Einigkeit, dass die Besitzstände der betroffenen Arbeitnehmer gewahrt bleiben und die vorgenannten Veränderungen keine Änderungen der Arbeitsbedingungen nach sich ziehen. Auch betriebsbedingte Kündigungen oder betriebsbedingte Aufhebungsverträge sind mit der Maßnahme nicht verbunden. Die Maßnahme führt lediglich zu einem Übergang der betroffenen Arbeitsverhältnisse nach § 613a BGB.

§ 1 Betriebsübergang

1. Die Beteiligten sind sich darüber einig, dass die in der Präambel beschriebene Übertragung einen Betriebsübergang nach § 613a BGB darstellt. Mit Wirksamwerden der Verschmelzung gehen sämtliche Arbeitsverhältnisse, die mit der abgebende Firma bestehen, gemäß § 324 UmwG i.V.m. § 613a BGB mit allen Rechten und Pflichten auf die aufnehmende Firma über.
2. Der Betriebsübergang hat zur Folge, dass die Arbeitsverhältnisse der bei der abgebende Firma beschäftigten Mitarbeiter zum Zeitpunkt des Wirksamwerdens der Verschmelzung (voraussichtlich Datum) auf die aufnehmende Firma übergehen.
3. Nach der aktuellen höchstrichterlichen Rechtsprechung des Bundesarbeitsgerichts haben die Arbeitnehmer im Fall der Verschmelzung kein Widerspruchsrecht nach § 613a Abs. 6 BGB, da die abgebende Firma mit dem Wirksamwerden der Verschmelzung erlischt.
4. Die übergehenden Mitarbeiter werden über den Übergang ihres Arbeitsverhältnisses in Textform informiert. Das Muster des Informationsschreibens ist als **Anlage 2** dieser Personalüberleitungsvereinbarung beigefügt.

§ 2 Übergang der Arbeitsverhältnisse

1. Die aufnehmende Firma tritt zum Zeitpunkt des Wirksamwerdens der Verschmelzung in alle Arbeitsverhältnisse ein, sodass die aufnehmende Firma kraft Gesetzes Arbeitgeberin derjenigen Arbeitnehmer wird, deren Arbeitsverhältnis übergeht. Die bisherige Tätigkeit der Mitarbeiter wird durch den Übertragungsvorgang nicht berührt. Maßgeblich ist derjenige Rechtszustand, der zum Zeitpunkt des Wirksamwerdens der Verschmelzung besteht. Sämtliche arbeitsvertraglichen Vereinbarungen mit den betroffenen Mitarbeitern und die ihnen gegenüber erteilten Zusagen bleiben durch den Betriebsübergang unberührt und werden auch künftig vorbehaltlich einer Ablösung oder sonstigen Abänderung durch individuelle oder kollektive Regelung oder Erklärung im Rahmen der geltenden arbeitsrechtlichen Bestimmungen unverändert fortgewährt. Betriebliche Übungen, Regelungsabre-

den und vertragliche Einheitsregelungen sind Bestandteil individueller Rechte der Mitarbeiter aus den übergehenden Arbeitsverhältnissen und gehen als solche über.

2. Entsprechendes gilt für Ansprüche aus Zusagen der betrieblichen Altersversorgung sowie die erworbenen Betriebszugehörigkeitszeiten und die daraus abgeleiteten Rechte. Sämtliche entsprechenden Zusagen und Vereinbarungen bleiben vorbehaltlich einer künftigen Ablösung oder Abänderung durch individuelle oder kollektive Regelung oder Erklärung im Rahmen der geltenden arbeitsrechtlichen Bestimmungen erhalten bzw. werden fortgewährt. Auch die Verpflichtungen aus den durch die abgebende Firma erteilten Pensionszusagen gehen hinsichtlich aller Mitarbeiter auf die aufnehmende Firma über.
3. Die aufnehmende Firma wird die bei der abgebende Firma und deren Rechtsvorgängern bisher erbrachten und/oder angerechneten Dienstzeiten der übergeleiteten Mitarbeiter im bisherigen Umfang als Dienstzeiten anrechnen, insbesondere bei der Erbringung gesetzlicher, tariflicher oder freiwilliger Leistungen. Die erworbene Betriebszugehörigkeit, einschließlich solcher aus früheren Betriebsübergängen, bleibt daher vollumfänglich erhalten.
4. Die bisher vorhandenen Personal- und Sozialeinrichtungen werden den übergeleiteten Mitarbeitern weiterhin zu den bisherigen Bedingungen zur Nutzung zur Verfügung gestellt.

§ 3 Betriebsrat und Betriebsvereinbarung

1. Die betriebsverfassungsrechtliche Identität der zu übertragenden betrieblichen Einheiten besteht auch nach dem Betriebsübergang unverändert fort. Daher werden die übergeleiteten Mitarbeiter auch nach dem Übergang von dem bisher zuständigen Betriebsrat vertreten.
2. Die Regelungen der bisher normativ geltenden Betriebs- und Gesamtbetriebsvereinbarungen gelten nach dem Betriebsübergang für die betrieblichen Einheiten der übertragenden Gesellschaften auf normativer Rechtsgrundlage (kollektiv) weiter. Eine unmittelbare Ablösung dieser Betriebs- und Gesamtbetriebsvereinbarungen durch kollektive Regelungen bei der aufnehmende Firma nach § 613a Abs. 1 Satz 3 BGB findet nicht statt; eine spätere Ablösung durch nachfolgende kollektive Regelungen bleibt hiervon unberührt.
3. Sofern aus rechtlichen Gründen eine identische Weitergewährung der Leistungen nach Abs. 2 nicht möglich ist, wird die aufnehmende Firma eine für die Mitarbeiter wirtschaftlich gleichwertige Leistung erbringen. Es besteht Einigkeit zwischen den Parteien, dass aus derzeitiger Sicht solche Leistungen nicht erkennbar sind und Satz 1 deshalb in erster Linie vorsorgliche Bedeutung hat.

§ 4 Tarifvertragliche Rechte

1. Die aufnehmende Firma ist wie die abgebende Firma Mitglied im Arbeitgeberverband der Privaten Versicherungswirtschaft. Die bisher einschlägigen Tarifverträge gelten daher auch nach der Übertragung auf die aufnehmende Firma normativ fort.

2. Für diejenigen Arbeitnehmer, bei denen die Anwendung der Tarifverträge der Privaten Versicherungswirtschaft über arbeitsvertragliche Bezugnahmeklauseln vermittelt wird, ergibt sich ebenfalls keine Änderung im Hinblick auf die in Bezug genommenen Tarifwerke; die tarifvertraglichen Regelungen gelten künftig daher auch für diese Mitarbeiter fort.

§ 5 Schlussbestimmungen
1. Diese Personalüberleitungsvereinbarung tritt mit Unterzeichnung in Kraft.
2. Sollten einzelne Bestimmungen dieser Vereinbarung unwirksam sein oder werden, oder sollte sich in der Vereinbarung eine Regelungslücke ergeben, so wird hierdurch die Wirksamkeit der übrigen Bestimmungen nicht berührt. Die vertragsschließenden Parteien werden sich in einem solchen Fall auf eine wirksame Bestimmung bzw. auf eine Bestimmung zur Ausfüllung der Lücke einigen.
3. Für den Mitarbeiter derzeit bestehende günstigere, gesetzliche, tarifliche oder vertragliche Regelungen werden durch diese Vereinbarung nicht berührt. Ebenfalls durch diese Vereinbarung nicht berührt werden – sofern arbeitsrechtlich zulässig – nachfolgende individual- oder kollektivrechtliche Regelungen ohne Rücksicht auf ihre Günstigkeit.

Ort, Datum, Unterschriften

Anlage: Muster-Informationsschreiben

40. Europäischer Betriebsrat und SE

40.1 Einleitung

Besondere Probleme für die Arbeit der Interessenvertretung treten auf, wenn ein Unternehmen oder ein Konzern international (z. B. europaweit) operiert. Das betrifft vor allem die mangelhafte Einbindung in Planungs- und Entscheidungsprozesse auf der Ebene der europäischen zentralen Leitung. Oftmals resultiert hieraus auch die Gefahr, dass die jeweiligen nationalen Interessenvertretungen gegeneinander ausgespielt werden. Diesen Gefahren soll der Europäische Betriebsrat entgegenwirken.
Die Aufgabe des Europäischen Betriebsrats besteht darin,
- schon im Vorfeld unternehmerischer Entscheidungen (also bereits im Planungsstadium) Informationen von der Unternehmensleitung einzufordern;
- den Informationsfluss zwischen den jeweiligen Interessenvertretungen herzustellen und

- gemeinsame Konzepte und Vorgehensweisen mit dem Ziel zu entwickeln, auf die unternehmerischen Planungen/Entscheidungen im Sinne der Interessen der Beschäftigten Einfluss zu nehmen.

Grundlage für die Errichtung des Europäischen Betriebsrats ist in Deutschland das Europäische Betriebsräte-Gesetz (EBRG). Zu unterscheiden sind folgende Arten des Zustandekommens eines Europäischen Betriebsrats:

40.1.1 Errichtung des Europäischen Betriebsrats durch »freiwillige Vereinbarung« (§ 41 EBRG)

Soweit in einem Unternehmen/einer Unternehmensgruppe (= Konzern) ein Europäischer Betriebsrat vor dem 22. 9. 1996 aufgrund einer freiwilligen »Vereinbarung über grenzübergreifende Unterrichtung und Anhörung« errichtet worden ist, geht diese Vereinbarung dem EBRG vor. Das heißt: Die Bestimmungen des EBRG sind nicht anzuwenden, solange die Vereinbarung wirksam ist. Die Wirksamkeit kann durch Kündigung oder Aufhebungsvereinbarung beendet werden. Allerdings geht die »freiwillige Vereinbarung« dem EBRG nur vor, wenn sie alle in den Mitgliedsstaaten beschäftigten Arbeitnehmer (des Unternehmens/der Unternehmensgruppe) erfasst (wobei die Einbeziehung innerhalb von sechs Monaten nach dem 22. 9. 1996 nachgeholt werden konnte) und den Arbeitnehmern in denjenigen Mitgliedsstaaten eine »angemessene Beteiligung an der Unterrichtung und Anhörung« ermöglicht, in denen das Unternehmen/ die Unternehmensgruppe einen Betrieb hat.

40.1.2 Errichtung des Europäischen Betriebsrats durch Vereinbarung zwischen »besonderem Verhandlungsgremium« und »zentraler Leitung« (§§ 8 ff. EBRG)

Ein Europäischer Betriebsrat kann auch aufgrund des in den §§ 8 bis 16 EBRG vorgesehenen Verfahrens errichtet werden. Entscheidende Bedeutung insoweit hat das »Besondere Verhandlungsgremium« nach § 8 EBRG.

Es hat die (einzige) Aufgabe, mit der »zentralen Leitung« eine Vereinbarung über die Bildung und Tätigkeit eines Europäischen Betriebsrats (bzw. die Einführung eines sonstigen Verfahrens zur grenzüberschreitenden Unterrichtung und Anhörung der Arbeitnehmer) abzuschließen (vgl. §§ 17 bis 20 EBRG).

Errichtung des Europäischen Betriebsrats kraft Gesetzes (§§ 21 ff. EBRG):

Ein Europäischer Betriebsrat kraft Gesetzes ist gem. §§ 22 und 23 EBRG zu errichten,

- wenn die zentrale Leitung innerhalb von sechs Monaten nach Antrag zur Bildung eines »besonderen Verhandlungsgremiums« (gem. § 9 EBRG) die Aufnahme von Verhandlungen über eine Vereinbarung nach §§ 17, 18, 19 EBRG verweigert,

- oder wenn innerhalb von drei Jahren nach Antragstellung (gem. § 9 EBRG) keine Vereinbarung nach § 18 EBRG (zur Errichtung und Tätigkeit eines Europäischen Betriebsrats) oder § 19 EBRG zustande kommt,
- oder wenn die »zentrale Leitung« oder das »besondere Verhandlungsgremium« das vorzeitige Scheitern der Verhandlungen erklärt.

Erfolgte die Bildung des »besonderen Verhandlungsgremiums« nicht auf Antrag (von Arbeitnehmern oder Betriebsräten), sondern auf Initiative der »zentralen Leitung«, beginnt die Sechs-Monats-Frist bzw. die Drei-Jahres-Frist mit dem erstmaligen diesbezüglichen Tätig werden der »zentralen Leitung« (§ 21 Abs. 1 Satz 3 EBRG).

40.2 Betriebsvereinbarungen

40.2.1 Mustervereinbarung über die Einsetzung eines Europäischen Betriebsrates[65,66]

BV 98

Einleitung

Der nachfolgende Entwurf einer Vereinbarung gemäß Art. 6 der EBR-Richtlinie soll dem Besonderen Verhandlungsgremium eine Hilfestellung bei der Ausarbeitung einer Vereinbarung gemäß Art. 6 EBR-Richtlinie geben. Jedes Besondere Verhandlungsgremium muss jedoch zusätzlich die Besonderheiten des Unternehmens berücksichtigen und in die Vereinbarung einarbeiten. Der Entwurf stellt somit nur ein Schema dar, das in jedem Einzelfall daraufhin überprüft werden muss, ob es sich auch gerade für diesen Einzelfall eignet, was also so oder ähnlich formuliert werden könnte und was nicht. Ebenso muss überlegt werden, ob und welche Ergänzungen im Einzelfall notwendig sind.

Das Besondere Verhandlungsgremium sollte der zentralen Leitung des herrschenden Unternehmens immer einen eigenen Vereinbarungsvorschlag unterbreiten und auf der Grundlage dieses eigenen Vorschlages mit der zentralen Leitung verhandeln. Selbstverständlich werden häufig Kompromisse nicht auszuschließen sein. Jedoch sollte dabei stets darauf geachtet werden, dass grundlegende Rechte und Interessen des künftigen Europäischen Betriebsrates nicht außer Kraft gesetzt werden.

Das Besondere Verhandlungsgremium sollte das Recht gemäß Art. 5 (4) der EBR-Richtlinie wahrnehmen und sich bei den Verhandlungen mit der zentralen Leitung von einem Sachverständigen seiner Wahl unterstützen lassen. Kosten, die hierdurch anfallen, muss die zentrale Leitung tragen (Art. 5 (6) der EBR-Richtlinie). Hilfreich ist es

---

65 Quelle: Dr. Willy Buschak, dieser Mustertext wurde vom Europäischen Gewerkschaftsbund (EGB) als Arbeitspapier Nr. 1/2001 und dann nochmals in einem »Praktischen Leitfaden für Europäische Betriebsräte« auf seiner EBR-Konferenz in Århus (Dänemark) am 25./26. November 2002 veröffentlicht. Dr. Willy Buschak war von 1991 bis 2003 als politischer Sekretär des EGB für das Arbeitsgebiet »Europäische Betriebsräte« zuständig.

66 Hier sollte unbedingt das nationale Umsetzungsgesetz mit Name und Datum benannt werden.

mit Sicherheit, gewerkschaftliche Sachverständige um Unterstützung zu bitten. Diese verfügen bereits über reichhaltige Erfahrungen in diesem Bereich. Die meisten Europäischen Gewerkschaftsverbände und viele ihrer Mitgliedsorganisationen haben Leitlinien für die Verhandlungen über die Bildung eines Europäischen Betriebsrates erarbeitet, ebenso vielfach auch Mustervereinbarungen. Jedes Besondere Verhandlungsgremium sollte sich der vielfältigen Informations- und Hilfsmöglichkeiten bedienen. Der nachfolgende Entwurf kann nur die EBR-Richtlinie berücksichtigen; das Besondere Verhandlungsgremium muss zusätzlich zur EBR-Richtlinie das einschlägige nationale Umsetzungsgesetz heranziehen. Soweit Umsetzungsgesetze unklar sind oder gegen die EBR-Richtlinie verstoßen, ist die EBR-Richtlinie maßgebend. Die Fußnoten enthalten einige hoffentlich nützliche Hinweise für das Besondere Verhandlungsgremium. Das Besondere Verhandlungsgremium sollte sich die EBR-Richtlinie und das anwendbare nationale Umsetzungsgesetz durchlesen, da sich daraus ebenfalls hilfreiche Hinweise ergeben.

Zwischen
dem herrschenden Unternehmen,
vertreten durch seine zentrale Leitung Sitz: ...

> **Hinweis:**
> Die Namen der Personen auf Leitungsebene sollten aus Klarstellungsgründen ebenso aufgenommen werden wie die Adresse des herrschenden Unternehmens.

und
dem Besonderen Verhandlungsgremium, bestehend aus den Mitgliedern

> **Hinweis:**
> Hier sollten die vollständigen Namen und die Adresse des Unternehmens angegeben werden, aus dem das jeweilige Mitglied des Besonderen Verhandlungsgremiums kommt; spätere Fragen zu einzelnen Punkten der Vereinbarung werden damit erleichtert.

wird nachfolgende Vereinbarung gemäß Art. 6 der EBR-Richtlinie/Art./§ des Umsetzungsgesetzes des Landes ... vom Datum geschlossen:

> **Hinweis:**
> Die nationale Vorschrift, die dem Art. 6 der Richtlinie entspricht, sollte aufgeführt werden, ebenso nochmals die Bezeichnung und das Datum des nationalen Umsetzungsgesetzes.

Präambel[67]

1. Geltungsbereich

Diese Vereinbarung erstreckt sich auf das herrschende Unternehmen (nachstehend: zentrale Leitung und/oder herrschendes Unternehmen) und sämtliche Unternehmen, Betriebe, Niederlassungen, Filialen und Geschäftsstellen, Joint Ventures u. Ä. (nachstehend: Unternehmen genannt), in den EU-Mitgliedsstaaten, den EWR-Staaten sowie den Beitrittsstaaten, den Kandidatenländern, und den mit der EU assoziierten Staaten, auf die das herrschende Unternehmen einen beherrschenden Einfluss ausüben kann.[68]

Diese Vereinbarung gilt für alle Arbeitnehmerinnen und Arbeitnehmer im herrschenden Unternehmen und in den Unternehmen.

Die Fähigkeit, einen beherrschenden Einfluss auszuüben, bestimmt sich nach Art. 3 Abs. 1 und 2 der EBR-Richtlinie.

Die zum Zeitpunkt des Abschlusses dieser Vereinbarung bestehenden Unternehmen einschließlich des herrschenden Unternehmens, auf die die Vereinbarung Anwendung findet, sind in der Liste aufgeführt, die als Anlage 1 Bestandteil dieser Vereinbarung ist. In dieser Liste ist ferner die Anzahl der Beschäftigten im herrschenden Unternehmen sowie pro Unternehmen angegeben. Die zentrale Leitung passt diese Liste laufend an die Entwicklung im herrschenden und pro Unternehmen einschließlich der Erweiterungen an und überlässt dem Europäischen Betriebsrat diese Liste unaufgefordert sofort nach Erstellung.

Die zentrale Leitung stellt sicher, dass das herrschende Unternehmen und die Unternehmen diese Vereinbarung umsetzen und einhalten.

2. Der Europäische Betriebsrat

2.1. Anzahl der Mitglieder des Europäischen Betriebsrates

Der europäische Betriebsrat besteht aus ... Mitgliedern.

---

67 Die Präambel dient der Erklärung, warum man diese Vereinbarung abschließt, also z. B. weil die Einrichtung eines grenzüberschreitenden Dialogs zwischen Unternehmen und Arbeitnehmer als ein wichtiger Beitrag für das Wohlergehen der Mitarbeiter und des Unternehmens angesehen wird, oder weil im Rahmen des Binnenmarktes die demokratische Beteiligung der Arbeitnehmer und die Berücksichtigung ihrer Interessen für das Unternehmen von grundlegender Bedeutung sei; oder ähnlich. Auf Wunsch können Beispiele zur Verfügung gestellt werden.

68 Die EBR-Richtlinie gibt in Art. 1 Ziff. 6 bereits einen Hinweis darauf, dass der Geltungsbereich nicht nur die Mitgliedsstaaten umfassen muss, sondern größer sein kann. Die Ausweitung des Geltungsbereichs wie vorgeschlagen ist im Hinblick darauf, dass Unternehmen auch außerhalb der EU tätig werden, für die Arbeit des EBR deshalb unbedingt erforderlich. Ob dieser erweiterte Geltungsbereich tatsächlich erreicht werden kann, hängt nicht zuletzt auch von der Durchsetzungsfähigkeit und den Argumenten des Besonderen Verhandlungsgremiums ab. Mindestens sollte man für die Arbeitnehmervertreter in diesen Ländern einen Beobachterstatus im EBR anstreben.

Hinweis:
Im Rahmen der Vereinbarung gemäß Art. 6 der EBR-Richtlinie ist die Größe des Europäischen Betriebsrates frei bestimmbar. Die subsidiären Vorschriften der EBR-Richtlinie, die in Ziff. 1c eine Größe zwischen 3 und 30 nennen, sind für eine Vereinbarung nicht zwingend. Die dort genannten Zahlen können, müssen aber nicht als Anhaltspunkt genommen werden. Die Größe des Europäischen Betriebsrates sollte von den Gegebenheiten des Unternehmens, insbesondere aber den Erfordernissen der Arbeitnehmer, abhängig gemacht werden. Es gibt Unternehmen, in denen die Anzahl der EBR-Mitglieder über 30 liegt. Gegebenenfalls müssen noch die Arbeitnehmervertreter, die Beobachterstatus haben, aufgenommen werden.

Er ist auf der Ebene des herrschenden Unternehmens angesiedelt.[69]

2.2. Zusammensetzung

Der europäische Betriebsrat setzt sich in erster Linie aus betrieblichen Arbeitnehmern und Arbeitnehmerinnen der in Ziff. 1 dieser Vereinbarung genannten Unternehmen einschließlich des herrschenden Unternehmens zusammen. Die Mitglieder des Europäischen Betriebsrates werden von den Arbeitnehmervertretern aus ihrer Mitte oder, in Ermangelung solcher Vertreter, von der Gesamtheit der Arbeitnehmer und Arbeitnehmerinnen gemäß den einzelstaatlichen Rechtsvorschriften und/oder Gepflogenheiten gewählt oder benannt.[70]
Hauptamtliche Gewerkschaftsvertreter können Mitglied im Europäischen Betriebsrat sein.

Hinweis:
In einigen Mitgliedsstaaten ist es üblich, dass hauptamtliche Gewerkschaftsvertreter Mitglieder im Europäischen Betriebsrat sind. Darüber hinaus ist es in einigen Mitgliedsstaaten auch üblich, dass der Vorsitzende des Europäischen Betriebsrates aus dem Management kommt. Ob man Mitgliedern des Managements den Vorsitz des Europäischen Betriebsrates überträgt, sollte genau überlegt werden. Entschließt man sich dazu, sollten dessen Einflussmöglichkeiten so gering wie möglich gehalten werden. So sollte man ihm beispielweise nicht die alleinige Genehmigung der Tagesordnungen, Berichte oder Protokolle überlassen oder gar die Erstellung dieser Dokumente selbst. Der in Mustervereinbarung verwandte Begriff Europäischer Betriebsrat (EBR) meint stets ausschließlich Arbeitnehmervertreter (einschließlich der hauptamtlichen Gewerkschaftsvertreter). Sollte im konkreten Fall im Europäischen Betriebsrat ein Management-Vertreter sitzen, muss die Vereinbarung

---

69 Hierbei handelt es sich um den allgemein üblichen Sitz des Europäischen Betriebsrates; er kann aber selbstverständlich auch auf einer anderen Unternehmensebene seinen Sitz haben; die Entscheidung darüber sollte sich danach richten, wie die Arbeit des Europäischen Betriebsrates am besten organisiert werden kann.

70 Diese Regelung wurde ähnlich wie diejenige in den subsidiären Vorschriften der EBR-Richtlinie, Ziff. 1 b), formuliert.

klarstellen, wann dieser ein Stimmrecht hat und wann nicht, welche Rechte ihm eingeräumt werden und welche auf keinen Fall!.

Bei der Wahl oder Benennung der Mitglieder des Europäischen Betriebsrates ist sicherzustellen, dass aus jedem der in Ziff. 1. Dieser Vereinbarung genannten Länder, in dem sich das herrschende oder ein bzw. mehrere Unternehmen befinden, mindestens ein Vertreter in den Europäischen Betriebsrat entsandt wird.[71]
Die Ermittlung der zusätzlichen Mitglieder des Europäischen Betriebsrates erfolgt im Verhältnis zur nationalen Beschäftigtenzahl entsprechend der Anlage 1.

Hinweis:
Diese Bestimmung kann zu einer hohen Anzahl von EBR-Mitgliedern aus einem Land führen, während andere nur einen Vertreter haben. Überlegenswert ist es daher, die Verteilung der Sitze im Europäischen Betriebsrat so zu bestimmen, dass aus jedem Land, in dem das Unternehmen vertreten ist, die gleiche Anzahl von EBR-Mitgliedern kommen, die nationale Beschäftigtenzahl also keine Rolle spielt.

Für jedes Land sind Ersatzmitglieder zu wählen bzw. zu benennen. Die Anzahl der Ersatzmitglieder beträgt mindestens 50 % der EBR-Mitglieder pro Land.
Gemäß den vorstehenden Grundsätzen ergibt sich zum Zeitpunkt des Abschlusses dieser Vereinbarung folgende Sitzverteilung:

Land:	Anzahl der EBR-Mitglieder:	Anzahl der Ersatzmitglieder:
Land:	Anzahl der EBR-Mitglieder:	Anzahl der Ersatzmitglieder:
Land:	Anzahl der EBR-Mitglieder:	Anzahl der Ersatzmitglieder:

Die Einleitung der Wahl der Mitglieder des Europäischen Betriebsrates und der Ersatzmitglieder hat spätestens 2 Wochen nach Unterzeichnung dieser Vereinbarung gemäß den nationalen Vorschriften zu erfolgen.

2.3. Mitteilung der Wahlergebnisse

Die Unternehmen überlassen der zentralen Leitung sofort nach Durchführung der Wahl, spätestens innerhalb einer Woche nach deren Abschluss, die Personalien der aus ihrem Bereich kommenden Mitglieder des Europäischen Betriebsrates einschließlich der Ersatzmitglieder.
Nach Eingang sämtlicher Mitteilungen erstellt die zentrale Leitung eine – unter Einbeziehung der Wahlergebnisse im herrschenden Unternehmen – vollständige Liste der EBR-Mitglieder einschließlich der Ersatzmitglieder und sendet jedem Mitglied des Europäischen Betriebsrates sowie sämtlichen nationalen Arbeitnehmervertretungen (in Ermangelung von Arbeitnehmervertretern den Arbeitnehmern direkt) unverzüglich ein Exemplar zu. Diese Liste enthält neben dem Namen des Mitgliedes die

71 Diese Regelung entspricht den subsidiären Vorschriften der EBR-Richtlinie, Ziff. 1d.

Anschrift seines Beschäftigungsortes, betriebliche Telefonnummer, Telefaxnummer, E-Mail-Adresse sowie Internet-Adresse (soweit vorhanden). Ferner wird der Geschäftsführung eines jeden Unternehmens diese Liste überlassen.

2.4. Erstes Treffen/Konstituierung/Mandatsdauer

Der Europäische Betriebsrat trifft sich innerhalb der ersten zwei Monate nach Bekanntgabe gemäß Ziff. 2.3. Absatz 2 dieser Vereinbarung. Dieses Treffen dient der Konstituierung des Europäischen Betriebsrates, dem gegenseitigen Kennenlernen sowie der ersten Klärung von Organisationsfragen (Wahl des Vorsitzenden, Stellvertreters, Regelungen betr. Das Nachrücken der Ersatzmitglieder etc.). Es dauert mindestens zwei Tage und findet in einem geeigneten Tagungsraum am Sitz der zentralen Leitung, jedoch ausschließlich unter den Mitgliedern des Europäischen Betriebsrates statt. Die zentrale Leitung stellt auf ihre Kosten die erforderlichen, unabhängigen Dolmetscher zur Verfügung. Die Dolmetscher sind über ihre Schweigepflicht zu belehren.
Die Mitgliedschaft im Europäischen Betriebsrat beträgt 4 Jahre. Die Berechnung der 4 Jahre beginnt für alle EBR-Mitglieder einheitlich mit dem Tag der Konstituierung. Die erneute Wahl bzw. Ernennung erfolgt gemäß den Ziffern 2.2. bis 2.3. dieser Vereinbarung rechtzeitig vor Ablauf der 4 Jahre. Die weitere 4-jährige Mandatsdauer beginnt an dem ersten Tag, der dem Ablauf des 4-Jahres-Zeitraums folgt.

> **Hinweis:**
> Für welchen Zeitraum das Mandat der EBR-Mitglieder begrenzt wird, sollte das BVG für jedes Unternehmen nach Bedarf und Zweckmäßigkeit entscheiden. Gemäß Art. 6 EBR-Richtlinie muss jedoch eine Mandatsdauer festgelegt werden.

Vor Ablauf der 4 Jahre endet die Mitgliedschaft im Europäischen Betriebsrat, wenn das EBR-Mitglied von seinem Amt zurücktritt oder aus dem Unternehmen ausscheidet. Das Ersatzmitglied rückt für die verbleibende Zeit an die Stelle des ausgeschiedenen Mitgliedes.

2.5. Beschlussfassung

Entscheidungen des Europäischen Betriebsrates werden durch Beschluss gefasst. Jedes Mitglied hat eine Stimme. Die Beschlüsse werden mit der Mehrheit der Stimmen der anwesenden Mitglieder gefasst. Bei Stimmengleichheit ist der Antrag abgelehnt.

> **Hinweis:**
> Möglich ist auch, dass jedes EBR-Mitglied so viele Stimmen hat, wie Arbeitnehmer in den Unternehmen/Betrieben beschäftigt sind, für die er entsandt wurde. Wird diese Stimmengewichtung gewählt, so muss die Anzahl der Beschäftigten, die das EBR-Mitglied vertritt, festgelegt werden unter gleichzeitiger Festlegung eines Stichtags.

2.6. Geschäftsordnung/Ausschüsse
Der Europäische Betriebsrat kann sich eine Geschäftsordnung geben. Er ist befugt, Ausschüsse zu bilden und diesen bestimmte Aufgaben zuzuweisen.

> **Hinweis:**
> Häufig besteht ein sog. Lenkungsausschuss oder auch engerer Ausschuss genannt, der die Geschäftsführungsaufgaben des Europäischen Betriebsrates wahrnimmt. Viele Europäische Betriebsräte haben außerdem Ausschüsse gebildet z.B. für Sicherheit und Gesundheit, für wirtschaftliche Fragen und weitere Bereiche. Die Ausschussbildung ist mit Sicherheit sinnvoll für die effektive Arbeit des Europäischen Betriebsrates. Wichtig ist jedoch der Informations- und Erfahrungsaustausch zwischen Ausschuss und dem gesamten Europäischen Betriebsrat.

Er informiert die zentrale Leitung über die Zusammensetzung der Ausschüsse und deren Aufgaben. Diese gibt die Informationen an die Unternehmen weiter und weist diese an, die Ausschussmitglieder für die Dauer ihrer Ausschussarbeit ohne Entgeltminderung von der Arbeitsverpflichtung freizustellen. Ziff. 2.14. dieser Vereinbarung findet zudem Anwendung.

2.7. Anpassung des Europäischen Betriebsrates
Die Anzahl der EBR-Mitglieder ist an Strukturveränderungen des Unternehmens anzupassen. Kommen neue Unternehmen hinzu, so richtet sich die Wahl der aus diesen neuen Unternehmen hinzukommenden EBR-Mitglieder einschließlich der Ersatzmitglieder nach den vorgenannten Vorschriften. Die Mandatsdauer dieser EBR-Mitglieder überschreitet jedoch nicht den 4-Jahres-Zeitraum gemäß Ziff. 2.4. ab der ersten Konstituierung. Vielmehr ist jeweils nach Ablauf des 4-Jahres-Zeitraums in sämtlichen Unternehmen erneut zu wählen.

2.8. Sitzungen des Europäischen Betriebsrates
Der Europäische Betriebsrat trifft sich regelmäßig zur gegenseitigen internen Information und Beratung. Diese internen Sitzungen finden mindestens 4mal im Jahr statt, zusätzlich dann, wenn dies von mindestens der Hälfte der EBR-Mitglieder für erforderlich gehalten wird. Die Sitzungen finden wechselnd in den einzelnen Unternehmen statt, sie dauern mindestens einen Tag, erforderlichenfalls auch länger. Der Europäische Betriebsrat kann die jeweiligen betrieblichen Arbeitnehmervertreter, erforderlichenfalls aber auch betroffene Arbeitnehmervertreter aus anderen Unternehmen, hinzuziehen. Die Unternehmen haben ihre Arbeitnehmervertreter für diesen Fall ohne Minderung des Arbeitsentgelts/Urlaubsanspruchs unter Übernahme sämtlicher Reise-, Bewirtungs- sowie sonstiger Kosten für die Teilnahme an den Sitzungen des Europäischen Betriebsrates freizustellen.

2.9. Sachverständige
Der Europäische Betriebsrat kann mindestens einen externen Sachverständigen als ständigen Berater in Anspruch nehmen. Dieser hat das Recht, an allen Sitzungen des

Europäischen Betriebsrates und seiner Ausschüsse einschließlich derjenigen mit der zentralen Leitung teilzunehmen und dort das Wort zu ergreifen. Der Europäische Betriebsrat kann für seine Arbeit weitere, externe Sachverständige in Anspruch nehmen, soweit dies erforderlich ist. Erforderlich ist die Hinzuziehung weiterer, externer Sachverständiger beispielsweise dann, wenn dem Europäischen Betriebsrat die Sachkunde fehlt. Die Hinzuziehung von Rechtskundigen ist stets als erforderlich anzusehen.

2.10. Zusammenarbeit mit Gewerkschaft

Der Europäische Betriebsrat arbeitet mit allen Gewerkschaften zusammen, die in den Unternehmen vertreten sind. Er hat jederzeit das Recht, sich während seiner Arbeitszeit und ohne Minderung des Arbeitsentgelts/Urlaubsanspruchs mit den Gewerkschaftsvertretern persönlich oder per betriebliche Telekommunikationsmittel ungestört in Verbindung zu setzen.

2.11. Qualifizierung

Die Mitglieder des Europäischen Betriebsrates haben Anspruch auf Teilnahme an Schulungs- und Bildungsveranstaltungen, soweit diese Kenntnisse vermitteln, die für die Arbeit des Europäischen Betriebsrates erforderlich sind. Erforderlich sind auf jeden Fall die Vermittlung von Fremdsprachenkenntnissen sowie von Kenntnissen im Tarifrecht, Recht der nationalen Arbeitnehmervertretung, nationales und europäisches Arbeitsrecht sowie Wirtschaftsrecht in den von dieser Vereinbarung betroffenen Ländern.

> **Hinweis:**
> Dieser Anspruch könnte dazu führen, dass sich das Unternehmen weigert, Dolmetscher hinzuzuziehen. Der nächste Absatz ist daher unbedingt aufzunehmen.

Der Anspruch des Europäischen Betriebsrates auf Hinzuziehung von Sachverständigen sowie Dolmetschern und Übersetzungsdiensten wird durch den vorstehenden Absatz nicht ausgeschlossen.

2.12. Information/Geheimhaltung

Der Europäische Betriebsrat unterrichtet die nationalen Arbeitnehmervertreter an deren Sitz über die ihm im Rahmen seiner Tätigkeit zugeflossenen Informationen. Er berät sich ggf. mit den nationalen Arbeitnehmervertretern über notwendige Maßnahmen bzw. gibt Hilfestellung, falls dies erforderlich ist.
Die Mitglieder und Ersatzmitglieder des Europäischen Betriebsrates sind verpflichtet, Geschäftsgeheimnisse, die ihnen wegen ihrer Zugehörigkeit zum Europäischen Betriebsrat bekannt geworden sind und vom Unternehmen ausdrücklich als geheimhaltungsbedürftig bezeichnet worden sind, nicht an Dritte weiterzugeben. Dies gilt auch nach dem Ausscheiden aus dem Europäischen Betriebsrat.
Die Geheimhaltungspflicht gilt nicht innerhalb des Europäischen Betriebsrates und nicht gegenüber den betrieblichen Arbeitnehmervertretern, den Arbeitnehmervertretern im Aufsichtsrat, in Gerichtsverfahren, Schlichtungsverfahren sowie gegenüber den Sachverständigen des Europäischen Betriebsrates.

2.13. Zugangsrecht

Der Europäische Betriebsrat bzw. dessen einzelne Mitglieder haben zu jedem einzelnen Unternehmen ein Zugangsrecht. Die zentrale Leitung stellt durch Anweisungen an die Geschäftsleitungen der Unternehmen sicher, dass dieses Zugangsrecht ungehindert ausgeübt werden kann. Dies gilt auch für die Sachverständigen des Europäischen Betriebsrates sowie die Gewerkschaftsvertreter.

2.14. Kosten

Die zentrale Leitung trägt alle erforderlichen finanziellen und materiellen Mittel des Europäischen Betriebsrates und seiner Ausschüsse. Dazu gehören neben den Kosten für die Errichtung des Europäischen Betriebsrates beispielsweise die Kosten für alle Sitzungen des Europäischen Betriebsrates, die Dolmetscher- und Übersetzungskosten, Aufenthalts- und Reisekosten, Kosten für die Kontakte mit den Gewerkschaftsvertretern, Kosten für Sachverständige. Der Europäische Betriebsrat ist in der Wahl seiner Sachverständigen, Dolmetscher und Übersetzungsdienste frei.

2.15. Schutz der EBR-Mitglieder

Die Mitglieder des Europäischen Betriebsrates dürfen bei ihrer Tätigkeit nicht behindert werden. Sie dürfen wegen ihrer Tätigkeit im Europäischen Betriebsrat nicht benachteilig oder begünstigt werden. Dies gilt auch für die berufliche Entwicklung. Sie haben Anspruch auf Fortzahlung ihres Arbeitsentgelts für alle Abwesenheitszeiten von der Arbeit infolge ihrer EBR-Mitgliedschaft.
Mitgliedern des Europäischen Betriebsrates kann während ihrer Amtszeit und innerhalb von zwei Jahren nach Beendigung der Amtszeit nur dann und soweit gekündigt werden, wie die nationalen Gesetze dies erlauben.

3. Unterrichtung und Anhörung des Europäischen Betriebsrates durch das Unternehmen

3.1. Gemeinsame Sitzungen des leitenden Unternehmens und des Europäischen Betriebsrates

Die maßgeblichen Vertreter der zentralen Leitung und der Europäischen Betriebsräte treffen sich mindestens 2mal jährlich zu einer gemeinsamen Sitzung und Beratung über alle Themen, die für das herrschende Unternehmen sowie die Unternehmen und ihre Arbeitnehmerinnen/Arbeitnehmer von Bedeutung sind.

> **Hinweis:**
> Auf keinen Fall sollte das Besondere Verhandlungsgremium auf die Argumentation der zentralen Leitung eingehen, dass eine gemeinsame Sitzung pro Jahr ausreichend sei. In vielen bestehenden Vereinbarungen finden sich sogar Regelungen, wonach die Treffen vierteljährlich stattfinden. Das Besondere Verhandlungsgremium sollte intern auf der Grundlage seiner Kenntnisse des Unternehmens beraten, wie viele Treffen pro Jahr erforderlich sind, um die Arbeit des Europäischen Betriebsrates gewinnbringend gestalten zu können.

Der Europäische Betriebsrat ist berechtigt, die aus seiner Sicht bedeutsamen Themen aufzulisten. Er überlässt diese Liste der zentralen Leitung mindestens 4 Wochen vor der gemeinsamen Sitzung. Die zentrale Leitung ist verpflichtet, mit dem Europäischen Betriebsrat die von diesem aufgelisteten Themen gemäß den nachstehenden Bestimmungen zu behandeln. Soweit der Europäische Betriebsrat zeitgleich die Teilnahme von Leitungsebenen aus Unternehmen verlangt, ist dem nachzukommen.
Der Sitzungsort wird zwischen der zentralen Leitung und dem Europäischen Betriebsrat einvernehmlich festgelegt. Bei Nichteinigung ist Sitzungsort der Sitz der zentralen Leitung.
Die Vorbereitung dieser gemeinsamen Sitzungen geschieht wie folgt:
3.1.1. Das leitende Unternehmen unterrichtet den Europäischen Betriebsrat rechtzeitig, schriftlich und umfassend über die zu behandelnden Themen (einschließlich derjenigen, die vom Europäischen Betriebsrat aufgelistet worden sind).

> **Hinweis:**
> Statt des Begriffs »rechtzeitig« können auch feste Fristen genannt werden. Welche Lösung bevorzugt wird, sollte davon abhängig gemacht werden, wie die Arbeit des Europäischen Betriebsrates am besten gestaltet werden kann.

Alle erforderlichen Unterlagen werden beigefügt. Der Europäische Betriebsrat soll durch diese rechtzeitige und umfassende Unterrichtung in die Lage versetzt werden, die Angelegenheit sachgerecht und ohne zusätzliche eigene Nachforschungen zunächst intern erörtern zu können. Der Europäische Betriebsrat ist demgemäß beispielsweise bereits im Frühstadium von Planungen und während der laufenden Planungen regelmäßig zu unterrichten.
3.1.2. Dem Europäischen Betriebsrat ist ausreichend Zeit zur internen Beratung und Abgabe einer mündlichen oder schriftlichen Stellungnahme zu gewähren. Er ist zu diesem Zweck auch befugt, sich vorab mit den nationalen Arbeitnehmervertretern bzw. den Arbeitnehmern auszutauschen. Er ist ferner befugt, eigene Themen einzubringen.
3.1.3. Bevor das herrschende Unternehmen eine Entscheidung fällt bzw. die Geschäftsleitung eines ihrer Unternehmen ermächtigt, Entscheidungen zu fällen, erörtert es sodann mit dem Europäischen Betriebsrat in einer Sitzung dessen Stellungnahme und erläutert, inwieweit diese vom Unternehmensteil in den laufenden Planungen berücksichtigt werden kann bzw. warum dies nicht möglich sein soll.
Dem Europäischen Betriebsrat ist Gelegenheit zu geben, sich hierzu zu äußern. Auf Verlangen des Europäischen Betriebsrates ist die Sitzung zu unterbrechen oder zu vertagen, damit der Europäische Betriebsrat Gelegenheit zur internen Beratung und ggf. Hinzuziehung von Sachverständigen zwecks Beratung sowie deren Unterstützung durch Teilnahme an der Sitzung hat. Falls der Europäische Betriebsrat es für erforderlich hält, ist ihm zusätzlich nochmals Gelegenheit zur Beratung vor Ort mit den nationalen Arbeitnehmervertretern zu geben.

3.1.4. Themen der Unterrichtung und Anhörung
Die Unterrichtung und Anhörung bezieht sich auf das herrschenden Unternehmen und die von ihm beherrschten Unternehmen (siehe Auflistung in Anlage 1), insbesondere auf

- die tatsächliche und geplante Struktur
- die wirtschaftliche und finanzielle Situation
- die voraussichtliche Entwicklung der Geschäfts-, Produktions- und Absatzlage
- die Beschäftigungslage und ihre voraussichtliche Entwicklung einschließlich der Gleichstellung von Frauen und Männern
- Fragen der Beschäftigungs- und Standortsicherung
- die Produktions- und Investitionsprogramme
- grundlegende Änderungen der Organisation
- Einführung neuer Arbeits- und Fertigungsmethoden
- Stand und die Entwicklung im Bereich Arbeits-, Gesundheits- und Umweltschutz
- Verlagerungen von Arbeitsbereichen
- Fusionen, Verkleinerungen oder Schließungen
- Massenentlassungen
- Rationalisierungsvorhaben
- Stand und Entwicklung der betrieblichen Qualifizierung der Arbeitnehmer und Arbeitnehmerinnen
- Sonstige Vorgänge und Vorhaben, die die Interessen der Arbeitnehmer und Arbeitnehmerinnen berühren können

Die Vertragsparteien sind sich darüber einig, dass dieser Katalog nicht vollständig ist, sondern nur eine beispielhafte Aufzählung darstellt und es weitere Unterrichtungs- und Anhörungsthemen geben kann, die unter diese Vereinbarung fallen.

> **Hinweis:**
> Der Katalog entspricht im Wesentlichen der Aufzählung in Ziff. 2 der subsidiären Vorschriften der EBR-Richtlinie. Entscheidend ist, dass deutlich wird, dass dieser Katalog nicht abschließend ist. Hierauf ist unbedingt zu achten.

3.2. Außergewöhnliche Umstände
Treten außergewöhnliche Umstände ein, die Auswirkungen auf die Interessen der Arbeitnehmer und Arbeitnehmerinnen haben, so ist der Europäische Betriebsrat von der zentralen Leitung hierüber unverzüglich zu unterrichten und anzuhören. Außergewöhnliche Umstände liegen z. B. insbesondere vor bei Verlegung, Verkauf oder/ und Schließung von Unternehmensteilen, bei Massenentlassungen, Produktionsverlagerungen, Fusionen, Gerüchten über feindliche Übernahmen u. Ä.
»Unverzüglich« bedeutet bereits bei ersten Überlegungen, erster Kenntnis, Aufkommen von Gerüchten (z. B. bei feindlichen Übernahmen) u. Ä.
Die Unterrichtung des Europäischen Betriebsrates über die außergewöhnlichen Umstände erfolgt schriftlich und so umfassend, dass der Europäische Betriebsrat ohne eigene Nachforschungen seine Stellungnahme innerhalb einer angemessenen Frist in einer Sitzung mit der zentralen Leitung oder einer anderen von dieser benannten

Leitungsebene abgeben kann. Der Europäische Betriebsrat kann Sachverständige hinzuziehen. Die betroffenen nationalen Arbeitnehmervertreter haben das Recht, an der Sitzung teilzunehmen. Der Europäische Betriebsrat hat das Recht, mit den Sachverständigen und den nationalen Arbeitnehmervertretern eine Vorbesprechung abzuhalten. Er hat ferner das Recht, die Unterbrechung der Sitzung für eine angemessene Zeit zu verlangen zwecks Beratung mit dem Sachverständigen und den nationalen Arbeitnehmervertretern.

3.3. Umsetzung der unternehmerischen Entscheidung/ Meinungsverschiedenheiten

Das leitende Unternehmen setzt Entscheidungen in Angelegenheiten, in denen der Europäische Betriebsrat gemäß den vorstehenden Ziffern zu beteiligen ist, bis zu dessen vollständiger Unterrichtung und Anhörung nicht um bzw. sorgt dafür, dass diese nicht umgesetzt werden. Die zentrale Leitung wird nach vollständiger Unterrichtung und Anhörung die Stellungnahme und Vorschläge des Europäischen Betriebsrates soweit wie möglich in die unternehmerische Entscheidung aufnehmen bzw. aufnehmen lassen. Dies gilt auch im Falle des Auftretens außergewöhnlicher Umstände.

4. Streitigkeiten

Kommt es zwischen der zentralen Leitung bzw. einem Unternehmen und dem Europäischen Betriebsrat zu Meinungsverschiedenheiten über die Anwendung oder Auslegung dieser Vereinbarung oder Teilen davon, so wird eine Schlichtungsstelle gebildet. Diese setzt sich zusammen aus jeweils drei Vertretern des herrschenden Unternehmens sowie des Europäischen Betriebsrates sowie eines neutralen unabhängigen Vorsitzenden, auf den sich beide Seiten einigen.

> **Hinweis:**
> Hierbei wird es sich häufig um einen Arbeitsrichter oder ähnlich Fachkundigen handeln.

Kommt es zu keiner Einigung, so entscheidet das Arbeitsgericht auf Antrag einer der Vertragsparteien über die Person des Vorsitzenden. Zuständig ist das Arbeitsgericht am Sitz des herrschenden Unternehmens. Die Schlichtungsstelle verhandelt mit dem Ziel einer einvernehmlichen Einigung. Kommt es zu keiner einvernehmlichen Einigung, entscheidet die Schlichtungsstelle durch Beschluss, wobei jedem Mitglied und dem Vorsitzenden jeweils eine Stimme zusteht.

> **Hinweis:**
> Möglich ist es auch, die Entscheidung allein dem Vorsitzenden der Schlichtungsstelle zu überlassen.

Der Europäische Betriebsrat kann sich durch einen Sachverständigen unterstützen lassen, der jedoch kein Stimmrecht hat.
Die gesamten Kosten der Schlichtungsstelle trägt das herrschende Unternehmen.

Anwendbar ist das Recht des Staates, in dem das herrschende Unternehmen seinen Sitz hat. In Zweifelsfällen ist die EBR-Richtlinie maßgebend. Bei der Übersetzung dieser Vereinbarung ist die sprachige Fassung maßgebend.

> **Hinweis:**
> Es ist empfehlenswert, sich auf eine maßgebliche sprachliche Fassung des Vereinbarungstextes zu einigen.

5. Laufzeit der Vereinbarung
Diese Vereinbarung kann von jeder Seite mit einer Frist von 6 Monaten zum Ende eines Kalenderjahres gekündigt werden.

> **Hinweis:**
> Die Laufzeit der Vereinbarung kann auch für mehrere Jahre vereinbart werden. Ob dies sinnvoll ist, muss sorgfältig abgewogen werden. Wichtig sind jedoch in jedem Fall Kündigungsregelungen.

Im Falle der Kündigung werden zwischen dem leitenden Unternehmen und dem Europäischen Betriebsrat Verhandlungen mit dem ersten Willen aufgenommen, eine neue Vereinbarung abzuschließen. Die Vereinbarung wirkt bis zum Schluss einer neuen Vereinbarung nach.

> **Hinweis:**
> Ob eine Nachwirkungsregelung aufgenommen wird, ist ebenfalls sorgfältig abzuwägen und hängt davon ab, ob letztendlich die subsidiären Vorschriften der EBR-Richtlinie zur Anwendung kommen sollen oder nicht.

Ort, Datum, Unterschriften

BV 99

40.2.2 SE-BR – Beteiligungsvereinbarung

> **Hinweis:**
> Die Musterbetriebsvereinbarung SE-BR – Beteiligungsvereinbarung (deutsch/englisch) steht Ihnen in Bund-Online zur Verfügung. Informationen zur Registrierung erhalten Sie auf der vorderen Umschlaginnenseite.

Stichwortverzeichnis